高速铁路客站施工关键技术研究与实践

中铁建设集团有限公司
中铁建设集团铁路客站建设研究所　编著

中国建筑工业出版社

图书在版编目(CIP)数据

高速铁路客站施工关键技术研究与实践/中铁建设集团有限公司等编著. —北京：中国建筑工业出版社，2018.11（2022.8重印）
ISBN 978-7-112-22702-0

Ⅰ.①高… Ⅱ.①中… Ⅲ.①高速铁路-铁路车站-建筑施工-技术 Ⅳ.①U238

中国版本图书馆 CIP 数据核字(2018)第 212901 号

新型高铁站房一般为集高铁、地铁、公交、出租等市政交通设施为一体的综合交通枢纽，其施工涵盖房建、桥梁、城市轨道交通、"四电"工程等诸多内容。本书基于国内近年新建高铁站房工程实例，如合肥南站、厦门北站、三亚站、贵阳北站、昆明南站等，从基础工程、主体结构、钢结构屋盖、装饰装修、机电安装、绿色施工技术及健康监测技术等方面，对高速铁路客站施工关键技术进行了较系统的论述，涉及复杂地质条件站房深基础施工、"桥建合一"结构建造、超百米跨异型钢结构屋盖安装、既有线运营条件下站房施工等多项核心技术。对于从事高铁站房建造相关的技术人员而言，本书无疑具有重要的借鉴及参考价值。

责任编辑：刘婷婷 王 梅
责任校对：党 蕾

高速铁路客站施工关键技术研究与实践

中铁建设集团有限公司
中铁建设集团铁路客站建设研究所 编著

*

中国建筑工业出版社出版、发行（北京海淀三里河路9号）
各地新华书店、建筑书店经销
北京科地亚盟排版公司制版
北京中科印刷有限公司印刷

*

开本：787×1092毫米 1/16 印张：25½ 字数：635千字
2019年8月第一版 2022年8月第二次印刷
定价：**320.00**元
ISBN 978-7-112-22702-0
（32808）

版权所有 翻印必究

如有印装质量问题，可寄本社退换
（邮政编码 100037）

《高速铁路客站施工关键技术研究与实践》
编审委员会

主 任 委 员：赵 伟　梅洪亮

委　　　员：钱增志　吴永红　沈天丽　贾学斌　赵向东　金 飞　乔聚甫
　　　　　　　方宏伟　周桂云　李宏伟　谭学彪　刘明海　王艳立　邢世春
　　　　　　　武利平　周大兴　李长勇　刘志军　姜传伟　栾 立　刘 震
　　　　　　　陈继云　韩 锋　王 伟　李太胜

主　　　编：钱增志　韩 锋

主要编审人员：刘 政　郑筱彦　李 蒨　李英杰　林巨鹏　张帅奇　王晨阳
　　　　　　　肖 洪　王 强　王 硕　陈 静　刘传林　忽石磊　郑允嘉
　　　　　　　李士坦　王俊民　李小荣　邓裕民　申家海　陈永强　董宏伟
　　　　　　　陈 凯　李座林　江志远　李双来　朱雯清　康宽彬　刘国伟
　　　　　　　吴冠雄　刘 鹏　蔡 川　申 力　杨家富　王亚清　倪晓东
　　　　　　　周益金　刘 勇　尹灵广　张鹏生　范 涛　刘洋洋　张少南
　　　　　　　程先坤　杨荣伟　高爱军　李海龙　刘怀宇　赵建峰　万 辉

主 编 单 位：中铁建设集团有限公司
　　　　　　　中铁建设集团铁路客站建设研究所
　　　　　　　北京中铁装饰工程有限公司
　　　　　　　中铁建设集团设备安装有限公司
　　　　　　　中铁建设集团市政工程有限公司
　　　　　　　中铁建设集团南方工程有限公司

序

2018年是中国改革开放40周年，也是中国首条高铁开通运行10周年。10年来，中国高铁以超乎想象的速度呼啸飞驰，改变着中国，震撼着世界，成为国家的"金名片"。

中铁建设集团有限公司自2008年进军铁路站房，历经十年，秉承铁军精神，坚持科技引领，积极钻研、求实探索，在科技创新等方面取得了显著成绩，特别是在铁路超限结构、复杂地质施工、高纬度严寒地区施工、既有线施工等方面取得丰硕成果，获得多项省部级成果、国家级工法，获得5项中国建设工程鲁班奖、5项中国土木工程詹天佑奖、15项国优奖，企业技术中心认定为国家级技术中心。这些关键技术的突破和掌握，大大加快了工程进度，解决了工程难题，为中国高铁精品站房建设打下坚实基础。通过技术总结，主编完成《轨道交通车站幕墙工程技术规程》、《精品工程实施指南》等行业标准，填补了中国在站房建设领域的多项技术空白，所取得的几十项科技创新成果成就了高铁站房建设的新速度、新高度。

"看似寻常最奇崛，成如容易却艰辛。"十年来，中铁建设的建设者们克服了重重困难，形成了一套完整的站房建设标准化管理体系。

本书立足高起点、高标准，总结了近十年来高铁客站建设自主创新、自主研发形成的先进、经济、适用、可靠的核心技术，特别是在复杂地质基础工程、主体结构和钢结构、幕墙及装修、机电安装、既有线改造、绿色施工、全寿命健康监测八个方面有重大创新和突破，解决了高铁客站空间结构、功能环境、消防安全、节能环保等一系列技术难题，形成以系统工程和创新管理为指导，"理念—实践—理论"三位一体的技术创新路线。

国家高铁建设需要通过不断自主创新，突破科技难关和技术壁垒，不断总结提升企业核心竞争力，把科技创新作为推动高铁站房升级发展的中心环节，坚持以创新发展为主攻方向，做实科技创新平台，增强自主创新能力，推动科技成果转化，提升创效创誉能力；同时不断加强科技创新人才队伍建设，培育创新文化，激发科技创新动力，开创创新驱动发展的新局面。

在高铁站房建设领域，每一次跨越都是技术的积累和进步，每一次跨越也是科技能力和创新水平的不断提高。中国高铁建设需要不断攻坚克难、研究探索，运用自主创新技术、核心技术，建设更多无愧于时代、无愧于历史、无愧于人民的精品站房工程，助力中国高铁领跑世界，共同编织中华民族伟大复兴的中国梦！

中国铁建股份有限公司总工程师
2018年10月

前　言

交通强国，铁路先行。高速铁路是国家重要的基础设施，是中国铁路制造装备走出去助推一带一路的关键。新时代高铁客站应具备畅通融合、绿色温馨、经济艺术、智能便捷的特点，是集高铁、地铁、公交、出租等市政交通设施为一体的综合交通枢纽。

作为高速铁路客站建设的王牌军，中铁建设集团有限公司具有建筑工程施工总承包和市政公用总承包特级资质，前身是中国人民解放军铁道兵89134部队，是中国铁建股份有限公司的核心成员。从2008年开始至今，承建了昆明南站、厦门北站、长春西站、哈尔滨西站、贵阳北站、合肥南站、宁波站、黄山北站等高铁客站，遍布全国各地，参与了沙特阿拉伯麦加轻轨工程建设。所承建的客站获得"中国建设工程鲁班奖"、"国家优质工程奖"、"中国土木工程詹天佑大奖"、"中国钢结构金奖"、全国铁路"火车头"奖杯、"全国工程建设优秀质量管理小组"、"铁路优质工程奖"、"五一"劳动奖状等一系列殊荣。

目前，中铁建设集团拥有复杂地质条件下客站深基础施工、"桥建合一"结构建造、超百米跨异型钢结构屋盖安装、复杂运营条件下跨既有线客站施工、清水混凝土配制和模板研制施工成套施工技术、智能建造1+5+6信息化平台、自研发结构健康实时监测系统等百余项核心技术，先后获得省部级科学技术奖8项，国家级工法5项，省部级工法十余项，中国铁道建筑总公司科学技术奖二十余项。

其中，厦门北站是国内跨度最大的高铁客站，荣获2015年国际桥梁及结构工程协会杰出结构工程奖，该工程创造了三项世界纪录：世界上已建成具有最大无柱候车厅的高速铁路客站（屋盖双向跨度为132m×220m），世界上首次在大型铁路客站中采用双向巨型混合框架结构体系，世界上首次在屋盖中应用双向不等高交叉桁架组成的新型网格结构。

宁波站站台雨棚采用"船形"预应力张拉索张悬钢结构，工程结构复杂、施工安全控制难度大，研究成果"宁波站船型预应力拉索张悬钢结构施工技术研究"获铁道科技奖。总结形成的"巨型悬挑'水滴'状双曲面玻璃幕墙施工工法"获得国家级工法。

三亚站首次采用国内跨度最大（36m）的钢筋混凝土空腹桁架，施工工序复杂，研究成果"钢筋混凝土空腹网架施工关键技术研究"获中国铁道建筑总公司科学技术奖，总结形成的"大跨度预应力钢筋混凝土空腹网架施工工法"获得国家级工法。

从现有技术来看，高速铁路客站的建造技术已取得一定成果，但尚不系统。本专著结合相关实际工程，从基础工程、主体结构、钢结构屋盖、装饰装修、机电安装、BIM技术以及健康监测技术等方面对高速铁路客站建造技术进行较系统论述，以供相关技术人员参考。

中铁建设集团铁路客站建设研究所

目　　录

第1章　复杂地质下高铁客站基础工程施工技术 ·· 3
1.1　引言 ·· 3
1.2　沿海软土地区多紧邻超深基坑同步施工技术 ··· 3
1.3　喀斯特地貌超大直径嵌岩桩施工技术 ·· 9
1.4　岩溶发育区超厚填土场地超大直径人工挖孔桩施工技术 ····················· 14
1.5　大型站房深基坑灾变模式研究 ·· 18

第2章　高铁客站主体结构施工关键技术 ··· 29
2.1　引言 ·· 29
2.2　高速铁路站房"桥建合一"超大截面劲性混凝土结构施工技术 ·········· 29
2.3　大跨度预应力钢筋混凝土空腹网架施工技术 ··· 37
2.4　418m超长混凝土梁板结构无缝施工技术 ·· 41
2.5　超长预应力劲性混凝土结构施工技术 ·· 46
2.6　A型塔柱钢结构超长竖向焊缝施工的质量控制 ···································· 52
2.7　站房永久正线区域主体结构逆作法施工技术 ··· 56
2.8　异型清水混凝土结构施工技术 ·· 63
2.9　大型十字钢骨柱转圆钢柱九级抗震转换节点施工技术 ·························· 73
2.10　双向倾斜变截面钢柱吊装及抗震支座连接施工技术 ··························· 79
2.11　大直径钢管柱与预应力混凝土梁柱节点施工关键技术 ······················· 86
2.12　预应力混凝土梁与钢管混凝土柱创新连接施工技术 ··························· 92
2.13　贝雷架模板支撑体系设计及运用 ·· 96
2.14　多曲率弧形清水混凝土雨棚施工关键技术 ··· 102

第3章　高铁客站钢结构屋盖施工关键技术 ·· 119
3.1　引言 ·· 119
3.2　"船形"预应力拉索张弦钢结构雨棚施工技术 ··································· 119
3.3　132m跨超长轻薄巨型钢管桁架安装施工技术 ····································· 124
3.4　双向不等高正交钢管桁架分块整体提升施工技术 ······························· 131
3.5　大型屋盖钢结构累积提升施工技术 ··· 141
3.6　大型铁路站房叠级钢屋架整体提升施工技术 ······································· 149
3.7　不等高空间网架结构分段胎架滑移施工技术 ······································· 162
3.8　大跨度螺栓球网架大坡度斜轨面变轨液压同步累积滑移施工技术 ······· 168
3.9　大跨度拱形管桁架步进式顶推滑移施工技术 ······································· 179
3.10　天桥顶推技术在既有站改造施工中的应用 ·· 184
3.11　大跨度管桁架悬空对接施工技术 ··· 193

7

3.12 悬挑大跨度弧形"水滴"状钢结构安装施工技术 ·················· 197

第 4 章 高铁客站幕墙及装修施工技术 ·················· 207
4.1 引言 ·················· 207
4.2 超大面积单向悬拉桁架式玻璃幕墙施工技术 ·················· 207
4.3 超大柔性单向单拉索玻璃幕墙施工技术 ·················· 216
4.4 高大空间超长密拼铝单板双开交替式施工技术 ·················· 221
4.5 多层双曲穿孔铝板幕墙施工技术 ·················· 227
4.6 大曲率弧形站台石材铺贴施工技术 ·················· 233
4.7 铁路站房大空间大跨度螺栓球网架吊顶支吊点应用技术 ·················· 238
4.8 陶土板幕墙龙骨施工技术 ·················· 243
4.9 室外"钢琴键盘"式悬挑吊顶铝板施工技术 ·················· 249
4.10 高大空间吊顶转换层自延式施工技术 ·················· 262

第 5 章 高铁客站机电安装工程施工技术 ·················· 271
5.1 引言 ·················· 271
5.2 昆明南站机电工程设计施工优化方法 ·················· 271
5.3 双层双曲面幕墙泛光照明施工技术 ·················· 276
5.4 高铁车站高大空间雨棚重型灯具施工技术 ·················· 280
5.5 隐藏支架桥架制作及安装技术 ·················· 284
5.6 变电所接地系统创新施工技术 ·················· 288
5.7 严寒地区站房地源热泵关键技术 ·················· 295

第 6 章 既有线复杂运营条件下铁路站房改造施工技术 ·················· 303
6.1 引言 ·················· 303
6.2 无站台柱雨棚既有线半幅施工技术 ·················· 303
6.3 2.75 万伏既有铁路线路南北站房同步建造技术 ·················· 310
6.4 跨既有线超大桁架梁无中断列车通行吊装施工技术 ·················· 320

第 7 章 高铁客站绿色施工技术 ·················· 329
7.1 引言 ·················· 329
7.2 大型高铁客站智能建造 1+5+6 信息化平台架构设计及应用 ·················· 329
7.3 基于 Bentley 体系的 BIM 技术与项目管理结合应用研究 ·················· 337
7.4 绿色施工智能化管理技术 ·················· 346
7.5 建筑高大空间天窗电动智能遮阳膜绿色施工技术 ·················· 353

第 8 章 高铁客站全寿命健康监测技术研究与应用 ·················· 359
8.1 引言 ·················· 359
8.2 大型高铁站房健康监测技术 ·················· 359
8.3 屋盖钢结构安全监测技术 ·················· 369
8.4 铁路站房大型网架应力与挠度监测技术 ·················· 378
8.5 大型桩基自平衡检测技术研究与应用 ·················· 385
8.6 测量机器人在屋盖桁架变形监测中的应用 ·················· 393

Kunming South Railway Station 昆明南站

■ 昆明南站是昆明铁路枢纽内客运系统的重要组成部分，是西部地区大型综合性交通枢纽之一，是云南"八入滇、四出境"国际铁路通道的重要枢纽节点，是西南地区建设规模最大的火车客运站。昆明南站还是国家"一带一路"规划中辐射东南亚的重要基础设施，也是云南省"五网"建设中路网的重要交通枢纽，是集捷运铁路（高铁、快铁、城际铁路）、地铁、公交、出租等交通方式为一体的特大型综合交通枢纽站。

■ 昆明南站建筑造型结合云南独有的地域文化特点，以"雀舞春城，美丽绽放"为主题，创造出别具一格的建筑形象，建筑立面整体由八束扇形盛开的孔雀羽毛构成，宛如盛放的孔雀之灵在跳动美妙的七彩云南之舞，同时建筑用多种细部装饰和构件等建筑语言，表达出昆明"民族交融、国际交流"、"西南枢纽、南亚之门"这一高原明珠的城市特点。

2018~2019年度中国建设工程鲁班奖（国家优质工程奖）
2017年中国钢结构金奖
2017年全国建筑业绿色施工示范工程
2016年北京市结构长城杯金奖
2017年北京市建筑长城杯金奖
2018年中国铁建杯优质工程奖
2017年云南省优质工程奖
2016年铁路工程建设部级工法3项
中国铁道建筑总公司科学技术奖5项
发明专利、实用新型15项，软件著作权2项

第1章 复杂地质下高铁客站基础工程施工技术

1.1 引 言

高速铁路客站，既是高速铁路的重要组成部分，也是国家综合交通体系的重要节点和带动城市发展不可或缺的重要因子。伴随着我国高速铁路的快速发展，铁路客站的建设迎来了难得的发展机遇。我国高速铁路网分布广，高铁客站所处的地质条件多样。与普通建筑施工不同的是，高铁站房施工现场，地质情况复杂，施工体量大，需要攻克的技术难关更多。例如，软土地区多紧邻超深基坑同步施工无论从开挖深度、复杂的支护形式，还是紧邻基坑变形控制上，均需要进行多项技术攻关；厚砂层以及岩溶地区钻孔灌注桩的施工仍存在很多技术难题；岩石控制爆破区基础施工同样存在很大的技术风险。基于此，本章以宁波站、柳州站、贵阳北站等工程实例为背景，分别阐述各种特殊地质情况的高铁客站基础工程和深基坑工程的施工技术。

1.2 沿海软土地区多紧邻超深基坑同步施工技术

1.2.1 工程概述

宁波站既有线横跨深基坑，且地表下近50m为淤泥质粉质黏土，站房基坑由5个不同深度、不同大小的相邻基坑组成。其中，主基坑长245m，宽75m，最深处27m；东南耳房基坑长48m，宽40m，深12m；东北耳房基坑长98m，宽34m，深12m；西北耳房基坑长56m，宽34m，深12m；西南耳房长92m，宽40m，深7.7m；主次基坑间距仅0.6m（见图1-1）。基坑总面积3.2万m^2，出土51万m^3，施工期间还需设置3~4道混凝土内支撑，而宁波站总工期仅38个月，且白天市中心出土受限，只能夜间出土，同时土方施工必须严格控制在6个月之内。鉴于此，综合考虑宁波站软土深、基坑跨度大、开挖深、多基坑相互紧邻、工期紧等实际情况，采用了"止水帷幕（双、三轴搅拌桩）+钻孔灌注桩+地连墙+混凝土梁水平支撑组合"综合围护体系，并合理运用"时空效应"，同时利用有限元软件MIDAS/GTS模拟基坑整个开挖过程的土体（结构）变形和应力状态，成功克服了高压旋喷桩、软土地基下地连墙、软土地基下拉森钢板桩、大直径超长钻孔灌注桩、深基坑软土地基土方开挖、基坑监测、基坑变形机理和基坑理论建模等一系列关键技术集于一体的难题，最终完成了多紧邻深基坑同步开挖的综合施工。

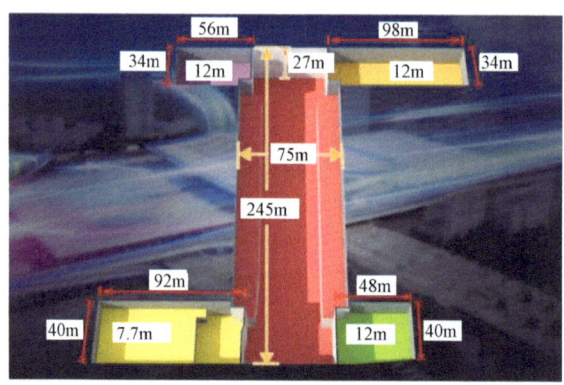

图 1-1 基坑平面布置图

1.2.2 软土地质下多紧邻超深基坑同步施工技术

1.2.2.1 软土地质下相邻深基坑综合支护体系

为了保证支护结构安全可靠、实用高效，同时兼顾工期和成本，考虑到搅拌桩施工快、成本低、止水效果好，但由于基坑加固浅，而地下连续墙和灌注桩施工慢、成本高、却适用于深基坑的特性，结合现场不同基坑不同深度的情况，在沿海软土地区将钻孔灌注桩、止水帷幕（双、三轴搅拌桩）、地下连续墙、混凝土内支撑综合运用于一个围护体系中（图 1-2～图 1-6）。不同基坑具体采用的支护结构形式如下：

（1）7.7m 深度的基坑采用双轴搅拌桩止水帷幕＋钻孔灌注桩；双轴搅拌桩径700mm，中心间距 500mm，长 12m；钻孔灌注桩直径 800mm，中心间距 900mm，桩长 21m。

（2）12m 深度的基坑采用三轴搅拌桩止水帷幕＋钻孔灌注桩＋水平支撑；三轴搅拌桩径 850mm，中心间距 600mm，长 15m；钻孔灌注桩径 800mm，中心间距 950mm，桩长23m。水平混凝土梁支撑截面尺寸为 1200mm×1200mm，设 1 道。

（3）22m 深度以上的基坑综合采用地下连续墙、钻孔灌注桩、止水帷幕、混凝土内支撑复杂体系；其中地连墙墙厚 1000mm，深 46m；钻孔灌注桩桩径 900mm，中心间距1050mm，深 22m 以上；止水帷幕采用三轴搅拌桩，桩径 850mm，中心间距 600mm；水平混凝土梁支撑截面尺寸为 1200mm×1200mm，设 3 道，端头井 27m 深处设 4 道。

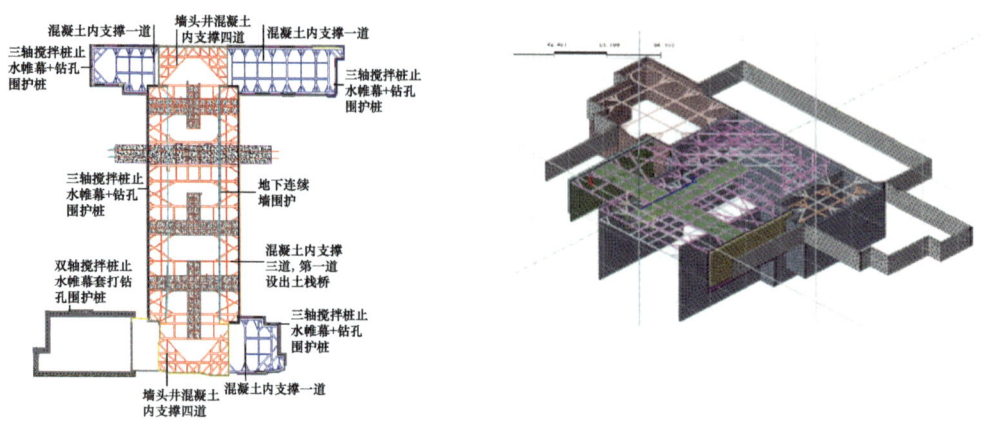

图 1-2 围护结构及内支撑示意图

图 1-3　三轴搅拌桩机

图 1-4　旋挖钻机

图 1-5　地连墙成槽机

图 1-6　第一道混凝土内支撑

1.2.2.2　将"时空效应"原理结合现场实际情况应用在软土深基坑土方开挖中

为缩短工期,项目利用 MIDAS/GTS 有限元软件对多种方案进行模拟并比选(见图 1-7、图 1-8),最终采用多紧邻深基坑土方同步开挖的施工方案,充分考虑软土地质下土体变形在时间和空间上的滞后性,合理制定出分层、分块、对称、平衡、限时开挖的"时空效应"参数(见表 1-1),严格做到"纵向分段、竖向分层、分小段挖土、通过坡度控制土体稳定、随挖随撑、先撑后挖、对称平衡开挖、严格控制无撑时间、限时完成"等原则(见图 1-9)。对 5 个相邻基坑按照先施工中间主基坑,后施工 4 个相邻浅基坑,主基坑与 4 个相邻浅基坑间挖土不超过一步土的原则进行施工。对栈桥下方土方开挖制定了更详细的开挖方案,保证了高铁列车在栈桥上安全通过。

同时,针对软土深基坑的施工技术特点,以及相邻深基坑同时开挖施工工艺,工程对多紧邻基坑进行了全过程监测,主要对围护结构顶部沉降与位移、围护结构测斜、坑外地表沉降、立柱桩隆沉、支撑轴力、坑内外潜水水位及坑内外承压水位、坑内土体回弹、周围管线及相邻建筑物沉降等进行了综合监控。经监测基坑最大变形仅 8mm(见图 1-10~图 1-13),远低于 20mm 设计报警值。因此,采用相邻基坑同时开挖的施工工艺是可行的。图 1-14 给出了基坑地下潜水位监测时间变化曲线图。

相邻基坑在开挖过程中制定和控制的"时空效应"参数　　　　表 1-1

施工参数	指标值
N_i——开挖分层的层数	每层不大于 4m
n_i——每层分部（块）的数量	每块不大于 20m²
T_{ci}——每分步开挖的时间控制值	8～10h
N_{si}——每分步开挖后完成支撑（垫层）的时间限制值	小于 8h
T_{ri}——每分步开挖支撑完成的总时间	小于 20h
P——支撑预加轴力值	取设计轴力的 50%～80%

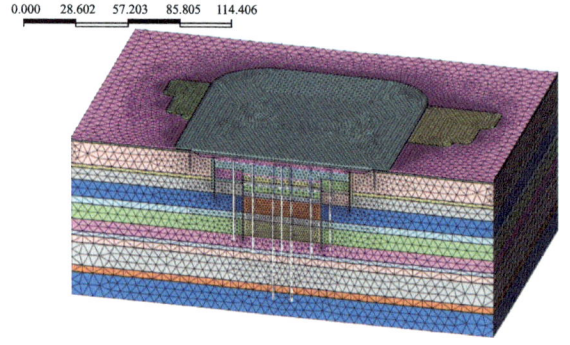

图 1-7　基坑三维模型示意图　　　　图 1-8　全部开挖完后模型图

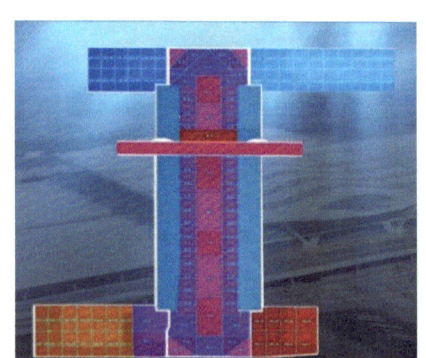 

图 1-9　相邻深基坑开挖分区图

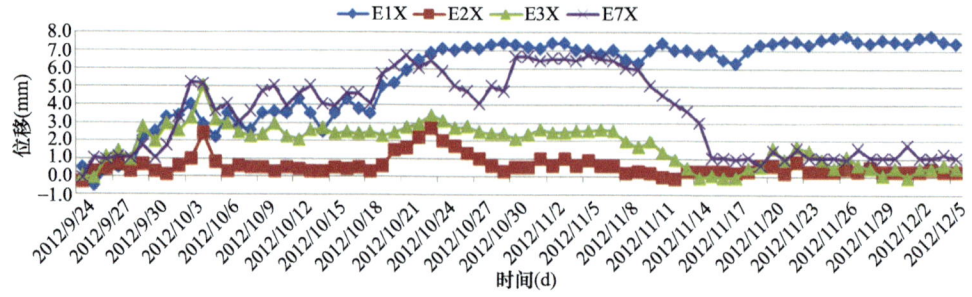

图 1-10　基坑围护结构位移-时间曲线图

第1章 复杂地质下高铁客站基础工程施工技术

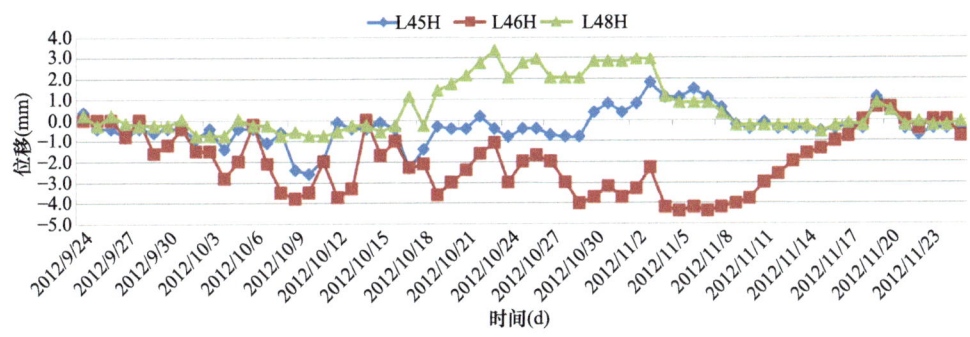

图 1-11 基坑立柱桩隆沉位移-时间曲线图

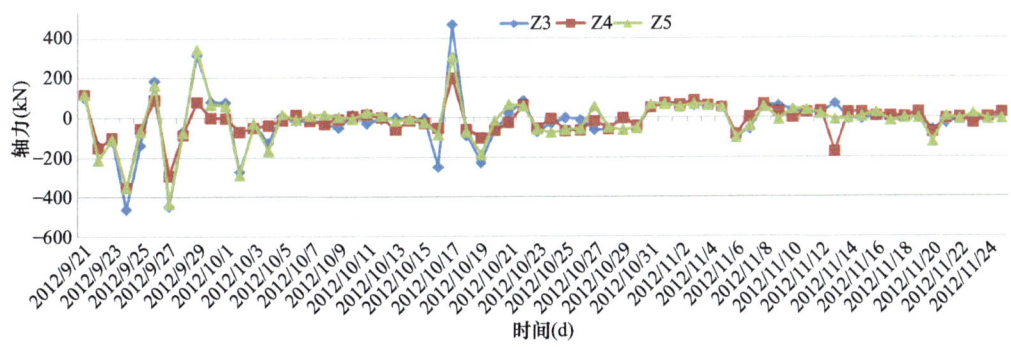

图 1-12 基坑支撑轴力-时间曲线图

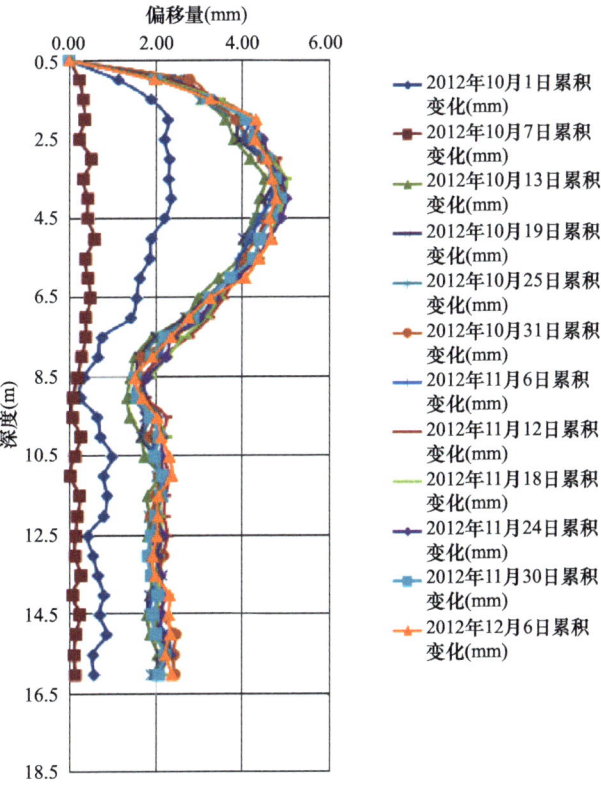

图 1-13 测斜变化量-时间曲线图

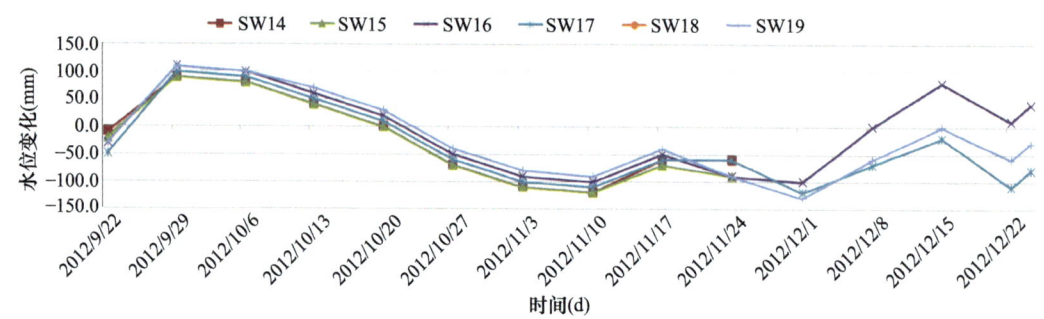

图 1-14　基坑地下潜水位监测时间变化曲线图

1.2.3　结语

本工程运用理论分析、模型建立、数值计算和现场试验等手段，针对软土大规模基坑开挖工艺及支护结构变形特征进行了系统深入的研究，形成了具有创新性的技术成果。

（1）针对工程超深基坑和周边紧邻的四个小基坑施工具体情况，基于"时空效应"理论，提出了"止水帷幕（搅拌桩）＋钻孔灌注桩＋地连墙＋混凝土水平支撑组合"基坑围护结构形式和五个基坑同步开挖的施工方式。

（2）在运用"时空效应原理"对软土深基坑进行土方分层分块限时开挖创造了成功的范例：

① 减小了开挖过程中的土体扰动范围，最大限度减少坑周土体位移量和差异位移量；

② 在每一步开挖及支撑的工况下，基坑中安装的部分支撑体系可使基坑受力平衡而得以稳定，并控制坑周土体位移量和差异位移量；

③ 考虑到时空效应的软土基坑施工设计的关键是准确地来理解和把握等效土体水平抗力系数的取值，通过分析进行了深入的研究，提出了能够指导施工的研究成果；

④ 建立开挖过程的动态监控平台、编程实现基坑监测的智能化管理，通过施工监测，对基坑加固效果进行了验证，确保了工程多紧邻超深基坑群的安全开挖。

（3）数值模拟为基坑开挖和监测提供理论指导和依据。利用有限元软件模拟了基坑开挖过程的土体（结构）变形和应力状态，精心设计分层开挖的空间几何尺寸，总结出"严格控制无支撑暴露时间、充分利用土体自稳时间效应控制变形的潜力，抢出开挖时间"的理论和施工经验，为深基坑开挖赢得宝贵时间，也节约了成本，有限元分析结果为基坑监测预警值和报警值的设定提供依据。

（4）根据基坑埋深的不同，采用了不同的开挖方法。严格遵循"分层、分段挖土，开槽支撑，随挖随撑，先撑后挖，严禁超挖，限时完成"的原则，不仅便于基坑开挖动态管理，而且有助于将监测结果及时反馈到施工现场，把基坑变形量始终控制在规范指标内。

（5）研制了适用于超大深基坑施工的机具，特别是采用长臂、伸缩臂挖掘机，对保证基坑的施工质量起到了重要的作用，同时为软土地区的深基坑开挖施工技术的建立提供了基础。

（6）针对软土深基坑在开挖过程中施工技术特点和基坑同时开挖施工工艺、综合监控技术的研究，取得了良好的效果。

工程多紧邻深基坑施工受既有线影响严重，无论从开挖深度、复杂的支护形式、紧邻基坑变形控制上在国内均属罕见。工程通过综合支护形式的运用和紧邻深基坑同步开挖方案的配合施工，成功保证了宁波站多紧邻深基坑土方的安全、顺利、高效开挖，为后期结构施工提供了充足的时间。本关键技术具有一定的代表性,具有很强的推广前景,对今后类似工程的设计与施工具有指导意义。

1.3 喀斯特地貌超大直径嵌岩桩施工技术

1.3.1 工程概述

柳州站扩建实施站房工程南北长206m,东西宽60m,工程位于地质条件复杂的喀斯特岩溶发育强烈地区,基础结构采用端承桩,有效桩长在30~45m,2600mm大直径端承桩。桩端持力层为微风化白云岩,桩长以进入持力层不少于$0.5d$且不少于1m控制,结构设计使用年限50年。通过核查地质资料查看各地层岩性及分布特征层面埋深、层顶标高、揭露层厚、持力层饱和单轴抗压强度、持力层岩石坚硬程度等级。地下水埋藏特征判定水和土对建筑材料无腐蚀性,场地主要岩土层参数建议值见表1-2,分析得出②$_2$层可塑红黏土层承载力特征值仅为150kPa,非常容易塌孔,需要采用相应的护壁措施,钻孔过程中需要穿过白云岩破碎带③$_4$层,钻孔时间长,桩孔侧壁需要保证长时间稳定不塌孔,持力层微风化白云岩③$_3$层岩石抗压强度标准值55MPa,入岩强度高,需要对钻头特殊加工处理,确保高速钻进。喀斯特地貌超大直径嵌岩桩施工流程见图1-15。

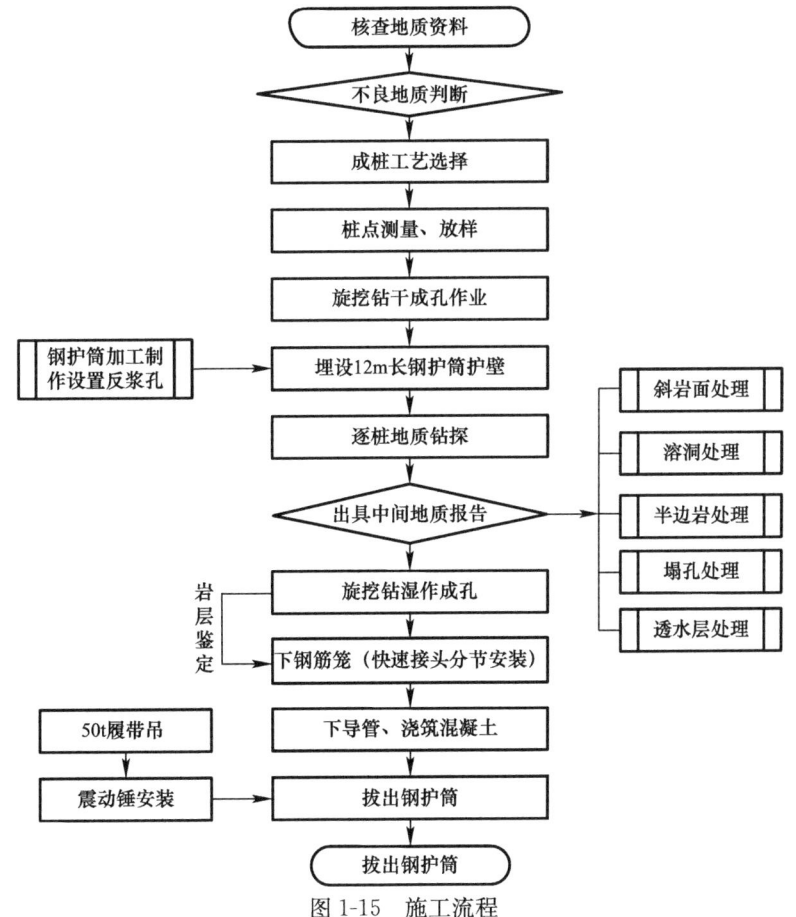

图1-15 施工流程

主要岩土层物理力学指标参数值　　　　表 1-2

指标 岩土层名称及编号	承载力特征值 (kPa)	压缩模量 (100~200kPa) E_s(MPa)	天然重度 γ (kN/m³)	三轴（UU） 黏聚力 C(kPa)	三轴（UU） 内摩擦角 φ(°)	直剪 粘聚力 C_q(kPa)(快剪)	直剪 内摩擦角 ϕ_q(°)(快剪)
素填土①₂层	$f_{ak}=120$	—	18.5	—	—	—	—
硬塑状红黏土②₁层	$f_{ak}=230$	10.0	18.0	30	9	20	8
可塑状红黏土②₂层	$f_{ak}=150$	6.3	17.4			8	4
强风化白云岩③₁层	$f_a=800$	—	23.0				40
中风化白云岩③₂层	$f_a=3500$	—	24.0				45
白云岩破碎带③₄层	$f_a=2500$	—	23.5				45
微风化白云岩③₃层	$f_a=8000$	岩石抗压强度标准值 $f_{rk}=55$MPa					

1.3.2 不良地质判断

从现场踏勘及钻探情况，本场地的不良地质主要表现为岩溶，未发现有地面塌陷、采空区、区域断裂等不良地质现象。本工程所在地广西柳州市场地岩溶发育强烈，但溶洞以全充填为主，场区岩溶发育以岩体表面起伏、不均匀风化、岩体破碎带及岩体浅部或中上部溶洞发育为主要特征。

1.3.3 成桩工艺选择

根据工程地质条件、桩基设计情况、地下水情况以及工期要求实际地质情况，对钻孔桩上部可塑红黏土层侧壁薄弱处、易塌孔部分、透水层采用旋挖钻钢护筒施工法进行施工。钻孔接近溶洞位置，下沉 1.2cm 厚钢护筒穿过溶洞。成孔工艺采用旋挖钻机干湿交替工艺施工。

1.3.4 旋挖钻干作业

在护筒埋设并定位后，使用扭矩大旋挖钻机钻进至地面以下 12m 的位置终止钻孔。12m 长钢护筒直接在工厂定做，壁厚 20mm，护筒直径根据桩径选取几种并提前通知加工厂家。护筒使用前在底部和顶部外侧加焊一圈 12mm 加强钢板，高度 10cm。加强板下部开设四个直径 100mm 的圆孔，从护筒顶部以下每隔 2m 设置两个直径 150mm 的排浆孔，长度方向排浆孔交错布置，防止开孔过多导致护筒侧壁薄弱。利用 50t 履带吊安装好震动锤，将 12m 长钢护筒压入旋挖钻干作业孔底护壁，护筒顶标高高出地面 20cm。在护筒埋设过程中，需要检查逐段检测护筒拼接段质量，段与段之间拼接的顺直度要控制好，以防止折曲。孔口定位，护筒口中心要保证与桩基中心重合，然后将其与地面外护筒用钢板连结固定。护筒下方施工注意避免振力过大时护筒滑偏，底部变形、坍塌。在护筒振动下落时控制好护筒的入土总深度，并加强护筒底部，如图 1-16 所示。

1.3.5 逐桩进行地质钻探

为充分利长护筒的护壁的桩位可以保持长时间孔壁稳定性，3~5d 内不会塌孔，在布置好的钢护筒上部搭设地质钻操作平台（见图 1-17）。地质钻就位进行地质钻探。地质钻探由地面以下12m至完整微风化白云岩层不小于3倍的桩径且不小于5m取大值后，完成该桩的地质钻探工作收孔。

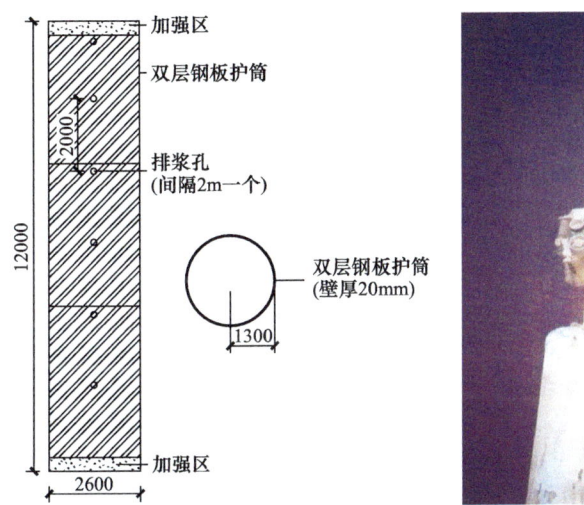

图1-16 钢护筒安装

图1-17 地质钻操作平台及地质钻探

1.3.6 逐桩进行地质钻探

根据地质钻取出土样见图1-18，地勘单位出具中间地勘报告柱状图。分析地勘报告，针对不良地质情况采取相应的钻孔技术措施。

1.3.7 静态护壁旋挖钻施工

（1）利用现场施工供水管网布置点接入ϕ100mm的供水管向钻孔内注水，水位加直至护筒顶且液面稳定无下沉。化学泥浆采用孔内直接造浆法见图1-19。

（2）在本工程中复杂喀斯特岩溶地质条件下，需要较大黏度的泥浆达到稳定的护壁效果，彻底解决钻孔过程中

图1-18 地质钻土样

的塌孔问题，同时，要求钻渣沉淀速度快，确保桩身质量。经过反复对比研究，决定采用化学聚合物泥浆。泥浆的比重控制为 $1.15\sim1.20g/cm^3$（用比重计测，清孔后使用泥浆筒在距孔底 50cm 处取样），泥浆的黏度为 $18\sim22Pa·s$，泥浆的含砂率不大于 4%。如果泥浆形成的泥皮黏附力差或稠度小，无法形成护壁泥膜，易脱落，导致孔壁稳定性差，形成易塌孔和缩颈。如果泥浆的稠度大、比重大、含砂率高，形成的泥皮厚度大，质量差，降低桩的侧摩阻力。旋挖取土成孔中静态泥浆作为成孔过程的稳定液，主要起护壁作用。化学聚合物泥浆主要为高分子聚合物水解后形成，由于泥浆聚合物分子量高达 2000 万以上；水解后分子链扩散并与其他分子链重新连接，形成较为黏稠的近似糊状的泥浆，能够最大限度地黏住并沉淀钻屑（见图 1-20）。

图 1-19　化学聚合物泥浆静态护壁施工

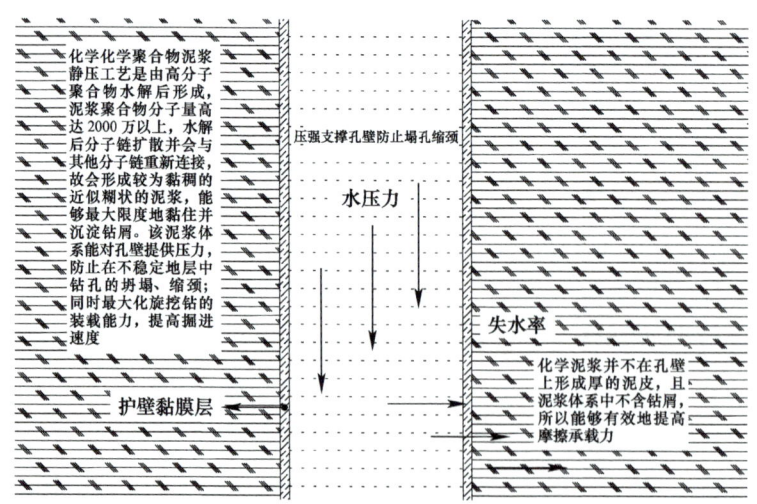

图 1-20　旋挖钻静态护壁原理图

（3）在钻孔前提前准备好化学泥浆（泥浆粉），根据地层情况计算出总用量和施工每米的平均用量。做一个加料斗，能使材料和片碱充分融化不结块。在护筒内先进行泥浆的配制，护筒内配制用量为平均用量的 $1.5\sim2$ 倍。在钻进到护筒底部以下后，加量按照平均用量添加即可。造浆要专人负责，保证泥浆液面高度。添加化学泥浆（泥浆粉）的时间、次数和重量严格按照计算的平均量配制。

1.3.8 岩层鉴定和成孔检测

钻孔至微风化白云岩持力层时，邀请设计院、地勘单位、地勘监理对钻出岩样进行分析，进行岩层鉴定，当四方签字确认后，再进行下部岩层钻进。然后将捞渣钻头换成筒钻进行岩层钻进，再钻进的过程中更替使用双层拉渣钻及时进行取土，直至设计孔深。钻进结束后使用井径仪检测孔径、孔深、垂直度，验收合格后进行下一道工序（见图 1-21）。

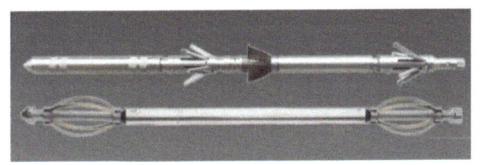 

图 1-21　桩基成孔井径仪检测

1.3.9 提拔钢护筒

混凝土浇筑设计方量时，用测绳测量浇筑高度，及时补方，混凝土灌注至桩顶直至泥浆全部返出，桩顶上部全部为石子，静置 5～10min 混凝土表面无下沉，拆除混凝土导管，提拔钢护筒 1～1.5m 高，混凝土下落，继续灌注混凝土直至混凝土表面无下沉，震动锤继续提拔钢护筒全部提出，观察桩顶混凝土有无下沉（图 1-22）。

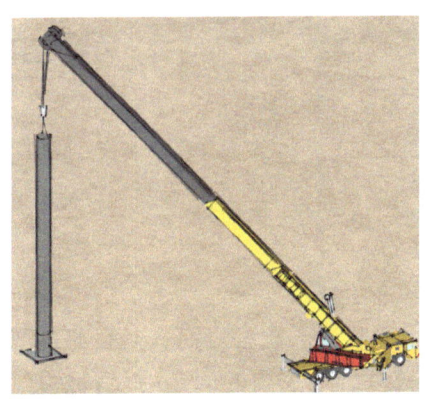 

图 1-22　提拔钢护筒

1.3.10 结语

柳州站喀斯特地貌超大直径嵌岩桩施工，摒弃了喀斯特地质条件下常规桩基施工方法，采用旋挖钻静态化学泥浆护壁湿作业工艺进行桩基施工，速溶型旋挖钻机专用化学泥浆（泥浆粉）孔内造浆，护壁稳定，不用设置泥浆池，减少了大量泥浆外运和土方成本，同时在项目使用中极大地减少泥浆制备时间，提高了施工效率。该工程采用喀斯特地貌大直径嵌岩桩长护筒旋挖钻干湿交替施工技术后，没有出现过塌孔现象，旋挖成孔速度明显加快，成桩质量也有明显提高。通过检测，使用该施工技术成孔的桩 95% 以上达到了Ⅰ类桩标准。

1.4 岩溶发育区超厚填土场地超大直径人工挖孔桩施工技术

1.4.1 工程概述

贵阳北站是我国西南地区综合性铁路交通枢纽，总建筑面积 24 万 m^2。站房采用桥建合一结构。站台层承载列车轨道的承轨结构、高架候车层框架双向跨度均为 21m×24m，屋盖钢结构双向跨度 42m×66m。上部结构跨度及荷载较大，单柱柱底压力最大值约 10 万 kN。工程建设场地位于贵州省贵阳市观山湖区，自然地面相对高差 42m 左右。拟建建筑场地位于岩溶槽谷中，海拔高程在 1228～1270m。场地内白云岩溶洞、溶蚀裂隙较发育，溶洞为半充填～无充填状，充填物为可塑红黏土，且赋存岩溶裂隙水，钻探过程中有漏浆现象。位于场地山坡上的钻孔终孔稳定水位埋深较大，位于场地西北侧山谷凹槽钻孔终孔稳定水位埋深较浅。在勘探深度范围内无统一地下水水位，说明场地内溶洞发育具方向性，且连通性差。图 1-23 所示为建筑纵剖面及典型地质剖面。

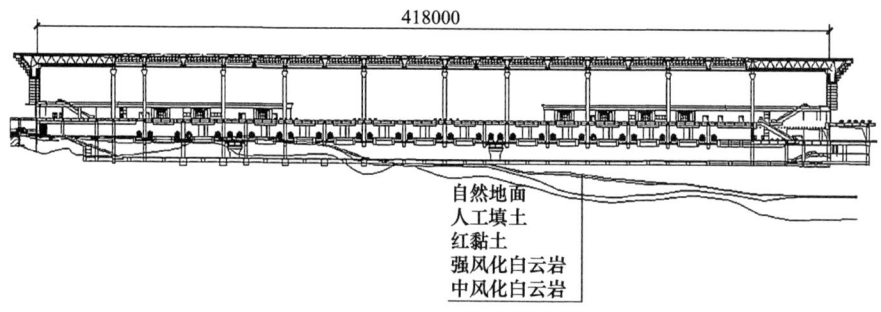

图 1-23 建筑纵剖面及典型地质剖面

1.4.2 桩基设计

本工程上部结构跨度及荷载较大，而中风化白云岩强度高，是良好的桩基础持力层。建设场地的不利条件除了部分区域岩溶发育外，最主要的问题是自然地面相对高差约 42m。除东端少部分属于挖方区外，基底范围多数都位于填方区，且由于铁路路基建设需要，多数填方在站房施工单位进场前就已经完成。工程桩的有效桩长为 6～30m，个别位于岩溶发育区的桩长达到 35m。出于对保证人身安全的谨慎考虑，对填土厚度不超过 3m 及有效桩长不超过 20m 的区域均采用大直径人工挖孔桩，当桩长超过 20m 时，则采用冲孔灌注桩基础。

在冲击成孔过程中发现，由于铁路站场路基填方采用级配碎石填筑，而级配碎石透水性好，容易漏浆，造成泥浆制备量大，黏度不容易控制；另一方面级配碎石黏聚力差、施工过程中极易塌孔、串孔，且桩端沉渣厚度难以控制，难以保证施工质量。冲孔桩施工过程需配备泥浆池、打桩机械设备占用场地，无法进行多桩平行施工，施工工期长；此外，出站通道地下室两侧的桩基位于基坑边坡斜坡上，冲孔机械无法施工，需待出站层施工完，再回填路基后才能进行该区域的冲孔桩施工，工期较长。为了保证站房配合贵广铁路

2014年底开通，需采取技术措施，加快施工进度。综合考虑各种因素，在试挖成功的前提下，决定将冲孔灌注桩全部改为人工挖孔桩。为了减少跳挖施工对工期的制约，尽量采用柱下单桩基础，桩身混凝土强度等级C40，其中最大的人工挖孔桩桩身直径3200mm、扩底直径4600mm。

随着桩径的增大，护壁厚度及配筋也要相应加强。具体而言，当桩身直径不大于1.5m时，混凝土护壁厚度100mm，护壁配置$\phi 8@200\times 200$的环形和竖向钢筋；当桩身直径大于1.5m且小于2.5m时，混凝土护壁厚度为120～150mm，护壁配置$\phi 8@200\times 200$的环形和竖向钢筋；当桩身直径大于等于2.5m时，混凝土护壁厚度为200mm，护壁配置$\phi 10@200\times 200$的环形和竖向钢筋。护壁竖向钢筋应上下搭接或焊接。

1.4.3 岩溶发育区深厚填土场地超大直径人工挖孔桩施工

1.4.3.1 人工挖孔桩施工工艺流程

场地平整放线、定桩位→原位勘探→开挖承台土方→浇垫层→架设支架和电动葫芦、安装潜水泵、鼓风机照明设备等→挖下0.5～1m土层进行桩孔周壁的清理、校核桩孔的直径和垂直度→绑扎护壁钢筋→支撑护壁模板→浇灌一周护壁混凝土→拆模后继续下挖、绑扎、支模、浇护壁混凝土、循环作业、达到设计要求中风化岩的深度后→勘察及监理确认持力层→开挖扩大头、对桩孔直径、深度、垂直度、持力层进行全面验收→浇筑封底混凝土→排除孔底积水、钢筋笼吊装→浇灌桩身混凝土。

1.4.3.2 岩溶勘察及溶洞处理

桩基施工阶段应逐桩进行施工补充勘察，确保桩底标高下的完整基岩厚度不小于5m且不小于桩端扩大头直径的3倍。根据详勘报告揭示的情况，对于岩溶微发育及中等发育地段的桩基，在每根桩中心均设置一个施工勘探孔，但如果勘探期间揭示出岩溶，或者成孔过程中发现溶洞者，则该承台下的所有桩基均应按溶蚀强发育区的原则进行勘察布孔。对于溶蚀强发育区，施工勘探孔数量按以下原则确定：桩端扩大头直径$D_o\leqslant 1000$时布1个孔、$1200\leqslant D_o\leqslant 1800$时布2个孔、$2000\leqslant D_o\leqslant 2400$时布3个孔、$D_o\geqslant 2600$时布5个孔，勘探孔应在桩底均匀布置。

对有溶洞的桩位，应让具体操作者、技术人员、作业队长都知道溶洞的位置、大小、填充情况以及应采取的安全施工方案。挖掘时，要使孔壁稍有凹凸不平，以增加桩护壁的摩擦力。当挖孔进尺到溶洞顶面1m时，挖孔作业人员必须系安全带，安全带要与井口上的挂梯或安全绳牢固联系，以确保溶洞挖穿时作业人员的安全。然后用风钻钻一个小孔，查看溶洞内是否有承压水，如果有承压水，作业人员则应迅速撤到地面等其自然排出，水位稳定后再进行抽水，然后继续开挖。挖穿溶洞顶盖后，将鸽子或鸡放入空溶洞中吊30分钟，若正常，作业人员方可下井施工。

当为无填充物干洞，先用钢钎探明溶洞的竖向高度，当溶洞竖向深度<1.0m，并确认溶洞壁不会坍塌时，在打穿溶洞土层后能直接观察到溶洞内的情况。将溶洞内的浮土杂物清除干净后，用水泥砌筑砂浆砌筑120厚钢筋砖（加强筋选用$\phi 6@600$，每层闭合）护壁外模，继续绑扎护壁钢筋，支内模板、浇筑护壁混凝土。当溶洞竖向深度$\geqslant 1.0$m时，

应选用松木对溶洞顶土体进行支撑，确保施工安全，支撑好洞顶后用吊车将平均分三瓣的钢护筒放入坑内，在坑内焊接固定作为护壁外模，绑扎护壁钢筋、支内模、浇筑护壁混凝土。

当溶洞内有填充物，则根据填充物的种类分别采取不同的措施。填充物为流质泥浆或积水时，先将流质泥浆或积水抽干，再采用与空溶洞相同的方法来施工。填充物是中粗砂、粉细砂、软塑状黏土、含碎石粉质黏土时，采用短柄铁锹进行开挖，挖进时应浅进尺，强支护，沿上层护壁外围每 20cm 打入 $\phi 20$ 的钢钎，然后钢钎上绑扎草袋作为临时防护，每节挖进最大深度 0.5m。累计深度 1m 时，用钢护筒做护壁外膜。

对有溶洞的桩位，浇筑护壁时在溶洞顶上方预留注浆管入口，注浆管的端头开孔用橡胶遮挡，注浆管插入深度不小于注浆管开孔长度的 2 倍，注浆管与外模之间的缝隙用水泥砂浆封堵，待桩身混凝土浇筑完毕后用 2~3MPa 的水泥浆进行压力注浆将溶洞填充。

1.4.3.3 深厚填土注浆加固及开挖

本工程回填土层厚度较大，最深处回填土深度接近 20m，由于回填的土层中含石块量较多，进行人工挖孔时易发生坍塌，施工前对回填土层进行注浆加固。

注浆方式分为两类：一类是孔外侧注浆，即在回填土高度范围内沿孔外侧周围普遍注浆；一类是孔内注浆，当开挖过程中发现孔周边某高度范围的土质加固效果不够，仍然较为松散，从孔内注浆补强。

(1) 孔外侧周围回填土注浆采用袖阀管注浆法

袖阀管注浆是在浆液经过注浆泵加压后，通过连接管进入注浆管，聚集到袖阀管注浆管段，在压力作用下，将包裹在 PVC 管外的橡胶圈胀开。当压力逐渐增大到一定程度，被加压的浆液就会沿着地层结构产生充填、渗透、压密、劈裂流动，在地层中形成固结体。为了保证注浆效果，使之形成一道环形的闭合体，围绕挖孔桩护壁位置布 1 圈注浆孔，注浆孔间距不大于 500mm；注浆深度要求进入原地面老土层以下 1m，详见图 1-24。

钻孔采用地质钻机及 $\phi 94$ 钻头，并采用套管跟进钻孔防止塌孔。在钻孔结束后立即插入袖阀管，袖阀管采用 $\phi 48$ 硬质 PVC 管，能够承受的最大压力大于 3.0MPa；袖阀管注浆孔直径 6mm，开孔间距为 33~50cm，开孔处管外紧箍橡胶套覆盖注浆孔；管由每节 3m 通过螺纹接头连接，管端加闷盖封闭。袖阀管每节连接好后，依次下放到钻孔中，直到孔底，下放时尽量保证袖阀管的中心与钻孔中心重合，然后拔出套管。袖阀管安装好后，采用套壳料注满袖阀管与土体间的钻孔空隙。套壳料配比为水：灰：土＝1.6：1：1。袖阀管的底端头用土工布等物包紧扎死，防止套壳料进入袖阀管。

注浆施工采用后退式分段注浆，即在注浆管内由孔端向外分段进行注浆，每次注浆段长 0.4~0.5m，注完此段后，再后退注下一段，直至全孔注浆完成。注浆顺序采用先低后高，间隔跳孔的方法进行钻孔和注浆。

浆液采用水泥-水玻璃双液浆。水泥采用 425 号普通或矿渣硅酸盐水泥，水泥与水玻璃的比例为 1：0.5~1，根据现场注浆试验效果对注浆浆液配比进行适当调整。对孔隙率偏大的地段可掺入 2.5%~15% 的氢氧化钙作为速凝剂，防止浆液过度流失；对孔隙率偏小的地段可掺入 0.5%~1.5% 的磷酸氢二钠作为缓凝剂，以适当增加注浆量，保证土体加固效果。由于现场回填砾石孔隙率较大，浆液注入量难以精确计算，因此，注浆液配比及注浆量等实际参数要根据地层实际情况通过试验方法确认,并在现场施工中不断完善调整,注浆过程中,结合注浆压力变化情况,现场动态调整优化注浆参数。

(2) 孔内注浆采用钢花管注浆法

适用于开挖过程中发现孔周边土体加固效果不够时,从孔内注浆补强。如图 1-25 所示,钢花管布置位置为沿挖孔桩圆周布置,钢花管之间间距约为 50cm,花管可拔出重复利用。施工时采用冲击锤将钢花管斜向下方打入土层,打入深度 0.5~1m,钢花管上端头露出 100mm,先用套头套牢,防止杂物进入管内。注浆时采用注浆泵,通过高压注浆管安接在钢花管上端,并采用低压慢灌工艺,压入水泥浆,灌浆压力达到 0.6~0.8MPa 压力,并稳压 3~5min,即可停止注浆。水泥浆采用 425 号水泥,按水灰比 0.50~0.55 配制。

深厚填土区挖孔应适当加强护壁,第一节护壁进行翻边处理,翻边 500mm、高度 500mm,嵌入地下 250mm、地上露 250mm。上下两节护壁钢筋搭接长度不小于 250mm,并根据桩径大小,区别确定护壁厚度。开挖过程严格控制每节挖进最大深度 0.5m,护壁高度也缩短为 0.5m。

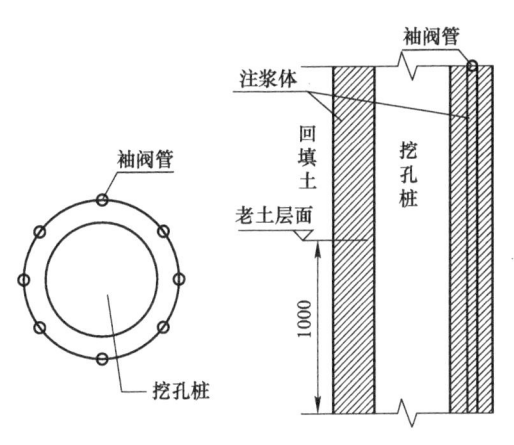

图 1-24 孔外侧周围回填土注浆

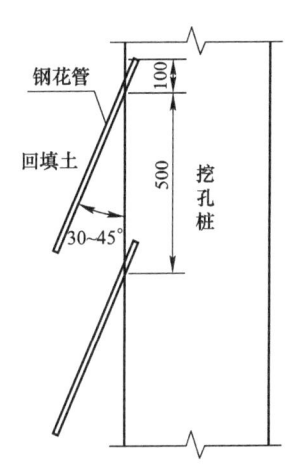

图 1-25 孔内钢花管注浆图

1.4.4 结语

人工挖孔桩存在受地质条件限制、工人劳动强度大、危险性高等缺点,特别是井下作业环境恶劣,工人随时有可能受到涌水、涌沙、塌方、毒气、触电、高处坠落、物体打击等的安全威胁。随着经济发展和社会进步,出于安全考虑,建设部及各地先后出台了多项规定,严格限制使用人工挖孔桩,个别地区甚至禁止使用人工挖孔桩。

但人工挖孔桩作为一种传统的成桩施工工艺,具有造价低、所需施工设备简单、成桩质量容易保证等优点。对于超高层或者大跨度结构,往往柱底压力较大,当基岩承载力高时,采用人工挖孔桩可显著降低造价、缩短工期,应采取有效措施保证施工安全,而不是简单放弃人工挖孔桩方案。

贵阳北站建设场地位于岩溶发育地区,且填土特别深厚,在"精心设计、谨慎施工、严格管理"的相互配合下,桩基施工未出现任何人身伤亡及质量事故,显著缩短了建设工期。施工中采取的技术措施合理有效,可供类似工程参考(图 1-26)。

图 1-26 贵阳北站人工挖孔桩

1.5 大型站房深基坑灾变模式研究

1.5.1 工程概述

大型站房深基坑工程影响域内变形特征受地层结构、支护形式、气候等多种因素的影响，本文重点考虑硬质土层（如哈尔滨西站）、软土地层（如宁波站）、土岩复合地层（如贵阳北站、长春西站、合肥南站）三类地层结构，以及锚拉支护、土钉支护两种支护结构，采用 FLAC 3D 有限元分析软件进行数值模拟，对深基坑工程影响域内地表、支护结构的水平、垂直位移规律进行了详细研究，并结合监测数据进行了变形特征的总结，开发出新型实时监测系统。

哈尔滨西站分为东、西站房及城市通廊，场地南高北低。基坑逐层放坡开挖。

宁波站改建工程耳房基坑工程所在场地位于宁波断陷向斜盆地中部。基坑主要岩性为淤泥质黏性土及黏性土，属典型的软土地基，地下水较丰富，具有高含水量、高压缩性、强度低、透水性低等特点，基坑稳定性差，易产生不均匀沉降和变形大等问题。

合肥南站地处合肥市包河区，站址位于包河大道以西，宿松路以东，站房位于徽州大道与机场专用线之间，地势西高东低，南广场位于高速路以南繁华大道以北，北广场临龙路，是集铁路、城市轨道、城市道路交通功能换乘于一体的现代化大型交通枢纽。

1.5.2 大型站房深基坑变形基本特性

（1）桩锚支护

以下针对 4 种不同地层结构（①均质硬土地层；②多层互层硬质土层；③均质软土地层；④土岩复合地层），分别进行模拟计算，并记录从基坑边缘起沿 x 正方向 20m 范围内的地表沉降及水平位移，绘制成曲线图。

4 种地层条件下，地表沉降及水平位移随距基坑边沿距离的变化曲线如图 1-27 及图 1-28 所示。

通过图 1-27、图 1-28 可以看出，4 种土体条件下，基坑周边土体的沉降变形曲线均呈马鞍形。除均质软土外，其他三种土体条件下，基坑边沿位置均出现轻微上浮，究其原因，锚桩支护结构的坑壁水平约束较强，坑周顶部土体向坑内位移量较小，故沉降量不大，加之基坑开挖，坑底应力释放，桩体随之轻微上浮，于是带动周边土体上浮。所以导致基坑周边土体的沉降变形曲线呈马鞍形；水平位移变形曲线与沉降曲线关系密切，基本上呈现出同一种变化规律。水平位移最大的位置与沉降量最大的位置基本一致。

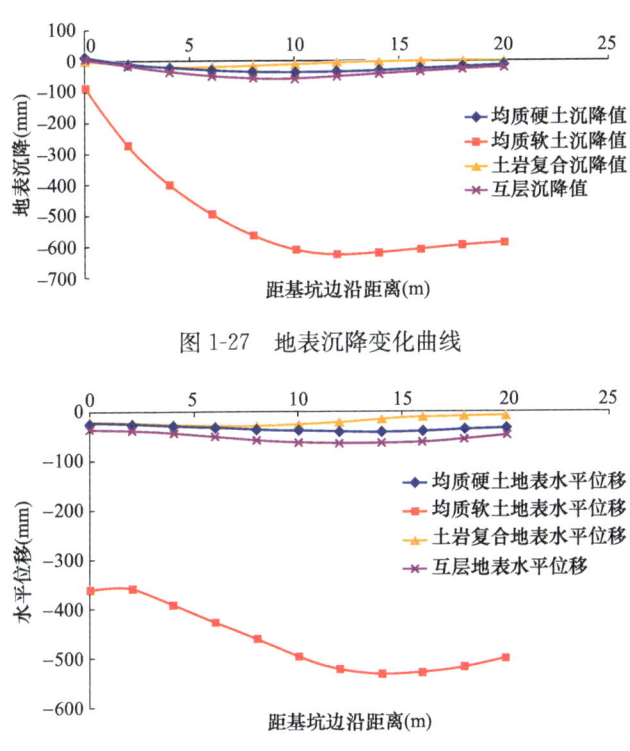

图1-27 地表沉降变化曲线

图1-28 地表水平位移变化曲线

（2）土钉支护

实际工程中，土钉支护结构经常发生的一种破坏形式为混凝土护面沿坡面整体滑落，而土钉并未从土中拔出，所以在模拟过程中，将 shell 单元的强度给得比较低，以模拟实际情况中经常出现的破坏形式。记录从基坑边缘起沿 x 正方向 20m 范围内的地表沉降及水平位移，并绘制成曲线图。

2种地层条件下，地表沉降及水平位移随距基坑边沿距离的变化曲线如图1-29及图1-30所示。

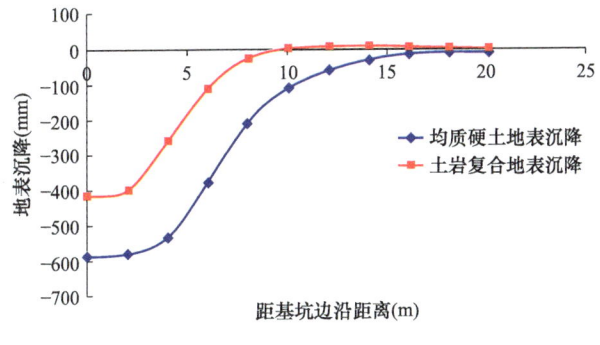

图1-29 地表沉降变化曲线

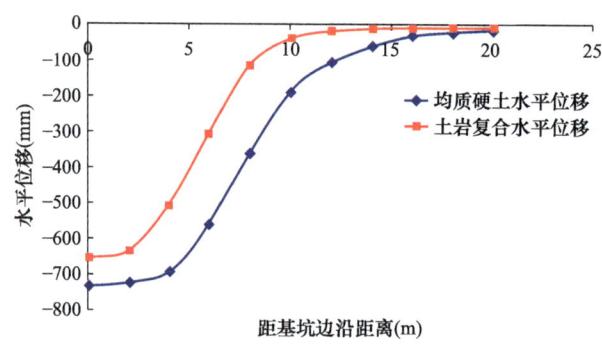

图 1-30 地表水平位移变化曲线

通过比较图 1-29、图 1-30 可以看出，2 种地层结构下，支护结构均已失效，地表沉降曲线均呈现出抛物线形或近似三角形。由于混凝土护面整体滑落，坑周土体失去约束，迅速向坑内移动并下沉，靠基坑边沿越近，土体滑移距离越大，所以地表沉降曲线与水平位移变化曲线均呈现出抛物线形或近似三角形。

综上所述，大型站房深基坑的支护形式多种多样，且不同建筑场地的地层结构、施工环境也显著不同。因此，深基坑工程影响域内沉降变形规律有着明显的不同特征。根据上述的数值模拟与监测成果，将大型站房深基坑影响域内沉降变形基本特征总结为以下 4 种模式。

1.5.2.1 三角形模式

深基坑施工影响域内的地面沉降曲线呈现"三角形"，即基坑边缘沉降量最大，随着远离基坑，沉降量线性直线减少，直至沉降量为零。如图 1-31（a）所示。该种模式常见于基坑支护结构的坑壁水平约束不强，且基坑下部地层为软土地层的情况，如土钉支护、锚拉管桩支护等。基坑边缘（或桩顶）的水平位移较大，坑底位移一般也较大，基坑易从基坑中下部剪切破坏，随后产生滑塌。

1.5.2.2 抛物线模式

深基坑施工影响域内的地面沉降曲线呈现"抛物线形"，即基坑边缘的沉降量最大，随着远离基坑，沉降量线性"凸"曲线减小，直至沉降量为零。如图 1-31（b）所示。该种模式常见于基坑支护结构的坑壁水平约束不强，且基坑地层为多层较硬地层的情况，如土钉支护、锚拉管桩支护等。基坑边缘（或桩顶）的水平位移较大，坑底水平位移一般较小，基坑侧壁倾斜量较大。

1.5.2.3 马鞍形模式

深基坑施工影响域内的地面沉降曲线呈现"马鞍形"，即基坑边缘的排桩沉降量较小，或有所上浮，基坑边缘的沉降量很小，随着远离基坑，沉降量逐渐增大，距离基坑一定距离，沉降量达到最大值。随后，沉降量又逐渐减小，直至沉降量为零。如图 1-31（c）所示。该种模式常见于基坑支护结构的坑壁水平约束较强，且基坑地层为非炭质的软土或硬土地层情况，如锚拉混凝土灌注桩支护、内支撑＋排桩支护、双排桩支护等。基坑边缘

（或桩顶）的水平位移较小，坑壁中部或中下部水平位移较大。

1.5.2.4 勺形模式

深基坑施工影响域内的地面沉降曲线呈现"勺形"，即基坑排桩桩顶略有隆起或基坑边缘沉降量较小，随着远离基坑，沉降量逐渐增加大，当在远离基坑边缘（1～2）H（H为基坑深度）处沉降量陡增最大，然后，沉降量又逐步减小，直至为零，如图1-31（d）所示。该种模式常见于基坑支护结构的坑壁水平约束较强，且基坑地层存在炭质软土地层情况，如锚拉混凝土灌注桩支护、锚拉双排桩支护等，且坑底以上地层存在较厚的泥炭、泥炭质软土等不良地层。由于泥炭或泥炭质土具有较强的触变性和流塑特点，当锚索钻孔施工时，必然在锚固段造成地层的严重损失，并且使锚固段的地层发生触变，土体强度显著降低，地层产生显著的塑性破坏和地面沉降。

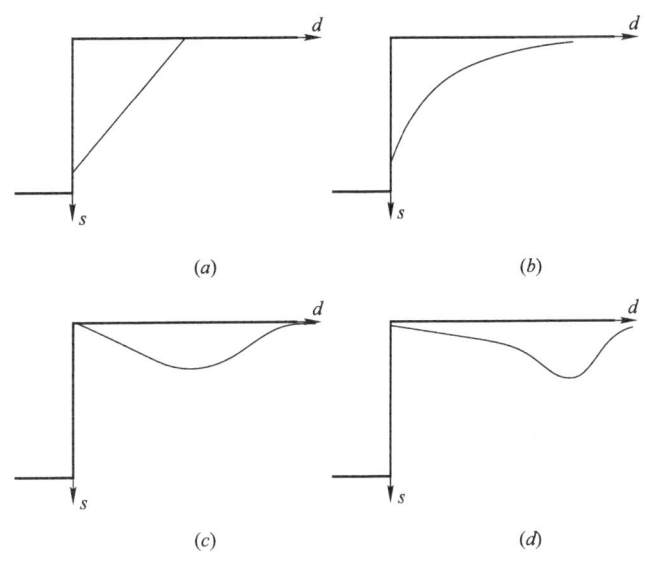

图1-31 大型站房深基坑的四种变形模式

1.5.3 大型站房新型实时监测系统

深基坑工程具有造价高、施工难度大、不稳定因素众多等特点，监测系统的优劣性对于掌握深基坑稳定性状况具有重要影响。目前监测所用仪器较为传统，同时深基坑监测理论和措施相对滞后，而且施工过程中未足够重视，导致国内深基坑事故频频发生。其中由于基坑施工的信息化技术不足等因素，造成的事故在深基坑工程事故总数中占很大比重。为提高监测的信息化水平，研制了一种基坑工程变形远程实时监测系统，比传统方法监测精度更高，预报更及时。

深基坑影响域内的变形监测重点是沉降和坑壁的水平位移。本文以深基坑工程为实例，结合现代通信和计算机技术，对变形监测方法进行了创新性研究。针对基坑沉降和侧壁位移观测，提出了"复杂深基坑工程影响域内变形监测新方法"。在此基础上，研发了相应的成套监测仪器、设备，推广应用于实际工程。与国内外同类产品比较，该产品将具有自主知识产权及良好的工作性能。主要优点如下：①能够实现大变形的多点远程实时监测。即可对多个部位或深度的岩土体或桩体的大变形（位移）进行实时动态测量；②测量精度0.3%，位移测量精度达0.01mm，量程500～1000mm；③装置安装简单、测量仪表使用方便；④装置适用性强，可在温度-20～50℃、潮湿气候下工作；⑤经济效益显著，可节约监测成本20%以上。

1.5.3.1 浅部地层多点沉降实时监测方法与装置

(1) 监测系统组成

监测系统的主要关键技术是在地层浅部（埋深2～50m）设置基准点和测点，在地表同一平面（板）设置相应的位移传感器，地表和测点的沉降量通过钢杆和钢丝传递于传感器，并采用数据采集仪和无线传输模块，实现测量值的实时传输和处理。

系统由三部分组成，即①测点与基准点的设置体系，包括$\phi 80$测量孔、PVC钻孔套口（其上涂黄油）、100mm混凝土、$\phi 3$连接孔、$\phi 6$钢杆（其上涂黄油）、20mm连接螺扣、回填细沙、钢杆与钢筋焊接点、对中支架、$\phi 20$ HRB335钢筋、混凝土锚固头等部件；②沉降测量装置，包括牵引钢丝（其上涂黄油，并包裹一层PE聚乙烯防腐薄膜）、标准基盘、精密位移传感器、数据线等部件；③数据采集传输装置，包括数据采集仪、无线传输模块和无线发射器。

监测装置详图如图1-32所示（图中：1—$\phi 80$测量孔；2—PVC钻孔套口（其上涂黄油）；3—100mm混凝土；4—牵引钢丝；5—$\phi 3$连接孔；6—$\phi 6$钢杆（其上涂黄油）；7—20mm连接螺扣；8—回填细沙；9—钢杆与钢筋焊接点；10—对中支架；11—$\phi 20$ HRB335钢筋；12—混凝土锚固头；13—标准基盘；14—精密位移传感器；15—数据线；16—数据采集仪；17—无线发射器）

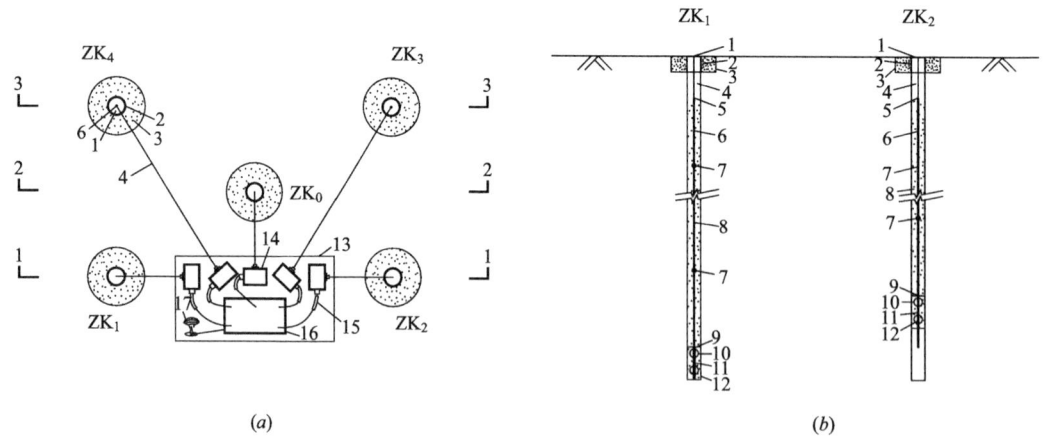

图1-32 监测装置详图
(a) 装置平面图；(b) 1-1剖面图

(2) 工作原理

当地层发生沉降时，测点随即牵动钢杆6和牵拉钢丝4发生移动伸缩，精密位移传感器14测知位移量，数据采集仪即时采集数据，通过无线传输模块（移动平台）将数据实时传输到用户终端（手机或电脑），计算形成监测曲线，实现远程实时监测的目的。计算原理（见图1-33）推导如下：

$$s_0 = h_0 - h_0'$$
$$h_1 = s_0 + l$$
$$h_1' = s_1 + l$$
$$h_1 - h_1' = (s_0 + l) - (s_1 + l) = s_0 - s_1$$

则：
$$s_1 = s_0 - (h_1 - h_1') = (h_0 - h_0') - (h_1 - h_1')$$

式中 h_0——zk_0基准点锚固初始深度；

h_0'——t时刻地层沉降后zk_0基准点锚固体相对深度；

s_0——t时刻zk_0基准点地表沉降量；

h_1——zk_1测点锚固体初始深度；

h_1'——t时刻地层沉降后zk_1测点锚固体相对深度；

s_1——t时刻zk_1测点锚固体实际沉降量。

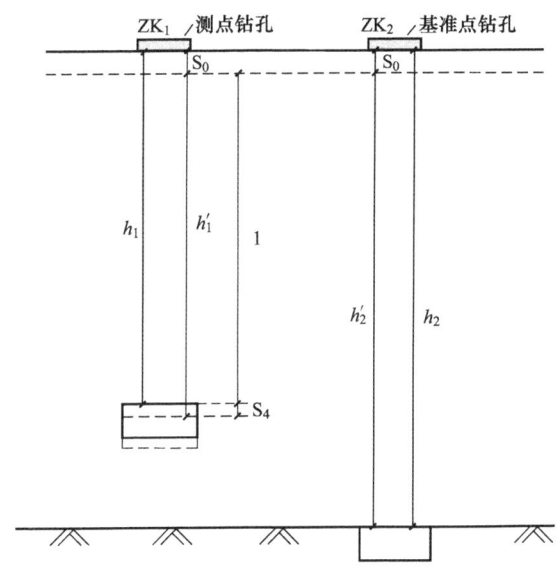

图1-33 地层多点沉降量计算原理图

本监测系统，主要用于各种基坑、隧道、边坡工程的地层沉降监测。

1.5.3.2 岩土体表面位移实时监测方法

（1）监测系统组成

本监测方法依托一整套自动监测系统，包括：基准点锚固系统、测量系统和数据采集系统。其中，基准点锚固系统位于具有一定深度的钻孔内；测量系统位于岩土体表面，由自制YT－2型精密位移传感器和支架组成；数据采集系统由自制读数仪和相关调整模块组成。如图1-34所示。

（2）工作原理

在拟监测的岩土体部位，采用洛阳铲或钻机成孔，钻孔直径140mm左右，钻孔长度根据岩土体的变形特征确定（要求：孔底在稳定的岩土体内），在钻孔内安装基准点锚固系统。然后在钻孔口安装测量系统，即传感器，并使用牵拉钢丝将锚固系统（即基准点）与传感器连接。将传感器的数据线与数据采集系统连接，则构成完整的位移监测系统。当岩土体表面（测点）发生变形时，位移传感器受牵拉，数据采集系统采集数据，实时显示位移情况。

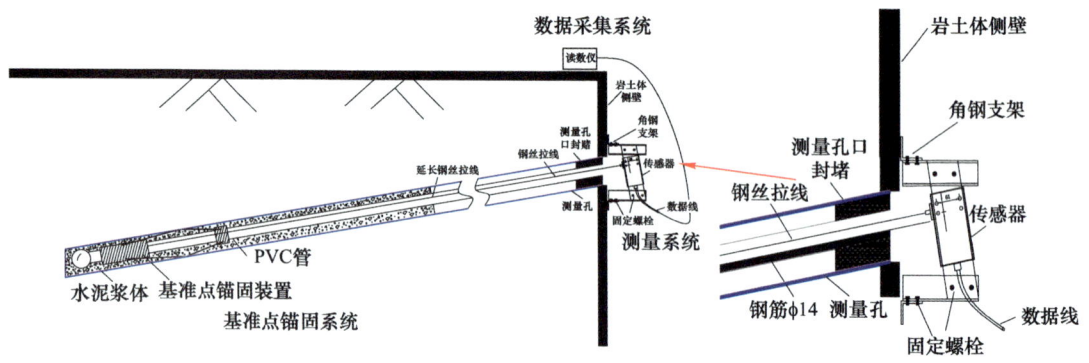

图 1-34 岩土体表面位移实时监测方法系统组成及节点图

（3）实施方法和步骤

① 待基坑开挖至 1.5m 深，在拟监测部位采用洛阳铲成孔，钻孔角度 10°，钻孔直径 140mm，孔深 15m。

② 在钻孔内安装基准点锚固系统，牵拉钢丝引出孔口。

③ 在孔口安装测量系统支架，将传感器固定，并与牵拉钢丝连接。使用塑料袋等防雨水材料保护好传感器，并将数据线引到基坑地表边缘，以便测量。

④ 使用数据采集系统（读数仪），读取拟测点岩土体位移初值。以后，根据工程要求，每隔一定时间（间隔可采用：1天、1小时、几小时、几分钟、1分钟等）读取数据，并形成监测曲线，实现实时监测。

本监测系统，主要用于各种岩土体表面的水平位移或变形监测，如基坑工程坑壁水平位移、边坡坡面岩土体的水平位移等。

1.5.3.3 数据采集系统

数据采集系统由数据线和读数仪组成，数据采集仪有 GDSCⅠ型（图 1-35）和 GDSCⅡ型（图 1-36）两种。

为了实现远程实时监测，数据传输利用无线传输模块，通过中国移动平台和计算机网络，将数据传给用户或监控平台。共有 2 种传输、接收系统，即：

（1）简单的点对点模式

数据采集和传输模块在一起，可同时采集 4 个位移传感器数据，并以短信的形式将数据传给用户。用户可根据需要，随时发出指令，进行数据采集和量测。

（2）综合的群采模式

数据采集系统可采集 40～100 个传感器数据，通过无线传输模块将数据传给中央服务器，各用户终端可随时随地访问服务器，并进行数据采集和处理等操作。

图1-35 GDSCⅠ型数据采集仪图

图1-36 GDSCⅡ型数据采集仪

1.5.4 结语

目前,深基坑工程正向着大深度、大面积的方向发展,出现了较多具有挑战性的课题,本节针对复杂深基坑工程影响域内灾变模式,以及变形(水平、垂直)的监测新方法与相应监测设备等开展了深入研究。全面揭示了多层互层硬质土层(北京地区)、软土地层(上海、镇江地区)、土岩复合地层(长春地区)三类地层结构的深基坑工程影响域内地表、支护结构的变形规律。提出了深基坑工程影响域内四种灾变模式,即三角形模式、抛物线模式、马鞍形模式和勺形模式,并揭示了各种模式的形成机理与相应工况。

研制了适用于复杂条件下深基坑大变形的多点的远程实时监测方法、系统及其装备。其监测方法能够适用于雷雨、风雪等恶劣天气,可实时监控。研发的成套监测设备,简便适用,安全可靠,变形监测精度1‰,分辨率0.01mm。监测成本低,经济效益显著。

Xiamen North Railway Station 厦门北站

- 厦门北站是国家铁路网规划中"四纵四横"沿海快速铁路的一个重要客运站,福厦铁路、厦深铁路、龙厦铁路在此交会,使其成为东南沿海最大的综合交通枢纽之一。厦门北站实现了建筑与结构的完美统一、美观与经济的有机结合,创造了三项世界纪录:世界上已建成具有最大无柱候车厅的高速铁路站(房盖双向跨度132m×220m);世界上首次在大型铁路客运站房中采用双向巨型混合框架结构体系;世界上首次在屋盖中应用双向不等高交叉桁架组成的新型网格结构。

- 厦门北站以其流畅的外形,加以轻盈、富有张力的钢结构,巧妙体观了闽南民居"燕尾脊"的意象。整体形象充分代表厦门的城市精神与面貌,充满时代特征,彰显地域特色。

2016年第十三届土木工程詹天佑奖
2015年国际"IABSE杰出结构工程奖"
2011年中国钢结构金奖
2012年铁路优质工程一等奖
2012年中国铁建杯优质工程奖
中国铁道建筑总公司科学技术奖3项
省部级工法2项

第2章 高铁客站主体结构施工关键技术

2.1 引 言

目前大型高铁客站是集铁路、城市轨道交通、公交、出租车、社会车等多种交通方式于一体的综合交通枢纽，建筑规模大，结构复杂。为满足客站功能需求和独特的空间形态，往往采用大跨度、大柱网的空间结构体系来实现。例如，"桥建合一"体系，该体系是为了适应站台轨道层跨越地下地铁层，同时又支承候车层及屋顶的功能需要，而将桥梁与房屋建筑结构组合一体的综合结构体系。其中，站台轨道层一般位于地面层，往往采用由顺轨方向和垂轨方向的连续刚架结构形成的整体空间框架结构体系；高架候车层结构位于站台层正上方，为实现无站台柱的效果，结构柱设置在列车轨道间。高架候车层可采用的结构形式有混凝土框架结构、钢框架结构、钢桁架梁与钢管混凝土柱组成的框架结构和实腹式钢梁与钢管混凝土柱组成的框架结构，等等。

从上述内容可知，由于大型高铁客站结构形式普遍较为复杂，其整体施工技术难度较大。如混凝土构件体量较大，结构设计耐久性甚至达到100年，对混凝土的抗压强度和耐久性都将提出非常高的要求；如钢结构施工种类多、重量大；钢骨柱、钢骨梁、钢桁架吊装、焊接等，需要预先考虑大型吊装设备对混凝土结构的影响，等等。另外，这些项目往往工期紧，且施工标准要求高。针对高铁客站主体结构及施工特点，本章从劲性混凝土框架施工、大跨度混凝土空腹网架施工、超长混凝土结构施工、大体积混凝土施工、高寒地区混凝土施工、高烈度区结构施工等方面，阐述高铁客站主体结构施工关键技术。

2.2 高速铁路站房"桥建合一"超大截面劲性混凝土结构施工技术

2.2.1 工程概述

合肥南站高铁站房工程是集高速铁路、地铁、道路公共交通换乘于一体的大型现代化交通枢纽。站房建筑面积160564m^2，南北长365m，东西宽206m，建筑高度38m。轨道层为列车通过层，采用"桥建合一"钢-钢筋混凝土框架结构，局部有钢骨梁结构，轨道层框架梁板结构承受轨道结构体系、站台梁板结构体系和高铁列车动荷载。

最大柱网尺寸为24.0m×18.0m，主要框架柱截面为2.2m×2.2m、2.2m×1.9m、2.2m×1.6m、2.0m×1.8m、2.0m×1.3m、1.8m×1.8m等。型钢柱截面有"十"字形和"H"形两种，最大钢骨柱构件截面尺寸为1300×600×30×60，钢骨梁截面尺寸为2500×500×60×50；型钢柱共272根，钢梁共44根；钢骨柱与承台连接有埋入式和非埋入式两种连接；钢柱钢梁多达9500t。

本工程采用的是钢与混凝土的组合结构,下面就该工程的施工过程作简要介绍。

2.2.2 钢结构安装要点

钢结构安装前需做如下准备:

(1) 定位点和高程的交接及复测:对提供的定位点及高程办完交接手续进行复测,并引测好轴线和高程控制点,做好测量成果记录,保护好控制点及高程引测点。

(2) 机械设备的准备:制定机械设备的进场、测试与保养计划。机械设备进场后,对吊装、运输机械设备进行检查、测试。

(3) 进场钢构件验收:钢构件进场时应具有出厂合格证,在进场后安装前按设计加工图检查复核构件规格、型号、尺寸、材质、加工质量等。

2.2.2.1 钢骨柱预埋件安装

(1) 地脚螺栓施工流程如图 2-1 所示。

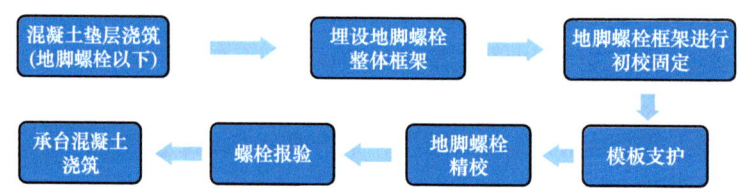

图 2-1 地脚螺栓施工流程图

(2) 预埋件施工要点

① 测量放线。首先根据定位控制点及高程控制点测放出构件控制轴线。

② 地脚螺栓固定支架的设计、制作。地脚螺栓支架采用∟125×80×12 角钢制作,如图 2-2 所示。

③ 地脚螺栓的固定支架安装,如图 2-3 所示。

利用定位控制轴线及全站仪将固定支架准确就位后,用辅助短钢筋将其与周围承台或柱子钢筋焊接固定;用保鲜膜缠绕在锚栓螺纹上防止污染;浇筑完成后对地脚螺栓的位置复查。

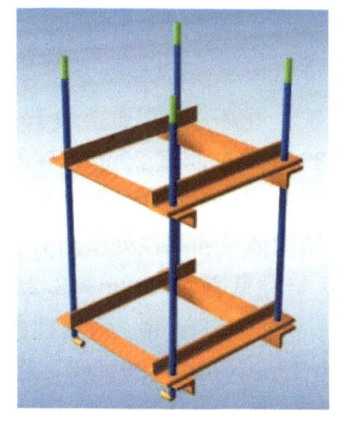

图 2-2 地脚螺栓固定支架　　图 2-3 固定支架安装

2.2.2.2 钢骨柱的分节

根据所使用吊装机械的吊装范围及起吊能力，对钢骨柱进行深化分节，具体分节情况见图 2-4。

2.2.2.3 钢骨柱安装流程及技术措施

本工程钢骨柱独立高度高，安装需要高空对接，因此需设计钢骨柱安装爬梯与焊接操作平台。

（1）首节钢骨柱的安装及技术措施

① 安装钢爬梯，如图 2-5 所示。钢骨柱吊装前将钢爬梯安装在钢骨柱的一侧，爬梯应安装牢固，用于安装和焊接作业人员上下。

② 吊点设置及起吊方式

四个吊点设置在钢骨柱上部外侧的连接耳板上，为防止吊耳在起吊时发生扭转变形，采用专用吊具卡环。单机回转法起吊前，钢骨柱下方要垫上两根截面 150mm×150mm 的方木，以避免起吊时柱底与地面接触，如图 2-6 所示。

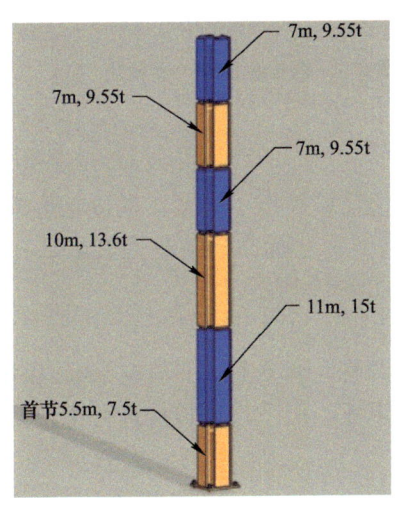

图 2-4　十字柱分节图

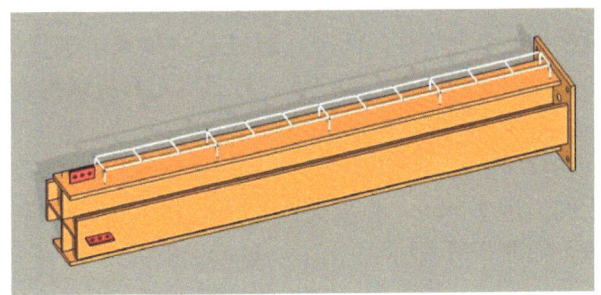

图 2-5　钢骨柱安装钢爬梯

③ 柱脚定位

钢柱吊到就位上方高 150～200mm 时停机悬停保持稳定，按照十字线对准地脚螺栓和钢骨柱底板预留孔，慢慢地落下钢骨柱，使钢骨柱预留孔位穿过地脚螺栓，将底板中心线与基础十字轴线对齐。如图 2-7 所示。

④ 柱脚底板就位和垂直度校正

柱脚底板就位应尽可能在钢柱安装时一步到位，垂直校正采用基底标高调整法，最后的校正可用千斤顶和调整螺母法校正（精度可达±1mm）。保证单节柱垂直度不超标 $H/1000$（H 为层高），且≤10mm；最后拧紧地脚螺栓，并将钢楔与底板固定牢固，如图 2-8 和图 2-9 所示。

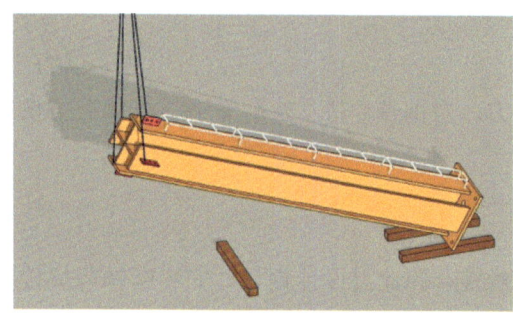

图 2-6 钢骨柱起吊

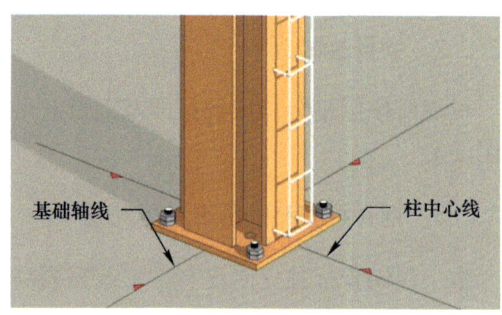

图 2-7 钢骨柱定位

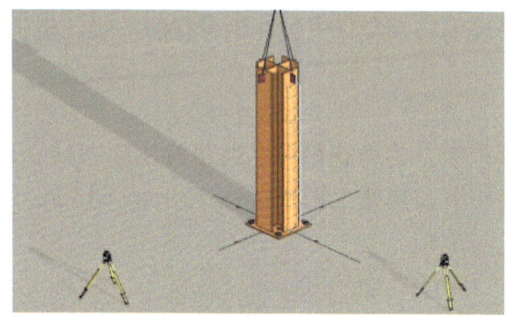

图 2-8 钢骨柱垂直度较正

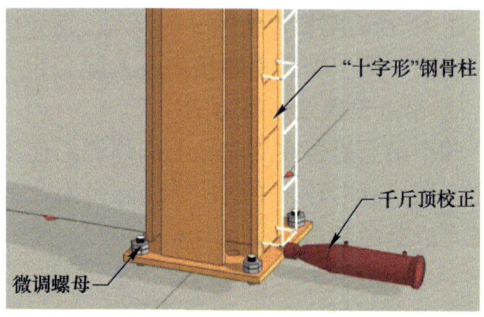

图 2-9 钢骨柱轴线位置较正

（2）两节以上钢骨柱对接技术措施

① 钢柱的对接与标高校正

吊装就位后，用连接夹板通过螺栓固定上下耳板，但连接夹板不夹紧，通过起落钩与撬棍垫铁调节上下柱间间隙，通过全站仪或水准仪测量钢骨柱标高，偏差调整至±3mm以内，在柱间间隙楔入钢垫铁，拧紧固定耳板螺栓，如图 2-10 所示。

② 柱身扭转调整

柱身的扭转偏位较小时，通过在一侧楔入垫铁顶推调整，调整范围一般在 3mm 以内，如果偏位超过 5mm，则要通过在下节柱上焊的"L"形钢板，用千斤顶顶推进行扭转偏位调整，如图 2-11 所示。

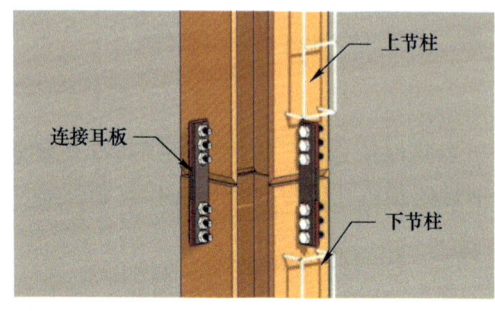

图 2-10 钢骨柱对接

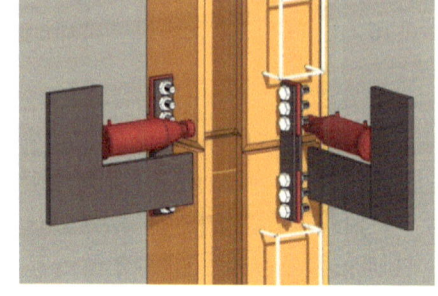

图 2-11 钢骨柱扭转调整

③ 割除临时连接板

钢骨柱标高、扭转偏位校正完毕后，即可进行上下节柱对接焊缝焊接。钢骨柱对接焊接完成 24 小时后，经超声波探伤检测合格后，方可松开临时连接板、割除上下节钢骨柱的吊装耳板。

④ 钢骨柱高空对接操作平台搭设

高空钢骨柱对接需搭设接焊接操作平台,在操作平台上搭设安装挡风围挡,保证焊接施工安全。高空平台采用 $\phi 48 \times 3.0$ 钢管或 $\llcorner 50 \times 5$ 角钢搭设成型,吊装至钢骨对接位置用连接钢板焊接到钢骨柱翼缘板上。操作平台上满铺木跳板,护栏四周挂密目网防护,如图 2-12 所示。

(3) 插入式钢骨柱承台施工步骤

如图 2-13~图 2-16 所示。承台垫层施工后,承台底筋绑扎完成,钢骨柱地脚锚栓预埋安装。

预埋首节钢骨柱重量约为 6~10t,最小吊装半径为 10m,采用 100t 汽车吊站于承台之间运输通道上进行吊装作业。

预埋钢骨柱安装完成,承台第二次混凝土浇筑。然后吊装第二节、第三节钢骨柱。第二节、第三节钢骨柱重量约为 11~18t,最小吊装半径为 10m,采用 120t 汽车吊在承台边缘进行吊装。9.85~31.75m 钢骨柱共分 2~3 段,重量约 9~11t,钢骨柱采用 50t 履带吊或汽车吊在标高 9.85m 高架候车层楼板上吊装。

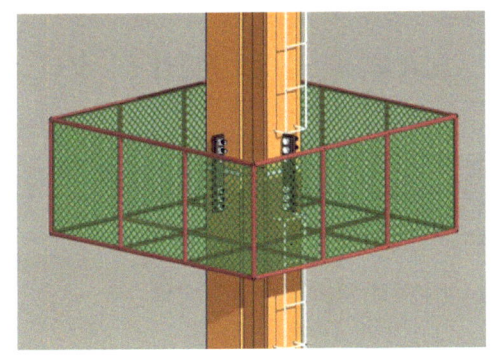

图 2-12 焊接操作平台及安全防护示意图

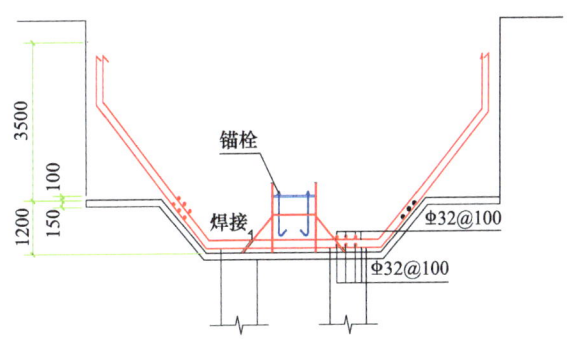

图 2-13 钢骨柱地脚螺栓预埋示意图

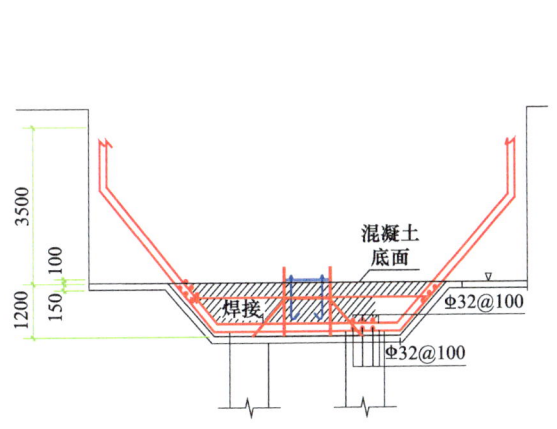

图 2-14 承台第一次混凝土浇筑地脚螺栓示意图

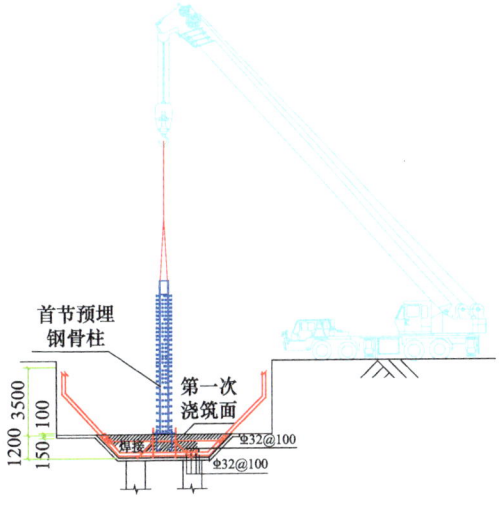

图 2-15 首节钢骨柱安装示意图

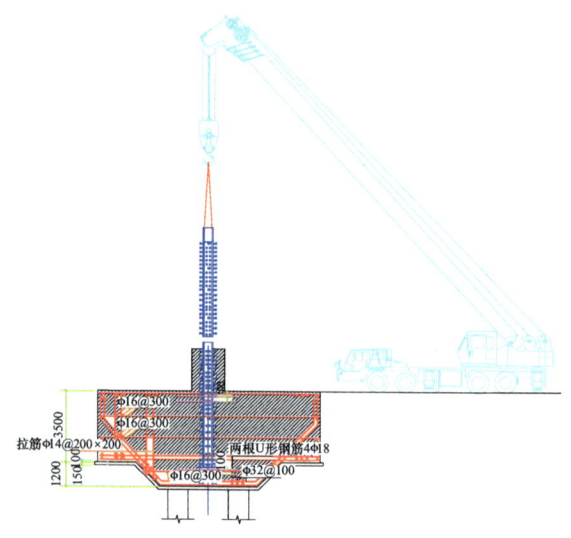

图 2-16　第二节钢骨柱安装示意图

2.2.2.4　钢骨柱、梁的焊接

（1）焊接材料应符合设计要求和相关规范规定（见表 2-1），进场后要经过送检复试合格后方可使用。

焊接材料使用表　　　　表 2-1

钢号	焊接方法	焊接材料
Q235	手工电弧焊	焊条：E43 系列
	埋弧自动焊	焊剂与焊丝：F4AX 型焊剂，H08A 或 H08MA 焊丝
	CO_2 气体保护电弧焊	焊丝：ER49-1
Q345	手工电弧焊	焊条：E50 系列
	埋弧自动焊	焊剂与焊丝：F50XX 型焊剂，H10MnSi、H08MnA 或 H10Mn2 焊丝
	CO_2 气体保护电弧焊	焊丝：ER50-3

（2）钢骨柱、钢骨梁的拼接、对焊尽可能在工厂加工，减少现场焊接工程量。

（3）焊接作业前应复查钢构件加工质量和施焊区的情况，若坡口、形状等不符合要求，需整改合格后方可进行施焊。

（4）全熔透的对接接头焊缝，在构件的两端设置与焊缝坡口同形状、同材质的引弧板和引出板，引弧板和引出板长度均为 30mm。从引弧板开始引弧、不得擦伤母材，焊接完成后用气割切除引板，和磨光机打磨修平整。

（5）钢骨柱对接焊接应双人对称连续施焊，要做到焊接速度一致、焊接参数相同。各层间的焊渣清理和焊缝平顺饱满要仔细检查，发现缺陷要及时刨除后重新施焊。首先在翼缘板的一侧焊至 1/3 板厚后，再在另一侧翼缘板焊至 1/3 板厚，然后割去钢柱临时连接耳板，转移至腹板施焊。A、B 焊至 1/3 板厚→C、D 焊至 1/3 板厚→割去耳板→A′、B′焊至 1/3 板厚→C′、D′焊至 1/3 板厚→A、B 焊完→C、D 焊完→A′、B′焊完→C′、D′焊完，如图 2-17 所示。

(6) 焊接工艺参数。CO_2 气体保护焊：焊丝直径 $\phi1.2mm$，电流 180~320A，电压 25~38V、气体流量 20~50L/min，焊速 250~450mm/min，焊丝伸出长度约 20mm。

2.2.3 劲性混凝土框架的节点构造要点

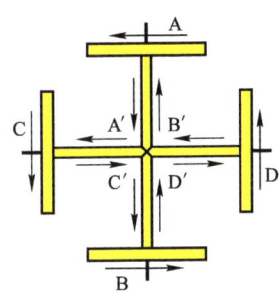

图 2-17 十字形钢骨柱对接焊接顺序图

（1）劲性混凝土钢骨柱间对接、钢骨柱与钢骨梁对接、钢骨梁之间翼缘板对接均为全熔透焊缝，钢骨梁之间腹板采用摩擦型或扭剪型高强度螺栓副连接。

（2）劲性混凝土框架梁柱节点的箍筋按加密区加密，柱梁的受力钢筋用套筒连接保持贯通。

（3）梁柱节点要用 BIM 软件进行三维设计，尽量将劲性混凝土框架柱、梁中主筋避开钢骨构件，无法避开时，可采用在钢骨钢板两侧焊接钢筋连接套筒进行连接，避免在钢骨翼缘板上穿孔、尽量减少在钢骨腹板上开孔，当必须在钢骨柱腹板上开设钢筋贯穿孔时钢骨柱腹板截面开孔截面损失率要小于腹板截面的 20%。

（4）钢骨柱、钢骨梁拼接的位置应选择在承受剪力和弯矩较小的截面位置，且应避免与钢筋套筒连接在同一截面位置。一般钢骨柱拼接位置高于顶板 1.5m 位置，钢骨梁拼接点位置距钢骨 1.5m。

2.2.4 钢筋、模板及混凝土工程

（1）钢筋工程

① 主筋安装。柱主筋遇到钢骨梁时，按三维节点设计图从钢骨梁侧面贯通，柱主筋连接采用等强剥肋滚压直螺纹套筒连接。无法贯通的柱上筋，与焊接在梁上下翼缘板上的焊接套筒连接。梁钢筋安装：最外侧梁主筋从钢骨柱外侧绕行贯通、次外侧梁主筋从钢柱腹板上打孔穿过，其余中部梁主筋与钢骨柱翼缘板上设置焊接套筒连接。

② 箍筋安装。为保证柱、梁箍筋形状和尺寸准确，箍筋加工时按照 BIM 三维深化节点图在钢构件柱、梁上放出箍筋大样，并按大样进行加工。柱箍筋安装：外围一个大套箍，两个方向分别两个小套箍，小套箍单肢穿钢骨柱腹板，小套箍加工成两"U"筋对插搭接。梁箍筋安装：梁钢骨安装后将梁主筋按设计分布，再安装梁大套箍筋，梁内套两个箍筋同样加工成"U"形开口筋对插并保证搭接长度。

钢柱与钢筋施工流程如图 2-18~图 2-22 所示。

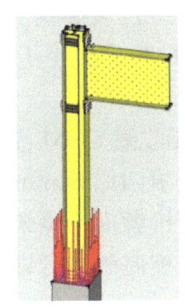 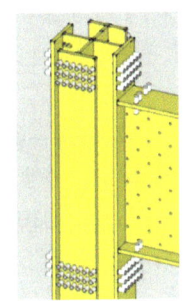 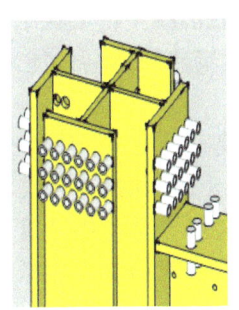 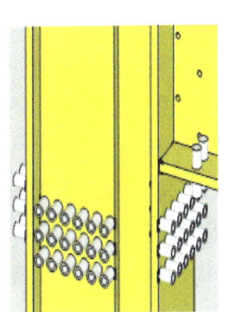

图 2-18 钢骨柱安装就位　　　图 2-19 梁柱主筋连接用焊接套筒

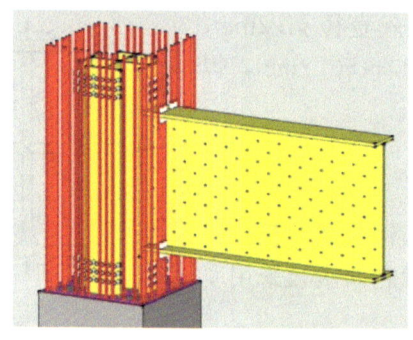 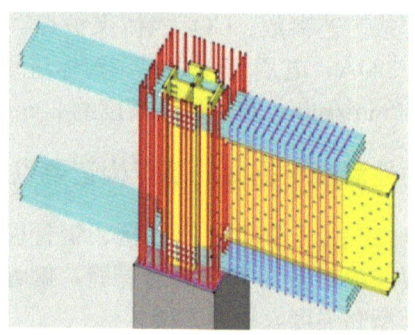

图 2-20　柱主筋连接　　　　　　　图 2-21　梁主筋及箍筋安装

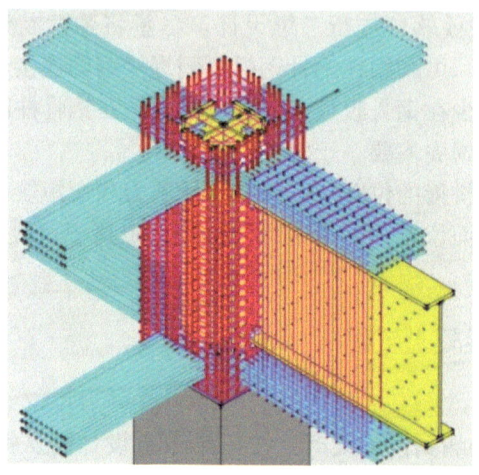

图 2-22　劲性柱梁柱钢筋成型节点

（2）模板工程

高铁站房劲性高大混凝土柱、梁板结构模板支设为重大高危工程，应编制专项施工方案，并经专家论证后方可实施。由于柱高超过 10m，梁高大于 2.8m，为了使结构混凝土观感质量达到清水混凝土的效果，经过验算须使用板厚度不小于 15mm 的木胶板作为柱梁模板，次龙骨采用 50mm×100mm 方木，主龙骨采用双 8 号槽钢，设 $\phi14$ 对穿螺杆拉接。

（3）混凝土工程

① 劲性柱采用 C50 微膨胀混凝土，梁板结构采用 C45 聚丙烯纤维抗裂混凝土，为保证混凝土密实度和耐久性采用聚羧酸系高性能减水剂。混凝土粗骨料粒径要小于 25mm，坍落度不小于 200mm。

② 柱脚钢板下需要二次填实混凝土，使用比设计强度高一级的无收缩 CGM 灌浆料灌注密实。安装前要剔凿掉混凝土表面的软弱层、露出石子，在距离底板四周 50mm 处支设 100mm 高模板，然后用气泵吹扫干净，并提前 12h 浇水湿润混凝土接触面。浇筑无收缩 CGM 灌浆料直至底板四周都有灌浆料高出钢板底 10mm 左右，排除板底气泡后即完成浇灌进行养护。

2.2.5 结语

应用本施工技术在高铁合肥南站工程劲性混凝土框架结构施工过程中，有效解决了大截面梁（1800mm×3600mm）、层高高（12.1m）、跨度大（24m），且梁与柱、梁与梁相交的高铁站房"桥建合一"劲性混凝土结构技术难题，焊缝超声波探伤检测合格率100%，钢筋三个方向和钢骨穿插有序，混凝土平整光洁密实观感质量好，既提高了工程质量，又加快了工程进度，安全风险受控。

2.3 大跨度预应力钢筋混凝土空腹网架施工技术

2.3.1 工程概述

海南东环铁路三亚站房工程，建筑面积15000m²，地上两层，建筑高度26m。主体结构为钢筋混凝土框架结构，为保证候车环境及空间，工程在首层候车大厅设计采用预应力钢筋混凝土空腹网架结构，网架平面跨度为32m×36m，网架立面高度2.3m，杆件截面尺寸为250mm×250mm至450mm×450mm之间，是当时国内最大的钢筋混凝土空腹网架结构形式。

从平面布置图2-23及其立面图2-24可以看出，本工程的网架施工的特点及难点主要有以下几个方面：

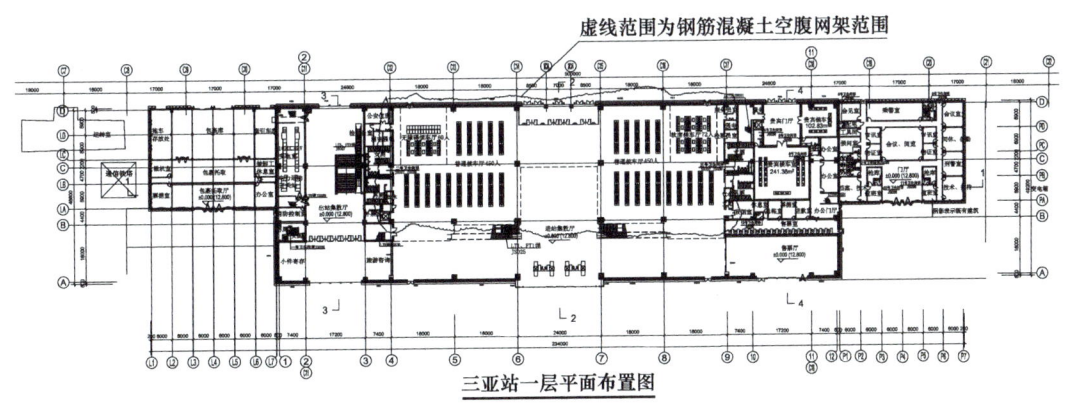

图 2-23 网架平面布置图

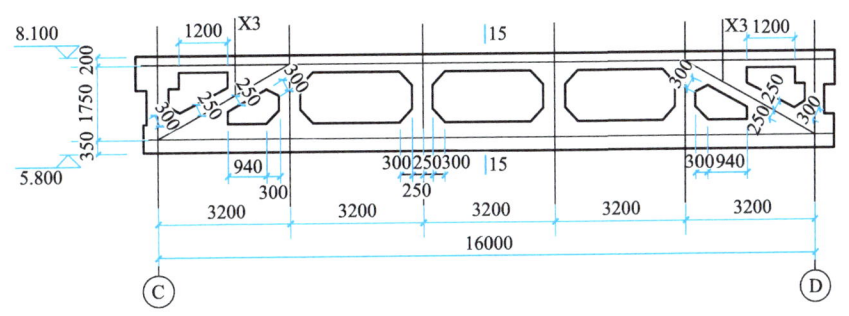

图 2-24 网架立面图

(1) 混凝土空腹网架施工的荷载大、跨度大，对支撑架体设计要求高。

(2) 施工工序复杂，从网架立面可以看出，网架实际为两层板体结构，中间为竖向杆件和边角为斜向杆件相连接构件，构件施工工序繁多且复杂。

(3) 各杆件连接部位的施工精度要求高，杆件在施工过程中，在模板的设计及拼接、钢筋制作加工及现场安装等方面要求能够准确定位。

(4) 混凝土浇筑难度大，杆件截面尺寸为250mm×250mm至450mm×450mm之间，构件截面尺寸较小，混凝土设计配比及浇筑难度大。

2.3.2 施工工艺及操作要点

2.3.2.1 施工工艺流程

场地夯实碾压平整→弹线定位→搭设碗扣架支撑体系→安装下弦杆底模→支架预压→安装下弦杆钢筋同时预应力预埋→安装竖杆钢筋→安装斜腹杆钢筋→安装下弦杆侧模→浇筑下弦杆混凝土→安装网架洞口模→安装上弦杆钢筋→安装上弦杆侧模、顶板模板→安装顶板钢筋→浇筑网架竖杆、腹杆、上弦杆、顶板混凝土→网架、顶板混凝土强度达到100%后拆模→预应力张拉、灌浆、固定。

2.3.2.2 现场施工工艺

(1) 场地平整：搭设支撑体系的地面必须夯实平整（可采用3∶7灰土回填夯实和浇筑100mm厚C20素混凝土垫层），同时做好支撑地面四周的排水（可设置排水沟或者积水坑）。

(2) 弹线定位：根据网架梁布置位置及支撑设计计算确定的支撑体系的布置图，弹线画出支撑杆件位置。

(3) 搭设碗扣件及支撑体系：对于搭设高度较高（4m以上）一般应尽量选择碗扣件满堂红支撑体系，搭设高度较低（4m以下）可选择满堂红钢管脚手架。支撑体系（网架下弦梁下部）一般间距不应超过1200mm×1200mm，步距不超过1200mm，四周部位控制在900mm×900mm以内，确保施工脚手架安全。为了增加立杆的有效传力面积，支撑体系下垫支通常的脚手板（250mm×50mm×4000mm），在碗扣架立杆下面沿纵向垫通长脚手板，要求垫板在一条直线上，确保支撑体系统一协同受力。

(4) 安装下弦底模：下弦底模安装，模板起拱是关键。模板起拱高度按照跨度的1/1000～3/1000进行控制。由于跨度很大（32m×36m）双向空腹梁中心起拱高度达70～100mm。考虑自重荷载及基础沉降因素中心预起拱值应控制在120mm。预起拱是沿空腹梁在立柱支撑上设置控制点（梁中两侧1/3跨度范围内每1.8m设置一个点，支座1/3跨度每隔3.6m设置一处），起拱时通过梁底背楞方木＋木楔达到起拱效果。下弦模板底模板将承受较大的结构自重及施工荷载，应采用厚度18mm木胶合板。

(5) 支架预压：模板安装完毕后，对其进行预压。为保证预压荷载的合理分布，模拟混凝土浇筑顺序进行加载。第一步加载下弦杆钢筋混凝土重量；第二步加载腹杆、竖杆、上弦杆、顶板钢筋重量；第三步加载腹杆、竖杆、上弦杆、顶板混凝土重量。考虑到混凝土振捣产生的动荷载及小型机具设备荷载。预压值按照全部荷载的1.1倍考虑。

(6) 安装下弦杆、竖杆、斜腹杆钢筋安装：①钢筋加工：钢筋加工前对网架各细部节点进行三维放样，以确定各钢筋空间定位位置。根据受力特点和构造要求，确定钢筋的叠放顺序，同时做好钢筋标号工作，对每个标号钢筋确定精确加工尺寸。三维钢筋大样绘制相当重要，钢筋混凝土空腹网架施工有别于一般的混凝土结构施工的关键，是钢筋精确加工精确安装的关键，这是网架施工前准备工作的核心之一。②钢筋安装：下弦杆钢筋安装是竖杆、斜腹杆钢筋安装的基础，同时对预应力波纹管的预埋也有很大的关系，安装时按照如下顺序进行：下弦杆底部纵向受力钢筋→下弦杆内外侧箍筋（内侧箍筋先不绑扎固定）→下弦杆上部纵向受力钢筋→焊接预应力波纹管定位筋→安装预应力波纹管→下弦杆内侧箍筋绑扎固定→安装竖杆钢筋（含支座附加钢筋）→安装斜腹杆钢筋。下弦杆箍筋安装时，为保证波纹管在上下纵向钢筋间的位置，需在波纹管穿完后再进行绑扎固定。竖杆钢筋安装前，应在下弦钢筋安装完毕后，使用油漆在模板上画出其位置，根据油漆点位置准确定位。同时注意锚固段弯钩位置的摆放，避免与预应力波纹管和斜腹杆锚固段钢筋发生冲突。网架端部节点是关键部位，该处承受网架支座的垂直和水平方向压力，上下弦杆之间水平剪力和预加应力的水平预应力，因而端节点区域应力比较复杂，混凝土较易出现裂缝。因此在预应力下弦部锚固区增加钢筋网片和螺旋钢筋用以承受张拉应力或环向张力。钢筋网片可采用 $\phi 10@100$。

(7) 下弦杆混凝土浇筑：下弦杆混凝土浇筑前，计算浇筑面积、方量，分析浇筑区域的平面特点，计算所需运输及浇筑设备数量，制定并绘制详细的施工现场混凝土浇筑行走路线。采用分层分段浇筑，尽量缩短混凝土浇筑接茬时间，避免冷缝的出现。特别是下弦杆与竖杆、腹杆相交处和张拉端部。

(8) 网架洞口模板安装：由于混凝土空腹网架的结构特点，在竖杆内、腹杆内易形成垃圾死角，难以清除，同时不可能每个竖杆内留置清扫口。因此网架洞口模板合模前，其内部杂物、垃圾必须清理干净。同时在施工上弦及顶板钢筋混凝土时要做好杂物、垃圾的管理，保证内部干净。模板拼接全部采用硬拼接，保证网架内节点混凝土成型线条棱角分明。

(9) 安装上弦钢筋：上弦钢筋安装与下弦钢筋安装有类似之处。按照如下顺序进行安装：上弦杆底部纵向受力钢筋→下弦杆内外侧箍筋→上弦杆上部纵向受力钢筋→安装斜腹杆箍筋。竖杆、腹杆纵向受力钢筋应锚固在上弦杆内伸主梁顶，锚固长度不小于 $36d$，弯钩长度不小于 $150mm$（这点必须保证，竖杆、斜腹杆是联系上弦的关键构件，是力传递的核心节点，锚固长度的保证是整体受力的有效保证，也是控制交汇处裂缝的关键）。

(10) 安装上弦侧模：上、下弦梁侧模板与空腹洞口模板之间的节点是混凝土漏浆的主要部位，必须拼接严密，施工时在洞口模板的侧面粘贴 $10mm$ 宽海绵条，合侧模时顶紧。

(11) 安装顶板模板：顶板模板安装与普通顶板安装方法相同。顶板后浇带模板处理：顶板后浇带采用单独的支撑体系，与下弦支撑体系分开，后浇带浇筑达到设计强度100%后再拆除（图2-25）。

(12) 竖杆、腹杆、上弦、顶板混凝土浇筑：竖杆与斜腹杆、上弦杆相交处是两处钢筋特别密集的部位，普通粒径石子配制的混凝土很难下料，同时振捣棒难以进入。因此，浇筑这个部位时，需配制小粒径（石子）高强度细石混凝土，同时采用小直径（20或者30型）振捣棒（图2-26）。

图2-25 上弦模板安装

图2-26 混凝土浇筑完成（边跨部位）

（13）预应力张拉：预应力构件应在网架全部构架施工完毕及混凝土达到设计强度后方可张拉，采用超张拉程序，完成张拉后及时进行锚固，预应力孔道灌浆、预应力钢筋端部处理。

（14）孔道灌浆：对结束预应力张拉的孔道要及时灌注水泥浆，其水泥强度等级不低于42.5级，水灰比不大于0.5，水泥浆抗压强度不低于$30N/mm^2$，可掺入适量的减水剂或微膨胀剂。灌浆工作应缓慢均匀地进行，不得中断，并应排气通顺。

（15）张拉端多余预应力筋切除及封锚：为保证预应力张拉端锚具的耐久性，对张拉端头做防腐防锈处理后，用同标号微膨胀混凝土封堵。

2.3.3 质量控制措施

（1）工程施工前根据工程大跨度、重荷载的特点，通过计算确定网架空腹梁的起拱值，做好工程各阶段拱值变化并及时进行修正。

（2）做好设计图纸的深化与细节节点大样，合理确定各杆件交叉部位的施工顺序及交叉点的作业办法。

（3）施工过程要把握钢筋加工制作、安装；严格控制模板工程质量，加强定型洞口模板加工、安装精度，做好后浇带、施工缝处模板支设。混凝土细部施工、预应力施加等关键作业的质量控制,即要做到深度规划、精心组织,全面检查、验证并留存记录。

(4) 要做好缩小模型的样板施工,提前熟悉施工工艺流程,提前发现问题并认真做好质量预控,制定详细的质量控制措施。

(5) 承载面支模前要认真进行加荷支模验算,绘制模板支撑图,严格照图施工。钢筋安装及混凝土浇筑过程中要进行变形观测,防止钢筋混凝土结构超量变形。

(6) 钢筋密集细部要配置高强细石混凝土,指派责任心强、技术全面的技工操作,通常需手工扦插和机械振捣相结合,保证浇筑质量。

(7) 预应力混凝土施工由专业班组执行。

2.3.4 结语

通过海南东环铁路三亚站房钢筋混凝土空腹网架的施工,解决了钢筋定位固定、空腹定型模板制作与安装、空腹网架混凝土施工、预应力混凝土施工、结构支撑架体搭设五个方面的技术问题,为高空间、大跨度混凝土空腹网架施工积累了施工经验(图 2-27)。

图 2-27 钢筋混凝土空腹网架实景图

2.4 418m 超长混凝土梁板结构无缝施工技术

2.4.1 工程概述

新建贵阳北站平面尺寸为 236m×418m,被两条变形缝分为三个独立的结构单元:237m×104.5m、169.5m×141m、251.1m×197m,见图 2-28;顺轨道的柱网开间主要有 21m、24m,垂直轨道的柱网进深主要有 23.25m、21m、12m;原设计还设置了后浇带,带宽 2m,最大间距 38.4m×32.5m。下面主要介绍贵阳北站大跨度、超长混凝土施工时采取的一些做法。

2.4.2 施工工艺及操作要点

本工程采用微膨胀混凝土结合跳仓法无缝施工的施工方案。

2.4.2.1 补偿收缩混凝土配合比设计

采用微膨胀混凝土结合跳仓法无缝施工的方案,需确定补偿收缩混凝土的配合比,并进行验算,因此,补偿收缩混凝土的配合比设计显得尤为重要。

(1) 补偿收缩混凝土限制膨胀率的选定

根据《补偿收缩混凝土应用技术规程》JGJ/T 178—2009 第 4.0.2 条规定,限制膨胀率的设计取值应符合规定,见表 2-2。

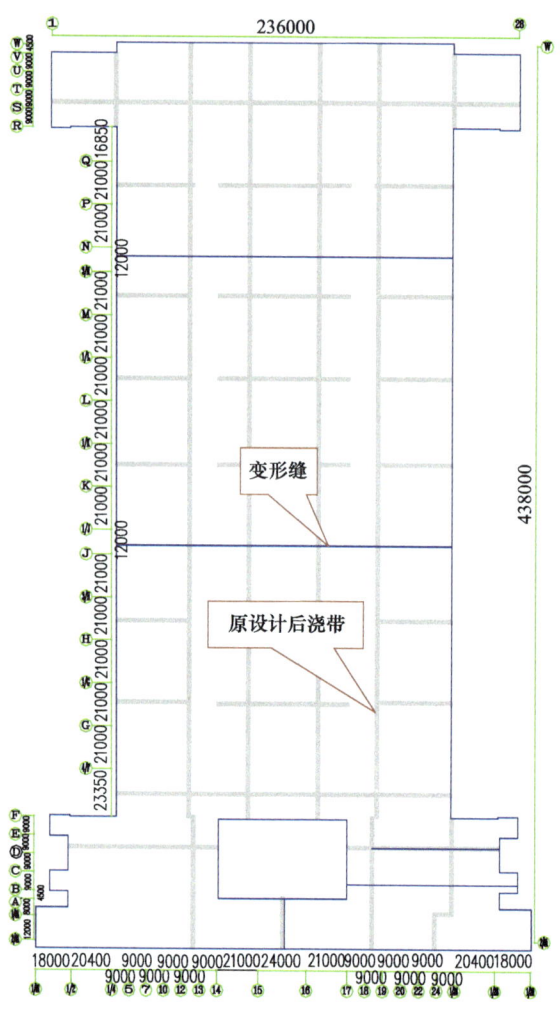

图 2-28 ＋9.15m 高架层平面布置图

限制膨胀率的设计取值标准 表 2-2

结构部位	限制膨胀率（％）
梁板结构	≥0.015
墙体结构	≥0.020
后浇带、膨胀加强带等部位	≥0.025

注：使用限制膨胀率大于 0.060％的混凝土时，应预先进行试验研究。

由于贵阳北站基础、柱、梁、板等构件属大体积混凝土构件，由以往站房施工经验可知，连续浇筑混凝土，构件会因混凝土中的胶凝材料水化引起的温度变化和收缩等导致结构构件有害裂缝产生。因此，从施工理论与现场差异角度，偏安全考虑，本工程微膨胀混凝土的限制膨胀率选定为：≥0.025％。

（2）混凝土掺量确定

通过对膨胀剂 ZY 掺量分别为 6％、8％、10％的 C40 混凝土进行实时试验检测（见

表 2-3），可知掺量 8%的 C40 混凝土膨胀率为 0.026%＞0.025%，所以本工程拟选用膨胀剂掺量 8%的微膨胀混凝土作为本工程施工混凝土。

掺 6%、8%、10%的混凝土限制膨胀率　　　　表 2-3

掺量	膨胀率（ε_2）
6%	0.017%
8%	0.026%
10%	0.030%

（3）补偿收缩混凝土裂缝验算

根据《大体积混凝土施工规范》GB 50496—2009 中混凝土的绝热温升计算公式、混凝土收缩的相对变形值公式，以及我国著名的裂缝控制专家王铁梦教授通过对结构物应力-应变分析得出混凝土的极限延伸率 S_k 的计算公式可知：+9.15m 板混凝土、+17.64m 高架夹层混凝土结构板、+13.15m 设备管道夹层混凝土结构板、+4.45m 站台层夹层混凝土结构板、-2.5m 轨道夹层及站台层混凝土结构板、-0.150m 站台层 A 区夹层砼结构板、-0.200m 站台层 F 区混凝土板、-6.75m 出站层 A 区混凝土板、-11.05m～-2.5m 14 轴及 17 轴混凝土剪力墙等结构部位，经采用 ZY 配制的补偿收缩混凝土进行施工后，在理论上可以不设置伸缩缝而保证结构不开裂。

2.4.2.2　跳仓法施工安排及部署

根据上述掺量 8%ZY 膨胀剂的混凝土伸缩间距计算，可知在理论上可以不设伸缩缝而保证构件不开裂。在实际施工过程中，影响裂缝产生的因素很多。为进一步避免不必要裂缝的产生，根据《大体积混凝土施工规范》GB 50496—2009 第 5.1.4 条规定，超长大体积混凝土施工，为防止结构出现有害裂缝处理措施，采用"跳仓法"配合微膨胀混凝土施工。

跳仓施工部署：

分仓块大小——最大块 38m×45m

分仓数量——80 个仓段

跳仓顺序——各区互不干扰，跳仓施工

相邻仓时间间隔——7～10d

跳仓顺序严格按照方案分区进行跳仓，每层分区的施工采取上下通缝，这样可以扩展工作面上下板连续施工。高架层仓段施工顺序部分需遵循轨道层施工实际进行施工，根据现场实际情况可知，轨道层每个板块混凝土浇注时间间隔均大于 10d。因此，高架层各个板块混凝土浇注时间间隔均不小于 7d。

每仓经过 7～10d 的应力释放，再将各仓连成整体，依靠抗拉强度抵抗下一段的温度收缩应力，防止裂缝出现。

+9.15m 板为贵阳北站主体混凝土结构面积最大的板，以+9.15m 板划分仓段具有代表性（见图 2-29）。

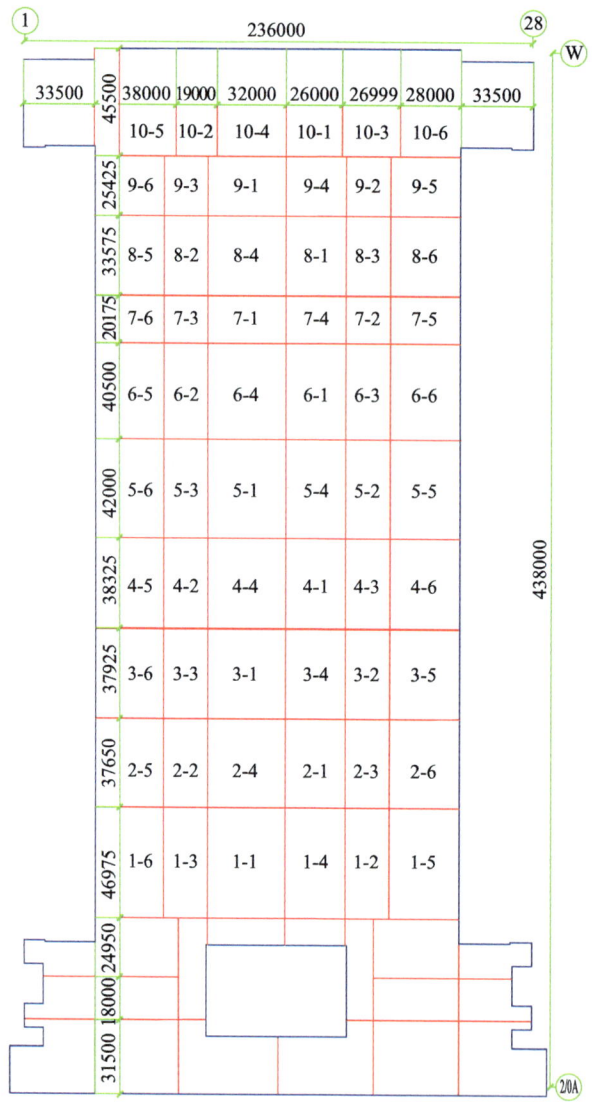

图 2-29 ＋9.15m 高架层仓段分区图

2.4.2.3 混凝土无缝施工作业

（1）主要材料要求

① 水泥：本工程混凝土拟选用 P.O42.5 强度等级的优质硅酸盐水泥，要求品质稳定、强度等级符合《通用硅酸盐水泥》GB 175—2007、《中热硅酸盐水泥、低热硅酸盐水泥、低热矿渣硅酸盐水泥》GB 200—2003 的要求，用量应控制在 230～450kg/m³。本工程为超长混凝土施工，所用水泥 3d 的水化热不宜大于 240kJ/kg，7d 的水化热不宜大于 270kJ/kg。

② 骨料：骨料选用级配良好的，符合《普通混凝土用砂、石质量标准及检验方法标准》JGJ 52—2006 的要求：细骨料（中砂），其细度模数大于 2.3，含泥量（按重量计）不得大于 3%，含泥块量不得大于 1%；粗骨料拟选用粒径 5～31.5mm，并连续级配、非碱活性，含泥量不得大于 1%，含泥块量不得大于 0.5%，针片状颗粒含量不得大于 15%，不得使用风化石。

(2) 混凝土搅拌

① 膨胀剂投料应做到准确可靠，严格执行混凝土配合比并符合计量要求。实验室技术人员对外加剂投料、混凝土生产应24小时跟班监督。

② 及时测定砂、石的含水量，以便及时调整混凝土拌合用水量，严禁随意增加用水量。

③ 对混凝土配合比的执行及补偿收缩外加剂计量准确性建立定期或不定期抽查制度，确保混凝土生产质量。

④ 补偿收缩混凝土应搅拌均匀。本工程采用预拌补偿收缩混凝土，其搅拌时间可与普通混凝土的搅拌时间相同（见表2-4）。

混凝土搅拌的最短时间（s） 表2-4

混凝土坍落度（cm）	搅拌机机型	搅拌机容积（L）		
		小于400	400~1000	大于1000
大于3	自落式	120	120	150
	强制式	70	70	100

(3) 混凝土浇筑

在计划浇筑区段内连续浇筑混凝土，不得中断；混凝土浇筑以阶梯式推进，浇筑间隔时间不得超过混凝土的初凝时间（6h）。对于大体积超长混凝土可采用全面分层连续浇筑方式，混凝土浇筑层厚度应根据所用振捣器的作用深度及混凝土的和易性确定；当采用泵送混凝土时，混凝土浇筑层厚度不宜大于500mm；当采用非泵送混凝土时，混凝土浇筑厚度不宜大于300mm；振捣时间一般以10s为宜，应使混凝土表面浮浆，无气泡，不下沉为止。

(4) 混凝土养护

在混凝土浇筑过程中应控制混凝土浇注、养护时中心与外表的温差不超过25℃，且将温度梯度控制在15℃/d。应加强施工前期及后期混凝土的保温、保湿养护。应避免太阳暴晒，构件温度超过34℃时采取降温措施。混凝土养护期间，混凝土内部的最高温度不宜高于65℃，混凝土表面的养护水温度与混凝土表面温度之间的温差不得大于15℃。混凝土结构或构件在任一养护时间内的内部最高温度与养护中混凝土表面温度之差不宜超过20℃，梁体任一养护时间内的内部最高温度与表面温度之差不宜大于15℃，当周围大气温度与养护中混凝土表面温度之差超过20℃，或周围大气温度与养护中梁体混凝土表面温度之差超过15℃时，混凝土表面必须覆盖保温。浇水养护时间不应少于两周。

2.4.2.4 混凝土施工缝处理措施

墙体混凝土预留的水平施工缝和竖向施工缝应在有防水要求的部位采用放置竖向止水钢板的方式进行处理，在无防水要求的部位，直接凿毛清理干净再进行施工。

穿墙管（盒）、固定模板的对穿螺栓等节点位置，应开凿凹槽。应先用清水将凹槽冲洗干净，再涂刷一层混凝土界面剂，然后用膨胀水泥砂浆填实抹平并湿润养护不小于14d。

2.4.3 结语

通过对贵阳北站梁板混凝土采用微膨胀混凝凝土配合比设计、裂缝验算结合跳仓法进行大体积混凝土施工的成功实施，对混凝土的原料、搅拌、施工过程进行必要的控制的前提下，说明大体积混凝土是可以在不留设后浇带的情况下进行无缝施工、保证质量的，为以后的大体积混凝土施工积累了经验。

2.5 超长预应力劲性混凝土结构施工技术

2.5.1 工程概述

合肥南站站房建筑面积160564m²，共四层（见图2-30），跳仓法施工应用在地上二层高架候车层，该层混凝土结构超长单元有三道，分别为170m×95m、170m×116.8m、170m×94m；轨道层N轴线为沪汉蓉铺轨通道（见图2-31）。结构形式为预应力型钢-钢筋混凝土框架结构，预应力梁配筋为低松弛钢绞线1860MPa，直径15.20mm，张拉端锚具采用B&S夹片锚具，锚固端锚具采用挤压锚具。钢骨柱为十字形柱，最大构件截面尺寸为1300×600×30×60，站房钢骨柱共544根，钢骨梁最大跨度22.5m。

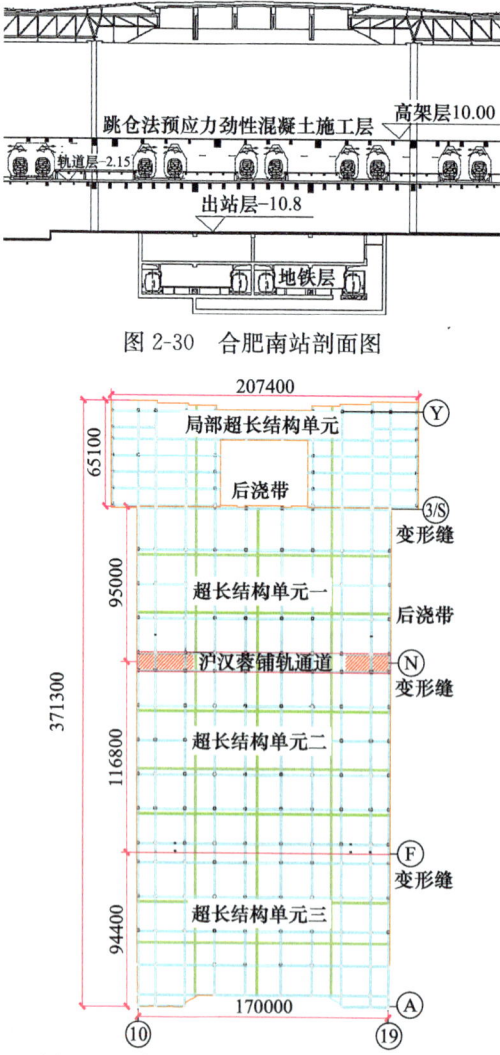

图2-30 合肥南站剖面图

图2-31 合肥南站高架层超长结构平面图

2.5.2 施工工艺及操作要点

本工程按照图 2-32 所示的流程进行施工。

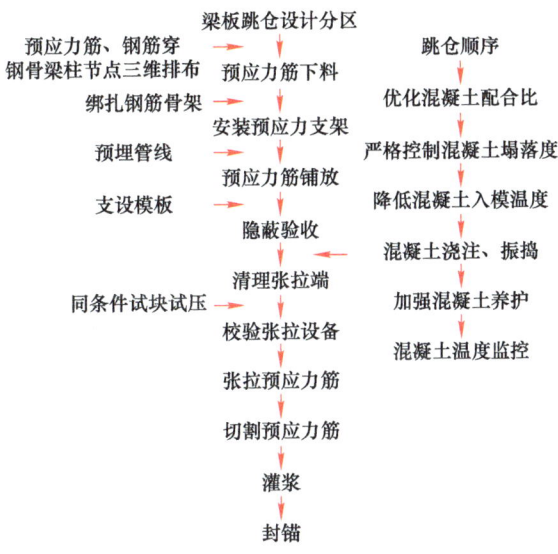

图 2-32 预应力劲性超长混凝土结构工艺流程图

2.5.2.1 超长混凝土预应力梁板分仓

根据我国著名裂缝控制专家王铁梦教授所著《工程结构裂缝控制》中提出的"抗与放"的设计原则，变更设计取消超长混凝土结构后浇带，采用跳仓法施工。预应力筋梁板的分仓，首先要确定预应力筋的搭接位置，然后根据结构施工跳仓顺序，再进行分仓位置调整，以实现合理布筋。同时满足分仓缝的留置要在跨中 1/3 范围内且不超过 40m（见图 2-33），跳仓顺序为①~⑮。

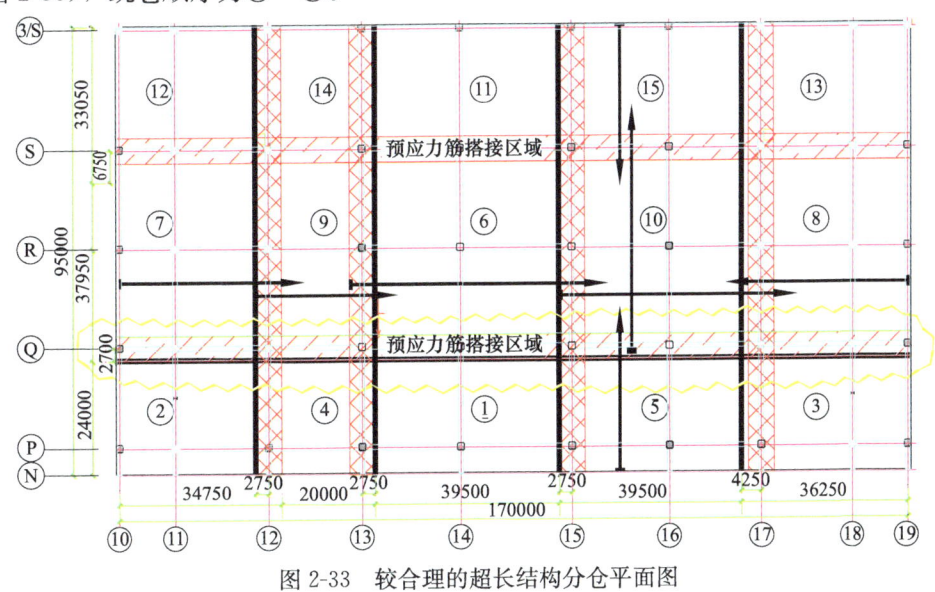

图 2-33 较合理的超长结构分仓平面图

2.5.2.2 预应力结构施工

(1) 预应力穿钢骨柱节点施工

柱子箍筋绑扎前,先对穿预应力筋的柱子主筋四个方向矢高标高进行定位,并用红油漆标识,柱子箍筋绑扎时,先绑扎柱子波纹管下部箍筋,然后进行张拉端和锚固端预应力波纹管及钢绞线的穿设,并放置预应力固定端或张拉端锚垫板,之后再绑扎固定波纹管上部的柱箍筋。梁主筋对有粘结预应力筋矢高坐标的影响,主要在梁二、三排铁钢筋位置,有冲突时要进行向上下并筋处理,提前深化调整钢骨留孔位置。预应力梁箍筋排列将直接影响预应力孔道的施工质量,梁箍筋位置要避开预应力筋走向,箍筋翻样根据预应力孔道数量、孔径大小以及孔道间距确定箍筋间距及大小;柱子纵筋密集位置有波纹管穿过时,需要对柱纵筋位置进行调整(见图 2-34),以保证预应力筋位置和矢高的正确。预应力孔道的外径 100mm,钢柱深化设计时,两个方向的预留孔相互错开,洞口尺寸 12cm(见图 2-35),洞口周边用加钢板做补强处理。

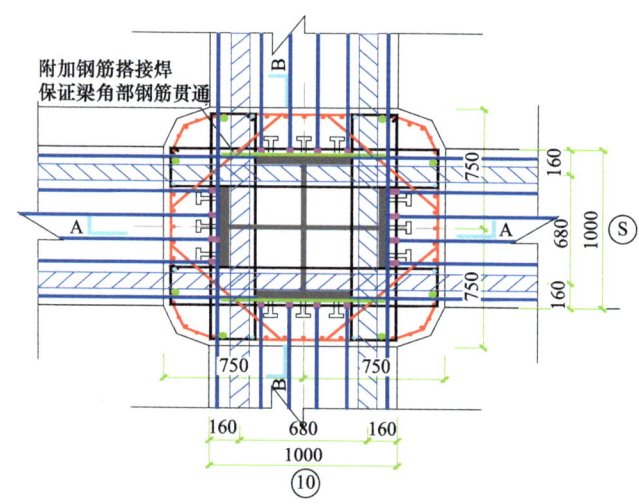

图 2-34 调整后钢骨预应力筋柱主筋及箍筋排布图

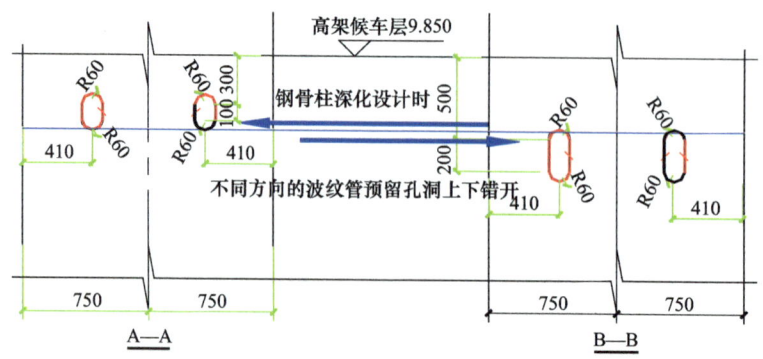

图 2-35 钢骨预应力筋预留孔洞深化排布

(2) 预应力穿钢梁节点处理

钢骨柱牛腿与钢骨梁之间是用夹板通过螺栓连接后焊接,预应力筋穿钢骨梁节点位置是通过BIM三维设计对钢骨梁预先留置孔位，对钢骨柱牛腿与钢骨梁之间是用夹板通过螺栓连接位置，根据预应力此处矢高调整好标高，从固定夹板的螺栓孔洞穿过（见图2-36），不得现场在夹板连接处后开孔。

（3）预应力筋遇塔吊位置的节点处理

预应力筋遇到塔吊标准节位置时，为保证四周结构梁板施工的要求，无粘结预应力筋绕过标准节保持贯通（见图2-37），按照两端结构梁板施工缝位置保持设计矢高高度，预应力筋下料时考虑绕过标准节多余量，并留出塔吊拆除后的位置，对预应力捆绑固定（见图2-38），待塔吊标准节拆除后进行分次张拉收紧，塔吊预留洞口重新浇注混凝土，同条件试块强度达到100%后，再进行张拉。

图2-36 预应力筋穿钢骨梁节点图

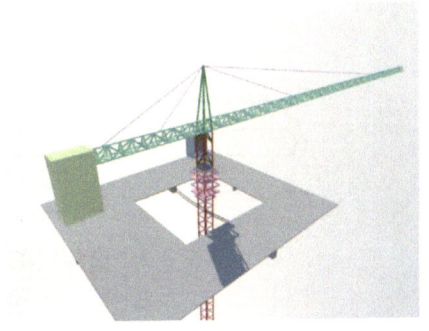
图2-37 预应力梁筋与标准节位置关系图

2.5.2.3 劲性结构施工

（1）钢骨柱穿筋定位及成品保护措施

焊接在钢骨柱上的套筒要严格控制水平度偏差，如果超过正常范围，较长的钢筋很难顺利旋入套筒。因此出厂前要根据施工图纸提前核对好套筒的数量及位置。对钢骨柱的焊接套筒抛丸除锈后做好成品保护，套筒内塞入纸张并用胶带裹紧，钢骨柱在吊装前再次复查有无遗漏。为防止阴雨天及混凝土浇筑后造成连接套筒内部锈蚀及污染，在钢骨柱混凝土施工前使用短钢筋套丝与套筒连接，对梁柱穿筋提前定位（见图2-39）。

图2-38 预应力梁钢筋与标准节节点处理图

图2-39 钢骨柱纵向钢筋定位

（2）用分体式套筒进行钢筋连接的工艺

钢柱之间钢筋连接采用分体式套筒（见图2-40～图2-42），施工要点为直螺纹平直段必须使用无齿锯切割，切割后端部平直，两直螺纹丝扣套丝准确。这种连接的优点是，减少大量钢筋焊接量，尤其是钢骨梁下铁钢筋与钢骨柱连接的位置，空间小操作难度大，如果使用焊接连接，需要等梁钢筋绑扎完成，再支撑梁底模板，存在较大安全隐患。以合肥南站这样大型的站房为例，钢柱间直径40的钢筋接头有几万根，单面焊接长度40cm，单个接头焊接价格约为65～80元，单个分体式套筒价格在6～8元，节约直接经济成本将近几十万元，接头连接时间为传统焊接工艺时间的1/6～1/10，有效节约施工时间，保证了连接质量。

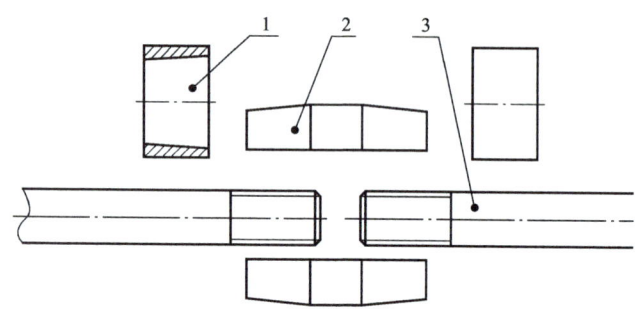

图2-40 分体式套筒钢筋接头结构示意图
1—锁套；2—半圆形套筒；3—钢筋

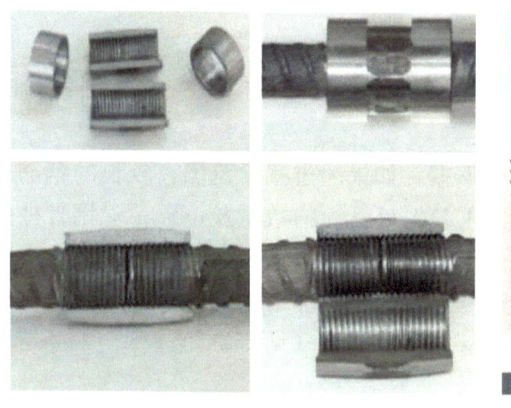

图2-41 分体式套筒钢筋结构拼装前、后图片　　图2-42 钢骨柱间钢筋连接立面图

（3）钢骨柱、钢骨梁模板施工

截面尺寸超过1.2m的钢骨柱用螺杆加固模板时，在钢骨梁柱出厂前按照模板方案在腹板位置预留螺杆孔洞（见图2-43、图2-44）。钢骨腹板开孔的截面损失率不得超过25%，超过需进行增加钢板补强处理，同时对螺杆孔洞用红油漆标识，以区分钢筋拉钩开孔位置，避免钢筋工在腹板预留螺杆洞中穿入拉钩。

2.5.2.4 混凝土施工

（1）材料

由于混凝土内部温度上升主要是由水泥水化热产生，为降低水化热，采用早期水化热低、C3A 含量低、细度适合、不含石灰石粉的 P.O 42.5 普通硅酸盐水泥。对骨料含泥量严格要求：黄砂和碎石的含泥量都要求小于 1%。细骨料采用级配良好的中砂，细度模数为 2.4～2.8，级配区域Ⅱ区，砂率为 42%。粗骨料选用级配、外观良好的碎石，最大粒径为 25mm。具体配合比见表 2-5。

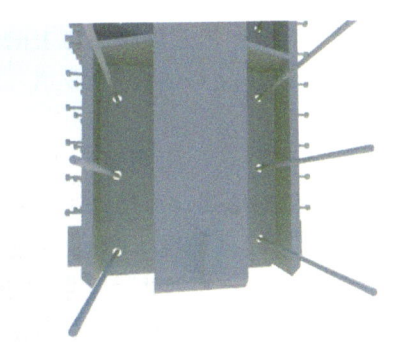

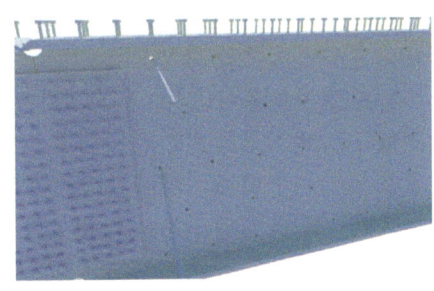

图 2-43　大于 1.2m 的钢骨柱腹板预留螺杆孔洞图　　图 2-44　钢骨梁腹板预留螺杆孔洞示意图

混凝土配合比（kg/m³）　　表 2-5

序号	水泥	粉煤灰	矿粉	外加剂	砂子	石子	水
S-1	301	90	50	7.65	697	1091	153

材料最大允许偏差符合以下规定：胶凝材料（水泥、掺合物）±1%，外加剂±1%，骨料±2%，拌合用水±1%。混凝土配合比设计时的施工坍落度确定为（180±20）mm。

(2) 混凝土施工

温度控制：控制混凝土的入模温度不高于 32℃；混凝土原材料的冷却，可以降低混凝土的浇筑温度，削减混凝土内部的水化热峰值，减少混凝土内部温度和外部温度的差值，从而减少温度变形和温度应力。避免混凝土热开裂的方法之一就是控制浇筑温度，当混凝土由塑性状态转变为弹性状态时，浇注温度越低，则越少出现开裂现象。通过搭设料仓，设置遮阳棚，避免阳光直接照射在石子、砂子等混凝土材料上，以降低混凝土搅拌材料的表面温度。在浇筑前对砂石骨料、钢筋、模板表面进行洒水降温，罐车的罐体和泵车的泵管等进行棉毡包裹并洒水。

2.5.3　结语

超长混凝土劲性钢骨和预应力施工中，合肥南站工程采用跳仓法替代后浇带施工，缩短了工期、减少了后浇带支撑部位转料租赁费用，保证了沪汉蓉场顺利铺轨；钢骨间钢筋连接采用分体式套筒节约经济及工期成本贡献巨大；钢骨梁柱与预应力波纹管相交的特殊节点控制，复杂节点综合排布及超前控制，避免出现穿筋冲突切割主要钢筋的质量隐患，保证了现场施工质量，加快了施工进度。以上综合施工技术的应用为"桥建合一"大型高铁站房在劲性超长混凝土结构与预应力结合的施工中提供了可参考的经验做法。

2.6 A型塔柱钢结构超长竖向焊缝施工的质量控制

2.6.1 工程概述

新建的厦门北站是国家"四纵四横"铁路客运专线——沿海快速铁路通道上的一个重要客运站,是福厦、厦深、龙厦、鹰厦4条铁路线交汇点,共设6站台12股道,建成后成为福建省最大的铁路客站。

工程总建筑面积162409m²,其中站房面积为109028m²,站台雨棚面积为53381m²。为高架候车与线下出站式布局,旅客流线采取"上进下出"的形式,车站分为出站层、站台层、高架层三个层面,建筑总高度达66.78m。站房高架候车厅跨度132m,长度220m,候车厅无柱,是国内数座站桥合建的线上式站房之一,其施工技术难度大、科技含量高,是目前国内跨度最大的铁路站房。站房屋盖设计采用"大跨度空间钢桁架＋双向正交钢管桁架"结构,沿平行于铁轨方向的C、E、F、H轴设置四榀大跨度空间钢桁架,钢桁架支撑在两端的劲性混凝土A型塔柱上。

16根A型塔柱底部为分肢部分,采用双柱,互成角度,倾斜角度分别为87°和83°,钢骨柱断面尺寸为H1500mm×1000mm×35mm×35mm,到上部两侧钢骨通过中间连接板将塔柱合二为一,合肢部分塔柱最大截面达7550mm×1800mm,柱顶最高点标高为57m,钢柱分节重量大,最重为19.5t。图2-45显示了站房的整体效果图,图2-46为塔柱立面及合肢部分剖面图。

图2-45 站房整体效果图

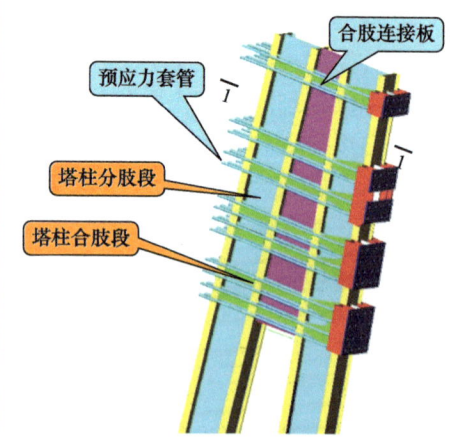

图2-46 塔柱立面及合肢部分剖面图

2.6.2 施工工艺及操作要点

2.6.2.1 施工难点及要点

本工程A型塔柱钢柱截面大,钢板较厚,合肢后的钢柱与管桁架预应力管道、钢桁架埋件、预埋电管、水管等交错相接,节点非常复杂。若按照整体合肢部分进行分段分节,分节后的单节重量远远超出了现场吊装设备的最大起重能力,同时分节后的断面尺寸大大超过了运输车辆的尺寸,给施工及运输带来了极大困难。由于合肢部分外露牛腿全部为支撑中间大跨度桁架节点,设计要求钢柱无法减小分节。为了减少单节钢柱重量且满足现场安装及运输要求,特将钢柱合肢部分分成两边 H 型钢柱及中间竖长腹板三块分段吊装,上部进行合肢焊接。安装时先将两侧 H 型钢柱吊装、测量校正、部分焊接,然后再进行两根 H 型钢柱中间竖长腹板部分的拼装,校正后再进行焊接。由于钢柱分体后腹板与两侧 H 型钢柱的焊接,造成单条竖向焊缝长度大,且焊接位置全部为立焊缝,最大单条焊缝长度为 9.5m,钢板厚度为 35mm,竖长焊缝总长度 696m,金属填充量约 3.5t,现场焊接量大、焊接变形很难控制。(图 2-47 为现场施工人员正在进行中间竖长腹板的安装图示)。

2.6.2.2 焊接前的准备工作

为了保证 A 型塔柱合肢部分竖向连接腹板超长焊缝的质量,需提前建立焊接质量控制措施,配备焊接人员,做好焊接的前期准备工作。

(1) 明确目标:制定超长焊缝的质量控制措施。

(2) 人员配备:为确保焊接质量,参与中间腹板竖向焊缝焊接的人员,须 100% 持证上岗,并通过现场举行的焊工附加考试。同时应挑选操作水平高、质量和安全意识强的优秀焊工;焊接过程控制由项目部钢结构工程管理部及专业焊接技术人员进行全程监控,针对焊缝长度和工作量,具体安排作业人数及投入的焊接设备数量。

(3) 焊接参数的选择:为了保证焊接质量,焊接前应对超长焊缝进行专项焊接工艺评定,以确定合理的焊接电流、电压、二氧化碳气体流量、焊接时的运条方法以及焊接层数及道数等。本工程焊缝焊接全部采用 CO_2 气体保护焊,选用锦泰 JM-56 焊丝。

(4) 焊接防护措施:由于 16 根 A 型塔柱焊接工作量巨大,焊接时间长,必须提前做好天气情况的收集整理工作和制定出相应预防措施。焊接前搭设全封闭的安全操作平台和防风、防雨棚,以保证焊接过程中不受气候条件和外界因素影响。焊接安全操作平台使用钢管及脚手板搭设,如图 2-48 所示。

图 2-47　现场安装图

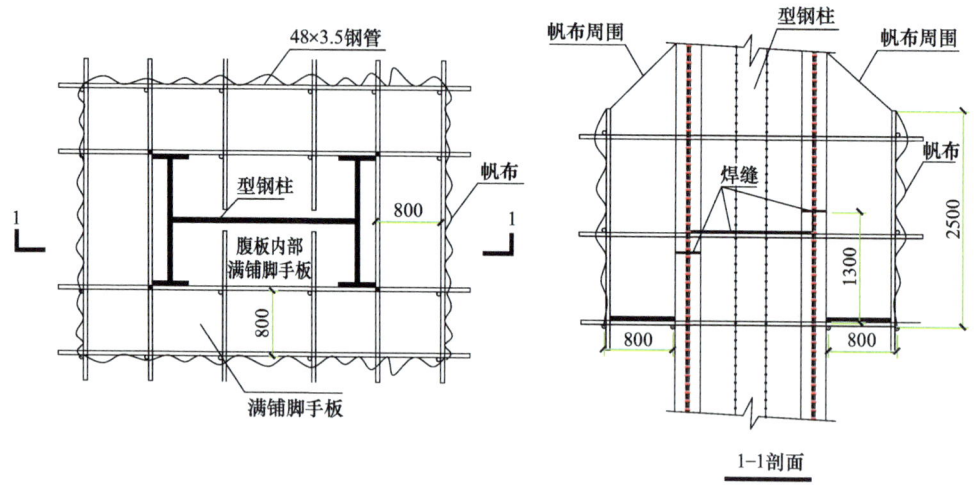

图 2-48 焊接安全操作平台

2.6.2.3 焊接工艺措施

（1）中间的竖向大腹板在与左、右侧钢柱焊接前，首先应按图纸要求组装至左、右侧钢柱腹板规定的中间位置，并采用定位焊焊接牢固；而后按图纸要求装配左右侧钢柱间横向加劲板，并用定位焊焊接牢固。定位焊时，应适当加大焊接电流10%～20%，定位焊缝长度均应大于40mm，收弧时务必要填满弧坑，定位焊缝的间距为500～600mm，定位焊焊缝如发现有气孔或裂纹时，必须清除后重焊，构件形式如图2-49所示。

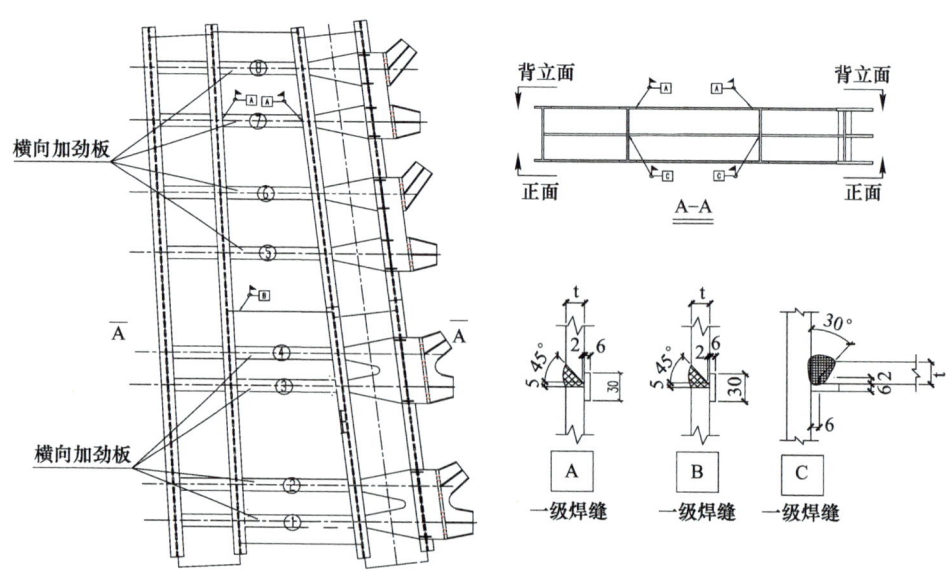

图 2-49 构件形式

（2）在完成左、右侧钢柱焊接后，进行左右侧钢柱间横向加劲板的焊接，按图2-49中①～⑧的先后顺序进行焊接（正面与背立面的横向加劲板的焊接相同）。每一加劲板与左、右侧钢柱翼缘板两侧的两条焊缝的焊接，应由两名焊工同时、同步、同规范进行焊接,焊接方向为由下向上。背立面横向加劲板,在正面横向加劲板焊接时,也应同时进行焊接,且要求与正面焊接工艺方法相同。

(3) 正面与背立面横向加劲板焊接完毕后,再进行中间竖向大腹板的焊接。中间竖向大腹板的焊接,先进行腹板的对接焊缝的焊接。可将此焊缝分为两段进行焊接,从中间向两端对称进行焊接,见图2-50中节点B示意。焊道布置参考图2-50(a)所示。

(4) 完成中间竖向大腹板对接焊缝的焊接后,再进行中间腹板与左右两侧钢柱腹板的T形对接与角接组合焊缝的焊接。由于焊缝较长,可按每段1.2~1.5m将左右侧焊缝分为6~8段,而后分层分段退焊进行焊接,即在上一等份的下部开始起焊,往上焊接,之后再由下一等份的下部开始往上焊接,以相同的方法将整条焊缝施工完成。焊接过程中应保证同一分段内的竖向大腹板与左右侧钢柱的腹板的焊接同时、同步、同规范参数。焊道布置参考图2-50(b)所示,焊脚尺寸K控制在9mm左右。

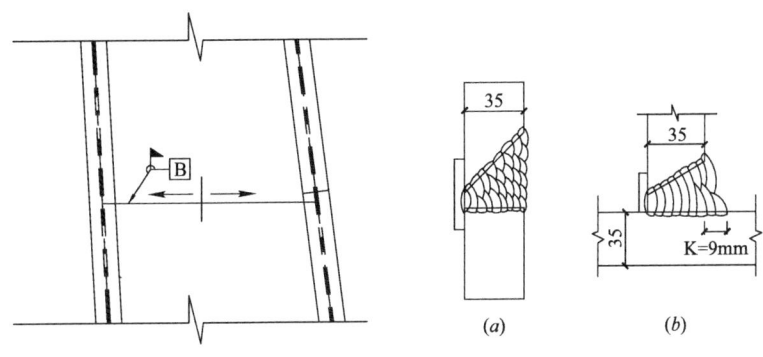

图2-50 焊道布置图

(5) 为减小由于中间竖向大腹板与左右两侧钢柱腹板的T形对接与角接组合焊缝焊接产生的角变形,在中间腹板T形焊缝焊接前,按间距1m左右设置临时支撑,具体见图2-51。待T形焊缝焊接完毕后,对加设的临时支撑进行割除,并对加设支撑位置打磨平整,必要时应补焊后再打磨平整。

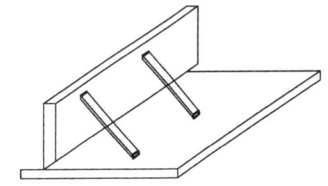

图2-51 设置临时支撑图

2.6.2.4 焊接过程中的质量控制

(1) 防止焊接变形应力的措施

采取必要的防止焊接变形的措施:如焊接前先焊接两侧钢柱中间的连接板及加焊临时支撑板等;采用分层、分道退焊的方法进行施焊;分区域多机对称焊接。在对称位置的两名焊工,应尽量保持同时、同速施焊,并选择相同的焊接电流参数及每层的焊接厚度,保证相同的焊接热输入,使焊接收缩趋于同步。

(2) 防止冷裂纹及层状撕裂的措施

针对长焊缝特点采取分段分层退焊焊接,匀速焊接,并保持连续施焊,使焊接应力分散,有效减小峰值应力,减少焊接冷裂纹及层状撕裂的产生。并且两条长焊缝采取完全对称、同时焊接的措施;选用优秀焊工,减少因焊接质量问题造成的焊缝缺陷及碳弧气刨的使用。对部分焊接缺陷确需使用碳弧气刨的,其使用后应采用角向磨光机磨去刨削部位表面附着的高碳晶粒,避免焊缝裂纹的产生;控制坡口尺寸和焊缝截面积,防止过量熔敷金属导致收缩和应力增大。尽量控制焊缝表面的余高,并使之平缓过渡,以减少焊趾部位的应力集中;使用高纯度的二氧化碳气体进行焊接,即其二氧化碳含量(V/V)不得低于99.9%,水蒸气与乙醇总含量(m/m)不得高于0.005%,并不得检出液态水;焊接前在焊道两侧各100mm范围内均匀进行预热,预热温度的测量在距焊道50mm处进行,预热温度应为70~100℃,层间温度控制在160~200℃。后热处理应于焊后立即进行,后热的加热范围为焊缝两侧各100mm,温度要求达到200~300℃,后热时间为1h/30mm板厚,焊缝后热达到规定温度后,采用保温棉进行保温直至焊件缓慢冷却至常温。

2.6.2.5 焊接注意事项

为确保塔柱钢结构安装过程中的焊接质量,在焊接过程中必须注意以下几点:

(1) 焊工必须持证上岗且经验丰富、责任心强,过程中要加强对其焊接行为的控制。

(2) 塔柱焊接各主要构件的组对及焊接顺序要严格控制。

(3) 焊接操作平台及防风、防雨措施要到位,尽可能减少外界大气对棚内焊接环境的侵扰。

(4) 按工艺评定中的指导要求,采用合理的焊接电流、焊接电压、焊接速度及正确的运条方法,每焊接完成一道焊缝,需彻底清理焊缝中的杂质,发现质量缺陷要及时采用碳弧气刨将其彻底清除,并使用磨光机打磨平整光滑,方可进行下一道焊缝的焊接。

(5) 整条焊缝焊接完成后,焊接人员要对其外观进行检查,发现表面有气孔、夹渣、焊瘤、未熔合等质量缺陷时应及时予以清除并修补完整,使焊缝外观质量达到规范验收标准。同时彻底清除焊缝两边100mm范围内的焊接飞溅等杂质,以方便下一步超声波对焊缝的内在质量进行检测。

(6) 焊缝焊接完成24h后,对焊缝进行超声波无损探伤检测,发现焊缝内部存在质量问题,必须使用碳弧气刨将焊接缺陷完全清除并用磨光机打磨干净,重新补焊修复,使焊缝质量满足规范及设计的各项要求。

2.6.3 结语

厦门北站房A型塔柱钢结构总用钢量约4000t,现场安装焊接全部为一级焊缝,施工焊接量约为4850延长米焊缝。通过对焊接工艺的优化和强有力的监控、焊接过程各道工序的有效制约,经过极其严格的100%无损探伤检测,焊缝一次合格率为98.2%,一次返修合格率为100%。在A型塔柱钢结构施工过程中,通过技术及工艺创新,在超长竖向焊缝焊接施工方面总结出一系列科学合理的施工方法及施工工艺,为今后在高层建筑钢结构施工类似工程提供了很好的借鉴。

2.7 站房永久正线区域主体结构逆作法施工技术

2.7.1 工程概述

宁波站改建工程,位于市中心原火车站场内,有杭深线横穿施工现场。杭深线为国家铁路干线,在施工期间必须保证上、下行两条铁路运营线正常通行(见图2-52)。经多方研究决定先施工中间站房区域，保证永久正线提前开通运营。但宁波站正下方为正在施工的地铁站，若按照正常工序施工，正线通车和最终的全面通车工期无法得到保证。为保证车站按时通车运营，减少既有线施工安全隐患，缩短整体工期，经过多次研究及方案比选，最终确定了分两步运用"时空效应"原理的施工方案：第一步"以空间换时间"，即合理优化永久正线区域的施工作业面，尽可能减少工作量，集中人力物力，短时间内完成临时正线栈桥的施工，使既有线顺利拨接；第二步"以时间换空间"，用最短的时间完成站房永久正线区域施工，即在站房永久正线区域主体结构采用逆作法施工。由于在逆作法施工过程中，需要克服大跨度、高净空、不等高、大截面等诸多难题，经过多方考察与研究，最终局部采用了贝雷架作为支撑体系。

图 2-52　宁波站整体平面图

永久正线区域位于高架区正中心，东西长 74m，南北宽 28m，竖向自下而上为 −24m 层、−15m 层、−11m 层、0m 层、10m 层、18.5m 层、39m 屋面 7 个层面（见图 2-53、图 2-54）。

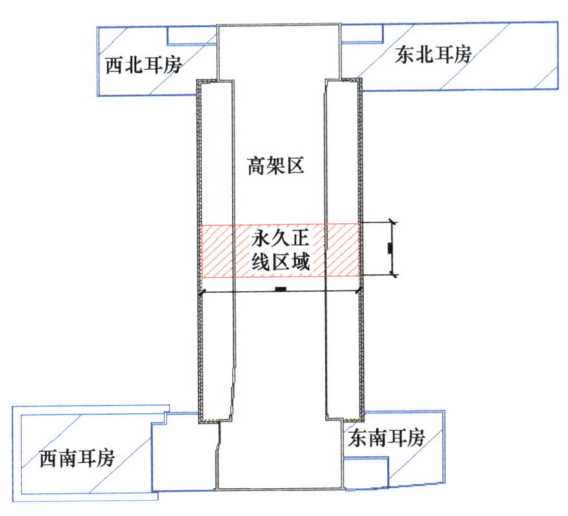

图 2-53　正线区域划分示意图

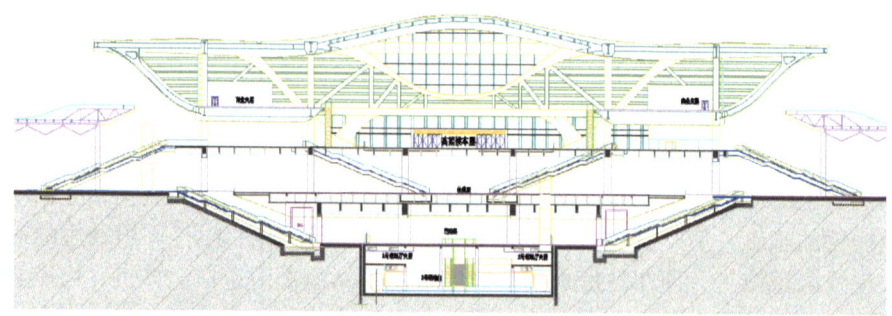

图 2-54 永久正线区域剖面示意图

2.7.2 施工工艺及操作流程

2.7.2.1 施工难点及要点

杭深线横跨宁波站国铁、地铁，施工中必须保证其正常通行。同时要求在较短的时间内完成正线区域从地铁结构到国铁结构，再到国铁外部装修工作，工期异常紧张，难度巨大，具体存在如下困难：

（1）受过渡和共建工程影响，施工工艺复杂，工期紧，按正常工序施工根本无法保证总工期。

（2）该区域结构体量大、截面尺寸大、跨度大，施工难度巨大。

（3）本区域基坑深24m，为深基坑工程，在如此的环境中提高施工效率，在有限的时间内从－24m基底施工至39m屋面，保证按时完工异常困难。

（4）受邻近既有线影响，现场工况复杂，地铁、站房、钢结构同时施工，交叉作业严重且现场场地狭小，施工困难，安全控制难度大。

（5）基坑内桩基、支撑等工程量大、作业面狭小，施工难度大。

（6）支撑体系高，达19.25m，且存在高低跨不平衡施工，施工技术标准高、难度大。

2.7.2.2 站房永久正线区域主体结构逆作法施工技术

1. 正线区域逆作法施工

永久正线区域竖向分层：地下三层（地铁站台层、地铁站厅夹层、地下出站通道），地上三层（轨道层、高架候车层、商业夹层）；平面涉及站房东西两侧的悬挑钢结构，装修涉及外装修封闭。

根据宁波站结构形式与现场实际情况，以地下出站层为分界线，下部结构及站房室内装修在既有线拨线后再逐层反做，具体如下：先施工－24m层地铁底板，然后直接施工－11m出站通道层（该层两侧各预留宽约6m的分仓缝作为下部逆作施工竖向通道），随后利用贝雷架技术进行0m轨道层结构施工，再施工10m层候车层，再施工上部钢结构商业夹层和屋面，同时施工该区域的外装和屋面体系，待该区域施工完毕后进行线路拨接。铁路线拨接完毕后再进行地上部分的内装修和机电安装，同时由－11m往下施工－15m地铁站厅层结构，最后施工地铁内装修和机电安装，待－11m地下出站层以下结构和部分装修、机电施工完毕后，将－11m预留的分仓通道封闭，进而将地下出站层收尾，直至全部结束。

具体施工流程详见图2-55。

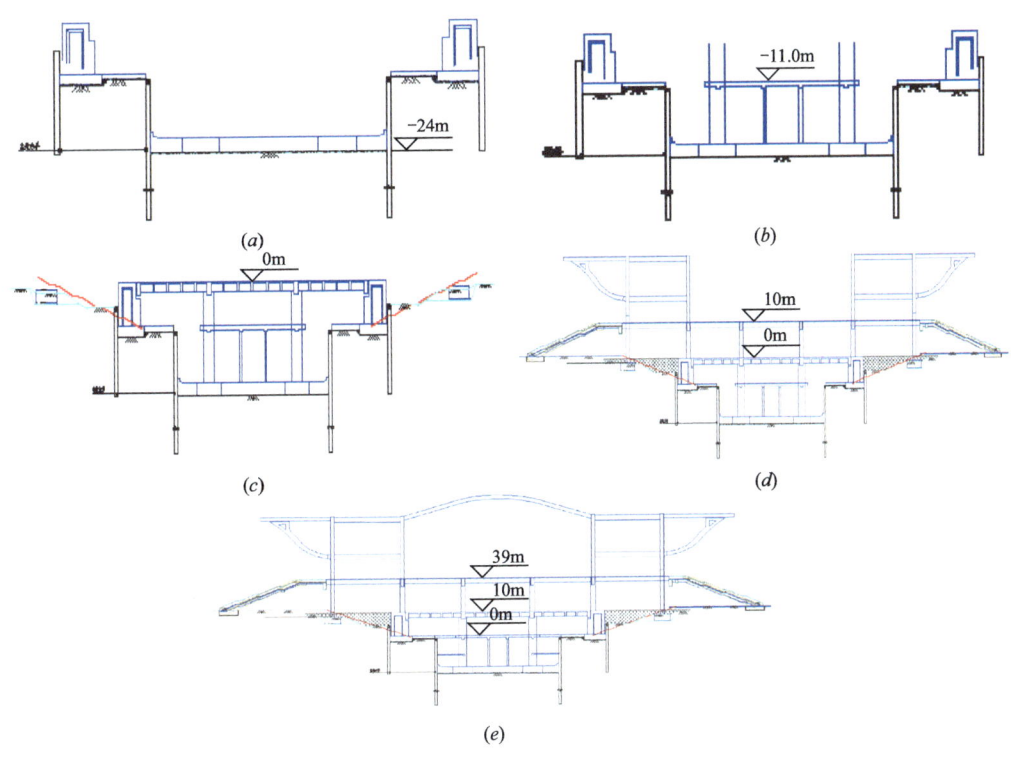

图2-55 逆作法工况流程

（a）工况一 施工地铁底板及轨道层两侧的桥台；（b）工况二 施工局部出站层底板及相应区域的框架柱；（c）工况三 施工轨道层梁板、外挑高架层的独立柱基及地下出站通道；（d）工况四 施工高架候车层、商业夹层、高架下站台通道、站房外悬挑钢结构以及正线区域的外装修，施工完成后既有线拨接；（e）工况五 正线拨接后施工剩余工程：①地上施工站房室内钢结构及装修；②地下施工地铁的站厅夹层结构并将出站层底板合龙，继而施工地下室装修

通过正线区域国铁、地铁逆作法施工，直接缩短整体工期4个月，有效保证了宁波站国铁站房如期竣工通车运营。宁波站的成功体现出逆作法在大型公共建筑施工中是可行的，效果是明显的，是可以借鉴的。

2．贝雷架体系在正线区域逆作法中的应用

（1）贝雷架体系的运用

永久正线区域轨道层楼板厚度为350mm，主梁尺寸为2600mm×1500mm，最大跨度为24m，次梁尺寸为2000mm×600mm，由于梁板结构施工工期紧、体积大、施工工艺复杂、技术标准高，且受现场施工场地及工况的影响（工期紧，地铁结构正在施工，交叉作业严重），为保证工程按期完工，本工程经多方研究与讨论，最终将桥梁工程中的"贝雷架"（见图2-56、图2-57）技术运用到铁路站房施工现场，成功解决了大跨度、高净空、工况复杂的特殊要求，更重要的是贝雷架的应用使宁波站"半逆作法"得以实现，直接缩短了整个工程的工期，保证了车站的顺利开通。

（2）贝雷架安装施工方法及技术创新

1）贝雷架系统施工工艺流程

钢管柱预埋件加工及安装→钢管柱安装→安全防护措施安装→钢管柱横向支撑连接→

承重梁安装→贝雷梁安装→贝雷架系统检查、验收→贝雷架预压→上部支撑架安装→上部结构模板、混凝土施工→混凝土养护→预应力张拉→贝雷架拆除。

图 2-56　贝雷架系统

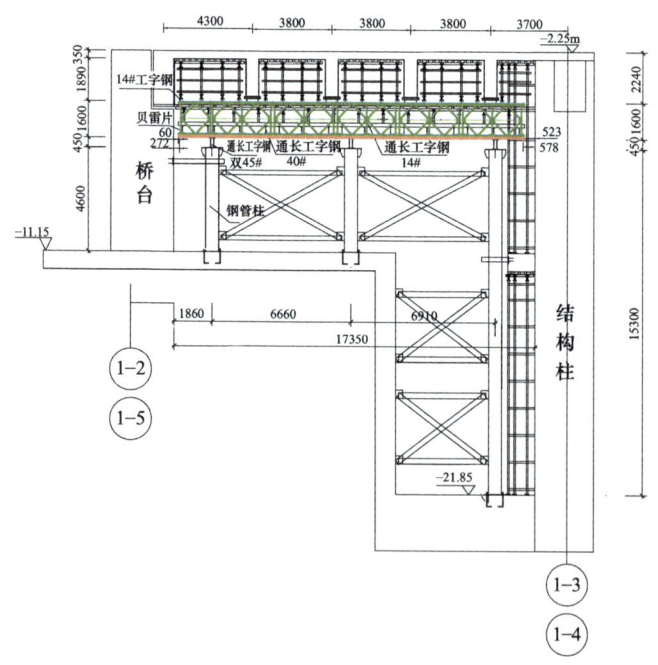

图 2-57　现场贝雷架安装简图

2）贝雷架施工技术

① 钢管柱预埋件加工及安装

贝雷架支设需要在地铁底板及桥台上安装预埋件，底板及桥台混凝土浇筑前，把预埋件安装固定到位。为了保证预埋件位置准确且不移位，现场采用经纬仪逐个放线安装，并将其与地铁底板及桥台主筋进行焊接固定。

② 钢管柱支立

安装前,先确保钢管柱的连接螺栓拧紧及现场固定钢板的水平度,不符合要求的进行了调整,同时保证钢板的表面洁净,以确保钢管柱底座与钢板焊接牢固,在钢板上预先标好钢管柱的安放位置,防止钢管柱发生偏位。

根据现场实际情况,汽车吊只能支设在桥台两侧位置,距离构件安装位置最远处约为30m,最大构件重量达到9t,经计算采用2台130t汽车吊于东、西两侧同时施工。现场安装时,拉好揽风绳,防止钢管柱在空中发生较大摆动。钢管柱就位后,及时调整柱子的垂直度,并在柱顶张拉通线,确保同排立柱处于同一水平位置。待钢管柱水平位置及垂直度检查合格后,将柱底法拉盘与底座钢板满焊牢固,并及时焊接横向支撑,防止立柱发生倾斜。

③ 安全防护安装

后续连系梁、分配梁、贝雷片、工字钢等构件的安装及焊接工程均为高空作业,且构件尺寸大、质量大,为保证施工安全,在每层安装作业区的下部满铺一道安全平网。

④ 钢管柱支撑连接安装

横向支撑安装:钢管柱安装后及时焊接横向水平支撑,支撑采用25号槽钢焊接连接,支撑所用的槽钢根据钢管柱的间距进行现场加工,短柱沿柱高方向设置一道横向支撑,长柱沿柱高方向设置两道支撑。

侧向支撑安装:待桥台及-11.15m结构板混凝土浇筑后,进行侧向支撑的连接。将结构板预埋件表面清理干净,采用25号槽钢作为钢管柱的侧向支撑。

⑤ 承重梁安装

柱顶标高调节:待钢立柱支撑安装完毕后,进行钢管柱柱顶标高的调节,调节时,先确定同排柱两端柱顶的标高,调节后及时固定,之后在两柱之间拉通线,进行中间柱顶标高的调节,调节完成后使柱顶标高处于同一水平高度,并由测量员进行最后复核,确保标高准确。

承重梁安装:横向承重梁采用两根45号工字钢对焊而成。安装时,承重梁顶板保证水平,且与钢管柱顶法兰盘接触,对需调整或与法兰盘有间隙的,采用钢垫板调整。承重梁就位调节完后,将工字钢下翼缘与钢立柱法兰盘焊接牢固。

⑥ 贝雷梁安装

先进行贝雷梁的拼装,再进行贝雷梁的吊装。拼装时贝雷销、加强弦杆及加强螺栓全部进行检查无缺漏,并在接头处用12号槽钢进行加强,槽钢与贝雷片用螺栓连接牢固。待贝雷梁拼装完成后运至现场进行安装,安装前预先在承重梁上进行定位放线,保证了每组贝雷梁的安放位置准确。吊装时设置四个吊点,使梁体受力均匀,避免了梁体较大变形的出现。贝雷梁安装完成后即进行固定,将相邻两组贝雷梁用两道12号槽钢进行连接,确保所有梁体的整体性。

⑦ 上部支撑架安装

框架梁下支撑架安装:贝雷梁下部沿垂直于贝雷梁方向穿插40号工字钢作为框架梁的底部支撑,在40号工字钢上搭设梁底支撑。支撑采用14号工字钢,间距为300mm,支撑架钢管焊接于14号工字钢上进行支撑架搭设。

次梁下支撑架搭设:在贝雷架顶部,沿垂直于贝雷梁方向铺设14号工字钢,间距为

300mm，次梁梁底支撑架直接搭设于 14 号工字钢上。

楼板支撑架搭设：楼板支撑架立杆可直接搭设在 14 号工字钢上，立杆与工字钢焊接牢固（见图 2-58）。

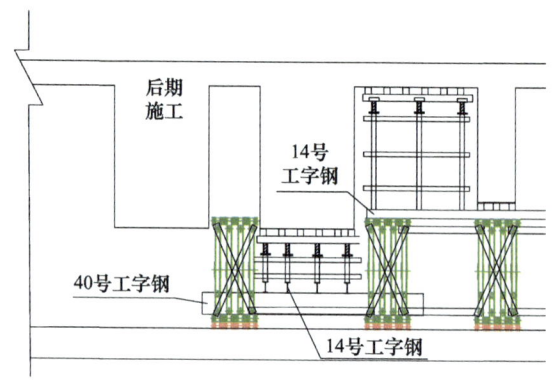

图 2-58 贝雷架上部支撑架搭设示意图

⑧ 检查、验收

贝雷架安装完成后，组织各单位进行检查验收，主要包括：连接焊缝质量、连接螺栓是否拧紧、架体标高及平整度等。

⑨ 贝雷架预压试验及预压监测

预压目的：通过对贝雷架施加梁段荷载进行预压，充分消除贝雷架搭设过程中产生的非弹性变形。施加荷载预压，通过现场测量，得出施工过程中贝雷架产生的弹性变形值，为现浇梁的线性控制提供可靠的依据。同时，检测贝雷架整体的强度、刚度、稳定性。

预压单元及材料选择：预压部位现场选择荷载最大且利于堆载预压施工的部位，现场选择东区 1/D 轴为预压单元，经计算混凝土浇筑完成后，其上部所受总重量为 186t。按照就地取材的原则，结合现场钢筋库存，选用 $\phi 18$ 及 $\phi 20$ 钢筋，每捆约重 1.73t，共 110 捆。

预压观测点的布设：沿贝雷梁长度方向依次设置 10 个观测点，并做好标记。

加载及观测顺序：底模初铺完成后，先按照要求在支架上布设观测点，观测点布置在支架顶部。整个加载过程按照总重的 60%、80%、100%、120% 分四次逐步加载，加载过程中同步进行四次观测，卸载 6h 后再进行一次观测，同时做好观测记录（见图 2-59）。

卸载：卸载过程是加载程序的逆过程，同样分四次进行，要逐步均匀卸载，防止突然卸荷的冲击作用。每次卸载完成后，观测架体弹性恢复情况，做好记录。将预压荷载卸载 6h 后再次对各监测点标高观测一次，计算支架各监测点的弹性变形量，为后续混凝土结构施工预拱度值提供了依据。

⑩ 贝雷架拆除

预埋吊钩安装：贝雷架系统在上部结构预应力张拉完成及架体拆除完毕后，进行了贝雷架拆除。为方便拆除，经研究在钢立柱上部的 －2.25m 板上提前预埋钢筋吊钩用于贝雷架的拆除。

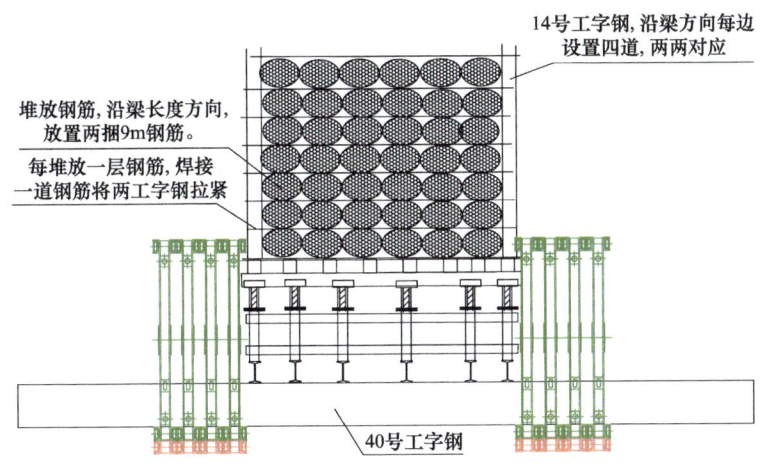

图 2-59 钢筋堆载示意图

现场拆除施工：根据现场实际工况，使得贝雷架拆除形成五面被封只有南侧便桥处一个出口的局面，且只能从南往北拆，同时贝雷架各构件重量大，现场空间狭小，吊运困难，受场地影响，拆除时需与其他工种穿插进行，难度大大增加。最终贝雷架采用了"由上至下""由南至北"的方式进行拆除。贝雷架拆除时先将贝雷梁整体标高降低，然后在架体上分解，用在3号栈桥上安装的3台卷扬机配合从侧边缓慢拉出，再用吊车将贝雷梁吊出，最后转运至场外进行拆散退场。部分小构件拆成零散组件后用吊钩及倒链运至 $-11.15m$ 和 $-21.85m$ 板上，然后再拖至南侧吊出并外运出场。

2.7.3 结语

本工程通过研究与实践，成功实施了宁波站正线区域逆作法施工，并取得了如下成果：铁路站房等复杂工程可以避开常规方法，进行逆作法施工，可有效提高施工效率，大幅缩短工期；贝雷架作为支撑体系具有支撑灵活、跨度大、适用高低跨、支撑高度高、承载力大等优点，可在铁路站房大型支撑系统中推广。

2.8 异型清水混凝土结构施工技术

2.8.1 工程概述

厦门北站位于厦门市集美区后溪镇。工程总建筑面积达 $162409m^2$，其中站房面积 $109028m^2$，站台雨棚 $53381m^2$，建筑总高度达 66.78m。主站房平面投影为工字形，宽 132m，长 219.5m。

厦门北站工程由于造型新颖，异型混凝土结构较多，且要求达到清水混凝土标准，主要包括A型塔柱、弧形预应力钢筋混凝土、混凝土斗拱。钢结构屋盖支撑在16根清水混凝土A型塔柱之上，塔柱高度为48m和57m，底部分肢部分采用双柱，互成角度，倾斜角度分别为87°和83°，到上部塔柱合二为一，合肢部分塔柱最大截面达 $7550mm \times 1800mm$；塔柱之间设有大截面弧形预应力钢筋混凝土箱梁连接，共计24道，箱梁截面最大为 $3300mm \times$

1400mm（高×宽），跨度最大为44.02m，同一跨箱梁两端高差最大为13.746m，ZHJ1柱顶斗拱为钢筋混凝土结构，由14根800mm×1000mm的梁层叠交错组成，梁长最大达到9.8m。站房结构三维空间如图2-60所示，清水混凝土构件如图2-61所示。

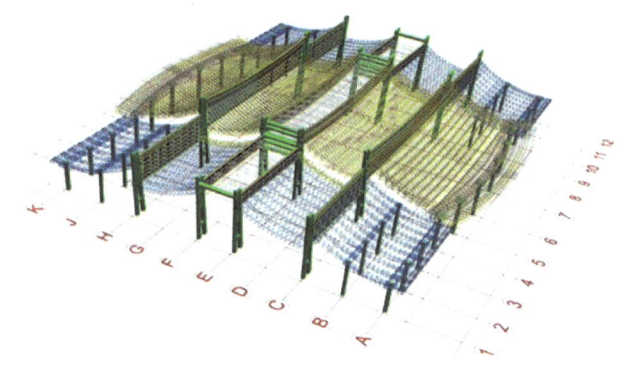

图2-60 结构体系三维空间图

 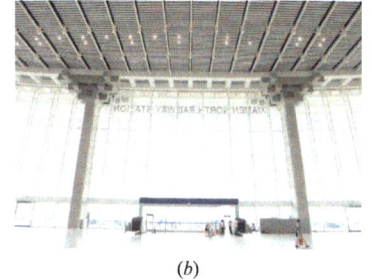

(a) (b)

图2-61 厦门北站主要混凝土结构示意图
(a) A型塔柱和弧形箱梁；(b) 混凝土斗拱

2.8.2 施工工艺及操作流程

2.8.2.1 施工特点及难点

（1）HRB400直径50mm钢筋首次在竖向构件中使用

厦门北站工程A型钢筋混凝土塔柱共16根，截面尺寸大，高度高，且塔身倾斜，最高57mm，塔柱内设劲性钢骨，塔柱主筋为HRB400直径50mm的钢筋，共计5000t。12m长的直径50mm定尺钢筋重约185kg，搬运和绑扎难度大（见图2-62）。目前HRB400直径50mm钢筋国内只在CCTV主楼基础底板中应用过，在竖向钢筋混凝土构件中应用的还属于首次。

（2）清水混凝土模板技术难度大

为保证异型结构达到清水混凝土效果，对模板安装要求非常严格，应达到如下要求。

图2-62 塔柱基础钢筋绑扎及插筋

① 清水混凝土施工用的模板材料要求表面平整光洁,强度高、耐腐蚀。

② 为保证模板拼缝整齐、规则,整个构件模板需要采用 CAD 进行排版。模板加工严格按照排版尺寸进行。

③ 模板体系必须有足够的刚度,在混凝土侧压力作用下不允许有一点变形。要保证结构几何尺寸均匀、断面一致。

④ 模板拼缝处及施工缝处模板安装,为防止漏浆,要采取可靠的措施。

⑤ 固定模板采用锥型头垫片的对拉螺杆,以便拆模时方便,减少对混凝土表面的破损等。

(3) 清水混凝土试配、浇筑、养护难度大

由于异型结构的外形特点,要求混凝土配合比合理,着重考虑混凝土具有均匀一致的外观质感,良好的流变性能、体积稳定性及耐久性,因此使混凝土的试配、浇筑和养护的难度增大。

2.8.2.2 HRB400 直径 50mm 钢筋施工技术

(1) 直径 50mm 钢筋制作与连接

钢筋连接采用以剥肋滚压直螺纹连接。结合直径 50 钢筋的直螺纹套筒长度和直径 50 钢筋月牙肋的厚度,确定设备在套丝过程中能达到的最大行走长度和剥肋深度,套筒采用优质碳素结构钢加工而成(见图 2-63),抗拉强度大于钢筋抗拉强度标准值的 1.1 倍,储备系数高,厦门北站工程直径 50mm 螺纹钢筋连接接头一次通过型式检验,结果显示产品性能符合行业标准的最高等级要求。

图 2-63 钢筋连接

(2) 直径 50mm 钢筋定位与绑扎

塔柱承台有两根角度不同的钢骨柱,钢骨自承台底起设置,其下为自身基座,基座施工完成后再进行钢骨柱插筋施工,钢骨柱插筋随钢骨成斜向布置,在施工柱插筋时要保证其角度准确并稳固,不至于在浇筑混凝土时出现移位等现象。所以在柱插筋施工时,先在钢骨上焊接 4 根直径 32 柱筋定位钢筋,定位筋设置为柱脚及承台中及以上 1m 为 3 道,先将定位支架与塔柱钢骨用直径 25 钢筋焊接牢固,然后再进行柱插筋施工(见图 2-64)。

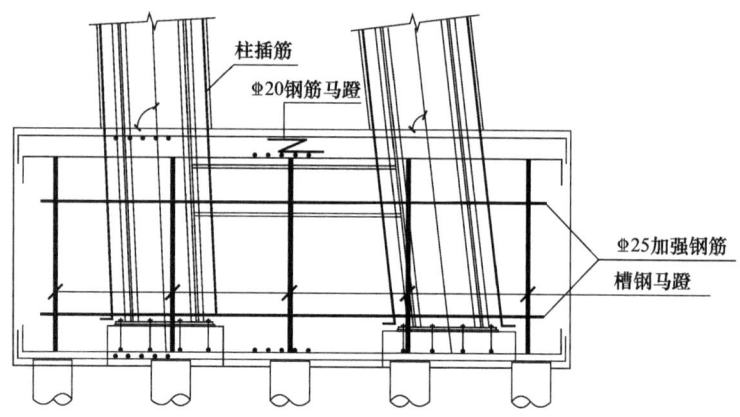

图 2-64 钢筋绑扎定位大样图

塔柱钢筋最大净距不超过 250mm,与之相交的框架梁底筋及面筋分布于柱体主筋内侧,且此处有预应力波纹管贯穿与两柱筋之间。三构件钢筋存在相互交叉情况施工中要对此处加强管理,要求柱筋自插筋开始即要严格按照 CAD 放样图进行安装施工,过程中采用在已焊接好的柱筋安装支架上利用全站仪打点并用红油漆涂画,4 道 22 号火烧丝绑扎的方式,固定柱主筋位置,避免其移位。

(3) 直径 50mm 钢筋安装技术

为了提高施工功效,降低施工成本和安全隐患,本工程钢筋施工采用机械配合人工的施工工艺。吊装工艺为,基础层柱插筋采用汽车吊及塔吊单根分别吊运,其他层采用吊车或塔吊先吊至搭设好的脚手架上,再利用电葫芦单根吊运钢筋工艺施工,电葫芦吊装钢筋施工应配合塔吊进行。电葫芦施工时要求脚手架搭设必须牢固,脚手架上操作平台有足够刚度能承受钢筋自重及施工活荷载,电葫芦安装高度不超过操作平台且顺电葫芦立杆方向加设根斜撑杆保证其刚度,钢筋堆放于正对电葫芦前后两方,便于钢筋提取及安装,具体吊装示意如图 2-65 所示。

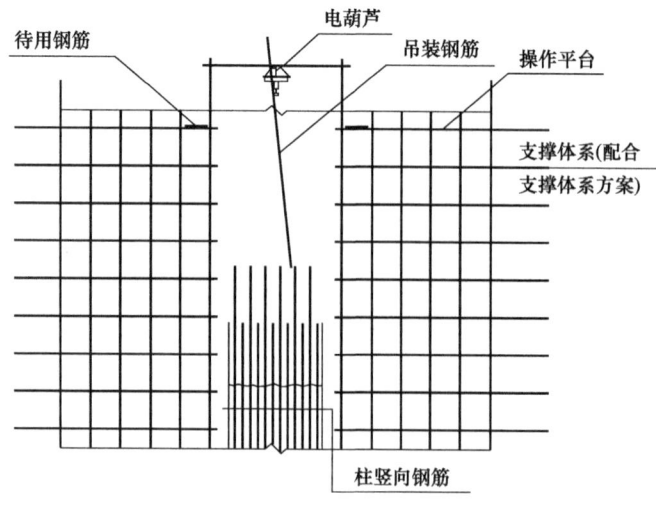

图 2-65 钢筋吊装示意图

2.8.2.3 清水混凝土模板技术

(1) A 型塔柱模板技术

① 塔柱模板体系设计。模板采用 1220mm×2440mm×25mm 镜面木胶板，内楞采用 100mm×100mm 的方木，竖向排列，间距抱箍采用 14a 号槽钢，横向排列，竖向间距 500mm，抱箍两端东西向对拉螺杆采用 3.2m 长 φ25 全丝的拉杆（见图 2-66）。

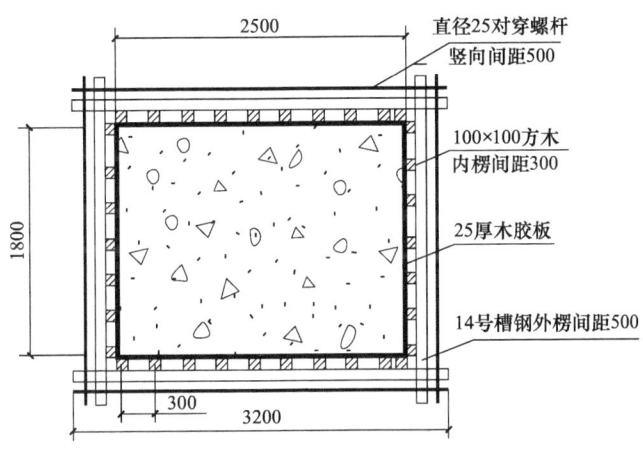

图 2-66 塔柱抱箍剖面大样图

② 塔柱分肢及合肢以上部分混凝土内采用 φ16 的多功能对拉螺杆，侧面各 2 道，竖向间距 500mm，分别与钢骨腹板和箍筋拉钩焊接。混凝土浇筑完毕后，可通过扳手掏出多功能锥母，形成规矩圆形的螺杆眼，锥母、垫片周转使用；在塔柱接茬的位置，通过对拉螺杆固定槽钢（或方木）（见图 2-67）。

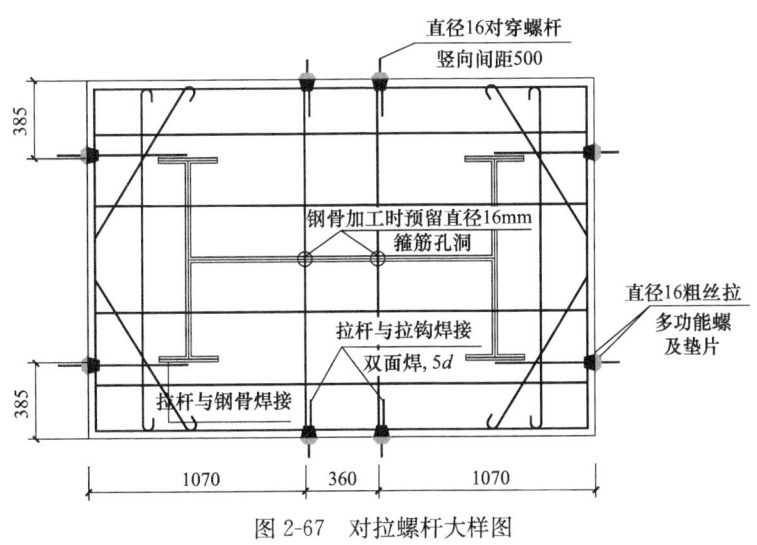

图 2-67 对拉螺杆大样图

③ 塔柱模板的安装。首先根据塔柱浇筑段高度及塔柱倾斜度，计算出相应高度倾斜的水平距离，焊接 25 的钢筋限位，上、中、下 3 排，每排 2 道，用作模板内顶、就位，模板拼装大样如图 2-68 所示。

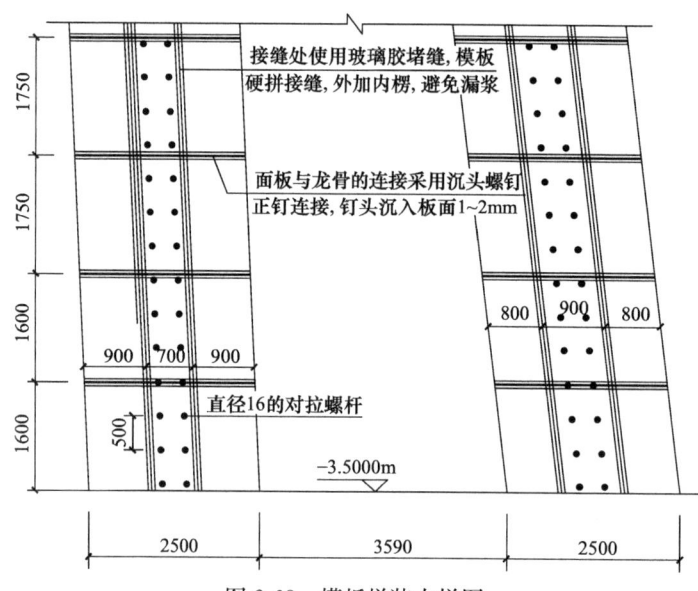

图 2-68 模板拼装大样图

④ 拼缝处理措施。为保证模板接缝均匀一致,水平交圈,竖向垂直成线以及接缝不漏浆,在胶合板接缝处打中性的硅胶,硅胶靠板的自重挤压,形成 1~2mm 厚胶缝。施工缝位置,模板接茬处进行防漏浆处理,用彩条布或塑料膜一端伸入模板内侧 5~10cm,木胶板压紧,塑料布另一端则折起来,通过龙骨固定在面板外侧,木胶板通过下端对拉螺杆眼固定槽钢来支撑(见图 2-69)。

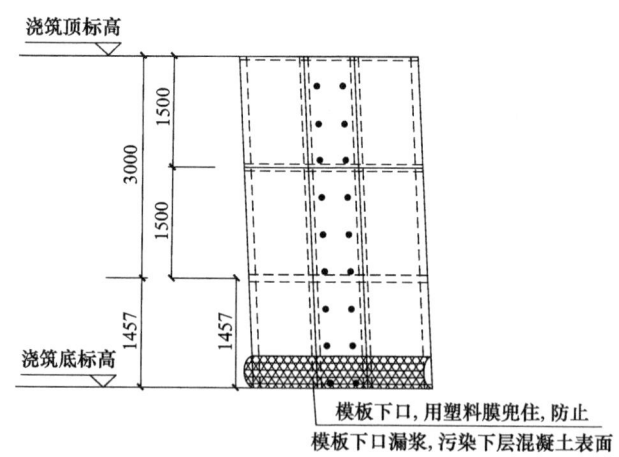

图 2-69 施工缝膜板下口处理大样图

(2) 弧形箱梁模板施工技术

本工程弧形箱梁位于 20~30m 高空,梁长 25~44m、而宽度只有 1.4m(见图 2-70、图 2-71),模板施工主要有以下难点:

① 安全可靠地选择箱梁施工模板支架体系。

② 需要在超高、超重型结构箱梁模板支架下留设足够宽度的施工通道,如工程列车限界通道、现场大型设备车辆行驶通道等。

③ 弧形箱梁梁底模板安装,要做到箱梁曲线与设计图纸的一致性。

图 2-70 弧形梁施工现场图

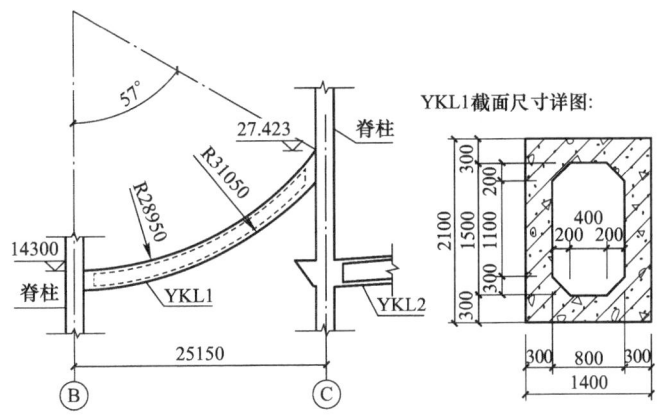

图 2-71 弧形梁断面及示意图

弧形箱梁支撑架体严格控制高宽比，保证架体平面外整体刚度。组成架体的 2 个部分模板支撑架和箱梁两侧操作平台形成一个整体，共同抵挡侧向水平荷载，防止架子平面外失稳。模板支撑架采用扣件式钢管脚手架，立杆布置为每道箱梁下设排立杆（间距 600mm），立杆沿梁长方向间距 750mm，支撑架双向水平杆件步距 750mm；操作平台部分，在架子两侧沿梁长方向按间距 6m 设置揽风绳；箱梁架子外侧在操作层以上挂密目安全网，操作层以下不挂设密目安全网，以减小风荷载的影响（见图 2-72）。

通过合理的分层浇筑技术，将箱梁分为底板、侧墙和顶板 3 个层次进行施工，这样减小了第 1 次混凝土浇筑对梁底模施加的荷载，如图 2-73 所示。

采用计算机模拟和全站仪三维坐标定位技术，对箱梁底模进行精确定位，保证弧形箱梁成形准确性。箱梁底板模板安装节点详图如图 2-74 所示。

弧形箱梁外形为圆弧的一段，箱梁两端位于不同的标高，箱梁由低往高其坡度逐渐增大，最高一端的坡度达 50°。在坡度超过 25°时，混凝土无法按正常工艺振捣密实成型、混凝土质量无法保证。对坡度超过 25°部分的梁体采用安装面层模板的双层模板技术，同时在面层模板上留设振捣口和排气口，为斜坡段梁体混凝土振捣创造条件（见图 2-75）。

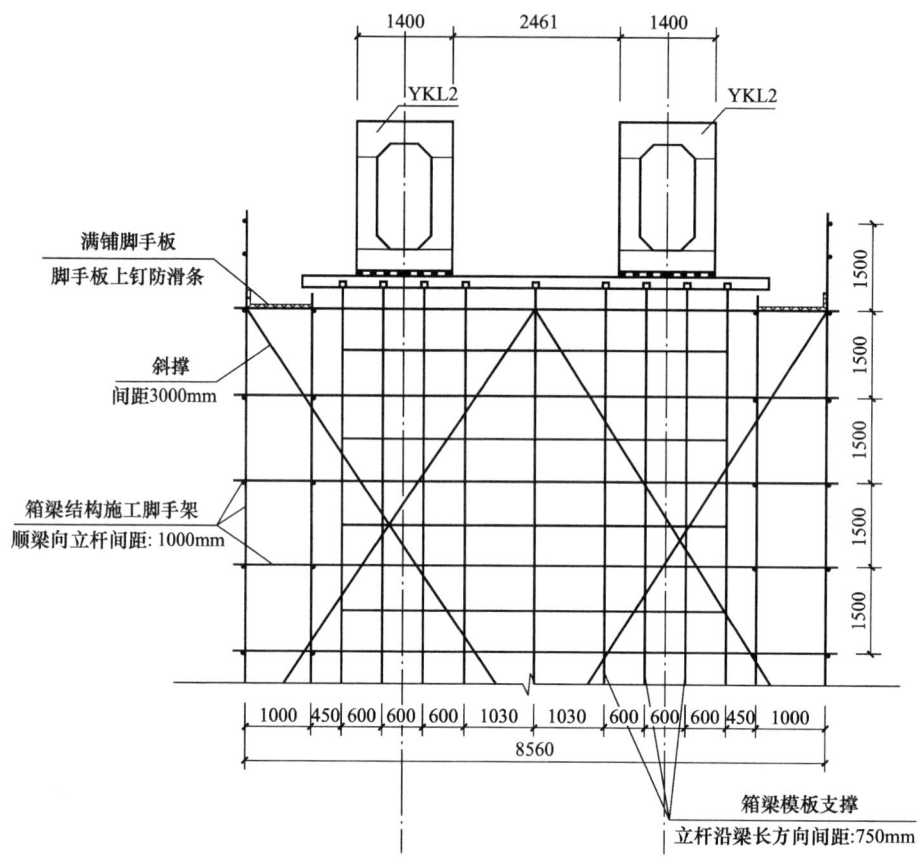

图 2-72 弧形箱梁模架支撑图

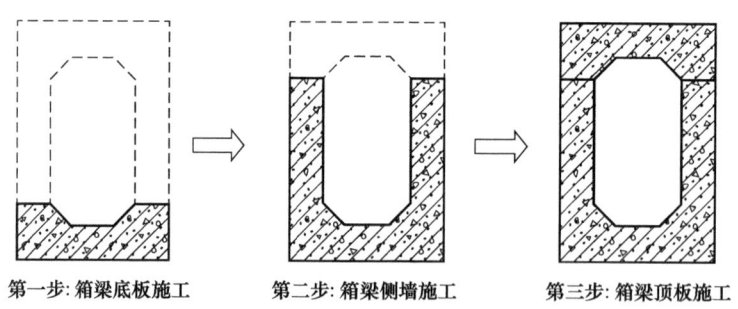

图 2-73 分层浇筑示意图

(3) 框架柱混凝土斗拱模板施工

厦门北站柱顶均设计斗拱共 12 个,混凝土结构,每个斗拱由 14 根 800mm×1000mm 高的梁层叠交错组成,且横梁之间互成角度,斗拱顶端相对标高＋23.30m,且梁交接部位,为暗框柱,截面尺寸为 800mm×800mm×1000mm,每个斗拱共计 16 个暗柱,斗拱顶面平面尺寸为 9800mm(长)×9800mm(宽),斗拱高度为 3000mm,如图 2-76 所示。

斗拱施工用脚手架均采用扣件式钢管脚手架,斗拱结构标高均为＋23.3m,则架子搭设高度为 24.8m。立杆沿架体全高范围内均用单立杆；脚手架步距采用 1.2m,脚手架搭设共计 21 步,第 1 道横杆(扫地杆)距离结构面 150mm。脚手架剖面如图 2-77 所示。

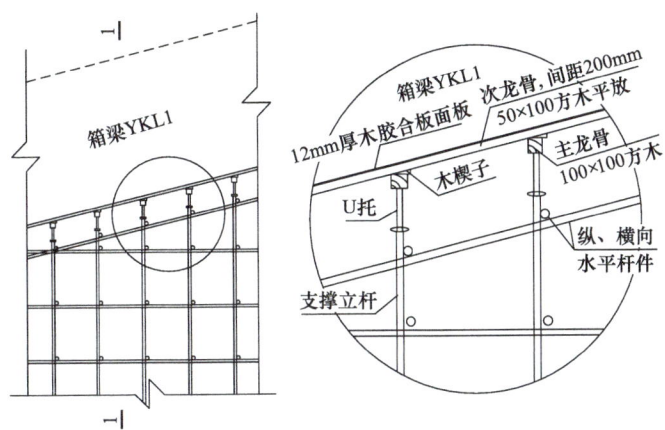

图 2-74　箱梁底板模板安装节点详图

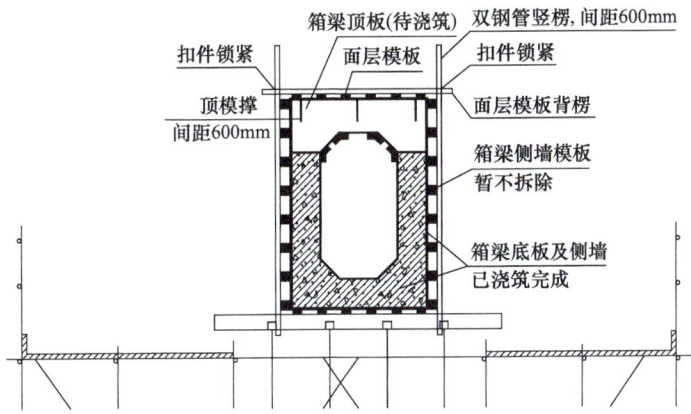

图 2-75　双层模板安装节点详图

图 2-76　斗拱成型照片

横梁截面尺寸为 0.8m 宽，1m 高，横梁模板支撑立杆间纵横向均采用钢管连接，横杆高度上间距采用 1200mm 步距。横梁模板面板采用 20mm 厚木质胶合板，次龙骨采用 100mm×100mm 方木，主龙骨采用 100mm×100mm 方木，梁侧模板采用 20mm 厚木质胶合板，斗拱混凝土，根据梁的分层，分 3 次浇筑。

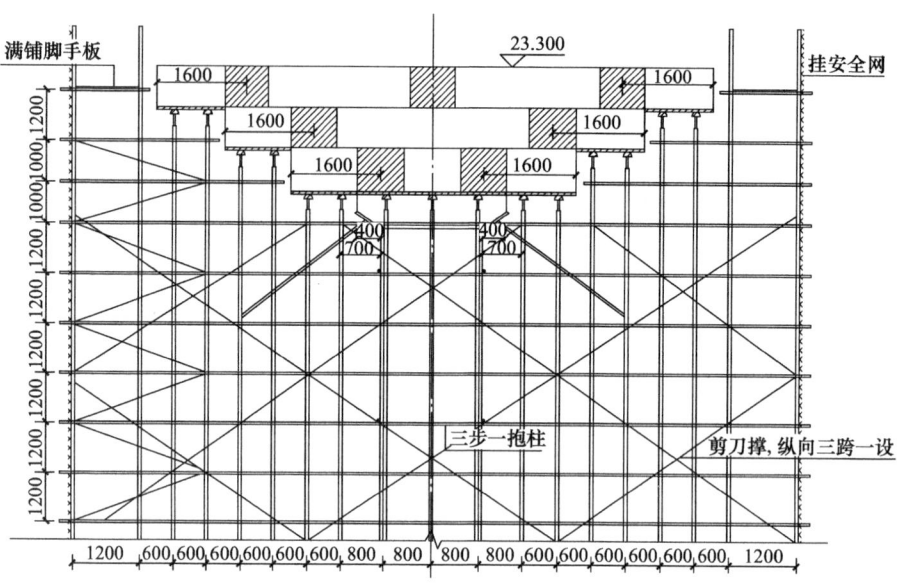

图 2-77 脚手架模板剖面图

2.8.2.4 清水混凝土施工技术

(1) 清水混凝土试配

合理选择混凝土配合比，着重考虑混凝土具有均匀一致的外观质感，良好的流变性能、体积稳定性及耐久性。在清水混凝土正式施工前，进行了多次样板试验。在试验的基础上选定了一组感观效果最好及稳定性最好的配比。以后每次使用的配合比均为该选定的配比，不得随意更改。

(2) 清水混凝土原材料技术要求

为确保混凝土表面色差，保证混凝土拌合物的性能，砂率宜控制在40%～50%的范围内，水泥用量也不应低于 $300kg/m^3$；采用较低胶结材料用量；用水量不宜超过 $180kg/m^3$，粗骨料用量不宜低于 $1000kg/m^3$；最大粒径不大于 25mm；细骨料用量不宜低于 $620kg/m^3$。拌制混凝土所采用的原材料除应符合《混凝土结构工程施工质量验收规范》GB 50204 的要求外，还应满足以下要求：

① 水泥。水泥采用同一生产厂家、同一品种、同一强度等级、同一批号，且采用同熟料磨制，颜色均匀的水泥。

② 粗骨料。使用同一厂家生产的连续级配良好、颜色均匀、洁净的粗骨料，含泥量小于1%，泥块含量小于0.5%，针、片状颗粒总含量小于15%。

③ 细骨料。细骨料使用同一厂家生产的质地坚硬、级配良好的中粗河砂，其细度模数控制在2.3～3.0，含泥量小于1.5%，泥块含量小于1%。

④ 外加剂。外加剂要求与水泥具有良好的相容性，并要求减水率高、坍落度损失小，适量引气，能够明显改善混凝土各项工作性能。严禁随意更改外加剂的厂家及型号，必须确保同一工程使用同一类型、同一厂家生产的外加剂。

⑤ 掺合料。控制粉煤灰的使用量，保证清水混凝土的外观效果。

⑥拌合用水。对混凝土使用的拌合用水，使用生活饮用水。

（3）混凝土浇筑与振捣

①塔柱混凝土浇筑采用汽车泵及料斗布料浇筑，混凝土由泵管口下落，其倾落高度不得超过2m，超过2m时采取加长软管或串筒方法。

②混凝土采用分层浇筑、振捣，每次浇筑高度不得大于400mm，布料应严格控制（见图2-78）。

③浇筑前底部应先填充5～10cm厚与混凝土成分相同的无石子砂浆。

④振捣。布点均匀，振捣采用50mm直径的插入式振捣棒，准备部分35mm直径的振捣棒配合使用，柱子中心及4个阳角部位应分别振捣。

⑤塔柱侧模拆除后，在浇筑完成的混凝土顶面四周往下返50mm弹线，将表面的浮浆及松散砂石剔除至弹线位置，具体做法如图2-79所示。

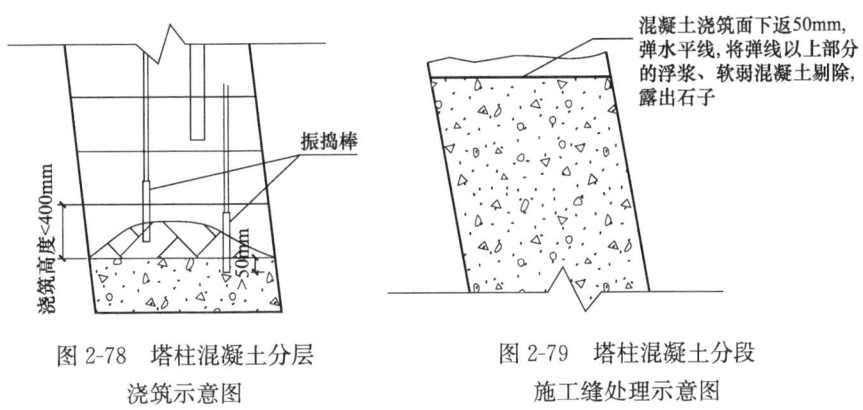

图2-78 塔柱混凝土分层浇筑示意图　　　图2-79 塔柱混凝土分段施工缝处理示意图

（4）养护

清水混凝土如养护不当，表面极容易因失水而出现微裂缝，影响外观质量和耐久性。混凝土浇筑完成拆模后，应及时覆盖塑料薄膜，并浇水进行保湿养护。

2.8.3　结语

厦门北站工程经过施工人员的精心施工已经顺利完工，其中异型混凝土部分表面光洁、线条流畅顺滑、弧形梁弧度饱满、曲线柔和，既体现了设计风格，又满足了建筑功能的要求。

2.9　大型十字钢骨柱转圆钢柱九级抗震转换节点施工技术

2.9.1　工程概述

昆明南站是集铁路、地铁、公交、出租等市政交通设施为一体的特大型综合交通枢纽。总建筑面积334736.5m²，站房东西向长438.25m，南北向宽226m。抗震设防烈度8度，按9度设防，混凝土耐久性100年，其中抗震参数见表2-6。采用内含钢骨柱、钢骨梁的框架梁板柱结构,车站建筑自上而下依次为高架层、站台层、出站层和地铁站台层。高架层梁柱转换节点结构形式复杂,如图2-80所示,其包括下部十字形下节钢骨柱1,圆管型上节柱2、中空的圆锥形钢管套靴过渡转换体3,十字形下节劲性钢骨翼缘板外焊有栓钉4（规格为$\phi 22\times 120$）,套靴部位外焊栓钉7（规格为$\phi 16\times 120$）,钢管套靴过渡转换体3的宽端与柱顶套管的顶端的连接处外周套设有环形抗剪牛腿5,环形抗剪牛腿5的上、下端面沿四周设置有多块纵向加劲板,钢管套靴过渡转换体3的窄端与圆管型上节柱2的底端的连接处外周套设有加强连接环6,加强连接环6的上端面沿四周向设置有多块纵向加劲板。

抗震参数表　　　　　　　　　　　　　　表2-6

序号	抗震要求	参数值
1	抗震烈度	8度抗震9度设防
2	基本地震加速值	0.20g
3	水平地震影响系数	0.16
4	地震分组	第三组
5	特征周期	0.45s
6	地震设防类别	主站房为乙类
7	建筑场地类别	Ⅱ类
8	阻尼比	中、小震采用0.04计算,满足设计要求和性能目标；其中对支撑屋面钢管混凝土采用0.03计算校核位移
9	混凝土框架结构柱轴压比限值	0.65

大型十字钢骨柱转圆钢柱转换节点长7500mm,宽3800mm,高3000mm,重量为51t,其中最薄钢板厚度为32mm,多数钢板厚度为50mm,少数钢板厚度为60mm,纵向加劲板钢板厚度较大且间距较小,平均每块加筋板单侧焊接3层$\phi 40$框架梁主筋。节点下部连接十字形钢骨柱,节点上部连接圆形钢管柱,内灌混凝土,外包环梁,节点做"方变圆",节点四周与混凝土框架梁连接。对由环形连接件与钢筋混凝土环梁构成的钢骨混凝土转换节点进行有限元抗震受力分析计算,节点区钢套管和型钢最大应力为67.6MPa,远小于节点钢材Q345的屈服强度345MPa,故不会发生屈服破坏,并且可较大程度上降低转换节点的施工难度,使钢管混凝土柱与钢筋混凝土梁能紧密结合,钢管受拉承载力能保持连续,节点的承载力能够满足设计要求。转换节点四周由矩形和异形的封闭钢筋环梁包围,并与结构框架梁连接,在钢筋环梁范围内,钢筋纵横交错,钢筋直径大、数量多、间距密,钢筋加工及施工难度极大,其中方型环梁用于中间柱,三角型环梁用于边柱。经受力分析计算,钢筋骨架的最大应力为89.8MPa,远小于HRB400钢筋的屈服强度360MPa,故钢筋也不会屈服,该节点满足承载力极限状态设计要求。

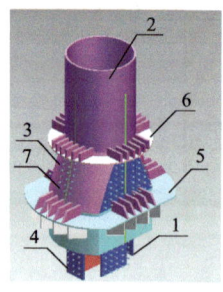

图2-80　转换节点结构整体和变径段示意图

2.9.2 施工工艺及操作流程

2.9.2.1 转换节点加工

转换节点加工工艺流程：厚钢板折弯成型→节点下壁板组装定位、十字形劲性钢骨柱组装→过渡节点上壁板、上段钢管柱组装→加强连接环、环形抗剪牛腿→转换节点焊接→转换节点应力消除。

（1）厚钢板折弯成型

采用 2000t 油压机对壁板进行冷压加工成型，如图 2-81 所示。

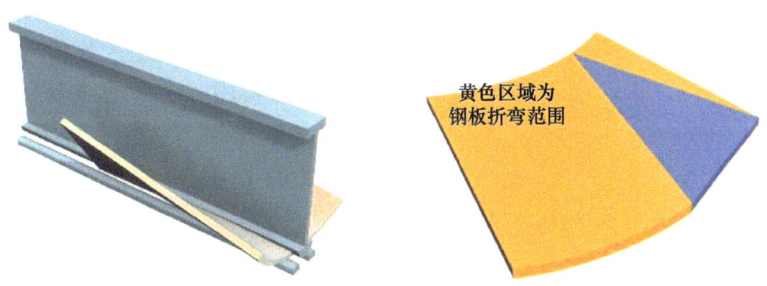

图 2-81 采用 2000t 油压机对壁板进行冷压折弯

（2）节点组装

如图 2-82～图 2-84 所示。

图 2-82 节点下壁板、十字形劲性钢骨柱安装图

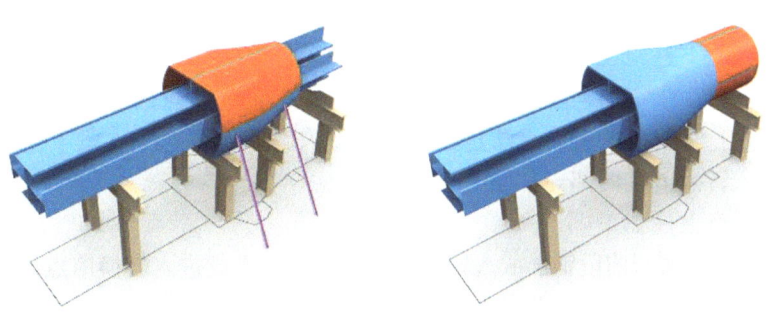

图 2-83 节点上壁板、上段钢管柱安装图

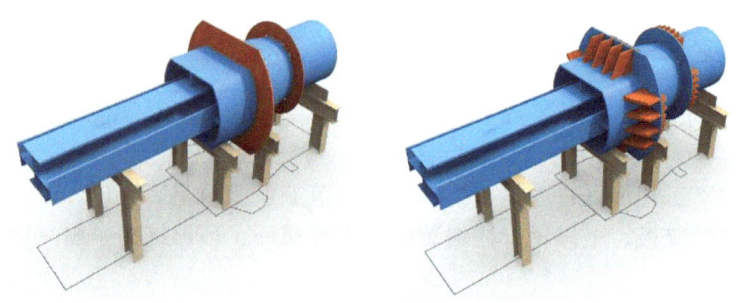

图 2-84 加强连接环、环形抗剪牛腿安装图

(3) 转换节点焊接残余应力消除

转换节点采用的钢板厚度大且焊接复杂,因此应力消减至关重要,采用振动时效法(VSR)对节点进行焊接残余应力的消除。按图 2-85 放置各振动工艺装备与辅件后,将节点放在托架上,应保证振动装置橡胶垫压缩均匀。激振器用"〔"形夹具固定在节点振动端的上方,偏心矩设定为 32%。加速度传感器放在激振器下方的钢柱内,设备供电为 AC220V-20A,VSR 全自动振动消除应力系统如图 2-85 所示。

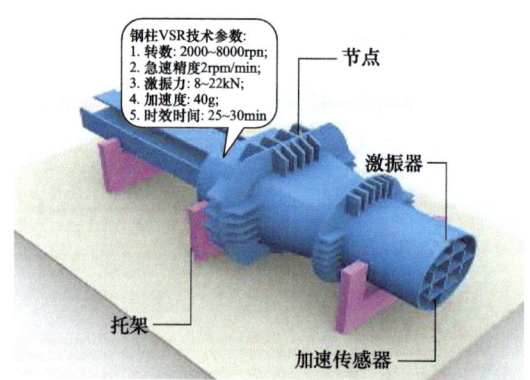

图 2-85 VSR 全自动振动消除应力系统工艺图

2.9.2.2 转换节点安装

(1) 三维建模、施工模拟

通过 Revit、AutoCAD 等软件对转换节点进行三维建模,直观分析节点安装工况,确定每一次吊装的吊车型号、行走线路、吊车站位、构件挂钩位置、焊接时间、场地障碍等各种施工中可能遇到的影响因素,如图 2-86 所示。

(2) 转换节点下柱施工

转换节点下部为十字形钢混凝土柱,柱钢筋需锚入转换节点内部,转换节点内部为中空的变截面空间,直线条的钢筋无法进入转换节点内部。通过"平直段+曲线段"的连接方式将钢筋伸入转换节点内部,如图 2-87 所示。

(3) 转换节点上柱施工

从转换节点上部将弯曲段钢筋放入转换节点内,施工人员进入转换节点内部,将柱弯曲段钢筋与接头甩入转换节点内的平直段钢筋连接,弯曲段钢筋根据转换节点内部中空变截面角度,对钢筋预先弯折,并保证深入节点内部的钢筋满足锚固长度的要求,如图 2-88 所示。

(4) 转换节点混凝土施工

钢筋安装完成后,对转换节点下部与框架柱之间的缝隙进行封堵并浇筑混凝土,下节柱混凝土成型效果如图 2-89 所示。

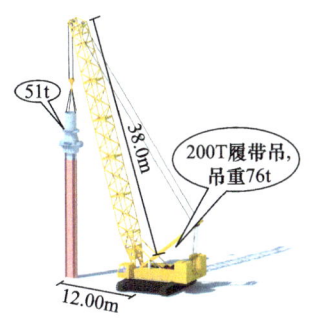

图 2-86 吊车模拟吊装工况图

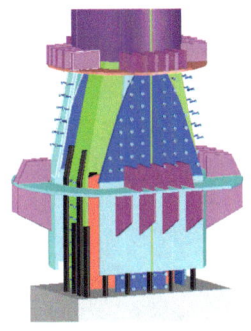

图 2-87 下柱钢筋接头位置示意图

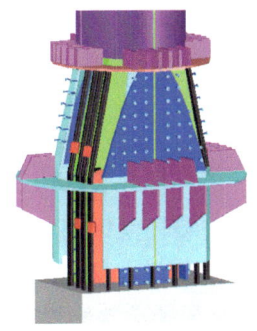

图 2-88 转换节点内部钢筋示意图

图 2-89 转换节点处下节柱混凝土效果

2.9.2.3 环梁施工

(1) 环梁钢筋加工

环梁主筋下料采取"标准段+局部调节段"的办法来减少钢筋断料的规格和废料的产生,标准段钢筋尺寸为统一尺寸,不存在废料的产生,调节段的长度尺寸从外围向内部递减,弯折角度相同,断料长度由长短料相互弥补,减少了废料钢筋的产生。在钢筋批量加工前,先"放地样",将加工出来的钢筋在地上拼出环梁形状,确保尺寸无误后再进行批量加工,如图 2-90 所示。

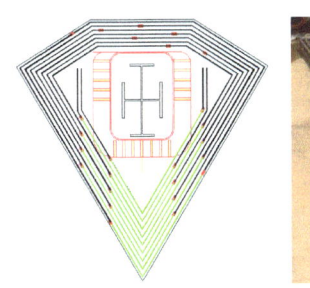

图 2-90 环梁钢筋放样示意图

（2）环梁安装

① 先安装环梁马镫，马镫安装前需进行受力计算，应充分考虑框架梁和环梁主筋的层数、保护层厚度、施工富余量和施工荷载、材料堆放荷载等因素。上铁马镫竖向和横向支撑钢筋采用直径 32mm 以上的钢筋制作。

② 环梁上铁安装时从最下一层钢筋开始，同层相邻两根钢筋之间、同位置上下相邻两层之间的钢筋接头位置应按照规范要求错开 $35d$，钢筋安装时按照"地样"位置及顺序在环梁上进行安装。先用直螺纹套筒将环梁钢筋收尾相连成环，再用扳手将"正反丝"型直螺纹套筒拧紧。按照此方法由下层向上层逐层进行安装，环梁上铁钢筋完成效果如图 2-91 所示。

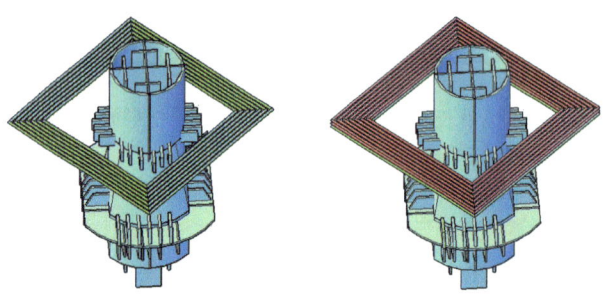

图 2-91　环梁一、二层上铁安装示意图

③ 上铁安装完成后进行箍筋安装，箍筋安装时应先安装环梁钢筋与框架梁纵筋的非交叉区域，待框架梁纵筋安装完成后再进行交叉区域的箍筋安装，如图 2-92 所示。

④ 环梁下铁及环梁腰筋的安装方法与上铁钢筋相同，相邻两根钢筋需错开接头 $35d$，环梁下铁安装完成后垫设与环梁混凝土相同强度等级的混凝土垫块，环梁钢筋安装完成效果如图 2-93 所示。

⑤ 环梁钢筋安装完成后进行框架梁纵筋的安装，纵筋安装时根据钢筋深化图中钢筋的位置，先安装梁上铁的最下层钢筋，每安装一排钢筋后将钢筋与转换节点上纵向加劲板焊接连接，在下层钢筋焊接完成后进行上一层的钢筋安装及与加劲板的焊接，环梁与梁纵筋安装完成后效果如图 2-94 所示。

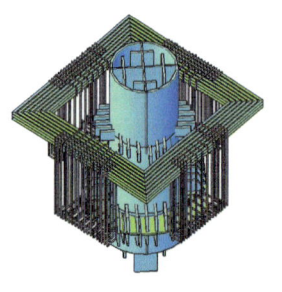 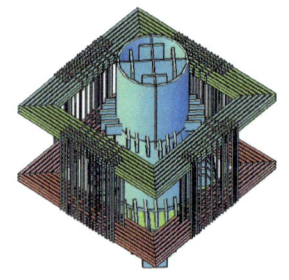 

图 2-92　环梁上铁、箍筋安装完成示意图　　图 2-93　环梁钢筋安装完成效果图　　图 2-94　环梁与梁纵筋安装完成后效果图

⑥ 钢筋环梁和框架梁主筋安装完成后，安装环梁与框架梁交叉处的箍筋，由于此处钢筋纵横交错，且角度不一，无法形成封闭箍筋，此处只能采取"U"形箍筋对插搭接焊连接。

⑦ 转换节点与框架梁钢筋安装完成后，进行模板安装和混凝土浇筑。转换节点处钢筋纵横交错十分密集，振捣棒难以插入节点内部和环板下部进行振捣，所以混凝土采用高性能细石自密实混凝土，浇筑完成成型效果如图2-95所示。

图2-95 环梁钢筋安装完成和节点成型实体图

2.9.3 结构安全监测

高架层下部型钢混凝土柱承受的荷载较大，实际使用时应及时掌握柱内力大小变化情况。转换节点处混凝土浇筑完成后，在转换节点上部和锥峰节点下部钢环板处安装振弦式表面应变计，进而可以计算应力的大小。通过监测结果可以了解柱子的承载状态，与设计计算值进行对比，为以后工程设计提供参考数据，如图2-96所示。

图2-96 安装振弦式表面应变计

2.9.4 结语

昆明南站大型方钢柱转圆钢柱转换节点，不仅截面过渡性好，且应力集中现象不明显，无明显的结构薄弱层及薄弱部位，该转换节点结构具有良好的抗震性能，满足现行国家和铁路规范9度抗震的要求，为类似工程的设计和施工积累了宝贵的经验。

2.10 双向倾斜变截面钢柱吊装及抗震支座连接施工技术

2.10.1 工程概述

昆明南站为特大型交通枢纽，为重要的铁路交通建筑，地处滇池断陷盆地边缘与高原低山、丘陵交汇地带，抗震设计8度抗震9度设防，高架候车层扇形幕墙柱与结构连接采用抗震球型铰接连接，充分考虑地震来临时的变形及相对滑动位移量，是一种理想的钢结构抗震连接方式。西幕墙柱为东西方向和南北方向双向倾斜组合的"孔雀羽毛状"扇形钢柱，钢柱为上段H形与下段箱形柱对接拼装的组合异形单体构件，上端与梯形管桁架组合螺栓球网架的钢结构屋面弦杆形成固结连接，下端柱底与楼板结构采用抗震球型钢支座交接连接，是一种结构受力效率很高的新型结构连接体系。图2-97和图2-98分别给出了羽毛结构的三维图及抗震支座连接节点组合结构三维图。

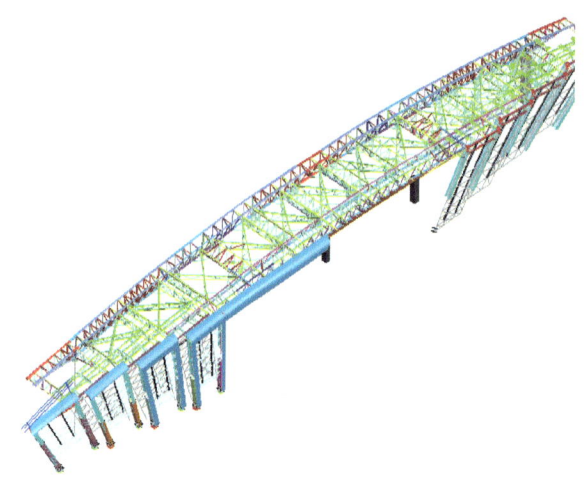

图2-97 羽毛结构三维图

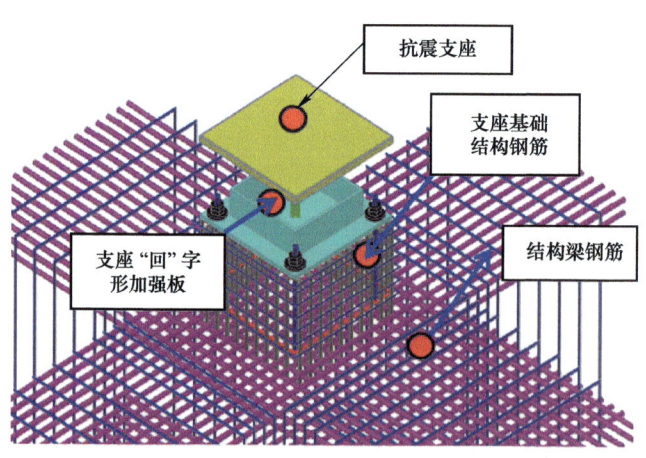

图2-98 抗震支座连接节点组合结构三维图

通过采用大型通用软件STAAD/PRO、MIDAS有限元仿真分析，合理规划吊装行驶线路及验算结构的安全性，运用BIM三维建模技术对钢柱安装方案进行施工模拟，对大型超长异形构件单体进行合理分段，采用临时支架进行辅助安装，安装完成后对其进行卸载，最终完成钢结构施工。

2.10.2 施工工艺及操作要点

2.10.2.1 工艺流程

施工工艺流程如图 2-99 所示。

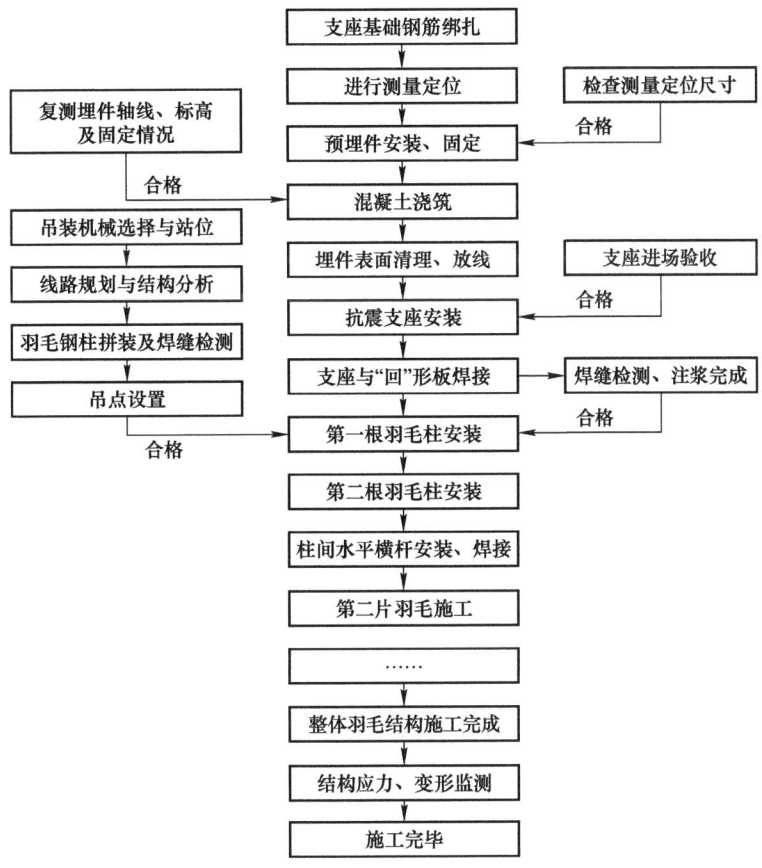

图 2-99 施工工艺流程图

2.10.2.2 操作要点

（1）测量放线

根据设计图纸要求，采用全站仪、水准仪、垂准仪核实框架梁钢筋施工位置及标高，放样预埋件位置并于结构受力钢筋上并做好标识。

（2）预埋件安装及复核

对照施工图校对预埋件尺寸和位置，利用经纬仪、全站仪及垂准仪确保预埋件位置准确；最后将预埋螺栓插入定位孔，每个螺栓用两个螺帽固定在定位板上，调整螺栓上下位置使丝扣顶端处于同一平面，并用钢尺核对各个螺栓的轴距，用 $\phi25$ 的钢筋或架子管制作安装架，调整螺栓组到设计标高并用线锤调整使之垂直，安装时将定位线作为控制螺栓位置的标准线，使埋件板纵横方向的十字线与定位轴线重合，用短钢筋将预埋件进行焊接固定，混凝土浇筑前和浇筑完成后重复对预埋件位置和标高进行复核，确保预埋件位置和标高的准确性。放样预埋件位置效果如图 2-100 所示。

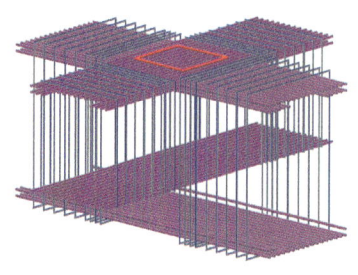 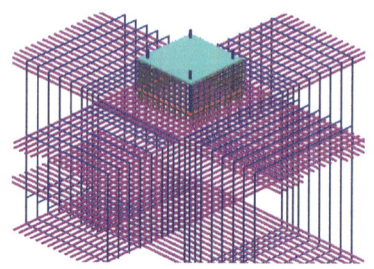

图 2-100　放样预埋件位置效果图

（3）混凝土浇筑

由于球型抗震支座混凝土柱墩尺寸为 1000mm×1000mm×500mm，且 C50 混凝土强度等级较结构梁板 C40 混凝土强度等级高，故混凝土浇筑分两次进行，结构梁、板浇筑采用泵车浇筑，人工铺平至设计标高，混凝土的振捣采用插入式振捣，振捣棒快插慢拔，振捣棒插入不小于 50cm，并且插入点成梅花形布置，混凝土表面出现浮浆时振捣停止，振捣完成后对结构楼板采用木抹子进行抹平；结构梁、板浇筑完成混凝土终凝后进行凿毛，对混凝土柱墩采用细石微膨胀混凝土进行人工浇筑，同时要求劳务班组购置小型振捣棒进行均匀振捣，浇筑过程对地脚锚栓进行油纸包裹保护。图 2-101 为混凝土浇筑完成效果。

（4）埋件处理与测量放线、定位

支座及加强"回"形钢板安装前，清理埋件板表面的灰质和污物，并采用全站仪、经纬仪在埋件板表面画出十字中心线，准确定位支座及"回"字形钢板（见图 2-102）。

 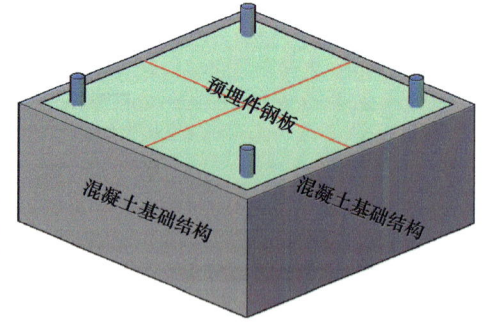

图 2-101　混凝土浇筑完成效果图　　图 2-102　埋件表面处理及支座定位线图

（5）支座安装

支座安装工艺流程：预埋件画线→"冂"字形钢板安装、焊接→抗震支座安装→回形钢板安装、焊接→注浆。

① 支座安装前必须对支座埋件的轴线、标高进行复核，做好轴线、标高复核记录，采用全站仪放出预埋件十字中心线位置，同时画出回形加强板在预埋件表面的具体位置（见图 2-103）。

② 由于支座地面基础结构尺寸较大，支座底板较小，锚栓无法从支座底板锚栓孔

进行穿入固定，固采用由 4 块 20mm 厚的钢板组合形成的"回"字形钢板加强固定，根据埋件板中心十字线与回形加强板定位线，将回字形加强板的两块 20mm 厚的钢板组合形成的"冂"字形钢板准确安装于预埋钢板上，同时在预埋件中心位置焊接一块十字交叉板形式的抗剪键，焊接采用单面坡口全熔透 CO_2 气体保护焊焊缝，焊缝等级二级（见图 2-104）。

③ 便于中心抗剪键与支座焊接，"冂"字形加强板安装完成后进行上方支座安装，支座安装时，首先在支座底板、顶板上标出十字中心线，根据埋件板中心十字线与支座顶板、底板三线合一对支座进行安装、校正（见图 2-105）。

④ 安装剩余"冂"字形钢板使其形成完整的"回"字形加强钢板，并每侧焊接两块三角加劲板（见图 2-106）。

⑤ 焊接完成，焊缝外观及无损检测合格后进行注浆作业，支座注浆采用 M50 水泥浆自行配备，水胶比为 0.28，外加剂：水泥＝1：10，灌浆时采用压浆机施工，灌浆时必须使浆液充满注浆空间，当从一侧支座底板锚栓孔注浆另一侧支座底板锚栓孔有浆液自由溢出时，说明浆液已满，支座安装完成。

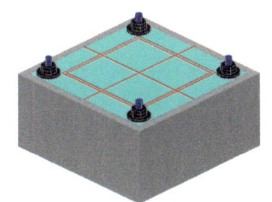
图 2-103 埋件表面画线

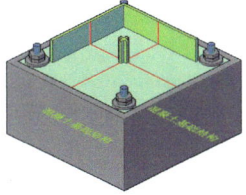
图 2-104 "冂"字形加强板及抗剪键安装

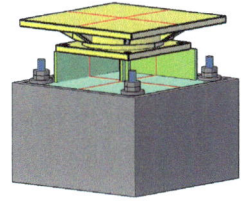
图 2-105 支座安装

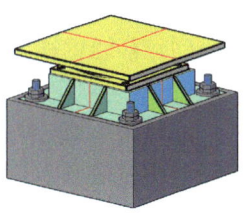
图 2-106 形成"回"字形加强板

（6）机械部署及结构应力分析

幕墙扇形柱分布在 A～B/8～15 轴（见图 2-107），起吊高度 18m，起吊重量 52t，但由于西侧结构楼板设置中央大楼梯，场地狭窄且尽量在满足吊装需求情况下减小机械设备对结构楼板的荷载，采用两台 50t 汽车吊站位于 9.35m 楼板，双机抬吊斜插安装、就位、校正。

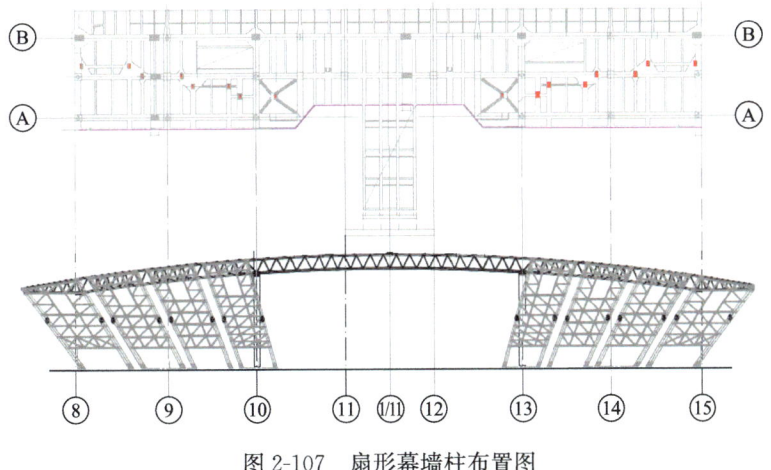
图 2-107 扇形幕墙柱布置图

根据现场楼板设计情况及现场实际情况,确定"孔雀羽毛"状幕墙钢柱吊装线路,同时采用 STAAD/PRO、MIDAS 建立混凝土结构整体进行模型,按平衡状态对结构静止及行走状态进行荷载效应分析,对结构楼板最不利作用位置,运用 STAAD/PRO 分析,求出楼板荷载效应值,再进行配筋校核、裂缝验算。当吊车支腿采用规格为:4000mm×1000mm×120mm 的路基箱保护时,结构应力及变形满足设计要求。

(7) 羽毛钢柱的拼装

昆明南站双向倾斜扇形钢结构位于站房西侧,钢柱共 16 根,钢柱重量 25.5~52t,长度 23.5~31m,截面为□1300×800×50×50＋H1300×1100×50×50,综合现场实际吊装就位以及焊接环境,现场拼装时布置临时胎架,胎架高度 1000mm。

(8) 吊点设置

结合深化图纸,计算出扇形幕墙柱重心位置,结合施工经验采用两点吊装方案,每一吊点都需设置吊耳,每个吊点由两块吊耳板组成,吊耳板距钢柱中心线 300mm,吊耳中心线相距 200mm。上吊点吊耳中心点距离幕墙柱顶端 9.0m,下吊点距离幕墙柱柱底 4.5m,吊耳采用现场已有的 20mm 厚的吊装耳板两块双拼焊接,吊耳根部双面开 45°坡口焊接(见图 2-108)。

(9) 幕墙钢柱吊装

1) 吊装顺序

幕墙施工顺序:8~10 轴由北往南施工,13~15 轴由南往北施工(考虑钢柱倾斜方向影响钢柱安装),当一片幕墙的两个钢柱安装完成后,随即施工钢柱内的水平连接杆件。

2) 吊装方法

① 试吊。吊车安装就位,展开吊车大臂,固定好吊装点后,对幕墙钢柱进行试吊,整个过程由同一名指挥人员站在钢柱附近指挥两台吊车的运行,试吊高度 30cm 后静置 30min,确认整个悬停过程没有变化后,再进行吊装运行(见图 2-109)。

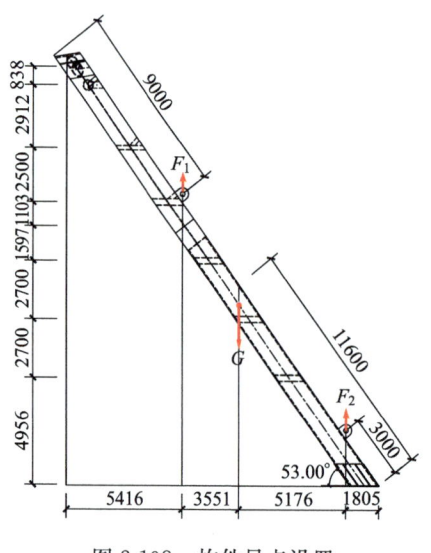

图 2-108 构件吊点设置

图 2-109 幕墙柱吊装运转图

② 吊装运行。试吊过程未发现异样变化后，指挥人员统一施令，指挥两台吊车司机协同作业，两台吊车大臂均以0.5m/s的速度运行，待钢柱靠近匹配支座位置时，吊车停止水平运动作业，同时近柱底吊车基本不动，近柱头吊车缓缓升钩至钢柱就位粗平位置。

③ 就位。钢柱就位与设计粗平位置后，指挥人员协同两台吊车配合预先钢柱柱底板控制线位置焊接的定位钢板就位于支座上表面，同时在需要旋转的反侧焊接一块中空小钢板，协同预先配备的手拉葫芦结合两台吊车进行精确就位。

④ 测量校正、松钩。钢柱就位后，采用全站仪测量仪器测出钢柱的柱脚轴线位置及柱顶观测点标高，通过测定数据与设计值进行对比分析，确保偏差于误差范围之内方可进行吊车卸力（吊装前在柱顶指定设计标高贴有反射片），吊车卸力按吨位逐渐缓缓进行，每次卸力按实际吊重的20%松钩。每次松钩之后需要静置30min，松钩过程中测量严格观测钢柱的数据变化，待测量人员观测无位置关系变化后，方可摘钩。

（10）焊接

屋面管桁架与幕墙扇形柱采用焊接连接，主要有上弦、下弦及斜腹杆连接，焊接的顺序：先焊接下弦，再焊接上弦和支撑；相贯节点采用搭接接头时，先焊接一次相贯的全周焊缝，再焊接二次相贯的全周焊缝。

（11）检测

焊缝为坡口全熔透焊，焊缝等级一级，焊接完成24h后对焊缝焊接全长进行100%目视外观检查，焊缝表面严禁有裂纹、夹渣、焊瘤、焊穿、弧坑、气孔等缺陷，并采用超声波探伤进行内部缺陷的检验，其内部缺陷分级及探伤方法应符合现行国家标准《钢焊缝手工超声波探伤方法和探伤结果分级法》GB 11345的规定。

（12）健康监测

扇形幕墙钢柱在辅助支撑架及临时加固杆件拆除后承受较大荷载，实际施工时对屋面桁架采用临时支撑架作为临时受力承载部分，待扇形幕墙骨架安装完成后拆除临时支架使屋面悬挑桁架与扇形幕墙骨架形成整体结构单元，支架拆除过程中及拆除后采用表面应变计对屋面桁架及扇形幕墙钢柱进行监测，及时掌握钢柱及与钢柱连接屋面弦杆的内力及变形变化情况。采用表面应变计（见图2-110）进行监测，通过监测结果可以了解柱子的承载状态及连接杆件的变形情况，且可以为设计提供有益参考。

图2-110　表面应变计图

2.10.3　质量控制

本工程扇形幕墙柱严格执行《钢结构工程施工质量验收规范》GB 50205—2001、《钢结构焊接规范》GB 50661—2011及《混凝土结构施工规范》GB 50666—2011等相关规定，安装质量控制措施严格按表 2-7 执行。

安装质量控制措施 表 2-7

序号	内容
1	严格按设计要求进行焊缝尺寸控制，不任意加大或减小焊缝的高度和宽度
2	预留收缩余量，减少收缩变形，在保证焊透的前提下采用小角度、窄间隙焊接坡口，实施多层多道焊接方法，严格对称焊接，控制焊接顺序，防止焊接变形及应力集中
3	在保证焊透的前提下采用小角度，窄间隙焊接坡口，以减少收缩量
4	拼装焊接时，实施双人对称反向焊接，最大限度减少焊接变形
5	拼装焊接时构件预留收缩余量，控制好拼装块的焊接变形
6	焊接时应根据构件的几何对称布置的特点，选好自由端，避免由焊接误差的累积而造成过大的应力
7	焊接完成后对焊缝焊接全长进行 100% 目视外观检查，焊缝表面严禁有裂纹、夹渣、焊瘤、焊穿、弧坑、气孔等缺陷，并采用超声波探伤进行内部缺陷的检验，其内部缺陷分级及探伤方法应符合现行国家标准《钢焊缝手工超声波探伤方法和探伤结果分级法》GB 11345 的规定
8	拼装胎架必须有足够的刚度
9	钢柱支撑面水平度 $L/1000$，标高偏差为 $-3\sim+3$（mm）；柱顶严格按照反射片测得数据调整位置，偏差≤10.0mm，柱底轴线对定位轴线偏移≤3mm

2.10.4 结语

昆明南站通过双向倾斜变截面钢柱球型抗震支座连接施工技术的实施，实现了节点工期，保证了施工质量，施工全过程处于安全、稳定、快速、优质的可控状态。通过昆明南站双向倾斜变截面钢柱球型抗震支座连接的施工，总结了高抗震要求环境下双向倾斜变截面钢柱球型抗震支座连接施工的工艺流程，掌握了地震频发地段抗震要求高的大型单体构件采用不同连接节点形式的施工控制要点，为国内类似工程的施工积累了宝贵的经验。

2.11 大直径钢管柱与预应力混凝土梁柱节点施工关键技术

2.11.1 工程概述

宁波站高架候车层梁柱节点为预应力钢筋混凝土框架梁与钢管混凝土柱相连接，其连接节点（见图 2-111）的处理是一项重要的施工技术，该节点形式复杂，材料种类多、型号复杂、排布困难，施工时不同工种间相互交叉严重。经过多方研究、讨论与实践，最终采用了在钢管柱上增加环型牛腿抵抗剪力，钢筋混凝土环梁及加腋用于抵抗弯矩，两侧框架梁主筋采用部分绕过环梁贯通，部分锚固于环梁内，预应力筋部分贯穿钢柱部分从两侧环绕钢柱的处理措施，有效地解决了该节点施工困难的技术难题。在钢管柱环形梁柱节点中由于钢筋直径大、施工工艺复杂、质量要求高，且施工工期长，采用工厂预先绑扎环梁钢筋成型后再吊装的施工方法有效降低了施工难度，提高施工质量，在节约成本的同时大大缩短施工工期。

第 2 章 高铁客站主体结构施工关键技术

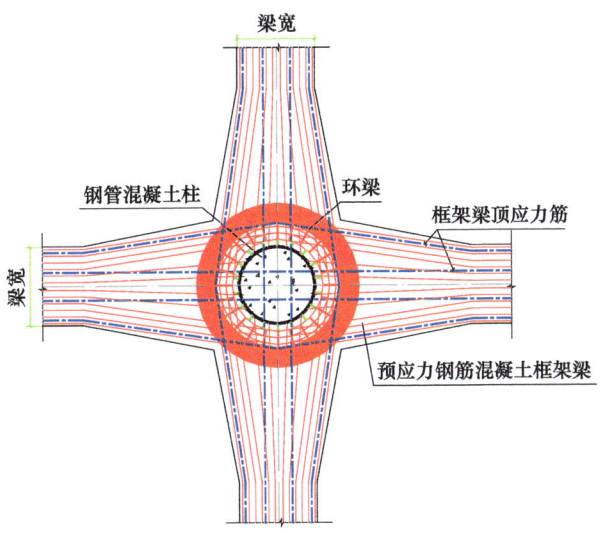

图 2-111 梁柱节点图

2.11.2 施工工艺及操作要点

2.11.2.1 环梁施工技术

工艺流程如图 2-112 所示。

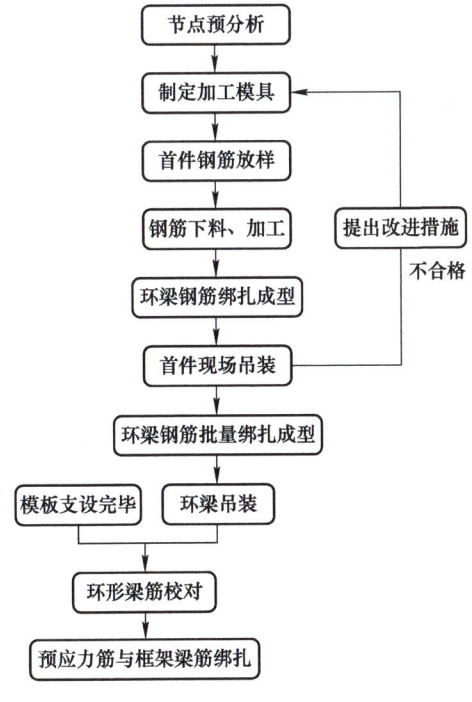

图 2-112 施工工艺流程图

（1）现场施工要点

① 现场施工及节点分析

在环形梁楼板施工前，结合现场实际情况，对环形梁施工节点进行分析，制定出现场模板支设与工厂环形梁钢筋预加工同时进行，待钢柱安装完毕对环形梁钢筋整体吊装的方案。整体方案实施前，首先进行首件样板的施工，样板经过反复修改，使环形梁整套施工工艺趋于完善后大面积展开。

② 模具的制定

为了保证环梁钢筋的下料质量，根据环梁尺寸及料表加工钢筋弯圆模具，该模具配合钢筋弯曲机使用，也可采用钢筋弯圆机进行环形梁钢筋的加工（见图2-113）。

图2-113 钢筋弯圆模具和钢筋弯圆机

（2）钢筋放样

① 为了确保钢筋的加工质量，施工前，由技术人员对图纸中各种环梁及环梁钢筋进行编号。

② 确定钢筋保护层厚度及每种钢筋的连接方式，明确钢筋的搭接位置、搭接长度、弯起位置、锚固长度等。

③ 利用计算机对环形梁每种钢筋的理论长度进行计算，然后由钢筋翻样工计算每种钢筋的下料长度。

（3）钢筋加工

① 为了确保环形梁钢筋下料的精准度，每种型号环梁钢筋安排专人负责下料以便钢筋弯圆机能够调出符合要求的弧度。

② 所有加工完成环梁半成品钢筋，按品种、型号、规格分别挂牌分类堆放（见图2-114）。

③ 钢筋加工的形状、尺寸应符合设计要求，其偏差应符合《混凝土结构工程施工质量验收规范》中表5.3.4的规定。

图2-114 半成品分类码放

（4）环梁钢筋焊接、绑扎成型

① 钢筋绑扎采用在现场搭设专门安装架进行，安装架视具体情况进行合理设计并经过计算，主要由主支撑架、横撑组成（见图2-115）。

② 施工前，根据环形钢筋间距，在支撑架主结构上依次标记主筋及腰筋的位置，然后进行支撑的安装及钢筋的焊接。焊接从下到上依次进行，下一层钢筋焊接完成后进行上

一层支撑及钢筋的焊接作业（见图 2-116）。

图 2-115　支架及钢筋安装　　　　图 2-116　环梁工厂加工

③ 根据图纸调整环梁主筋及腰筋的位置，定位后在主筋标注箍筋位置，进行箍筋的绑扎。为了保证工程质量，箍筋采用"U"形开口箍，绑扎就位后焊接成封闭箍筋。

（5）环梁钢筋吊装

① 在钢柱吊装完毕后，即进行环梁钢筋的吊装，吊装采用塔吊或者吊车进行（见图 2-117、图 2-118）。

图 2-117　环梁整体吊装　　　　图 2-118　整体吊装完成

② 为了防止环梁在吊装过程中发生变形偏位，环梁钢筋绑扎完成后，从内部加设 $\phi 18$ "X"形斜向抗扭筋（见图 2-119）。

（6）环梁钢筋校对

吊装就位的环形钢梁按要求对照图纸校对成品钢筋的钢号、直径、形状、尺寸，对于影响预应力穿筋的，根据现场实际情况进行调整。

（7）框架梁钢筋绑扎

节点处预应力框架梁筋绑扎按照常规方法绑扎，框架梁上、下排钢筋两侧 3 根主筋绕过钢柱贯通，其余主筋焊接在环梁翼缘钢板上或锚入环梁内，锚固长度满足相关设计及规范要求。

图 2-119　"X"形抗扭筋

2.11.2.2　预应力筋穿钢管柱施工技术

为了保证预应力筋穿过钢管柱时其波形曲线准确不偏位，经多方研究与讨论，现场采用工厂提前在钢柱内预安装符合波形曲线的曲形套管（见图 2-120），成功地解决了预应力筋的定位问题，避免了后期钢管混凝土柱灌芯施工时对预应力筋的扰动。

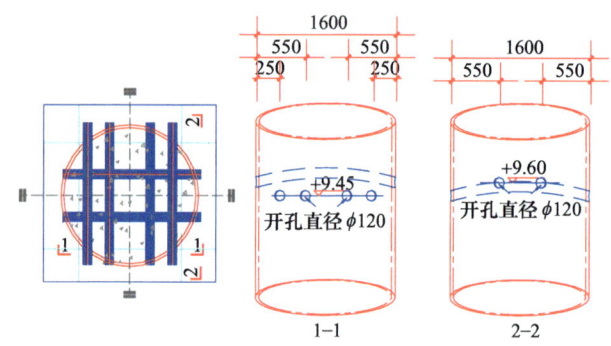

图 2-120　预应力筋曲形钢套管

（1）预应力框架梁与钢管混凝土柱节点处预应力波形曲线

本工程根据设计图纸，利用曲线预应力筋坐标计算软件预先将预应力筋曲线在电脑上进行排版，其波形曲线如图 2-121 所示，使每束预应力筋曲线定位更加准确，为工厂加工提供了有力的技术支持。

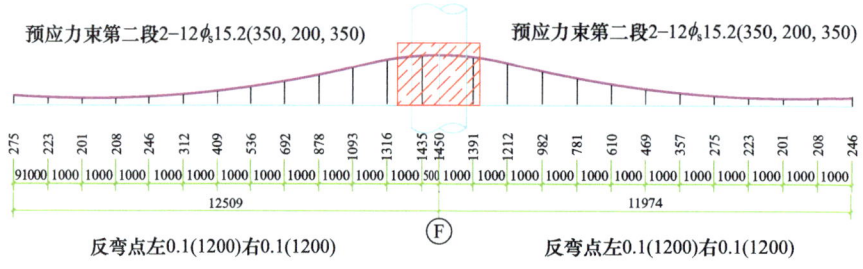

图 2-121　节点处预应力筋波形曲线

（2）梁柱节点处理方法

根据已经排好的预应力筋曲线图，钢管柱在工厂加工时，就在其内部安装好符合预应力筋曲线的曲形钢套管（见图 2-122）。

钢套管定位措施：现场根据预应力波形曲线，预先在钢柱上进行精确定位标记，在工厂进行开孔并安装曲形钢套管，运至现场后直接进行施工。成型后的带曲形钢套管的钢柱见图 2-123。

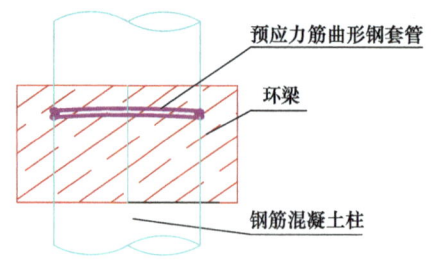 

图 2-122　预应力筋曲形钢套管　　图 2-123　带预应力筋曲形钢套管的钢管柱

2.11.2.3 梁柱节点处预应力施工

由于梁柱节点钢管柱中有预应力筋穿过，同时梁端进行水平加腋（见图 2-124），预应力筋的穿插使得该节点施工技术难度大大增加，现场提前策划，通过在工厂预安装曲形钢套管，严格控制好预应力筋孔道位置的精准性，同时提前制定出详细的预应力张拉计划（见图 2-125），保证了预应力筋的顺利穿插和张拉工作。

图 2-124　现场预应力框架梁与钢管柱环梁节点施工

图 2-125　梁柱节点成型效果

（1）梁柱节点处钢筋的处理

梁柱节点处钢筋直径大、密度大，且与预应力交叉施工，施工难度大。框架梁主筋采用部分焊接在环梁翼缘板上或锚入环梁，部分绕过钢管柱贯通整梁的方式进行排布，结构复杂，其主筋对有粘结预应力筋矢高坐标的影响主要在梁二三排钢筋位置，纵横向梁交点处两个方向梁主筋叠加超过 4 层（每层为 $\phi 32$）以上，按常规施工预应力筋矢高最高控制点将无法保证达到设计要求。为保证预应力筋的施工质量，现场采用了向上下进行并筋，提前调整梁筋深化位置的方式处理，具体如下：

① 对于梁上部二排钢筋较少或预应力孔道较少的梁，采用二排铁与预应力孔道平行布置的方式，保证预应力筋矢高达到设计要求，且确保其间距满足该截面所有预应力筋孔道通过要求。

② 对于梁上部二排钢筋较多或预应力孔道较多的梁，经计算复核满足结构受力要求后将局部二排铁改为三排铁，采用二、三排铁与预应力孔道平行布置的方式，确保预应力筋矢高，同样要确保其间距满足该截面所有预应力筋孔道通过要求（见图 2-126）。

此节点处预应力梁箍筋排列也直接影响预应力孔道的施工质量，梁箍筋位置要避开预应力筋走向，箍筋翻样时提前进行排布设计，根据预应力孔道数量、孔径大小以及孔道间距确定好箍筋间距及大小。

（2）梁柱节点处预应力筋的张拉

该节点处纵横向均设有预应力，节点复杂，其张拉顺序也是该节点施工控制的重难点之一，其张拉顺序的先后直接影响到结构的安全和预应力筋的使用效率。现场提前策划，合理优化张拉顺序，最终采用了先横向后纵向，先中间后两边，对称张拉的顺序（见图 2-127）。张拉的控制采用以张拉力为主、伸长值校验的方法实施。

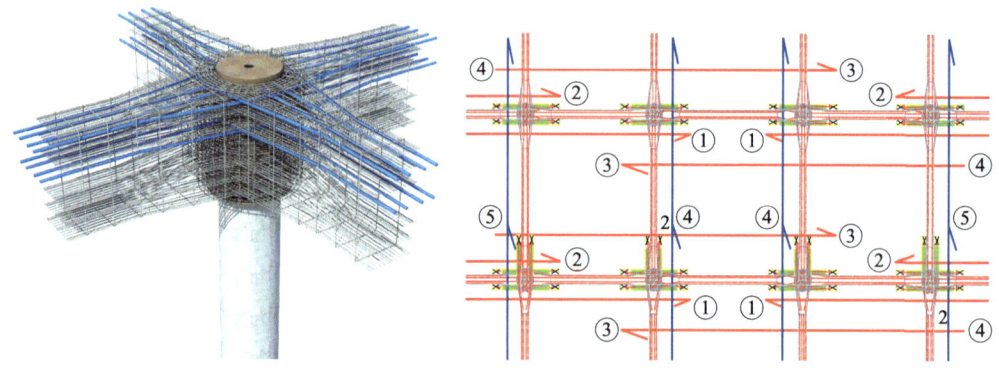

图 2-126 钢管柱预应力筋三维排布图　　图 2-127 预应力筋张拉顺序

2.11.3 结语

本工程针对梁柱复杂节点进行了系统深入的研究，形成了如下创新性的技术成果：

（1）环梁采用了工厂预加工，现场直接吊装的安装方式，提高了安装效率和精度。

（2）环梁绑扎中，增加"X"形斜向支撑钢筋，提高了环梁在吊装过程中的抗变形性。

（3）利用软件对环梁各种钢筋理论长度进行计算，对各种钢筋进行编号并分类堆放，保证了施工的准确性。

（4）巧妙地将部分箍筋设置为开口箍，方便了工厂加工，保证了环梁成型尺寸和钢筋定位准确。

（5）提前在钢柱内预留安装符合波形曲线的曲形钢套管，保证了预应力筋的位置准确，防止混凝土浇筑破坏。

（6）采用 BIM 技术对该节点各管线进行预排布，优化了排布情况，提高了一次成功率，避免了安装过程中相互交叉的问题。

本工程钢管柱环形梁钢筋安装施工技术及预应力钢绞线穿钢管柱的顺利完成，填补了国内钢管混凝土柱与环梁、预应力混凝土加腋梁交叉节点新施工技术的空白，将为今后施工类似结构提供可靠的实践经验和技术积累，具有广泛的推广前景。

2.12 预应力混凝土梁与钢管混凝土柱创新连接施工技术

2.12.1 工程概述

贵阳北站高架层采用钢管混凝土柱与钢筋混凝土预应力梁相结合的结构形式，很好地实现了站房大跨度大空间的结构需要。贵阳北站站房工程高架候车区钢管混凝土柱间距42m，钢管混凝土柱同时作为高架层混凝土楼板及屋面钢结构支撑构件。高架候车层结构轴测图见图 2-128。高架层主梁为预应力混凝土梁，钢管柱直径 1500mm，预应力混凝土梁主筋全部与钢管混凝土柱柱头环形钢板焊接连接，预应力穿过钢柱。节点处设直径14mm 竖向分布筋，直径 25mm 水平环形钢筋；节点处外包混凝土直径 2200mm。高架区共 36 个预应力梁钢管混凝土柱节点，每个节点主筋与环板焊接接头平均 80 个。节点效果见图 2-129。

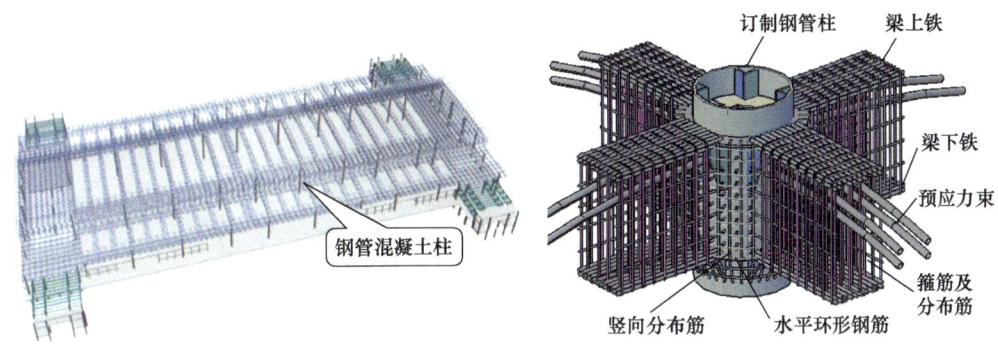

图 2-128 候车层结构轴测图　　图 2-129 梁柱节点效果图

2.12.2 深化设计

由于节点处钢筋密集、钢结构节点复杂，同时安装有多束纵横向预应力筋，现场施工中由于预应力矢高、钢筋排布等相互影响，可能无法完全按照设计图纸实现快速安装，定位准确，所以必须事先对预应力孔道位置、钢筋排布与钢结构节点环板、肋板共同考虑综合排布，进行深化设计，在钢柱加工和钢筋、预应力筋施工过程中严格按照深化图施工。

2.12.2.1 确定钢管柱预应力孔位置

节点处是梁预应力曲线的最高点，该处矢高直接关系到整道梁预应力受力性能，对预应力孔洞的定位非常重要。

首先核对每个节点位置的两个方向预应力设计矢高是否冲突，再综合考虑钢柱环板及环板上下排焊接钢筋高度对预应力矢高的影响，对于预应力梁而言，预应力筋为其主要受力筋，当预应力筋与普通钢筋位置有冲突时应首先保证预应力筋位置。调整后的预应力束形图应经过设计确认。根据预应力筋水平位置，通过预应力筋在孔洞内的长度和矢高，反推波纹管通过钢管柱边缘处的标高，最终确定每个钢管柱上预应力开孔位置，各个节点均需要绘制预应力孔道位置详图。预应力穿钢管柱节点平面见图 2-130，预应力孔洞定位见图 2-131。

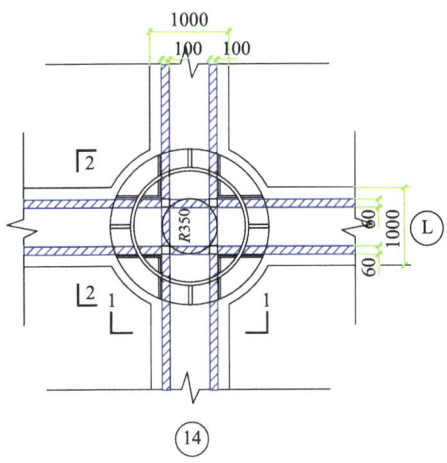

图 2-130 预应力穿钢管柱节点平面图

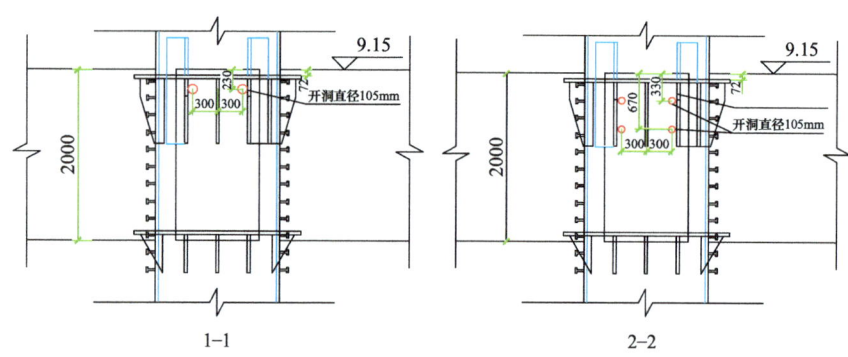

图 2-131 预应力孔洞定位图

钢管柱开孔后，直接穿波纹管，在钢管柱灌芯混凝土浇筑和钢筋焊接过程中均会对波纹管造成不同程度损坏；本工程采用钢柱开孔后，焊接预应力保护撑管，选用 100mm 直径 3mm 厚钢管，钢管甩出钢柱 100mm 长，待梁主筋焊接完成后，用波纹管与其连接。预应力孔洞，焊接保护管细部节点见图 2-132。

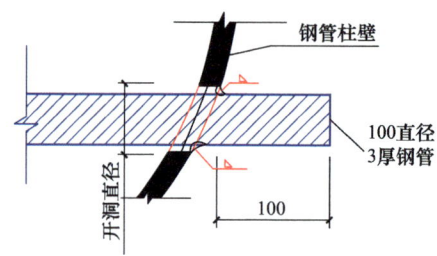

图 2-132 预应力孔洞，焊接保护管细部节点图

2.12.2.2 梁钢筋预排

本节点钢筋种类较多，主筋直径 40mm，其中与环板下平面焊接的主筋因受到预应力孔道、竖向加劲钢板影响，位置和间距尤为紧张，钢筋间距小无法保证焊缝宽度，影响焊接质量的同时影响混凝土浇筑，因此梁钢筋的预排对整个节点至关重要。

通过对钢筋预排发现按原设计，部分钢筋排布无法满足施工和质量要求。为保证钢筋间距及与钢柱的有效连接，将不满足要求的二排筋调整为三排或四排。调整后的三排或四排钢筋与原设计竖向加劲肋钢板焊接，或与新增转换连接钢板焊接。调整后的钢筋排布经设计复核后局部对肋板进行了加强，同时确定新增连接钢板规格，有效保证了施工质量，各节点均绘制钢筋排布位置详图。见图 2-133、图 2-134。

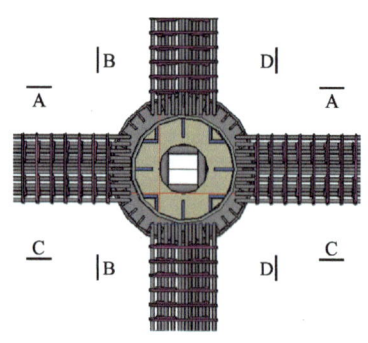

图 2-133 典型节点布筋平面图

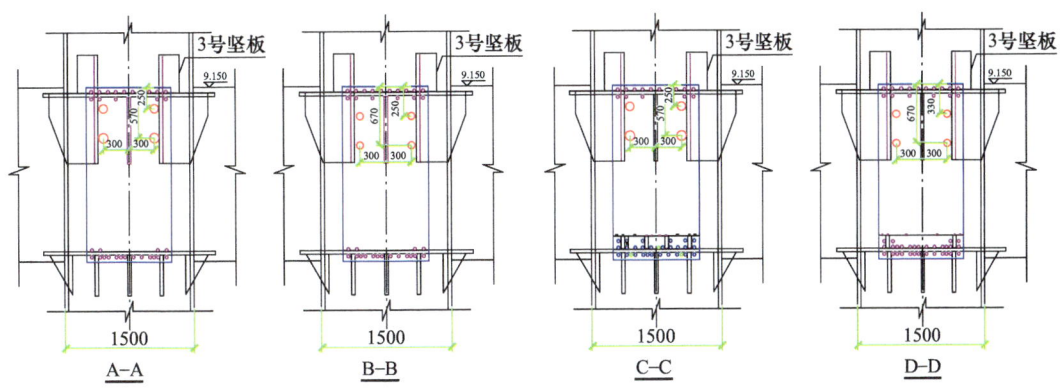

图 2-134 典型节点四个剖面钢筋排布图

2.12.2.3 钢管柱的加工制作

钢管柱由专业设计人员根据项目技术人员提供的预应力孔道预留详图，调整钢筋排布所需肋板加强及新增连接钢板详图，在原钢柱节点基础上对其深化设计。钢管柱轴测图见图 2-135。

节点与栓钉间隔布置的环形钢筋、预应力保护撑管等均在工厂进行安装，减少现场施工工程量。进场时根据深化图纸对钢管柱验收，其中对预应力孔洞位置每根钢管柱节点必须逐一检查，安装时注意孔道对应方向。

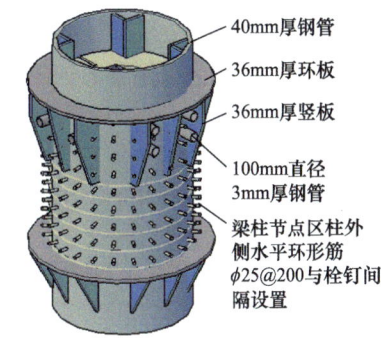

图 2-135 钢管柱轴测图

2.12.3 施工工艺

施工流程：钢管柱灌芯混凝土浇筑→梁钢筋绑扎及与环板、竖板焊接→梁柱节点处竖向、水平分布筋绑扎→补充完善梁节点处环形箍筋、补做梁箍筋→连接预应力波纹管、穿预应力束→梁柱节点处模板安装→梁柱节点处混凝土浇筑。

（1）钢管柱灌芯混凝土浇筑

在混凝土浇筑过程注意避免直接掉落至预应力撑管处，防止其受较大外力导致变形，同时撑管内预先穿根钢管用以支撑保护。

（2）梁钢筋绑扎及与环板、竖板焊接

根据钢筋预排交底图，在环板、竖向肋板面上用粉笔画出钢筋定位线，梁主筋先与一侧钢柱节点焊接，然后依次向另外一个柱节点连接，与另一个柱节点焊接的最后一段主筋现场实量下料，保证钢筋与环板焊接长度，个别钢筋长度不足的在现场采用帮条焊连接。

钢筋与环板、竖向肋板的焊接质量直接关系整个节点的受力性能，尤其其中一半数量焊缝为仰焊。该节点钢筋焊接选用钢结构施工班组有多年焊接经验的焊工，针对性交底，并进行焊工现场仰焊考试，合格后安排上岗。

根据画好的定位线将钢筋先点焊加以固定，除严格控制其定位外，还应控制焊接变形，焊接采用分段反向顺序，钢筋与环板、竖向肋板的焊接为双面施焊，分段施焊应保持对称。由项目技术负责人检查节点焊缝饱满程度、焊缝厚度及有无夹渣、气泡等。检查照片见图2-136，焊缝质量应达到二级焊缝质量标准。

（3）梁柱节点处钢筋绑扎及预应力施工

为给节点钢筋焊接预留足够操作空间，先将节点水平环向分布筋穿套在钢管柱上，分布筋接头焊接连接，并集中临时固定在节点根部；然后穿竖向分布筋，竖向分布筋与环板点焊固定；节点四周1.5m范围内混凝土梁箍筋仅先集中套在钢梁主筋上1.5m范围外。待节点梁主筋焊接验收合格后，将节点水平环向分布筋与竖向分布筋绑扎连接。节点钢筋绑扎完成后，补做梁箍筋、腰筋。预应力波纹管与预留撑管连接，穿预应力束。

（4）梁柱节点处模板安装

节点处喇叭口底座及圆弧模板由于受梁高及位置的变化影响，加工钢模板型号较多，成本较高。施工中制作定型木模进行施工，定型木模采用小夹板拼装，面覆光滑的镀锌铁皮，拼装时应注意接缝严密，表面弧度光滑流畅。

（5）梁柱节点处混凝土浇筑

节点处混凝土采用细石混凝土浇筑，由于环板是主要传力构件，不能在环板上开透气孔，浇筑时从节点一侧向另一侧单向浇筑，以保证环板下部混凝土填充密实。振捣采用小型振动棒，严格按操作规程进行振捣，节点和梁的混凝土浇筑采用二次振捣法，以增强混凝土的密实性，减少收缩。混凝土成型后效果见图2-137。

 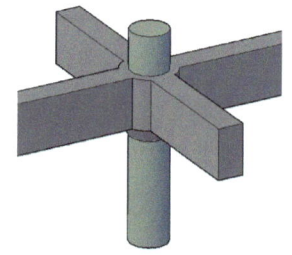

图2-136 钢柱节点焊接照片　　图2-137 成型后效果图

2.12.4 结语

利用该工艺，梁与钢管柱连接采用环板过渡，避免梁两端剪力集中，有效减少了梁柱节点钢筋绕过钢管贯通过去的现场操作难度，可提高效率，压缩工期，节约施工成本。该工艺采用工厂化与现场安装相结合，有效减小了安装的难度，避免现场施工工序打架，减少现场焊接量，在工期及经济方面具有一定优势。

2.13　贝雷架模板支撑体系设计及运用

2.13.1　工程概述

厦门北站位于厦门市集美区后溪镇，是国家铁路网规划中沿海大通道的重要客运站，站场规模为6台12线。厦门北站工程总建筑面积为162409m²，本工程+8.95m板为超大跨度预应力混凝土井字梁楼盖，最大跨度33m，框架梁截面尺寸1000mm×2000mm、局部1800mm×2000mm，井字梁截面尺寸400mm×1200mm、400mm×1500mm或600mm×1500mm。由于福厦铁路施工需要，在本工程+8.95m板下方G轴方向需留设工程列车穿行通道，通道位置及建筑限界尺寸要求如图2-138所示。

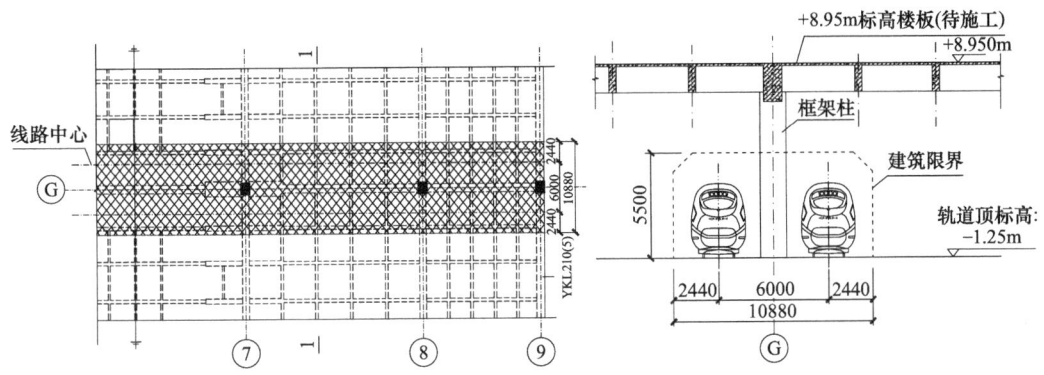

图2-138 列车通道平面位置图（注：图示阴影为通道范围）

2.13.2 施工难点及关键点分析

厦门北站首层层高10.2m，+8.95m标高位置梁板截面尺寸较大，特别是主梁高2m、宽1~1.8m，每延米自重达90kN，其模板工程属于高大模板范畴。现加上列车穿行通道留设等条件的限制，给梁板模板支撑体系的设计带来更大难度，如何选择安全、经济合理的梁板模板支撑体系，是本工程+8.95m板结构施工的难点。在此，将制式器材贝雷片运用到梁板模板支撑体系中，与碗扣式脚手架联合使用，形成新的贝雷架组合模板支撑体系，较好地解决了这一难点。

2.13.3 贝雷架模板支撑方案设计及计算

（1）根据通道限界尺寸要求确定贝雷架组合模板支撑体系

构造示意图如图2-139所示。贝雷架支撑体系由贝雷架基础、钢管立柱、纵向承重梁、横向连系梁、贝雷片和分配梁组成，分配梁上搭设碗扣式模板支撑架，将上方产生的荷载传递给贝雷架支撑体系。

（2）贝雷架搭设参数初步确定

贝雷架搭设参数包括钢管立柱的选型及平面布置、纵向承重梁的选型、横向连系梁的选型和布置、贝雷片的布置等内容。参数的选择根据材料及设备的模数、现有材料情况，先通过试算初步确定。

① 钢管立柱：立柱采用外径273mm、壁厚8mm的钢管。立柱横向间距按通道净空要求采用5580mm；纵向间距根据上方梁板截面情况，在主梁梁宽1800mm范围采用1500mm，其他区段立柱间距不大于2700mm。

② 纵向承重梁：选用双I25a工字钢。

③ 横向连系梁：为门字架的横向连系构件，是为保证门字架稳定性而采取的构造措施，采用[16槽钢，间距不大于2600mm。

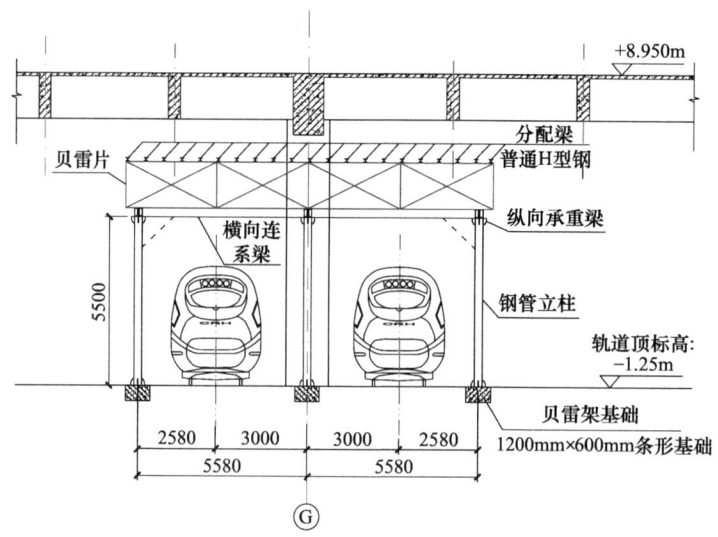

图 2-139 贝雷架组合模板支撑体系构造示意图

以 7~8 轴范围为例,立柱、纵向承重横梁、横向连系梁平面布置图如图 2-140 所示。

④ 贝雷片布置:根据支撑架模数,贝雷片间距可选用 900mm 或 450mm。经试算结果:G 轴梁跨中区段贝雷片间距采用 900mm,框架柱两侧均采用两片贝雷片按 450mm 间距加强,用于承担数字轴主梁施工荷载。贝雷片布置详图如图 2-141 所示。

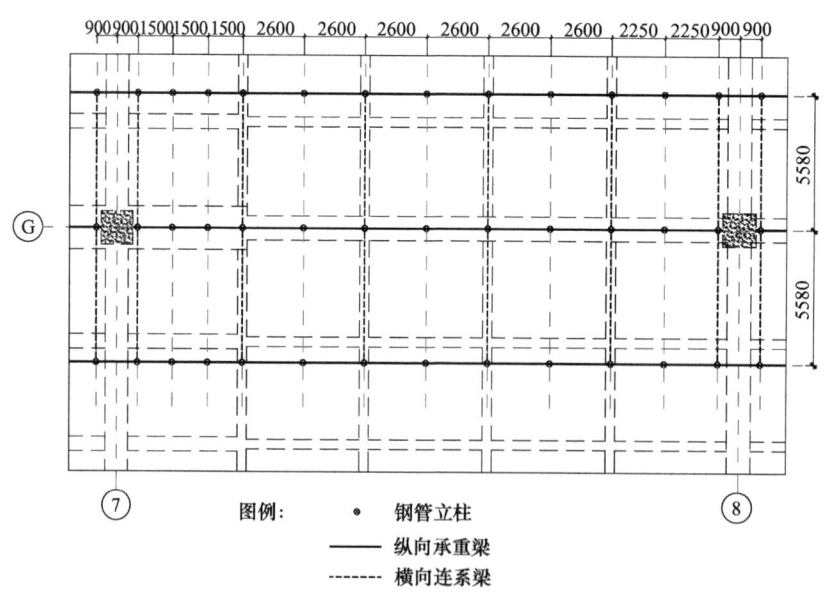

图 2-140 立柱、纵向承重横梁、横向连系梁平面布置图

(3) 承载力验算:包括贝雷片验算、承重梁验算、立柱验算及地基基础验算。

① 单片贝雷片允许承载力(选自《装配式公路钢桥多用途使用手册》):容许弯矩 $[M]=788.2$ kN·m、容许剪力 $[V]=245.2$ kN。

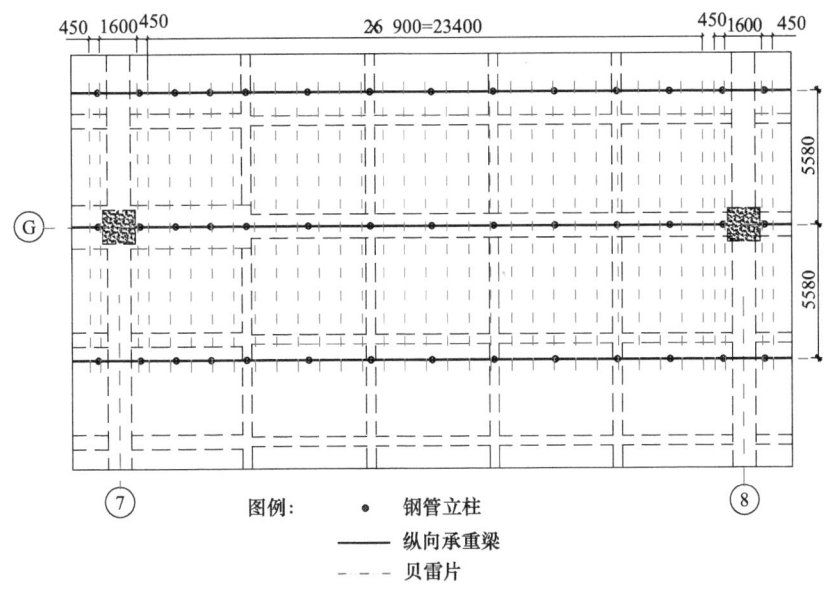

图 2-141 贝雷片布置图

② 贝雷片验算：分别对 900mm 和 450mm 间距进行验算，计算模型采用双等跨连续梁。验算部位取可能出现最大荷载部位，即 900mm，间距验算以两片贝雷片承受上方次梁及次梁两侧 1800mm 宽度范围内楼板施工荷载；450mm 间距验算以四片贝雷片承受垂直 G 轴方向主梁及主梁两侧 3400mm 宽度范围内楼板施工荷载；同时，考虑荷载分布不均匀因素的影响，贝雷片允许内力乘以 0.8 的系数。验算情况如表 2-8 所示。

贝雷片验算 表 2-8

参数		次梁下贝雷片验算	主梁下贝雷片验算	备注
荷载 $q=1.2\sum G_{ik}+1.4\sum Q_{ik}$		36.27kN/m	89.77kN/m	/
贝雷片组内力	M_{max}	141.16kN·m	349.39kN·m	$M_{max}=0.125ql^2$
	V_{max}	126.49kN	313.07kN	$V_{max}=0.625ql$
单片贝雷片内力	M'_{max}	88.22kN·m	109.18kN·m	$<[M]$
	V'_{max}	79.06kN	97.83kN	$<[V]$
挠度 $w=0.52\times\dfrac{ql^4}{100EI}$		0.348mm	0.431mm	$<1/1000$

经验算，贝雷片桁架内力及挠度均在容许范围内，满足强度及刚度要求。

③ 承重梁验算：根据实际受力情况，G 轴上承重梁承受的荷载最大，近似按 G 轴两侧各 2.79m 范围内荷载以均布荷载作用于承重梁上进行验算，按 1.8m 宽和 1m 宽主梁段分别验算，计算模型采用三等跨连续梁，跨度分别为 1.5m 和 2.7m，验算情况如表 2-9 所示。

承重梁验算 表 2-9

参数		1.8m 宽主梁段	1.0m 宽主梁段	备注
荷载 $q=1.2\sum G_{ik}+1.4\sum Q_{ik}$		148.60kN/m	102.56kN/m	/
横梁内力值	M_{max}	33.43kN·m	74.76kN·m	/
	V_{max}	133.74kN	166.15kN	/
横梁应力值	σ	39.6N/mm²	88.56N/mm²	<215N/mm²
	τ	38.4N/mm²	47.72N/mm²	<125N/mm²
挠度 ω		0.25mm	1.78mm	$<1/1000$

经验算,承重梁强度、刚度均满足要求。

④ 立柱验算:G 轴上立柱承受荷载最大,分别计算两种间距立柱承受轴压力:
1500 间距中立柱轴力 $N_1=222.9\text{kN}$,2700mm 间距、次梁交主梁下立柱轴力 $N_2=393\text{kN}$ 因此取 $N_{\max}=393\text{kN}$ 进行立柱稳定性验算。

立柱长细比 $\lambda=59$;查表得 $\varphi=0.886$;

则:$\sigma=\dfrac{N_{\max}}{\varphi \cdot A}=66.6\text{N/mm}^2<[f]=215\text{N/mm}^2$,立柱稳定性满足要求。

⑤ 地基承载力验算:以最大轴力立柱位置基础进行验算,经验算得出施工中贝雷架基底最大应力为 $P_{\max}=198.5\text{kPa}$。经现场核查,现场土质基本上为砂质黏性土,根据地勘报告提供资料,其承载力特征值为 210kPa。故地基承载力满足要求。

(4) 构造措施及节点做法

立柱柱脚施工节点详图、立柱柱顶安装节点详图及立柱间斜撑布置图如图 2-142~图 2-144 所示。

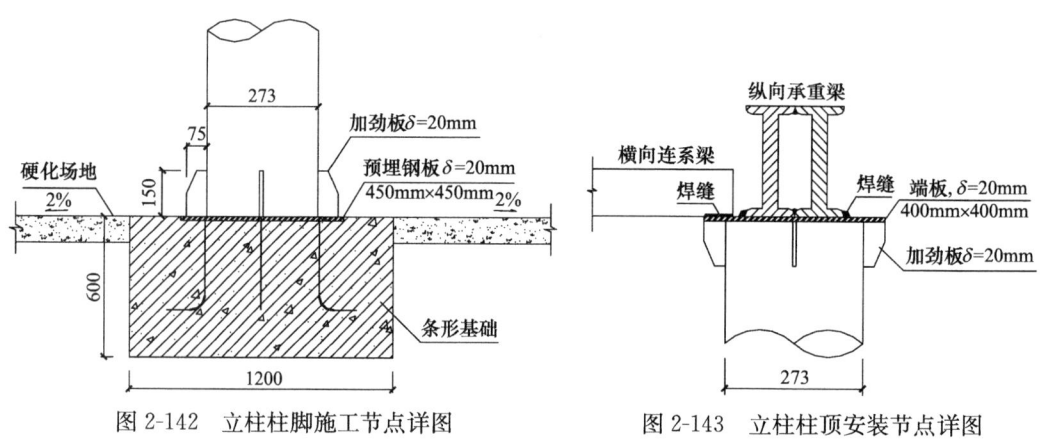

图 2-142 立柱柱脚施工节点详图　　图 2-143 立柱柱顶安装节点详图

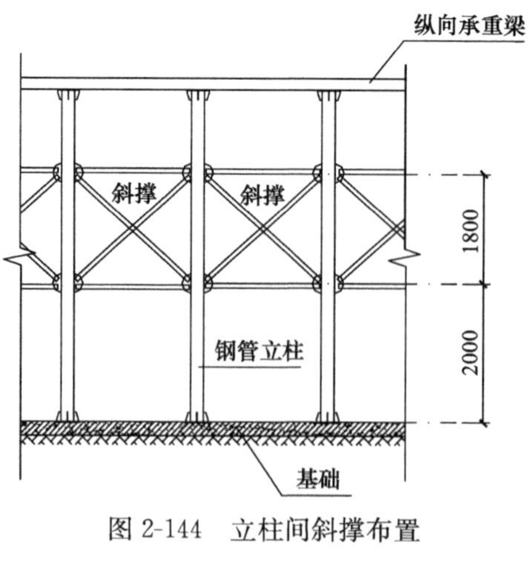

图 2-144 立柱间斜撑布置

2.13.4 贝雷架安装流程及操作要点

(1) 施工工艺流程

场地平整→测量定位→贝雷架基础施工→钢管立柱安装→立柱间斜撑安装→纵向承重

梁、横向连系梁安装→贝雷片安装→分配梁布置、搭设上部碗扣式脚手架。

(2) 操作要点

① 测量定位工作是贝雷架搭设的首要工作，测量定位必须准确，严格按照贝雷架方案图纸要求将贝雷架基础位置、钢管立柱位置在现场测设出来，作为现场施工的依据。

② 贝雷架基础施工中应重点关注地基承载力情况，可以采取轻型触探仪对地基承载力进行必要的检测，若承载力不能满足要求可以采取调整基础大小、对软弱地基进行换填等方式进行处理。贝雷架基础施工中应严格按方案埋设钢板埋件，钢板尺寸 450mm×450mm、厚 20mm。贝雷架基础施工应按要求做好关键工序验收工作，主要包括地基验槽、基础钢筋和埋件安装隐蔽工程验收记录。

③ 基础混凝土浇筑完成并养护达到预定强度后，开始安装钢立柱。钢立柱与基础上所埋设的埋件满焊固定，要求焊缝饱满，焊缝表面光滑，无夹渣、焊瘤、气孔，焊缝经检查合格后及时涂刷防锈漆做好防锈保护。钢立柱的安装还应严格控制立柱垂直度，在立柱安装的同时，及时安装立柱间斜撑以保证立柱的整体性能，斜撑采用[14槽钢加工。

④ 纵向承重梁安装：承重梁直接承受贝雷片传递来的荷载，同时将荷载传递给钢立柱。承重梁采用双I25工字钢，焊接固定于立柱顶的端板上。

⑤ 贝雷片安装：在贝雷片安装就位之前，应组织对上述立柱、横梁支撑体系进行验收，对焊接焊缝、贝雷架钢管立柱及承重梁等进行检查，经验收合格后方可安装贝雷片。贝雷片在现场组拼成组后整体吊装就位，每组由2～3片贝雷片采用支撑架连接而成。贝雷片的间距及片数严格按照既定方案实施。

⑥ 贝雷片安装结束，首先在贝雷片上满铺50mm厚脚手板做防护，脚手板之间的缝隙应钉废旧胶合板进行封闭。然后铺设分配梁，分配梁采用120×120规格H型钢，垫设于每排碗扣式脚手架立杆下，将上方梁板结构施工的荷载传递给贝雷架。

2.13.5 结语

考虑厦门北站工程+8.95m标高位置楼板高大模板支撑架自身的安全稳定性要求，以及楼板下方列车通行的行车安全，将制式器材贝雷片运用到本工程模板支撑体系中，较好地解决了这一难点，保证了厦门北站工程的顺利实施，也为类似工程提供了借鉴（图2-145）。

图2-145 贝雷架现场实景图

2.14 多曲率弧形清水混凝土雨棚施工关键技术

2.14.1 工程概况

怀来站位于张家口市怀来县,为京张高铁沿线重要的高铁站房,站房建筑面积为 9942m^2,站台雨棚 8775m^2,车场规模为 2 台 4 线。其中一站台雨棚为单柱雨棚、二站台雨棚为双柱雨棚,共有雨棚柱 146 根。雨棚柱截面为下小上大渐变式异形结构,截面尺寸由 800mm×800mm 逐渐变为 800mm×1060mm,柱截面四角为弧形,其半径为 50mm,柱高为 4507mm(不含梁柱核心区),沿竖向设置 60mm 宽、30mm 深凹槽。雨棚顶板由多个不同半径的圆弧组成,雨棚板边缘圆弧 $R=250$mm,雨棚板下圆弧 $R=50$mm、$R=900$mm。雨棚柱顶与板交接部位为连续曲面变径,圆弧为 $R=1200$mm,如图 2-146 所示。

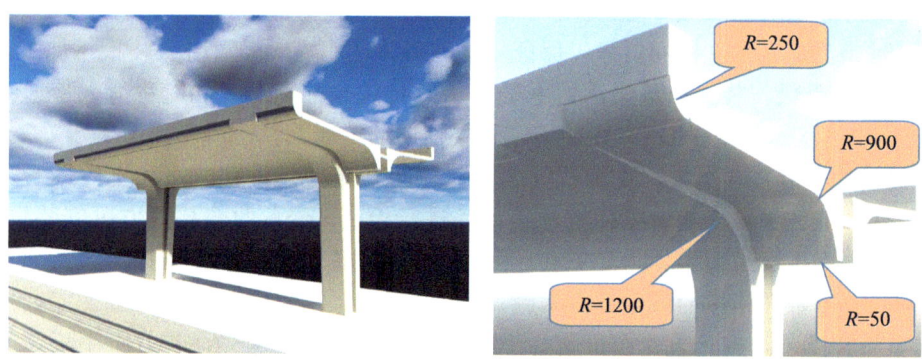

图 2-146 站台雨棚三维图

2.14.2 工程重点和难点

(1)采用当地商混站的商品混凝土,混凝土原材料质量不稳定,混凝土质量控制难度大。

(2)本工程柱子截面为异形,截面沿高度扩散,沿竖向留设凹槽,柱顶预留穿桥架洞口,为钢筋现场加工制作、绑扎成型带来一定难度。

(3)雨棚建筑形式复杂,弧形多且半径不一,对模板加工制作及现场安装精度要求高,精度误差要控制在 0.2mm 以内,弧形曲线过渡圆润、平滑,为模板设计选型、加工、安装带来一定难度。

(4)清水混凝土直接采用混凝土的自然表面作为饰面,对混凝土的表观质量要求高,各道工序的质量把控较难,混凝土成型后易产生气泡、色差、禅缝不美观等缺陷,因此成为本工程的施工重难点。

2.14.3 主要施工技术及控制要点

2.14.3.1 钢筋加工与制作

钢筋加工时要考虑钢筋的叠放位置和穿插顺序,根据钢筋的占位避让关系,确定加工尺寸，重点考虑钢筋接头形式、接头位置、搭接长度、锚固长度等影响钢筋绑扎的因素，通长钢筋应考虑端头弯钩方向控制，以保证钢筋总长度及钢筋位置准确。

柱截面沿高度方向扩大，箍筋需进行扩尺，设计箍筋间距为100mm，经计算，每两肢箍筋扩尺一次较为合理，为保证清水效果，箍筋下料时，可适当缩小，每侧缩小不超过5mm；由于箍筋尺寸不一，针对每一根柱子现场制作简易箍筋存放盒，每根柱子不同型号的箍筋单独存放，避免堆放混乱，使用错误。箍筋存放盒如图2-147所示。

图2-147 不同大小箍筋存放盒

2.14.3.2 钢筋连接与安装

按照图纸要求的间距，计算好每根柱子箍筋数量，先将箍筋套在下层伸出的搭接筋上，然后安装柱子竖向钢筋，在立好的柱子竖向钢筋上，按图纸要求用粉笔画箍筋间距线，按照已画好的箍筋位置线，将已套好的箍筋依次上移，由上往下绑扎，宜采用缠扣绑扎，箍筋与主筋要垂直，每一竖向及水平钢筋交叉点均要绑扎，扎丝拧紧不少于两圈，丝尾倒向柱内侧，箍筋的弯钩叠合处应沿柱子竖筋交错布置。柱的受力钢筋为25mm，采用机械连接，接头位置应按要求错开，同一连接区段接头率不大于50%。柱筋保护层厚度应符合规范要求，本工程柱净高不高，钢筋绑扎竖直度好，未安放垫块，控制好上口保护层既可。如果柱净高超过5m，可采用清水混凝土同配比砂浆垫块（与混凝土颜色一致）来控制柱的保护层厚度，垫块应绑在柱箍筋外皮上，间距0.6m×0.6m。封模前检查钢筋、扎丝以确保无露筋、露丝现象，特别是阴阳角位置，封模后检查钢筋是否碰到模板。

2.14.3.3 模板选型及制作

本工程站台建筑完成面为±0.000m，−0.635以上部分为清水混凝土，截面尺寸由800mm×800mm（2-2剖）渐变至800mm×975mm（3-3剖），至梁柱核心区增至800×1060mm（4-4剖）。其中，在3-3剖段与4-4剖段部分有60mm宽、30mm深凹槽。雨棚板下有外圆弧$R=50$mm、内圆弧$R=900$mm、雨棚板边缘外圆弧$R=250$mm，雨棚柱顶与板交接部位内圆弧为$R=1200$mm。站台雨棚柱大样图如图2-148所示，雨棚柱剖面图如图2-149所示，单柱雨棚梁板断面图如图2-150所示。

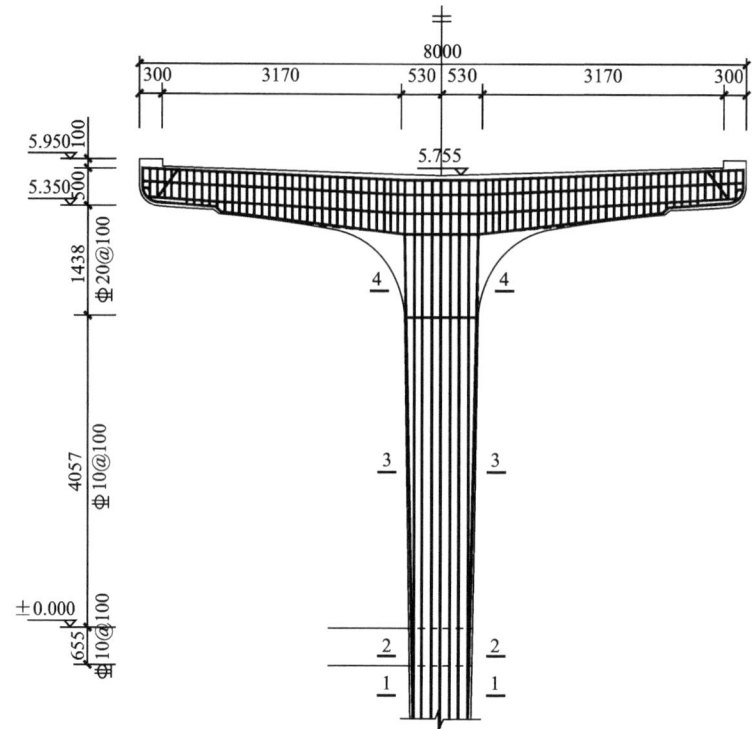

图 2-148 站台雨棚柱大样图

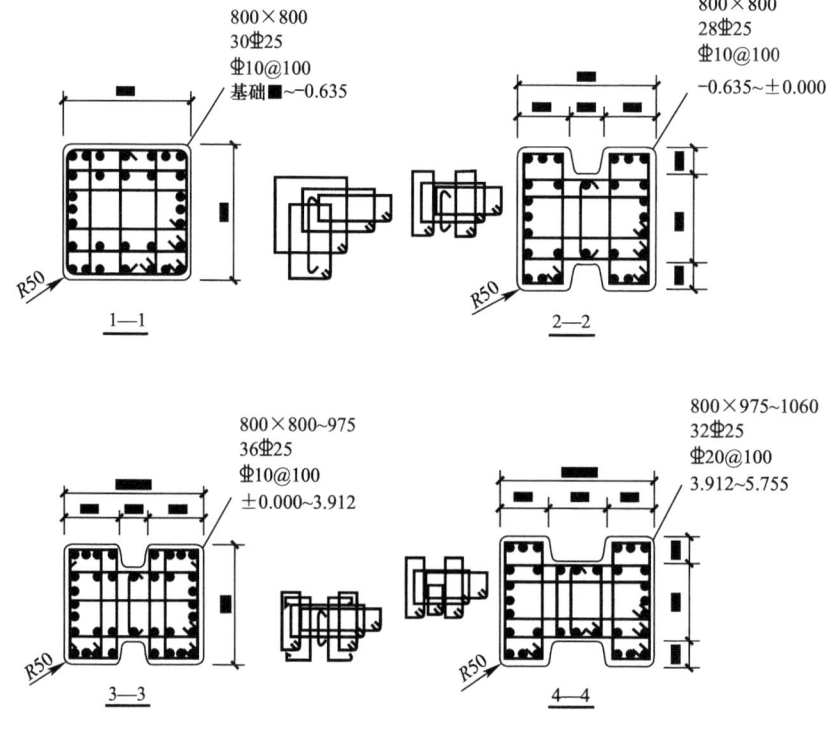

图 2-149 雨棚柱剖面图

第2章 高铁客站主体结构施工关键技术

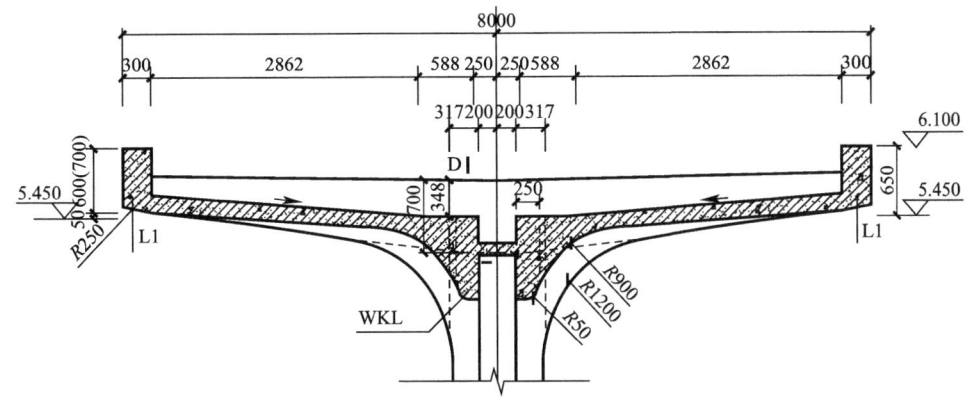

图 2-150 单柱雨棚梁板断面图

（1）模板选型

根据实际需求，模板应具有足够的强度和刚度，以保证构件的截面尺寸，且应满足操作方便、周转利用率高、不易产生变形、成型效果好的要求。通过钢模板、木模板与木塑模板相比较，采用钢模板，曲面造型、异形板采用数控激光切割，角度精确，误差可控制在0.2mm以内，弧形曲线过渡圆润、平滑，成型后观感好，锐角、钝角、弧形、异形等均可实现工厂加工，周转利用率高，且板面强度大，使用过程中对模板产生的影响小，不需要经常修整、更换，大大提升了施工效率，保证成型效果的一致性，因此本工程采用组合式定型钢模板。模板选型详见表2-10。

清水混凝土雨棚模板选型　　　　　　　　　　　　　　　　表 2-10

优缺点	木模板	木塑模板	轻钢模板
优点	1. 价格低； 2. 重量轻； 3. 表面光洁； 4. 容易弯曲	1. 价格低； 2. 重量轻； 3. 表面光洁； 4. 容易弯曲	1. 周转次数多，可重复使用； 2. 曲面造型、异形板采用数控激光切割，角度精确，误差可控制在0.2mm以内；弧形曲线过渡圆润、平滑，成型后观感好； 3. 锐角、钝角、弧形、异形等均可实现工厂加工，且周转使用，减轻了现场加工负担；加工成型后，现场只需进行对缝拼接即可，现场安装难度小； 4. 自身刚度大、硬度足，基本无变形，使用不受环境、温度等影响； 5. 工厂数控加工，可实现工厂化管理，保证加工质量
缺点	1. 无法周转，一次性使用，费用高； 2. 模板拼缝处的锐角、钝角等难以实现工厂加工，无法采用激光切割（易燃），加工精度难以保证，现场拼装难度大。 3. 模板无法周转，现场人工加工工程量巨大； 4. 木模板受潮遇水容易产生变形	1. 不可以重复使用； 2. 板周边拼接角度种类多； 3. 板边拼接锐角钝角无法工厂加工，人工加工精度无法控制； 4. 受温度影响变形大； 5. 冬季寒冷季节易脆裂； 6. 一次性使用造价高； 7. 木塑模板无法使用激光切割（受热熔化）	1. 重量较木模板重； 2. 配模难度大、加工周期长

105

（2）模板加工制作

① 雨棚柱钢模板

清水混凝土雨棚柱钢模板面板采用5mm厚钢板，背楞采用8号槽钢，按照柱截面设计形式，整个截面分为四块进行拼接，柱高度范围内采用单块模板，中间不设分缝。模板之间采用M16×50螺栓连接，角部通过M20对拉螺杆进行斜拉。

根据柱的特点，首先从竖向对模板进行设计，将柱模板分为4段：1-1剖段部分的抱箍，2-2剖段固定截面部分，3-3剖段变截面部分以及凹槽部分，4-4剖段伸至梁柱核心区。1-1剖段部分的抱箍：抱箍尺寸为800mm×800mm，固定于1-1剖段部分，起支托及加固作用；2-2剖段固定截面部分：此部分模板尺寸为800mm×800mm，长度为585mm，较2-2实体部分缩减50mm，以此来保证与3-3剖段部分的接缝位于建筑完成面以下，使得3-3部分不存在水平向拼缝；3-3剖段变截面部分：此部分模板尺寸由800mm×800mm渐变至800mm×975mm，模板采用整板进行加工，中间不出现水平拼缝。凹槽部分：此部分模板尺寸为740mm×912mm，兼具成型和加固作用。

模板在水平向分别分为4个部分，两个对立面的模板相同。为方便加工，在不带凹槽的板面上加工圆弧角。钢模板立面图如图2-151所示，钢模板剖面图如图2-152所示。

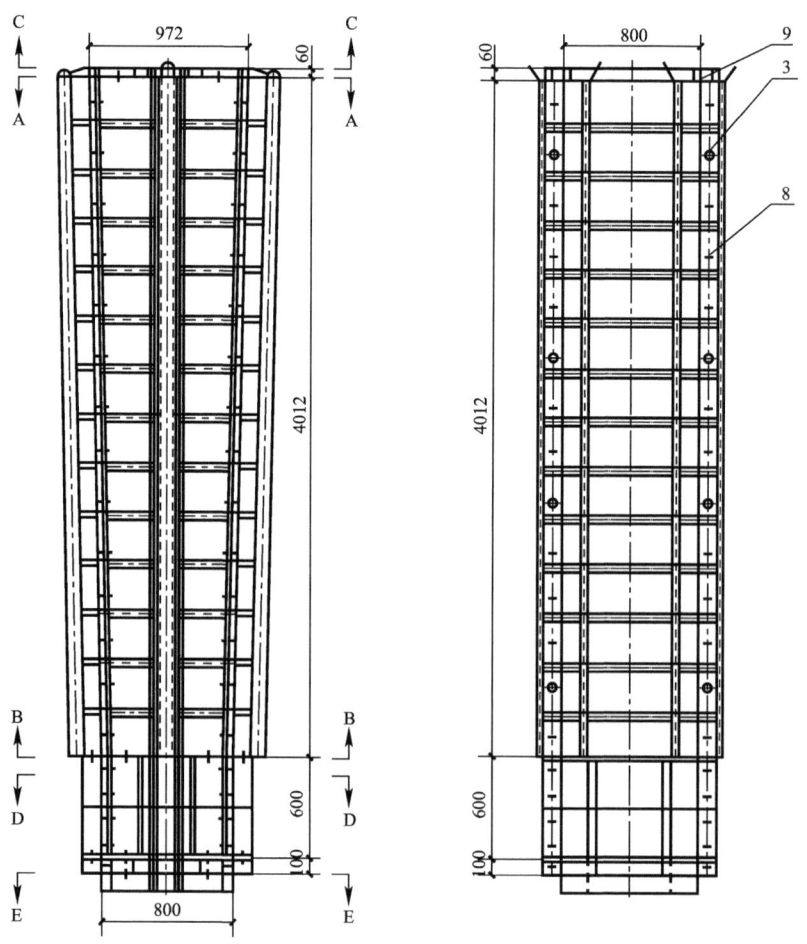

图2-151 柱钢模板立面图

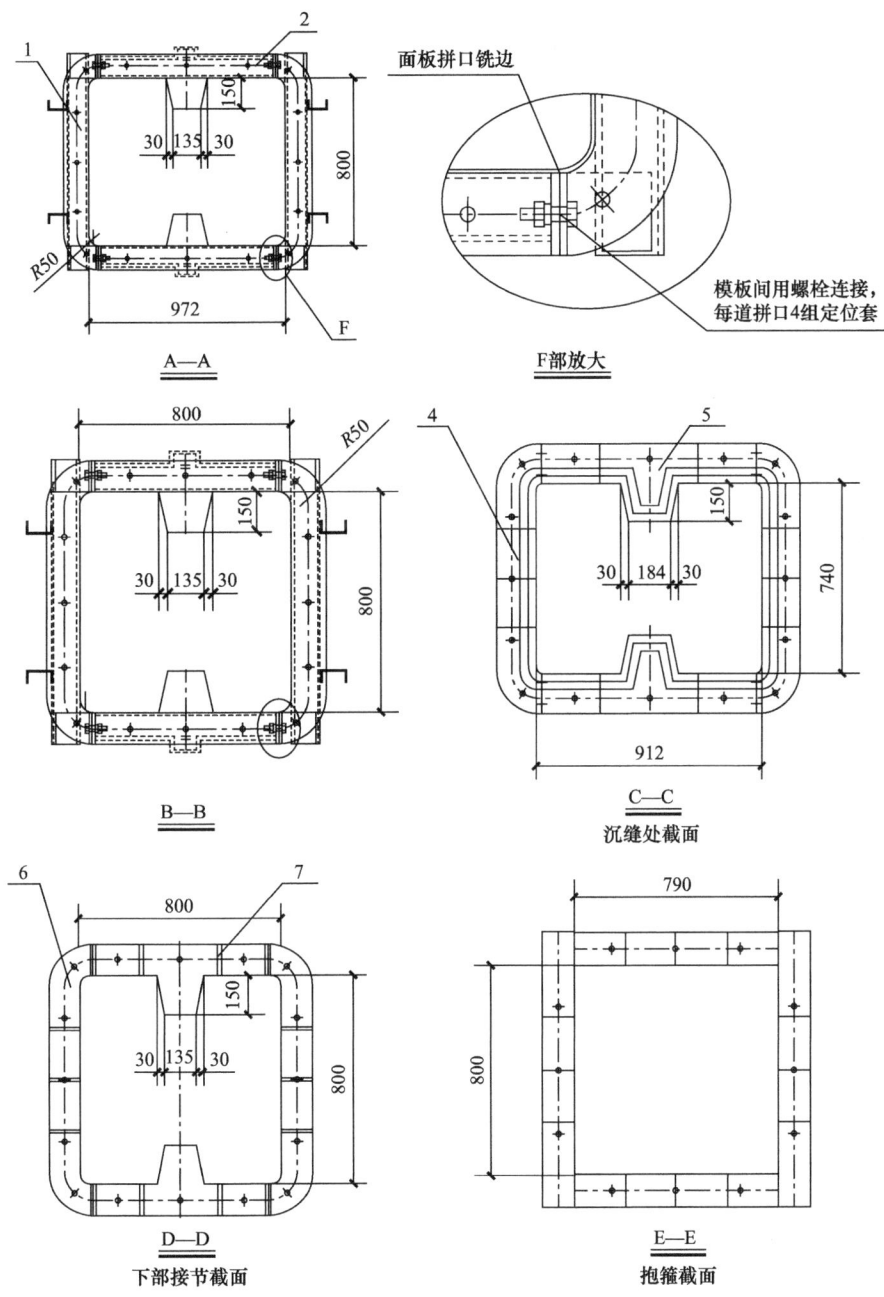

图 2-152 柱钢模板剖面图

② 雨棚梁板轻钢模板

雨棚梁板采用定型轻钢组合钢模板,面板采用 4mm 热轧开平板,边框采用 60mm 宽、6mm 厚的钢板,横竖肋采用 6mm 钢板,模板总厚度 64mm。模板之间采用螺栓连接,5cm×5cm 的钢木龙骨作为背楞。

雨棚底模横向分为三段($R=900mm$ 圆弧段 Z1、平直段 Z2Z3、$R=250mm$ 圆弧段 Z4)(图 2-153),其中 $R=900mm$ 圆弧段及平直段禅缝与柱子禅缝对齐;$R=250mm$ 圆弧段接雨棚板平直段到滴水沿截止。

雨棚纵向分为七段，雨棚南侧3段、北侧3段，中间电缆槽1段，纵向按照尺寸排列，915mm一段。单柱雨棚模板断面如图2-153所示，雨棚钢模板三维图如图2-154所示。

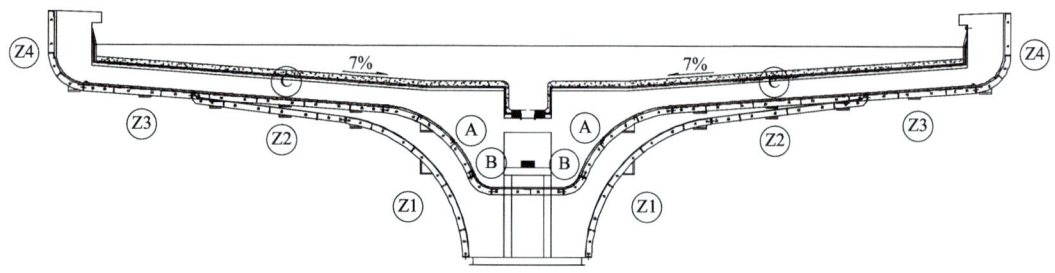

图2-153 单柱雨棚模板断面图

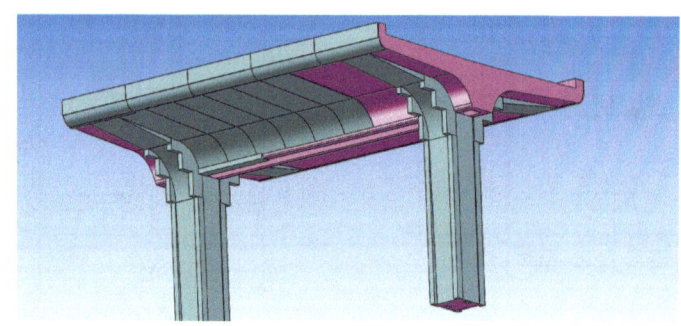

图2-154 雨棚钢模板三维图

③ 数控激光机床切割下料

为保证模板加工精度，要求钢板采用激光切割进行下料（图2-155），模板加工完成后按要求进行预拼，对模板平整度、外形尺寸、拼缝是否严密等进行校核，校核后对模板进行编号。

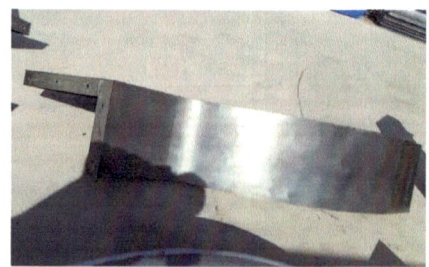

图2-155 数控机床、切割钢板、曲面钢模

2.14.3.4 模板打磨、支撑体系及安装

（1）模板预拼、验收、打磨

模板加工完成后应先对模板进行拼接质量进行检查，对偏差和缺陷较大的模板要重新

处理，然后在加工场进行预拼装，拼接缝应严密无错台，检查合格后方可拆卸运至进场。在首次使用前，制备水泥浆（纯水泥和水所制，比例为1：2），调制好后用滚筒刷涂抹在面板表面，待水泥浆干透后（一般为水泥浆涂刷24小时后）。

打磨时，用角磨机将水泥浆全部抛除，抛除时必须用力按住角磨机，使其与面板完全接触，然后顺着一个方向移动角磨机进行抛除。抛除时应保持角磨机在同一高度上水平运动，移动时沿模板长方向进行移动，不得同时进行前后左右移动，更不得做圆周运动，保证打磨完成后模板面板条纹一致。严禁随意踩踏模板，如需在模板表面作业必须穿戴鞋套。

涂刷水泥浆的作用：打磨前对面板起到保护及防锈；打磨时，可以清楚地看出何处打磨完成，保证打磨全面；打磨时，可以控制打磨的深度，保证不会伤及模板；通过提前用水泥浆浸润模板，保证成型后的外观效果。面板打磨如图2-156所示。

模板首次打磨，应反复涂刷打磨水泥浆三次，打磨效果以白毛巾擦拭无黑印为宜。在施工过程中，应根据模板实际情况，适时进行再次打磨，一般周转3次为宜；打磨完成后，应及时对模板面板进行覆盖，可采用塑料薄膜包裹，保证模板表面洁净无污染。

（2）脱模剂的选用和涂刷

在样板柱施工时，通过对水质脱模剂、机油和柴油1：1混合脱模剂、变压器油、色拉油、石蜡等成型效果对比，采用色拉油的混凝土观感效果较好；根据温度、干湿度、气温条件，通过对脱模剂黏度、抗泡性、抗剪切性、相容性等性能的研究，增加隔离剂、稀释剂等改良材料，经试验室和现场多次试验，研制了清水混凝土专用脱模剂，外观颜色均匀、气泡少。

脱模剂涂刷前，应再次对模板进行清理，效果以白毛巾擦拭无黑印为宜。涂刷方式：采用毛巾进行擦拭，毛巾应选取短毛毛巾，吸水性好，不掉毛。涂刷分三遍进行：第一遍，采用被脱模剂浸透的毛巾进行脱模剂涂刷，涂刷方向应与模板打磨方向一致，沿模板长方向进行；第二遍，采用干毛巾对面板上积聚的脱模剂进行清理；第三遍，采用干毛巾对整个面板进行清理，擦拭方向与第一遍一致，沿模板长方向进行；脱模剂的涂刷效果应达到"眼观无明显痕迹，触摸手上会沾油"为宜。第一遍涂刷效果如图2-157所示，第二遍打磨效果如图2-158所示，第三遍打磨效果如图2-159所示。

图2-156 面板打磨

图2-157 第一遍涂刷效果图

图 2-158 第二遍涂刷效果

图 2-159 第三遍涂刷效果

（3）雨棚板及连续曲面模板支撑体系

雨棚结构采用盘扣架支撑体系，立杆连接为同轴心承插，斜向拉杆保证支撑结构稳定，承载力大整体稳定性好，安拆便捷。弯弧段为曲面异形结构，在模板设计时曲面衔接段优化为平直段，便于支撑，与常规的楼板施工无异。

为保证满堂支架现浇钢筋混凝土工程施工的质量，在搭设支撑架体之前，对回填土进行压实，压实系数达到 0.94 以上，并对处理后的地基进行预压检测。盘扣架支撑体系如图 2-160 所示。

（4）模板安装

模板安装前，在模板拼缝处粘贴海绵条，海绵条采用 30mm 宽、2mm 厚双面粘贴型。粘贴时，海绵条距离模板内板面距离应控制在 2~3mm，保证模板加固挤紧后，海绵条可以将模板拼缝处填实且不会超出面板，保证禅缝美观。海绵条只进行单面粘贴，方便清理更换。

① 1-1 剖段部分抱箍安装：抱箍安装完成后，应对抱箍的平整度及顶标高进行复测，保证上部模板安装位置正确，不发生偏移；2-2 剖段固定截面部分模板安装：2-2 剖段模板采用人工进行安装，安装完成后，重点对模板顶标高进行校正，保证柱身模板安装后，位置正确，且 2-2 剖段与 3-3 剖段模板拼缝位于建筑完成面以下，使得浇筑成型后柱身无水平拼缝；3-3 剖段变截面部分模板的安装：此段模板的安装采用汽车吊辅助进行，重点控制模板的拼缝质量。安装前应对模板进行编号，模板安装顺序如图 2-161 所示。

图 2-160 盘扣架支撑体系

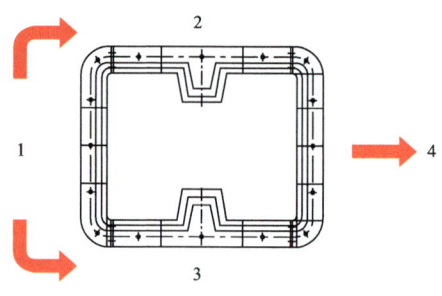
图 2-161 模板安装顺序图

第一块安装不带有凹槽的面板,模板就位后,使用螺栓将模板进行初步固定,并在外加设斜撑,保证模板稳固。

第二、三块带有凹槽的面板与第一块板拼接,吊车调运模板就位时,应注意观察模板拼缝,通过人工调整,使得相邻两个板面拼缝平齐,过渡平缓,且海绵条未被破坏。

② 模板校正:模板安装完成后,再次对模板的位置及垂直度进行检查。当有偏差时,通过调整底部抱箍进行校正。

③ 梁板模板按照预拼装编号进行安装,周转使用时模板的位置不发生变化,保证成型后的效果一致(图 2-162)。

图 2-162 轻钢模板安装、安装完成、绑扎梁板钢筋

2.14.3.5 混凝土制备及运输

(1) 配合比设计

采用集团公司多年总结的清水混凝土经验配合比,集团公司中心试验室分析当地取样原材性能指标进行清水混凝土配合比研制,通过试配的合格样板最终确认配合比。混凝土试拌成功后,对优化后的配合比所用的原材料进行储备封样,以后进场的材料均应与封样材料对比,做到施工期间所用的水泥原材为同一厂家,同一产地,同一品牌;砂、石的色泽统一,级配均匀,对原材实行分仓存放,保证不受污染,以此确保各批次混凝土原材统一。试件比选如图 2-163 所示。

图 2-163 试件比选图

经过多次试配和样板浇筑,最终确定混凝土坍落度(170±10mm)、含气量(2%~4%),清水混凝土配合比见表 2-11。

清水混凝土配合比　　　　　　　　　　表 2-11

材料种类	水泥	粉煤灰	矿粉	砂	石子	外加剂	水
配合比用量（kg）	310	80	70	789	1004	11.14	166

（2）混凝土制备与运输

① 清水混凝土搅拌应单独采用一条生产线、单独料仓，搅拌的各项工艺参数固定；派专人驻站，在混凝土搅拌前进行取样和验收，保障生产和运输。

② 搅拌清水混凝土时应采用强制式搅拌设备，每次搅拌时间比普通混凝土延长 30s。

③ 制备的清水混凝土拌合物工作性能应稳定，且无泌水离析现象，90min 的坍落度经时损失值宜小于 30mm；柱混凝土设计坍落度 170±10mm。

④ 清水混凝土拌合物的运输采用专用运输车，防止污染混凝土；装料前容器内应洁净、无积水。

⑤ 进入施工现场的清水混凝土应逐车检测坍落度，并详细记录，不得有分层、离析等现象。

2.14.3.6　混凝土浇筑

模板安装完成后，应及时自检，合格后报监理验收。同时将混凝土浇筑计划报送至混凝土搅拌站，并通知驻站人员及试验员进行相关试验检查。

① 根据规程要求，清水混凝土拌合物从搅拌结束到入模前不宜超过 90min，严禁添加配合比以外用水或外加剂。在模板验收完成，上报混凝土浇筑计划后，现场应及时准备浇筑的相关工作，包括人员、机械，重点对试验准备及振捣棒工作性能等进行检查。

② 清水混凝土进场后，应逐车检查坍落度，不得有分层、离析现象。本工程控制混凝土入场坍落度为 170±10mm，当现场实测坍落度不满足要求时，应坚决退场，不得现场调配。

③ 在混凝土浇筑过程中应留置混凝土试块，每根柱应留置 2 组，每组 3 块，分别作为标养试块和同条件试块。试块上统一粘贴二维码，内容包括标号、代表部位、成型日期等内容。

④ 混凝土浇筑使用料斗进行投料（图 2-164），应控制每次浇筑的厚度，一般为 400mm，据此折算出浇筑的方量约为 0.32m³。在料斗中划出刻度线，保证每次接料方量不超过规定数量，使得每次浇筑厚度不超过 400mm。混凝土浇筑前，应先在根部铺 30mm 厚同配比砂浆，防止出现烂根现象；柱体浇筑时，应放置串筒，防止混凝土离析。

⑤ 混凝土振捣采用"五点振捣法"，即中间及四角振捣，根据现场实际可提升至"七点"，但应保证振捣棒与饰面混凝土表面距离不小于 50mm。在振捣过程中应避免触碰模板、钢筋，根据试验所得工艺参数，每点振捣时间宜控制为 45s。振捣时，应做到"快插慢拔"，上下略有抽动。根据现场情况，可以在模板外侧用橡胶锤锤击进行辅助振捣，使气泡可以顺利排出，保证混凝土可以充满模板，达到流平、密实的程度，从而保证观感质量。振捣点位置布置如图 2-165 所示。

图 2-164　混凝土浇筑

2.14.3.7 模板拆除

柱身侧模拆除时，混凝土强度应能保证其表面及棱角不因拆模而受损坏，为保证柱身的完整性，本工程模板拆除一般在浇筑完成36h后，待混凝土试块强度达到5MPa时即可拆模。模板拆除过早，易造成构件强度不足，容易出现粘模、缺棱掉角现象；拆模过晚，无法及时养护，表面会形成不均匀花纹，且模板周转率低。

模板拆除应遵循"先支后拆，后支先拆"的原则：先拆除3-3剖段变截面部分模板，然后拆2-2剖段固定截面部分模板，最后拆除1-1剖段抱箍。

模板拆除时，应先松开模板角部M20对拉螺栓、定位套，进行卸力，然后轻轻敲击模板使模板与混凝土脱离，采用葫芦平拉，待模板与混凝土完全脱离后，方可起吊。柱身3-3剖段部分模板较大，重点讲述此段模板拆除。模板拆除顺序如图2-166所示。

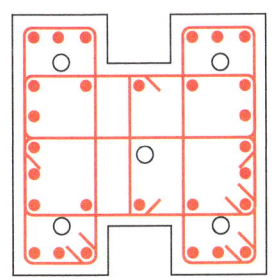 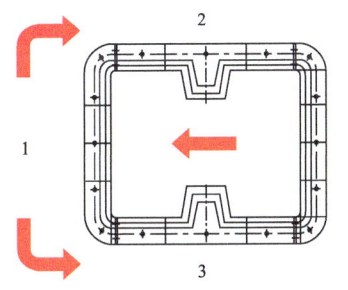

图2-165　振捣点布置位置图　　　　图2-166　模板拆除顺序图

梁板混凝土强度在到100%方可拆模，拆模时要注意从一头轻轻松开U托，一块一块地拆下钢模板，轻轻传递下来，切勿大面积拆模，注意不能磕碰钢模板，其他要点同柱拆模。

2.14.3.8 混凝土养护及成品保护

（1）养护时间不得少于14d。夏季施工时，主要保证因混凝土未初凝，水分流失过早，表面产生有害裂缝，为防止混凝土内部水分流失，主要采取柱体覆盖一层塑料薄膜，加设洒水养护系统，每根雨棚柱对角放置两个摇摆式喷洒头，水平摇摆角度40°，竖向喷水面为扇形分布，基本覆盖柱身。雨棚柱摇摆式养护喷洒头效果图如图2-167所示。

图2-167　雨棚柱喷洒覆膜养护、摇摆式喷洒头、养护喷洒水回路

根据雨棚柱的浇筑进度,每个站台设置三个区域养护喷洒水回路,周转往复对雨棚混凝土养护,每个水回路系统养护区域为 6 跨雨棚柱及顶板。

本着洒水养护效果和绿色施工节约用水原则,雨棚养护设置若干个水养护回路,每个洒水回路采用自动控制系统设置洒水时间序列间歇性洒水,每次持续洒水时间根据天气情况设置 2～5min 不等。为保证每个洒水回路水压和水量的稳定性,若干个回路洒水时间错时依次洒水,保持混凝土表面湿润,养护时间不得少于 14d。洒水控制柜如图 2-168 所示。

(2) 在冬期施工时主要保证混凝土内部和表面出现温度差控制在 25℃以内,如温差过大须采取加设保温层的措施,防止混凝土因内外温差过大产生有害裂缝,采取的措施主要为在混凝土表面覆盖一层塑料膜,外部包裹 2 层防火棉被。雨棚柱冬期保温保湿效果图如图 2-169 所示。

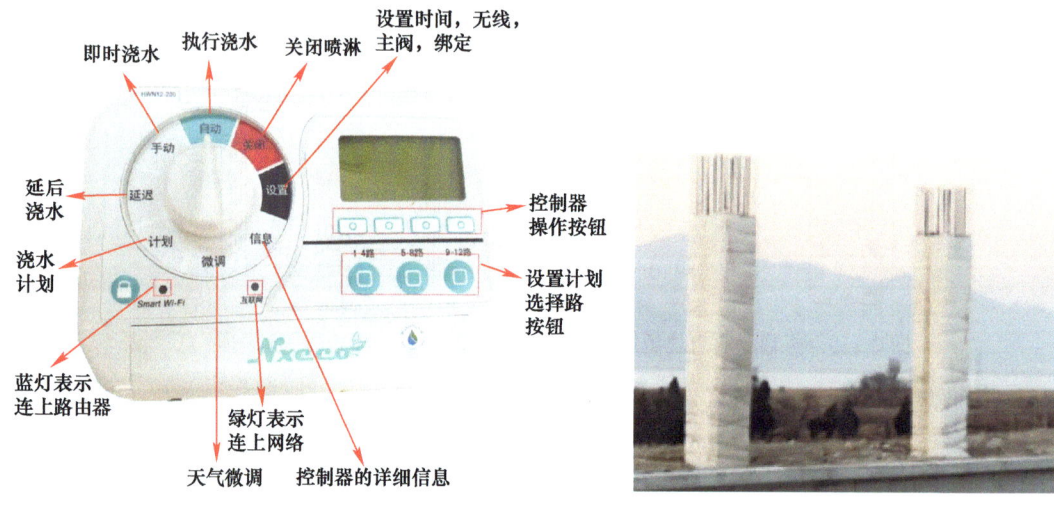

图 2-168　定时洒水控制器　　　　　图 2-169　雨棚柱冬期保温保湿图

(3) 清水混凝土雨棚成型后,应加强对成品的保护,模板拆除后,应及时防止施工中意外磕碰对柱体造成破坏,柱体阳角采用废旧木模板予以保护,并挂设明显成品保护宣传标识语。保持清水混凝土表面的清洁,不得做测量标记。另外要加强教育,禁止乱涂乱画,避免人为污染或损坏。

2.14.4　结语

老京张铁路创造性完成的中国第一条自行设计施工并运营管理的铁路,被欧美各国视为奇迹,而京张高铁建成后将成为联动 2022 年冬奥会北京、延庆、张家口三赛区的有力交通设施,同时推进京津冀一体化发展。基于本工程的历史意义和现实意义,怀来站作为京张高铁沿线重要的高铁站房,备受重视,大曲率弧形清水混凝土首次运用在铁路站房雨棚结构领域,难度极大,项目从模板体系、混凝土配比、人员培训到工艺性试验等环节都进行了积极的探索,经过 8 个月的不懈努力,终于打造出一根根平整光洁的清水混凝土柱,混凝土完整性好,色泽均匀,表面光滑,气泡少,明缝与禅缝线条竖向顺直、水平交圈,梁板弧形曲面外观质量良好,实现饰面清水混凝土的标准要求,如同造型优美的艺术品,呈现在京张铁路线上(图 2-170)。此次大曲率弧形清水混凝土雨棚施工技术成功的应用,在履行项目工期目标的同时,坚定了业主对我们技术能力的信任,同时希望本文能为今后类似工程施工提供一定的理论和实践参考。

图 2-170　京张怀来站清水混凝土雨棚实体效果

附:近年来清水混凝土结构施工成果(图 2-171~图 2-173)

图 2-171　厦门北站清水混凝土柱、复杂斗拱实体效果(清水混凝土共 3000m³)

图 2-172　厦门北站清水混凝土"A形"劲性钢骨柱和箱形弧梁实体效果(清水混凝土共 8000m³)

图 2-173 宁波站清水混凝土柱、梁板实体效果（清水混凝土共 2.1 万 m³）

哈尔滨西站
Haerbin West Railway Station

■ 哈尔滨西站为我国高寒地区最大的综合性交通枢纽，是黑龙江省"十一五"规划中的重点项目，是党中央、国务院振兴东北老工业基地的一项重要战略举措，对于拓展城市发展空间、改善交通环境、拉动区域经济社会加快发展具有重要意义。哈尔滨西站通过铁路、城市轨道交通、常规公交、快速公交、长途客车、出租车及社会车辆等多种交通方式相衔接，实现旅客"零换乘"、无障碍行走。

■ 哈尔滨西站外立面的棕红色陶板色彩参考了索非亚教堂外墙的红色，既有地域文化的融合，又能降低人对寒冷的心理感受。正立面弧形拱形象地表现旭日东升，寓意哈尔滨城市发展的美好未来，同时也寓意着哈尔滨西站将成为拉动哈尔滨城市副中心向前发展的"火车头"。高架候车厅内吊顶和两侧商业服务夹层的拱形设计，均结合了欧式建筑设计的风格，体现了中西合璧的效果。

　　　　　　　　　2013~2014年国家优质工程奖
　　　　　　　　　2011年黑龙江省优质建设"结构优质"工程
　　　　　　　　　2013年黑龙江省建设工程"龙江杯"
　　　　　　　　　省部级科技奖2项
　　　　　　　　　中国铁道建筑总公司科学技术奖1项
　　　　　　　　　2014年铁路工程建设部级工法1项

第3章 高铁客站钢结构屋盖施工关键技术

3.1 引　言

新时代下的铁路站房建筑体型新颖巧妙，运用新的轻质高强材料、新的设计理念、新的施工工艺来实现建筑形态与结构空间的完美结合，使得站房结构往跨度更大、支撑结构更复杂、屋面形态更不规则等方向发展。目前铁路站房钢结构屋盖常具有如下特点：①结构跨度大、钢材强度等级高；②节点形式复杂多样化；③构件制作难度大，加工精度高；④实际施工环境复杂，施工技术难度大。

各种造型新颖的铁路站房屋盖结构对施工技术提出了更高的要求，一些传统的施工方法已不能满足其建造要求，运用新型施工工艺进行安装必然与传统施工工艺对结构产生的影响有所不同，所以对采用新型施工工艺进行安装的大跨度站房屋盖钢结构施工过程关键性问题进行研究具有现实意义。本章以宁波站、厦门北站、合肥南站、贵阳北站、黄山北站等工程实例作为研究背景，分别阐述不同结构形式的钢结构屋盖在施工过程中的关键技术。

3.2 "船形"预应力拉索张弦钢结构雨棚施工技术

3.2.1 工程概述

宁波站雨棚在国内外首次采用"箱形梁+船形预应力张拉索"的多跨共梁空间结构形式，造型新颖，跨度达40m，整个雨棚屋面呈平板状，三跨连续拱状。每个8m×40m张拉单元内由5根拉索、4个斜撑杆、2个节点和4根共用边梁共同组成造型优美的"船形"空间结构体系（见图3-1），通过上弦梁与下部预应力张拉索的共同受力形成了完美的受力体系。3个张拉单元为一跨（见图3-2），共48跨（见图3-3）。根据工程实际情况，在考虑自身结构形式的特点和既有线施工的基础上，通过有限元软件MIDAS建模、分析，以期掌握安装、张拉过程对结构位移、变形、应力的相互影响及变化规律，同时建立双端张拉和单端张拉的有限元模型，分析比较两种张拉方案对撑杆变形的影响。经过多次研究、模拟、分析及专家论证，最终确定了"二级接替迭代张拉技术""单端双向张拉撑杆偏位控制技术""优化设计后的新型张弦梁撑杆下拉索连接节点"的施工方案。雨棚实景见图3-4。

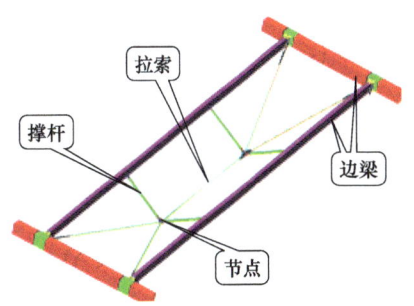

图3-1 张拉单元示意图

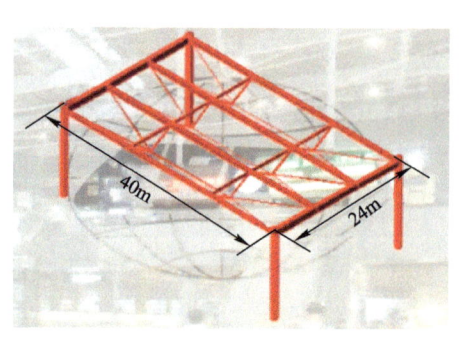 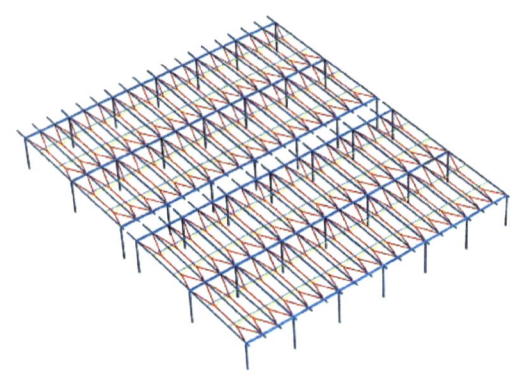

图 3-2　单跨示意图　　　　图 3-3　雨棚钢结构"船形"张拉索轴侧图

图 3-4　雨棚"船形"预应力拉索张弦梁实景图

3.2.2 "船形"预应力拉索张弦钢结构雨棚施工的特点及难点分析

宁波站工程为既有线改造工程，雨棚张弦梁体系为一个半柔性体系，在整个张拉过程中要依次经历"零状态""初始态""荷载态"三种应力状态，张拉过程中受力极为复杂，故施工中会面临相邻跨间临界变化影响不均匀、应力多次重分布、非对称受力、结构变形控制，有既有线单端双向张拉偏位控制，拉索连接节点形式选取等技术难题。施工时主要存在如下困难：

（1）张弦梁雨棚结构是一个半柔性体系，结构的拼装、支架拆除、预应力张拉和屋面板安装等过程是一个应力重分布过程，张弦梁张拉质量和屋面找形难度相对较大，需要对张拉过程的索力、钢结构应力、变形等相互影响关系进行数值和试验研究。

（2）张弦梁体量大，在施工过程中，需保证既有铁路线的安全顺利通行，待正线铺设完毕后，经过一次拨线完成雨棚的建设工作，因此对现场需合理规划施工区段，选择最优施工方案，有效解决既有线附近张弦梁结构大面积施工的系列技术问题。

（3）张弦梁下节点数量众多，且节点受力复杂，传统的节点形式不能有效体现力学、经济、美观等要素，需对节点进行研究和细化设计。

（4）张弦梁张拉过程中，结构整体刚度和变形会有一定的影响，撑杆也会在空间上作适当变形，如撑杆偏位较大，极有可能导致结构严重变形、张拉失败。

(5) 本工程为既有线施工, 拉索安装、张拉是影响工程进度和安全施工的一个重要难题。

3.2.3 "船形"预应力拉索张弦钢结构雨棚施工关键技术

3.2.3.1 二级接替迭代张拉技术

通过建立有限元模型, 以结构 Z 向位移量为零为控制目标, 迭代计算出各张拉索的两级张拉力和跨中起拱值的控制值, 张拉过程中发现索力与张弦梁中点变形、应力之间成近似线性关系的规律, 总结出区别于单跨分级张拉成型的"二级接替、每跨交替迭代张拉"技术, 即第一跨首先张拉70%, 然后张拉相邻跨预应力至70%, 此时再返回第一跨张拉至100%(见图3-5), 按此顺序往返重复迭代张拉剩余跨。

张拉过程中密切进行索力及钢梁应力、应变双重监控, 建立"以变形观测为主、应力监测为辅"的指导思想和原则, 并通过将有限元计算的索力值作为参考指导现场张拉施工, 但张拉后, 仍应根据现场实际变形监测情况, 适当调整索力大小, 以保证张弦梁结构屋面的找形, 从而实现设计所需的 Z 向位移控制为零的目标, 最终保证张弦梁变形可控。通过"二级接替迭代张拉"技术再配合应力应变监测纠偏方法(见图3-6), 成功地将雨棚的结构变形及应力变化控制在有限范围内(结构最大变形为21mm, 最小为5mm; 应力变化值最大为58MPa, 最小为7MPa), 解决了相邻跨间临界变化影响不均匀、应力多次重分布、非对称受力、结构变形控制的难题。

 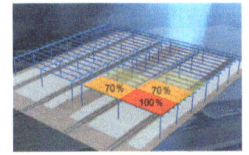 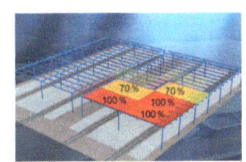 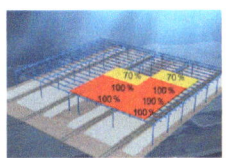

图 3-5 按顺序安装船形拉索结构、二级接替迭代张拉

  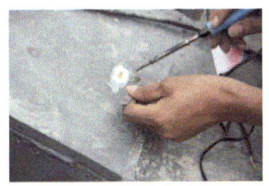 

图 3-6 现场应力、应变监测

3.2.3.2 单端双向张拉撑杆偏位控制技术

工程对撑杆的 x 和 z 向的偏位情况进行分析, 通过模拟、计算, 总结出单端张拉法(见图3-7)的撑杆偏位量和单榀张弦梁张拉过程中索力与控制点变形关系(见图3-8、图3-9)。利用计算出撑杆的预偏移量, 结合现场结构偏差测量, 随时调整撑杆及拉索安装位置, 并配合拉索精确下料、张拉实时监控、左右两索偏位不一致时边拉边调的纠偏方案(适当逐级放松超偏撑杆的拉索力, 使撑杆变形协调一致), 确保最终结构位移满足设计要求。

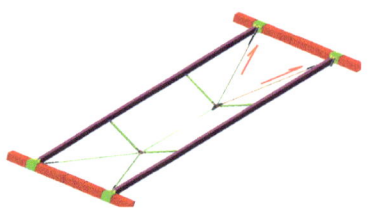 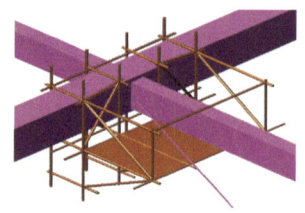

图 3-7　单元单端张拉方向及可移动张拉操作平台（两点同时张拉）

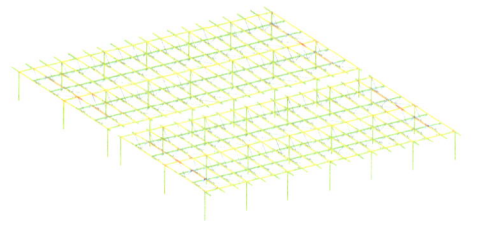 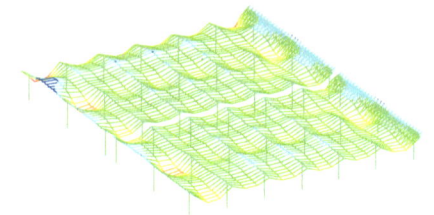

图 3-8　拉索内力值　　　　　　　　图 3-9　梁起拱最大位移值

为防止张弦梁在安装和单端张拉过程中产生过大变形，在张弦梁跨中树立临时托换钢支撑（见图 3-10），待整体张拉完毕后拆除托换支撑，保证了张弦梁安装及二次张拉的精度。钢构件采用计算机放样、钢管接头数控切割及型钢数控专用机床切割技术，保证张弦梁制作加工精度，解决了钢结构一次性安装就位精度高的技术难题。

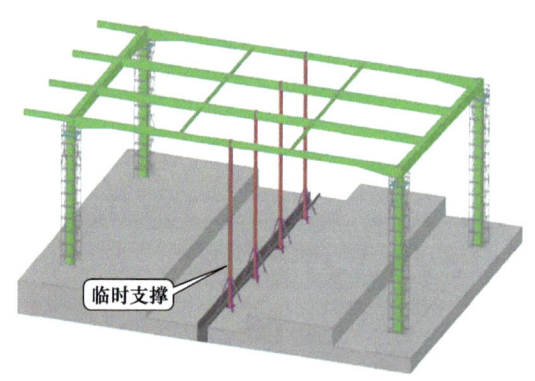

图 3-10　托换支撑安装示意图

3.2.3.3　张弦梁撑杆下拉索连接节点优化设计

张弦梁撑杆下拉索节点是张弦结构的重要组成部分，起到连接两侧拉索，并将拉索产生的向上分力通过撑杆传递到上弦钢梁上的作用。拉索通过该节点进行索力传递，其受力巨大，同时由于其位于结构的最下端，因此需要设计成一个具有很好建筑外形的节点。同时作为结构的一个重要构件，其不同的连接形式导致拉索连接方式和铸钢件的大小也不同，对工程的造价影响很大。所以，设计出一个结构受力、建筑外形和造价最节省三统一的节点尤其重要。

该体系中拉索与撑杆的节点涉及3根拉索、2根钢构斜撑杆的固定,节点选用上分别从安全可靠、安装便捷、经济美观等多个指标进行分析比选,根据拉索连接节点的特殊性,结合以前的类似施工经验和历史文献,并采用 ANSYS 12.0 进行节点有限元分析,最终采用"人字浮漂"造型的铸钢件取代了常规的分叉节点(见图 3-11)。相比传统栓接节点,"人字浮漂"铸钢件在与拉锁的固定方式上采用铸钢件内部套丝与拉锁直接丝扣固定的连接方式(见图 3-12),在减少拉索固定转接件的同时减少了一道高空栓接的工序,降低了既有线施工安全风险,外形上也更加美观。

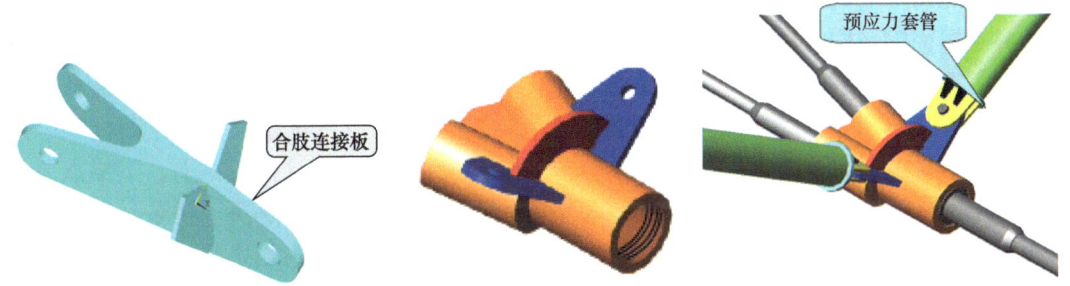

图 3-11　原节点和优化节点　　　　图 3-12　节点连接示意图

3.2.4　结语

雨棚拉索张弦钢结构平面投影顺轨道方向长 $2\times147=294m$,与线路垂直方向宽 184.95m,受营业线施工的影响,有很大的难度。本工程运用理论分析、数值计算、模型建立和现场试验等手段,针对"船形"拉索张弦梁雨棚在深化设计、安装与张拉全过程进行了系统深入的研究,形成了具有创新性的成果,具体如下:

(1) 通过有限元分析,研究出可以有效解决拉索张弦梁张拉过程中相邻跨间临界变化影响不均匀、应力多次重分布、非对称受力的二级接替迭代张拉方法。

(2) 研究雨棚钢结构张弦梁张拉施工技术,提出了采用单端张拉施工技术,适用于雨棚拉索的施工,通过单端张拉时索的应力、变形控制,确保了整体结构体系达到设计要求。

(3) 张弦梁撑杆下拉索连接节点采用"人字浮漂"形节点,起到连接两侧拉索,并将拉索产生的向上分力通过撑杆传递到上弦钢梁上,有助于调整索力的分布,消减或避免了结构下端的弯矩,整体受力合理,简化了施工工序,节点富有灵气和动感,是雨棚的点睛之笔,有较好的经济效益和美学效果。

(4) 对既有线分区分段安装张拉施工技术、"船形"拉索张弦梁张拉成形过程中索力与钢结构应力与变形之间相互影响关系、张弦梁撑杆下拉索连接节点结构和造型等关键技术问题进行了深入研究,提出了能指导施工的方案。

(5) 通过变形、应力监测,对张弦梁应力和变形的过程监控进行了可靠有效的验证,提高了结构施工的安全性。

"船形"预应力拉索张弦钢结构雨棚施工技术在宁波站的成功应用,不仅直接减少雨棚钢结构 500 余吨钢材,还实现了建筑美学效果的大幅提升。"船形"拉索张弦梁体系也再次证明了其制作、运输、安装快捷高效的特点。通过整个施工过程的验证,总结出了预应力拉索安装、预应力张拉顺序及分级、索力监测及变形控制等关键施工技术,为国内同类及类似工程的施工积累了宝贵的经验。

3.3 132m 跨超长轻薄巨型钢管桁架安装施工技术

3.3.1 工程概述

厦门北站屋面钢结构为管桁架,为了使建筑外型符合闽南民居"燕尾脊"特色,结构设计共在屋面钢结构中设计了16榀大跨度的主梁,其中ZHJ2为16榀主梁中最具代表性的一榀。ZHJ2高度23m,长度132m,宽度仅1m,重量达到了1200t,安装高度距楼地面57m。ZHJ2采用原位拼装、整体提升的施工方法。本工法通过对超长轻薄巨型桁架合理分段,将牛腿提前在地面上拼装好,用50t履带吊将其吊装到设计位置,上、下锚点分别设置在牛腿和拼装完成的桁架上,通过在桁架两侧设置导向架,既解决了拼装过程中桁架的稳定问题,又达到了提升导向、抗倾覆的目的。通过在桁架和牛腿之间设置活接头,达到了桁架提升就位后快速合龙的目的。该施工技术适用于机场航站楼、会展中心、体育馆和火车站等采用大跨度管桁架屋盖结构体系工程。

3.3.2 施工工艺流程及操作要点

3.3.2.1 工艺原理

大跨度异型立体桁架施工,其关键就是根据结构特点和施工场地情况,对桁架进行合理分段,优选吊装机械和吊装方法等。吊装时,通过动滑轮体系,使构件在吊装过程中,经滑轮,对构件重心进行微调,从而达到平衡构件的目的。

3.3.2.2 工艺流程

工艺流程如图 3-13 所示。

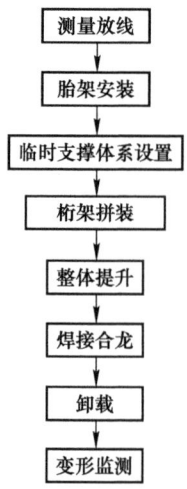

图 3-13 工艺流程图

3.3.2.3 操作要点

1. 测量放线

在8.95m楼板上,沿H轴(C轴)线向两侧各偏移15m设置控制线,作为沿ZHJ2X方向的拼装"控制轴线",沿垂直于H轴(C轴)方向,设置7条Y方向控制线,组成ZHJ2拼装控制轴线网,控制网既可以快速确定主桁架中竖向立杆的位置,又很好地控制了桁架拼装过程中的垂直度问题。轴线控制网如图3-14所示。

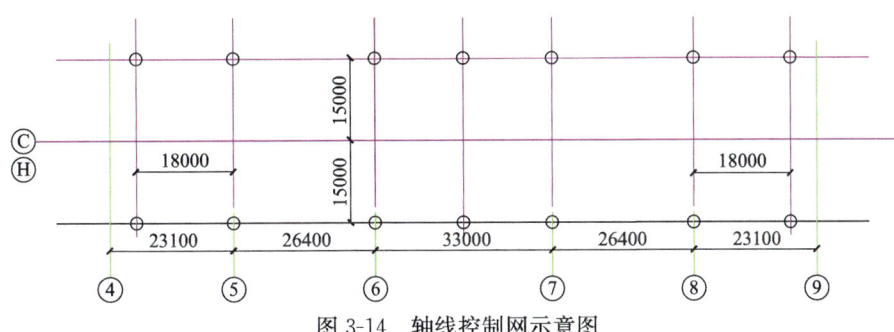

图3-14 轴线控制网示意图

2. 临时胎架安装

ZHJ2拼装在8.95m楼板上原位进行,主桁架下通过设置胎架,达到焊接及起拱的要求。胎架采用H型钢和槽钢加工而成,两侧设置限位板。

拼装胎架与预埋在混凝土梁上的钢板焊在一起,固定牢靠。胎架数量根据下弦杆的分段情况确定,每段下弦杆的两端必须设置胎架,若下弦杆单体长度较大,则在下弦杆中间再增加1~2个胎架。起拱高度通过控制胎架的顶标高进行调整,由中间向两侧依次进行。胎架做法如图3-15所示。

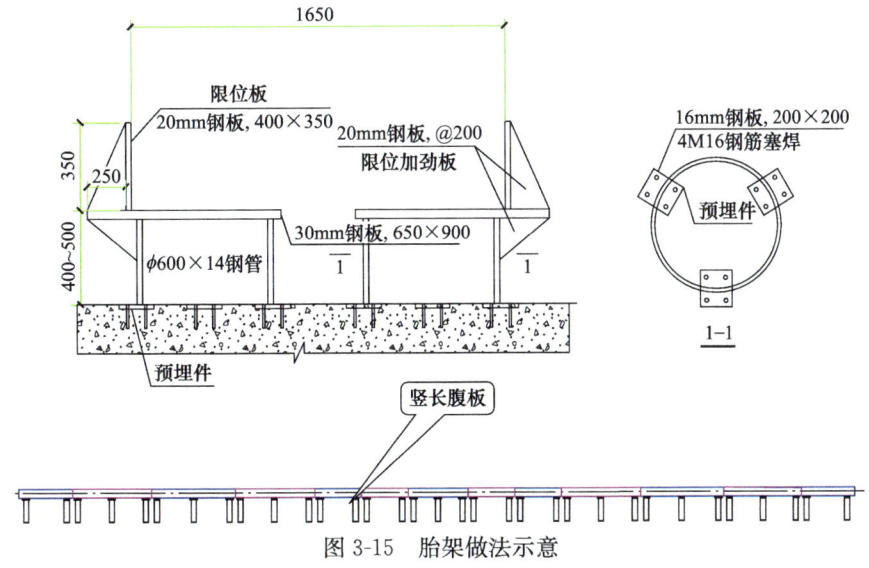

图3-15 胎架做法示意

3. 临时支撑体系

主桁架自身刚度较小,高宽比过大,为防止桁架在拼装过程中产生偏心倾覆,在拼装过程中设置支护导向架能够确保桁架在拼装、提升及合龙过程中主桁架的侧向稳定。经建模模拟计算，支护架在桁架拼装过程中与主桁架连接形成整体，可以抵抗 12 级风荷载。导向、支护架的侧视及轴测图如图 3-16 所示。

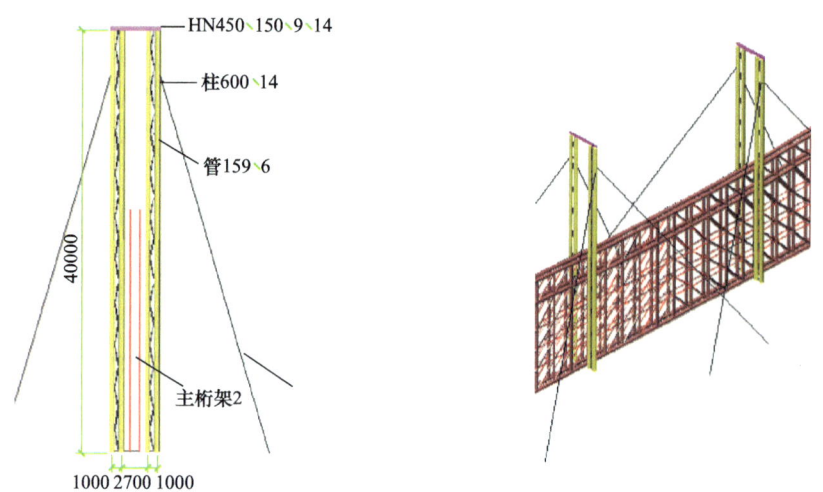

图 3-16 导向、支护架侧视、轴测图

（1）导向、支护架的设置。导向、支护架一组选用 2 个 1.28m×1.28m 格构式标准节，高度 21m，共布置 5 组，能够确保桁架在拼装过程中的侧向稳定，同时在主桁架提升就位后，标准节顶部高于桁架下弦水平主管，可以与桁架下弦主管加固连接，增加桁架本身的受力支点，从而能够确保在桁架合龙过程中和后续屋面次桁架安装过程中主桁架的侧向稳定。

（2）导向构架的设置。桁架提升导向构架一组选用 2 个 1.28m×1.28m 格构式标准节，高度大于提升高度约 2m，共 4 组，地脚与混凝土生根刚接，在拼装过程中，其作用与支护构架相同。

（3）桁架拼装及提升就位后，支护构架侧立面布置如图 3-17 所示。

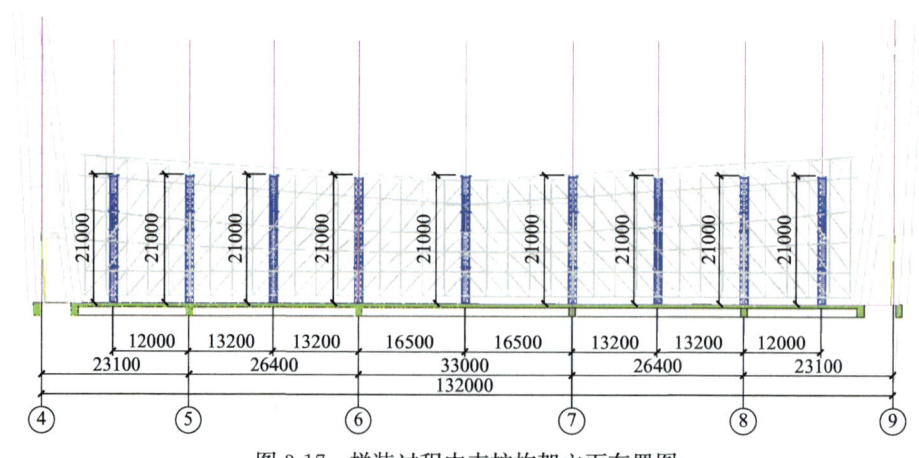

图 3-17 拼装过程中支护构架立面布置图

4. 桁架拼装

（1）下弦杆安装、焊接

将所有下弦杆件在胎架上组拼、对口，从中间向两侧依次安装，安装完成后，调整起拱高度和水平轴线位置，整体调整后分段按顺序增加弦杆接口的约束板，用于定位接口。

为控制焊接变形,焊接下弦主管共分为 4 次焊接:第一次,6 道 A 接口;第二次,2 道 B 接口;第三次,2 道 C 接口,每次焊接前再最后校核整体下弦杆件的起拱度、长度、轴线偏差等数据,调整后焊接约束板;第四次,焊接 2 道 D 接口。如图 3-18 所示。

每段下弦杆件对接接口焊接时,两根下弦杆件的接口必须同时焊接,且两根主管的焊接起点位置、焊接方向应都相对。

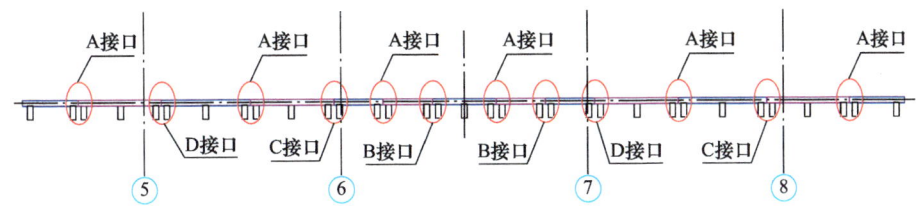

图 3-18　下弦管对接接口焊接顺序示意图

(2) 第 1 段竖向小拼单元安装

① 小拼单元就位。第 1 段小拼单元安装时,首先要在下弦管上测放出小拼单元竖向杆件的十字轴线及贯口外轮廓线(外轮廓线与十字轴线的交点,即外轮廓控制点),吊车吊装时首先对好线位,同时用缆风绳固定,先调节立杆位移,再利用经纬仪通过四方向缆风绳找好小拼单元的垂直度。然后,缆风绳固定,小拼单元与下弦杆点焊。

由于 ZHJ-2 整体拼装时,竖向立杆、斜腹杆及连接横杆之间二次相贯,存在安装和焊接的先后顺序问题,为了减少 ZHJ-2 在原位拼装时的焊接工作量,尽量将能够连接在一起又能够运输吊装的构件组合在一起,拼接成小拼单元。

② 第 1 段竖向小拼单元调整。第 1 段竖向小拼单元安装完毕后,对立杆的位移和垂直度进行调节。先进行小拼单元的位移调整,位移调整到位后再进行垂直度的校正。立杆就位垂直偏差使用缆风绳与倒链进行调节,立杆水平方向使用钢板定位。

③ 第 1 段竖向小拼单元焊接。因桁架第 1 层斜腹杆与下弦主管,立杆间存在二次相贯,因此在安装腹杆前,必须将立杆与下弦主管相贯口焊接完毕,焊接顺序采取节点跳焊、分区焊接的方法,尽可能减少焊接变形(图 3-19)。

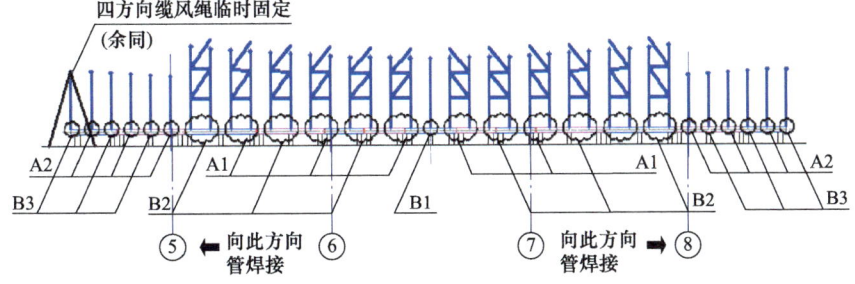

图 3-19　竖向小拼单元与下弦杆焊接顺序示意图

(3) 第 2 段立柱安装

第 1 段小拼单元全部安装焊接完成后,且支护构架安装固定后,开始安装第 2 段立柱,由于立柱、斜腹杆、水平腹杆之间存在二次相贯问题,故所有第 2 段结构无法拼接成小拼单元,需散拼。

(4) 第 3 段上弦小拼单元安装

① 上弦小拼单元安装从中心向两端延伸安装，小拼单元就位后，与下部立杆先点焊连接。

② 中心小拼单元就位后，将支护标准节升至 24m，并与上弦中心段小拼单元连接。

③ 上弦小拼单元精度调节应用千斤顶调节。

④ 上弦小拼单元之间对接接口连接形式采用耳板连接，耳板形式与竖向立柱连接形式相同。上弦小拼单元选择从中间向两边对称安装的顺序，偏差调整都通过临时连接耳板配合撬棍、千斤顶等调整，达到精度要求。因上弦水平拼装单元安装时，需与立柱进行插板连接，且同时小拼单元水平主管对接口处要有内衬管，安装难度特别大。因此，可将对接口处内衬管做成可活动式。

⑤ 上弦小拼单元全部就位后，将小拼单元间的斜腹杆安装上，进行整体的调整。调整完成后，开始对上弦单元连接体进行整体全面焊接。

⑥ 上弦小拼单元焊接。上弦总体焊接顺序：从中间向两端，分段间隔焊接（同一对接节点的所有焊口同时焊接，每段小拼单元两端的节点焊口不得同时焊接）。

具体参照图 3-20：先 A 后 B，先 1 后 2 再 3，最后焊接后插入斜腹杆（同一杆件两端不能同时施焊）。上弦小拼单元焊接过程中，要随时观测整体桁架的变形情况，根据观测数据，采取相应的措施，在桁架焊接过程中进行整体纠偏，防止焊接变形的产生。

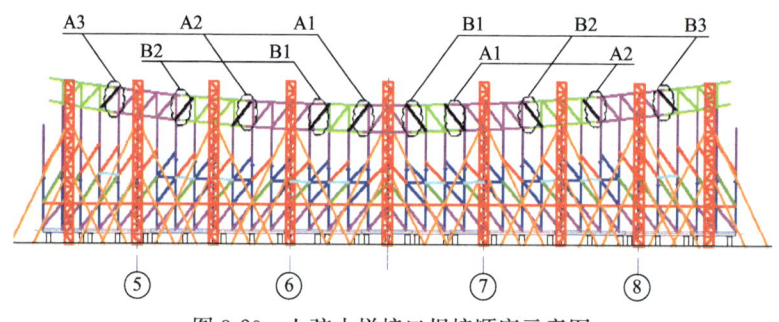

图 3-20 上弦小拼接口焊接顺序示意图

5．提升

(1) 提升点选择

经过对主桁架提升工况多次模拟计算，确定如下提升构造：

① 提升牛腿：选择 ZHJ2 原结构作为提升上锚点的支撑结构（见图 3-21）。

② 提升上锚点：选择桁架上弦水平主管作为提升上锚点，通过转换结构（提升工装梁），将液压千斤顶固定。

③ 提升下锚点：选择第三层水平腹杆作为提升下锚点，通过转换结构（工装梁）固定锚具。

(2) 提升设备选择

提升时，每个提升点选择 2 个 200t 千斤顶和 2 个 100t 千斤顶，提升能力 1200t，提升各点提

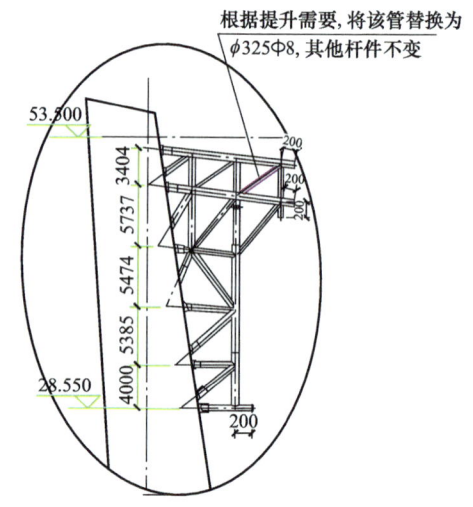

图 3-21 提升牛腿示意图

升反力分别为（185t 和 184t），提升安全储备系数为 1.622。

(3) 预提升

预提升是对整个提升施工系统的实际工作质量状态、理论计算分析准确性的最终检验。试提升采用逐步加载过程，也是对系统内难以检查的结构部分（包括钢结构主体、提升牛腿、提升平台等）的测试，其成功与否直接关系提升施工安全顺利与否，所以试提升阶段检查工作非常重要，是整个提升施工的关键工序。

试提升使桁架脱离拼装胎架，提升 200mm，悬停 12h 对整个提升系统和桁架焊接进行充分检查，细部调整控制参数符合要求后，方可正式提升。

(4) 正式提升

由于桁架本身超长，要求在主桁架提升的过程中，各吊点必须同步。由一台主控计算机控制所有提升油缸的统一动作及各个提升吊点的位置同步，确保各吊点受力均衡。在提升体系中，设定主令提升吊点，其他提升吊点均以主令吊点的位置作为参考来进行调整。主令提升吊点决定整个提升系统的提升速度，通过泵站的流量分配和其他因素来设定提升速度。根据本次提升系统的设计，最大提升速度控制在 4m/h 左右。

为了提高提升系统的安全性，在每个提升吊点都布置了油压传感器，主控计算机可以通过现场实时监测每个提升吊点的载荷变化情况。如有异常突变，计算机将会自动停机，并报警提示。

6. 合龙

为了保证桁架提升就位后顺利对接，提升段与提升牛腿间预留活接口，用以调节构件分段拼接过程中的尺寸偏差，最终保证构件的整体尺寸，确保施工质量，活接口及预留塞杆待桁架校正就位后再安装焊接，见图 3-22。

7. 卸载

钢结构桁架卸载过程是指由提升系统受力向正式结构自身受力逐渐转化的过程，卸载实施的成败直接关系到整体结构的安全，是整个桁架施工质量的最终检验。

(1) 桁架卸载的前提条件：桁架预留的活接口、后塞杆以及相关的焊接工作已全部完成，并按设计要求需超声波探伤的部位检测合格，各项资料齐全验收合格。

(2) 卸载方法：桁架提升点的卸荷采取分级卸载的方法，每次卸荷等级为 25%。

(3) 卸载过程中要实时对主桁架进行变形观测，出现异常要立即停止施工，情况分析后报监理、设计及业主单位，确定方案后，方可继续施工。

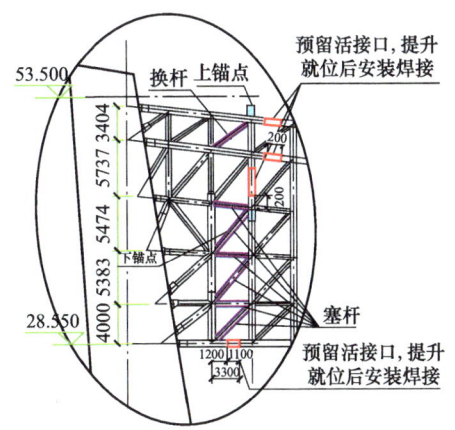

图 3-22 桁架提升就位示意图

(4) 卸载完成后拆除提升设备。

8. 受力、变形监测

(1) 应力应变检测

为了确保主桁架整体提升过程的安全性和可靠性，在试提升和正式提升过程中，通过设置应力、应变监测点,对桁架典型部位杆件进行应力应变监测。主桁架上总共布置了20个测试点,其中桁架上14个,提升牛腿上6个,其中10个点除了应变外还能测量该点温度,由计算机汇总的检测数据,通过与理论分析计算进行比较,达到实时监测的目的,使结构受力在提升过程中始终处于允许范围内,同时给提升过程提供有利的科学依据,保证主桁架提升工作安全顺利进行。

(2)数值分析

通过23号观测点和24号观测点收集的实际数据与理论数据对比、分析可知,ZHJ2实际和理论挠度值均出现在跨中部位,两侧屋面施工完成后达到了最大。从表3-1、表3-2中数据还可以分析出,实际值均小于理论值。

23号测点理论值与实际值　　　　　表3-1

	ZHJ-2提升完成正在对接	ZHJ-2对接完成并且卸载	屋面一6-7轴线完成对接	屋面一7-8轴线完成对接	屋面三8-9轴线完成对接	屋面一及屋面三全部完成
理论值	0	−1.3104	−4.959	−8.2705	−12.7086	−33.5545
实际值	0	−0.4	−0.4	−1.6	−3.4	−11

24号测点理论值与实际值　　　　　表3-2

	ZHJ-2提升完成正在对接	ZHJ-2对接完成并且卸载	屋面一6-7轴线完成对接	屋面一7-8轴线完成对接	屋面三8-9轴线完成对接	屋面一及屋面三全部完成
理论值	0	−1.5073	−5.0313	−8.2912	−12.6783	−33.5838
实际值	0	−0.4	−0.7	−1.5	−3.1	−10.8

3.3.3 质量控制

该工程严格按照表3-3所列规范规定的标准执行。

质量执行标准　　　　　表3-3

序号	标准名称	编号
1	钢结构工程施工质量验收规范	GB 50205—2001
2	建筑钢结构焊接技术规程	JGJ 81—2002
3	气焊、手工电弧焊及气体保护焊焊缝坡口的基本形式与尺寸	GB 985—88

3.3.4 安全措施

(1)电焊工高空作业时,必须系挂好安全带,索与吊钩要连接牢固,防止索空中滑落伤人。潮湿地点作业时,应注意绝缘工作。焊割前应清除焊割区的易燃、易爆物品。

(2)起重机行走时,道路要坚实、平整,严禁长距离运输。起吊重物离地面500mm时停止提升,检查物件的捆扎牢固情况和构件的平直情况。确认无误后,继续吊升。

(3)工作时升钩或吊杆要稳,避免紧急刹车,起重物在高空时,严禁调整刹车。为确保操作者在上下桁架的人身安全,每根桁架安装时都配备了防坠器。人员上下时,将安全带挂在防坠器的挂钩上,避免发生坠落事故。

(4)提升过程中,监测技术人员要坚守岗位,如果发现收集到的数据有异常,要立即通知相关施工人员停止提升,分析出现异常的原因。

3.3.5 结语

本工程严格按照钢结构质量验收规范和设计要求,成功地完成了主桁架平面运输、拼装、提升就位等工作。通过上部牛腿设置吊点、两侧设置格构式导向架、支撑架,解决了超长轻薄巨型管桁架拼装、提升过程中侧向位移问题;通过设置活接头,解决了桁架快速合龙就位问题,为国内类似工程的施工积累了宝贵的经验。同时,厦门北站钢结构屋盖施工过程采用的新工艺、新方法,取得了良好的社会和经济效益,节省了施工成本。

图 3-23 超长巨型钢管桁架安装实景图

3.4 双向不等高正交钢管桁架分块整体提升施工技术

3.4.1 工程概述

厦门北站房屋面采用巨型空间桁架支撑网架结构体系,其中主站房屋面网架部分的下弦,两个方向不在同一标高平面上,屋面设计曲线造型高低处落差达16m,南北向跨度为44m及55m,东西向跨度为132m,如图3-24、图3-25所示。这种不等高桁架结构形式在

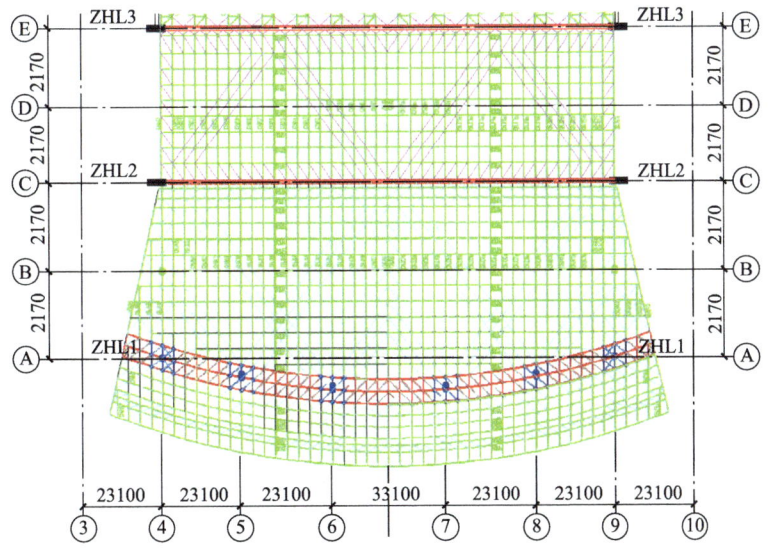

图 3-24 高架候车室上部钢结构屋面平面布置图(1/2区域)

国内首次采用，通过对桁架自身的受力进行研究论证，先后淘汰了高空原位拼装、400t履带吊跨外吊装等方案，最终决定采用计算机液压分块整体提升施工技术。本技术充分考虑双向不等高桁架的受力不均衡性，采用 MIDAS 软件进行分析，对整个屋面进行合理分块，按分块单元采取整体提升就位的施工工艺，方案合理科学。提升吊点设置在屋盖两侧的主桁架上，其中主桁架二自身为超长轻薄大跨度钢管桁架（跨度 132m，高度 23.8m，宽度仅 1m），故施工中既要考虑屋盖自身分块单元的稳定性又要充分考虑提升过程对两侧主桁架的受力影响，合理确定分块单元的提升顺序，将屋盖安装对主桁架二的变形控制在其设计允许的范围内。本技术适用于飞机库、汽车库、铁路站房、大会堂、体育馆、展览馆、影剧院等大跨度、大体量及双向不等高正交钢管桁架屋盖体系，同时也适用于高层超高层超大空间（会议室、展览厅等）钢管桁架结构的钢结构工程。

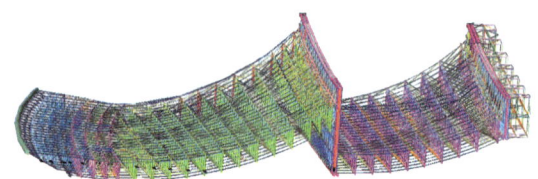

图 3-25　局部模型示意图

3.4.2　工艺流程及操作要点

3.4.2.1　工艺原理

根据结构本身的特点和难点，确定了"场外小拼、场内楼面拼装、整体提升"的总体施工方案。由于屋面不等高桁架的榀数多，采用计算机模拟技术对空间刚度单元进行受力分析，并最终确定提升分块单元的划分及合理的吊装次序。在已吊装就位的主桁架上设置吊装设备，作为屋面体系的提升吊点，安装过程中采用支护格构架与主桁架下弦主管加固连接，增加桁架本身的受力支点，从而确保安装过程中主桁架的侧向稳定。采用计算机液压整体提升技术完成每一个分块单元的同步提升，最终形成完整的屋盖体系。

3.4.2.2　施工工艺流程

工艺流程如图 3-26 所示。

3.4.2.3　操作要点

1. 施工准备

考虑运输问题，在加工厂将所有屋面桁架按竖腹杆（SFG）进行分类做成小段运至施工现场，因种类繁多，为避免二次倒运，杆件进场一定要根据每一榀桁架所需要的杆件配套进场，确保桁架拼装顺利。

（1）检查杆件出厂合格证及各种标记是否齐全，尤其是多面相贯的节点部位在出厂时要在管口用样冲做好管口的上下左右标记，能够大大提高现场拼装人员的效率。

（2）检查各杆件的几何尺寸如长度、圆管的管壁厚度及直径，平直度等。

（3）核对相贯口剖口尺寸及角度是否正确。

第3章 高铁客站钢结构屋盖施工关键技术

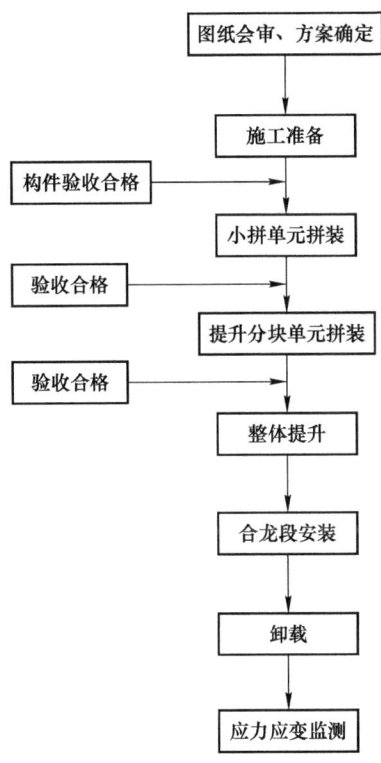

图 3-26 施工工艺流程图

2. 小拼单元拼装

桁架自身跨度较大（44m 及 55m），为便于运输及吊装，将每榀桁架分成三个单元在胎架上部进行卧拼，小拼时将三个单元同时放样、同时拼装，分段点部位采用临时点焊固定，拼装流程为：测量定位→胎架制作→竖腹杆定位→上下弦杆及斜腹杆拼装→焊接→脱胎→对胎架进行复核校正→下一榀桁架的拼装。

（1）测量定位：次桁架单元为弧形，拼装前应根据桁架的尺寸，在拼装平台上放出管桁架主管的外形线及接头处各支管位置的投影线。

（2）胎架的制作：胎架要能够承担桁架自重、拼装桁架荷载及其他施工荷载，要有足够的强度、刚度和稳定性；胎架高度应便于焊接操作，本工程高度设置为 800mm。先将钢管桁架主管吊上胎架，以平台所划出外形线及投影线为基准安放到位，进行弦杆及支管的对接和焊接，每榀胎架设置的同时还要考虑脱胎及运输的方便可行。

（3）拼装：利用汽车吊将每一榀竖腹杆吊装至胎架上，并控制好接口位置，用调节钢板及限位板调节其标高和平面位置后进行点焊固定，然后用同样的办法将上下弦杆吊装至胎架上进行测量定位，最后连接斜腹杆。全部点焊固定后，重新进行复测，满足精度要求后再进行焊接，如图 3-27 所示。

斜腹杆安装前要注意上下弦杆隐蔽焊缝要先进行焊接，由于桁架拼装段长度较长，考虑到焊接收缩对桁架长度的影响，因此每一段的长度应控制在比设计长度长 3～5mm。

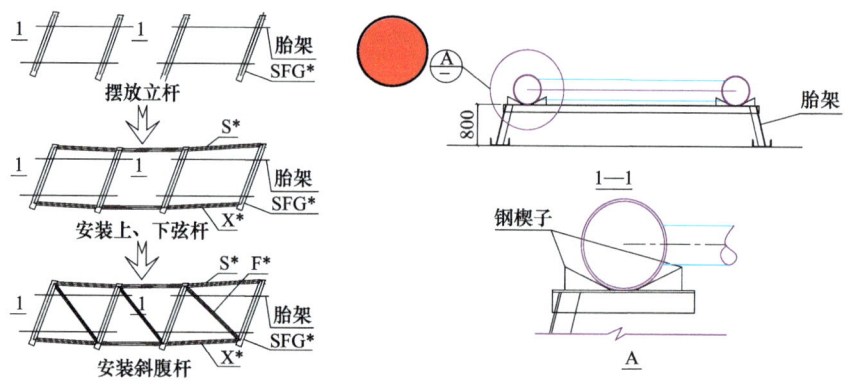

图 3-27 小拼单元拼装

（4）焊接：焊接前根据本工程的施工特点进行焊接工艺评定，并编制详细的作业指导书。拼装单元的焊接由中间向两边对称焊接，焊接顺序如图 3-28 所示，禁止同一根杆件两端同时焊接。

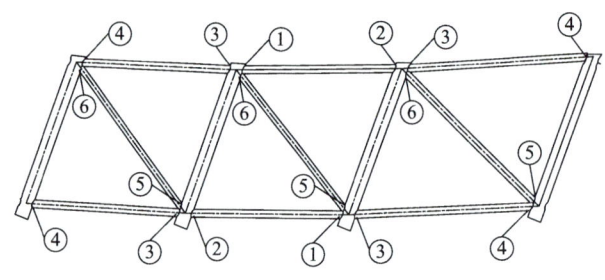

图 3-28 焊接顺序图

（5）脱胎：焊接完成经验收合格后即可将每一片桁架单元进行脱模装车运至现场进行中拼单元的组对，吊离胎架前应对每一个拼装单元对接口部位使用角钢进行临时加固，防止由于运输碰撞及应力收缩造成杆件变形。桁架脱离胎架后要重新进行测量复核校正，方可进行下一榀桁架的组装。

3. 提升分块单元拼装

使用 MIDAS 软件进行模拟分析并综合考虑各分块单元在提升过程中对已安装就位主桁架的影响，达到安全、科学的提升目的，如图 3-29、图 3-30 所示，将屋面一（二）、屋面三（四）各分为 5 个提升分块单元。

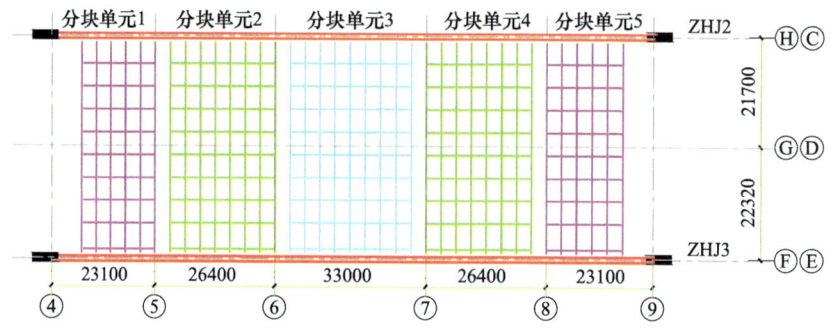

图 3-29 屋面一（二）提升分块单元

第 3 章 高铁客站钢结构屋盖施工关键技术

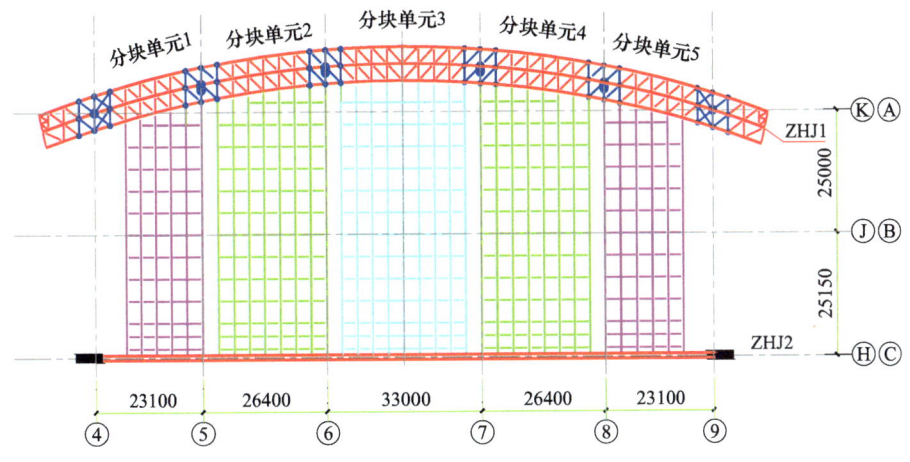

图 3-30 屋面三（四）提升分块单元

（1）每一个提升分块单元按由中间向两侧对称拼装，如图 3-31 所示。

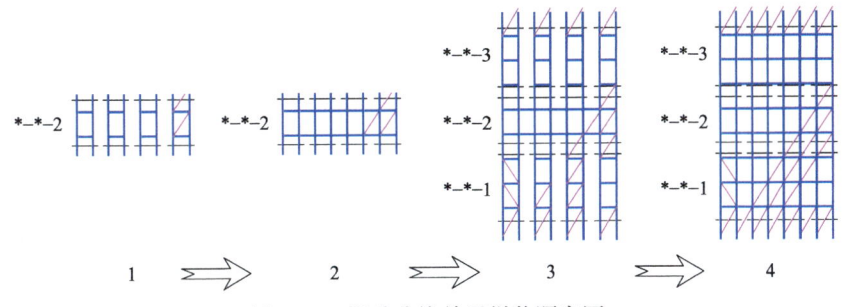

图 3-31 提升分块单元拼装顺序图

（2）由于桁架两端最大高差达到 16m，在顶板上部不便搭设胎架，且高差较大胎架稳定性很难保证。如图 3-32 所示，将桁架调整至一定角度，使桁架两端处于同一平面上，能够很好地进行提升分块单元的拼装。

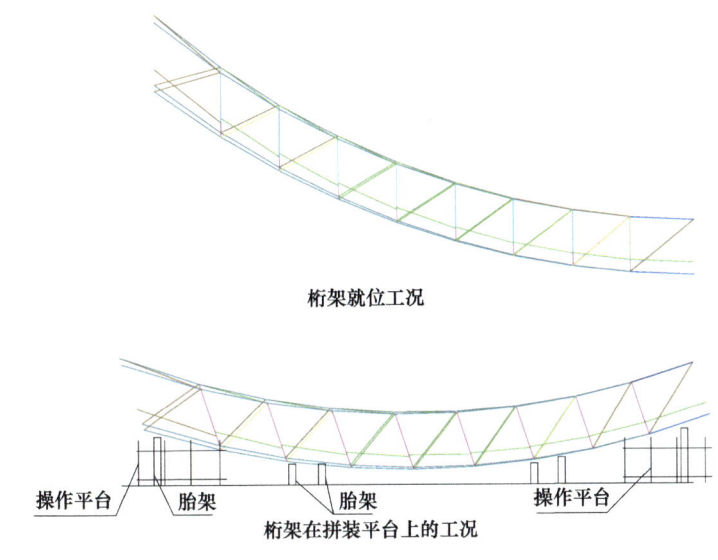

图 3-32 桁架调整角度拼装图

(3) 注意事项：

① 拼装前要严格检查单元构件的长度、曲线度，发现有不合格及变形的杆件要立即进行整改。

② 胎架自身的水平度、垂直度、刚度及稳定性要有保证。

③ 桁架垂直度的控制，可采用调节揽风绳的方法，在未形成稳定刚度单元前在桁架两侧对称拉设 2~4 组揽风绳，揽风绳固定处设手拉葫芦，通过手拉葫芦调节揽风绳的长度，从而达到控制桁架垂直度的目的。

④ 在拼装单元对接部位两侧各 1m 位置处设置支撑胎架，可有效地保证对接口拼装焊接的精度。

⑤ 拼装完毕后，用全站仪及吊线锤检验桁架的起拱度和垂直度。

4. 整体提升

每个桁架单元采用 4 点提升，提升上吊点分别设置在已安装就位的 ZHJ1、ZHJ2 和 ZHJ3 上。

(1) 提升能力计算

每一个提升分块单元重量约为 100t，4 点提升每点吊重为 100/4＝25t，使用 40t 千斤顶提升，利用系数 25/40＝62.5%，满足提升功能要求。

(2) 提升前准备

1) ZHJ2 防变形措施：

为减少屋盖各分块单元在提升过程中对超长轻薄 ZHJ2 侧向稳定性的影响，防止其产生较大的变形，在原 ZHJ2 提升中设置的 9 组 1.28m×1.28m 格构式标准节支护格构架不拆除，将其调整为标准节顶部高于桁架下弦水平主管，与桁架下弦主管加固连接，以此来增加桁架本身的受力支点，进而确保了屋面分块单元在安装过程中主桁架的侧向稳定。如图 3-33 所示。

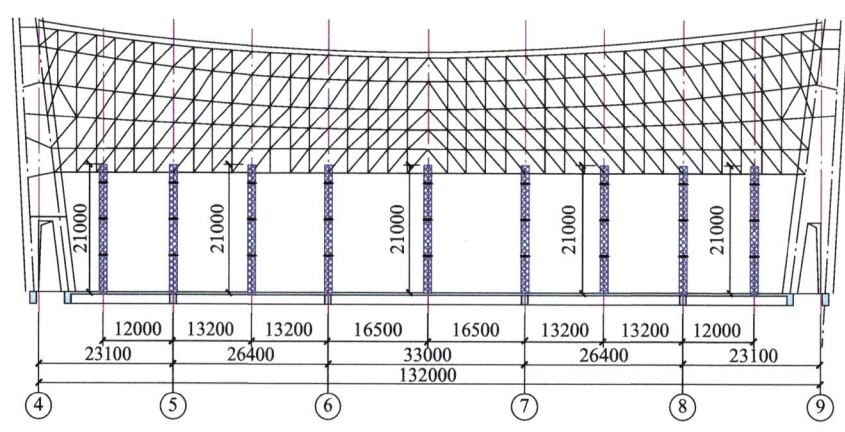

图 3-33 ZHJ2 临时支撑加固图

2) 其他需检查及注意的事项：

① 分块单元所有一、二级焊缝已经经过探伤，并验收合格。

② 分块单元节点补漆工作完成，并通过验收。

③ 主桁架变形已经测量，并在设计及规范的允许偏差范围内。

④ 提升工装已经通过验收，工装附近脚手架操作平台已经搭设完毕。

⑤ 提升单元与所有支架、胎具等的临时固定措施已经取消。

⑥ 联系杆安装用脚手架已经搭设完毕,安全网已经到位和安全绳已设置好。
⑦ 提前做好天气资料收集,确保提升过程中不下雨,风力不大于5级。
(3) 吊点的选择
① 提升点平面布置如图3-34所示(图中1A-﹡、1B-﹡及2A-﹡、2B-﹡点)。

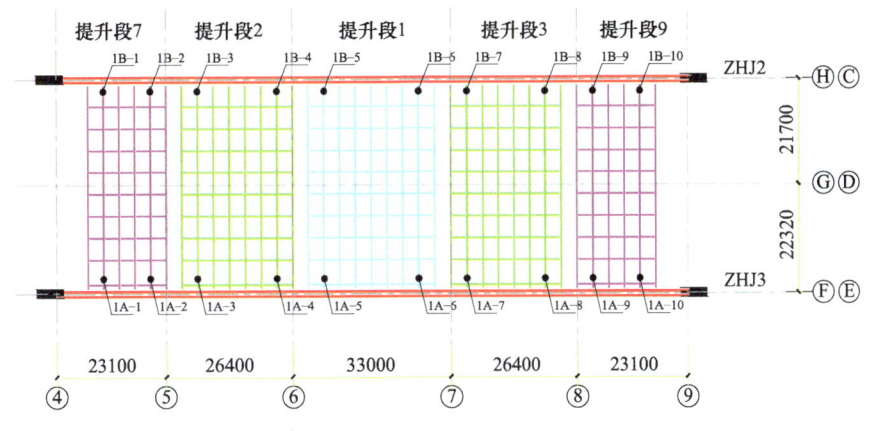

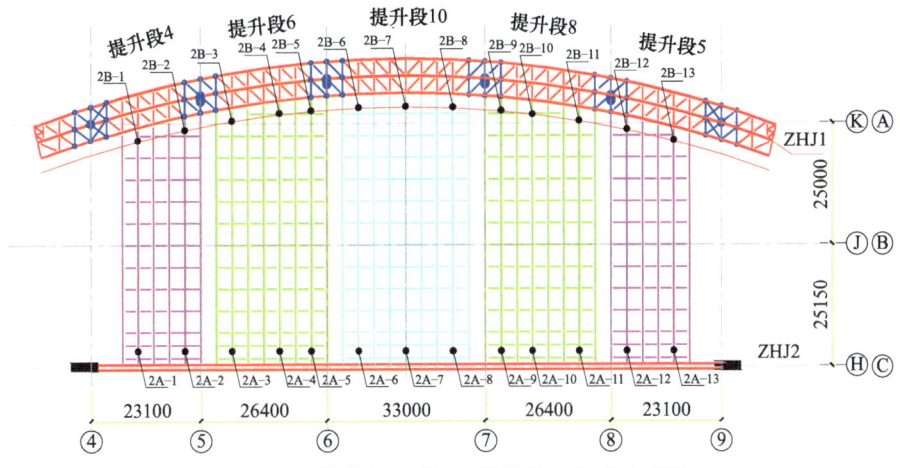

图3-34 提升点布置及各分块单元提升次序图

② 提升点上锚及下锚形式如图3-35、图3-36所示。

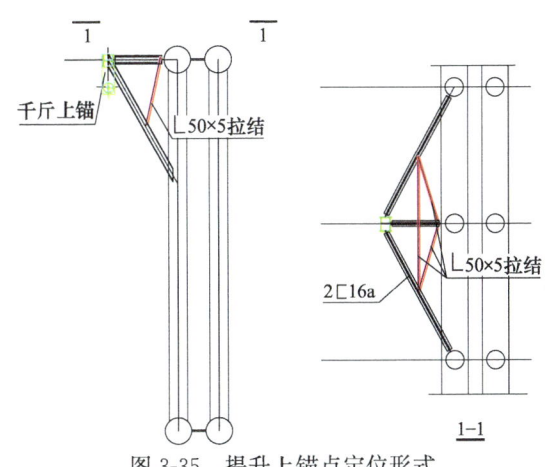

图3-35 提升上锚点定位形式

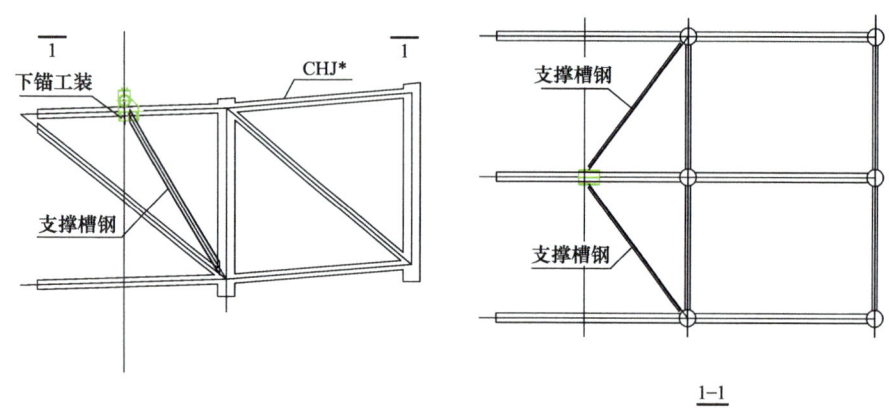

图 3-36 提升下锚点定位形式

(4) 提升次序

根据提升点的布置及提升工装的确定，施工前要对各个提升工况下整个屋盖完成后的受力和变形进行仔细的分析和计算，采用 MIDAS 程序，输入相关参数（上下锚点构造图），建立计算模型，给定荷载值，准确地计算出各个工况下，屋盖及两侧主桁架的受力状态，从而合理确定按每一个提升分块单元提升次序，即：屋面一（二）由中间向两边提升、屋面三（四）由两边向中间提升，按图 3-34 所示从提升段 1 至提升段 10 逐个分块单元吊装。

根据计算结果，整个屋面安装过程中结构最大 x 向位移为 0.45mm，最大 y 向位移为 30.8mm，最大 z 向位移为 -28mm 且所有结构杆件应力比均不超过 0.5。说明结构杆件在按照上述提升工况下是安全可靠的。

(5) 整体提升实施阶段

① 试提升。所有准备工作完成后，认真检查提升系统的工作情况（提升油缸、钢绞线、液压泵站、计算机控制系统等），启动液压泵，使各钢绞线从自由状态下逐步拉紧，适当调高油压，当提升杆基本都受力拉直时，再观察提升工装与钢桁架连接处及钢绞线与千斤顶之间的锚固有无异常情况。

一切正常后，试提升使桁架脱离拼装胎架，提升 300~500mm 高，悬停 12h，如图 3-37 所示，对整个提升系统和钢结构焊缝进行充分检验，查看无异常，方可正式提升。

② 调整桁架角度到达设计角度。因桁架本身为曲线造型，高度相差约 16m，将桁架提升起来后，保持一侧提升停止，缓慢提升另一侧千斤顶，调整桁架高差达到原设计曲段，悬挂钢尺，使用水准仪观测提升高度，使整个桁架处于就位角度，如图 3-38 所示。

③ 正式提升。保持提升速度在 4m/h 左右，将桁架两侧四点千斤顶同步整体提升至预定高度，如图 3-39 所示，考虑到控制系统下降的风险性较大，提升结束位置要稍低于理论标高值，最后采用全站仪进行精确调整至设计标高。

5. 合龙

提升完成精确定位后，结构体系仍处于不利状态，须抓紧时间施工与主桁架相连接的预留杆件，使得提升段与结构主体间能够可靠连接。

图 3-37　试提升阶段　　　　图 3-38　调整桁架角度至设计角度　　　　图 3-39　正式提升

6．卸载

（1）卸载的前提条件：

① 所有与两侧主桁架连接的杆件已全部安装并焊接完成，设计要求需进行 UT（超声波）探伤的部位检测合格。

② 卸载当天风力要求不大于 5 级。

③ 卸载前要用测量仪器对提升单元的稳定性进行监测，确保其在水平和竖直方向没有相对位移反复出现的情况下，可以卸载。

④ 对参与卸载的施工人员进行详细交底，严格按照方案执行，听从现场总指挥统一协调，确保卸载过程在安全有序的条件下进行。

（2）卸载方法：对桁架提升点采取分级卸载的方法，卸载比例为 30%、30%、20%、20%。

（3）每一步的卸载完成后，要用全站仪对两侧的主桁架以及屋面结构受力较大的部位进行变形监测，待监测完毕无大的变形后方可进行下一步的卸载。

（4）卸载完成后拆除液压提升设备。

7．应力及位移监测

为保证屋面不等高桁架在整体提升过程的安全性和可靠性，在提升过程中对其自身结构及两侧提升支撑主桁架的应力和位移采用有限元数值模拟分析。根据钢结构屋面上关键受力部位的应力以及位移监测数据，确定模拟数值与实测值的差异；将模拟数值与实测相结合，对结构安全性作出评估，并跟踪监测在施工各阶段主要受力构件的内力和变形，发现问题及时解决，以保证结构安全。

应力监测系统采用在构件上安装钢弦式传感器进行，本工程高架候车室上部屋面钢结构共布设应力测点 40 个，位移测点 24 个。测点随工程进度在所在桁架提升或吊装前通过焊接安装。

监测过程主要针对结构在提升前后、支撑体系拆除前后，以及后期屋面荷载和温度等变化导致的结构杆件内力和变形的变化而进行。监控数据为提升动作指令的发出提供了强有力、科学、有效的依据。图 3-40 所示为其中一个监控点在某一施工工况下的应力曲线监控数据值。

3.4.3　质量控制

该工程严格按照表 3-4 所列规范规定的标准执行。桁架结构允许偏差及提升轴线控制偏差见表 3-5、表 3-6。

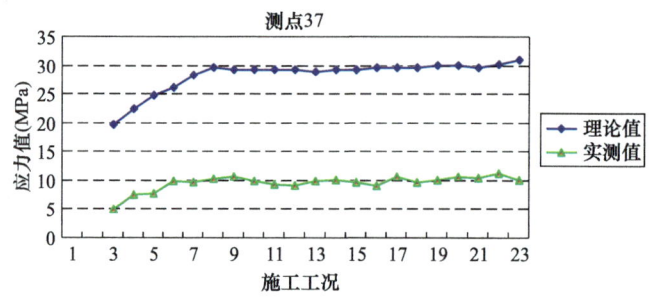

图 3-40 整体提升过程中某一个监控点的应力曲线变化模型

质量执行标准 表 3-4

序号	项目	执行标准
1	钢结构工程施工质量验收规范	GB 50205—2001
2	建筑钢结构焊接技术规程	JGJ 81—2002
3	气焊、手工电弧焊及气体保护焊焊缝坡口的基本形式与尺寸	GB 985—1988
4	钢结构设计规范	GB 50017—2003
5	建筑施工高处作业安全技术规范	JGJ 80—91
6	施工现场临时用电安全技术规范	JGJ 46—2005
7	钢焊缝手工超声波探伤方法和探伤结果分级	GB 11345—1989
8	工程测量规范	GB 50026—2007

桁架结构允许偏差 表 3-5

序号	项目	允许偏差（mm）	序号	项目	允许偏差（mm）
1	拼装单元总长	±5.0	5	上弦顶面标高	±15.0
2	拼装单元弯曲失高（1 弦长）	1/1500，15.0	6	拼装单元节点处杆件偏移	4.0
3	对口错边	$t/10$，3.0	7	节点处杆件轴线错位	5.0
4	剖口间隙	+2.0，−1.0	8	桁架跨中高度	±10.0

提升轴线控制偏差 表 3-6

序号	项目	允许偏差（mm）
1	油压千斤顶安装轴线偏差	≤5
2	桁架上弦提升固定锚尺寸偏差	≤5
3	提升瞬间调整偏差	≤3
4	控制轴线综合偏差	≤5

3.4.4 安全措施

（1）进入施工现场所有施工人员必须戴好安全帽，高空作业必须系好安全带、穿防滑鞋。特殊工种（如起重工、电焊工、电工、架子工、信号工等）必须持证上岗，严格执行本工种安全操作规程。

（2）起重设备的行驶道路必须坚实可靠，严禁超载吊装及歪拉斜吊。

（3）施工前应对吊装用机械设备、吊具、索具等进行检查，凡不符合安全规定的，严禁使用。

(4) 高空作业人员使用的工具及安装用的零部件,应放入随身佩戴的工具袋内,严禁在空中抛掷。

(5) 焊接作业要有动火证、设置接火盆,作业区域下方要将可燃物清理干净并配置看火人及一定数量的灭火装置。

(6) 吊装作业范围内应设置警戒线,树立明显的警示标识,非工作人员严禁入内。

(7) 所有设备在提升前均要进行保养、检查,千斤顶要经过保养清洗并经压力试验方可使用。

(8) 提升用钢绞线在使用前要进行细致的检查鉴定,有无断丝和电焊损伤情况。

(9) 施工现场临时用电采用"三级配电、二级保护",实行"一箱、一机、一闸、一漏电保护"。

(10) 施工过程中应避免交叉作业,当无条件避开交叉作业时,不得在垂直方向上操作,下层作业的位置必须处于上层可能坠落的范围之外。

(11) 在各个提升千斤顶周围用架子管搭好平台并配好护栏、防护网及生命线等,以保证施工人员的操作安全和方便。

(12) 加强对施工人员的安全教育和培训,并编制详细的安全应急预案。

3.4.5 结语

本工程采用分块整体提升技术,成功地解决了大跨度不等高正交钢屋盖体系安装就位的难题,使本工程无论在经济效益、社会效益、环保节能,还是在技术水平、工程进度等方面都取得了明显效果,为今后施工类似工程提供了成功范例和宝贵经验。

3.5 大型屋盖钢结构累积提升施工技术

3.5.1 工程概述

合肥铁路枢纽南环线合肥南站工程,总建筑面积9.92万m^2。屋盖采用双向正交正放桁架结构,平面投影为矩形,最高点37.2m,最低点32.2m。屋盖桁架南北长389.3m,东西长201.0m,东西向悬挑27.5m,南北向悬挑24.5m,桁架结构总重约1万t。基本柱网横向为三跨,跨度为40m+66m+40m,纵向最大柱距为53.100m。桁架结构杆件全部采用无缝钢管,材质Q345B,节点采用焊接球和相贯节点,支座采用球型铰支座。主站房剖面图见图3-41,桁架轴视图见图3-42。站房9.850m标高为候车层,四角10-12/A-G轴、10-12/P-Y轴、17-19/A-G轴、17-19/A-G轴17.400m标高为商业夹层,13-16/T-X轴±0.000标高为北广厅,结构平面示意图见图3-43。根据结构特点及工期要求,混凝土结构施工分四个区进行,主抓D轴线及1号、2号正线桥两侧轨道层,保证D轴如期移交运梁车通行和正线桥铺轨。根据本工程结构特点,选取了整体累积提升的施工方法。屋盖桁架提升可分5个区分块整体累积提升:一、三分区在9.850m标高楼面支设拼装胎架拼装,一次性提升;二、四、五区17.400m夹层桁架与9.850m桁架在楼面分别拼装,拼装完成后,通过计算机控制液压同步提升技术,先将9.850m拼装桁架提升至与17.400m商业夹层桁架合龙,合龙完成后,再整体提升至设计标高的二次提升施工方法。

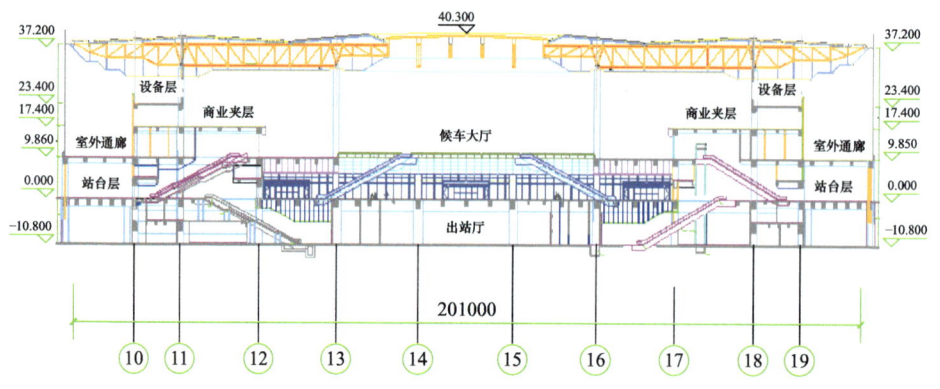

图 3-41 主站房剖面图

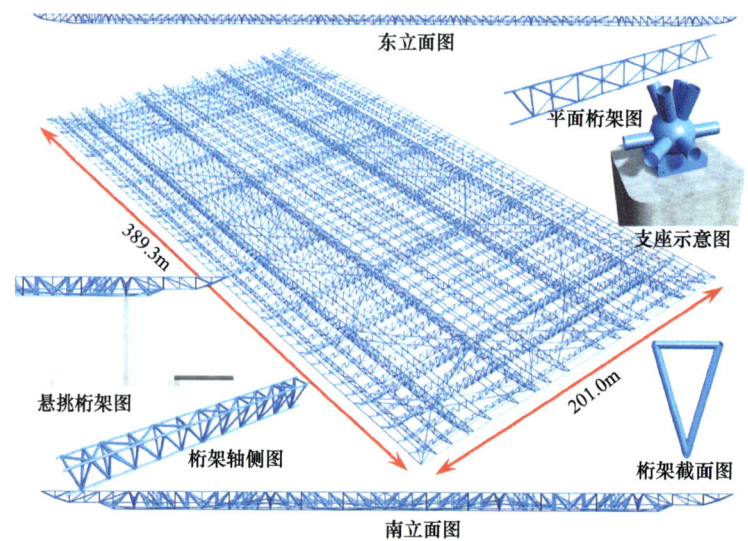

图 3-42 桁架轴视图

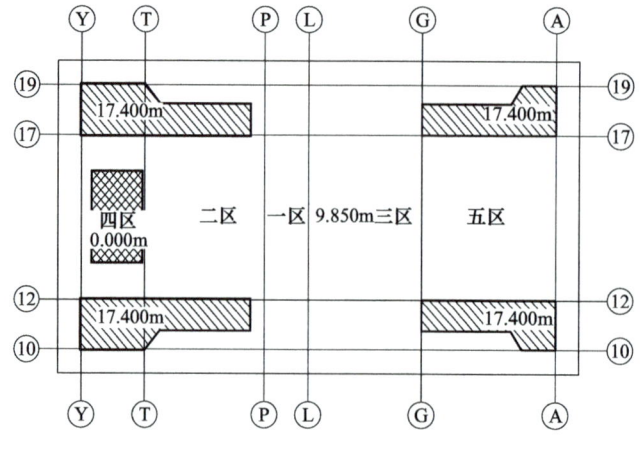

图 3-43 结构平面示意图

3.5.2 工艺流程及操作要点

3.5.2.1 液压提升系统配置

液压提升系统主要由液压提升器、泵源系统、传感检测及计算机同步控制系统组成。

(1) 液压提升器配置

提升桁架总重约 2540t，R、T 轴共设置 8 个提升架，R 轴每提升架安装 4 液压提升器，T 轴每提升架安装 2 液压提升器，P 轴每提升梁安装 1 液压提升器，共 28 提升吊点，每吊点配置 1 台 TJJ-1400 型液压提升器，共计 28 台液压提升器，工程配置提升器总提升能力为 140×28＝3920t，裕度系数为 3920/2540＝1.54。"液压同步提升技术"采用液压提升器作为提升机具，柔性钢绞线作为承重索具。液压提升器两端的楔型锚具具有单向自锁作用。当锚具工作（紧）时，会自动锁紧钢绞线；锚具不工作（松）时，放开钢绞线，钢绞线可上下活动。液压提升过程见图 3-44，一个流程为液压提升器一个行程，每一行程 200mm 需要 10min 时间。当液压提升器周期重复动作时，被提升重物则一步步向上移动。

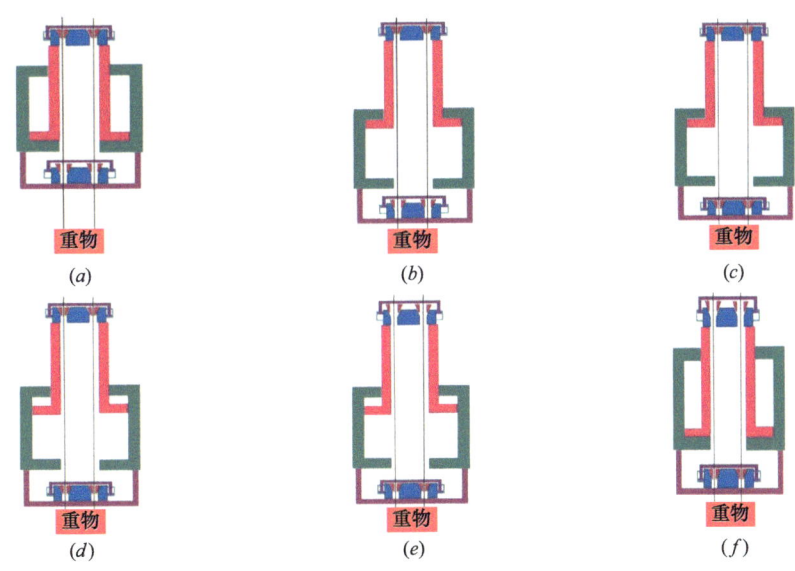

图 3-44 液压提升过程图

(a) 第 1 步：下锚松，上锚紧，夹紧钢绞线；(b) 第 2 步：提升器同步提升重物；(c) 第 3 步：下锚紧，夹紧钢绞线；(d) 第 4 步：主油缸微缩，上锚片脱开；(e) 第 5 步：上锚具上升，上锚全松；(f) 第 6 步：主油缸非同步缩回原位

(2) 液压泵源系统配置

液压泵源系统数量依照提升器数量选取，整体提升桁架结构时，共计配置 4 台 TJV-30 型和 2 台 TJV-60 型液压泵源系统，第一次提升泵站布置示意图见图 3-45，第二次提升泵站布置示意图见图 3-46。

(3) 同步控制系统配置

本方案依据提升器及泵源系统，配置一套 YT-1 型计算机同步控制及传感检测系统。

(4) 承重钢绞线配置

根据桁架结构重量、单吊点提升反力及液压提升器配置，TJJ-1400 型液压提升器选取直径为15.24mm，破断力为26.3t/根的钢绞线。桁架结构提升时，单吊点提升反力小于987kN的26台TJJ-1400型液压提升器内每台安装12根钢绞线，单吊点超过987kN的2台TJJ-1400型液压提升器内每台安装15根钢绞线，则单根钢绞线的平均工作荷载为26.3×12/(98.7×1.4)＝2.3，满足提升要求。

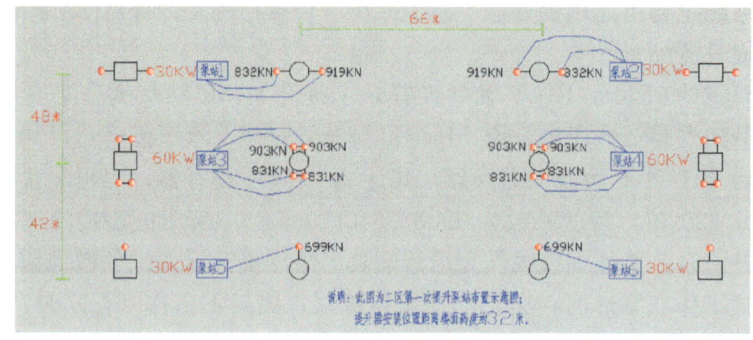

图3-45 第一次提升泵站布置示意图

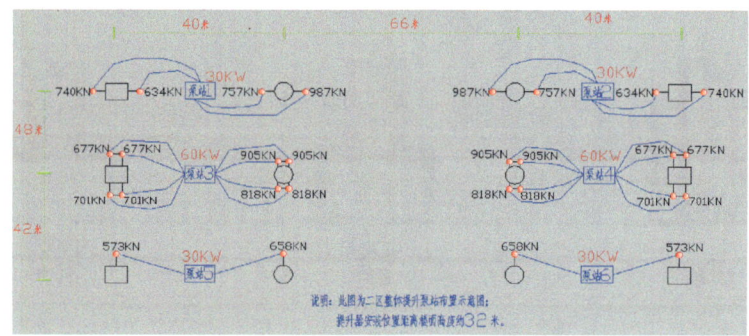

图3-46 第二次提升泵站布置示意图

3.5.2.2 提升支撑点及下锚点设置

（1）提升支架和提升梁（上吊点）的设置

本工程二区提升支架和提升梁分别设置在钢骨混凝土柱顶和一区结构桁架上，钢骨混凝土柱上方提升支架通过与柱顶预埋牛腿焊接固定，一区桁架上方提升梁通过外伸牛腿的连接方式与桁架结构固定，柱顶预埋牛腿见图3-47。

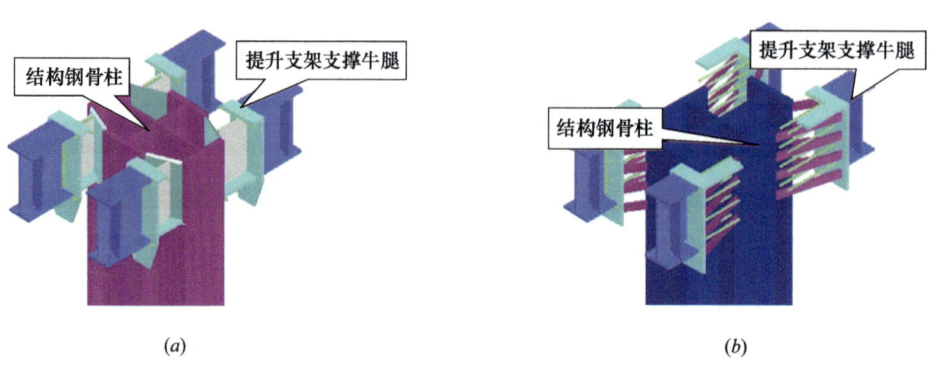

图3-47 柱顶预埋牛腿

(2) 提升上吊点的设置

提升上吊点设置大致如下：P 轴 4 根柱上方桁架结构处各设置 1 提升单吊点，吊点为悬挑形式，此类型的吊点 4 个；R 轴和 T 轴 8 根柱顶各吊设置 1 提升支架，各提升支架形式相同，共 8 提升支架，其中 R 轴每提升支架设置 4 提升上吊点，有 16 个此类型的提升上吊点；T 轴线每提升支架设置 2 提升上吊点，有 8 个此类型的提升吊点。此区共设置 28 提升吊点。第二次整体提升反力图见图 3-48，第一次整体提升反力图见图 3-49，提升架与提升设备安装示意图见图 3-50~图 3-52。

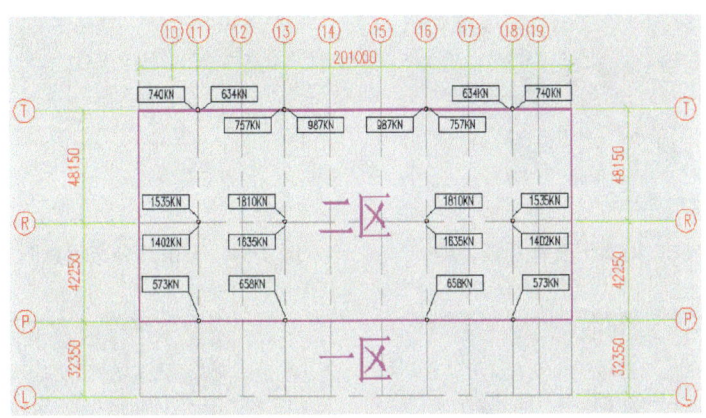

图 3-48　第二次整体提升反力图

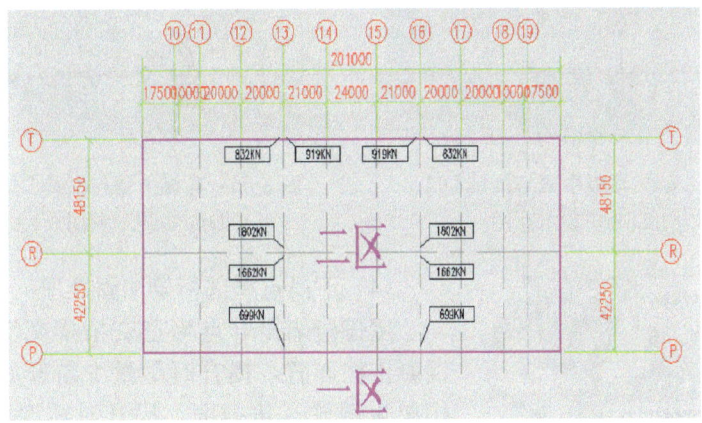

图 3-49　第一次整体提升反力图

 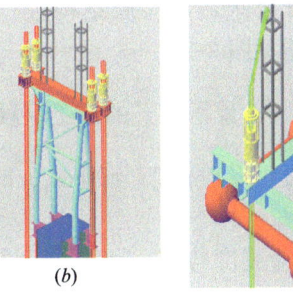 

图 3-50　提升架与提升设备安装示意图
（a）T 轴；（b）R 轴

图 3-51　P 轴提升梁示意图

图 3-52　提升架与牛腿示意图

(3) 提升吊具（下吊点）的设置

本工程提升下吊点分别垂直对应每一上吊点待提升桁架下弦杆上。下吊具通过销轴连接下弦杆耳板牛腿。销轴采用 $\phi60$、$\phi100$、$\phi120$ 三种规格，材质 40Cr。桁架下弦杆耳板牛腿见图 3-53，下吊具分布示意图见图 3-54，耳板牛腿与吊具安装示意图见图 3-55、图 3-56。

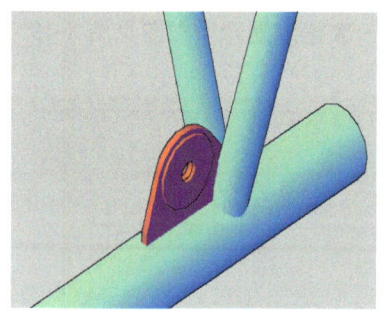

图 3-53 桁架下弦杆耳板牛腿

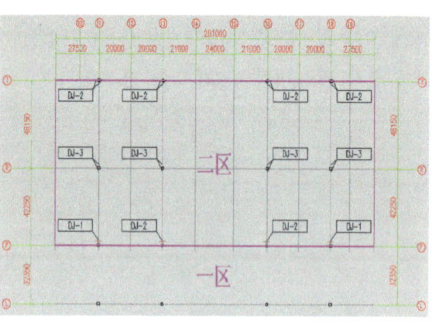

图 3-54 下吊具分布示意图

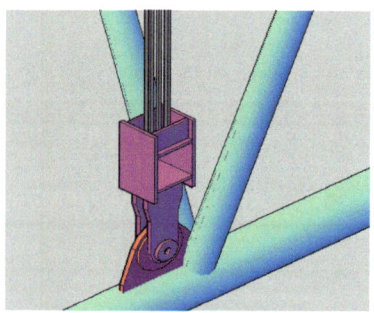

图 3-55 耳板牛腿与吊具 DJ1、DJ2 安装示意图

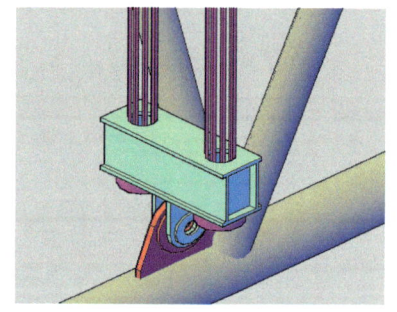

图 3-56 耳板牛腿与吊具 DJ3、DJ4 安装示意图

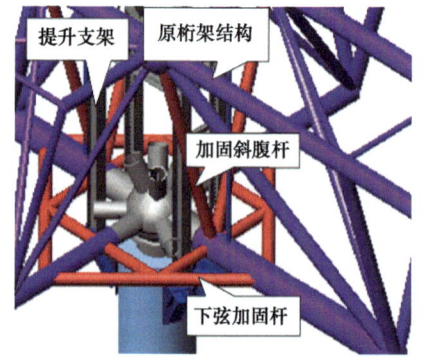

图 3-57 桁架加固杆件示意图

(4) 下吊点局部桁架加固处理

屋盖桁架提升点为正交桁架交汇点，根据钢骨混凝土柱布置，提升时尽量少断开原有结构。由于桁架为倒放三角截面，提升时需要将下弦杆断开，为保证结构连续和完整性，使各杆件能满足提升工况设计要求，需对原结构进行加固，桁架加固杆件示意图见图 3-57。

3.5.2.3 累积提升的施工流程

(1) 屋盖桁架分别在 9.850m 和 17.400m 楼面拼装完毕，提升架及提升工装设备安装就位。

(2) 将 9.850m 楼面拼装桁架提升至相应高度与 17.400m 楼面拼装桁架合龙，合龙完成后将整体试提 200mm 高度，拆除支撑胎架。

(3) 试提无问题，将屋盖桁架整体提升至 31.750m 设计标高，见图 3-58～图 3-60。

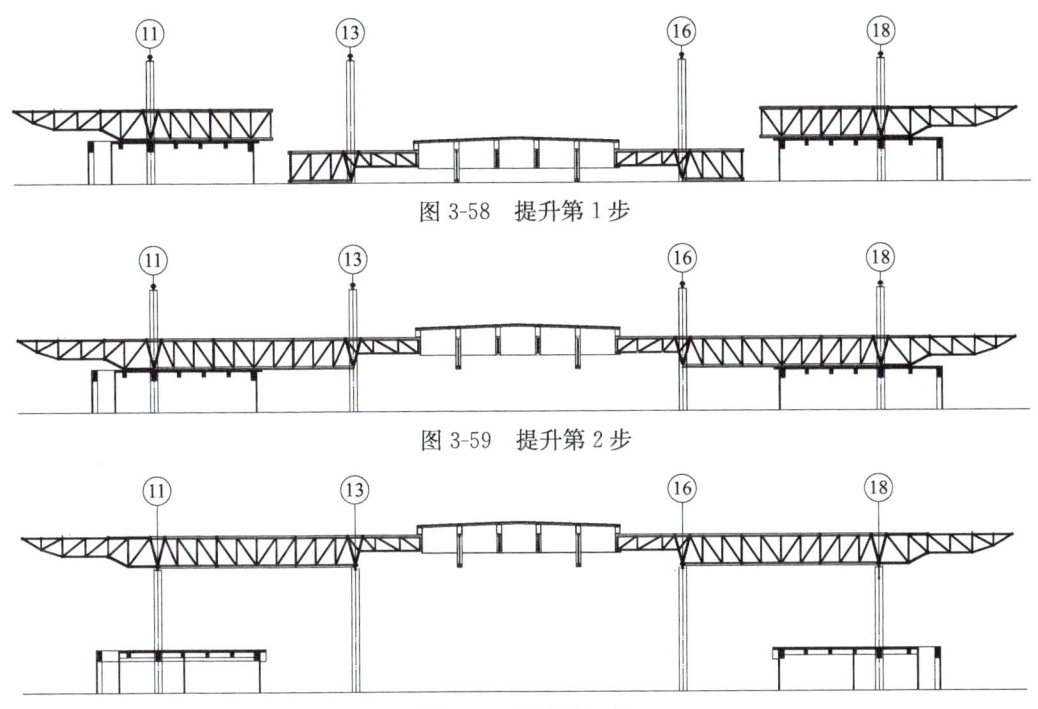

图 3-58 提升第 1 步

图 3-59 提升第 2 步

图 3-60 提升第 3 步

3.5.2.4 分级卸载就位

卸载条件：提升就位后，弦杆对接完毕，腹杆补装完毕，并且焊接探伤完毕，准备卸载。

卸载方式：采用提升器分级下降卸载，卸载共分 5 级，依次为 20%，40%，60%，80%，在确认各部分无异常情况下，可继续卸载至 100%，直至提升器钢绞线松弛，不再受力。屋盖桁架结构自重荷载完全转移到柱顶支座上，结构受力形式转化为设计工况。

3.5.3 提升质量控制

3.5.3.1 提升同步控制策略

（1）保证泵站同一电机各个吊点受载均匀。

（2）保证提升结构空中稳定，各个吊点保持同步。

（3）提升不同步限值：提升不同步力控制限制 15%，不同油泵之间不同步位移限值 50mm。

根据以上要求，制定控制策略如图 3-61 所示。

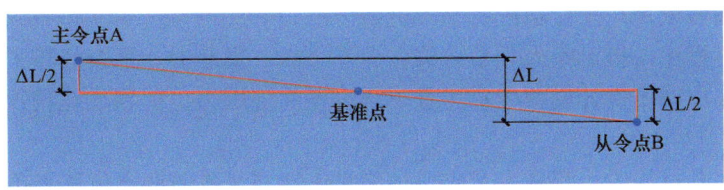

图 3-61 同步控制策略控制示意图

3.5.3.2 提升过程中的稳定性控制

（1）液压提升稳定性：通过调节系统压力和流量，控制起动加速度和制动加速度。

（2）屋盖桁架自身稳定性控制：通过对整体提升过程各种工况分析，对结构变形、应力状态，通过加设临时支撑，临时改变永久结构受力体系，保证提升过程中稳定性和安全。

（3）液压提升力的控制：通过预先分析算得整体提升过程中各吊点提升反力数值，在液压同步提升系统中，对每台液压提升器最大提升力进行相应设定。

（4）空中停留的稳定性控制：提升过程中，液压提升器自身独有的机械和液压自锁装置，保证了屋盖桁架单元在整体提升过程中能够长时间在空中停留。

3.5.3.3 提升合龙精度控制

累积提升容易出现问题是结构合龙次数增加造成合龙精度不易保证，特别是被提升结构下挠，因此每次合龙应有针对性方案。

（1）进行施工工况模拟计算，根据计算结果在结构拼装时进行挠度反变形。

（2）通过施工模拟，根据计算结果进行预偏移，从源头保证对接精度。提升至设计标高，弦杆与铸钢件牛腿对接时，设置千斤顶微调，保证对口质量，见图3-62、图3-63。

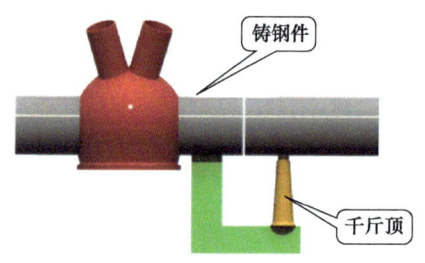 

图3-62 杆与铸钢件牛腿千斤顶微调　　图3-63 提升标高刻度线

桁架提升合龙点安装精度允许偏差见表3-7。

提升合龙点允许偏差　　　　　　表3-7

序号	部位	项目	允许偏差（mm）
1	桁架	合龙点标高	±15.0
2		合龙点位移	±15.0

3.5.3.4 提升安全要求

（1）提供钢绞线出厂合格及检测报告；压力表检测合格证；累积提升设备进厂报验单；液压设备实验记录；千斤顶说明书等资料。

（2）提升过程中，指定专人观察地锚、上下吊点、提升器、钢绞线等工作情况。

（3）整体液压同步提升过程中，注意观测设备系统压力、荷载变化情况等，并认真做好记录工作。

（4）液压提升过程中，测量人员应通过测量仪器测量各监测点位移准确数值。

（5）使用钢绞线前，要仔细检查有无断丝和电焊损伤情况。

(6) 禁止在风速五级以上进行提升或下降工作。

3.5.4 结语

通过对累积提升工况模拟计算分析和全过程实时监测，累积提升点布置合理，累积提升技术安全经济，既缩短了工期，又节省了施工成本，同时保证了工程质量。

(1) 通过将局部拼装与提升工艺有机结合、形成整体结构，最终完成桁架整体提升，解决了大跨度、大面积空间桁架不同标高拼装问题，简化地面拼装工序，降低施工成本，提高施工工效。

(2) 做到一套液压同步提升系统，提升过程中可以多次不同组合使用，提高经济效益，为类似工程施工提供了借鉴。

3.6 大型铁路站房叠级钢屋架整体提升施工技术

3.6.1 工程概述

新建贵阳至广州铁路贵阳北站站房工程，站房屋面采用正放四角椎焊接球网架与钢桁架组合结构，屋面钢结构的投影面积为67121m^2（其中东、西站房17330m^2，高架通廊49791m^2），总重量为5476.4t。网架全部采用焊接球节点，桁架采用管-管相贯节点形式。整个钢屋架结构支撑于6轴、14轴、17轴、23轴的四排钢管柱（$\phi1500\times40$内注混凝土）及东、西站房的10根混凝土柱顶上，网架与柱顶相贯连接。屋面网架结构二级屋面的檐口标高为27.773m；一级屋面檐口标高为32.814m；中间屋脊标高为32.833m。其中高架通廊站房钢网架采用整体提升的施工方法。即高架站房一级屋面网架和高架站房二级屋面网架分两次提升，通过计算机控制液压同步提升技术，先提升高架站房一级屋面至二级网架合龙位置，与二级网架合龙，然后再累积提升大屋盖网架。本技术适用于现场无法形成滑移轨道且吊装场地无法承受大型吊装设备集中荷载的大跨度超重钢网架结构工程的施工。

3.6.2 施工工艺流程及操作要点

3.6.2.1 工艺原理

通过建模计算原设计钢网架的受力工况及提升钢结构的受力工况，分析钢结构提升与设计的受力工况，进行部分杆件的替换。本工程网架采取液压同步累积提升技术进行提升。液压同步累积提升系统由集群油缸系统、泵站系统、钢绞线承重系统、传感器检测系统和计算机控制系统五部分组成。液压同步累积提升技术通过对油缸动作同步控制及油缸伸缸速度同步控制来实现整个结构的同步提升。本工程选用的液压提升器的型号为YS-SJ-180型和YS-SJ-405型，其额定提升重量分别为180t、405t。钢绞线作为柔性承重索具，采用高强度低松弛预应力钢绞线，抗拉强度为1860MPa，单根直径为17.80mm，破断拉力不小于36t。

3.6.2.2 施工工艺流程

工艺流程如图3-64所示。

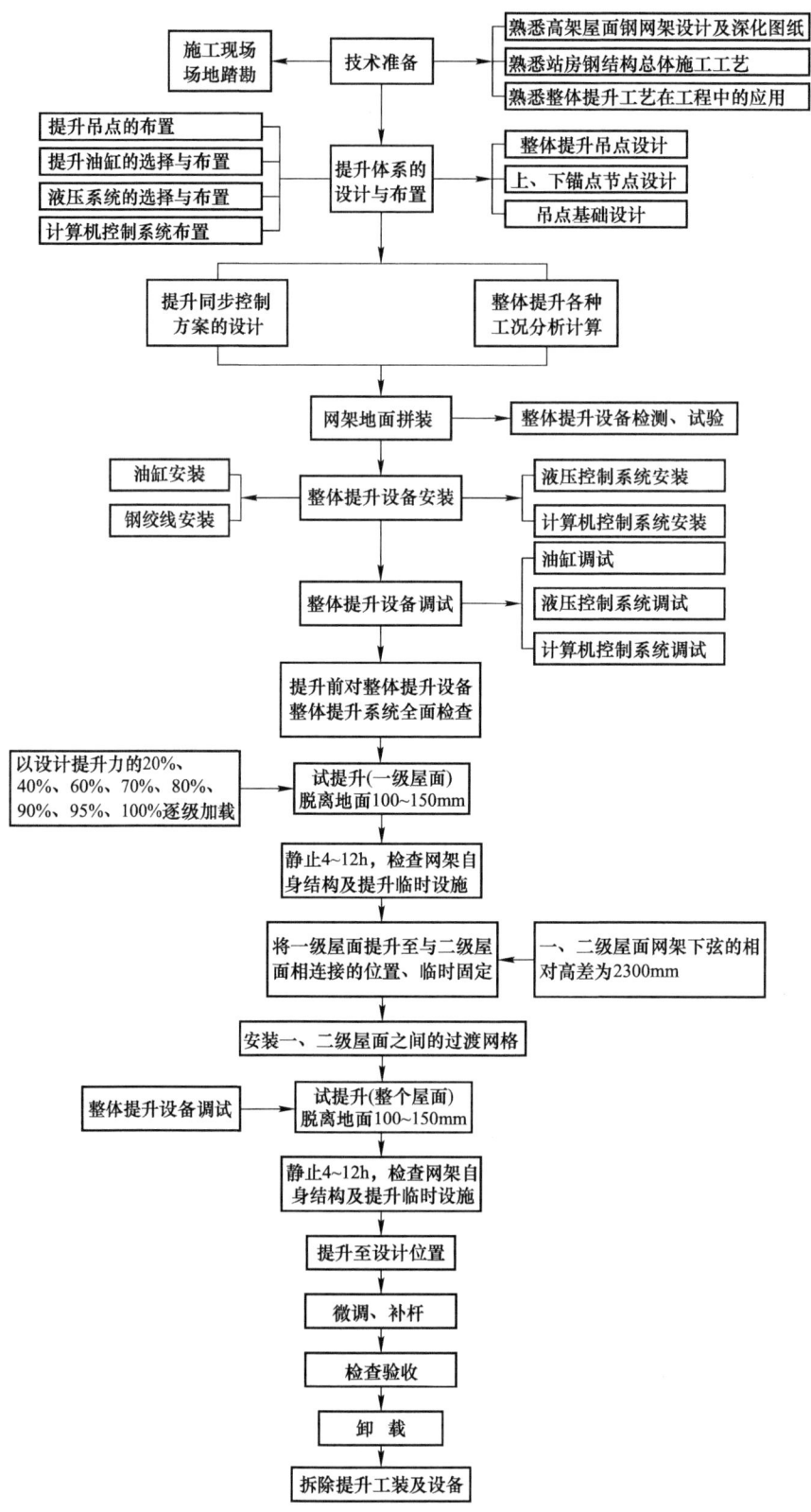

图 3-64 累积提升施工工艺流程图

3.6.2.3 操作要点

根据本工程网架布置的特点（整个高架站房网架由 M 轴-3/M 轴、1/J 轴-K 轴处的两条伸缩缝分割为相互独立的三个部分），在网架提升时，分为三个区单独提升，分别为提升一区（WJ7-WJ8）、提升二区（WJ9-WJ12）、提升三区（WJ13-WJ116）。如图 3-65 所示。

根据本工程的施工整体部署，网架的提升顺序为：提升一区→提升三区→提升二区。

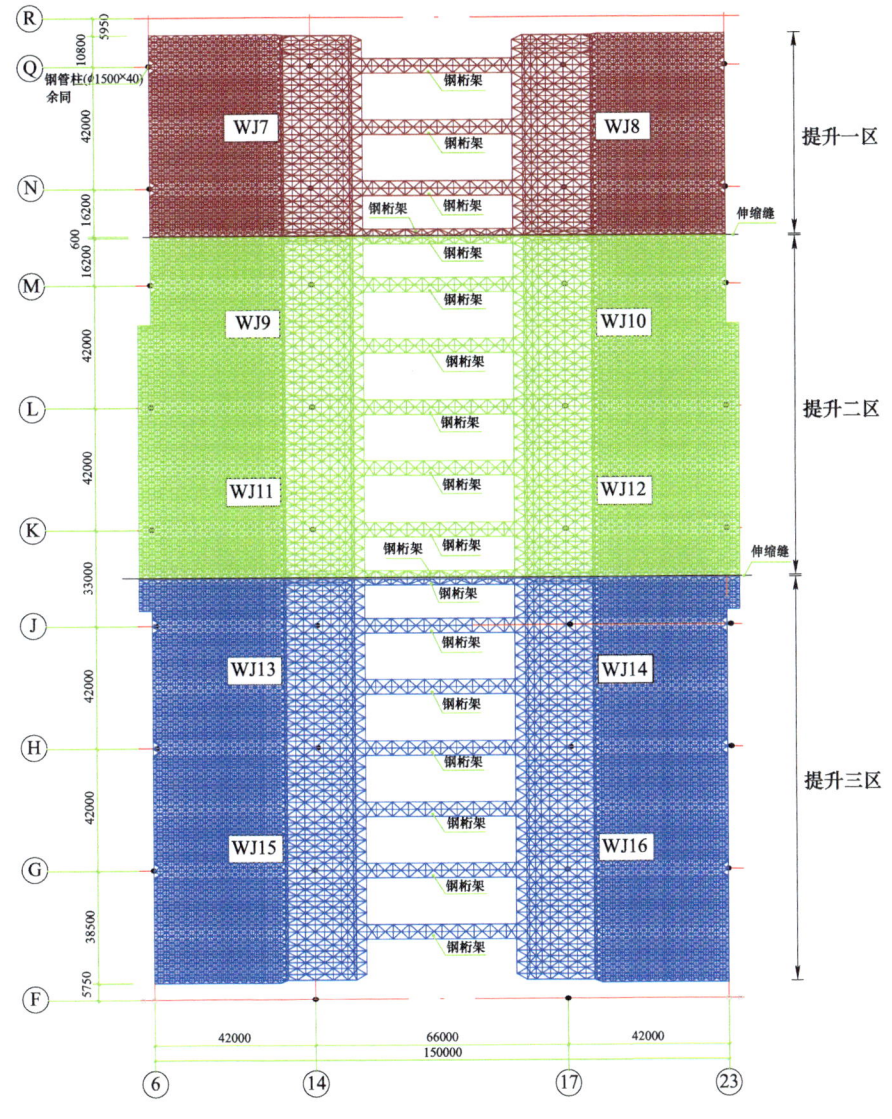

图 3-65 提升区域划分示意图

1. 提升体系布置

（1）提升点、千斤顶的选择与布置

经计算，三区共设 36 对吊点（一个上吊点对应一个下吊点；其中包括提升三区四个临时支架），使用千斤顶 36 台，提升点布置在 6 轴、14 轴、17 轴、23 轴；405t 千斤顶 12 台，180t 千斤顶 24 台，千斤顶布置于钢管混凝土柱顶。累积提升点布置如图 3-66～图 3-68 所示。

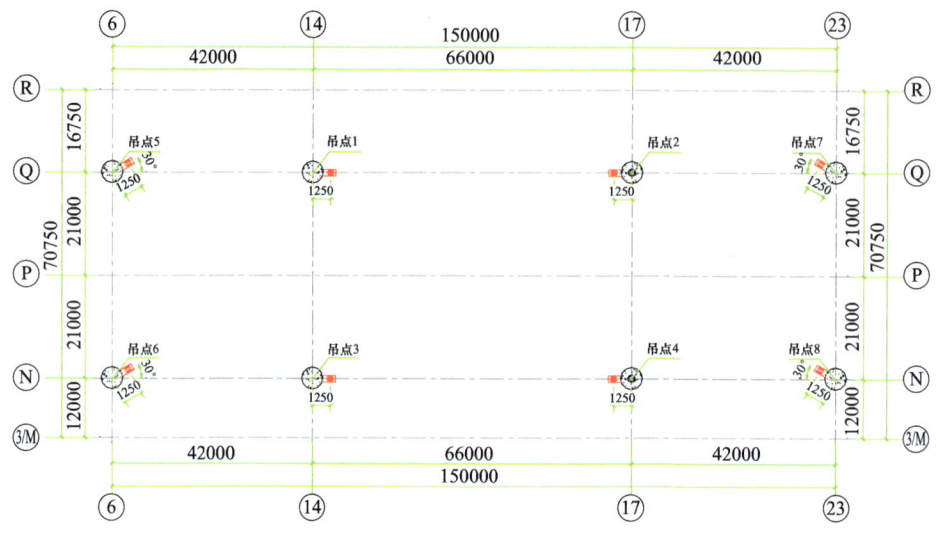

图 3-66 提升一区吊点布置图

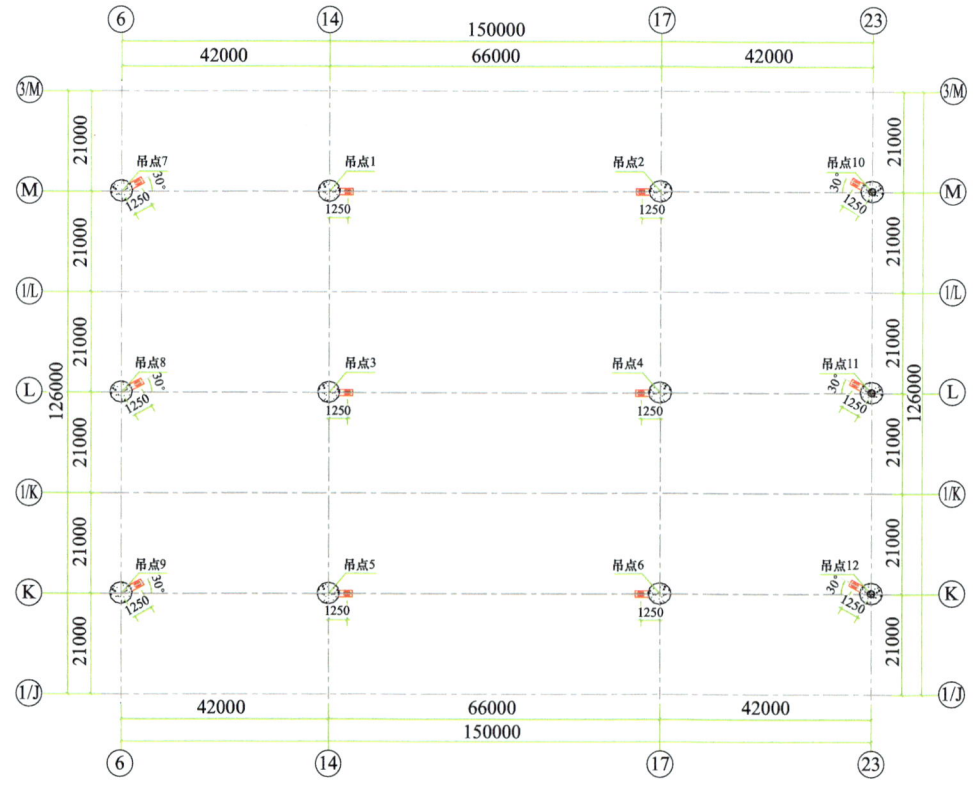

图 3-67 提升二区吊点布置图

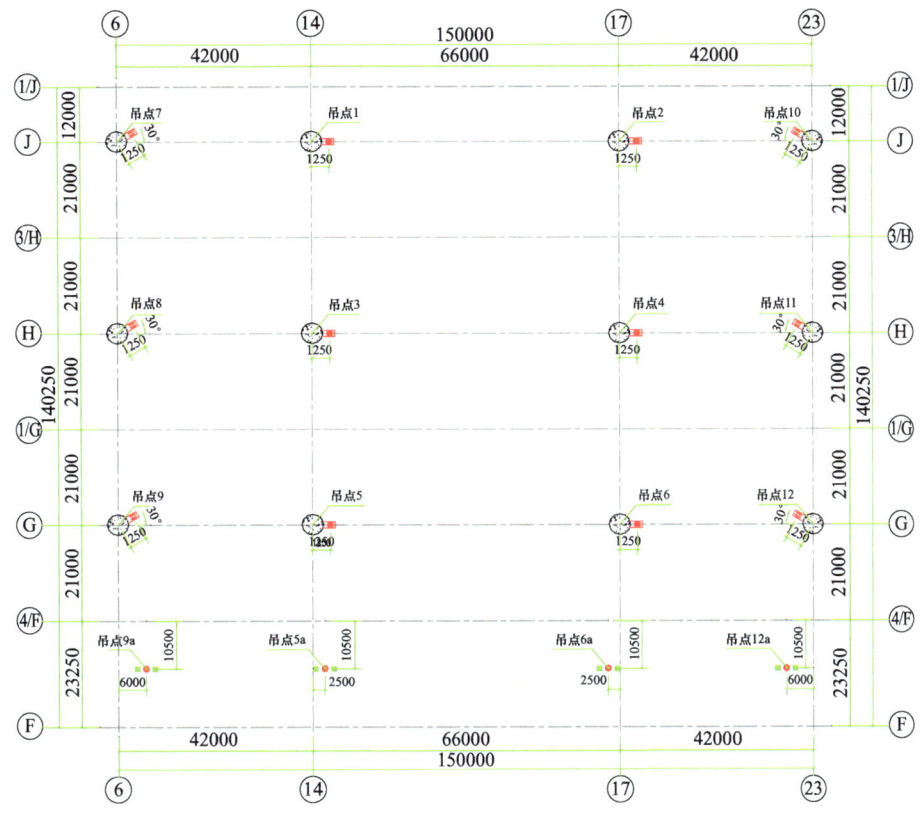

图 3-68 提升三区吊点布置图

(2) 提升吊点设计

① 上吊点设计。"提升一区"1、2、3、4 号吊点,"提升二区"1、2、3、4、5、6 号吊点,"提升三区"1、2、3、4、5、6 号吊点。吊点材料材质为 Q345B;牛腿与钢柱连接焊缝均为单面坡口焊,焊缝等级二级,焊缝交叉处应预留 $r=20\text{mm}$ 的焊接应力孔。具体见图 3-69。

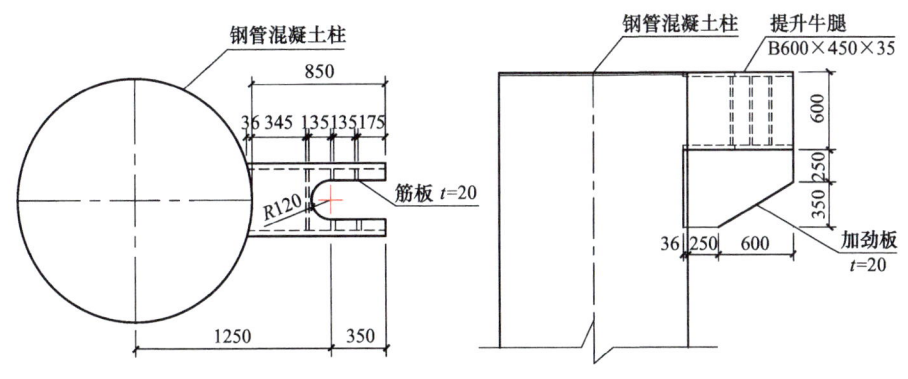

图 3-69 405t 提升吊点图

"提升一区"5、6、7、8 号吊点,"提升二区"7、8、9、10、11、12 号吊点,"提升三区"7、8、9、10、11、12 号吊点。吊点材料材质均为 Q345B;牛腿与钢柱连接焊缝均为单面坡口焊,焊缝等级二级,焊缝交叉处应预留 $r=20$mm 的焊接应力孔。具体见图 3-70。

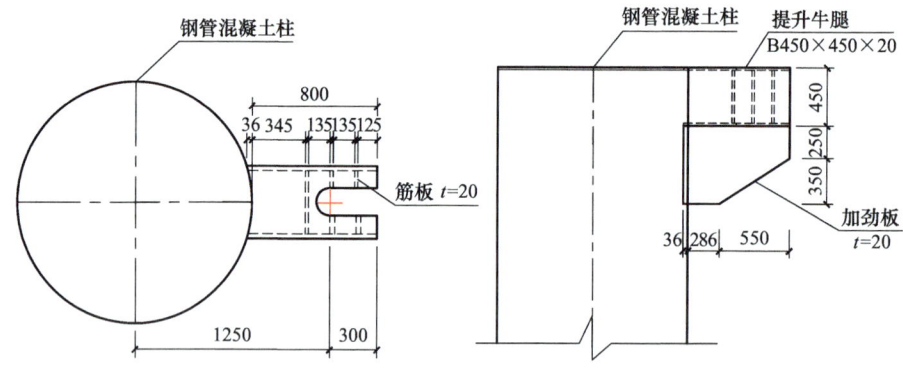

图 3-70　180t 提升吊点图

② 下吊点设计。提升下吊点采用焊接球节点,焊接球中部设置钢管,底部设置加劲板及底板,用来与专用底锚连接。具体见图 3-71。由于临时球下部需留有安装专用吊具距离,临时球底面需离开地面 500mm 以上(见图 3-72)。

180t 提升下吊点要保证圆管内径 150mm 范围内无阻碍,405t 提升下吊点要保证圆管内径 230mm 范围内无阻碍,能穿过提升钢绞线。底板长度 $L \geqslant D$,临时球规格为 $600 \sim 750$mm。钢管混凝土柱与吊点中心距离为 1250mm,确定临时球规格时注意避免与钢管混凝土柱相碰。

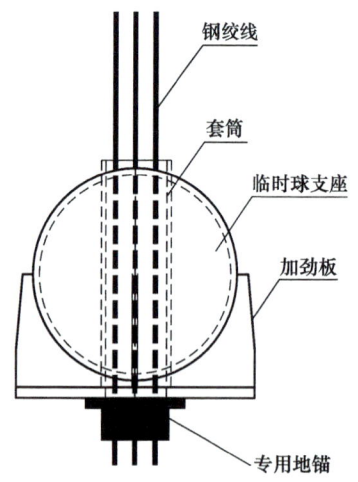

图 3-71　提升下吊点临时球吊点　　　　图 3-72　下吊点临时球工程应用

③ "提升三区"临时支架设计。如图 3-73、图 3-74 所示。

2. 网架拼装

(1) 上料

采用塔吊进行网架构件的垂直运输。在上料的过程中,应严格控制混凝土楼板的堆放荷载,及时将构件铺开,严禁集中堆载,严禁超载。

第3章 高铁客站钢结构屋盖施工关键技术

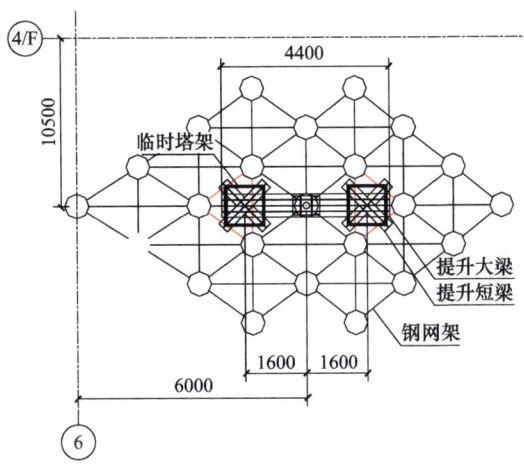

图 3-73 "提升三区" 9a、12a 吊点平面
示意图（红色为后装杆件）

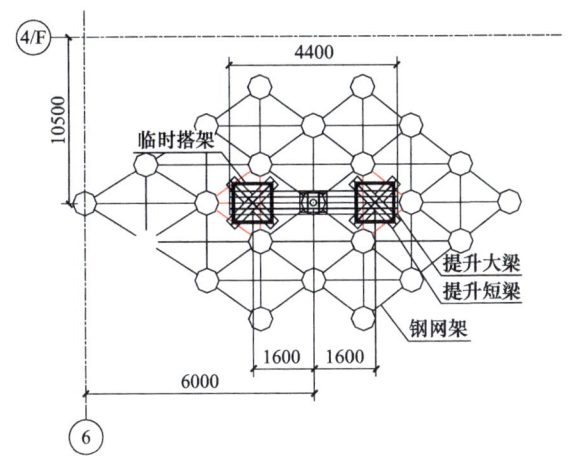

图 3-74 "提升三区" 5a、6a 吊点平面
示意图（红色为后装杆件）

(2) 安装网架杆件、节点球

① 网架安装时应先从支座处开始安装，尽快形成稳定的空间网格，即先将支座临时连接起来，防止网架发生位移（见图 3-75）。

② 网架安装时，先进行下弦球的定位安装。每个下弦球采用全站仪进行精确定位。（安装网架杆件、节点球时采用球来定位杆件的办法进行安装，即在安装过程中根据施工图的球节点坐标进行三维定位，不测量杆件。杆件的定位根据圆管轴线过球心相贯线为一直线的原理进行定位，即在安装过程中，当杆件与节点球的相贯口、杆件端口周边与球均匀贴紧时，杆件轴线必通过球心。）

③ 为便于网架吊装，加快施工进度，可在地面上将节点球与杆件组拼为一个小的吊装单元（一球一杆），以"棒棒糖"的形式进行安装（见图 3-76）。

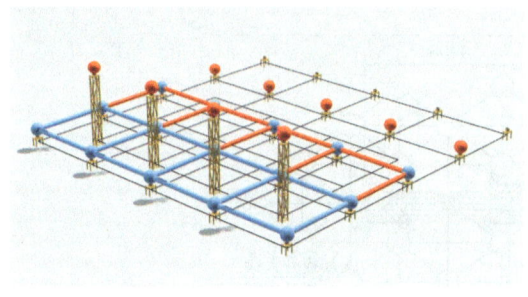

图 3-75　网架安装顺序示意图　　　　图 3-76　网架吊装单元（"棒棒糖"）

④ 采用塔吊将小拼单元吊至操作平台上，杆端与支座相连，节点球搁置在独立支撑点上（见图 3-77），采用全站仪对节点球进行临时三维定位，定位过程中应注意杆端与支座球的相贯口，确保管口与支座球均匀相贴。

临时定位完成后将杆件与周边的节点球点焊固定，并用手拉葫芦将小拼单元与脚手架拉牢，防止构件滑落并可对节点球进行微调。

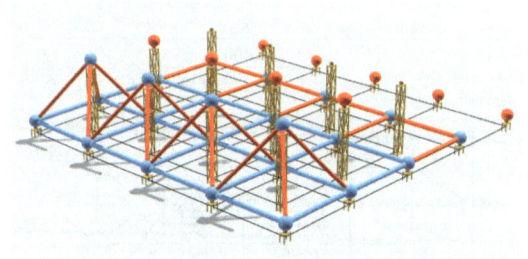

图 3-77　节点球与杆件相互关系示意图

⑤ 搭设上弦焊接球定位支撑架，吊装上弦焊接球就位，同时安装斜腹杆。

安装节点球与旁边的节点球之间的连接杆件，先采用塔吊或汽车吊吊至操作平台上，然后改用手拉葫芦进行调节就位，检查杆件与节点球相贯口是否均匀相贴，满足要求后将杆件与节点球点焊固定。

当两个节点球安装完毕后，在安装两节点球之间的杆件时会出现杆件难于插入的情况，此时可将节点球进行微调，待杆件装入后，恢复节点球的位置，检查各杆与节点球的相贯情况，并采用全站仪再次复核节点球的三维坐标，满足设计及规范要求后，将杆件与节点球点焊固定。

⑥ 安装上弦杆，如图 3-78 所示。

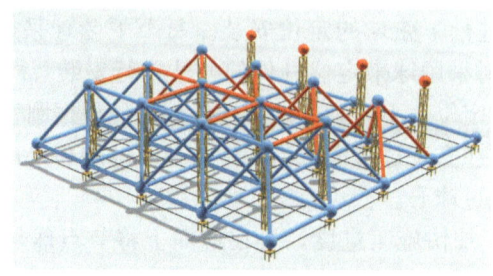

图 3-78　上弦杆安装示意图

⑦ 采用同样的方法安装下一个网格，从支座位置逐步向周边扩散（见图 3-79）。

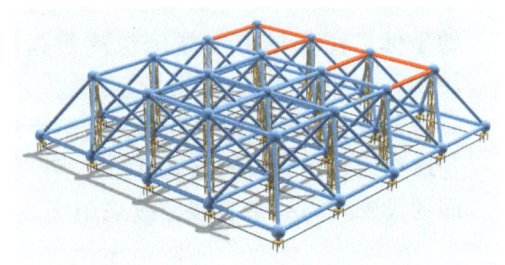

图 3-79 拼接单元完成示意图

⑧ 在网架安装过程中，应做好测量记录，当节点发生偏差时，应在下一个网格及时纠偏，避免产生累计误差。

⑨ 当安装完成多个网格（一般为 4 个网格）后，可开始焊接施工，焊接顺序的选择应遵循以下原则：

应使焊接变形和收缩量最小；

应使焊接过程中加热量平衡；

收缩量大的焊接部位先焊，收缩量小的部位后焊；

尽量采用对称焊法。

⑩ 焊接施工完毕后，对焊缝周边进行打磨处理，24h 后采用超声波进行检测，如焊缝不能满足设计及规范要求，应及时对焊缝进行返修。

⑪ 检测合格后，对节点进行清洁处理，补涂底漆。

⑫ 进行中间漆、面漆的涂装。

（3）地面网架安装测量控制

本工程网架拼装精度将直接影响到整个工程的施工质量，且拼装精度控制是整体提升控制以及提升合龙的基础，因此，对拼装精度的有效控制是本工程的控制要点。

① 控制网的建立。根据原有控制点，计算拟建的主控制网各控制点的坐标，并建立新的坐标系，利用轴线关系计算各个节点的坐标。控制点应选在能长期保存，便于施测，坚实、稳固的地方，在布设控制点时，应保证控制点与拟测的节点能够通视。

根据本工程网架安装测量的需要，需在网架的四个面各布置两个控制点（见图 3-80）。为保证测量控制网的精度，每次使用控制点之前必须进行检查复核。

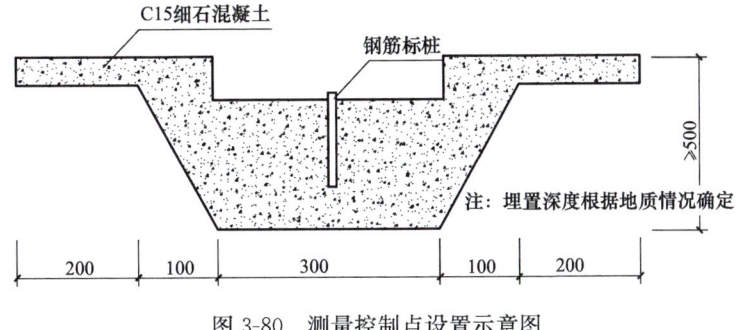

图 3-80 测量控制点设置示意图

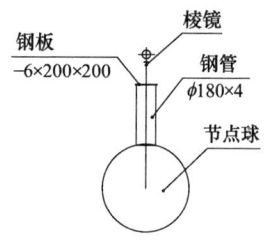

图 3-81 节点球坐标转换装置

② 球节点的定位测量控制方法。施工图中节点球的定位坐标为节点球球心坐标，而在测量过程中无法直接测量球心的坐标，在现场节点球定位测量过程中需将节点坐标进行转换。

节点坐标转换的过程即为找节点球球心的过程，根据圆管与球相惯时投影线的原理可知，当圆管轴线通过球心时，相贯面的投影线为一条直线，故采用图 3-81 所示装置实现节点球坐标的转换。

当钢管管口四周与节点球紧密贴紧，且钢管处于垂直状态时，钢管的轴线必在节点球球心的铅垂线上。在测量时只需测量钢板中心点的坐标即可得到节点球的坐标（X—与节点球坐标相同，Y—与节点球坐标相同，Z—将实测数值减去棱镜至球心的距离，该距离可在图上实测）。

③ 测量操作步骤：

A. 将钢管管口扣在节点球上，使管口与节点球外表面紧密贴紧。

B. 在转换件的顶板上放置水平尺，通过水平尺的气泡调整转换件的垂直度。调整垂直度是调整两个方向。

C. 转换件垂直度调整完毕后，将棱镜放置在转换件顶板的中心点位置，调整棱镜的垂直度进行测量。

④ 转换件制作要点：

A. 钢管端口应铣平，端面对管轴的垂直度偏差不大于 $0.005r$，管口曲线偏差不大于 1.0mm。

B. 钢管与顶板焊接时，应先找顶板的中心点，做好标记（后期测量是以此点作为测量点），然后以此点位圆形划出钢管与顶板的相贯线，然后定位钢管。

3. 网架提升与卸载控制

(1) 网架提升控制

① 液压提升的稳定性

采用液压提升整体同步提升网架结构，与用卷扬机或吊机吊装不同，可通过调节系统压力和流量，严格控制起动的加速度和制动加速度，使其接近于零，保证提升过程中网架结构和临时支撑结构的稳定性。

② 网架自身的稳定性控制

网架的设计工作状态中，在网架结构卸载就位之前，无论在建筑造型和结构体系上都与设计状态不一致。另外，网架结构的提升工艺特殊性导致部分杆件无法在就位之前安装。这些都对整体提升过程中网架结构的稳定性带来了隐患。

通过对整体提升过程各种工况的网架结构进行分析，对提升安装过程中的结构变形、应力状态进行预先调整控制；网架中间及端部分段在组拼时、提升之前通过加设临时支撑结构、加固构件/板件，临时改变永久结构的受力体系，达到控制局部变形和改善局部应力状态的目的，保证网架结构在提升安装过程的稳定性和安全。

③ 液压提升力的控制

待液压系统设备检测无误后开始试提升。经计算，确定液压提升器所需的伸缸压力

(考虑压力损失)和缩缸压力。开始试提升时,液压提升器伸缸压力逐渐上调,依次为所需压力的20%,40%,一切都正常的情况下,可继续加载到60%,70%,80%,90%,95%,100%。

当遇到某吊点实际提升力有超出设定值趋势时,液压提升系统自动采取溢流卸载,使得该吊点提升反力控制在设定值之内,以防止出现各吊点提升反力分布严重不均,造成对永久结构及临时设施的破坏。

④ 空中停留的稳定性控制

由于本工程网架的提升工艺为分块累积提升,为保证网架结构在暂停提升时的稳定性,主要从以下两个方面考虑:液压提升器自身独有的机械和液压自锁装置,保证了网架单元在整体提升过程中能够长时间的在空中停留;网架单元提升离地之前,应在其立柱附近,将水平限位所需的钢丝绳、卸扣和导链等预先挂好,方便随时使用。

⑤ 提升过程同步控制措施

网架整体同步提升过程中,液压提升系统的同步性控制是稳定性控制的一个重要环节。

首先是液压同步提升系统设备自身设计的安全性保障。通过液压回路中设置的液压自锁装置以及机械自锁系统,在液压提升器停止工作或遇到停电、油管爆裂等意外情况时,液压提升器能够长时间锁紧钢绞线,确保被提升结构的安全。

其次是保证液压提升系统设备的完好性,在正式提升之前进行充分的调试,以确保其在整个提升过程中能够将同步精度控制在预先设定的安全范围之内。

另外采用人工测量的方式进行辅助监控。提升前在每个吊点下方地面上设好测量点,提升过程中每提升一段距离(约5m),利用激光测距仪对每个吊点进行绝对高度测量,并进行高差比对。当相对最大高差大于预设数值时,立即通过手动控制的方式进行调整。

⑥ 提升速度控制

保证提升速度控制在2~3m/h,加速度接近于零。

分级加载以及对口就位过程根据现场要求适当降低速度。

(2) 网架卸载控制

① 卸载条件:提升就位后,弦杆补装完毕,腹杆补装完毕,准备卸载。

② 卸载方式:采用提升器分级下降卸载,卸载共分5级,依次为20%,40%,60%,80%,在确认各部分无异常的情况下,可继续卸载至100%。直至提升器钢绞线松弛,不再受力。钢屋盖桁架结构自重荷载完全转移到柱顶支座上,结构受力形式转化为设计工况(正常使用状态)。

卸载完毕后,拆除提升临时设备。

3.6.3 质量控制

3.6.3.1 质量控制措施

(1) 网架拼装精度保证

① 拼装胎架精度保证

严格控制拼装台轴线及标高精度;

网架拼装的轴线及标高（起拱）控制是通过拼装砌块上的钢支架（钢管）控制的，因此，在拼装前，要求对所有钢管的轴线及标高进行复测，确保拼装精度。

② 拼装精度控制

拼装过程中要求测量人员跟踪测量，控制小拼单元、中拼单元的拼装精度；

分时段、分区段对拼装完成部位进行复测，发现不合格，立即调整；

严格执行各道工序之间的交接工作，在拼装过程中执行自检、互检、交接检，每一道工序做到由专人、专业作业队负责。

(2) 提升工装构件安装质量控制措施

累积提升工装设备的安装按照钢结构施工质量验收规范中构件安装精度要求执行，对于特殊节点焊接必要时进行超声波探伤。

(3) 提升合龙精度控制措施

在提升及合龙过程中对网架的变形进行实时监测，确保结构累积安全。制定相应合龙顺序，保证构件安装质量。分级卸载确保合龙后结构安全。

3.6.3.2 质量控制要求

(1) 提升工装安装精度要求

网架提升工装安装精度允许偏差如表 3-8 所示。

	提升工装设备允许偏差	表 3-8
序号	项目	允许偏差（mm）
1	油压千斤顶安装轴线偏差控制	±5.0
2	提升架上弦固定锚盘尺寸偏差	±5.0
3	提升瞬间调整偏差	±3.0
4	控制轴线综合偏差	±5.0

(2) 提升合龙精度要求

网架提升合龙点安装精度允许偏差如表 3-9 所示。

	提升合龙点允许偏差		表 3-9
序号	部位	项目	允许偏差（mm）
1	网架	合龙点标高	±15.0
2		合龙点位移	±15.0

(3) 拼接单元精度要求

① 组装单元的允许偏差应符合表 3-10、表 3-11 的规定。

	小拼单元的允许偏差（mm）	表 3-10
序号	项目	允许偏差
1	支座中心偏移	2.0
2	焊接支座节点与构件中心线的偏移	1.0
3	杆件轴线的弯曲矢高	$L_1/1000$，且不应大于 5.0

注：L_1 为杆件长度。

第3章 高铁客站钢结构屋盖施工关键技术

中拼单元的允许偏差（mm）　　　　表3-11

序号	项　目		允许偏差
1	单元长度≤20m，拼接长度	单跨	±10.0
		多跨连续	±5.0
2	单元长度>20m，拼接长度	单跨	±20.0
		多跨连续	±10.0

② 钢网壳结构安装完成后，其安装的允许偏差应符合表3-12的规定。

钢网壳结构安装的允许偏差（mm）　　　　表3-12

序号	项　目	允许偏差
1	纵向、横向长度	$L/2000$，且不应大于30.0 $-L/2000$，且不应大于30.0
2	支座中心偏移	$L/3000$，且不应大于30.0
3	周边支撑网架相邻支座高差	$L/400$，且不应大于15.0
4	支座最大高差	30.0
5	多点支承网架相邻支座高差	$L_1/800$，且不应大于30.0

注：1. L 为纵向、横向长度；
　　2. L_1 为相邻支座间距。

焊接质量检查包括外观和无损检测，外观检查按照 JGJ 81—2002 规范执行。无损检测（UT）按照 GB 11345 和设计文件执行，一级焊缝100%检验，二级焊缝抽检20%并且在焊后24h检测。如对 UT 检测有疑问，在有条件的地方辅以 RT 检测。

3.6.4　安全措施

1. 安全管理措施

（1）施工前进行施工方案交底和安全技术交底。
（2）进入施工现场必须戴安全帽，高空作业中必须挂安全带、穿防滑鞋。
（3）各工种（起重工、电焊工、电工、塔吊司机、架子工等）认真执行安全操作规程。
（4）钢结构安装各部位的脚手架、防护栏等安全防护设施必须检查合格后，方可使用。
（5）施工现场所用所有电气操作系统、液压系统设备要做好防雨、防潮、防漏电措施，下班后要将所有设备盖好，避免接触雨水导致漏电，避免因为雨水而导致设备受潮损坏。
（6）对所有可能坠落的物体要求：高空作业中的螺杆、螺帽、手动工具、焊条、切割块等必须放在完好的工具袋内，并将工具袋系好固定，不得直接放在梁面、翼缘板、走道板等物件上，以免妨碍通行，每道工序完成后作业面上不准留有杂物，以免通行时将物件踢下发生坠落打击。
（7）整体提升期间网架所有部位（特别是合龙部位）下设防护网，吊装作业应划定危险区域，挂设安全标志，专人负责安全警戒。
（8）夜间施工要有足够的照明。

2. 提升安全要求

（1）所有千斤顶要经过保养清洗，并做压力试验，防止出现漏油问题，确保提升期间千斤顶使用完好。

（2）提供钢绞线的出厂合格证书以及检测报告；压力表的检测合格证；累积提升设备进厂报验单；液压设备实验记录；千斤顶说明书等资料。

（3）上锚点、下锚点安装完毕使用前，要设验收小组进行全面检查验收，绝对不留安全隐患。

（4）累积提升期间，现场警戒线以内严禁非操作人员出入。

（5）使用钢绞线前，要仔细检查有无断丝和电焊损伤情况。

（6）钢绞线不能当作电焊机地线使用，否则会造成钢绞线断裂，锚盘易被损坏。

（7）提升结构在高空停置时间较长，应每天对结构进行观测，对提升及锁定装置进行检查。

3.6.5 环保措施

（1）提升用的各种设备，底部必须做好防护措施，防止出现漏油，污染结构或地面。

（2）提升用的液压油、机油、柴油等必须按规定使用，不得随意乱涂或溢洒。

（3）雨天或炎热天气施工时，必须采用雨伞或遮阳伞保护计算机控制柜，防止雨淋或太阳直射。

（4）严格控制人为噪声，进入施工现场不得高声喊叫、乱吹哨、限制高音喇叭使用，最大限度减少扰民。

（5）严格控制强噪声作业时间，尽量减少夜间施工，确系特殊情况必须夜间施工，应采取有效措施减少噪声污染。

（6）加强现场场容管理，现场做到整洁、干净、节约、安全、施工秩序良好，现场道路必须保证畅通无阻，保证物质材料顺利进退场，场地应整洁、无施工垃圾，无积水场地及道路定期洒水，降低灰尘对环境的污染。

（7）现场设置施工封闭垃圾存放场，垃圾分类堆放，经处理后方可运至环卫部门指定的垃圾堆放点。

3.6.6 结语

本工程为贵阳至广州铁路的起点，是铁路总公司重点工程，对工期、质量、进度要求非常严格。因此对于屋面钢结构施工采用了此技术，在短短45天时间内将5476.4t钢结构整体提升完毕，比原计划工期提前15天，节约成本约180万元，取得很好的社会和经济效益。

3.7 不等高空间网架结构分段胎架滑移施工技术

3.7.1 工程概述

南昌站改造工程东站房平面投影为方形，东西长204.0m，南北宽40.0m；东站房屋面为空间桁架与正放四角锥下弦支撑钢网架结构，采用螺栓球节点网架和多柱点支撑形式，平面尺寸180.0m×40.0m。如图3-82所示，整体平面分别划分为A、B、C三个区域，其中B区网架标高高于A区和C区标高。如图3-83所示，A区和C区网架结构高度和跨度相同，顶标高为+21.45m、底标高为18.6m，跨度为35m；如图3-84所示，B区网架结构顶标高为27.965m、底标高为24.9m，跨度为40m。

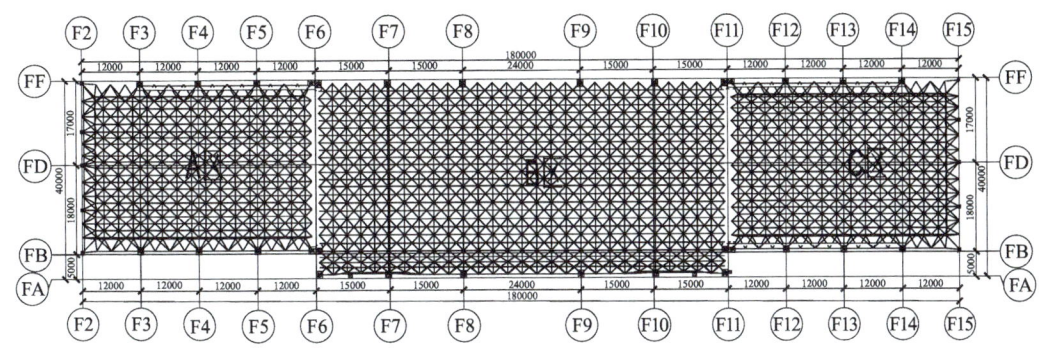

图3-82 东站房钢结构网架屋面平面分区图

图3-83 东站房钢结构网架屋面透视图

实际施工过程中，一方面，由于南昌站改造工程主站房在施工过程中，西区旧站房仍然处于运营状态，场外无多余空间堆放材料和进行半成品加工；另一方面，东区拟建站房内部的施工空间十分狭小，不具备采用高空散装法、整体吊装法、整体提升法、整体顶升法等施工方法的施工条件。经对比分析和论证，结合工况拟采用胎架整体滑移分段施工的方法，即先在A区搭设胎架、原位拼装就位安装后，依次向B区和C区进行整体滑移施工。A区、B区和C区的FF～FD轴（东站房西侧）标高7.95m处为35cm厚的楼板层（经计算承载力满足要求，下部不需要支撑架），FD～FB轴（东站房东侧）标高-0.050m处为自然地面。滑移胎架搭设在FF～FB轴之间，呈现跃层不等高状态。实际施工过程中，A区FF～FD轴土建结构施工完成，以及FD～FB轴地面回填硬化完成后，开始搭设胎架。并在7.95m楼板面层铺设胎架的2条滑移轨道，-0.050m地面处铺设3条轨道。滑移轨道定位完成后，在滑移轨道上铺设钢平台和搭设钢管滑移胎架。另外，7.95m楼板上需搭设一排4.5m宽的通长临时支撑架，如图3-85所示。

3.7.2 胎架滑移分段安装法施工工艺

基于滑移胎架搭设方案，不等高滑移施工安装技术的施工工艺如下：

（1）铺设轨道

如图3-86所示，轨道采用43号钢轨，直接铺设在混凝土楼面上，混凝土浇筑之前需在混凝土楼面埋设200mm×200mm×10mm钢板埋件，间距为1800mm。-0.05m处楼面设 3 排轨道，轨道间距 6800mm，A 区比 B 区楼面标高低 50mm，所以 A 区楼面轨道位置通长铺设一层 50×100 的方木，轨道铺设在方木上，达到与 B 区标高一致，+7.95m 楼面设 2 排轨道，轨道间距 6000mm。

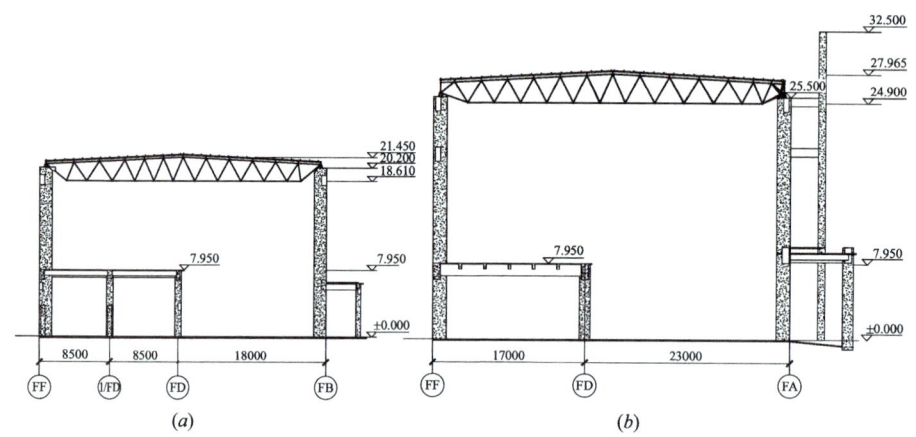

图 3-84 A、B、C 区结构剖面图
(a) A、C 区；(b) B 区

图 3-85 不等高胎架正面布置

 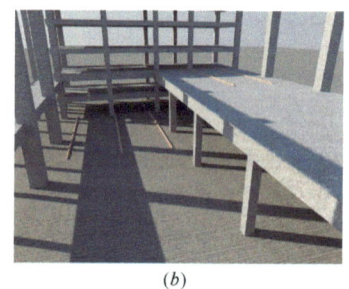

图 3-86 滑移轨道铺设图
(a) 43 号重轨；(b) −0.05m 处滑移轨道

(2) 钢平台搭建

如图 3-87 所示，铺设完的钢轨道上进行钢平台搭设，钢平台主框架采用 H294×200mm×8mm×12mm 的 H 型钢，次构件采用 10 号工字钢，+7.95m 楼板上钢平台两边需挑出轨道 1200mm。钢平台采用焊接连接。

(3) 胎架搭设

−0.05m 地面和 7.95m 楼面处需搭设钢管胎架，如图 3-88 所示。胎架采用 ϕ48mm× 3.5m 钢管，立杆间距为 1200mm、步距为 1800mm，并且根据脚手架规范要求需搭设水平支撑、斜撑。7.95m 楼板上操作平台高 10m，−0.05m 楼面上操作平台高 18m，在 7.95m 楼板上，需通长搭设，宽 4.8m，滑移支架搭设长度 15m，宽度 9m，支架及结构间的间距都为 1m。

图 3-87 钢平台搭建

图 3-88 胎架搭设

(4) 满铺平台板

如图 3-89 所示，胎架搭设完成后，满铺木脚手板（厚度不少于 45mm），至此胎架搭设完成。

(5) A 区网架安装

A 区采用分段逐跨滑移安装法。先安装下弦球及杆，形成整体单元；再安装上弦球及杆件，按照"一球四杆"的规律安装；网架安装按照安装一排上弦球，再安装一排下弦球的顺序来回安装。网架安装完毕后对整跨网架进行测量复核，满足设计规范要求后，再焊接螺栓球节点支座和安装马道及檩条；卸载网架定位调节支撑，使支架与结构全部脱离，最终完成 A 区的网架安装。

(6) B 区网架安装

采用人工倒链将胎架自 A 区滑移至 B 区，速度控制在 10～20cm/min。由于 B 区网架标高比 A 区高 6.515m，对原有架体进行拆改，立杆通过连接扣件进行连接（各立杆对接点相互错开），将平台增高 6.515m。该区主网架搭设方式与 A 区相同。由于，B 区比 A 区宽 5m，B 区 FA～FB 轴下无法搭设胎架，处于悬空位置，因此该部位网架安装采用高空散装，待 FB～FF 轴网架施工完成后，再将 FA～FB 轴满拉设安全网，采用高空散装方式施工，如图 3-90 所示。

图 3-89 平台板

图 3-90 高空散装施工

(7) C区网架安装

采用人工倒链将胎架自B区滑移至C区，速度控制在10~20cm/min。同时，利用人工方式将胎架降低到6.515m高，并采用与A区和B区相同的安装方式，完成C区网架结构安装，如图3-91所示。

(8) 拆除胎架

C区网架施工完成后，拆除临时支撑架及滑移操作支架，整个网架施工完成，最终网架结构如图3-92所示。

图3-91　C区网架安装　　　　　　　　图3-92　网架结构体系

3.7.3　滑移支架稳定性分析及监控

(1) 滑移支架稳定性分析

基于上述安装及滑移施工过程，利用ANSYS软件对滑移支架的受力和变形进行数值模拟，并展开稳定性分析。根据结构实际物理力学性能参数和几何尺寸，建立支架有限元计算模型，如图3-93所示。

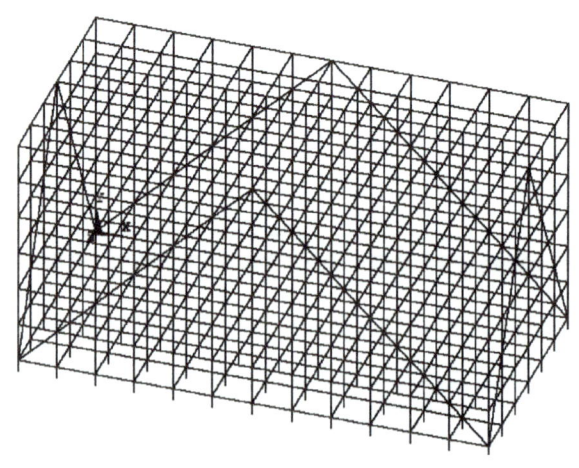

图3-93　滑移支架数值计算模型

滑移施工过程中，支撑体系抵抗水平受力及变形能力对结构稳定性影响至关重要。利用有限元数值模拟计算，在水平荷载和竖向荷载共同作用下，支撑体系的受力和变形，如图3-94、图3-95所示。滑移过程中，支撑体系无水平约束作用，架体的受力和变形能力降低，其支撑架体立杆顶部最大位移为 2.84mm，立杆的最大应力为 0.45MPa。为确保支撑架体系的稳定性，应严格控制胎架的滑移速度。

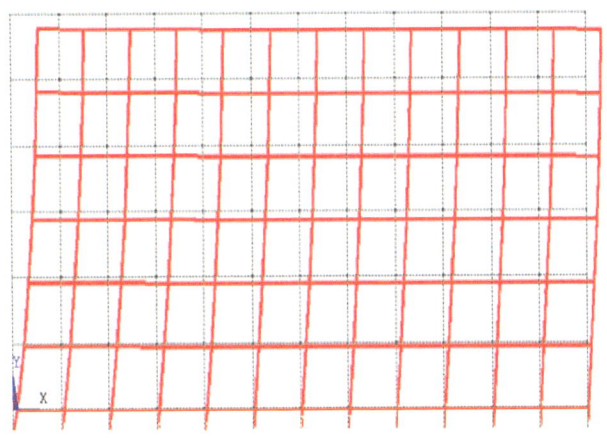

图 3-94　水平和竖向荷载作用下结构位移图

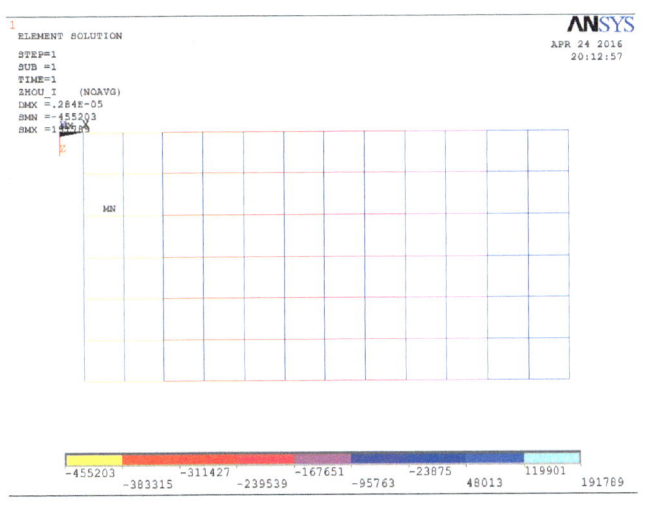

图 3-95　水平和竖向荷载作用下结构受力云图

(2) 滑移支架监控

胎架安装过程中，在主要受力杆件位置安装应变片，用于监测架体使用全过程的受力情况。经监测，胎架滑移阶段，架体顶部最大位移、杆件最大应力均在可控范围内。

3.7.4　结语

对南昌火车站 A、B、C 三栋需改造站房高度不相等的实际工况，利用数值建模对轨道铺设、胎架搭设、网架滑移等施工工艺过程进行了模拟，给出了胎架搭设、轨道铺设、网架安装、胎架拆除等关键施工工艺和相关技术要求；同时利用有限元数值模拟，对滑移胎架支撑体系在水平荷载和竖向荷载共同作用下的受力和变形进行了安全计算分析。最终该施工技术成功运用在南昌站改造工程，站房于2015年5月17日完成全部屋面网架安装工作，整个工期22日历天，比原计划提前8天完工，节省了工期，减少了人工成本，得到监理和甲方的好评。

3.8 大跨度螺栓球网架大坡度斜轨面变轨液压同步累积滑移施工技术

3.8.1 工程概述

黄山北站站房采用螺栓球网架屋面，为加快工期，实现网架安装与下部装饰装修、机电安装施工进行空间平行立体交叉作业，网架安装采用大坡度斜轨面变轨液压同步累积滑移施工技术，顺利完成高空滑移对接，解决了结构狭长网架吊装受限、斜面轨道顶推滑移网架杆件受力大、换杆多的安装难题，形成了跨度螺栓球网架大坡度斜轨面变轨液压同步累计滑移施工关键技术。该技术具有以下几个特点：

（1）高空累积滑移是在土建完成框架结构以后进行，网架是架空作业的，因此对建筑物内部施工没有影响，与下部装修施工可以平行立体作业，大大加快了工期。

（2）大高差斜轨面变轨累积滑移施工技术利用高铁道岔变轨原理，规避滑移过程中螺栓球网架杆件受力大、计算复杂、杆件更换过多的风险，减少高空施工质量安全隐患，节约大量施工成本。

（3）高空累积滑移法对起重设备、顶推设备要求不高。可利用已有建筑物端部平台只需搭设部分平台胎架进行拼装，胎架简单，施工成本低。

（4）液压同步累积滑移法使用先进的计算机控制液压同步滑移技术将成百吨的构件在工装平台上拼装后，滑移到预定位置安装就位，通过滑移设备扩展组合，滑移重量、跨度、面积不受限制。滑移油缸反力支座的锚具具有单向运动自锁性，使滑移过程十分安全，同时节约大量大型机械使用费。

（5）网架结构滑移时速度$\leqslant$0.5m/min，施工安全有保证。本技术适用于复杂支承条件的大跨度单跨、多跨空间网架结构，支座情况较为复杂的空间网架体系，能设置大坡度斜轨面平行滑轨的各种空间网架结构，尤其适用于跨越施工（待安装的屋盖结构下部不允许搭设支架或行走起重机）或场地狭窄、起重运输不便等情况。

3.8.2 施工工艺流程及操作要点

3.8.2.1 工艺原理

将分散的网架肢体通过搭设好的拼装胎架平台组装成条状，两端部设置滑移支点，通过"液压同步顶推滑移技术"，利用液压顶推器作为滑移驱动设备，先将条状单元滑移一段距离，在其后拼装第二单元，第二单元拼装好后，两条一起再滑移一段距离，如此循环操作直至接上最后一条单元滑移到位为止的安装方法，实现屋面网架的整体安装。

3.8.2.2 施工工艺流程

施工工艺流程如图3-96所示。

第3章 高铁客站钢结构屋盖施工关键技术

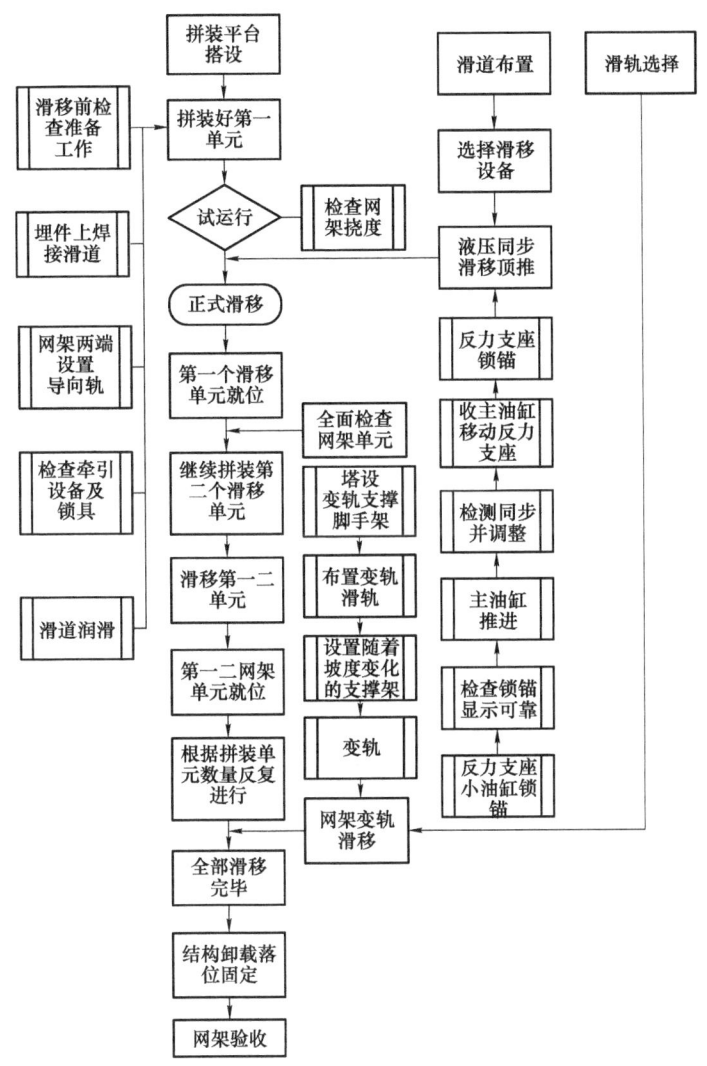

图 3-96 施工工艺流程图

3.8.2.3 操作要点

1. 滑移单元

根据本工程网架设计的结构特点和结构滑移方式合理划分滑移单元。划分滑移单元必须是自稳定的结构体，通过滑移轨道支撑形成稳定的滑移单元。分为两个滑移区（见图 3-97），螺栓球网架与混凝土结构采用盆式支座接触，网架为369t，其中滑移Ⅰ区重约97t，滑移Ⅱ区为87.4t。

2. 拼装平台搭设

网架拼装时，1~2轴、21~22轴在18.8m的结构形式为混凝土楼板，在2~4轴、19~21轴8.20~18.8m结构层搭设两跨平台，拼装平台采用碗扣式脚手架搭设（见图3-98、图3-99）。脚手架与结构进行拉结，搭设时竖向每3.0m设置一道抱混凝土柱拉结，架体尺寸为长45m×宽19.7m×高10.6m，架体立杆间距为1.2m，横杆步距为

1.2m，扫地杆距混凝土地面150mm，设置纵横向剪刀撑。脚手架上方铺设两层100mm×100mm方木，一层脚手板。对拼装平台脚手架验算，拼装总重量为428t，共19跨，每跨重量为22.5t，考虑施工活荷载，总荷载22.5×1.2＝27.1t；钢管$\phi48\times3.0$，截面模量5.08cm³。作用于脚手架的荷载包括静荷载、活荷载和风荷载，经计算立杆稳定性及最大搭设高度为20.2m，大于10.6m，满足要求。

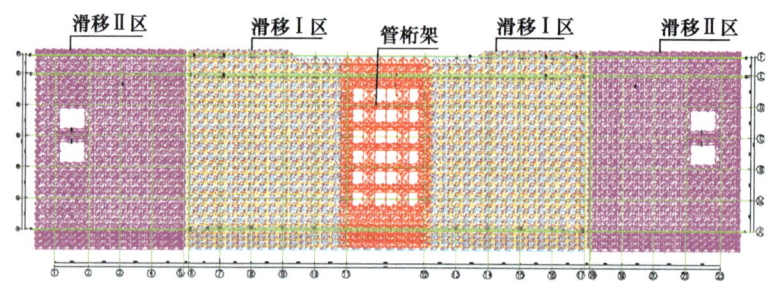

图3-97 滑移分区图

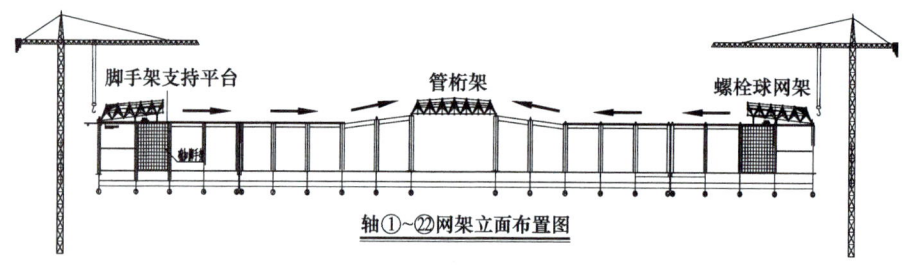

图3-98 网架支撑平台立面布置图

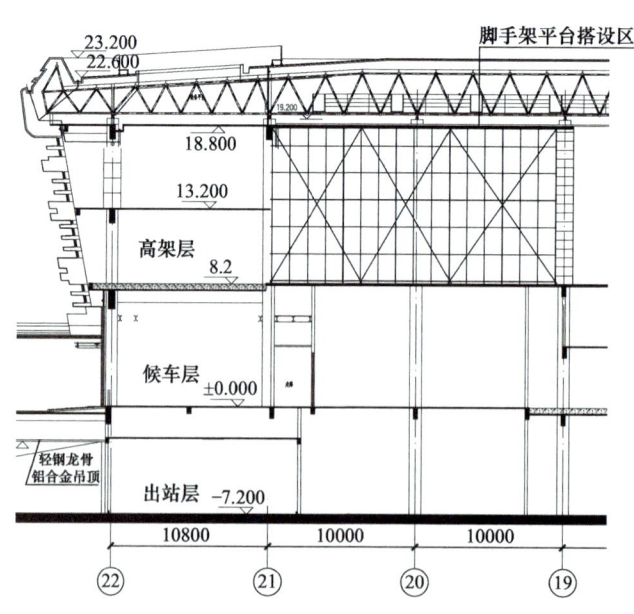

图3-99 网架拼装平台剖面图

3. 滑移轨道选择

由于滑移的屋面钢结构较重，滑移距离长，滑移网架跨度较大，所以滑移轨道的设计十分重要。滑移轨道铺设在两侧 A 轴和 E 轴混凝土梁上，轨道通过与埋设在混凝土梁中的埋件焊接固定，每个轴线间内设置两个埋件。利用 H294×200×8×12mm 的 H 型钢梁作为滑移梁，然后将钢轨铺设在滑移梁上。为减小滑移结构单元移动时的阻力。滑动机构主要为聚四氟乙烯高分子材料制成的滑移垫。滑道采用 50kg/m 的钢轨。滑道接缝处应用砂轮打磨平整、光滑。滑移钢轨在整个水平滑移中起承重导向和横向限制滑板水平位移的作用。为保证滑道底面的平整度，有效降低滑动摩擦系数，滑移轨道制作安装时，滑移轨道梁在焊接后对上表面平面度进行变形矫正；滑移轨道上表面应进行人工除锈，打磨光滑；轨道中心线与滑移梁中心线偏移度控制在 3mm 以内；每段滑移轨道的接头高差目测为零，焊缝接头处打磨平整；正式滑移前轨道与滑靴各接触面涂抹黄油以减小摩擦系数。滑靴形式：设置钢板与网架支座焊接，下方两侧设限位板（见图 3-100、图 3-101）。

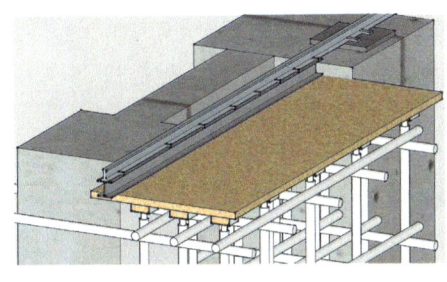

图 3-100 滑移轨道固定图

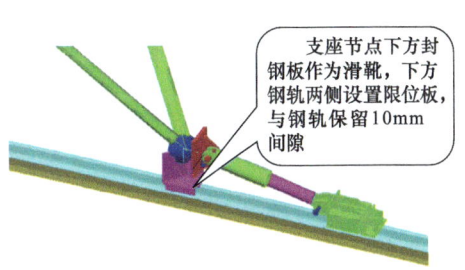

图 3-101 滑移顶推节点示意图

4. 滑移轨道布置

（1）滑移轨道的布置分为 A、B 两个区域（见图 3-102）。A 区轨道搭设支撑高度为 10.6m，网架滑移时，1~2 轴、21~22 轴在 18.8m 的结构形式为混凝土楼板不需搭设支撑架，在 2~11 轴、21~12 轴－8.2~18.8m 结构层独立框架梁搭设两跨滑移轨道支撑平台，轨道支撑平台采用碗扣式脚手架搭设，尺寸为宽 3.6m×高 10.6m。脚手架上方铺设 100mm×100mm 钢管脚手架和截面尺寸 H294×200×8×12 的 H 型钢，在 H 型钢上面铺设钢轨做滑移轨道。钢梁上面与混凝土梁、混凝土柱上面持平，端头在混凝土梁侧面放置埋件与钢梁焊接（见图 3-103）。

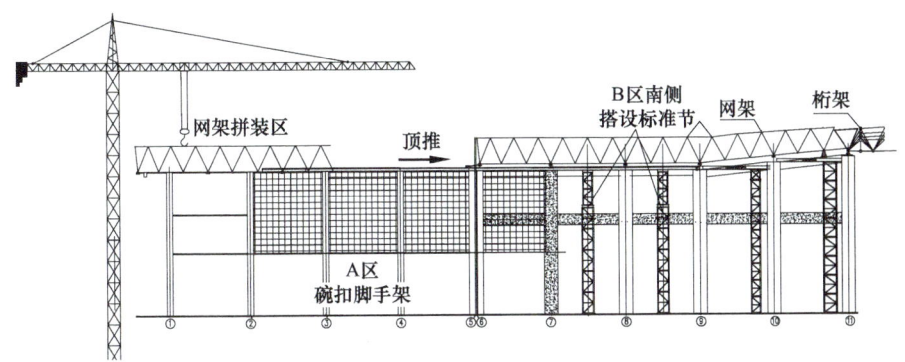

图 3-102 滑移轨道平面剖面图

（2）B 区搭设高度分为两块，站房北侧搭设高度 10.6m，搭设方式和 A 区相同。B 区南部为高架层镂空部位，搭设高度 21m。B 区混凝土柱间距为 10m，需要将跨中设置一道支撑架，经计算支撑架采用 1.4m×1.4m×2.2m 塔吊标准节。由于高度所限轨道下部为非标准节，标准节与非标准节用转换平台连接。为了保证标准节支撑架的稳定性，每个标准节分别在 13.20m 及 18.80m 设置抱箍节点（见图 3-104、图 3-105）。

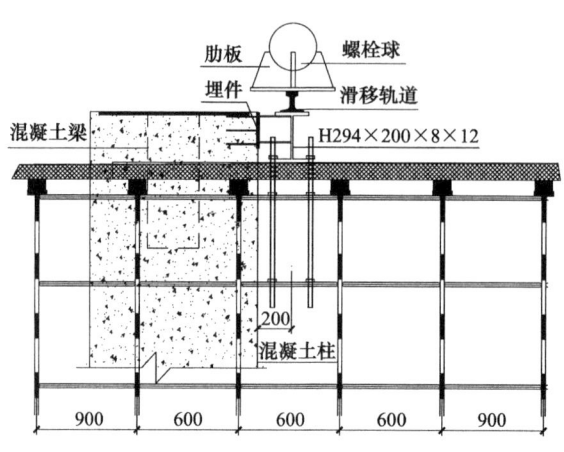

图 3-103 碗口架支撑轨道详图

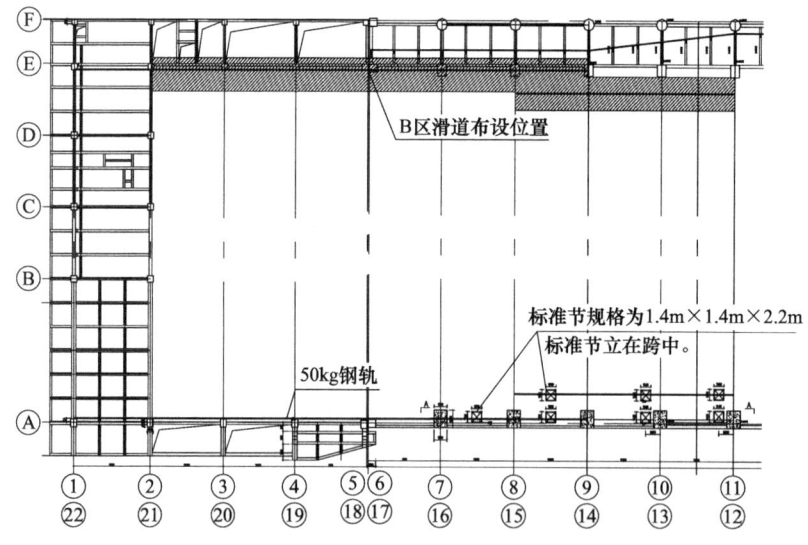

图 3-104 标准节滑移支撑平面布置图

5. 滑移设备布置

在每个轨道上布置 1 台滑移爬行器。结构滑移顶推力属于滑移摩擦力，牵引力公式选用 $F \geqslant \mu \cdot G$；μ 为滑动摩擦系数（通常取 0.2）；G 为滑移重力荷载标准值；按最后一次顶推重量计算。牵引力 $F_1 = \mu \cdot G = 0.2 \times 414 = 82.8t$；所以每个爬行器的反力是 41.4t。本工程爬行器额定顶推力为 42t，2 个，所以满足顶推要求。

6. 液压牵引的同步位移控制

滑移系统每个牵拉点布置 1 个激光测距仪。滑动中的激光测距仪，可以随时测量位移量，并传送到主控计算机。每个后续点和顶推点的相对位置可由测量距离的激光测距仪之间的差值反映出来。动态顶推点当前位置差由计算机控制确定相应的比例阀的大小，从而实现每个动力顶推点位置同步。为了提高每个组件的安全性，液压千斤顶布置油压力传感器，主控计算机通过现场实时监测各个牵拉点荷载变化。如果顶推点荷载异常突变，电脑会自动停止，报警示意。

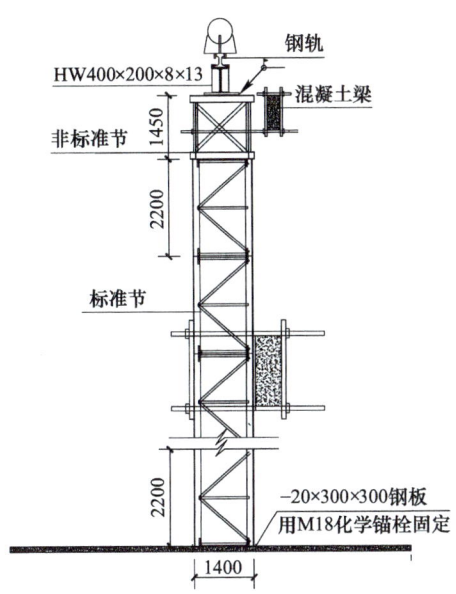

图 3-105 由标准节搭设支撑的滑移轨道详图

7. 滑移系统组成

钢结构滑移系统是一种计算机同步控制、液压油缸步进式推动构件进行水平滑移施工作业的装置，由液压泵站、主油缸、自动反力支座、连接耳板、电气液压控制系统组成（见图 3-106）。

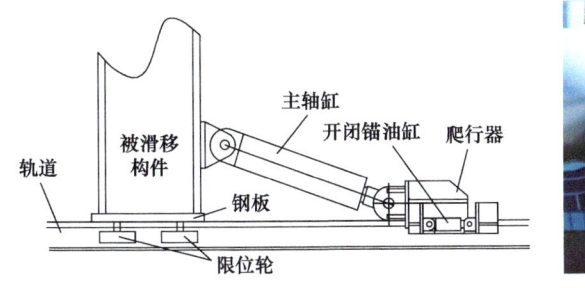 

图 3-106 顶推锚点示意图

计算机控制液压同步滑移技术具有以下特点：通过滑移设备扩展组合，滑移重量、跨度、面积不受限制；滑移油缸反力支座的锚具具有单向运动自锁性，使滑移过程十分安全。

8. 钢网架滑移

(1) 试滑移阶段

各项工序都已就绪且经检查无误,进入试顶推滑移阶段。根据各顶推点反力,爬行器最初加压为所需压力的 20%,40%,60%,80%,90%,在一切稳定的情况下,可加到 100%。所有滑靴开始滑移后,暂停。全面检查各设备运行情况,在一切正常情况下继续顶推。

(2) 正式顶推滑移

第一次滑移向前推进一个柱距,腾出拼装平台后停止滑移,锁紧锚具,开始拼装第三榀网架(见图 3-107)。第三榀网架拼装好后,将其与之前的两榀网架连接,形成一体,开始第二次滑移。

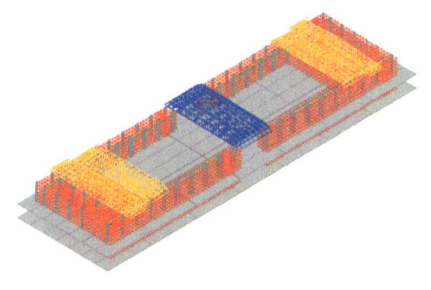

图 3-107 网架累积滑移示意图

(3) 大坡度处结构支撑网架变轨滑移

6~11 轴/A~F 轴和 12~17 轴两个区块滑移时,在 9~11 轴及 12~14 轴 18m 跨度范围内固定滑轨结构楼板坡度由 19.0m 变化至 20.7m 标高,滑轨坡度达到 9.5%。

为控制滑轨大坡度高差网架滑移顺利顶推,避免大角度顶推杆件复杂受力计算,减少螺栓球网架滑移过程中的网架受力变形过大更换大量杆件的风险,利用高铁轨道道岔变轨原理,规避大坡度顶推滑移网架的各种技术、质量、安全风险,采取下列变轨施工技术:

① 网架滑移沿 A、E 轴线结构固定轨道滑移至大坡度起坡点前一跨变换轨道,变换轨道位置搭设滑移轨道下搭设支撑脚手架,脚手架立杆间距为 0.6m×1.2m,横杆间距为 0.6m,并进行受力计算,搭设支撑轨道平台标高同结构起坡点标高见图 3-108。

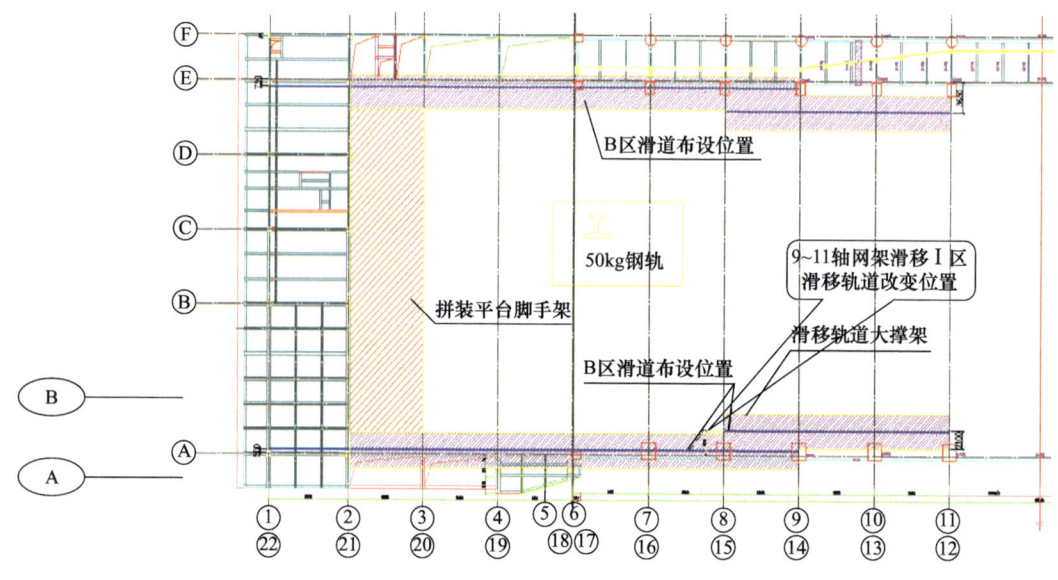

图 3-108 变轨道平面图

② 由于在9～11轴或和12～14轴开始混凝土结构有9.5%坡度，滑移Ⅰ区在滑移至9轴和14轴时，将两条轨道分别向A、E轴挪一个螺栓球（A轴为2225mm，E轴为2900mm）的位置，螺栓球用与变轨道前的节点用支撑与钢轨、螺栓球网架连接，支撑稳定后，将原有的支撑拆除，变换轨道后随坡度设置螺栓球网架支撑架高度（见图3-109），继续滑移该网架。

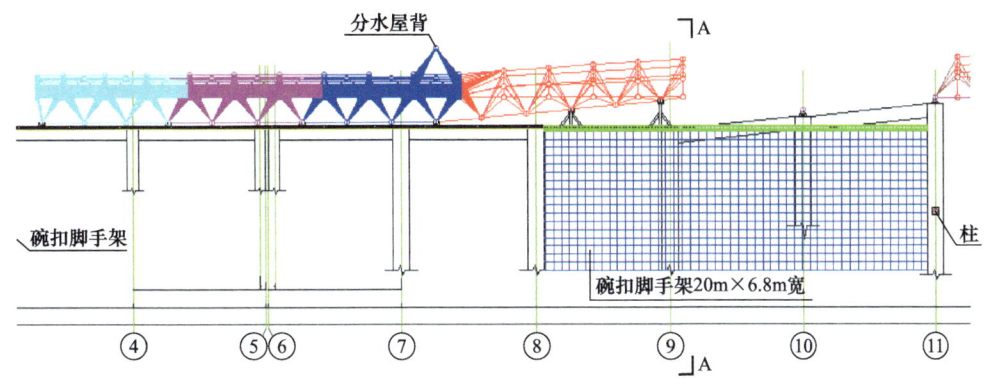

图 3-109 变轨道立面图

（4）累积滑移

按上述工作顺序循环，最终将整个屋盖滑移到位（见图3-110）。在整个顶推滑移过程中应随时检查：网架滑移距离长，顶推时，通过电脑位移参数及通过预先在各条轨道两侧所标出的刻度来随时测量复核滑移的同步性。

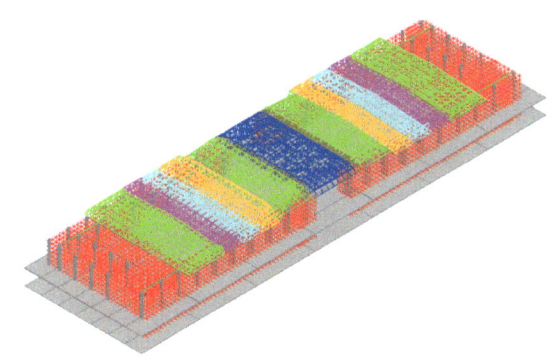

图 3-110 滑移网架到设计位置示意图

（5）顶推就位

网架顶推即将到位时，通过"微动"滑移使桁架支座较精确地就位于设计位置。

（6）顶推过程注意变形观测

在网架组装完毕之后，对网架进行全面测量，并记录数据，试顶推，顶推过程中间隔10m进行一次全面测量，记录数据并比较。

（7）超差报警

当位置误差超限，单向油压超载或压力均衡超差时，喇叭报警或系统自动停机，须经分析、判断和调整后再启动。

(8) 顶推承载系统监视

顶推承载系统是顶推滑移工程的关键部件，务必做到认真检查，仔细观察。重点检查：锚具（脱锚情况，锚片及其松锚螺钉）、导向架的强度及钢绞线穿出顺畅、主油缸及上、下锚具油缸（是否有泄漏及其他异常情况）、液压锁（液控单向阀）、软管及管接头、行程传感器和锚具传感器及其导线。

(9) 液压动力系统监视

系统压力变化情况、油路泄漏情况、油温变化情况、油泵、电机、电磁阀线圈温度变化情况、系统噪声情况。

9. 网架滑移顶推同步测控

(1) 网架在液压同步顶推过程中，由于受到诸多因素的作用，很难保证两个顶推点的同步进行，而这两点的不同步推进又会引起桁架杆件内力发生变化，当超过一定限度时会对整个网架产生破坏作用。因此对两端头顶推状态进行动态监测，并随时加以控制对施工安全有着重大意义。油缸同步采用液压顶推系统本身的计算机系统控制，同步精度控制在10mm以内。

(2) 为了控制以上各种情况下网架的稳定、同步及变形，采取以下措施：

① 网架在滑移过程中，是沿设定的直线前进的，如果滑道的直线度差，极易使滑道产生破坏。因此滑道的施工精度必须较高。

② 为了保证网架在顶推过程中的稳定性、同步性，本工程采用计算机控制液压顶推设备。液压顶推作业由计算机通过传感器进行闭环控制和智能化控制，实现顶推的同步和负载的均衡，使顶推过程中钢网架的结构稳定性、同步性和位移偏差符合要求。另外，通过光学测量进行监控。

10. 网架滑移的卸载

网架滑移后进行分区卸载。网架滑移就位后（见图3-111），通过在网架下弦设置千斤顶进行整体卸载。为保证卸载的统一性，使用新的设备，统一千斤顶规格及型号，经计算每个点约11.05t，考虑用两个20t机械千斤顶卸载。卸载时由指挥人员统一下达指令。采用支撑点同步卸载，卸载使用50mm×100mm方木、20mm、10mm钢板作为卸载行程控制，将网架整体顶起后，撤出滑移梁和钢轨，拆除滑靴，将支座塞入。

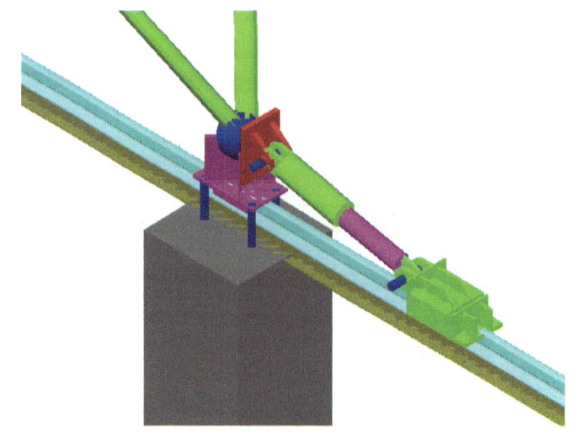

图3-111 卸载前网架支座示意图

3.8.3 质量控制

3.8.3.1 质量控制要求

该工程严格按照表3-13所列规范规定的标准执行。

质量执行标准　　　　　　　　　　　　　　　　　表3-13

序号	项目	执行标准
1	钢结构工程施工质量验收规范	GB 50205—2001
2	空间网格结构技术规程	JGJ 7—2010

3.8.3.2 关键部位、关键工序的质量控制措施

1. 螺栓球节点网架的拼装质量控制

（1）首先钢材材质和连接材料质量检查记录、质量证明文件等资料应及时保存完整，必须符合有关规范标准有设计要求。

（2）对焊接球节点的球-管杆件、焊接螺栓球节点的锥头-管杆件，焊接按有关标准进行外观检查和无损检测；对型钢节点的焊接按焊接规范进行外观检查。

（3）螺栓球节点网架拼装时，先拼下弦，将下弦的标高和轴线调整后，全部拧紧螺栓，起定位作用。

（4）开始连接腹杆，螺栓不宜拧紧，但必须使其与下弦连接端的螺栓拧上劲，如拧不上劲，在周围螺栓拧紧后，这个螺栓就可能偏歪（因锥头或封板的孔较大），那时将无法拧紧。

（5）连接上弦时，开始不能拧紧。当分条拼装时，安装好三行上弦球后，即可将前两行抄到中轴线，通过调整下弦球的垫块高低固定第一排锥体的两端支座，同时将第一排锥体的螺栓拧紧。

（6）在整个网架拼装完成后，必须进行一次全面检查，看螺栓是否拧紧。

（7）正放四角锥网架试拼后，在安装一排锥体后（一次拧紧螺栓），用上弦挂腹杆的办法安装其余锥体。

2. 原材料防腐处理质量控制

（1）网架的防腐处理包括制作阶段对构件及节点的防腐处理和拼装后最终的防腐处理。

（2）螺栓球与钢管的连接应属于大气相通状态。特别是拉杆，杆件在受拉力后即变形，必然产生缝隙，南方地区较潮湿，水汽有可能进入高强度螺栓或钢管中，对高强度螺栓不利。网架承受大部分荷载后，对各个接头用油腻子将所有空余螺孔及接缝处填嵌密实，并补刷防锈漆，以保证不留渗水汽的缝隙。

（3）电焊后对破坏掉的油漆及漏刷油漆应按规定补刷。

3. 网架滑移质量控制

（1）在网架整体液压同步滑移过程中，注意观测设备系统的压力、荷载变化情况等，

并认真做好记录工作。

（2）在液压滑移过程中，测量人员通过测量仪器配合测量各监测点位移的准确数值。液压滑移过程中应密切注意液压顶推器、液压泵源系统、计算机同步控制系统、传感检测系统等的工作状态。

（3）顶推千斤顶设备及油泵系统安装，必须有专业工人进行操作。现场滑移计算机同步控制系统由专业技术人员控制。

（4）整体滑移保障措施，整体滑移前，待所有设备调试完毕，由相关人员进行检查，合格后会签滑移令，会签完毕以后才能开始滑移。各个滑移点看护人员每人配备对讲机，随时向主控人员汇报滑移系统运行情况。

（5）整体滑移应急措施，试滑移期间，详细测量各滑移点的位置，位置误差较大时通过调整单点千斤顶使误差一致后再正式滑移。暴风雨来临时，停止滑移，关闭一切供电系统，以防雷击。液压系统泄漏：更换相应密封圈；控制阀卡涩：清洗控制阀，清洁油液；异常情况紧急报警：在每个吊点设置有紧急停机按钮，一旦出现异常情况，可以实现全系统停机。

3.8.4 安全措施

（1）临时措施结构安装、高空拼装及结构滑移安装前对各专业施工人员进行安全交底；高空作业人员经检查未有恐高症，才能进行高空作业。进入施工现场必须戴安全帽，高空作业中必须挂安全带、穿防滑鞋。

（2）高空支架拼装平台满铺脚手板，脚手板搭接部位与下部架体用扎丝绑扎固定牢固，下方满挂安全网，临边位置设置防护栏。吊装作业划定危险区域，挂设安全标志，加强安全警戒。高空拼装前再次复查操作平台牢固性，作业期间委派专职安全人员进行巡查。每个滑移单元网架拼装时同时涂刷网架油漆，拼装完成后下部设置安全网、网架上安装虹吸雨水等管道完毕后再进行滑移，防止后滑移再进行高空作业，减少安全隐患。

（3）对所有可能坠落的物体要求：高空作业中的螺杆、螺帽、手动工具、焊条、切割块等必须放在完好的工具袋内，并将工具袋系好固定，不得直接放在梁面、翼缘板、走道板等物件上，以免妨碍通行，每道工序完成后作业面上不准留有杂物，以免通行时将物件踢下发生坠落打击。

（4）各工种（起重工、电焊工、电工、塔吊司机、测工、指挥工、架子工）认真执行安全操作规程。

（5）施工现场所用所有电气操作系统、液压系统设备要做好防雨、防潮、防漏电措施，下班后要将所有设备盖好，避免接触雨水导致漏电，避免因为雨水而导致设备受潮而损坏。

（6）顶推千斤顶设备及油泵系统安装，应有专业工人进行操作；现场滑移计算机同步控制系统由专业技术人员控制。

（7）顶推器在安装时，高空铺设安装操作临时平台，地面划定安全区，避免重物坠落，造成人员伤亡；滑移及牵引设备索具要全面检查、试车、试滑、方可正滑行。滑移降过程中，指定专人观察滑移轨道、顶推点、顶推器等的工作情况，若有异常现象，直接通知现场指挥。

(8) 现场无线对讲机在使用前，必须向工程指挥部申报，明确回复后方可作用。通信工具专人保管，确保信号畅通。

(9) 滑轨的接头必须垫实、光滑。滑动式滑移时，在滑轨上涂刷润滑油。滑橇前后都应做成圆弧导角，否则易产生"卡轨"，发生安全事故。

3.8.5 环保措施

(1) 施工期间控制噪声，应合理安排施工时间，并减少对周边环境的影响。

(2) 现场油漆涂装和防火涂料施工时，采取防污染措施。

(3) 钢结构安装现场剩下的废料和余料应妥善分类收集，并应统一处理和回收利用，不得随意搁置、堆放。

(4) 滑移设备油管做好防护措施，防止油管损坏污染施工场地。

(5) 所有顶推器要经过保养清洗工作，并做压力实验，防止出现漏油问题，确保滑移期间顶推器使用完好。

3.8.6 结语

黄山北站屋面钢结构网架安装采用累积滑移施工技术，不占用进站层、高架候车层施工场地，为站房室内精装修、机电安装施工提供工作面，工期提前了 50 天，为黄山北站提前具备开通条件赢得时间，直接节约了施工成本约 135.8 万元，取得了良好的经济效益，得到京福铁路安徽段公司认可，获得全线站房施工优胜单位。

3.9 大跨度拱形管桁架步进式顶推滑移施工技术

3.9.1 工程概述

哈尔滨西客运站工程高架通廊屋面采用拱形管桁架结构，高架通廊屋面管桁架结构投影尺寸为：长 234.4m，宽 99.4m，用钢量约 1496t，共有 44 榀主桁架组成，桁架由伸缩缝分为三个独立的单元。屋面管桁架主要受力部分为上下弦杆、腹杆、次桁架及支撑，上下弦杆为 $\phi180\times8$、$\phi203\times10$、$\phi245\times12$、$\phi245\times16$；腹杆为 $\phi89\times5$、$\phi133\times6$、$\phi168\times8$、$\phi114\times5$、$\phi152\times6$；次桁架为 $\phi152\times6$、$\phi89\times4$；支撑为 $\phi114\times5$、$\phi89\times5$，材质为 Q345B。整个屋面管桁架通过 4 排支座支承在下部的混凝土框架柱及框架梁上，共计 88 个支座（图 3-112、图 3-113）。本工程采用高空组装、步进式顶推滑移的方法施工，在高架通廊的西侧的混凝土楼板上搭设一个高空拼装平台，宽度为 24m，长 68m，高 14~23m，在高空拼装平台上分别组装 4 榀桁架为一个滑移单元，组装完毕后从西往东累积滑移就位。桁架累积滑移时在桁架内侧的两排支座上铺设槽钢轨道，根据滑移单元的大小在相应的轨道上设置液压顶推器。采用步进式顶推滑移施工方法与传统的爬行器滑移施工方法相比，具有反作用可靠、同步控制精度高、临时措施简单等优点，从而确保工程质量和施工的安全、进度，并确保了经济的合理性。

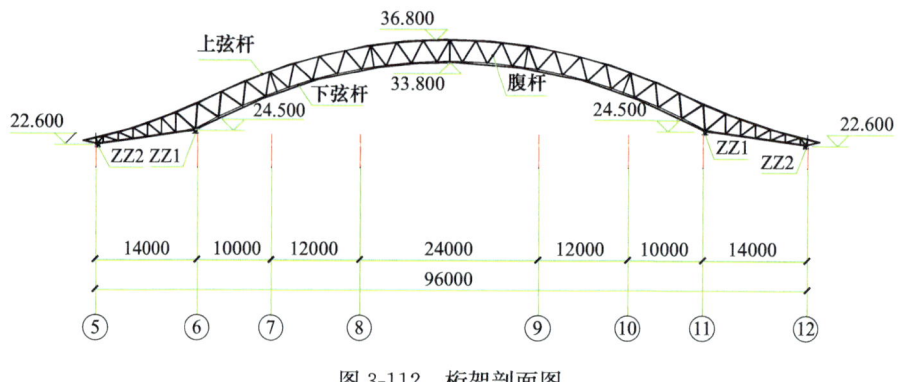

图 3-112 桁架剖面图

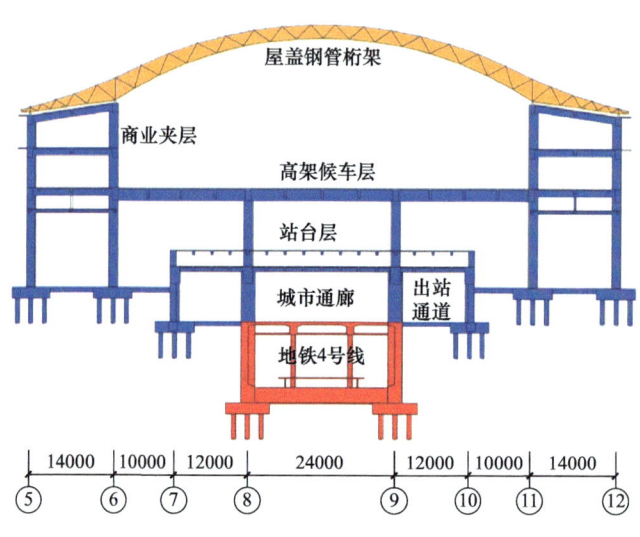

图 3-113 高架通廊结构断面图

3.9.2 施工工艺流程

3.9.2.1 架体搭设及桁架拼装

拼装平台脚手架采用扣件式钢管脚手架的形式，搭设间距（纵、横、高）为 1500mm×1500mm×1500mm，下部铺设在 50mm 厚通长脚手板上，顶层作业层水平加密杆的间距为 400mm，上面满铺 50mm 厚的脚手板，板下挂设安全平网。脚手架立面、水平面均加设剪刀撑，立面剪刀撑沿架高连续布置，双方向每 4 跨设置一道。水平剪刀撑每 4 步设置一道，斜杆与地面的夹角为 45°～60°，同时架体应与周边的混凝土结构连接以确保架体的整体稳定性。架体需经计算，受力架体应满足受力要求。

在架体上架立 14 号槽钢作为桁架拼装的胎架，槽钢焊接在架体的立杆上。每个弦杆的对接口处均设置胎架，胎架的位置应避开桁架的节点，以便于桁架的拼装。桁架主弦杆采用塔吊进行高空散装，单根弦杆重量为 700～800 kg，塔吊的作业半径及起重量满足要求，腹杆采用塔吊吊至操作平台上，人工散装。桁架高空散装的流程为：下弦杆定位安装→上弦杆定位安装→节点定位放线→腹杆安装→检查验收→焊接→节点打磨、焊缝检查→涂装→检查验收（图 3-114）。

图 3-114 桁架在拼装平台上拼装

3.9.2.2 桁架滑移就位

1. 液压同步顶推滑移原理

"液压同步顶推滑移技术"采用液压顶推器作为滑移驱动设备。液压顶推器采用组合式设计，后部以顶紧装置与滑道连接，前部通过销轴及连接耳板与被推移结构连接，中间利用主液压缸产生驱动顶推力。

液压顶推器的顶紧装置具有单向锁定功能。当主液压缸伸出时，顶紧装置工作，自动顶紧滑道侧面；主液压缸缩回时，顶紧装置不工作，与主液压缸同方向移动。液压顶推器工作流程如下：

第 1 步：液压顶推器顶紧装置安装在滑道上，靠紧侧向挡板；主液压缸缸筒耳板通过销轴与被推移结构连接；液压顶推器主液压缸伸缸，推动被推移结构向前滑移。

第 2 步：液压顶推器主液压缸连续伸缸一个行程，顶推被推移结构向前滑移一段距离（一个步距）。

第 3 步：一个行程伸缸完毕，被推移结构不动；液压顶推器主液压缸缩缸，使顶紧装置与滑道挡板松开，并跟随主液压缸向前移动。

第 4 步：主液压缸一个行程缩缸完毕，拖动顶紧装置向前移动一个步距，一个行程的顶推滑移完成，从步序 1 开始执行下一行程的步序。

2. 顶推器布置及轨道设计

(1) 桁架滑移顺序

由于 R~Q 轴区域的 +10.0m 层混凝土结构先施工，故桁架滑移的顺序的从 R 轴往 D 轴进行滑移，如图 3-115 所示。

(2) 滑移单元的划分

滑移单元的宽度必须保证结构自身的稳定性要求，并不宜太宽，尽量较少操作架搭设量，本工程以 4 榀桁架作为一个滑移单元。

(3) 顶推器配置原则

① 满足屋面钢结构累积滑移驱动力的要求，尽量使每台液压顶推器受载均匀。

② 尽量保证每台液压泵站驱动的液压顶推器数量相等，提高液压泵源系统利用率。

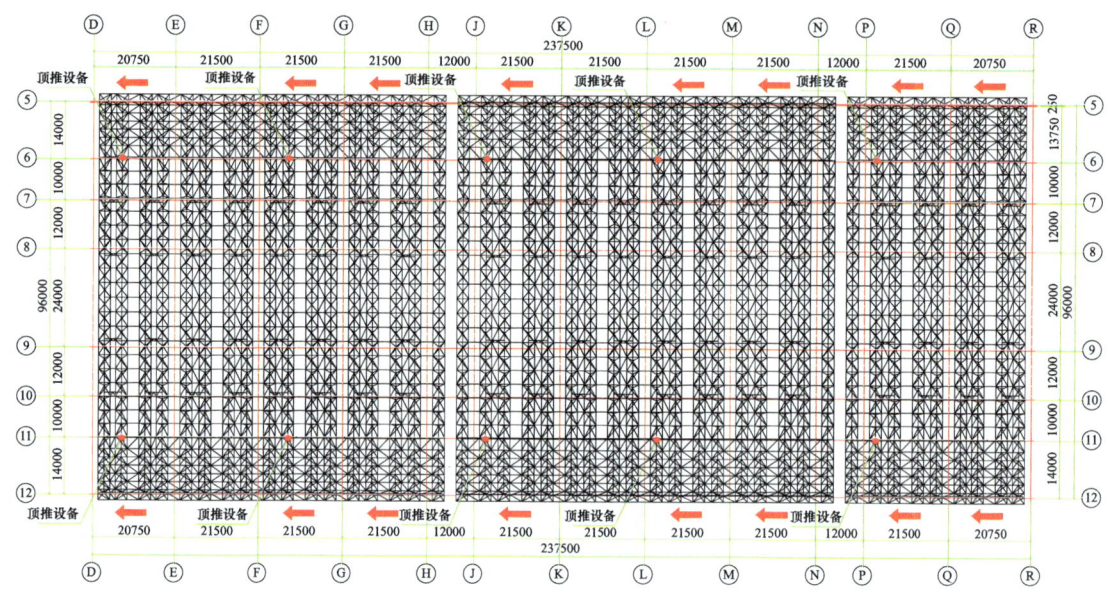

图 3-115 桁架滑移顺序

③ 在总体布置时，要认真考虑系统的安全性和可靠性，降低工程风险。本工程顶推器配置如图 3-116 所示。

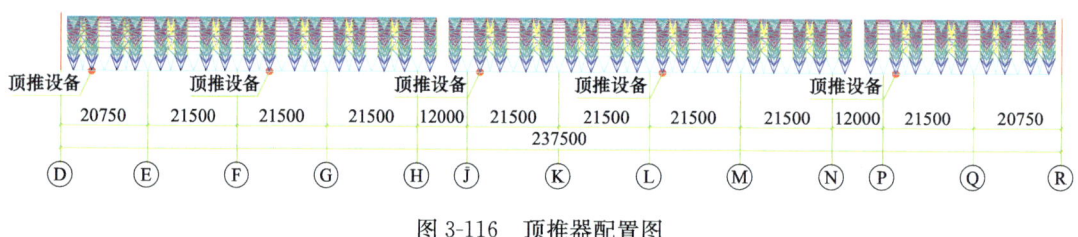

图 3-116 顶推器配置图

滑移轨道结构在屋面钢结构滑移过程中，起到承重、导向和横向限制支座水平位移的作用。滑移轨道中心线应尽量与桁架支座中心线重合，以减小滑移过程中桁架支座因受到偏心力而产生不利影响。

滑移轨道选用 16a 热轧槽钢，材质为 Q235B，利用滑移轨道的侧挡板与预埋件固定。轨道的侧挡板采用规格为 20×40×150mm 的钢板，在滑移轨道两侧对称设置，间距为 500mm，起到对槽钢翼缘加固及抵抗滑移支座处可能侧向推力的作用（图 3-117～图 3-119）。

（4）滑移轨道安装要求

本工程中每节滑道的长度为 5m，为保证滑道内表面的水平度，减少滑移过程中的阻碍、降低滑动摩擦系数，滑道在铺设时，应做到：

① 滑道槽钢在安装时，其下表面与预埋件及滑移梁上表面间的间隙应尽量用薄钢板垫实。

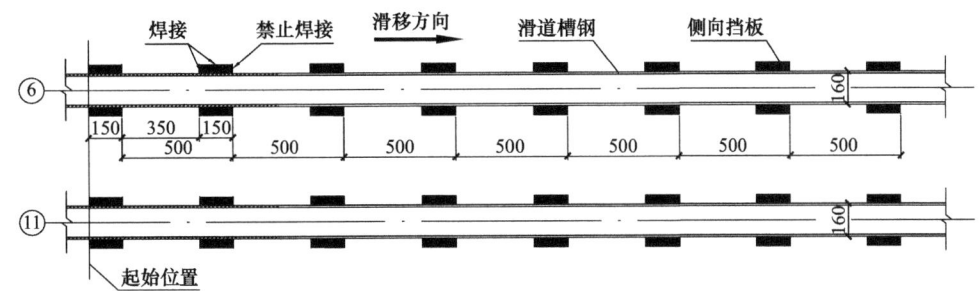

图 3-117 滑移轨道平面布置图

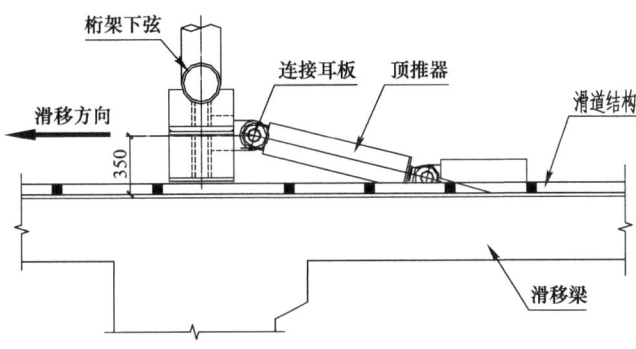

图 3-118 桁架顶推节点详图一

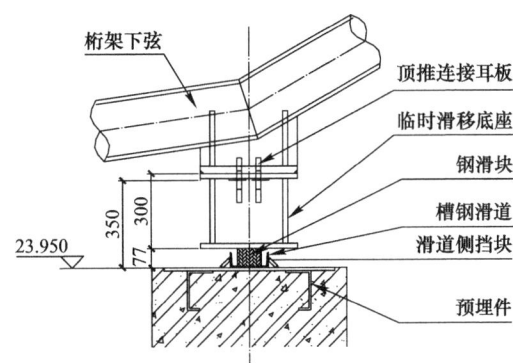

图 3-119 桁架顶推节点详图二

② 滑道中线与滑移大梁中心线偏移度控制在±10mm 以内。

③ 滑道两端标高偏差控制在 20mm 以内。

④ 滑道槽钢在滑移之前应涂抹黄油润滑。

(5) 轨道侧挡板的安装要求

滑道侧挡板起着直接抵抗网架自重产生侧向推力及控制滑道的作用，因此在安装过程中应注意以下几个方面：

① 为保证滑道侧挡板与顶推滑块之间有足够的接触面，滑道侧挡板的设置形式应严格按照图纸设计形式安装。

② 滑道侧挡板与滑道、滑移梁的焊缝高度应满足设计要求，以满足抵抗顶推反力的使用要求。

③ 所有滑道上的侧挡板的起始安装位置应在同一轴线位置处，并在每条轴线位置处重新设置起始点，以减小累积误差，满足滑移同步性的要求。

④ 同一滑道两侧的侧挡板安装误差应小于 2mm，相邻滑道侧挡板的间距误差应小于 5mm。

(6) 桁架滑移控制

步进式顶推滑移施工技术采用传感监测和计算机集中控制，通过数据反馈和控制指令传递，可全自动实现同步动作、负载均衡、姿态矫正、应力控制、操作闭锁、过程显示和故障报警等多种功能。本工程的步进式顶推滑移系统设备采用 CAN 总线控制，以及从主控制器到液压顶推器的三级控制，实现了对系统中每一个液压顶推器的独立实时监控和调整，从而使得液压同步滑移过程的同步控制精度更高，更加及时、可控和安全。

在桁架滑移过程中，每台顶推器和泵站均需设置一名监控人员，将设备的运转情况通过对讲机及时传递给指挥员，同时测量人员应通过钢卷尺配合测量各牵引点位移的准确数值，以辅助监控滑移单元滑移过程的同步性，当同步性发生偏差时，应及时采用单点微调的方法进行调整。

(7) 滑移就位

桁架滑移至设计位置后，再次检测桁架的轴线位置，然后进行支座替换。支座替换时按桁架分区分别从东往西逐个进行替换。采用 50t 千斤顶将两侧滑移支座同时顶升 5mm 后，将滑移支座拆除，替换成成品支座，全部支座替换完毕后，按设计要求对支座进行焊接固定。

3.9.3 结语

本工程采用步进式顶推滑移施工技术，确保了高架通廊屋面桁架从安装开始，65d 完成的工期目标，为结构装修施工争取了空间和时间。

(1) 本施工方法与采用满堂脚手架高空拼装的施工方法相比，减少脚手架用量 245778m³（2334.8t），有效节约施工成本 3625140 元，缩短工期 63d。

(2) 本施工方法与分榀吊装施工方法相比，减少了大型吊装设备的使用（其中 300t 履带吊两台，50t 汽车吊 3 台），有效节约机械费 2568890 元，缩短工期 25d。

(3) 本施工方法与传统的爬行器滑移相比，由于采用顶推器，反作用力传力可靠，同时采用了压力传感器和位移传感器，在桁架滑移过程中同步性更容易控制，过程调节方便。

哈尔滨西客站工程高架通廊屋面桁架成功安装，使大量的屋面桁架吊装作业、高空组装工作转变为近似的地面作业，大大提高了工人操作的安全性，保证了钢桁架拼装的精度和质量，缩短了工期，提供了后序各工种交叉施工的作业面，取得了明显的社会和经济效益。

3.10 天桥顶推技术在既有站改造施工中的应用

3.10.1 工程概述

德州站站房改造施工中新建跨越营业线路钢结构旅客天桥，连通德州站新建站房及三个站台，跨线长度分别为：一站台到二站台 27.955m，二站台到三站台 19.750m，天桥设计宽度为 8m，高度 5.45m，总长 72.24m，总重量 63.5T，钢结构旅客天桥底面距轨顶 8.42m。天桥结构形式为钢桁架形式，建筑结构安全等级为一级，结构设计使用年限为 50 年，建筑耐火等级为二级（图 3-120）。

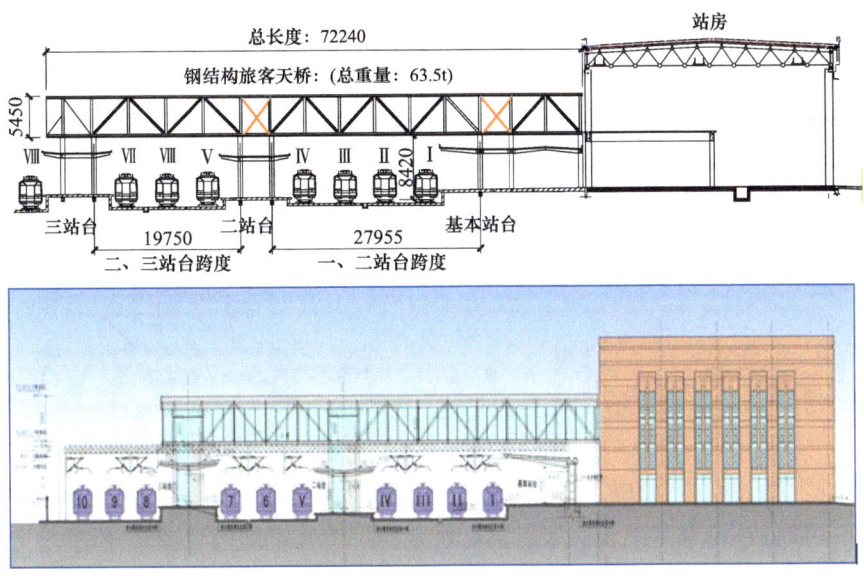

图 3-120 天桥效果图

在既有站房改造工程中,由于跨越营业线路旅客天桥跨度、重量较大,且同既有营业线路位置关系特殊,在既有站改造工程施工过程中,如何确保在不影响铁路既有线路正常运营的情况下,安全高效地完成车站新建旅客天桥的建设工作是一个重要的技术难题。本文通过对德州站站房改造工程中跨越营业线路钢结构旅客天桥施工方案的选择及施工方法,重点介绍天桥顶推技术在既有站改造施工中的应用。

3.10.2 施工方法的选择

3.10.2.1 施工重难点

(1) 德州站位于德州市中心,施工场地地处繁华地段,周边环境复杂,且紧邻营业线路。

(2) 德州站为客货纵列式区段站,客运车场有正线 4 条(京沪上下行及石德上下行)旅客列车到发线 3 条,站场改造施工时无法全部停运所有营业线路,即无法进行全封闭施工。

(3) 天桥安装工程为营业线施工,如何保障工程在天窗点内顺利施工完毕,确保铁路运输的安全是本工程控制的重点。

3.10.2.2 施工方法选择

本工程天桥安装场地狭窄,不具备大型起重设备吊装作业条件,同时天桥结构下部铁路线路正常运行,不允许搭设支架或行走起重机械,而仅能在天窗点内进行相关安装操作。利用已有混凝土结构平台及搭设部分钢结构平台即可完成天桥结构桁架拼装,天桥结构可通过顶推法从站房侧平行滑移就位安装,顶推法施工对站房内部装修施工影响不大,对牵引设备要求不高,同时,顶推法施工可在天窗点内进行,对铁路营业线运营影响不大,能确保安全且大大加快了施工工期。

综上所述,本工程天桥安装采用顶推法施工为最优方案。

3.10.3 主要施工方法研究

3.10.3.1 顶推总体施工步骤

（1）导梁及第一节天桥结构拼装，在站房二层及临时拼装平台完成（图3-121）。

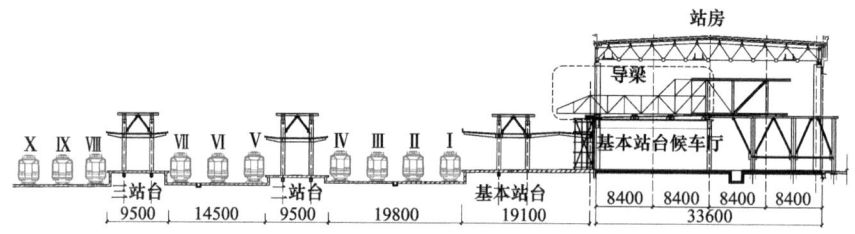

图 3-121 导梁及第一节天桥结构拼装

（2）第一阶段顶推至一站台边缘，然后拼装第二节天桥结构（图3-122）。

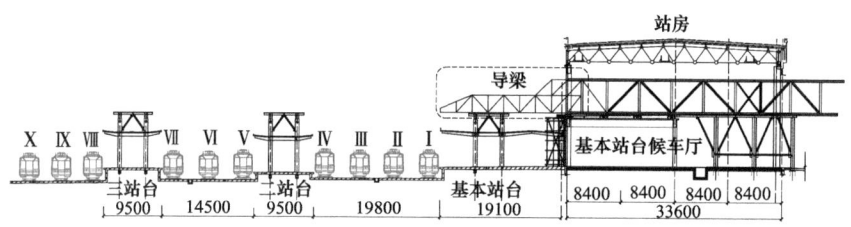

图 3-122 第一阶段顶推

（3）第二阶段顶推，在天窗点内进行，将天桥顶推至二站台边缘，然后拼装第三节天桥结构（图3-123）。

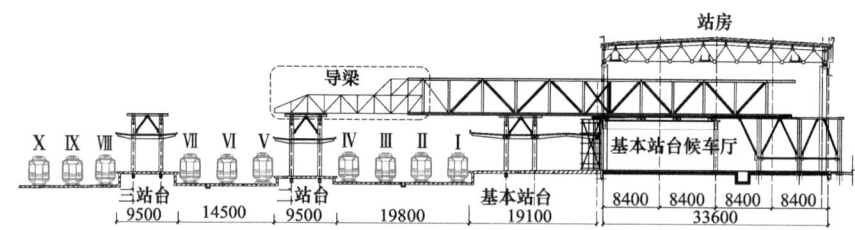

图 3-123 第二阶段顶推

（4）第三阶段顶推，在天窗点内进行，将天桥顶推至三站台边缘，然后拼装第四节天桥结构（图3-124）。

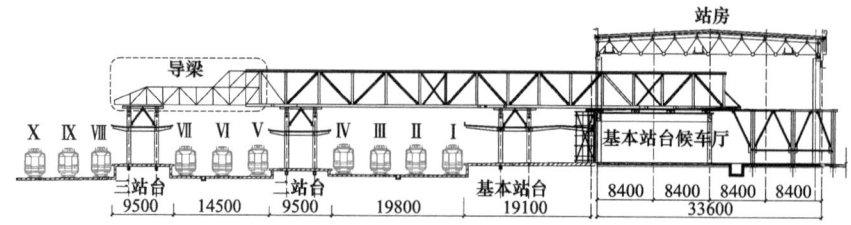

图 3-124 第三阶段顶推

(5) 逐段推进，然后在三站台天桥楼梯范围内分段切割前端导梁，直至导梁全部切除，天桥结构顶推至设计位置（图3-125）。

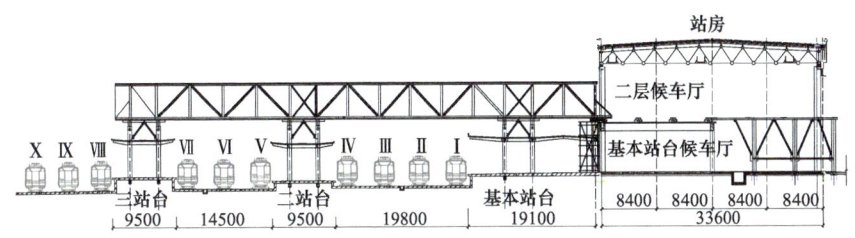

图3-125 顶推至设计位置

(6) 落梁，天桥结构落至设计位置，同时拆除临时拼装平台（图3-126）。

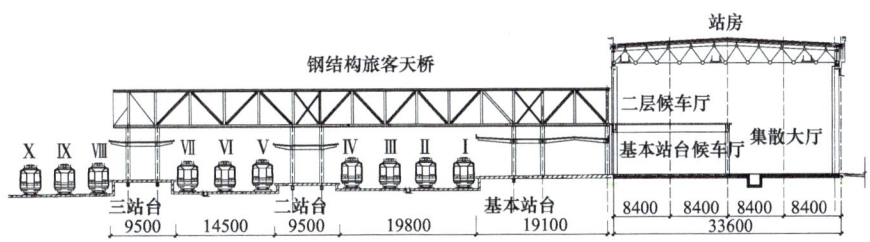

图3-126 落梁

3.10.3.2 拼装平台设置

在站房区域设置拼装平台，使天桥钢结构及导梁拼装长度能够满足最大跨线顶推长度（28m）需求。拼装平台由站房的二层楼面及其后的临时钢结构拼装平台组成，平台长33m，宽9m。在二层楼面上设置预埋件，预埋件上安装拼装滑道，通过拼装滑道组成拼装平台，进行天桥的拼装。拼装平台的结构图3-127。

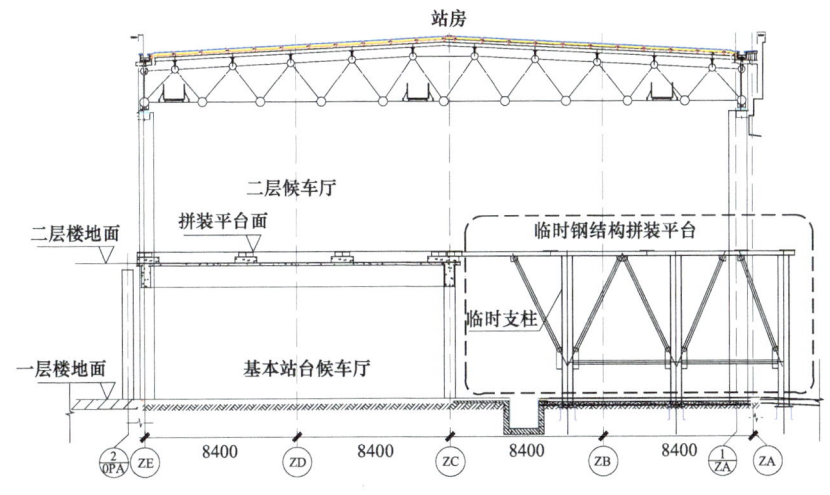

图3-127 拼装平台结构立面图

3.10.3.3 站场柱顶临时结构及滑道设置

为确保顶推工作的顺利进行,需在每个站台天桥柱顶设置临时结构,以保证柱顶滑道与站房拼装平台位于同一高度,同时在柱顶设置滑道梁,并对滑道结构进行加强。一二三站台天桥柱顶临时结构设置见图3-128。

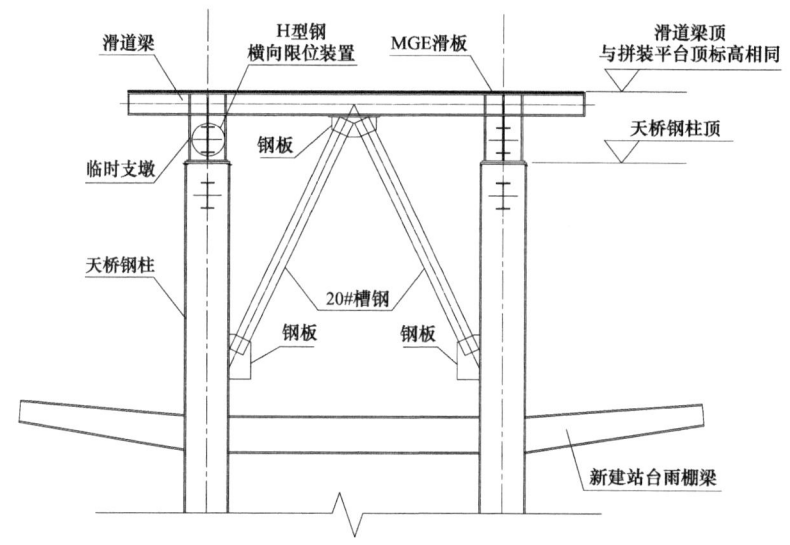

图 3-128 钢结构滑道梁平面图

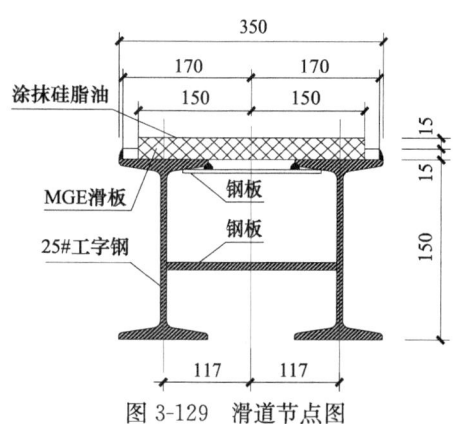

图 3-129 滑道节点图

站场内天桥钢柱顶滑道由支墩顶滑道梁和滑板组成,滑板设置在滑道和限位钢板之间,在天桥梁底和滑块间涂抹硅脂油。在拼装平台及一二三站台临时结构上均设置有滑道(图3-129)。

3.10.3.4 导梁设置

导梁设置在天桥结构前端,导梁长度20m,采用型钢组合截面,桁架体系,导梁高度上采用变截面。高度在天桥端为5050mm,前端为2580mm,宽度方向与天桥等宽。导梁结构见图3-130、图3-131。

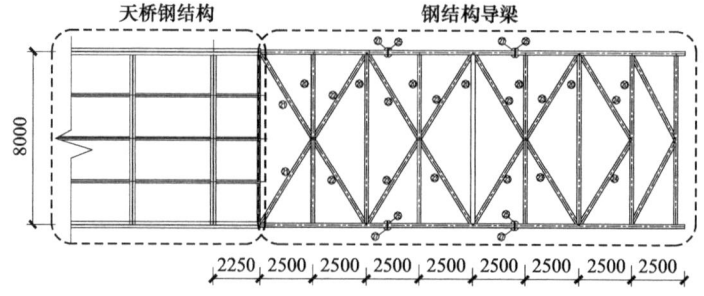

图 3-130 钢结构导梁平面图

188

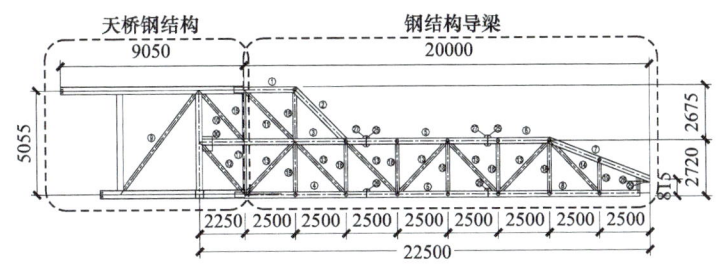

图 3-131 钢结构导梁立面图

经计算，导梁在顶推过程中，最大拉应力为 146.2MPa，最大压应力为 173.0MPa；导梁联结系在顶推过程中，最大拉应力为 19.4MPa，最大压应力为 21.0MPa；导梁前端最大上挠度为 3.7mm，最大下挠度为 34.2mm，均满足顶推需求。

3.10.3.5 顶推装置和横向限位装置

(1) 顶推装置

按天桥和导梁全部拼装完，同时天桥楼面、屋面及侧面封闭结构全部完成进行顶推，顶推最大重量约 180t 计，顶推力计算公式如下：

$$H = G \times f + G \times i$$

式中，G 为顶推天桥总重，f 为滑道摩擦系数，MGE 板与不锈钢之间加润滑剂时的起动时静摩擦系数可按 $f=0.1$；i 为顶推天桥的设计坡度。得：$H=180\times0.1+180\times0=18t$。

综上，顶推动力采用集中控制的两台穿心式 100t 全自动智能型连续顶推千斤顶（图 3-132）。连续顶推装置在满足最大顶推拉力的情况下，可最大程度地保证顶推运行快速、平稳，且两台设备同步运行。

图 3-132 连续顶推千斤顶

千斤顶固定在站房二层楼面框架梁侧，钢绞线一端固定在天桥钢梁上，一端穿过千斤顶，通过千斤顶动作，牵引天桥向前移动。

该桥最大顶推力为 18t，在一站台紧邻站房二层楼面处各安装 1 台顶推千斤顶。同时备用一台同型号顶推千斤顶。千斤顶的安全储备系数为 $2\times100/18=11.1$。

(2) 横向限位装置

为防止天桥钢梁在顶推过程中出现偏斜现象，在天桥柱墩处所有滑道外侧对称安装导向限位装置，控制天桥钢梁的横向移动。在站房二层结构楼板上区域设置的横向限位装置共 2 组，任何工况下不小于 2 组；在站台区域每个站台设置横向限位装置，每个站台设置 1 组限位装置结构见图 3-133。

安装横向限位装置时，预留一定间隙，使天桥钢梁横向偏移量控制在 20mm 内。在顶推过程中，任何情况下，梁体顶推区域横向限位装置的数量不得少于 3 组。

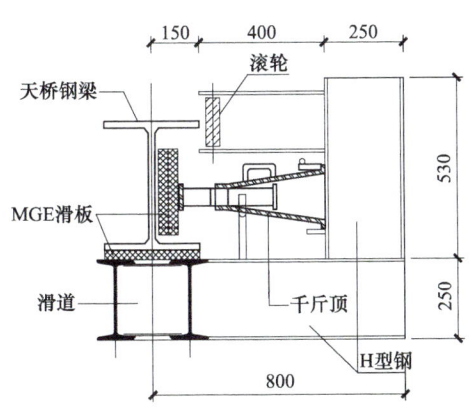

图 3-133 站房区域的横向限位装置

3.10.3.6 顶推施工

顶推作业是该方法在工程实例应用中的重点控制点，也是技术难点。顶推采用单向单点顶推，单幅桥顶推总长度72.5m，顶推一段距离后，需多次倒换钢绞线和拉锚器，才能完成顶推。自动连续顶推过程中需随时对主梁的轴线偏移进行监测，如果发现主梁轴线偏离设计轴线2cm，则进行纠偏。

顶推人员配备：顶推系统主控站、各千斤顶均设专人操作与控制，每个滑道设一名监护滑板的工人，所有顶推作业由总指挥统一发布命令，各操作点间联系采用无线对讲机。

每次顶推前，每阶段先推出约5cm后即停止，千斤顶回油；再拉、松2~3次，以松动各滑动面并检查各部位设施是否正常工作。在确认设备、人员正常工作后，由总指挥发令开始正式推进。

(1) 牵引束钢绞线安装及预紧

牵引束钢绞线安装时，从后锚点逐根向千斤顶内进行穿入，在安装钢绞线的过程中要防止钢绞线的互相缠绕。钢绞线安装完成后，在后锚点处单根预紧，预紧力 $F=1860\times140\times0.7\times0.1=1.82t$。预紧后使钢绞线在顶推箱梁时受力均匀，达到同步顶推，并检验钢绞线与千斤顶锚具之间是否夹紧，钢绞线牵引路径上是否存在障碍物等。

(2) 试顶

试顶推是整个顶推控制的关键，正式顶推前通过试顶推确定顶推作业的顶推运行速度、设备运行状态、人员操作情况、摩擦系数及牵引力大小等各项参数。试顶推的具体操作及要点如下：

1) 打开主控台及泵站电源启动泵站，用主控台控制2台千斤顶同时施力试顶，试顶距离0.5m。

2) 试顶时，记录试顶时间和速度，根据实测结果与计算结果比对进行调整速度。

① 每分钟前进速度，应将顶推速度控制在设计要求内；

② 记录顶推设备启动时顶推力的大小，从而了解滑板与梁底钢板之间的摩擦系数。

3) 试顶过程中，检查桥体结构是否平衡稳定，有无故障，关键受力部位是否产生裂纹。如有异常情况，则应停止试顶，查明原因并采取相应措施整改后方可继续试顶；检查油泵，前后夹持器，前后监控器，压力表，钢绞线等各设备运行情况是否异常。

(3) 正式顶推

通过试顶推确定的顶推运行速度、各阶段的顶推距离、天桥结构各节段的拼装情况，合理选择、确定正式顶推时间及天窗点利用。

① 首先选择手动模式。油泵操作人员调整溢流阀的工作限压，在30%、50%、70%、80%、85%、90%、95%、100%最大经验牵引力状态下，检查各受力结构变形情况，如有异常立即报告。

② 手动操作顶推系统牵引主梁滑移启动后，运转正常情况下，转换至自动运行模式，进行天桥的自动连续顶推。

③ 自动顶推过程中，应注意记录提升过程中的油压最大、最小值。顶推过程中必须保证2台千斤顶同时作业。

④ 顶推过程中，各墩顶滑道顶面及导向架侧面需塞填MGE滑板，各滑板与梁底的接

触面都须涂硅脂以减少摩阻力;一旦发现箱梁发生偏移、墩顶变位过大、顶力异常等,则应停止顶推作业,直至问题解决方可继续。

(4) 顶推控制

1) 天窗点内施工控制

通过试顶推及线外顶推确定的顶推作业平均运行速度及各阶段需在天窗点内顶推的总距离,确定需要天窗点数量。

$$T_{天窗} = T_{停电} + T_{送电} + T_{作业}; \quad T_{作业} > t = S/v + t_0$$

式中,$T_{天窗}$ 为天窗点总时间,$T_{停电}$ 为天窗点作业前停电时间,$T_{送电}$ 为天窗点作业后送电时间,$T_{作业}$ 为天窗点可用作业时间,t 为顶推作业时间,S 为计划顶推总距离,v 为顶推平均速度,t_0 为施工间歇及应急处理时间。

① 天窗点作业前,设备调试、各操作点人员准备等一切准备工作全部到位。

② 牵引束钢绞线拉锚器与千斤顶之间距离满足天窗点最大顶推距离,避免顶推途中更换锚具位置,减少非顶推消耗时间。

2) 导梁上墩

当钢梁和导梁悬臂挠度过大,导梁前端抵达墩位时,可能会出现梁前端低于支墩上的下滑道轨面的情况,不能直接上墩。为使导梁便于上墩,可采取以下两种措施:

① 导梁前端 2.0m 范围内设计成上翘状结构,上翘的高度根据导梁悬臂最大挠度设置,为 0.1m(图 3-134)。

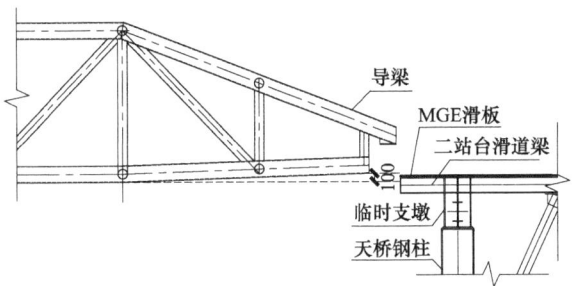

图 3-134 站房区域的横向限位装置(一)

② 导梁前端 0.5m 范围内仅设置上弦梁,在下弦梁上墩前,采用千斤顶将导梁上弦顶起后再"点动式"推进(图 3-135)。

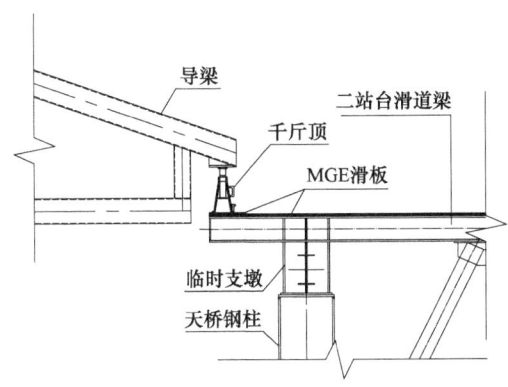

图 3-135 站房区域的横向限位装置(二)

3) 纠偏措施

在顶推过程中，往往由于左右两台水平千斤顶未能完全做到同步运行，因而各滑动装置的摩阻力也不尽一致，常使导梁及钢箱梁的走向偏离中线。为解决这个问题，需要设置横向导向或纠偏装置。

本工程纠偏装置共4对，在L1~L3及A3墩外侧设置反力牛腿，横向布置50t螺旋千斤顶，通过横向顶推钢箱梁来实现纠偏。当梁体偏向某侧时，可在梁体顶推前进过程中启动该侧各墩的水平千斤顶，即可使梁体向另一侧移动。

4) 顶推同步性控制

为保证各千斤顶在顶推过程中的同步及出力一致，将连续顶推泵站限压，并在顶推过程中观察调整限压值，每个泵站上都设有压力变送器，当某千斤顶出力过大时，将其限压稍微调低2~3MPa；当某千斤顶出力过小时，将其钢绞线重新拉紧，拉紧压力稍微调高3~4MPa，在顶推过程中，尽量将同一墩面台泵站的油压差值控制在3MPa以内。

3.10.3.7 导梁拆除及落梁

（1）导梁拆除

在顶推过程中，当导梁伸出三站台天桥柱时，进行分段拆除。拆除时，采用"顶推一段，拆除一段"交替作业的方法，按照5m一段通过四轮顶推和四轮拆除将导梁拆除完成。

（2）天桥落梁

将各站台天桥柱上设置2台200t千斤顶和1台高压泵站，拆除滑道梁及临时支墩后进行落梁施工（图3-136）。

天桥落梁从一站台至三站台顺次交替下落，每个柱顶每次下落按5cm进行控制。直到落到设计标高，支座完全受力。测试并调整天桥梁体线形达到设计和规范要求，锚固支座。

图3-136 落梁用千斤顶及高压泵

3.10.3.8 施工监测

为了保证天桥线形推进，以及顶推过程中天桥、天桥柱及拼装平台的安全，对顶推全过程需进行监控。施工监测内容如下：

（1）桥梁顶推过程中，导梁及天桥挠度观测。

（2）拼装平台沉降观测。

（3）顶推过程中，钢箱梁和导梁轴线偏移观测，桥墩偏转移位观测。在导梁顶面、天桥顶板中线、天桥柱适当位置固定一个刻度尺，分别在顶推前、顶推中、顶推就位后，采用全站仪观测刻度尺，根据测设的刻度数值推断天桥及导梁的横向位移偏差，要求中线偏差不大于5mm。

（4）落梁过程中，天桥柱荷载观测。落梁过程中，压在柱墩上的荷载产生的反力，采用带压力表的竖向千斤顶，顶升时根据压力表显示的压力计算出反力，并与理论计算的反力进行比较。

(5) MGE滑板与梁底的启动静摩擦系数和动摩擦系数变化的观测。

3.10.4 结语

通过在德州站钢结构旅客天桥施工中采用顶推施工技术，在采用顶推施工方案中，有效解决了跨越营业线施工的难题，确保了营业线施工安全的同时为后续施工争取了工期，同时在施工质量、施工进度、施工安全等方面均取得了很好的成绩，为德州站站房改造工程建设做出了巨大贡献，为集团公司在既有站改造工程天桥顶推技术施工领域填补了空白（图3-137）。

图3-137 德州站钢结构旅客天桥工程实景图

3.11 大跨度管桁架悬空对接施工技术

3.11.1 工程概述

贵阳北站站房屋面钢结构投影面积为74820m^2，屋盖典型跨度为42m×66m，采用正放四角锥焊接球网架与钢桁架组合结构，分为东、西、高架站房三个区域。东西站房钢结构按标高分为一、三级屋面，高架站房按标高分为二、三级屋面，采用分级整体提升技术，提升高度分别为42.35m和33.25m，在M轴-N轴、1/J轴-K轴处各设有一条伸缩缝，将高架站房屋面钢结构分为三个独立的区域，见图3-138。

高架站房钢结构桁架跨度达 39m，运用两个半榀桁架与网架点焊固定后，再进行桁架对接的施工工艺。桁架与网架焊接球之间、半跨桁架之间精准对接难度大，为保证施工质量，采用大跨度管桁架悬空对接技术，本节对此创新型技术进行探讨。

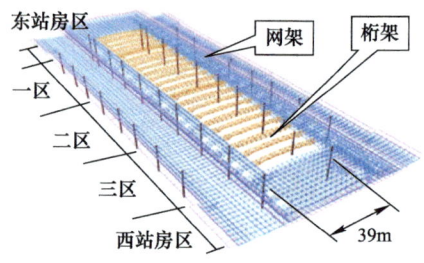

图 3-138 构件布置及位置分区示意图

3.11.2 施工工艺流程

3.11.2.1 半榀桁架悬空对接

由于桁架处于悬空状态，必须控制半榀桁架弦杆的中心线经过连接球球心、两个半榀桁架弦杆中心线为一条直线，采用自制式液压千斤顶悬空对接技术，保证网架与桁架、悬空半榀桁架之间的对接、焊接质量。

（1）自制式液压千斤顶研制

在一侧半榀桁架下弦杆端部焊接两块 1cm 厚钢板，在另一侧半榀桁上支设两台液压千斤顶，为调整桁架时受力均匀，将两半榀桁架精确地对接，钢板与液压千斤顶中心线必须通过下弦杆截面中心，为防止调整桁架导致液压千斤顶滑落，分别将桁架下弦杆两侧的钢板与液压千斤顶焊接，作为调整桁架的两组自制式千斤顶，在调整过程中，此连接焊缝受剪力作用大，箭头方向为千斤顶受力方向，见图 3-139，必须使用钢结构焊缝探伤仪对其进行检测，保证此焊缝达到一级焊缝。

关于自制式千斤顶的简要说明：在调试两桁架杆件中心线重合的过程中，自制式千斤顶有三项要求，即同时移动、方向垂直、缓慢均匀。

（2）半榀桁架悬空对接

两组自制式千斤顶分别控制两个半榀桁架的左右、上下方向的位移，其中一组调整两个半榀桁架左右位移，使用全站仪控制两个半榀桁架下弦杆的中心线与网架焊接球的球心在同一剖面，此时该组千斤顶停止作业，再利用另一组千斤顶调整两个半榀桁架上下位移，使用全站仪控制两个半榀桁架下弦杆的中心线在同一条直线上，见图 3-140，此时该组千斤顶停止作业。

微调两组自制式千斤顶，将两个半榀桁架下弦杆进行精准对接，再对桁架上弦杆进行微调即可，用水平尺检查桁架杆件拼装水平度，检查控制桁架对口错边在设计及规范要求的允许范围之内，见图 3-141，则该榀桁架悬空精准对接完成。

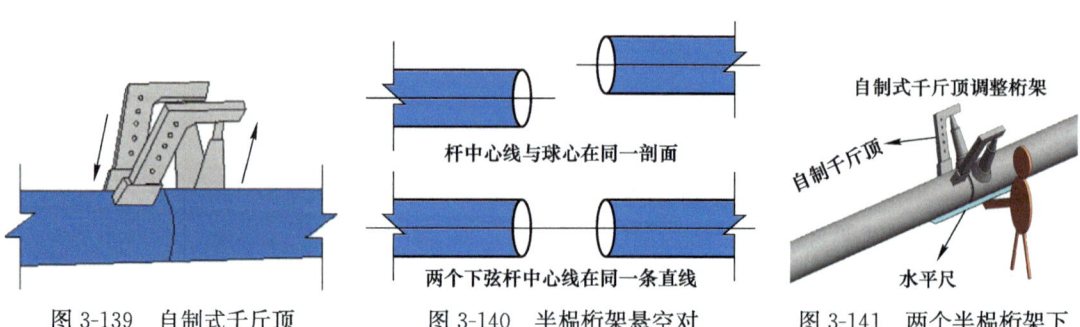

图 3-139 自制式千斤顶受力简易图　　图 3-140 半榀桁架悬空对接过程示意图　　图 3-141 两个半榀桁架下弦杆对接完成

3.11.2.2 桁架吊装

站房屋盖桁架共有 24 榀，为倒三角形管桁架，吊装段长度约 62m，截面高 4.6m，宽 4.4m。桁架重量分为三种：15.8t（4 榀）、17.1t（12 榀）、18.9t（8 榀），所有桁架均采用 2 台 25t 汽车吊双机抬吊。

(1) 吊点布置及吊装就位

每台汽车吊布置四个吊点，吊点布置在桁架上弦，通过钢丝绑扎在桁架上弦节点处，为避免损坏油漆，钢丝绑扎处采用布袋垫上。

起吊前，应先进行试吊；为保证桁架整体稳定性及考虑风荷载对悬空桁架的影响，正式起吊时，使桁架离开临时胎架 500mm 时停止，并作进一步检查，若正常，将桁架放在临时胎架上与网架焊接，吊装过程应时刻注意桁架的平衡度，通过控制两台吊机的提升速度，使平衡梁保持水平状态，见图 3-142，在吊装过程中应尽量减少停止次数。

(2) 楼板面的受力验算

由于施工现场场地局限，所以必须在高架层楼板上直接吊装，吊机行驶通道上铺路基箱，同时对 25t 汽车吊在楼板面上进行矩形板受力计算，见图 3-143。

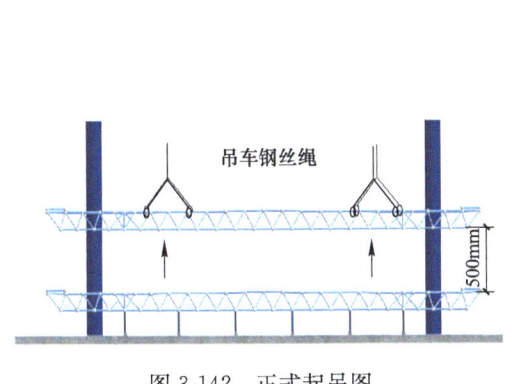

图 3-142 正式起吊图

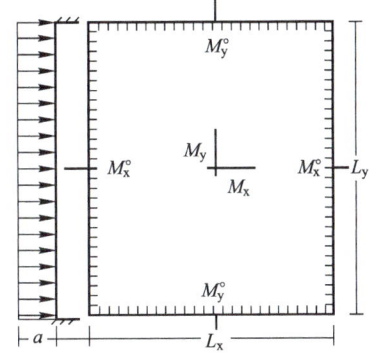

图 3-143 高架层楼板面受力分析示意图

吊装前，进行配筋计算、跨中挠度计算和裂缝宽度验算，验算结果，各个计算数值均在规范允许的范围之内，25t 汽车吊在 9.15m 楼板上时结构楼板满足受力要求。

3.11.2.3 桁架与二级屋面网架的对接

采用"棒棒糖"式安装法，即以桁架杆中轴线为"棒"，以网架球为"糖"，同时采用轴网、标高双重控制法，以保证"棒"穿过"糖"中心，即确保网桁架拼装质量。

全站仪架设在安装位置所在的轴线上，吊车缓慢将桁架吊至安装位置，进行水平或垂直调整，左右微调桁架，待下弦杆中心线与轴线在同一剖面时，停止移动桁架。再用全站仪标出弦杆连接球中心标高，上下微调桁架，待桁架弦杆中心线与连接球中心在同标高时，停止移动桁架，桁架移动到设计指定位置，此时"棒"穿过"糖"中心，"棒棒糖"式安装完成，见图 3-144。同时使用 5 个简易胎架支撑桁架，将桁架弦杆与网架连接球进行焊接，即与网架对接完成，见图 3-145。

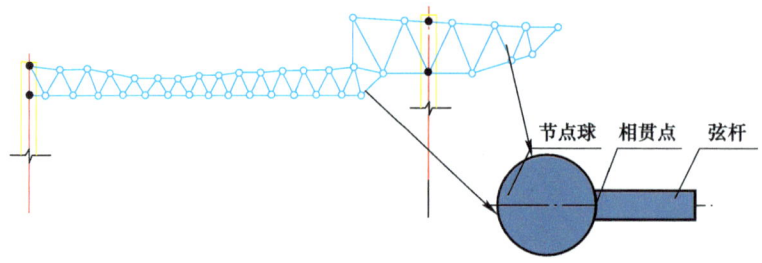

图 3-144　桁架与二级屋面网架对接

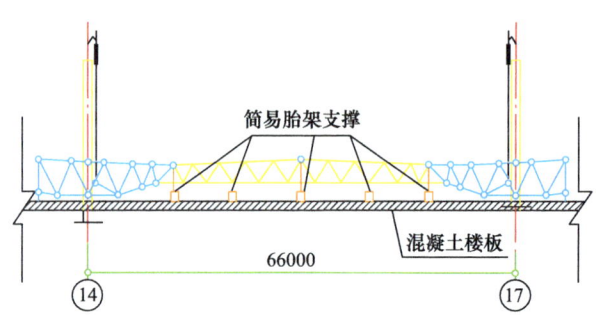

图 3-145　简易胎架支撑桁架

3.11.2.4　悬空桁架焊接质量控制难度

悬空桁架焊接采用直线无摆动焊接技术，整条焊缝往往在始焊端、焊缝连接处和终焊端等处最容易产生缺陷，应采取特殊处理措施。

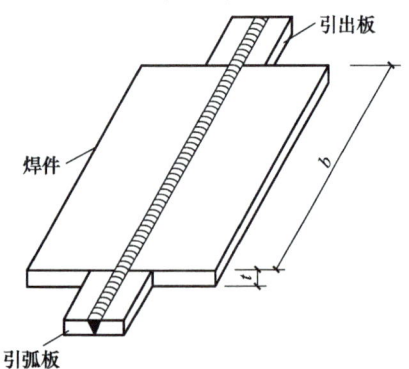

图 3-146　引弧板示意图

（1）始焊端焊接处理方案

桁架焊件始焊端处较低的温度应在引弧之后，现将电弧稍微拉长一些，对焊缝端部适当预热，然后再压低电弧进行起始端焊接，可以得到成形比较整齐的焊缝，或对于重要构件的焊接，可在焊件端加引弧板，将引弧时容易出现的缺陷留在引弧板上，见图 3-146。

（2）终焊端焊接处理方案

采用直线无摆动焊接连接方法，即在原熔池前方 10～12mm 处引弧，然后迅速将电弧引向原熔池中心，待熔化金属与原熔池边缘吻合填满后，再将电弧引向前方使焊丝保持一定的高度和角度，并以稳定速度向前。

（3）焊缝连接处焊接处理方案

焊缝终焊端若出现过深的弧坑会使焊缝收尾处产生裂纹和缩孔等缺陷，所以在收弧时，焊机应有电流衰减装置，如果没有，应采用多次断续引弧方式，或填充弧坑直至将弧坑填平，并且与母材圆滑过渡。

（4）焊缝质量验收

使用二氧化碳气体保护焊对网架与桁架、两个半榀桁架进行施焊，使用钢结构焊缝探伤仪对其进行检测，焊缝均为一级焊缝。

3.11.2.5 桁架悬空对接完成

采用大跨度管桁架悬空对接技术控制桁架的上下和右两个移动方向，保证半跨桁架之间、桁架与网架焊接球之间的中心线在同一直线上，从而成功完成大跨度桁架悬空对接，见图3-147。

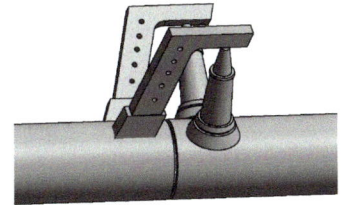

图3-147 桁架对接完成

3.11.3 结语

本工程运用的自制式液压千斤顶悬空对接技术成功地解决了管桁架的悬空焊接，与传统的搭设满堂架进行原位拼接相比，既节约经济成本、时间成本，又能保质保量施工（图3-148）。大跨度管桁架悬空创新型对接技术可运用于大型公建、铁路站房、场馆、机场等工程，相关探讨为解决钢结构构件悬空对接施工难题奠定了理论基础，并提供宝贵的实践依据。

图3-148 贵阳屋盖钢结构实景图

3.12 悬挑大跨度弧形"水滴"状钢结构安装施工技术

3.12.1 工程概述

宁波高铁站工程站房南北立面中央位置各有一个水滴造型（见图3-149），由悬挑异型钢结构支撑。悬挑异型钢结构与整个站房钢结构自18.4m标高以上为一个整体大桁架。水滴钢结构由三段大弧梁和撑拉杆组成，如图3-150所示。下部弧梁底部标高为20.61m，悬挑弧梁和上部弧形梁的顶部标高分别为31.78m、38.48m，主要构件均为Q345B钢材、矩形截面，拉（撑）杆与弧形梁呈空间90°正交连接，各节点均为焊接，悬挑内弧形梁悬挑跨度16.30m，外挑弧形梁挑跨22m，水滴钢结构东西跨度66.0m，结构总重约102t。为叙述方便，统一在后面的介绍中将"水滴"状大跨度弧形钢结构简称为"水滴"。

图 3-149 南"水滴"立面图

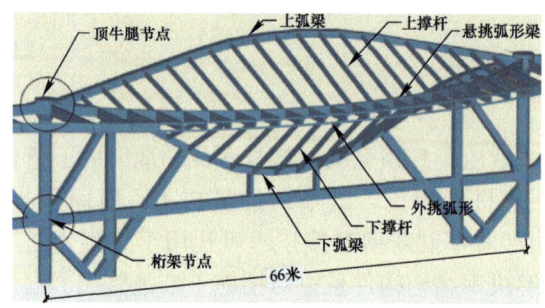

图 3-150 "水滴"钢结构三维轴侧图

3.12.2 吊装工艺流程及操作要点

3.12.2.1 吊装方案选择

为了满足节点工期要求,南北边"水滴"吊装时其下部落客平台结构未完成施工,构件吊装时吊车的站位不能选择于此部位,只能站位于既有结构楼板上进行南北"水滴"吊装。

(1) 钢柱吊装

钢柱吊装机械采用履带吊,履带吊站位于 9.85m 楼板上,楼板下方需用钢管架回顶。楼板上的吊车路线及站位位置需放置路基箱防止楼板的损坏,吊车作业半径为 10m,满足吊装要求。钢柱吊装前检查钢柱的几何尺寸,放出柱顶的十字中心线并作好标识。安装时先将钢柱基本就位,连接耳板安装好,上、下两节柱的十字中心线调整一致,再复核牛腿节点与轴线关系,复核和调节完成后张拉揽风绳和焊接。

(2) 弧形水滴吊装

履带吊站在 A、H 轴既有结构内侧吊装"水滴",就必须先施工"水滴"外弧形梁,再施工 A、H/1-2~1-5 轴立面结构(见图 3-151)。先吊装"水滴"悬挑弧形梁,悬挑弧形梁制作分段为 9 段(见图 3-152),吊装方式采用搭设 8 个支撑架进行高空就位吊装,支撑架搭设在 -0.15m 楼板上;其次吊装下弧梁及支撑,然后吊装上弧形梁,方法采用搭设 4 个支架分 5 段吊装;最后吊装弧形梁之间上下斜撑等次梁。

3.12.2.2 吊车选型及部署

(1) 吊车选型

为满足六节点牛腿柱等大构件安装,南边"水滴"吊装时采用 100t 履带吊,北"水滴"吊装时为满足站房两侧结构梁的吊装选用 160t 履带吊。

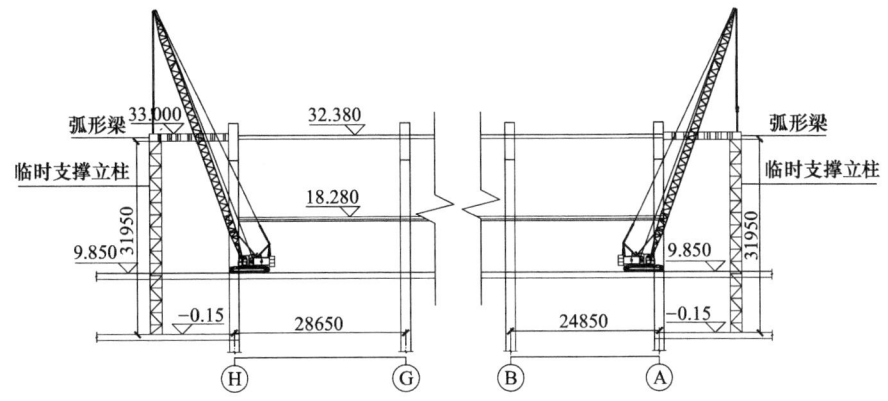

图 3-151 钢柱吊装吊车布置图

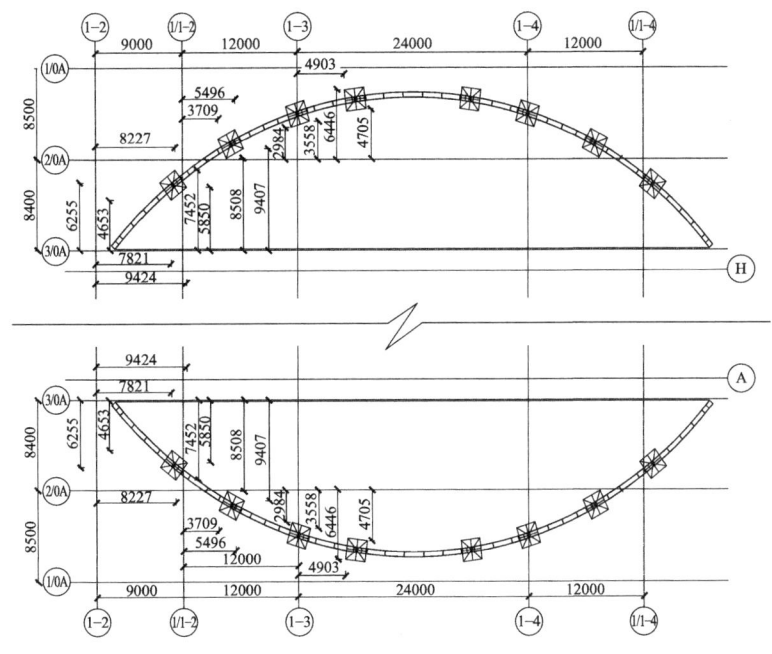

图 3-152 临时支撑架平面布置图

(2) 吊车行车路线

根据现场楼板结构设计情况及现场实际情况,确定了南、北立面"水滴"吊装时吊车的行走路线(见图 3-153),南立面履带吊吊装时最大荷载 150t,北立面履带吊吊装时最大荷载 210t。

(3) 楼板上吊车回顶验算

"水滴"外弧形梁吊装时,履带吊要在高架候车层结构楼板(9.85m)上进行吊装作业,9.85m 结构支撑架要按照履带吊施工时的最大荷载 210t 进行设计。履带吊站位于 9.85m 楼板前,9.85m 楼板预应力必须全部张拉完毕,履带吊行走及吊装时要沿垂直于履带长度方向铺设路基箱,路基箱尺寸为 4000mm×1000mm×150mm。

199

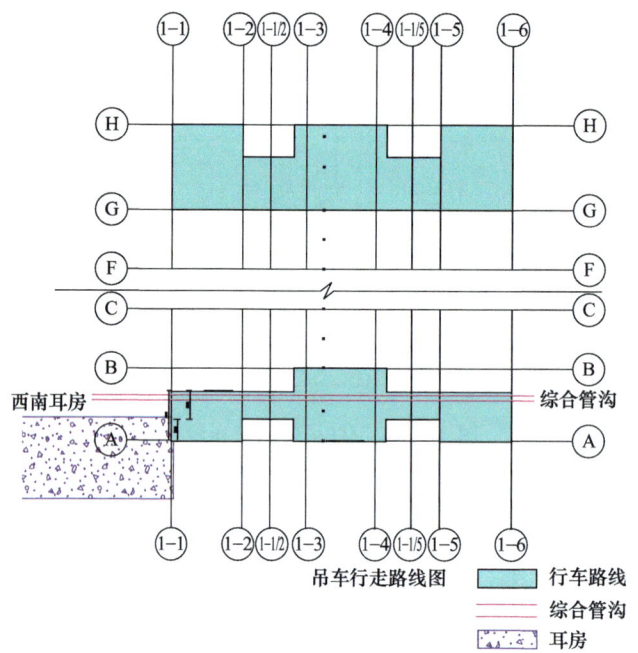

图 3-153　吊车行走路线图

在结构施工时，支撑回顶架层（地铁层）满铺碗扣支撑架，履带吊行走及吊装位置支撑架立杆间距为 600mm×600mm。采用上楼板最大机械（160t 履带吊）进行计算，其计算参数如下：

履带触地长度为 7.465m，单根履带宽度为 1.1m，履带外边缘距离为 6.9m。沿垂直履带方向满铺路基箱后，按 7.5m×8m 进行受力计算，则每平方米结构楼板所受压力为：$2100 \div 60 = 35 kN/m^2$；

每平方米立杆数：$1 \div 0.6 \div 0.6 = 2.78$ 根；

根据本工程《高大支模工程施工方案》，支撑回顶架层（地铁层）2m×1m 结构梁的受力验算，其单根立杆计算承载力为 23.179kN，每平方米最大支撑力为：$2.78 \times 23.179 = 64.44 kn/m^2$；

安全系数：$64.44 \div 35 = 1.84 > 1$，满足要求。

另外考虑到地铁层顶板已施工完毕，其架体安全稳定，由此确定该支撑体系满足吊装受力要求。

(4) 吊车上楼板时对楼板面的保护措施

① 楼板上的吊车路线选择上，遵循趋强避弱方针。

② 履带吊行驶路线需增加路基箱，路基箱规格为 4000mm×1000mm×150mm，平面布置同履带吊行驶路线图（见图 3-154）。

③ 汽车吊楼板面作业时支腿位置垫设钢板，钢板规格为 20mm×1000mm×1000mm，增加支腿与楼板接触面面积，保护楼板面混凝土不会损坏。

图 3-154　路基板铺设示意

3.12.2.3 钢构件分段

(1) 分段原则

① 满足现场吊机性能且便于安装；
② 工厂制作分段的合理性和经济性；
③ 相关技术规范要求、设计要求等；
④ 最终成形后，构件的受力符合设计者的意图。

(2) 屋面弧形拱梁分段

根据现场实际情况及分段原则，将上下弧梁分为 7 段，外悬挑弧梁分为 9 段，见图 3-155～图 3-157。

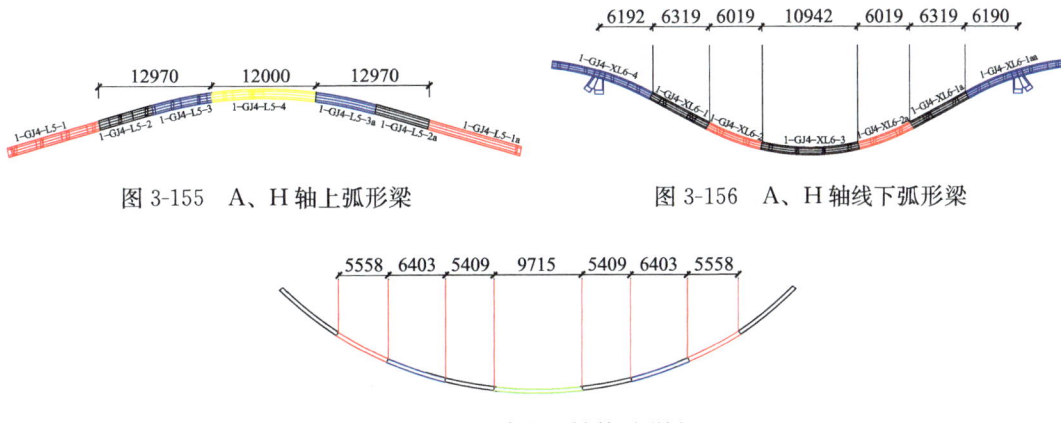

图 3-155　A、H 轴上弧形梁　　　　图 3-156　A、H 轴线下弧形梁

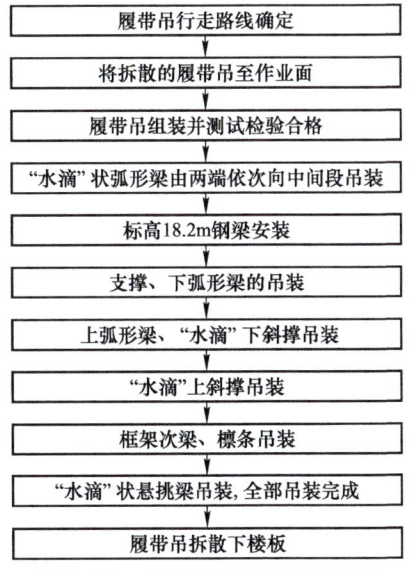

图 3-157　南北悬挑外弧形梁

3.12.2.4 吊装工艺流程

吊装工艺流程如图 3-158 所示。

图 3-158　钢构件吊装工艺流程图

3.12.2.5 支撑架的拆除与卸载

(1) 支持架卸载原则及卸载顺序确定

卸载过程是一个缓慢的受力体系转变、传力路线转变的过程，是从施工安装阶段到设计阶段的转化过程，拆除过程要避免结构局部构件和节点的破坏，这个过程要保证结构的安全、支架的安全。

卸载原则：卸载实际就是荷载转移过程，在荷载转移过程中，必须遵循"变形协调、卸载均衡"的原则。否则有可能造成临时支撑超载失稳，结构局部甚至整体受损。

卸载顺序：南北"水滴"弧形梁分 9 段吊装，分别搭设 8 个支架，待构件吊装完成验收后即可进行卸载和支架拆除。

先拆除支架 ZJ4 和 ZJ5，由于预先千斤顶支垫，此时，只需将千斤顶回落 2mm。4h 后观测，无变化再将支架 ZJ4 和 ZJ5 的千斤顶回落 20mm。24h 后观测，如弧梁的下挠值满足设计要求，即可将支架 ZJ3 和 ZJ6 千斤顶回落。以此类推，完成 8 个支撑架的千斤顶的回落，如弧梁下挠值满足设计要求，可以将所有支架拆除（见图 3-159）。

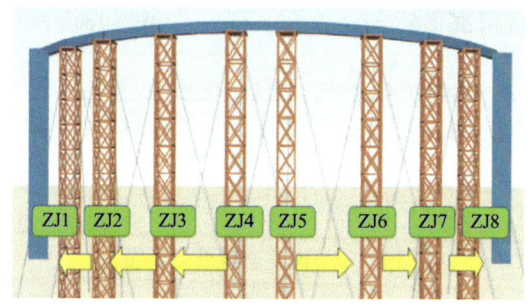

图 3-159 支撑架卸载顺序示意图

在卸载整个过程中，应对"水滴"钢结构关键截面的应力和变形进行实时监测，用于指导卸载工作的实施。

(2) 临时支撑架拆除方法

支架采用汽车吊及塔吊拆除，具体拆除步骤：①千斤顶把支架与钢梁回顶紧密（图 3-160）；②使用割枪把支撑马蹬切除；③经过千斤顶软卸载观察满足要求后，将千斤顶取出；④先拆除顶部第一节支架，依次从上往下拆除，下部支架先将吊点挂好，起钩至钢丝绳顺直，然后拆除支架连接螺栓，使用塔吊及汽车吊依次拆除（图 3-161）；⑤其余支架拆除方法同上。

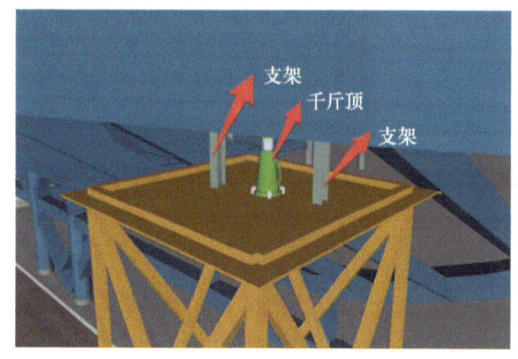

图 3-160 千斤顶安装

图 3-161 临时支撑架拆除

3.12.3 施工质量控制

3.12.3.1 测量精度控制

（1）钢柱测量质量控制

垂直度控制：根据楼面上测设的十字相交轴线，把2台经纬仪分别架设在相交轴线的延长线上，对准柱底相应的线段标志，测量员由柱底自下而上观测柱身母线，当十字丝的竖丝与钢管（特别是柱顶母线）的外轮廓线相吻合，即符合要求。

标高控制：利用高程控制点，用全站仪测量标高，安装一节钢柱后，引测一次实际标高用复合设计标高，一般控制误差在3mm内，可通过钢柱节点间隙予以调整。

柱顶位移测量：利用传递上来的投测点，运用全站仪进行排尺放线，把轴线放样到柱顶，作出柱顶平面放线，测量柱顶位移。

（2）弧形梁测量精度控制

将弧形梁上的每个支撑点由空间位置水平投影到地面上，并将其空间三维坐标在Z轴方向上转换到地面。采用全站仪在地面上分别测量出每个支撑架的位置。悬挑内弧形梁在水平面上投影为一弧线，上弧形梁、下弧形梁中心线在水平面上投影为一直线，安装前在分段位置先搭设支撑架，将钢梁的中心线用经纬仪投测到各个支撑架顶部拼装平台面，作标记。将标高用水准仪和钢卷尺引测到胎架顶部作标记。钢梁吊装就位时，吊机松钩前应仔细对中，使中心线与定位线重合。每段钢梁支撑下两端各放置2个千斤顶，用于调整拱的就位高度。

3.12.3.2 焊接变形与应力控制

（1）减少收缩量：
① 在保证焊透的前提下采用小角度、窄间隙焊接坡口，以减少收缩量；
② 采用小热输入量、小焊道、多道多层焊接方法以减少收缩量。

（2）预留收缩余量措施：
① 各焊缝应考虑收缩量；
② 弧形梁段沿其中心轴向长度，考虑其每道安装接缝的收缩余量2~3mm及其总和。

（3）严格控制焊接顺序，控制不当易产生变形和应力集中，因此在焊接时采取以下技术措施来控制焊接变形：
① 上下弧形梁与悬挑弧形梁拉杆、撑杆应从中间向两边焊；
② 分段焊接钢构件，待焊缝收缩后再焊另一端；
③ 钢梁的焊接，先焊受力大的杆件再焊受力小的杆件，先焊受拉杆件再焊受压杆件，先焊焊缝少的部位再焊焊缝多的部位；
④ 以对称焊口为基准，从控制应力应变为准则，详细制定焊接顺序，严禁将合龙焊口布置在构件应力集中的地方；
⑤ 焊接时应根据杆件对称布置的特点，选好自由端，避免焊接误差的积累。

3.12.4 结语

本工程悬挑"水滴"钢结构造型采用BIM技术进行施工模拟，确定吊车行走线路、支架数量及规格、分段吊装流程、支架卸载程序、楼面保护措施等，通过对测量、焊接变形与应力施工过程中的控制，提高了钢结构施工精度，施工完成后钢结构体系各项指标满足设计和规范要求，该施工技术可为同类大型复杂钢结构吊装起到很好的借鉴意义（图 3-162）。

图 3-162　悬挑"水滴"钢结构安装

Changchun West Railway Station 长春西站

- 长春西站为客货共线的大型铁路客站,集铁路、地铁、城市公共交通、社会交通等多种交通方式的综合客运交通枢纽。从城市中心、布局看,长春西站的落成改变长春市一个城市中心的布局,形成以老城区为城市中心,以西部新城为城市副中心的全新布局。

- 长春西站建筑造型以"雪国""春城""文脉"为着眼点,采用传统建筑的构图比例,以简练的几何体块和富有规律的竖向条窗来体现东北地区建筑浑厚、大气的特征和建筑文化。建筑立面色彩以浅色为主,在春、夏、秋季以北国春城多色的自然为衬托,冬季与皑皑白雪融为一体,尽显北国风情。

2013~2014年国家优质工程奖
2013年北京市建筑长城杯金奖
2014年中国铁建杯优质工程奖
2011年长春市结构"君子兰"杯优质工程奖
省部级科学技术奖1项

第4章 高铁客站幕墙及装修施工技术

4.1 引 言

高铁站房作为当今各大城市的标志性建筑，为各现代化城市间的经济发展、货物运输、居民出行等提供优质服务。由于所处的特定环境、特有的功能要求和特定的结构形式，从而使高铁客站的装修逐渐形成了自己特有的建筑风格和形式。在新的车站设计中，往往把传统的建筑处理手法与现代技术、结构、材料结合起来，反映出时代特点。

但个性化的建筑造型和新型建材的应用等均对高铁站房幕墙及装修施工提出了更高要求。例如，超大面积和超大柔性索玻璃幕墙施工在幕墙的结构受力和安装精度等方面具有较大技术难度；高大空间吊顶需要解决下部作业空间、人工和时间等问题；随着现代化装饰要求的不断提高，一些不规则建筑形式的地面出现，造成石材铺贴存在平整度、对缝和接缝直线度的质量控制难点。本章以合肥南站、宁波站、贵阳北站、黄山北站、长春站等工程实例为背景，详细阐述高铁站房幕墙及装修施工技术。

4.2 超大面积单向悬拉桁架式玻璃幕墙施工技术

4.2.1 工程概述

合肥南站作为华东地区的地标性建筑，采用了拉杆幕墙结构设计（图4-1）。由于受使用功能、幕墙面积和风载影响的影响，采用预加应力法结合公司开发的单向钢拉索幕墙的施工技术。该体系由钢拉杆与半隐框幕墙相结合的形式，支撑结构隐蔽，幕墙连接杆件隐蔽于玻璃分格缝隙中，造型大气美观，避免了传统大开间、大跨度玻璃幕墙支撑结构体系规格笨重，耗材较大、功效低，不易施工的特点，具有节能、节材的特点。采用HUIBAO和BIM软件对施工进行全过程模拟分析计算，优化了施工方法，解决了车站风载、动载对幕墙结构的影响而造成的边界效应，安全性较高。采用"单元格吊篮同步施工方法"安装玻璃幕墙，避免了传统幕墙安装受脚手架的影响，解决幕墙安装对钢桁架挠度变形较大的控制难题，同时解决了交叉作业难题，节约了工作面，且便于幕墙玻璃安装调节，保障了施工安装精度，缩短了施工工期，提高了工效。

图4-1 悬拉桁架式玻璃幕墙

4.2.2 施工工艺流程及操作要点

4.2.2.1 工艺原理

创新采用刚性与柔性相结合的玻璃幕墙体系，巧妙地将抗风结构藏入竖向格栅中，竖向格栅还为建筑增加自遮阳功能。钢框与锁杆的结合使整体幕墙显得简洁通透。

基于建筑表现形式，结构受力体系由混凝土结构柱、箱形桁架柱、框架结构梁和柱顶桁架梁共同构成封闭的幕墙边界结构。桁架柱上端通过拉杆和弹簧机与屋盖网架球连接，下端通过拉杆和混凝土结构梁上埋件铰接，玻璃幕墙体系为上下双向悬挂柱结构。

4.2.2.2 施工工艺流程

施工工艺流程如图 4-2 所示。

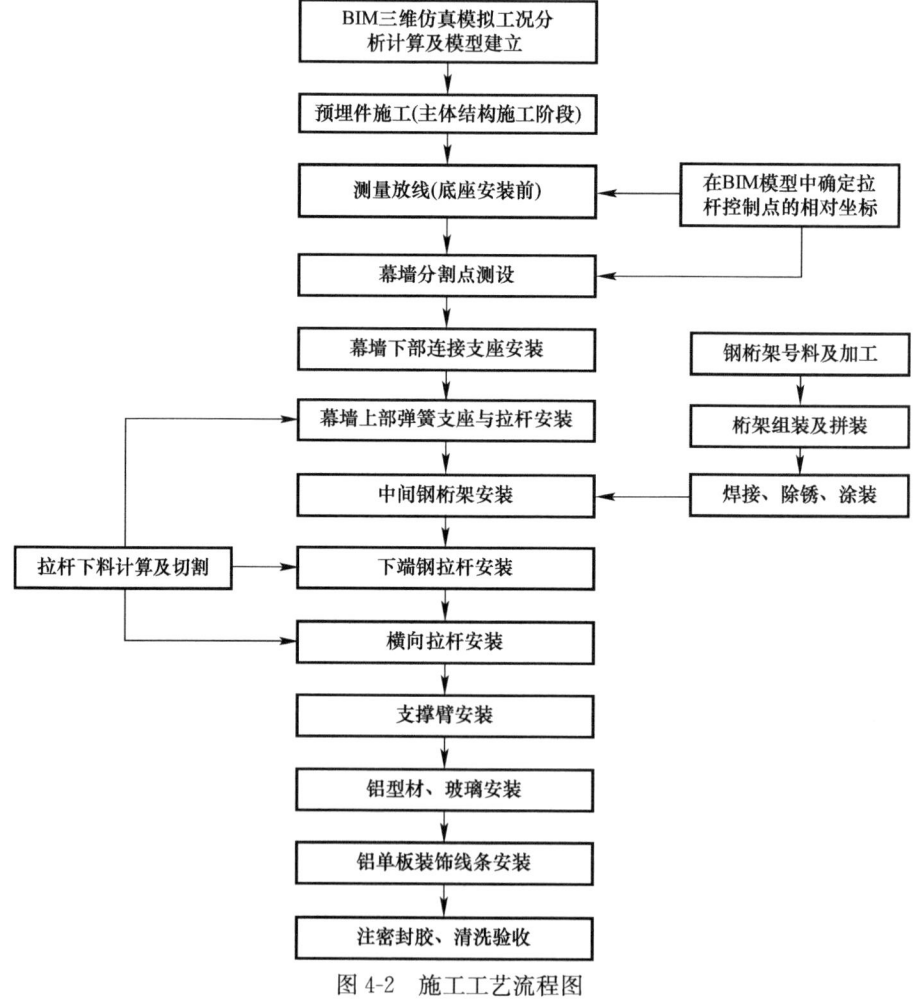

图 4-2 施工工艺流程图

4.2.2.3 操作要点

1. BIM 建模及仿真模拟施工工况分析

通过对悬挂幕墙在自重、风载、动载条件下的结构分析和施工工况进行模拟分析，从而指导现场钢桁架、钢梁的加工，拉杆的张拉施工。

（1）BIM三维仿真模拟工况分析计算及模型建立。根据施工整体要求，模拟桁架在各施工工况下的应力变化分析，确定桁架的整体刚度及挠度变形参数，在工况条件下分析，桁架梁挠度变形量为15.5mm，按$L/400$挠度变形控制满足要求，悬臂柱按挠度1/125控制满足要求。分析图见图4-3。

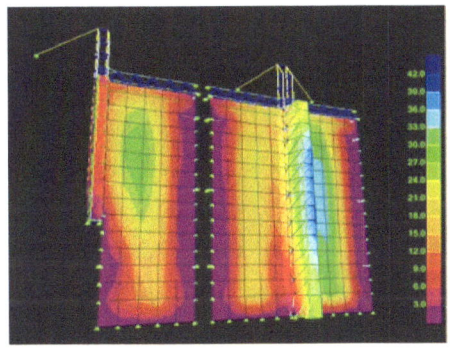

图4-3 悬挂幕墙施工工况分析图

（2）张拉工艺及张拉参数确定。钢拉杆张拉按设计要求进行安装；为保证钢拉杆在实际受力状态下必须只受拉不受压，在下端拉杆安装完成后对拉杆进行预拉。张拉参数按预应力杆拉杆长度的3‰进行张拉。

2. 预埋件施工

（1）预埋件施工（主体结构施工阶段）

预埋件施工与主体结构施工同步工作，在混凝土结构施工要完成埋件的定位安装，并经过验收，埋件的位置、标高必须符合埋件施工图的要求。

① 埋件的尺寸制作准确，符合设计及规范要求，当设计无要求时端部采用直径不小于14mm的螺纹钢进行焊接，锚固端要满足锚固要求，采用圆钢时端部做180°弯钩。

② 埋件位置应准确，依据埋件施工图纸及现场测设纠偏数据进行埋件位置的测设，埋件采用焊接法与主体结构钢筋连接安装，不可损坏主体结构钢筋，安装应牢固防止偏位，防止混凝土浇筑时造成位移。

③ 埋件周围混凝土要振捣密实。

（2）定位埋件的校正

① 清理埋件，使埋件漏出金属面，并检查埋件的牢固度及埋件平整度。

② 检查埋件位置及数量是否与设计图纸相符，检查标准：埋件平面位置允许偏差±20mm；标高偏差±10mm；表面平整度≤5mm。

③ 埋件偏差超过25mm时允许采用同强度、同厚度的钢板进行垫平后塞焊处理，钢板四周要满焊。

④ 对于漏埋和埋设不合格的埋件，及时与设计进行协调，确定补救方案，待设计确定实施方案后方可进行处理。

3. 幕墙分割点测设

（1）为减少幕墙结构与主体结构施工造成的测量偏差，根据主体结构期间给出的测量

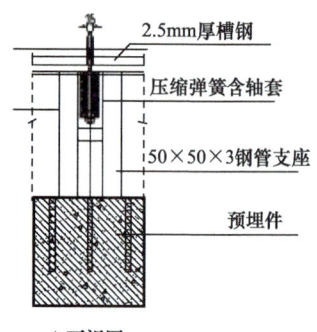

A面视图

控制点，建立幕墙施工平面控制网，并结合结构轴网尺寸进行幕墙平面轴线及标高控制线的测设。

（2）依据图纸复核初始测设的轴线、标高是否准确，经检查确认无误后填写轴线、标高抄测施工记录，然后进行幕墙分割位置支座的布置。

（3）采用全站仪在各段幕墙控制轴上测设出分割点位置，用墨线弹出端支座焊接控制线进行支座焊接控制。

4．幕墙上下部连接支座安装

如图4-4所示，依据测设出的分割控制线，在预埋件上焊接支座，底部支座焊接完成后，利用全站仪对控制线在两侧结构柱上引测，确定幕墙竖向轴线，竖向轴线测设完成后，根据幕墙两侧的轴确定顶部位置横向控制轴线，横向轴线位置确定后，依据幕墙平面控制轴线位置上划分的分割线，用铅锤仪测设出上端支座定位点，在测设无误后划出控制点进行支座安装。支座与预埋件焊接时，焊接要采用对称分层焊，以减少焊接产生的变形。焊接作业完成并经验收合格后，对焊点进行除渣和打磨后作防锈防腐处理。

5．幕墙上部弹簧支座与拉杆安装

图4-4 下部连接支座安装图

（1）工程施工要考虑消防排烟的设计要求，确保通风设备工程与幕墙交界位置的节点设计符合规范、设计要求（见图4-5）。

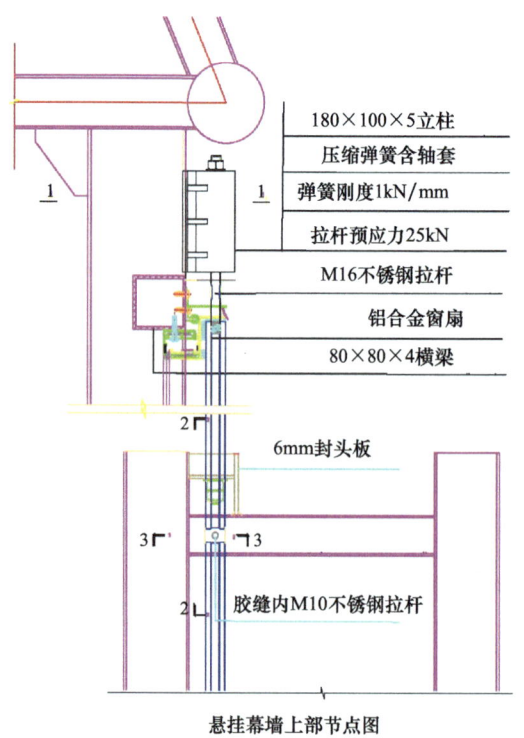

悬挂幕墙上部节点图

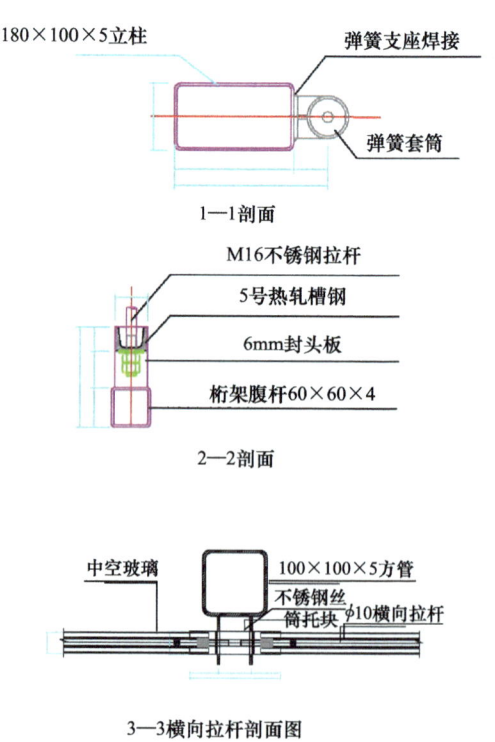

图4-5 悬挂幕墙上部节点图

(2) 弹簧支座与上端结构焊接，焊接时需根据幕墙设计分格尺寸及底座安装时投射的控制点在钢结构件表面放线，确定弹簧支座焊接位置，焊接时要求四面围焊、焊缝均匀、饱满，不得有虚焊、漏焊、夹渣现象。焊接完成对焊点位置进行清渣打磨后在结构表面做氟碳喷涂处理（两底三涂），漆膜厚度不得小于 40μm。

(3) 焊接固定内丝套管后进行拉杆安装，上端 M22 丝杆垂直套管中心线位置拧入安装。

6. 中间钢桁架安装

(1) 幕墙竖向钢桁架构件采用工厂定制加工，桁架加工前先由设计人员、现场人员、工厂加工小组人员对构建图纸进行分析，结合结构实际，对设计进行交底：

① 明确构件的规格尺寸位置及连接点形式；

② 构件的焊接工艺要求，焊接形式，焊缝等级，场内焊缝和现场焊缝；

③ 构件的表面处理要求。

(2) 构件运到现场，安装前对所有构件进行规格尺寸、变形量、焊接质量进行复核，确保桁架安装完成后满足设计、规范要求。

(3) 钢桁架吊装采用在屋面结构上固定吊篮和电动卷扬机进行吊装安装，桁架吊装到位后通过端部预留孔位与悬挂的竖向 M22 钢拉杆连接。安装见图 4-6。

图 4-6 中间钢桁架安装图

7. 下端钢拉杆安装及张拉

(1) 幕墙中间桁架安装完成后，根据现场实测数据修正钢桁架标高位置。

(2) 将下端 M10 拉杆固定安装在预先埋设的玻璃槽中，用力矩扳手伸入桁架中旋紧内丝套管紧固拉杆。

(3) 竖向结构安装完成后，为减少顶部桁架挠度变形引起误差累积，对竖向受力结构进行张拉前张拉。

(4) 根据工程的特点及精度、拉杆张拉宜按拉杆长度的 0.3‰ 分三次张拉到位，即 50%、75%、100% 三次张拉工艺。竖向不锈钢拉杆分级张拉，分级张拉是为让受力结构逐步进入受力状态。因此前两级张拉以顶部桁架在张拉条件下挠度变形符合设计要求，不要求拉索杆拉力全部一致。第三级张拉以从中间向两侧对称张拉顺序进行，在第二级张拉稳定后 24h 进行张拉。

(5) 拉杆张拉扭矩值根据设计给出的拉杆设计承载力值确定，分析结构变形的记录值是否符合结构变形要求，直到杆力稳定为止。

(6) 拉杆张拉扭矩按照拉杆厂家给出的扭矩系数公式确定,即:

$$M = K \cdot A \cdot P \tag{4-1}$$

式中,M 为扭矩扳手扭力,K 为扭矩系数,A 为拉杆端部公称直径,P 为拉杆预拉力。

8. 横向钢拉杆安装

(1) 当竖向幕墙桁架安装调整到位后,悬挂幕墙的横向拉杆从下向上安装。

(2) 用全站仪对安装的幕墙桁架进行测量复核后,在桁架上依据图纸标记出玻璃幕墙水平分格尺寸标拉杆套丝定位点,然后将内丝套管焊接在桁架上面,焊接采用分层焊接部可以一次到位,防止丝头变形。

(3) 拉杆与侧面结构连接处安装连接板块时同样要根据玻璃水平分格尺寸找好定位点然后将连接板块焊接在结构上。

(4) 内丝套管安装完成后,将 $\phi10$ 拉杆横向贯穿于竖向桁架上内丝套管中(见图4-7)。

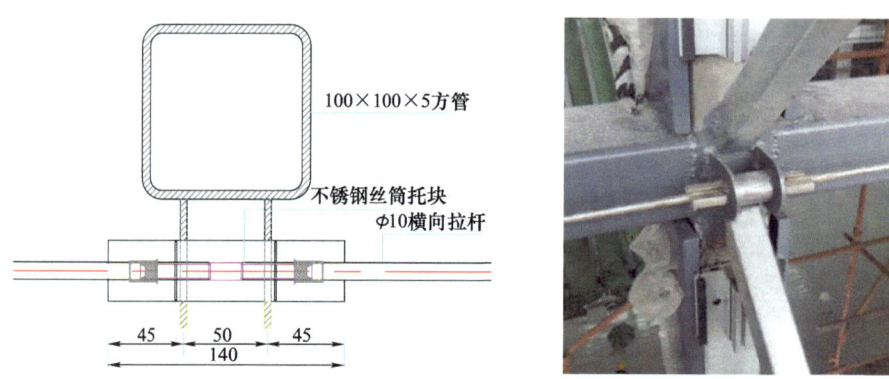

图 4-7 横向钢拉杆安装图

(5) 拉杆长度预先计算好长度,现场再次进行复测后进行下料切割。

9. 支撑臂安装

三角形支撑臂根据工况分析定制加工,采用 H 型钢 $100\times100\times8\times6$ 进行工厂加工,支撑臂构件通过幕墙两侧柱子上的预埋件焊接耳板进行固定,另一端与幕墙角部钢桁架铰接固定。如图4-8所示。

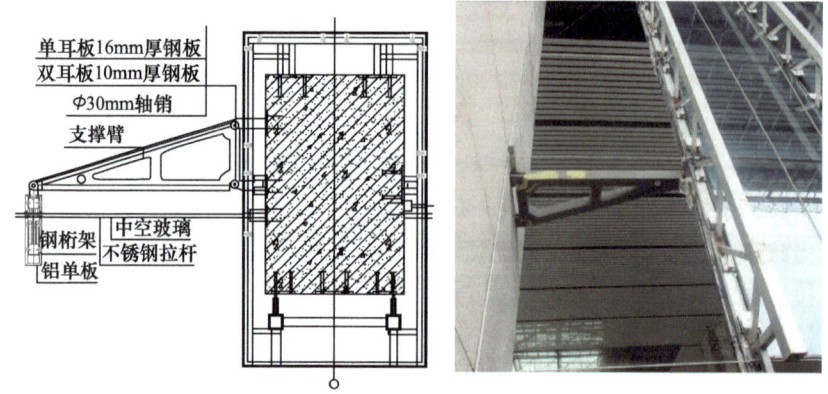

图 4-8 支撑臂安装节点

10. 铝型材、玻璃安装

(1) 安装钢桁架中铝合金型材底座，考虑桁架横向腹管与铝型材底座产生冲突，在安装铝型材底座时将底座分段安装便于施工。

(2) 玻璃运达施工现场后，由现场质检员与安装组长及监理工程师对玻璃的表面质量、公称尺寸进行100%的检测。并检查合格证及检验报告，同时使用玻璃边缘应力仪对玻璃的钢化情况进行全检，检验合格后填写构配件进场验收记录。

(3) 玻璃安装顺序可采取先上后下，采用电动葫芦进行垂直提升，到安装平台上进行定位、安装。在整个过程中减少尺寸积累误差在每个控制单元内尺寸公差带为±3mm，逐层安装调整，操作过程必须对玻璃加载中的数值变化进行监控。

(4) 幕墙边界部位玻璃安装在固定于支座上的不锈钢U形地槽内，地槽内按一定间距设有经防腐处理的垫块，当幕墙玻璃就位并调整其位置至符合要求后，再在地槽两侧嵌入泡沫棒并注满胶。

11. 铝单板装饰线条安装

幕墙玻璃安装完成后，将装饰铝单板安装在桁架表面，铝板安装必须加强对钢结构锚固点质量检查，不得出现锚固钉遗漏现象。铝板安装采用从下到上进行安装，铝板安装棱角顺直，拼缝均匀，无错台现象。

12. 玻璃注胶、清洗验收

(1) 幕墙结构安装完毕后，及时进行耐候密封胶嵌缝，予以密封，保证幕墙的气密性和水密性。

(2) 硅酮结构密封胶使用前，应经过国家认可的检测机构进行与其相接处材料的相容性和剥离粘结性试验，并应对邵氏硬度、标准状态拉伸粘结性能进行复验，检验不合格的产品不得使用。玻璃幕墙用硅酮结构密封胶，硅酮耐候胶必须在有效期内使用（质保期10年），硅酮耐候胶的位移能力级别应符合设计位移量的要求，不宜低于20级。

(3) 幕墙玻璃注胶宜选在晴朗的白天进行，雨天禁止打胶施工。耐候密封胶的施工严格按照施工工艺规范执行，施工时用二甲苯清洗液对施工区域进行清理清洁，保证缝内清洁干燥，无油渍、铁锈、灰层等杂物。注胶前应在拼缝两边黏贴胶带纸，保护玻璃表面不被胶液污染，同时保持胶缝顺直美观。

(4) 施工时应对进场的每一管胶的有效性进行确认检查，符合要求后方可施工，严禁使用未经验收和过期胶进行施工。

(5) 注胶顺序为：竖向胶缝由下向上，横向胶缝从左向右。胶带纸应在胶液初凝前撕去。

(6) 耐候密封胶施工厚度及施工宽度要符合设计及规范要求，厚度不宜小于6mm且不宜大于12mm，其宽度不宜小于7mm且不宜大于厚度的2倍，注胶应均匀、密实、饱满，胶缝光滑流畅，并及时清理粘接在玻璃上的多余胶。

(7) 待胶缝24h完全凝固后方可撕去胶带纸并用二甲苯对玻璃表面进行清洗、擦拭，有积胶的部位用刀片清刮，验收前再用清水全面清洗。严禁使用强酸、强碱等腐蚀性液体清洗幕墙。

(8) 检查验收标准执行《玻璃幕墙工程技术规范》JGJ 102，进行雨水渗透性、空气渗透性、风压变形性能、平面变形性能的四性检测，检验合格后出具检验合格报告。

4.2.3 质量控制

4.2.3.1 质量控制要求

（1）该工程严格按照表 4-1 所列规范规定的标准执行。

质量执行标准   表 4-1

序号	项目	执行标准
1	碳素结构钢	GB 700—2006
2	合金结构钢	GB/T 3077—1999
3	低合金高强度结构钢	GB/T 1591—1994
4	碳素结构钢和低合金结构钢热扎薄钢板及钢带	GB 912—2008
5	碳素结构钢和低合金结构钢热轧厚钢板及钢带	GB/T 3274—2007
6	建筑幕墙	GB/T 21086—2007
7	玻璃幕墙工程技术规范	JGJ 102—2003
8	建筑工程施工质量验收统一标准	GB 50300—2001
9	钢结构工程施工质量验收规范	GB 50205—2001
10	建筑装饰装修工程质量验收规范	GB 50210—2001
11	建筑门窗、幕墙用密封胶条	GB/T 24498—2009
12	索结构技术规程	JGJ 257—2012

（2）预埋件和连接件安装质量的检验指标，应符合下列规定：幕墙预埋件和连接件的数量、埋设方法及防腐处理应符合设计要求；埋件的标高偏差不应大于±10mm，预埋件位置与设计位置的偏差不应大于±20mm。

（3）竖向主要构件安装质量的检验，应符合表 4-2 的规定。

竖向主要构件安装质量允许偏差   表 4-2

	项 目		允许偏差（mm）	检验方法
1	构件整体垂直度	$h \leqslant 30m$	$\leqslant 10$	用经纬仪测量 垂直于地面的幕墙，垂直度应包括平面内和平面外两个方向
		$30m < h \leqslant 60m$	$\leqslant 15$	
		$60m < h \leqslant 90m$	$\leqslant 20$	
		$h > 90m$	$\leqslant 25$	
2	竖向构件直线度		$\leqslant 2.5$	用 2m 靠尺、塞尺测量
3	相邻两竖向构件标高偏差		$\leqslant 3$	用水平仪和钢直尺测量
4	同层构件标高偏差		$\leqslant 5$	用水平仪和钢直尺以构件顶端为测量面进行测量
5	相邻两竖向构件间距偏差		$\leqslant 2$	用钢卷尺在构件顶部测量
6	构件外表面平面度	相邻三构件	$\leqslant 2$	用钢直尺和尼龙线或激光全站仪测量
		$b \leqslant 20m$	$\leqslant 5$	
		$b \leqslant 40m$	$\leqslant 7$	
		$b \leqslant 60m$	$\leqslant 9$	
		$b > 60m$	$\leqslant 10$	

注：h—幕墙高度；b—幕墙宽度。

（4）横向主要构件安装质量的检验，应符合表4-3的规定。

横向主要构件安装质量允许偏差　　　　表4-3

	项目		允许偏差（mm）	检验方法
1	单个横向构件水平度	$l{\leqslant}2m$	$\leqslant 2$	用水平尺测量
		$l{>}2m$	$\leqslant 3$	
2	相邻两横向构件间距差	$s{\leqslant}2m$	$\leqslant 1.5$	用钢卷尺测量
		$s{>}2m$	$\leqslant 2$	
3	相邻两横向构件端部标高差		$\leqslant 1$	用水平仪、钢直尺测量
4	幕墙横向构件高度差	$b{\leqslant}35m$	$\leqslant 5$	用水平仪测量
		$b{>}35m$	$\leqslant 7$	

注：l—长度；s—间距；b—幕墙宽度。

（5）幕墙分格框对角线偏差的检验，应符合表4-4的规定。

幕墙分格框对角线偏差　　　　表4-4

项目		允许偏差（mm）	检验方法
分格框对角线差	$L_d{\leqslant}2m$	$\leqslant 3$	用对角尺或钢卷尺测量
	$L_d{>}2m$	$\leqslant 3.5$	

注：L_d—对角线长度。

（6）隐框玻璃的拼缝质量的检验，应符合表4-5的规定。

隐框玻璃的拼缝质量标准　　　　表4-5

	项目	检验指标	检验方法
1	拼缝外观	横平竖直，缝宽均匀	观察检查
2	密封胶施工质量	符合规范要求，填嵌密实、均匀、光滑、无气泡	查质保资料，观察检查
3	拼缝整体垂直度	$h{\leqslant}30m$时：$\leqslant 10mm$	用经纬仪或激光全站仪测量
		$30m{<}h{\leqslant}60m$时：$\leqslant 15mm$	
		$60m{<}h{\leqslant}90m$时：$\leqslant 20mm$	
		$h{>}90m$时：$\leqslant 25mm$	
4	拼缝直线度	$\leqslant 2.5mm$	用2m靠尺测量
5	缝宽度差（与设计值比）	$\leqslant 2mm$	用卡尺测量
6	相邻面板接缝高低差	$\leqslant 1mm$	用深度尺测量

注：h—幕墙高度。

4.2.3.2　质量控制措施

（1）工艺质量控制措施

① 严格按规范对原材料进行复检，所有零部件进场前、进场后进行全面复检。

② 安装过程中应随时检查基准轴线位置、标高及垂直度偏差，如发现大于设计及施工规范允许偏差时，必须及时纠正。

③ 对各道工序进行全面质量控制，坚持自检、互检和专检，防止质量通病措施，确保施工质量。

（2）安装质量控制

① 为了保证玻璃幕墙安装施工质量，要求单独编制玻璃幕墙施工组织设计方案。

② 做好施工质量记录及隐蔽验收记录，经验收合格后方可进行下道工序安装。

③ 索杆的张拉张拉顺序、张拉批次、张拉力或变形的测量和调整方法要在实施前确定，同时应做好张拉过程记录。

4.2.4 环保措施

（1）成立专门环境管理小组，在施工过程中严格遵守国家和地方政府下发有关环境保护的法律、法规和规章、加强对工程材料、设计生产垃圾的控制和治理。遵守防火及废弃物处理的规章制度，加强工程施工环保管理力度，接受地方政府及路局监管部门的监管。

（2）工程施工过程中，倡导绿色施工，按照住建部《绿色施工导则》的要求，加强施工过程控制管理，在保证质量、安全等基本要求的前提下，通过科学管理和技术进步，积极推广应用新技术，最大程度地节约资源与减少对环境负面影响的施工活动，实现节能、节地、节材、节电和环境保护。

（3）将施工作业区域合理规划，做好围护并标示清楚，做好场地的安全文明施工。

4.2.5 结语

合肥南站南、北立面采用整体悬挂式玻璃幕墙，悬挂玻璃幕墙共计 4000m²，上部拉杆采用 M22 悬挂在顶部三角桁架上，下端采用 M10 拉杆及弹簧机构拉接在下部结构梁上，其中横向最大跨度 19.35m，竖向最大高度 25.2m，设计新颖，结构独特，之前无类似工程经验，工程于 2014 年 11 月完工。通过采用该技术，解决了悬挠幕墙受力不均匀、挠度变形大的难题，提高了安装精度，提高了施工效率，保障节点工期，为合肥枢纽南环线合肥南站沪汉蓉线顺利通车赢得了宝贵时间。

4.3 超大柔性单向单拉索玻璃幕墙施工技术

4.3.1 工程概述

合肥南站地处合肥市包河区，该建筑共三层，地下一层，地上二层。南北设置站房，中间设置高架候车层。站房主体建筑轴线间南北宽 364.25m，东西宽 205.5m，站房建筑高度 38.05m，站房建筑面积 99284m²，屋架采用钢桁架体系。合肥南站的单拉索玻璃幕墙位于站房东、西、南、北四个建筑立面（见图 4-9、图 4-10），幕墙总面积达 6000m²，抗震设防七度，耐火等级一级。其中南、北建筑立面的拉索幕墙位于⑭～⑮轴间，幕墙跨度 24m，设计高度 29.3m，索距 2.03m。东、西建筑立面的拉索幕墙位于 Ⓟ～Ⓖ 轴间，幕墙最大跨度 42m，设计高度 19.3m，索距 1.91m。根据结构跨度高低，采用 $\phi36$、$\phi32$、$\phi28$ 的不锈钢拉索。立面玻璃采用 10+12A+10Low-E 中空钢化镀膜玻璃。

合肥南站单拉索幕墙结构支撑采用横向加劲索系结构体系，幕墙具有横向承载构件规格大、跨度大，承受有风荷载、地震荷载及自重荷载，结构受力复杂的特点，对拉索的应力变化影响较大。而大跨度支撑变形与拉索的张拉是影响幕墙施工质量的关键因素。支撑

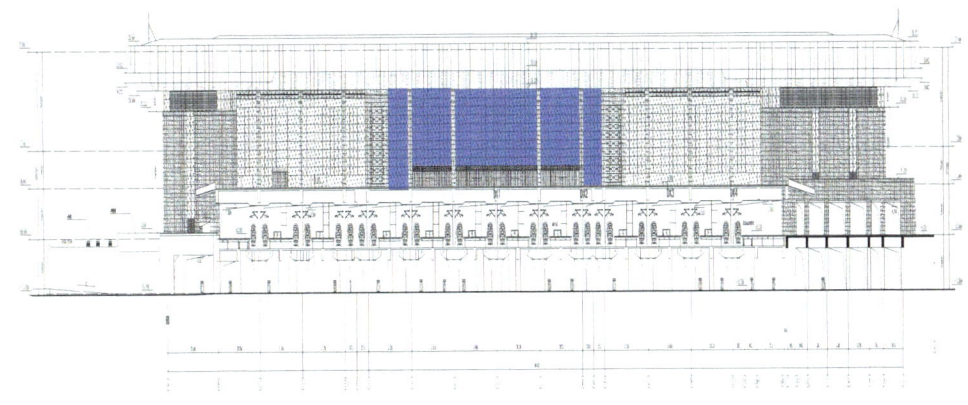

图 4-9　东、西立面图

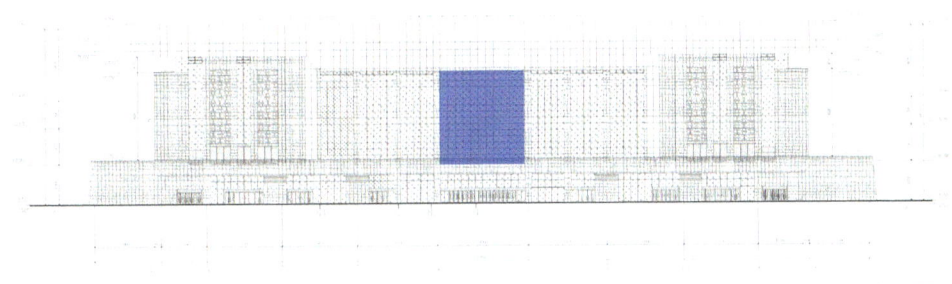

图 4-10　南、北立面图

结构钢箱梁在幕墙荷载和柔性钢拉索张拉应力共同作用下会产生下挠变形，造成跨中拉索缩短，导致处于同一柱距内的钢拉索间距和索长不一致。因此，在充分考虑钢梁预起拱的同时，要考虑钢拉索张拉对结构的影响以及幕墙玻璃安装对钢梁挠度变形的影响。所以拉索张拉和幕墙玻璃安装的加载是本工程的重点及难点。

4.3.2　施工工艺流程

4.3.2.1　拉索幕墙施工准备

（1）钢箱梁安装

幕墙的自重荷载和所承受的其他荷载是通过钢拉索传递到主承受构件上的，柔性拉索的支撑体系受力为非线性，承受荷载的钢梁为保证幕墙安装后柔性幕墙结构体系的变形在规范允许范围值之内，需要对幕墙固定端的钢梁和柔性钢拉索进行强度和挠度的有限元非线性分析。本工程在结构钢梁加工前，对幕墙安装工况采用 SAP2000 V15.1.1 软件进行了有限元非线性云图分析，分析结果显示，幕墙结构在自重下沉降量最大值为 60.85mm，结构在张拉力作用下挠度变形量 20mm，所以固定端钢梁加工时按可变荷载取值，起拱值 80.85mm，幕墙钢梁安装采用钢结构整体提升技术提升到位。

（2）测量放线

在幕墙安装前，根据施工图纸采用全站仪、水准仪、垂准仪进行幕墙位置及拉索位置的测量放线并进行预埋件校准焊接。

(3) 钢拉索挂索和预拉

钢拉索安装前首先检查钢拉索与索套接头是否压制牢固、可靠，查看生产厂家提供的检测报告、试验报告及相关质量证明文件，确认已经进行过破断拉伸试验后方可使用。

钢拉索在安装前根据其拉索预控力进行预张拉处理，其张拉力控制值宜为整绳破断力的 50%，持续张拉时间为 2h，作 3 次以上反复张拉以消除钢拉索的结构伸长量并调直弯曲钢索。钢拉索预张拉完成后，根据设计确定的拉索长度按编号开始挂索，待钢拉索全部挂完后，方可按设计方案进行张拉。

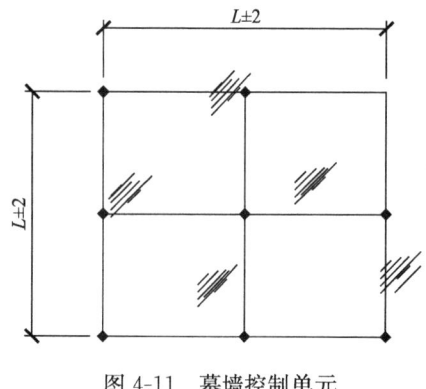

图 4-11 幕墙控制单元

(4) 吊篮安装

根据幕墙玻璃安装顺序，从钢结构箱梁和钢屋架下旋杆上进行吊篮固定，吊篮使用前，完成验收和备案手续。

(5) 确定控制单元

为减少幕墙玻璃安装的累积误差，需根据跨度和高度按九宫格将幕墙分成多个控制单元。本工程根据工程实际按四块玻璃跨划分为一个控制单元，如图 4-11 所示。控制单元确定后，安装中严格按照控制单元进行幕墙安装。

4.3.2.2 柔性单拉索的张拉与控制

钢拉索的张拉因相互影响分为递增和递减两种情况。通过对钢拉索施工过程各阶段工况模拟，本工程属于递减的情况，即后张拉钢索的预紧会造成之前张拉的钢拉索内力下降。考虑张拉对结构的影响和预应力的损失情况，采取对索的预紧力初始选择尽量大，其后选择的预紧力逐级递减方案，以保证结构变形的均匀性和索力的稳定性，其采用的"3+1"分级张拉方法进行张拉控制流程如下：

(1) 第一级钢拉索的预张拉采取对称张拉的方法，即按拉索编号（图 4-12）从中间向两侧对称逐条张拉。第一级张拉按预紧力设计值（表 4-6）的 50% 取值，张拉力误差控制在 ±5% 范围内。预紧的时候要充分考虑拉索在不同施工温度对预紧值（表 4-7）的调整，张拉过程使用液压传感器控制，达到张拉值后测量单索支撑结构的变形情况及通过千斤顶配套的压力表监测拉索的张拉力。并记录索力张拉值和结构变形量。

(2) 钢拉索第一级全部张拉完 24h 后进行第二级张拉，张拉顺序同第一级张拉，第二级张拉达到预定拉力的 80%，张拉力误差控制在 ±5% 范围内，达到张拉值后测量单索支撑结构的变形情况（见表 4-8）及通过千斤顶配套的压力表监测拉索的张拉力，并记录数据。

(3) 钢拉索第二级全部张拉完 24h 后进行第三级张拉，张拉顺序同第二级张拉，第三级张拉至预定张拉力设计值 100%，误差控制在 ±5% 范围内。达到张拉设计值后测量单索支撑结构的变形情况（见表 4-8）及测试拉索的内力，并记录数据。持续 24h 后再进行第二次测量，对达不到预应力值的拉索进行张拉调整。

(4) 钢拉索第三阶段张拉完 72h 后，为使拉索结构受力体系局部集中应力通过时效释放，进行第四级补偿张拉，张拉顺序同第三级张拉，张拉前对拉索内力进行测试并记录，第四级按照预定张拉力值 100% 张拉，张拉完成后要进行实际值和理论值比较，误差控制在5‰范围内，分析结构变形记录值（表4-8）是否符合结构变形设计要求。直到测量索力稳定为止。记录预紧力数据备案，为工程投入使用后的维修提供原始数据。

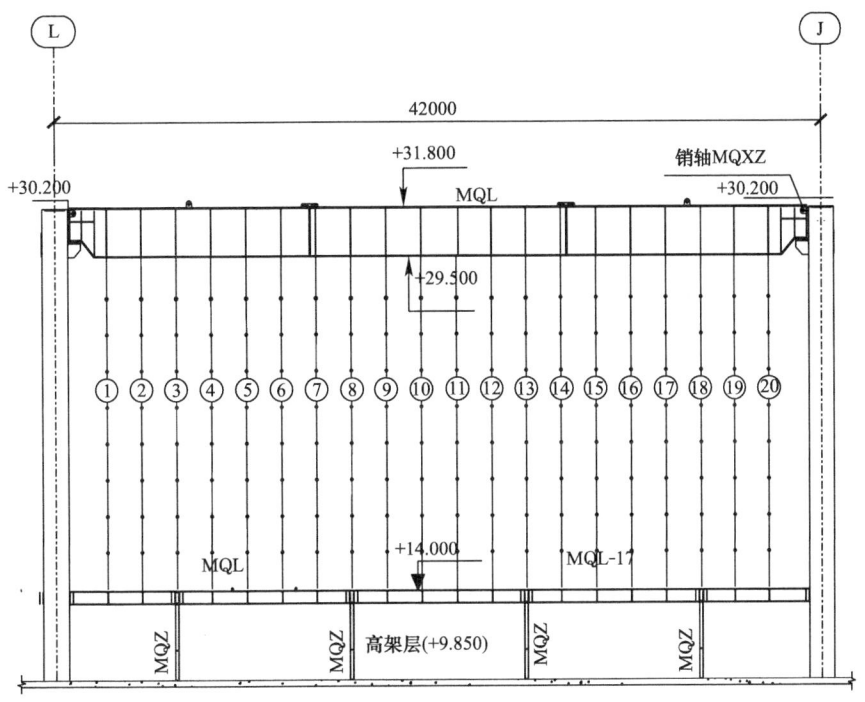

图 4-12　结构受力体系拉索张拉编号图

拉索在不同安装温度下对应的预紧力值　　表 4-6

项目 序号	拉索直径（mm）	拉索破断力（kN）	拉索承载力设计值（kN）	预紧力设计值 T（kN）
1	φ28	484	194	121

注：T—预紧力设计值。

拉索在不同安装温度下对应的预紧力值　　表 4-7

安装温度（℃）	−5	0	5	10
预紧力值（kN）	$T+40$kN	$T+32$kN	$T+24$kN	$1T+16$kN
安装温度（℃）	15	20	25	
预紧力值（kN）	$T+88$kN	T	$T-8.2$kN	

注：T—预紧力设计值。

18/J-L 轴钢箱梁结构变形量记录　　表 4-8

方位	张拉索编号	1	2	3	4	5	6	7	8	9	10
18/J-L	初始挠度（mm）	0	0	0	0	0	0	0	0	0	0
	第一次预紧挠度（mm）	3	3	4	4	5	5	6	6	7	8
	第二次预紧挠度（mm）	5	5	7	7	10	10	12	12	14	16
	第三次预紧挠度（mm）	7	7	10	10	12	12	14	14	16	18
方位	张拉索编号	11	12	13	14	15	16	17	18	19	20
18/J-L	初始挠度（mm）	0	0	0	0	0	0	0	0	0	0
	第一次预紧挠度（mm）	8	7	6	6	5	5	4	4	3	3
	第二次预紧挠度（mm）	16	14	12	12	10	10	7	7	5	5
	第三次预紧挠度（mm）	18	16	14	14	12	12	10	10	7	7

注：表中编号指外视方向从左至右，竖向拉索的位置编号。

(5) 注意事项:

① 施工时预应力值根据当天气温按表 4-7 确定预张拉值,严格按分级张拉程序控制每一级张拉预应力值。确保索内应力在温度变化过程中的均衡状态和安全性。

② 张拉施工时采用千斤顶机械张拉法,张拉过程采取逐步张拉和调整,并对张拉过程中拉索承载力进行监测,保证拉索成型不超过拉索许可应力值。

③ 钢拉索张拉时要缓慢均匀张拉,同批张拉的钢索要同步张拉。

4.3.2.3 幕墙玻璃安装

(1) 幕墙玻璃运达施工现场后,必须对玻璃的表面质量、公称尺寸进行 100% 的检测,同时使用玻璃边缘应力仪对玻璃的钢化情况进行全检。

(2) 幕墙安装采用吊篮进行上下运输,幕墙玻璃的安装时,玻璃下端用夹具板托住玻璃。玻璃安装同分级张拉顺序从中间向两侧开始,以控制单元一次到顶、两边对称跟进的顺序进行玻璃安装(图 4-13)。

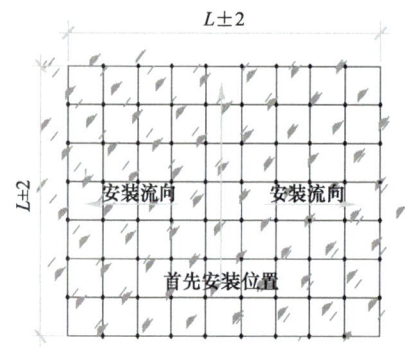 

图 4-13 玻璃安装顺序图和效果图

(3) 控制单元底部幕墙玻璃就位后,首先利用菱形夹具(前后可调 9mm,平面可调节 ±7mm)的万向驳接压块夹持玻璃面板,然后利用夹具上的承重托片对玻璃进行微调,消除玻璃加工误差,减少安装中的尺寸积累误差(每个控制单元内尺寸公差带为 ±2mm),直至玻璃安装精度符合规范(见表 4-9)要求后,在 U 形槽两侧嵌入泡沫棒固定玻璃。

玻璃墙面的质量要求 表 4-9

项目		允许偏差 (mm)
竖缝及墙面垂直度	幕墙高度 H (m)	
	$H \leqslant 30$	$\leqslant 10$
	$30 < H \leqslant 60$	$\leqslant 15$
	$60 < H \leqslant 90$	$\leqslant 20$
	$H > 90$	$\leqslant 25$
幕墙的平面度		$\leqslant 2.5$
竖缝的直线度		$\leqslant 2.5$
横缝的直线度		$\leqslant 2.5$
线缝宽度(与设计值比较)		± 2
两相邻面板之间的高低差		$\leqslant 1.0$

4.3.3 结语

在合肥南站拉索玻璃幕墙施工中，通过对工况分析及幕墙结构钢梁预起拱、拉索分级张拉控制、划分控制单元进行幕墙玻璃安装等一系列措施，经设计验收，幕墙安装各项控制指标符合设计要求，施工质量符合验收规范（图4-14）。超大柔性单拉索玻璃幕墙施工技术的成功实施，解决了实际问题，降低了施工成本，丰富了我们在拉索幕墙施工方面的技术储备，为我们在今后的生产和技术保障中提供了解决方法和经验。

图4-14 单向单拉索玻璃幕墙实景图

4.4 高大空间超长密拼铝单板双开交替式施工技术

4.4.1 工程概述

贵阳北站整体造型宏伟大气，其吊顶工程以大、长、精、美为特色，覆盖地下室、站台层、高架层以及各卫生间，单板与条板相结合，造型新颖独特，外形美观时尚。现场吊顶区域投影面积共计195842m²，铝单板吊顶约占42000m²，以密拼铝单板为主，连接长度动辄上百米，呈平面、立面和斜面3种不同的造型展现，最大吊顶空间为15.8m，最大贯通长度为418m（图4-15）。

图4-15 候车大厅斜面单板吊顶贯通长度418m

贵阳北站的单板吊顶附着基体主要为混凝土结构体系（图 4-16）和钢网架结构体系（图 4-17）。现场铝单板规格普遍较大，最大铝板尺寸为 1.4m×1.8m，单重 37.8kg，单板与单板之间的连接采用"L 形角码"转接龙骨与自攻钉辅助相连接（图 4-18）。

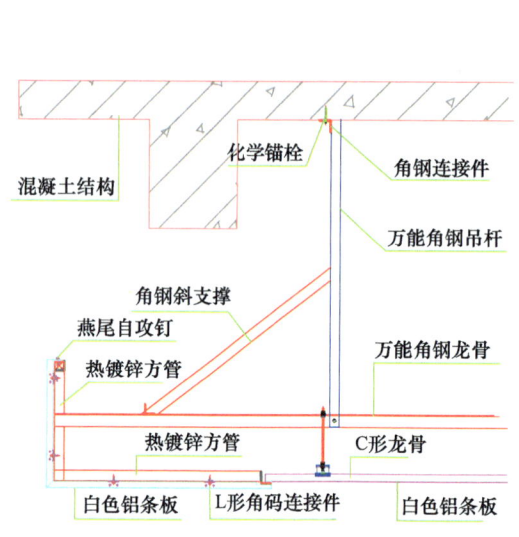

图 4-16　梁板混凝土结构吊顶体系

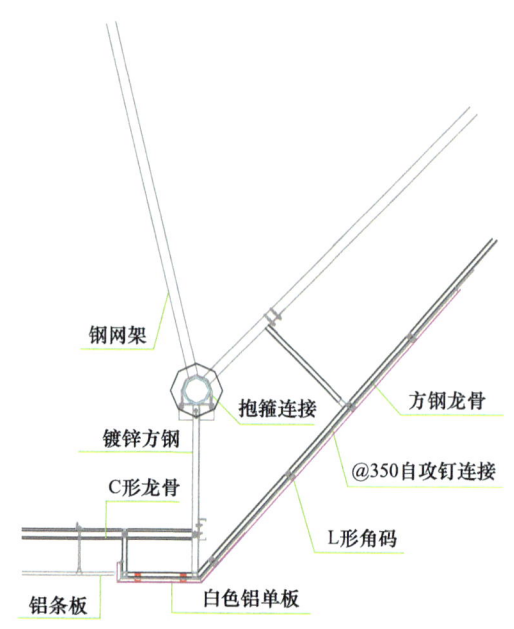

图 4-17　屋面钢网架结构吊顶体系

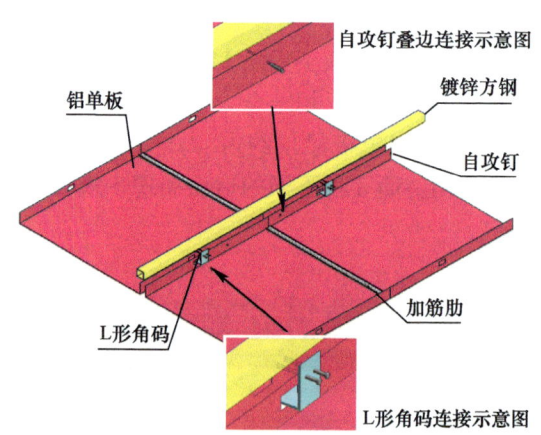

图 4-18　单板折边连接节点示意图

4.4.2　方案优化

针对传统普通手电钻施工过程中震动产生的影响，率先引入可调速手电钻研究变速式操作，通过控制"初始钻入→过程钻动→停止钻动"3 个阶段的速度和功率，减小过程震动，将震动产生的影响降低到极致。

施工由两组人马分别从两端同时向中间展开施工，施工过程单板与单板之间的折边连接采取"隔一固一"的方式固定，即一条完全固定，一条临时固定，不断交替循环进行（图 4-19）。

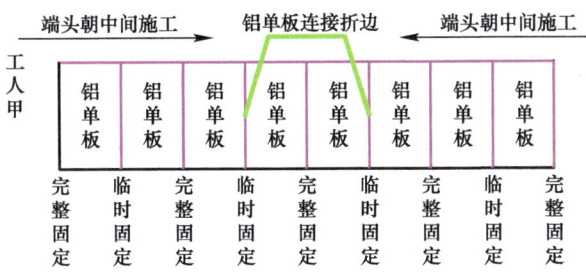

图 4-19　双开交替运作系统图

按上述固定后有一半数量的临时固定折边形成可调折边，这部分在完整固定前可不考虑震动影响，还为最终的固定预留出了可调性（图 4-20），大幅度消除递推式操作造成的累计误差。

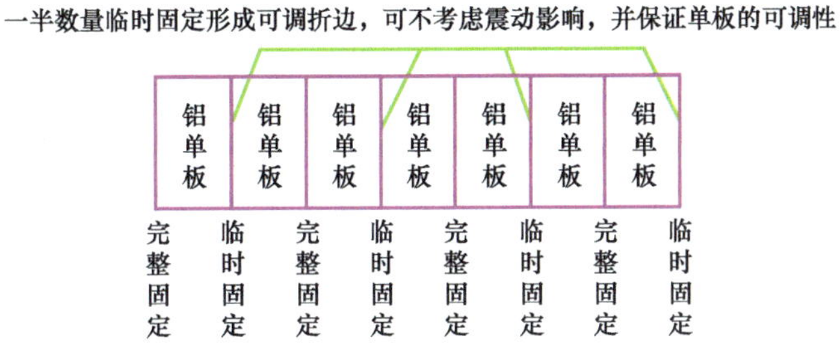

图 4-20　可调折边不考虑震动影响

两人在中间相遇后，各自交换区域去将先前对方临时加固的可调折边完整加固，所有完整固定均采用"变速式操作"辅助安装，这样在减少连续施工累计误差的同时大幅度降低震动造成的影响（图 4-21）。

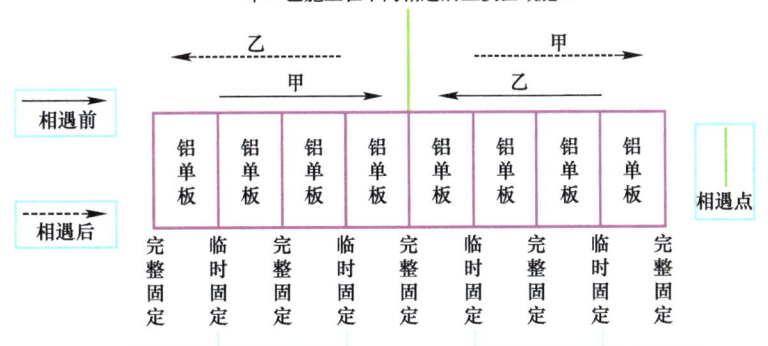

图 4-21　可调折边不考虑震动影响

4.4.3 施工工艺流程及操作要点

4.4.3.1 工艺流程

梁板混凝土结构体系：定位放线→植入化学锚栓→吊杆安装→主龙骨安装→次龙骨安装→铝板安装→检查验收→成品保护

屋面钢网架（桁架）结构体系：搭设操作平台→定位放线→网架（桁架）抱箍→引接转换层吊杆→主龙骨安装→次龙骨安装→铝板安装→检查验收→成品保护

下面以屋面钢网架结构体系为例：

（1）平台搭设

正式施工开始前事先将脚手板通过网架检修马道满铺在网架檩条上方作操作平台，平台下方1.5m处悬挂安全平网作防坠落防护，脚手板与网架及檩条绑扎牢固后方可上人施工；若现场屋面条件不满足也可直接使用移动脚手架作为操作平台。

（2）网架抱箍

① 根据设计单位提供的网架设计图纸计算每个网架球节点的受力荷载进行图纸深化，确定吊顶钢架转换层的材料品种、型号、分布间距及每个受力点的位置。

② 抱箍转接板用6mm厚扁钢制作，大小根据不同球节点位置的杆件大小进行加工，使扁钢与节点完全吻合。抱箍上方环形固定螺杆与杆件焊接后再与转接板通过4个螺母拧紧加固，焊接部位及时涂刷防腐涂料，螺母部位粘结一圈抗震结构胶。吊杆采用50mm×50mm×5mm的热镀锌角钢，用2颗M12螺栓与扁钢垂直连接（图4-22、图4-23）。

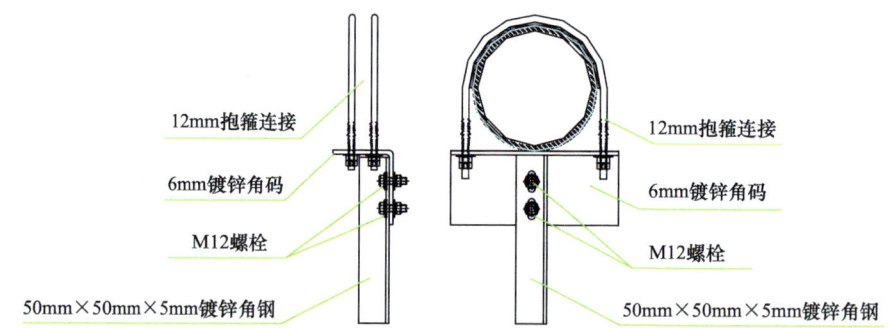

图4-22 引接转换层吊杆示意图

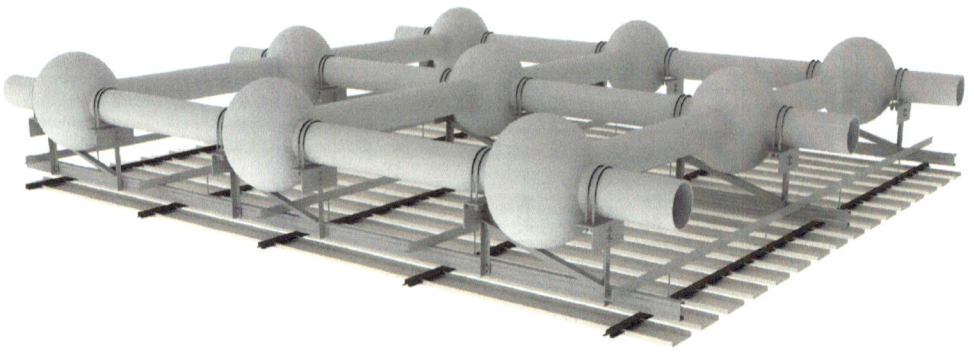

图4-23 网架抱箍效果图

(3) 龙骨安装

主龙骨采用 60mm×40mm×3mm 的热镀锌方钢，与转接吊杆角钢或方钢焊接连接；次龙骨采用 40mm×40mm×3mm 的热镀锌方钢，与主龙骨焊接连接，焊接部位及时涂刷防腐涂料（图 4-24）。

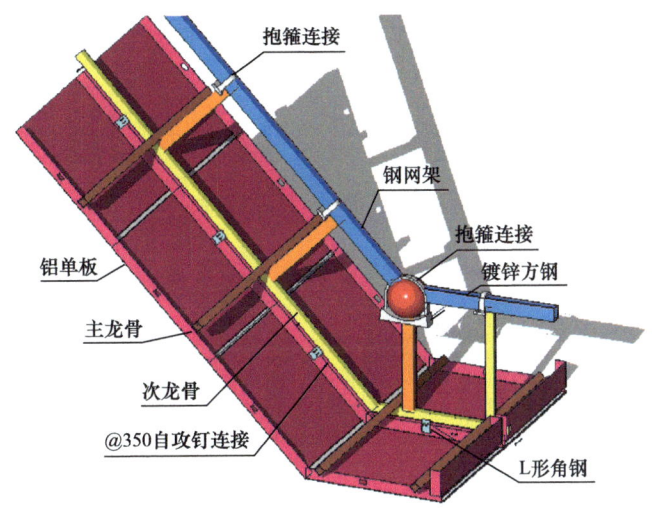

图 4-24 单板龙骨安装示意图

4.4.3.2 铝单板安装控制要点

(1) 当铝单板的排数为单排时，因端头相对其他位置受力偏大，故第一块单板两端的折边均与龙骨进行连接，保证起步的单板的牢固性（图 4-25），接下来按照"临时固定→完整固定→临时固定→完整固定"的往复循环在安装铝单板过程中交替固定连接折边。

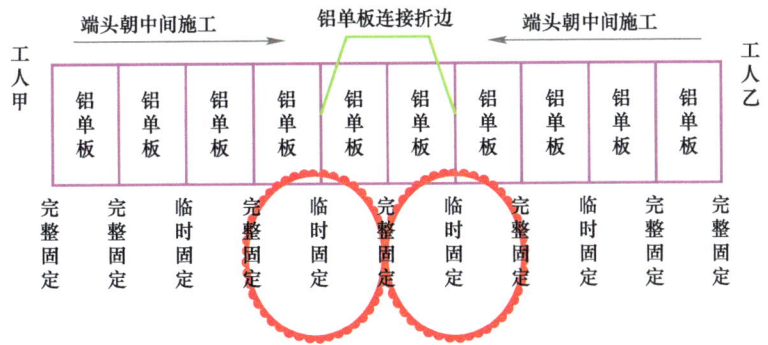

图 4-25 端头位置单板完整固定

① 完整固定为折边与折边间使用@350mm 的 φ5.5mm×25mm 的燕尾自攻钉固定（见图 4-26），折边与龙骨之间@350mm 使用铝单板连接件固定（见图 4-27）。临时固定为单板与单板之间的折边孔采用 90°转角插销穿插连接后，在龙骨上钉入两颗 φ5.5mm×25mm 的燕尾自攻钉固定，大于 1000mm 长的折边每条折边各在距离端头 1/3 处位置连接固定一个插销，形成非约束折边（见图 4-28），小于 1000mm 的折边在中间位置固定一个插销即可。

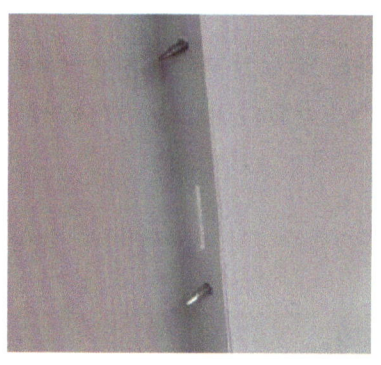 

图 4-26　对接折边自攻钉固定　　图 4-27　铝单板连接件连接龙骨与折边固定

图 4-28　90°转角插销固定

② 同时施工的两组工人总有一个速度更快，双方都按要求安装完毕于某一个位置相遇后，交换各自施工的区域分别加固对齐临时加固的折边，恰好各自加固的折边也是"隔一加一"（见图 4-29）。

图 4-29　实际区域交换实施图

（2）当铝单板的排数为多排相互连接时，先按上述方法施工一排（遵循立面由下至上，平面由里朝外，斜面由下至上、由里朝外的原则），第一排施工步骤和方法同单排，施工完毕后再各自从第二排端头朝中间施工，之后第三排、第四排等以此类推相互交替循环（见图 4-30），其中跨度长边方向的对接折边固定同第一排"隔一固一"方式施工，短边方向对接折边之间全部固定（见图 4-31）。

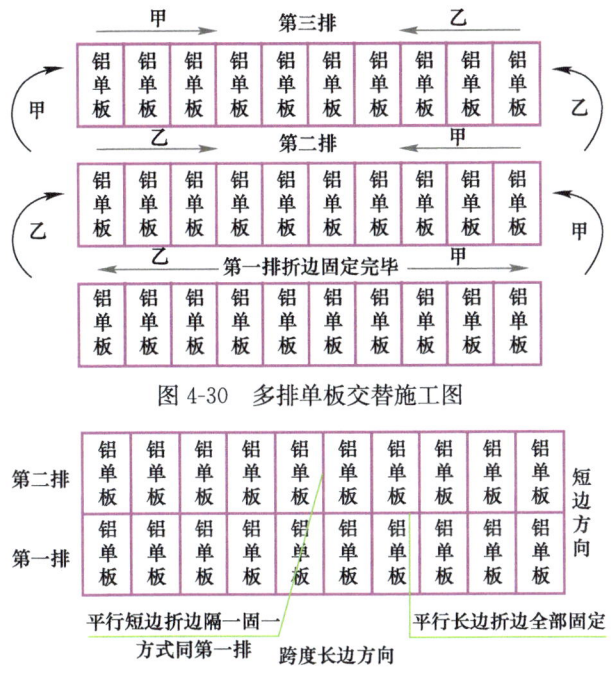

图 4-30　多排单板交替施工图

图 4-31　多排单板折边固定原则示意图

4.4.3.3　变速式减震操作控制要点

（1）使用可调速手电钻替代传统普通手电钻连接单板拼缝，刚刚钻入的一瞬间使用最大功率以最快的速度钻入，钻入瞬间后立即调回到最小功率，一边观察面板，一边缓慢加大功率匀速推进，保证面板在"无晃动"状态下能持续推入则停止增加功率，将震动控制到最小。

（2）严格控制钻头钻入角度，确保与单板折边垂直后方可开始钻孔，严禁以倾斜角度钻入导致受力不均，防止出现卡钉的现象。

（3）单板拼接时每组由两名工人配合施工，一个钻孔，另一个负责稳定单板并随时调整，消除轻微震动或意外情况对单板的影响。

4.4.4　结语

双开交替式施工结合流水施工的科学管理，使贵阳北站原计划的吊顶工程提前18d完工，现场由最初72%一次性合格率稳定提升至96%，节约大量人、材、机的资源投入，综合节约费用60万元。该技术高效便捷地保证了百米以上超长密拼铝板的顺利安装，适用于任意角度和任意形状大空间、大体量密拼单板安装；施工过程工效高，施工安全，质量可靠，经济效益和社会效益显著，环保节能效果良好，具有较好的推广应用前景。

4.5　多层双曲穿孔铝板幕墙施工技术

4.5.1　工程概述

贵阳北站站房建筑面积12万 m²，站台雨棚投影面积7.1万 m²，站房主体高41.9m，长约 418m，宽 236m。车站集城市轻轨、旅游交通集散地、市区公交、出租车、私家车、其他社会车辆等多种交通及交通方式的现代综合交通枢纽，能较好地体现贵阳城市风貌，与当地文化、环境、气候、地貌相和谐，凸显在黔灵山绿色长卷背景下北站站房的恢弘气势，展现贵阳显山透绿、山水交融的地域特色，结合当前中国国情，适度超前，达到国际先进水平（图 4-32）。

图 4-32　西站房日景透视效果图

外幕墙工程中双曲弧形-穿孔双层铝板幕墙约 42576m²，外架多榀桁架结构附着在内部塔架结构上，单个"双曲-穿孔背篓""展翅"37m，"前倾"7.3m，高 26.3m，桁架结构主要受力构件为方钢管（图 4-33、图 4-34）。

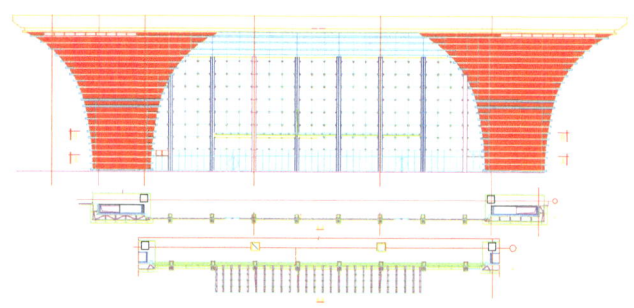

图 4-33　双曲-穿孔双层幕墙主要位置

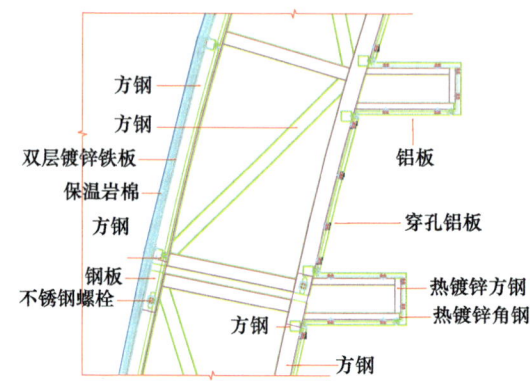

图 4-34　幕墙局部主要构造示意图

4.5.2 施工工艺流程及操作要点

4.5.2.1 施工工艺流程

测量放线→后置埋件施工→放线校正→长转接件施工→定位放线→双层铝板桁架龙骨安装（同时补齐另一侧长转接件）→次龙骨定位放线→次龙骨安装→内侧岩棉安装→内层幕墙红色铝板安装→外层幕墙穿孔铝板/格栅铝板安装→外层压板扣盖安装→打胶→清理验收。

4.5.2.2 操作要点

1. 后置埋件安装

（1）测量放线

根据主体结构轴线、建筑1m水平标高线，复核主体结构、塔架结构施工偏差，确定双曲幕墙安装测量控制点，建立幕墙空间控制网，将控制网基准线设置在落客平台对应轴线上（图4-35），同时，在每个背篓及背篓之间的立面上至少设置两个水准点，便于龙骨安装校核使用。另根据外幕墙图纸立面分格，上下对拉通长钢丝，放出背篓分格线，重点分格、控制部位使用喷漆在基层结构上标识。

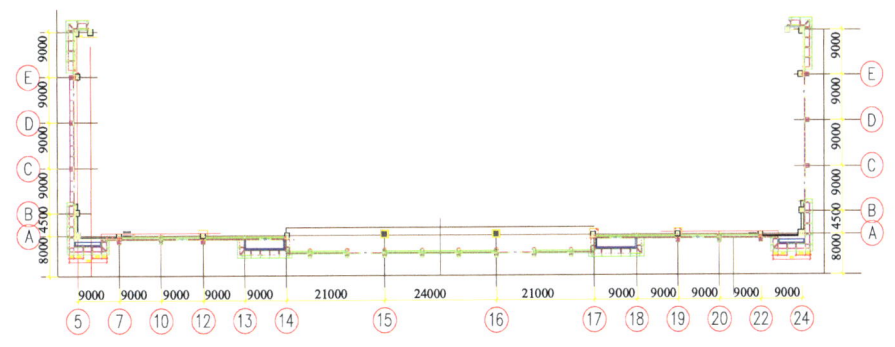

图4-35 站房局部平面控制图

（2）钻孔植筋

钻孔深度符合要求，采用规格M12×350mm化学锚栓植筋，孔内清洁干净后方可进行植筋，在埋板安装前按照试验要求和现场进度取不少于验收区域内总埋板数量的3‰进行拉拔试验，以保证植筋强度。

（3）后置埋板安装

埋板尺寸为250mm×300mm×12mm，埋板安装前，在加工场地将转接件与后置埋板焊接好，然后整体安装。安装过程中若遇有因钢筋致使打孔不正的，需增大埋板尺寸以保证转接件的位置准确。

2. 双曲-双层铝板幕墙桁架安装

（1）三维建模辅助施工

在外立面的造型和分格设计确定后，首先利用三维软件建立双曲-双层铝板幕墙龙骨体系，其中幕墙龙骨体系之一如图4-36所示。

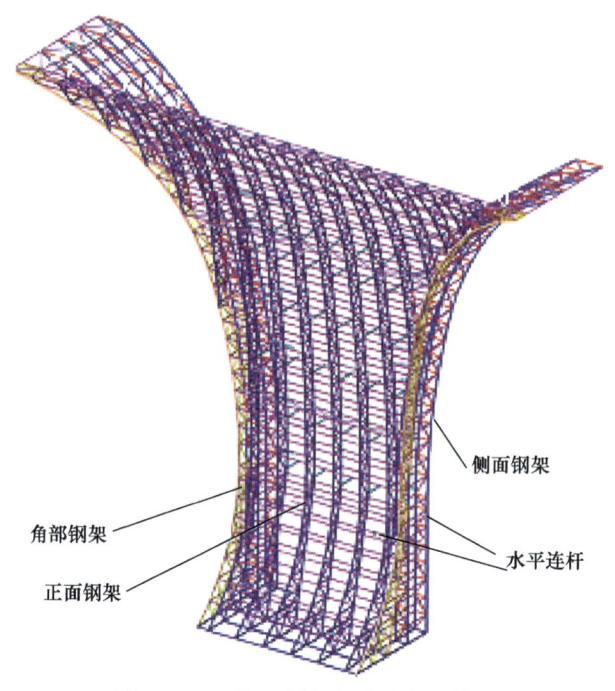

图 4-36 双曲-双层铝板幕墙龙骨体系

(2) 桁架安装工艺流程及要点

① 化整为零：将整体幕墙龙骨钢架体系划分为多榀桁架，各榀桁架主龙骨间通过横向、斜向次龙骨相互连接。现场施工时，每榀桁架又由 2~3 个子桁架拼装而成。

桁架上下弦杆均采用 $\phi 100 \times 6$，所有腹杆均采用 $\phi 80 \times 5$，桁架之间水平连接杆件采用 $\phi 60 \times 4$，与主体结构、塔架之间连接的长转接件采用 $\phi 120 \times 8$。

② 现场吊装：

安装长转接件——在钢结构塔架上安装长转接件，利用空间控制网，严格控制长转接件的上表面标高以及自身分格位置（平面定位）。

定位——根据图纸位置和现场实际测量情况，预先在拼装好的子桁架上定位出吊装点和与转接件的连接点。在长转接件上，放线，点焊做桁架吊装定位角钢（与桁架连接点相对应）。

桁架拼装之前，弦杆统一在工厂拉弯，保证拉弯精度，拼装好的桁架吊装之前做好防腐、面漆处理，减少高空工作量，高空仅进行补漆。

吊装——根据每榀桁架重量选用合适吨位的吊车进行现场吊装，桁架吊装作业自下而上，从中间向两边，逐个吊装点焊-调整-满焊；每次吊装需在下层桁架固定稳固之后再进行上层桁架吊装。桁架吊装顺序如图 4-37 所示。

桁架连接处固定——桁架分解开后，每榀子桁架之间需要连接固定。现场施工时，在上层桁架吊装前，先将插芯和下层龙骨固定，并且将一边的耳板焊接固定在下层龙骨上，待上层吊装定位完成后，再固定另一边耳板。

3. 次龙骨安装

(1) 桁架间次龙骨安装

桁架吊装完成后，自中间向两侧，自下而上逐个安装桁架之间横向连接杆件次龙骨，逐根复测累积误差,及时消除。靠外墙面次龙骨上表面水平安装,内墙面一侧次龙骨面平行于主龙骨面,见图 4-38。

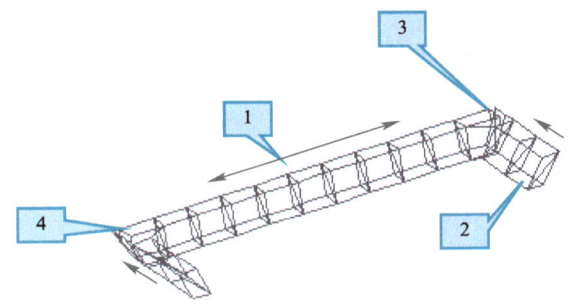

图 4-37　桁架吊装顺序示意图

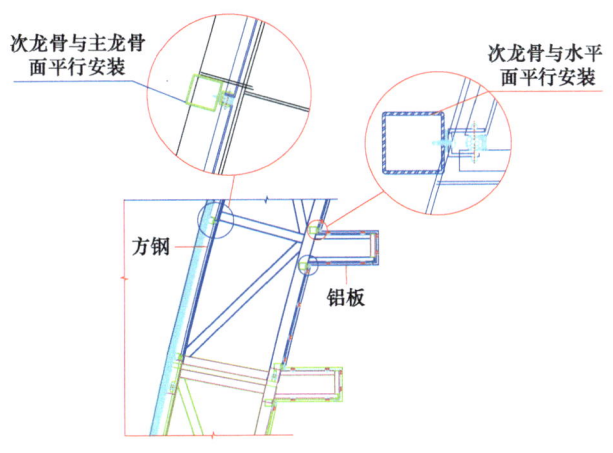

图 4-38　次龙骨安装方式

(2) 转角龙骨(双曲交界面)补全

桁架承担大部分主龙骨,剩余转角主龙骨在次龙骨安装完成后,根据图 4-37 中 1、2 伸出的次龙骨补做双曲弧形交界面位置主龙骨 3。反复测量消除误差,确保转角龙骨 3 与两侧桁架在同一曲面内。

(3) 格栅铝板次龙骨安装

①根据图纸在主龙骨上弹线定位;②严格按照深化图纸在该位置的尺寸下料加工,保证幕墙龙骨的线性,平整度;③点焊固定次龙骨后,水平拉通长钢丝调平;④检查龙骨定位无误后将焊点满焊、焊缝打磨、刷防锈漆。如图 4-39 所示。

(4) 内层保温岩棉安装(含双层镀锌铁皮)

紧贴桁架内侧龙骨安装岩棉保温板,用镀锌铁皮固定;在幕墙顶部与屋面之间位置,用双层镀锌铁皮内夹岩棉,向上延至屋面底部,保证站房外维护结构保温全封闭。

(5) 内层红色铝板安装

安装内层红色铝板,按编号一一对应安装。考虑内层红色铝板防水挡风作用,采用硅酮耐候密封胶密封,避免因胶缝不严而导致外墙渗水。如图 4-40 所示。

(6) 外层穿孔铝板、外层格栅铝板安装

外层铝板为最后一道装饰工程,内层龙骨只是基础,此处在安装过程中,按普通铝板幕墙施工控制,带好点、线、面,将安装质量控制在规范允许范围内。

图 4-39　格栅次龙骨安装

图 4-40　内层红色衬板安装

同内层铝板施工顺序一样，外侧铝板按以下步骤：①对应下料表和图纸、现场进行铝板就位；②根据龙骨位置，拉线简单固定铝板；③铝板整体调平和顺直，保证铝板上下通缝；④铝板顺直后将剩余自攻钉补全；⑤自攻钉验收合格后胶缝打胶；⑥验收。

4.5.3　结语

双曲弧形-穿孔双层铝板幕墙施工中，在前期做好施工技术策划是重中之重，诸如做好铝板次龙骨安装角度、对应铝板角码特殊设计，龙骨体系化整为零，小桁架提前插入，转接件、小桁架吊装定位角钢，特别是合理安排双曲弧形位置的龙骨安装顺序确保了按期保质保量交付整个幕墙（图 4-41）。本项目使用的施工技术措施以及施工思路，在今后异型外装饰工程中，尤其是大型公建建筑中，进行工期、质量、成本控制是可以推广的。

图 4-41　多层双曲穿孔铝板幕墙实景图

4.6 大曲率弧形站台石材铺贴施工技术

4.6.1 工程概述

南昌站是既有老城区站房，受地理位置限制，铁路线路成弧形状，为保证建筑限界，站台末端顺应轨道呈弧形状。站台面石材铺贴时通过现场实际精确测量，弧形边界进行直线拟合，通过 CAD 导出站台平面图，根据最小二乘法对边界曲线进行直线拟合，同时根据铺砖的规格对最小包络矩形进行网栅分割，形成了大曲率弧形站台石材铺贴施工技术。该技术通过先策划，计算站台弧形的加宽值，精确测量，保证石材面层铺贴后满足铁路的建筑限界。同时运用站台不规则边界的处理，计算不规则多边形的最小包络矩形的构造，合理减少石材施工时的材料浪费，减少人工切割石材量。其中关键技术是弧形站台与铁路建筑限界的计算与测量，针对大曲率站台的实际情况和铺砖的工艺要求，拟通过曲线拟合、图形分析和优化分割等方法解决异形界面优化铺砖的关键问题。

4.6.2 施工工艺流程及操作要点

4.6.2.1 工艺流程

测量计算曲线加宽值→测量放线→铺装平面图划分→模拟包络矩形石材下料→选料、试拼→铺贴站台中心标准石材→铺贴站台帽石→铺贴安全线、盲道砖→铺贴异形石材→切割→清洁。

4.6.2.2 操作要点

（1）测量计算

铁路建筑基本限界如图 4-42 所示。

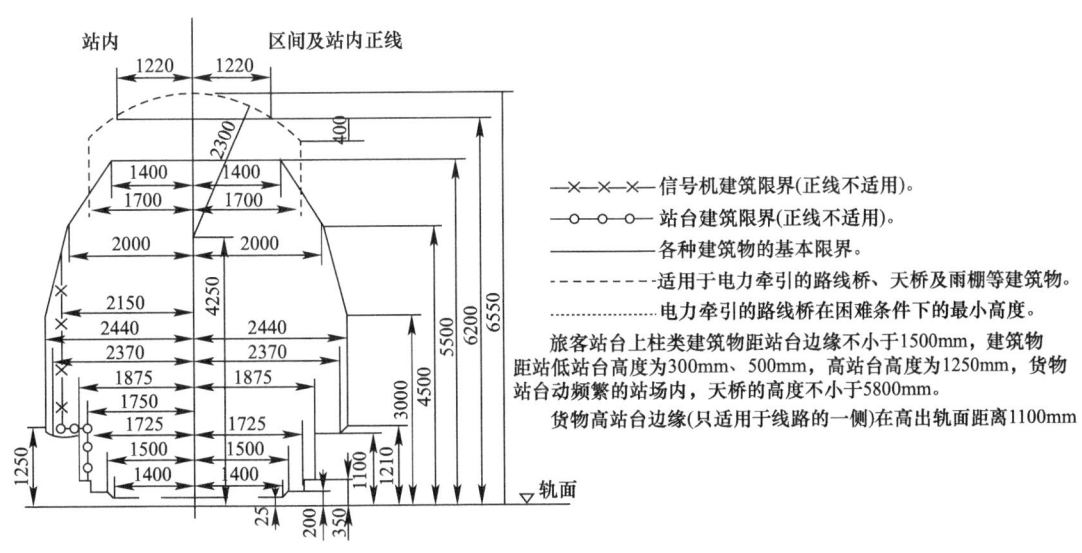

图 4-42 铁路建筑基本限界（单位：mm）

在曲线段上建筑限界加宽,加宽计算公式如下:

曲线内侧加宽(mm):$W_1=40500/R+H\times h/1500$

曲线外侧加宽(mm):$W_2=44000/R$

曲线内外侧加宽共计(mm):$W=W_1+W_2=84500/R+H\times h/1500$

式中:R——曲线半径(m);

H——计算点自轨面算起的高度(mm);

h——外轨超高(mm)。

$Hh/1500$ 的值亦可用内侧轨顶为轴,将有关限界旋转 θ 角 [$\theta=\arctan(Hh/1500)$] 可求得。

(2)测量放线

以线路坐标曲线为控制基线,放出站台中心线,并根据线路与站台的建筑限界关系,将每米曲线的坐标测出并放样,为避免施工误差造成侵限,站台帽石可增加 10~30mm 加宽值做完面层边线。

(3)平面图划分

对南昌站大曲率站台的弧形边界进行直线拟合,通过 CAD 导出站台平面图,可通过最小二乘法将边界曲线拟合为直线处理,并将站台平面构成几何多边形处理,最终生成的站台平面图见图 4-43。

图 4-43 站台平面图(阴影及绿色区域为站台)

(4)模拟包络矩形石材下料

多边形的最小包络矩形是指能完全包含多边形上的所有顶点,包络的各边均与多边形相接触,而且是多边形的无数外接包络矩形中,面积最小的一个包络矩形。

一般可以把不规则图形分为凹多边形和凸多边形分别求解。则在求不规则图形的最小包络矩形时,要先判断出该多边形的内角大小和各顶点的凹凸性。对站台多边形进行有规律的切割划分,使每一部分都可近似拟合为矩形,并求取该多边形的最小包络矩形。

将南昌站站台划分为多个部分,分别求取各个部分的最小包络矩形,并分割 600mm×600mm 的网栅,即为铺砖效果图。图 4-44 为铺砖效果局部示意图。

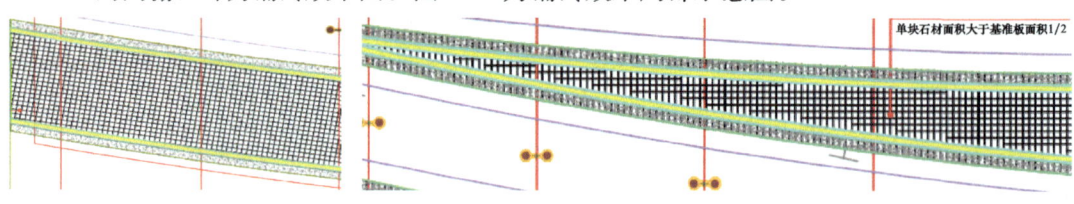

图 4-44 站台局部铺砖示意图

以四边形部分为例,求其最小包络矩形如图 4-45 所示;以站台梭形部分为例,分段求其最小包络矩形如图 4-46 所示。

图 4-45 四边形局部模型图的最小包络矩形　　图 4-46 梭形局部模型图的最小包络矩形

(5) 选料、试拼

根据排砖编号将砖运至铺贴位置,安放第一块标准砖在站台中心线位为施工段控制线位臵,以十字挂线交点处的标高和坡度确定,用水平尺和角尺校正。标准砖确定后在该施工段沿纵横方向按设计各类规格砖依次排砖。排砖切忌一下从头铺到尾的"赶铺法",必须坚持"先算后干"的原则,即每块砖的位置都应是预先计算确定的,应符合与标准砖的距离控制要求,所以必须"试铺"。如站台施工段长度方向共 20 块砖,应先中分确定第 10 块砖的边线位置,再中分确定第 5、15 块砖的边线位置,调整砖缝可在相邻的几块砖进行,这样可以避免"赶铺法"形成的误差累计。铺贴顺序如图 4-47 所示。

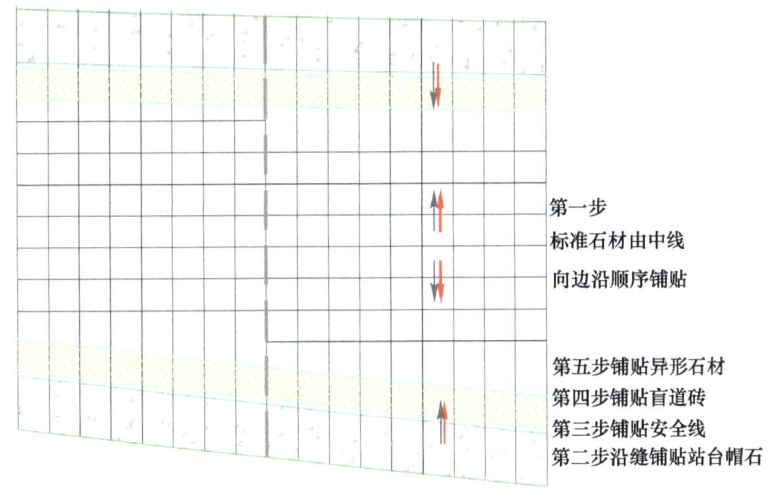

图 4-47 铺贴顺序步骤图

(6) 铺贴

① 基础清理干净,表面不得有泥土、油污、杂物等,铺贴前应洒水湿润,但不得积明水。

② 铺贴前砖块应先湿润,阴干后擦去背面浮灰方可使用。

③ 在计划铺贴的该排(列)基层刷一道素水泥浆,面积不要过大,也不要影响操作工人干活站的位置。均铺一层 1:3 干性水泥砂浆(干硬程度以手捏成团、落地即散为宜),虚铺厚度控制在高于实铺厚度约 1cm。安放砖时四角应同时下落,用橡皮锤或木锤垫木板敲击,如有空隙和不实及时补充砂浆。振实砂浆至铺贴高度后将砖块掀起移至一

旁，在水泥砂浆结合层上均匀浇一层水灰比为 0.5 的素水泥浆，再铺上砖块，安放时四角同时下落，垫上木板块用橡皮锤或木锤敲击，以砖缝略出浆为宜，同时注意砖缝是否均匀、平齐，十字缝是否对齐，有无错台错缝等，用水平尺和挂线检查是否满足坡度和标高等。铺完一块后沿铺贴方向继续施工，每铺贴完一块砖应用纱布及时将砖擦干净，防止灰浆污染。

（7）切割

标准石材和盲道砖全部铺贴完成后，根据实际未铺贴部位尺寸将异形石材沿对角线进行切割后铺贴。见图 4-48～图 4-51。

图 4-48 铺贴现场帽石铺装图　　图 4-49 铺贴现场异形石材铺装图

图 4-50 铺贴成型图（一）　　图 4-51 铺贴成型图（二）

4.6.3 质量控制

（1）技术准备：针对工程实际情况制定针对性的施工方案、技术交底；对技术工人进行技术培训，合理组织安排劳力；应尽可能与前道工序垫层施工组织流水作业，避免劳力高峰期过于集中。

（2）质量标准：铺贴施工质量标准执行设计要求和国家有关规范标准《建筑地面工程施工质量验收规范》GB 50209、《建筑装饰装修工程质量验收规范》GB 50210。

（3）花岗岩色差控制：石材表面应平整、洁净，色泽协调无变色、泛碱、污痕和明显的光泽受损和划伤。

（4）地面面层的允许偏差和检验方法严格按表 4-10 执行。

地面面层的允许偏差和检验方法　　　　表 4-10

5 项次	项目	允许偏差（mm）	检验方法
1	表面平整度	1.0	用 2m 靠尺和楔形塞尺检查
2	缝格平直	2.0	拉 5m 线，不足 5m 者拉通线和尺量检查
3	接缝高低	0.5	尺量和楔形塞尺检查
4	板块间隙宽度	1.0	尺量检查
5	踢脚线上口平直	1.0	拉 5m 线和尺量检查

4.6.4 安全措施

（1）贯彻执行"安全第一，预防为主"的方针，项目管理机构职能部门和操作工人均明确安全生产目标，做好各项防护工作，安全生产做到经常化、制度化、规范化，坚持既抓生产，又抓安全，当生产进度与安全相矛盾时，进度必须让位于安全。

（2）严格执行《建筑施工安全检查标准》JGJ 59 规定的建筑施工现场安全防护标准，现场有明显的安全标志牌。

（3）施工前组织入场安全教育，对于在车站、机场等工程应进行有针对性的行车安全及相关知识教育。

（4）进入工地必须戴安全帽，操作工人应戴手套，切割石材工人应戴口罩。

（5）石材砖块搬运、装卸应慢起慢落，过重板块两人搬抬时要平稳、协调一致，站稳抓牢。小推车一次运砖不得超重，运输时应固定牢固。

（6）石材砌块堆放稳固，防止立放砖倒下伤人；堆放不能超高，防止倒塌伤人。

（7）安放砖块时用力均匀，防止挤手。

（8）现场设标准配电箱，各种用电设备均有相应的安全操作规程。

（9）夜间施工应有足够照明。

4.6.5 环保措施

（1）施工垃圾及时清运，并洒水降尘，严格遵守《城市建筑垃圾管理规定》。

（2）拒绝使用对环境产生污染的产品和原材料，对板材厂家提出相关的环保要求。

（3）石材和砖块的包装箱等杂物、养护用的锯末、草席、塑料布及时回收处理，避免环境污染。

（4）每班作业拌合砂浆控制，当班用完，避免砂浆凝固失效造成浪费和污染环境。

4.6.6 结语

南昌火车站站台工程（图 4-52）历时分两批 90d 完

图 4-52　南昌站大曲率站台实景图

成了 40000m² 的站台铺贴施工任务，采用了大曲率弧形站台石材铺贴施工技术，实现了节点工期，保证了施工质量，施工全过程处于安全、稳定、快速、优质的可控状态，节省了施工成本近 42 万元，取得了良好的社会和经济效益，为今后类似工程提供了经验借鉴。

4.7 铁路站房大空间大跨度螺栓球网架吊顶支吊点应用技术

4.7.1 工程概述

黄山北站站房工程建筑面积 39852m²，地下一层，地上二层，局部五层，高架候车区面积 13500m²，平面尺寸 205.6m×50.5m，吊顶高度最高点 23.0m。屋面为空间桁架与正放四角锥下弦支撑钢网架结构，其中中间 11-12 轴采用钢桁架与钢网架组合结构，钢桁架采用倒三角钢管桁架，钢网架采用螺栓球节点正放四角锥网架，多柱点支撑形式，平面尺寸 124m×57.5m。其余部位采用螺栓球节点正放四角锥网架，多柱点支撑形式，平面尺寸 146.015m×57.5m（图 4-53）。吊顶采用铝条板，局部铝单板。因吊顶附着的基体结构不同，一般为焊接钢梁结构、管桁架结构、网架结构等。吊顶悬挂支撑结构常常通过设置转换层的形式，满足吊顶所需悬挂要求。转换层与基体钢结构连接形式大多为抱箍形式（图 4-54），部分为螺栓形式连接（图 4-55）。本工程在实施过程中，通过对比常规的连接转换方式，优化连接节点，利用螺栓球节点，形成更加可靠、便捷的安装转换体系。

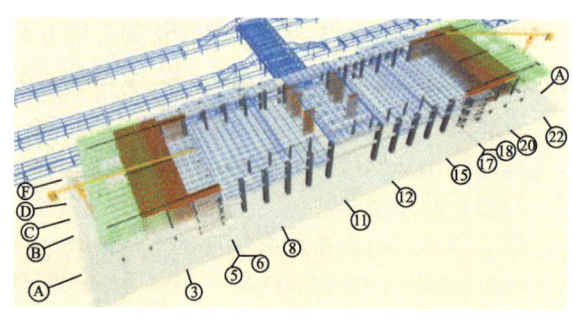

图 4-53 站房钢结构整体轴测示意图

图 4-54 转换层抱箍连接方案

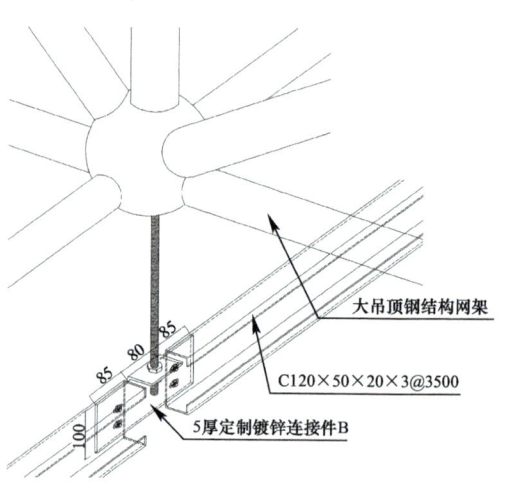

图 4-55 转换层螺栓连接方案

4.7.2 安装操作要点

4.7.2.1 螺栓球节点支吊点设计

大跨度螺栓球网架室内吊顶统筹考虑转换层受力情况（设计院均考虑了该部分的荷载，会提供相应的荷载值），包括面板强度和刚度验算、龙骨强度与刚度验算、吊杆强度验算、转换架龙骨强度和刚度验算以及螺栓或丝杆等连接计算，计算荷载除了自重、地震荷载等作用外，还要考虑施工和检修荷载的作用，系统地满足施工和正常使用两方面的要求。结合本工程的实际情况，螺栓球转换节点设计如下。

（1）螺栓球节点布置

网架螺栓球间距主要为3000mm×3000mm，针对螺栓球节点，在网架设计阶段，预先考虑吊顶转换层所在部位支吊点位置，统筹利用螺栓球作为节点，在螺栓球上预留转换连接螺栓孔，为后续吊顶施工预留充足条件（图4-56）。

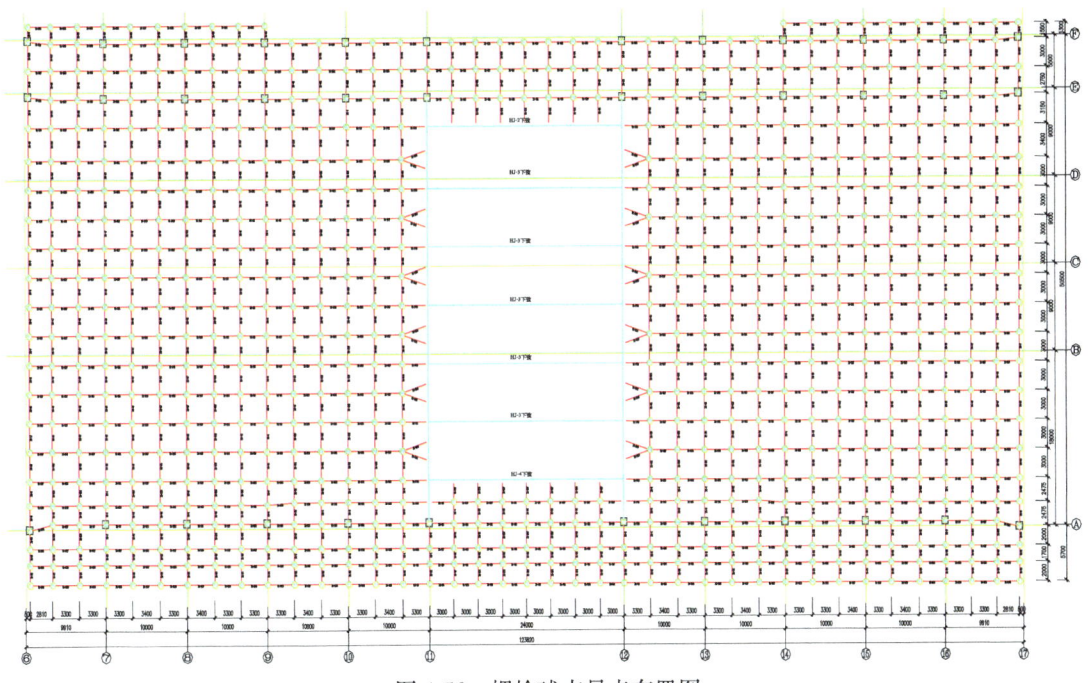

图4-56 螺栓球支吊点布置图

（2）螺栓球转换节点

转换支架均采用角钢制作（见图4-57），与螺栓球连接部位转换节点采用50mm×5mm角钢，顶部预留φ20mm螺栓孔，螺栓选用M20（10.9S），转接处于竖向支架采用M12螺栓固定。竖向支架和横向支托采用40mm×4mm角钢对接，连接处采用焊接（焊缝3）。

（3）转换层设计

转换层本着安装便捷、安全可靠和节材降造的原则，具体构造为：转换层主龙骨选用12mm×50mm×15mm

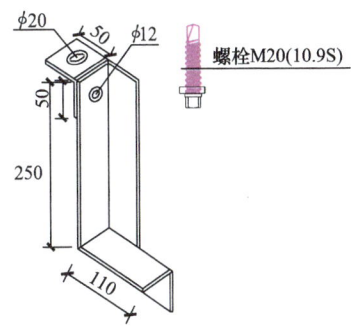

图4-57 螺栓球位置转换节点

C型钢，次龙骨选用40mm×4mm角钢，条板龙骨选用专用"几"字形龙骨，吊顶专用龙骨与次龙骨之间采用8mm通丝吊杆连接（见图4-58、图4-59）。

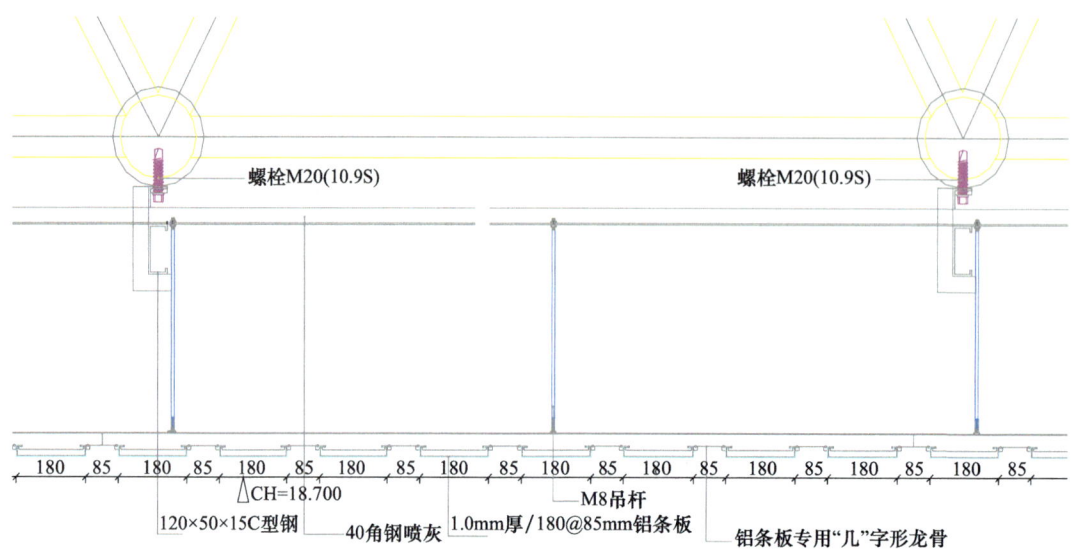

图4-58 转换层支吊点构造图

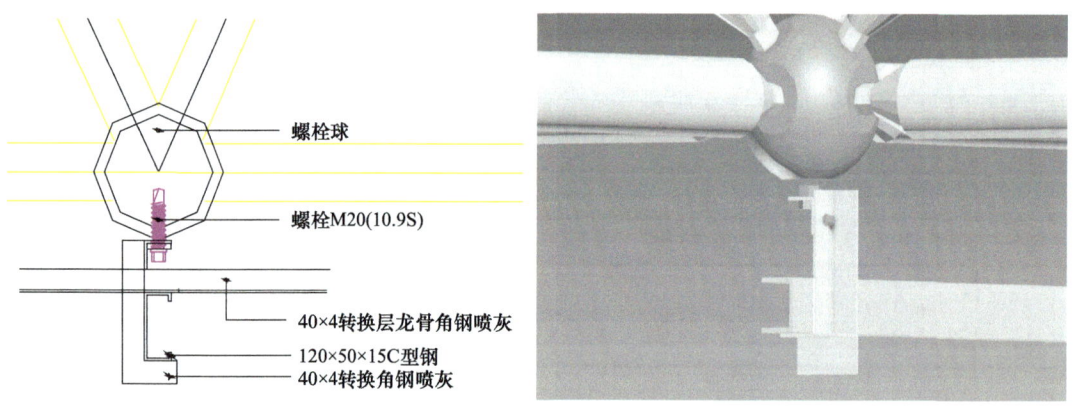

图4-59 转换层落球节点

（4）支吊点转换强度计算

① C型钢强度计算

选用C型钢类型：120号C型轻钢龙骨。

强度计算：

横下侧铝条板及龙骨总重（kN·m）

铝条板的重力密度为：28（kN/m³）

板块自重（不包括框）：$G_{AK}=28×1/1000=28×1/1000=0.028kN/m^2$

考虑龙骨及附件总重：$G_k=0.2kN/m^2$

G为荷载设计值（kN/m）（分项系数取1.35）：$G=2.0×G_k=2.0×1.35=0.27kN/m^2$

C型龙骨跨度3.5m，分格为3m。

由ANSYS计算结果可知$\sigma_{max}=132.606N/mm^2<f_a=215N/mm^2$，强度满足设计要求

(图 4-60)。

② 角钢强度计算

选用角钢类型：40×4 角钢。

强度计算：

横下侧铝条板及龙骨总重（kN·m）

铝条板的重力密度为：28kN/m³

板块自重（不包括框）：$G_{AK}=28\times 1/1000=28\times 1/1000=0.028$kN/m²

考虑龙骨及附件总重：$G_k=0.2$kN/m²

G 为荷载设计值（kN/m）（分项系数取 1.35）：$G=2.0\times G_k=2.0\times 1.35=0.27$kN/m²

钢龙骨跨度 3m，分格为 1.2m。

由 ANSYS 计算结果可知 $\sigma_{max}=94.7948$N/mm² $< f_a=215$N/mm²，强度满足设计要求（图 4-61）。

综上：支吊点转换体系满足要求。

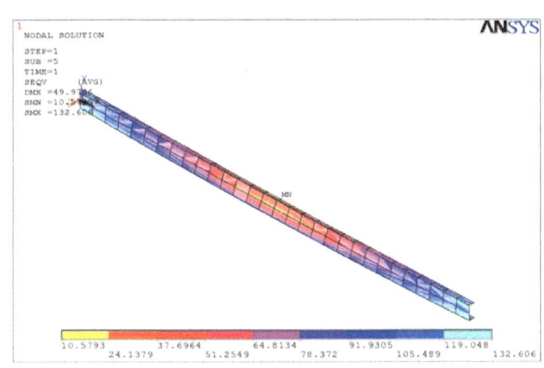

图 4-60 C 型钢强度计算结果

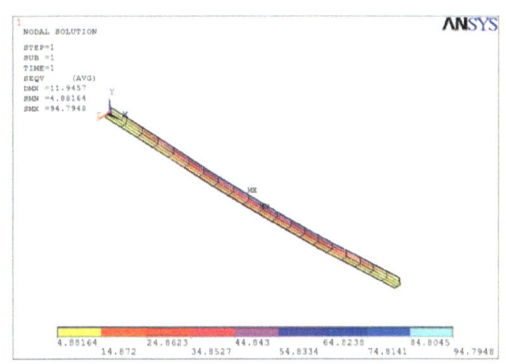

图 4-61 角钢强度计算结果

4.7.2.2 螺栓球支吊点施工

大空间吊顶施工具有安装复杂、高空施工难度大、安装配合要求高等特点，结合哈尔滨西、长春西、合肥南等站房施工经验，通过反吊施工技术，能够有效解决此类问题，使得该吊点体系施工技术更加完善。

施工步骤：准备工作→测量放线→安装安全平网和生命线→加工成套吊顶转换体系→转换体系与螺栓球连接→安装龙骨体系和支吊杆→安装面层装饰板→灯具安装、细部处理→清理。

主要卡控点如下：

(1) 测量放线。根据基准点坐标，测量定出以屋面网架球节点坐标为基准点的控制线，并绘成测量控制网。所布点在高度方向上沿吊顶每跨起拱断面位置布设，作为铝板吊顶安装标高控制线。每排布设若干个点，各点间距竖向不大于 5m，形成立体施工控制网，所有测量布点均采用全站仪布设，仪器立于地面，测量人员在屋面钢结构上定点，定点标注于钢结构下弦杆上或网架上。所形成的施工控制网用于下料、龙骨体系定位安装及复核、铝板条板吊顶面层安装及复核。此项为工程施工控制的关键。

(2) 转换体系与螺栓球连接。根据图纸和组装的转换体系分区分块进行安装，螺栓安装前，下方设置好安全警示和防护，安装过程中两人配合，一人安装一人辅助。转接件螺栓与螺栓球连接使用专用力矩扳手拧紧，此项为施工质量卡控重点（图 4-62）。所需各种材料均从地面通过绳索吊至工作面或通过既有屋面检修通道转运。

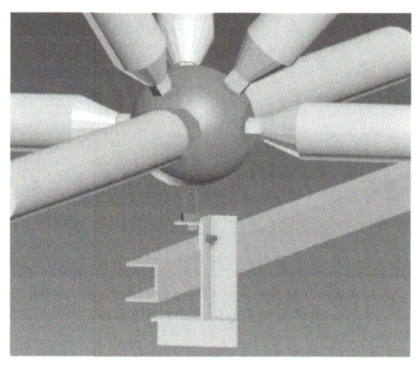 

图 4-62 转换节点安装图

（3）安装龙骨体系和支吊杆。转接件安装完成并验收合格后进行龙骨和支吊点安装，C 型龙骨的安装按吊顶布置图的间距、标高及设计要求，并尽量靠近钢结构节点处安装的原则进行。120 号轻型 C 型主龙骨固定在特制转接固定件的侧壁上，C 型主龙骨搭接采用特制搭接板搭接，使用 M10 螺栓进行固定（图 4-63）。40mm×4mm 角钢固定在 120 号轻型 C 型主龙骨上，吊顶专用"几"字形龙骨用 $\phi 8$ 对穿螺栓将其固定在预先打孔的角钢的侧壁上，待调平后使用配套螺母固定牢固。

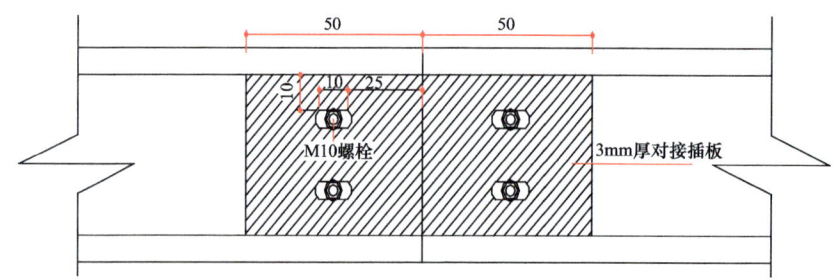

图 4-63 C 型主龙骨搭接示意图

（4）其他。各组件之间的点焊要求必须可承受骨架重量，以作业载荷为准；焊接连接其焊接长度及高度确保图纸要求，焊接必须依序进行，先进行点焊，待组件调整符合要求后再行满焊。做好防腐处理，长效防锈所用的无机富锌漆的所涂厚度必须不小于 100μm。做好质量及隐蔽验收记录，经自检验收后通知现场监理验收合格签字后进行下道工序安装。

4.7.3 结语

通过黄山北站屋面吊顶转换节点的顺利实施，比常规的施工方案节约工期约 7～15d，成本节约 5% 以上，且安全适用，车站开通至今吊顶无任何返修的问题，车站和维保单位反馈意见非常满意（图 4-64）。通过黄山北站屋面网架吊顶转换层的成功实施，

图 4-64 黄山北站吊顶图实景图

以及大跨度网架支吊转换系统的施工技术的分析及总结，对以后在大跨度、大空间屋面钢结构吊顶施工积累了宝贵施工经验。

4.8 陶土板幕墙龙骨施工技术

4.8.1 工程概述

新建哈尔滨西客站工程南北长 450m，东西宽 324.5m，分为东、西、高架站房。西站房室外地坪标高 -11.50m，地上三层，建筑檐高 37.5m；东站房室外地坪标高 10.00m，地下一层，地上二层，建筑檐高 47.5m。站房外立面以橙红色陶板幕墙、明框玻璃幕墙、半隐框玻璃幕墙等相结合的方式设计，陶板幕墙面积约 2.4 万 m^2，其中东、西站房正立面陶板幕墙高度约 24m，主入口处半隐框玻璃幕墙高度约 30m。根据哈西站房结构特点，经过方案比选，最终选择在无后砌墙的立面增加结构钢梁，作为主龙骨体系。钢梁采用 250×250 方钢管，两端通过后置埋板固定在结构柱上，竖向采用 250×250 工字钢作为支撑，此钢梁经过计算满足抗风桁架 1/1000 的挠度和强度要求，如图 4-65 所示。

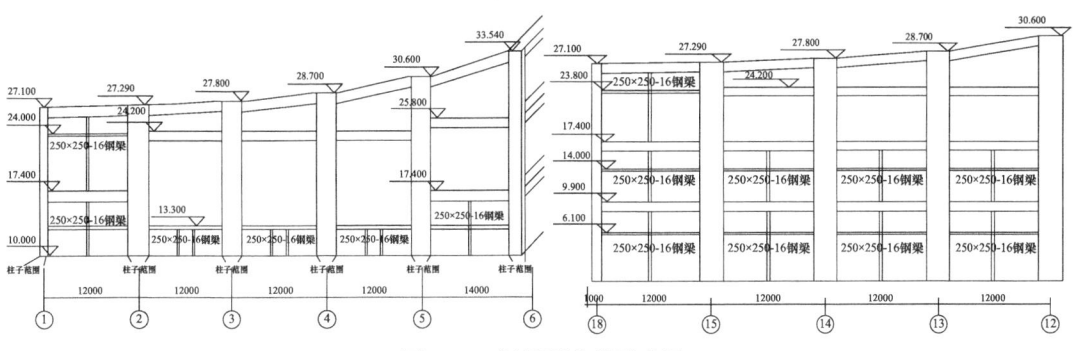

图 4-65 钢梁钢支撑示意图

4.8.2 安装操作要点

4.8.2.1 后置埋板、钢梁安装、钢支撑安装

（1）后置埋板

根据设计深化图纸确定后置埋板植筋位置及数量，植筋所用化学螺栓满足设计要求，并出具相应试验报告及产品合格证等资料。植筋过程中，如成孔遇到结构钢筋时，及时调整孔位，植筋数量达到 500 个时，及时通知检测单位做现场拉拔试验。

（2）钢梁安装

后置埋板就位后，测量相应两埋板间距，将钢梁截成对应尺寸，每端各预留 10mm 作为安装空间。测定钢梁位置标高及距轴线位置后，采用手动葫芦两边吊装，就位后先点焊固定，再满焊，并按要求加设加劲肋，焊缝满足设计要求。

（3）钢支撑安装

钢支撑安装埋板位置绝大部分在结构梁上，此部位钢筋较密，化学螺栓难植入，经与设计院协商，采用包梁埋板法，使化学锚栓避开钢筋较多的结构面。

4.8.2.2 幕墙龙骨安装

(1) 装饰柱竖龙骨通过转接件（根据深化设计计算采用 12 号槽钢加工）栓接，转接件另一端焊接在钢梁上，构成幕墙体系，见图 4-66、图 4-67。

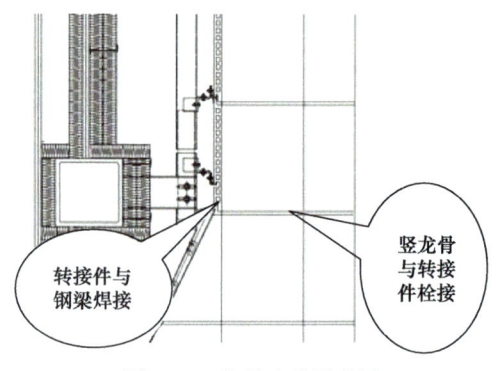

图 4-66　龙骨连接示意图　　　　　　　图 4-67　龙骨连接实景图

(2) 根据幕墙结构体系受力要求（一端固接，一端铰接），框架柱位置竖龙骨通过转接件栓接，转接件另一端根据设计要焊接在结构柱的预埋件上，转接件长度根据设计图纸下料，预埋板尺寸为 200mm×200mm，见图 4-68、图 4-69。

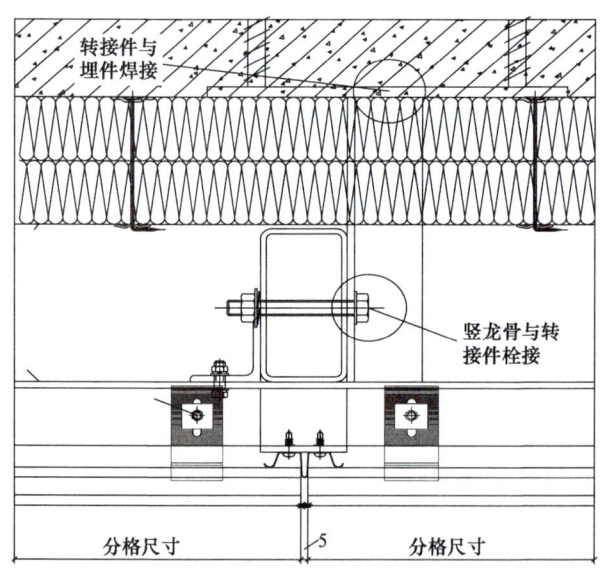

图 4-68　龙骨连接示意图　　　　　　　图 4-69　龙骨连接实景图

(3) 幕墙横龙骨与竖龙骨连接方式选择：

① 幕墙横龙骨通过焊接直接和竖龙骨连接，这种连接方式施工方便，但是焊接量比较大，焊接质量难以控制，而且防腐处理比较困难，难以达到设计要求的使用年限。

② 横梁通过角码和竖龙骨栓接，角码通过螺栓和竖龙骨连接，这种连接方式解决了焊接质量难以控制及防腐处理比较难的问题，但是在横竖龙骨打栓接孔时要求精度比较高，工厂与现场无法达到这个要求。

③ 横梁通过角码和竖龙骨栓接，角码通过不锈钢自攻自钻螺丝和竖龙骨连接，自攻

自钻螺丝可在现场直接施工,解决精度要求高的难题,可是采用自攻自钻螺丝直接使用在龙骨体系中的范例比较少,并且本工程为国家重点工程,质量方面不能有丝毫马虎,最终放弃此方案。

④ 横梁通过角码和竖龙骨栓接,角码先预焊在竖龙骨钢材上,后除锈镀锌,再现场安装。热镀锌的防腐效果能满足设计要求,并在工厂加工,焊接质量可以得到控制。最终选择了此方式。

4.8.2.3 幕墙龙骨设计计算

1. 立柱计算

(1) 立柱截面选择

幕墙立柱按简化为双跨梁力学模型进行设计计算,受力模型如图 4-70 所示。

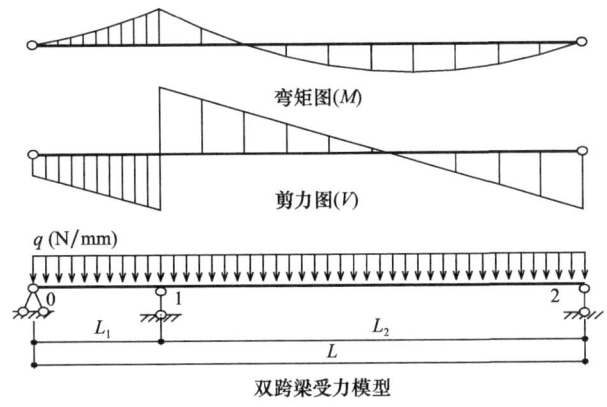

图 4-70 受力模型

① 根据设计方案幕墙立柱计算的基本参数:

计算点标高:33.54m

立柱跨度:短跨长 $L_1=900$mm,长跨长 $L_2=5100$mm

立柱左右分格等宽:1100mm

立柱计算间距:$B=1100$mm

② 幕墙受荷载集度组合:

用于强度计算时,采用 $S_w+0.5S_E$ 设计值组合:

$$q = q_w + 0.5q_E = 2.197 \text{N/mm}$$

式中 q_w——风荷载线分布最大荷载集度设计值(GB 50009—2012);

q_E——水平地震作用线荷载集度设计值(JGJ 102—2003)。

用于挠度计算时,采用 S_w 标准值:

$$q_k = q_{wk} = 1.498 \text{N/mm}$$

式中 q_{wk}——风荷载线分布最大荷载集度标准值(GB 50009—2012)。

③ 求支座反力 R_1 及最大弯矩:

由双跨梁弯矩图可知,两支点 0、2 处弯矩为零,中支点弯矩最大为 M_1,而在均布荷载作用下,最大挠度在长跨内出现。根据结构力学知识得出:

中支座弯矩 $M_1 = -6104913.75$ N·mm

中支座反力 $R_1 = 14571.279\text{N}$

(2) 确定材料的预选截面参数

① 按规范要求，立柱的挠度限值为：

$$d_{f,\text{lim}} = \lambda q_k L_2^4 / 24EI_{x,\text{min}}$$

式中 E——型材的弹性模量（MPa），对 Q235 取 206000MPa；

$I_{x,\text{min}}$——材料需满足的绕 X 轴最小惯性矩（mm⁴）。

$$L_2/250 = 5100/250 = 20.4$$

按《建筑幕墙》GB/T 21086—2007 的规定，当跨距≤4500mm 时，绝对挠度不应该大于 20mm；$d_{f,\text{lim}} = 20.4\text{mm}$；$I_{x,\text{min}} = \lambda q_k L_2^4 / 24E d_{f,\text{lim}} = 1563484.143\text{mm}^4$。

② 截面的型材抵抗矩要求：

$$W_{nx} = M_x / \gamma f_s = 27042.807\text{mm}^3$$

式中 W_{nx}——立柱净截面抵抗矩预选值（mm³）；

M_x——弯矩组合设计值，即 M_1（N·mm）；

γ——塑性发展系数（JGJ 102、GB 50429—2007）；

f_s——型材抗弯强度设计值（MPa）。

(3) 选用立柱型材

按上一项计算结果选用 120×60×4 矩形钢管。

(4) 立柱的截面校核

① 抗弯强度校核：

$N/A_n + M_x/\gamma W_{nx} = 140.737\text{MPa} \leqslant f_s = 215\text{MPa}$，立柱抗弯强度满足要求。

② 挠度校核：

$d_f = \lambda q_k L_2^4 / 24EI_x = 15.267\text{mm} \leqslant d_{f,\text{lim}} = 20.6\text{mm}$，立柱挠度满足要求。

③ 立柱抗剪强度校核：

$\tau_{\max} = VS_x / I_x t = 113.399\text{MPa} \leqslant 125\text{MPa}$，立柱抗剪强度满足要求。

因此选用矩形钢管 120×60×4 能够满足计算要求。

2. 横梁计算

横梁的计算方式和立柱的计算方式相同，下面简要叙述。

(1) 横梁截面选择

根据结构形式、荷载大小等因素，横梁选用∟50×5 角钢。

(2) 横梁截面校核

① 抗弯强度校核：

$M_x/\gamma_x W_{nx} + M_y/\gamma_y W_{ny} = 106.801\text{MPa} \leqslant 215\text{MPa}$，横梁抗弯强度满足要求。

② 挠度校核：

$$d_{f1} = q_k B^4 / 120EI_y = 0.495\text{mm} \leqslant d_{f1,\text{lim}} = 4\text{mm}$$

$$d_{f2} = 5G_k B^4 / 384EI_x = 0.677\text{mm} \leqslant d_{f2,\text{lim}} = 2\text{mm}$$

横梁挠度满足要求。

③ 抗剪强度校核：

$$\tau_x = V_x S_y / I_y t_y = 2.91\text{MPa} \leqslant 125\text{MPa}$$

$$\tau_y = V_y S_x / I_x t_x = 4.084\text{MPa} \leqslant 125\text{MPa}$$

横梁抗剪强度满足要求。

因此选用角钢L 50×5能够满足计算要求。

3. 转接件计算

(1) 转接件截面选择

根据结构形式、荷载大小等因素,转接件选用12号槽钢。

(2) 转接件截面校核

① 抗弯强度校核

$$N = (N_{12} + NG_2)0.5 = 16334.048\text{N}$$

转接件按悬臂梁模型计算,长度$L=0.9$m,计算长度$2L=1.8$m。根部最大弯矩值$M_{max} = -N \cdot L = -14390$N·m。

弯曲正应力$\sigma_{max} = M_{max}/(\gamma_x \cdot W_x) = 210.84$N/mm² ≤ 抗弯设计值$f=215$N/mm²

抗弯强度满足要求。

② 抗剪强度校核

$\tau_B = R_B \cdot S_x/(I_x \cdot t_w) = 27.08$N/mm² ≤ 抗剪设计值$f_v = 125$N/mm²,抗剪强度满足要求。

③ 挠度校核

最大挠度$f_{max} = P_k \cdot L^3/3EI = 4.83$mm

相对挠度$v = f_{max}/2L = 1/372.9$

挠度相对值$v=1/372.9$ ≤ 挠度控制值$[v]=1/250$,挠度满足要求。

因此选用12号槽钢能够满足计算要求。

④ 焊缝计算

根据结构力学计算结果,剪力$V=7920$N,轴向拉力$N=14285.472$N,弯矩$M=792000$N·mm,焊缝按照六面满焊验算。

焊缝有效厚度:$h_e = 0.707h_f = 4.242$mm

焊缝总面积:$A = 2h_eL_v + 2 \times 2(L_h - 2h_e)h_e = 1757.28$mm²

截面惯性矩:$I = (1/12) \times [L_h \cdot L_v^3 - (L_h - 2h_e)(L_v - 2h_e)^3] = 3546993.9$mm⁴

截面抵抗矩:$W = I/(L_v/2) = 59116.6$mm³

单转接件时:

$[(\sigma_f/\beta_f)^2 + \tau_f^2]0.5 = [(N/1.22A + M/1.22W)^2 + (V/A)^2]0.5 = 18.2$MPa ≤ $f_w = 160$MPa

焊缝可以满足要求。

4.8.3 质量控制

转接件和主体结构采用六面满焊,焊缝宽度6mm,焊接完成后分检验批逐个检查,如发现漏焊,焊缝达不到要求的需立即整改。检查合格后通知施工队涂刷防锈漆两道。

龙骨钢材及其他配件严格按照图纸要求选料,规格、壁厚、锌层厚度等达到设计要求。不锈钢材料必须提供相应的质量检测报告及合格证,主龙骨安装沿预先测定的龙骨控制线安装,偏差控制在10mm内,如发现龙骨自身有弯曲,需在安装前调直,避免误差累积。横龙骨安装时先点焊就位,后穿螺杆与预焊在竖龙骨的角码连接,在点焊和切口位置涂刷防锈漆两道。安装完成后分检验批检查，如发现漏螺栓、漏刷防锈漆的部位及时整改。检查合格后，进行下一道工序。

保温防水措施：本工程位于我国东北严寒地区，保温对使用功能及结构保护较为重要。陶板幕墙采用开缝式陶板安装，防水措施尤为重要。

（1）保温防火措施：保温层，采用100mm厚岩棉（A级防火材料，密度≥60kg/m³）基层为轻钢龙骨石膏板，内外双层12mm厚防火防水石膏板，中间设50mm保温岩棉，耐火等级满足建筑设计防火规范的要求。如图4-71和图4-72所示。

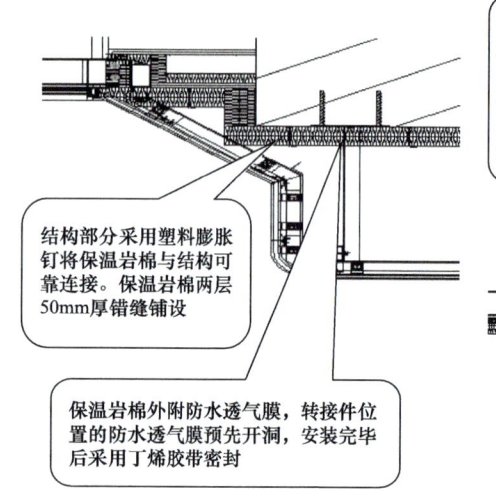

图4-71 幕墙保温防火示意图

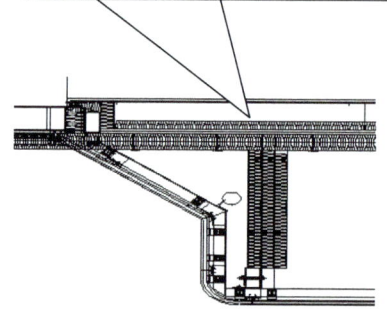

图4-72 保温防冷桥示意图

图4-73 角码防水处理实景图

（2）防水措施：在保温层外侧附防水透气膜。防水透气膜采用0.17mm厚，不透水性≥1500mm水柱（2h），透水蒸汽性≥15g/m²·24h，防水透气膜之间采用丁烯胶带粘接，与转接件部位采用丁烯胶带密封，与相邻幕墙采用丁烯胶带可靠连接确保整个幕墙系统的水密性。如图4-73所示。

在施工过程中需严格把控，保温岩棉铺设过程中塑料膨胀钉排布及数量是保温的关键，需分检验批检查，及时发现漏打和不合格保温钉，及时整改，防水透气膜为特卫强卷材，接缝位置采用丁基胶带粘接。

施工过程中，接缝及角码位置上的防水处理尤为关键，必须保证接缝处用丁基胶带粘接可靠。

4.8.4 结语

通过陶板幕墙在哈尔滨西客站大面积的应用（图4-74），尤其是对大跨度采用钢支撑设计、龙骨保温、防水等细部节点处理，在施工工艺、质量控制、施工组织等方面进行了大胆的尝试和探索，积累了详细的技术资料，总结形成了陶土板幕墙施工技术，对今后类似工程施工具有重要参考价值。

第4章　高铁客站幕墙及装修施工技术

图 4-74　哈尔滨西站陶板幕墙实景图

4.9 室外"钢琴键盘"式悬挑吊顶铝板施工技术

4.9.1 工程概述

昆明南站站房室外铝单板吊顶面积约 4 万 m^2，主要位于主站房的南、北两侧，建筑造型采用古建筑的木椽子形式，使用木纹转印铝单板与白色铝单板间隔叠级布置，色泽分明、和谐统一，空间立体效果极佳，类似于"钢琴键盘"样式，富有时代气息。室外吊顶位于南、北高架车道上方，吊顶屋盖悬挑距离长达 13m，高度距高架车道为 18.8m，东西向长度为 400m，铝板板块最大长度 5.4m，两侧折边高度 0.9m，呈非封闭的立方体样式。结合现场立体交叉施工的复杂环境，制定了切实可行、降本增效的施工方案，合理安排施工顺序，对大体量轻钢桁架龙骨安装采取了有效处理方式。通过 BIM 技术建模，优化分缝铝单板的安装节点工艺，实现了大跨度悬挑铝单板的快速反吊施工，建筑效果及施工质量得到完美体现。该技术适用于铁路站房、机场航站楼、会展中心、体育馆等大型公建项目大跨度悬挑铝板吊顶工程。室外"钢琴键盘"式悬挑吊顶效果图如图 4-75 所示。

图 4-75　室外"钢琴键盘"式悬挑吊顶效果图

4.9.2 施工工艺流程及操作要点

4.9.2.1 工艺原理

室外吊顶龙骨的体量大，造型复杂，焊接量大，高空直接焊接构件的定位尺寸难以控制，一次焊接质量合格率较低，结合龙骨温度伸缩缝的位置对每跨龙骨进行合理分段。首先制作单根龙骨，然后对每段龙骨进行地面拼装，采用分段提升高空对接的方法安装，以实现龙骨准确定位和较小变形，加快施工进度。室外"钢琴键盘"式悬挑吊顶剖面图及提升单元体分段示意图（见图 4-76、图 4-77）。

屋盖桁-网架组合悬挑结构，采用地面原位拼装，整体提升的方式安装，标高存在一定的偏差，铝板吊顶的吊点数量多，现场全部量测费工、费时，且转接吊杆尺寸不等，加工困难，在保证受力要求的情况下，优化吊杆的结构样式和安装顺序，采用二级可调节倒

249

置马镫式转接件，实现了构件的提前同尺寸的加工，保证了后期龙骨安装的精度，便于快捷施工，节约成本。

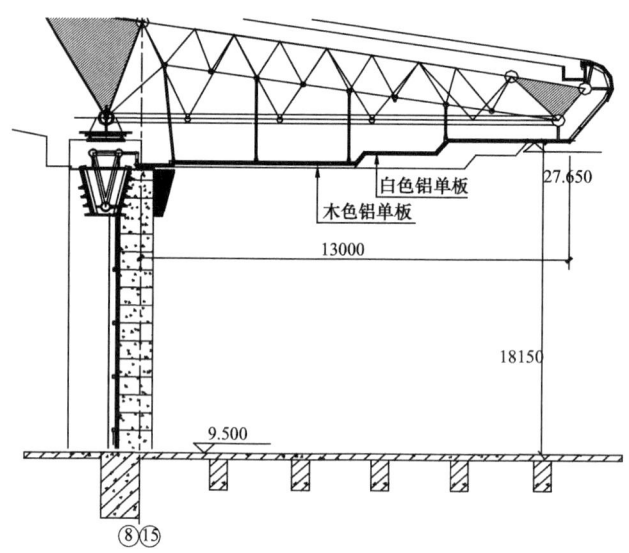

图 4-76 室外"钢琴键盘"式悬挑吊顶剖面图

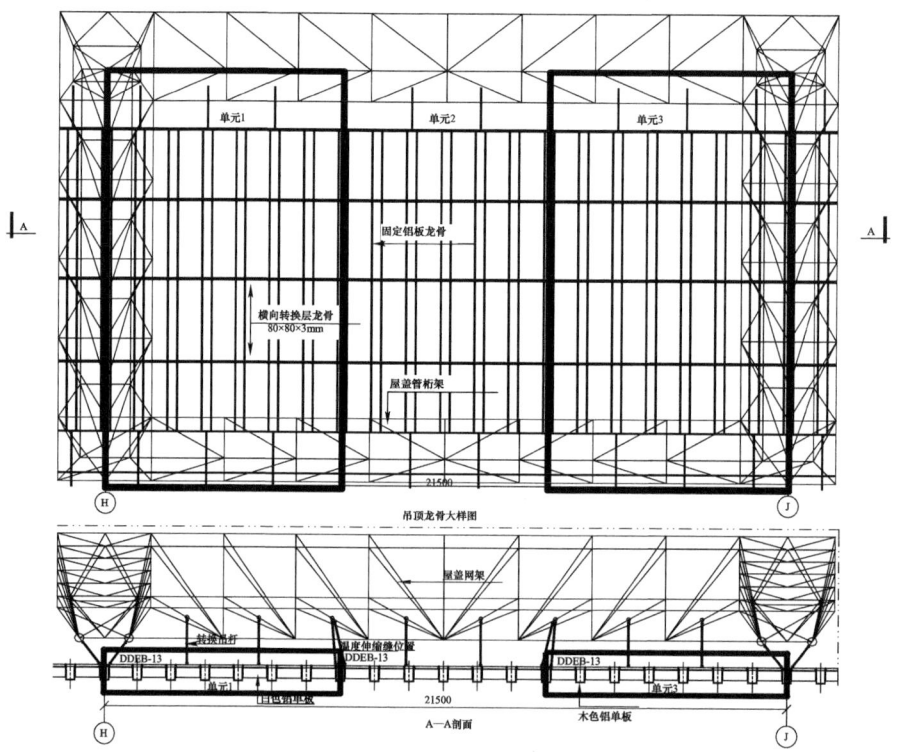

图 4-77 吊顶龙骨下部预拼、分段提升示意图

传统离缝打胶铝单板固定方法为从铝板的室外面通过压板或者角码直接打钉固定，必须通过一定的操作平台在底部仰视固定，现优化铝单板的安装方式，采用非传统角码打钉固定，将角码加长在龙骨侧面打钉固定，同时运用 BIM 建模技术对关键节点进行放样，实现了在龙骨内侧操作安装的便捷与安全，确保施工质量。

4.9.2.2 工艺流程

工艺流程如图 4-78 所示。

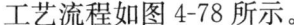

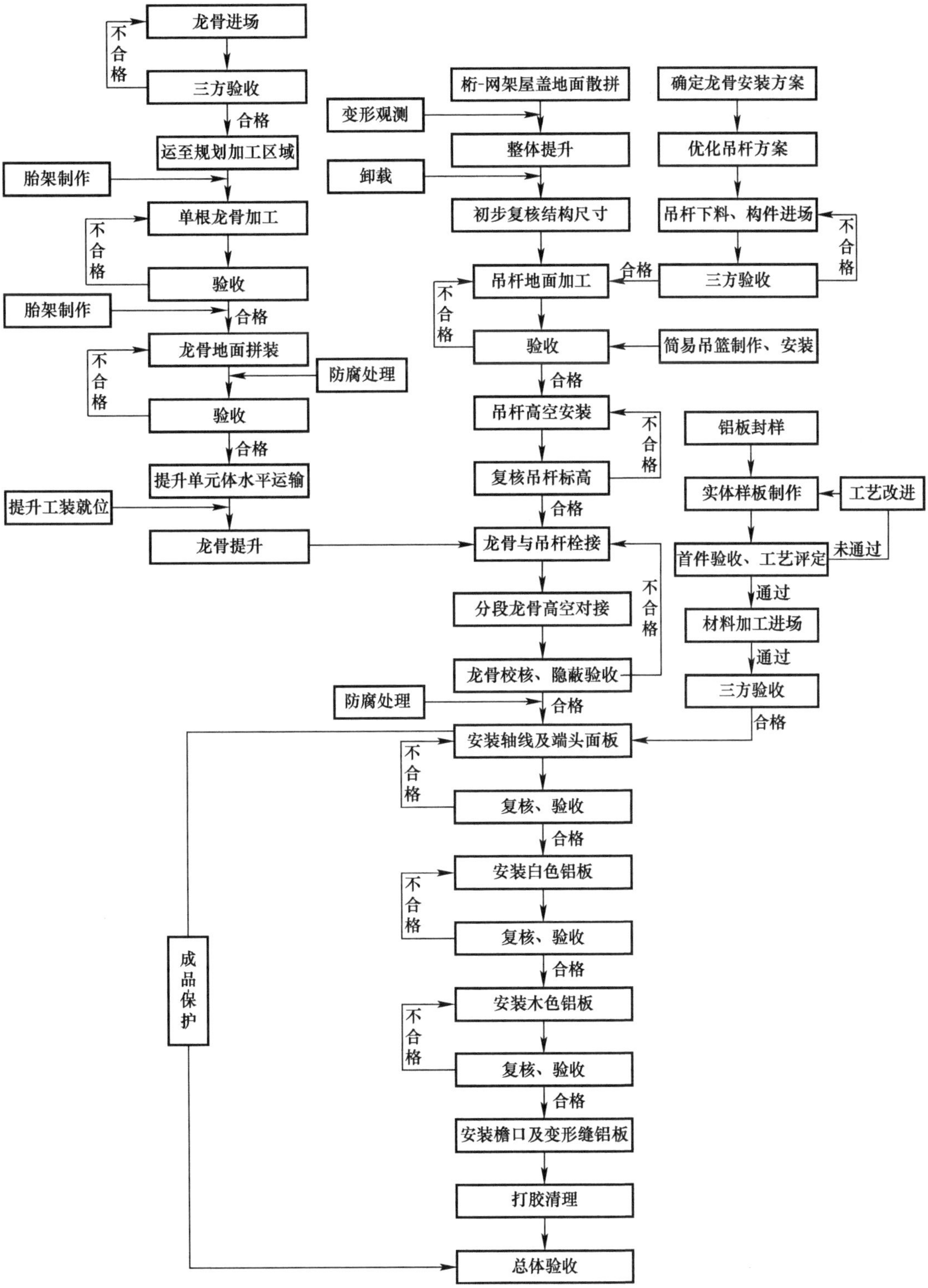

图 4-78 施工工艺流程图

4.9.2.3 施工准备

(1) 材料选型及主要节点的确定

结合桁-网架屋盖的要求荷载值,通过建模计算,确定龙骨截面、与结构的连接形式及变形缝留设位置等,制作实体1:1吊顶铝单板,根据实际效果确定木纹转印铝板颜色及叠级位置等。

(2) 确定施工方案和施工顺序

幕墙室外吊顶施工时,底部的高架车道主体结构部分区域正在施工,且该区域为站房装修作业材料运输和堆放和主要区域,为减少交叉施工带来的影响,降低采用传统脚手架施工措施带来的成本影响,考虑到两个施工队伍同时作业,采取流水施工方式,先施工南高架,再施工北高架,南、北高架每4跨为一个施工段,共计8个施工段,两队伍同时施工。为保证安装质量,加快施工进度,首先安装东、西侧及每个轴线位置的面板,每个施工段先安装白色铝板,然后安装木色铝板,实现施工过程中安装质量的多次复核。室外"钢琴键盘"式悬挑吊顶总体施工顺序如图4-79所示。

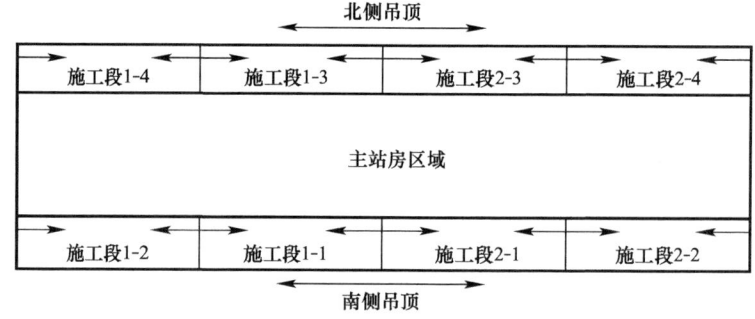

图 4-79　施工顺序示意图

(3) 施工测量控制策划

考虑造型叠级及阴阳角复杂,工程采用激光测距仪在地面操作,复核结构、吊杆及面板的标高及平整度,方便准确;根据图纸将吊顶东西向通长阴阳角位置线垂直投影到地面,利用激光水平仪将投影线返到屋盖主桁架下方,降低测量高度,减少外部环境的影响,作为面板及龙骨安装的控制线,地面投影线作为复测控制线,从而保证东西向安装质量;南北向轴线会同室内装修,统一量测,保证墙、顶、地对缝,采用立面玻璃幕墙龙骨中线及檐口水平铝板分隔缝作为超长铝单板南北向直线度的控制线。

4.9.2.4 操作要点

(1) 吊杆的加工制作

屋盖网架钢结构采用螺栓球和焊接球进行连接,每个螺栓球底部预留一个工艺孔,吊顶龙骨通过该工艺孔与钢结构连接,焊接球则直接进行满焊,但网架球原位拼装势必导致标高偏差,在保证受力要求的情况下,为优化吊杆的结构样式和安装顺序,自制可调节倒置马镫式转接件(见图4-80),将马镫式转接件封口板边缘与底座满焊,通过转动底座与螺栓球实现标高的调节(见图4-81),采用经纬仪控制底座的标高与图纸要求一致。这样吊杆的加工长度就可以严格按照图纸长度进行提前加工,避免了全部实测带来的麻烦,节约了工期和成本。提前将吊杆和单、双耳板转接件组装为一个单元体与可调转接件底座满焊后进行整体安装定位。

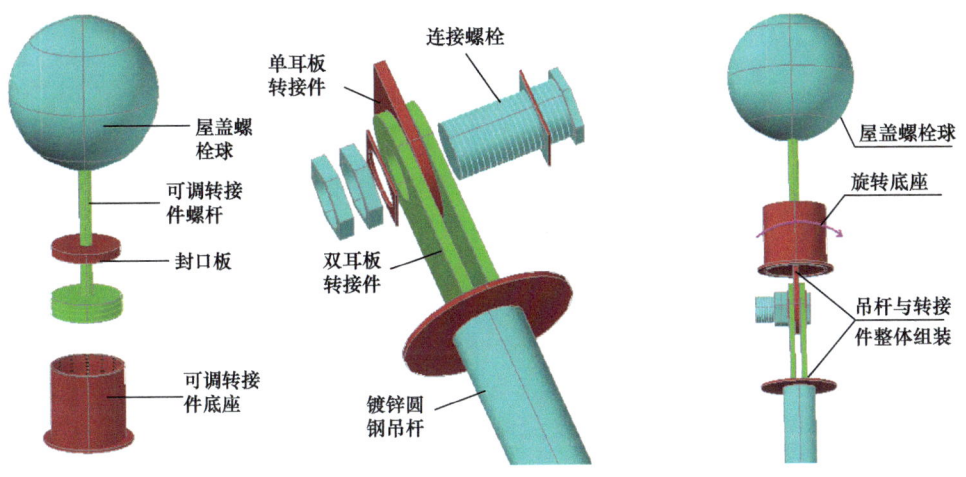

图 4-80 可调节转接件及吊杆构造图　　图 4-81 吊杆与网架连接及调节原理示意图

(2) 单根弯折钢龙骨制作

吊顶桁架龙骨主要由 80mm×40mm×3mm 的镀锌方管焊接而成，壁厚较小，单根龙骨长度达 12m，且需要弯折四次来实现建筑造型。该部位弯折角度需要根据图纸吊顶板弯折角度，在方管上利用角尺画出角度线，然后对方管切斜口后现场焊接。由于龙骨的长细比大，龙骨变形势必会很大，为减小单根龙骨的加工变形，保证后期拼装的精度，关键是要对焊接部位、龙骨端头及存在龙骨加强筋的部位，利用定位方管将其位置卡死（见图 4-82）。龙骨采用机械切割，严禁利用电焊切割，需对称施焊作业，且龙骨长截面两面满焊，保证竖向焊缝不小于 120mm，当一根整料长度无法满足实际要求，需要接长时，相邻两根龙骨的接口错开不小于 500mm。

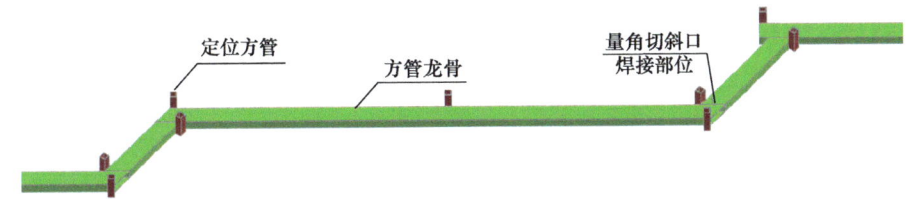

图 4-82 单根钢龙骨预拼装示意图

(3) 胎架制作及龙骨地面拼装

龙骨拼装尺寸精度的控制非常重要，否则面板安装就会出现变形现象，且易出现误差累积。根据龙骨特点及多跨简支梁每跨跨中挠度最大的原理，在弯折部位、端部及跨中进行支撑胎架的安装，4 副胎架采用膨胀螺栓固定在南、北高架车道集中进行龙骨提升单元体的拼装，胎架主要材质采用 100mm×50mm×4mm 方管制作。

胎架制作时使用水准仪控制好标高，在保证 80mm×80mm×3mm 转换龙骨正下方设置胎架的情况下，每个水平段龙骨之间不少于 3 个点支撑，减小竖向挠度，然后在胎架上

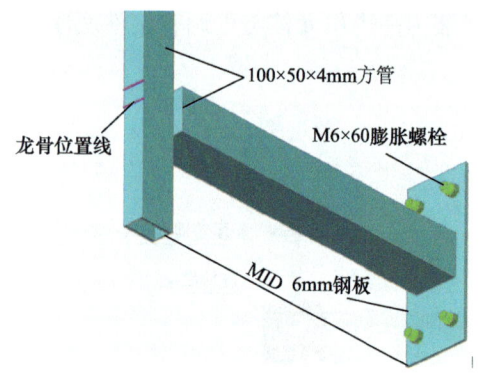

图 4-83 拼装胎架节点图

将龙骨截面的一条边线用墨线弹出，定位放置已加工好的单根钢龙骨。拼装胎架节点图见图 4-83。

先将龙骨进行点焊，然后再对龙骨进行复测，微调，保证龙骨的位置准确，最后进行满焊。满焊时先将转换层 80mm×80mm×3mm 龙骨与单根 80mm×40mm×3mm 铝板龙骨焊接，最后焊接 30mm×30m×3mm 的连接加强杆件，并对称同时焊接，减小其变形量。提升单元体龙骨地面拼装顺序如图 4-84 所示。

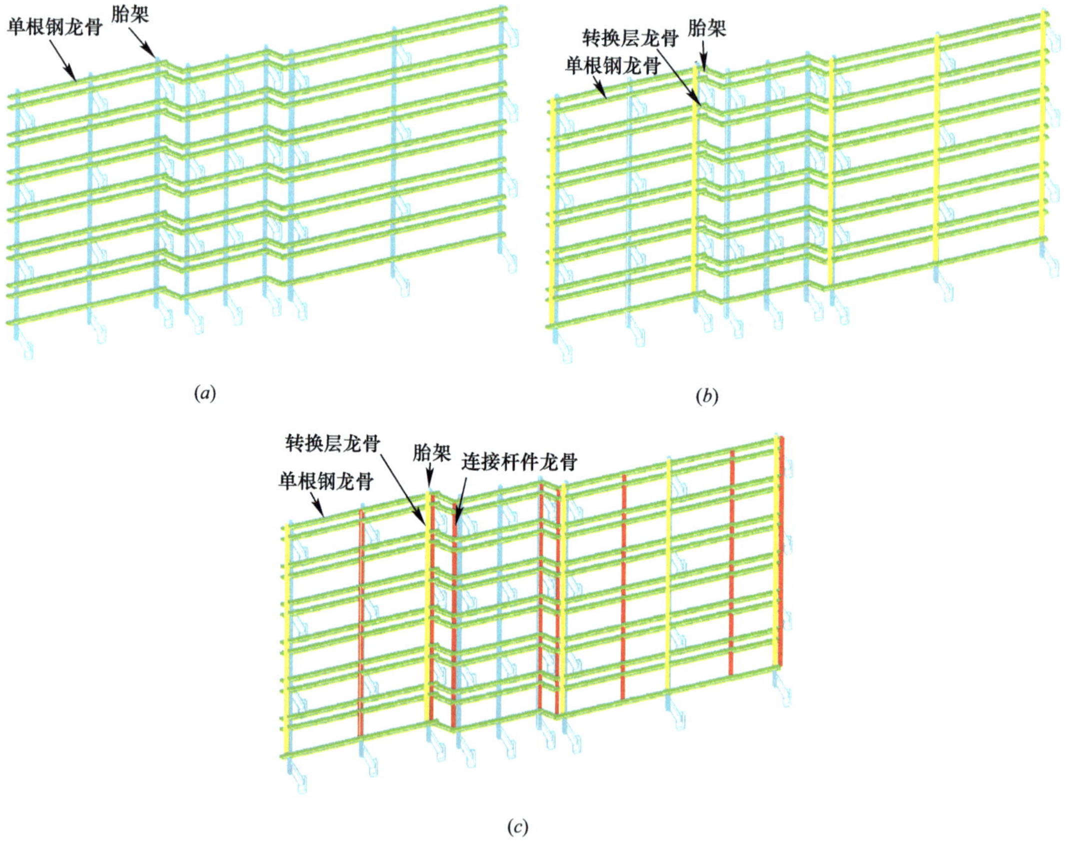

(a)

(b)

(c)

图 4-84 提升单元体龙骨地面拼装顺序示意图
(a) 步骤一：根据胎架上的位置线放置单根龙骨；(b) 步骤二：转换层主龙骨与已定位单根龙骨焊接；
(c) 步骤三：连接加强杆件及耳板焊接

（4）龙骨提升安装

分段后每个提升单元的自重约 1250kg，由于屋盖中间的网架杆按照轴向受力计算，故不能直接将龙骨提升的主受力点设置在网架上，需利用四周的管桁架安装工装提升龙骨。

每个单元体的自重较小，且考虑到提升的平稳性，采用 4 点主受力提升方式，利用电动卷扬机起吊。将 4 台 2t 的电动卷扬机采用化学锚栓固定在地面上，并用 $\phi 8$ 钢丝绳将其与站房钢柱固定,固定卷扬机的钢丝绳至少两道,确保卷扬机在使用过程中的稳定。提升设备固定方式见图4-85。

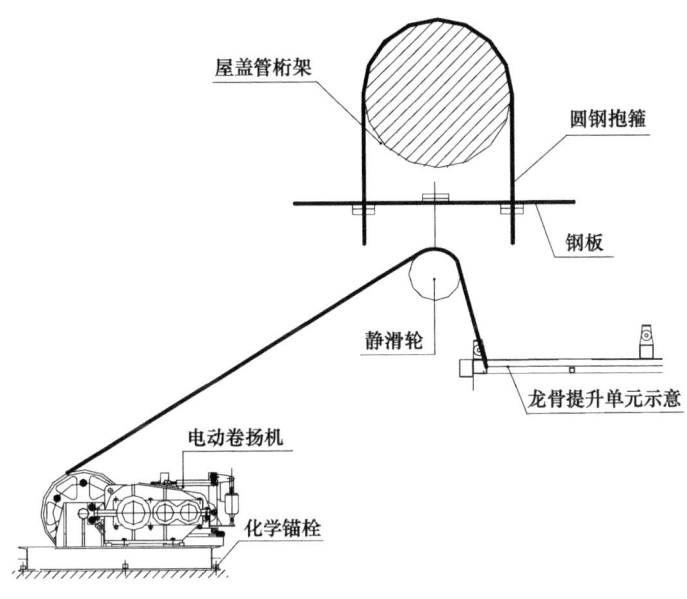

图4-85 提升设备固定方式

在龙骨架上四个角各设置1个吊点,吊点位置必须进行局部加强处理,钢丝绳直径为10mm,绕过固定于桁架管上的静滑轮起吊,每个吊点受力约313kg。另在龙骨中间部位正上方的屋盖结构上安装两个静滑轮,用麻绳固定在龙骨的中间部位,主要起稳定和调平作用。龙骨提升点位布置及提升示意图见图4-86和图4-87。

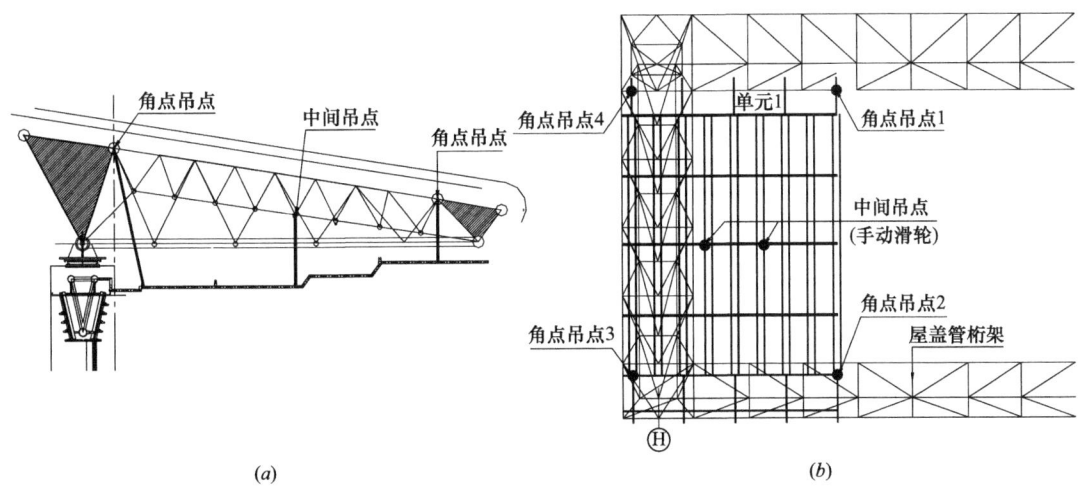

图4-86 龙骨单元体提升点位布置图

提升之前连接单耳板已经与龙骨架的转换层主龙骨焊接,提升位置基本调整好以后,只需利用简易吊笼作为操作平台,将已安装好的吊杆下部双耳板与龙骨架的单耳板通过螺

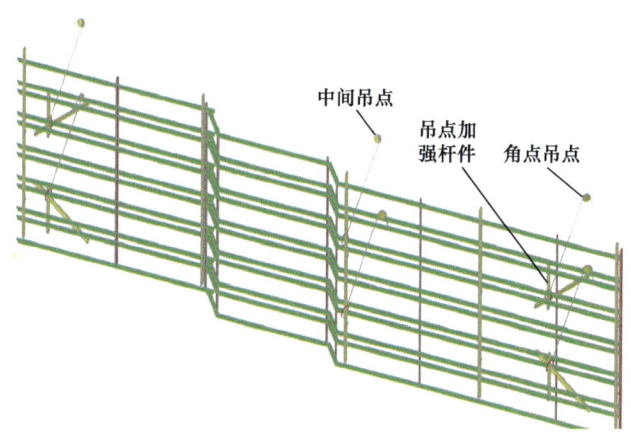

图 4-87　龙骨单元体提升三维示意图

栓连接即可，最后龙骨复测，利用椭圆螺栓孔进行微调处理。操作平台及高空连接详见图 4-88 和图 4-89。

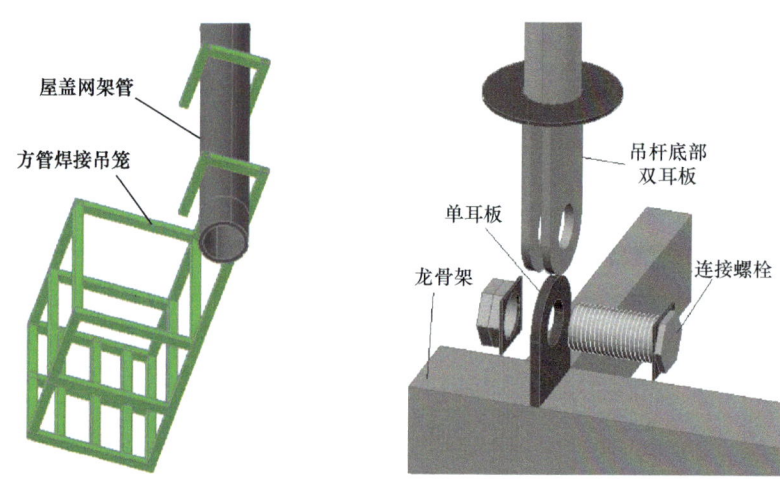

图 4-88　龙骨架安装操作平台示意图　　图 4-89　龙骨架与吊杆高空连接示意图

两个相邻提升单元采用插芯连接，待一单元定位后，将插芯预先放入龙骨的连接截面内，当相邻单元提升定位后，将其移出连接两个单元体，一端栓接。龙骨空中对接节点详见图 4-90。

(5)"钢琴键盘"式超长铝单板安装

传统离缝打胶铝单板固定方法为从铝板的室外面通过压板或者角码直接打钉固定，该吊顶的原设计为压板固定，必须通过一定的操作平台在底部仰视固定，现优化铝单板的安装方式，采用非传统角码打钉固定，将角码加长在龙骨侧面打钉固定，实现了在龙骨内侧操作安装的便捷与安全。详见图 4-91 和图 4-92。

根据设计图纸要求的胶缝宽度和龙骨宽度准确计算角码的长度，保证下料和板材加工的尺寸精度，对进场铝板的尺寸及颜色进行 100% 检验，保证材料质量。

① 标准段铝板安装

由于相邻铝板的标高和出现叠级的位置不同，为了更好地控制铝板安装的精度，首先

第4章 高铁客站幕墙及装修施工技术

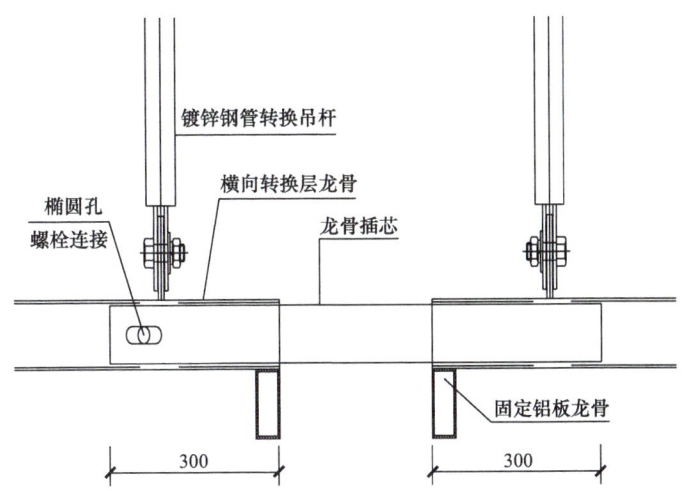

图 4-90 相邻提升单元插芯连接

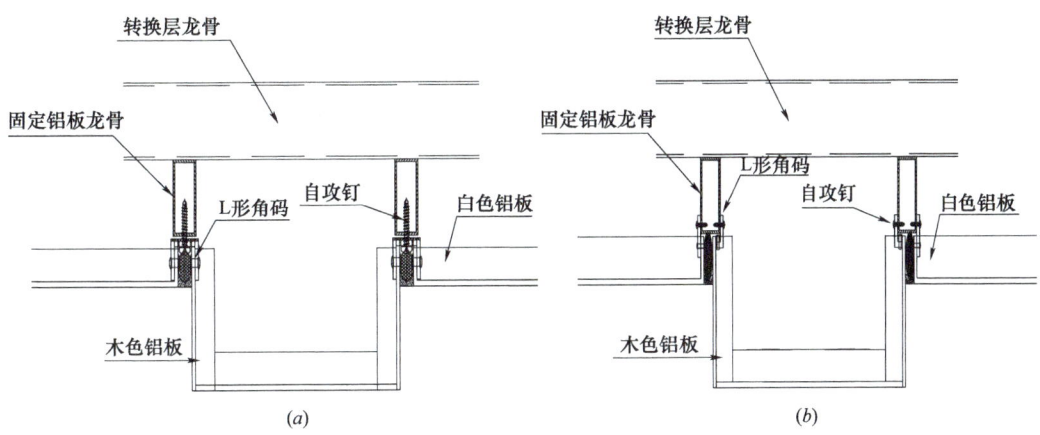

图 4-91 传统铝单板固定节点图

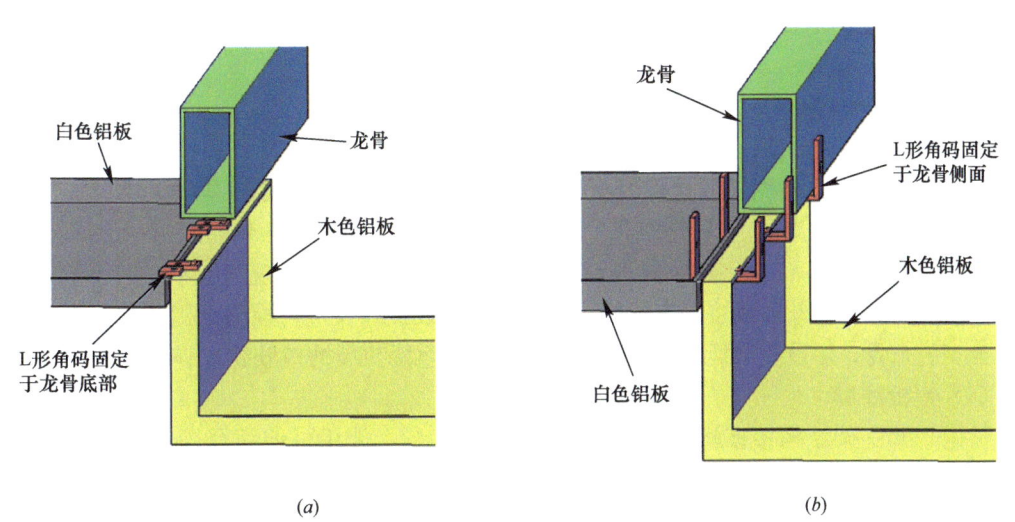

图 4-92 优化后铝单板固定节点图

图 4-93 铝板安装优先顺序及过程实际效果图

安装白色铝单板,重点对其两端头和阳角的精度进行控制,用经纬仪在龙骨上打点后,每跨拉 4 根通长钢丝,结合经纬仪进行精准安装,细微误差消化在阴角处。然后进行木色铝板的安装,该铝板分两块加工,在进场验收合格后,依相邻白色铝板为基准,用经纬仪对其安装的接缝与外侧端头全程控制。详见图 4-93。

铝板的长宽比较大(最大 13∶1),最大分格长度为 5.4m,面板安装时易变形,必须对每块面板对称安装固定,先固定宽边方向,后固定长边方向。

② 变形缝铝板安装

根据模数对吊顶铝板排版,屋盖桁架变形缝正处于木色铝板的位置,该铝板需保证与龙骨和屋盖的同步变形,伸缩量设计要求达 150mm,伸缩缝设置在铝板的阴角处,为防止铝板悬挑较大时,变形影响安装平整度,增加一根斜拉龙骨,用于铝板的固定。详见图 4-94。

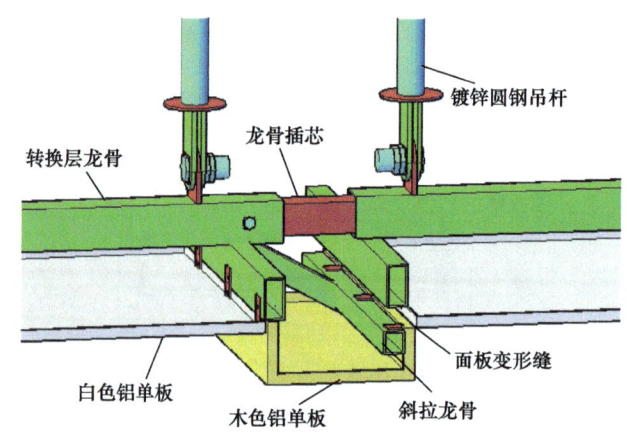

图 4-94 变形缝铝板安装示意图

该部位木色铝单板加工高度根据铝板厚度和铆钉高度相应减小,以保障铝板的搭接,实现伸缩要求。

③ 收口铝板安装

立面玻璃幕墙施工用吊篮拆除后安装内侧收口铝板,首先安装每根柱顶的铝板,以柱顶铝板标高为基准,使用经纬仪控制板块间分格位置,保证地、墙、顶对缝。

檐口铝板分段安装,首先安装东、西端头的铝板,保证与立面错台尺寸一致,然后安装变形缝两侧的铝板,最后安装中间标准板,误差均分,保证不出现宽度不一的调节板,每跨在滴水线位置拉钢丝通线控制直线度,檐口通长架设经纬仪进行检测,檐口与天沟交接位置单独安装龙骨,增设皮水板,防止后期天沟不均匀沉降拉裂檐口胶缝。详见图 4-95。

(6) 铝板注胶

待南、北高架结构楼板施工完成,强度达到 100%,使用可伸缩登高车进行注胶作业(设计要求后期吊顶检修采用登高车作业)。

注胶前先将泡沫棒安装到横缝内,防止三面胶结,并用带有凸头的塑料刮板对泡沫棒进行找平处理,保证胶缝厚度一致,再利用甲苯对横缝部位进行清理,沿着铝板缝两侧贴

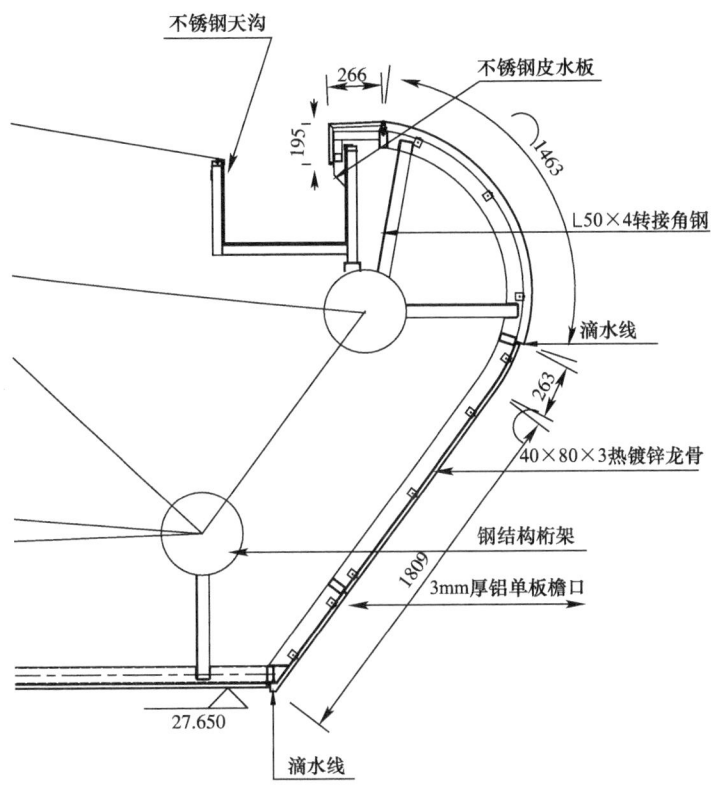

图 4-95 檐口部位节点图

宽度 20mm 的美纹纸，注意贴直、贴平。遇到十字胶缝的位置将美纹纸折成 90°继续粘贴，严禁撕断后再贴，泡沫棒在该位置不能出现空穴现象。

手动胶枪枪嘴出口的直径应小于胶缝的宽度，枪嘴深入胶缝 1/2 的深度，枪嘴应均匀、连续、缓慢的移动并确保胶缝内充满密封胶，防止枪嘴移动过快产生气泡或空穴。

注胶完毕后应立即使用刮刀进行表面修饰，将接口外多出的密封胶用力向接口内压并顺着将接口由左向右将表面刮平整或微凹，使密封胶和接口的侧边及泡沫棒相接触，刮刀与面板的角度要始终保持一致。

注胶时应保持密实、饱满、均匀、外观平整、光滑，同时注意避免浪费，胶缝休整好后，及时去掉美纹纸。必要时可用溶剂擦拭，胶在未完全硬化前，不要沾染灰尘或划伤。

4.9.3 质量控制

该工程严格按照表 4-11 所列规范规定的标准执行。质量验收标准、安装质量标准及安装质量控制措施如表 4-12～表 4-14 所示。

质量执行标准　　　　　　　　　　　　　　　　　　　　　表 4-11

标准名称	编号
建筑装饰装修工程质量验收规范	GB 50210—2013
建筑幕墙	GB/T 21086—2007
金属与石材幕墙工程技术规范	JGJ 133—2001
钢结构焊接规范	GB 50661—2011
硅酮建筑密封胶	GB/T 14683—2003

材料质量标准 表 4-12

项目		允许偏差（mm）
面板	0.1～0.3mm 宽划伤痕	长度小于 100mm 不多于 8 条
	擦伤	不大于 500mm^2
	厚度	±0.28
	氟碳喷涂厚度	最小局部膜厚≥35μm
	边长	±2
	对角线长度	±3
	弯折高度	≤1
	色差及纹理方向	均匀光源或日光照射下，被检验板和标准色板并在一起，距离 3m 处垂直目视，颜色基本一致，无明显色差，纹理方向一致
龙骨钢材	表观质量	不得有裂纹、气泡、结疤、返锈、夹杂和折叠
	壁厚	+15%，-10%
	热镀锌膜厚	最小局部膜厚≥40μm
	截面尺寸	±0.30；±0.40；±1.00%
不锈钢螺栓	表观质量	不得有裂纹、毛刺、凹坑、滑丝和变形
	直径	±0.05
	长度	±0.4
转接件、连接件	壁厚	≥0
耐候密封胶		相容性和耐污染性满足要求，且在保质期内

安装质量标准 表 4-13

项目		允许偏差（mm）
面板	表面平整度	≤2
	两相邻面板接缝高低差	≤1
	阴、阳角直线度	≤2
转换吊杆	标高	±2
龙骨	焊缝长度	≤0.2+0.04t，且≤2
	焊缝高度	0～4
	表面平整度	≤20
	直线度	≤20
胶缝	宽度	≤1
	直线度	≤2.5
	平整度	±0.5
螺栓漏出长度		+40.0
图纸轴线对定位轴线偏差		±2
阴阳角整体直线度		≤25

第4章 高铁客站幕墙及装修施工技术

安装质量控制措施 　　　　表 4-14

序号	内容
1	首先进行样板施工，严格执行首件验收制度，工艺经最后评定达到要求后再按照样板的施工标准组织大面积施工
2	构件的下料尺寸应考虑焊接收缩余量及切割、刨边和铣平等加工余量，同时考虑到由于自重和场内运输等问题产生的挠度变化，采取预起拱加工
3	严格按设计要求进行龙骨焊缝尺寸控制，严格对称焊接，控制龙骨的焊接顺序，防止焊接变形及应力集中
4	材料加工平台上要采取防划伤措施，防止加工时钢材镀锌层和铝板表面破坏，出现明显划痕
5	地面胎架固定牢固，且有足够的刚度，龙骨位置线测放准确，折弯部位定位措施安装角度准确，刚度大，防止焊接热变形
6	龙骨吊装时严格控制吊点位置及加强龙骨的安装质量，尽量避免龙骨的较大变形
7	严格控制面板的安装顺序，多角度控制安装质量，及时调整，减少误差累计
8	测量仪器经鉴定合格后使用，且两家施工队伍共用仪器，降低测量误差
9	安装施工中各工序、工种之间严格执行自检、互检，保证基准轴线位置、标高及垂直度偏差等在规范允许范围之内
10	幕墙密封打胶时，要在分格缝两侧先贴好美纹纸，再用胶枪打胶

4.9.4 安全措施

认真贯彻执行《中华人民共和国安全生产法》、《建筑施工安全检查标准》JGJ 59—2011、《建筑施工高处作业安全技术规程》JGJ 80—91 等各类法规、条例、规定，严格执行安全生产三级教育，并制定严格的安全管理措施和技术措施，具体如下：

(1) 建立严格的安全保障体系，落实责任制度，认真检查、督促、指导，确保施工安全。

(2) 特殊工种的操作人员必须按规定经有关部门培训，考核合格后，持有效证件上岗作业。

(3) 所有的施工及管理人员必须严格遵守安全生产纪律，服从领导和安全检查人员的指挥，正确穿戴和使用劳动防护用品，严禁酒后上班。

(4) 对施工区域、作业环境、操作设施设备、工具用具等必须认真检查，发现问题和隐患，立即停止施工并落实整改，确认安全后方准施工。

(5) 龙骨吊装作业由专业信号工进行指挥，吊装前检查钢丝绳是否破损，滑轮及卷扬机是否固定牢固，起吊前进行试吊，并安装防坠器，有专职安全人员旁站，设置吊装禁区，吊装范围内拉设警戒线，禁止非工作人员进入施工区域，确保吊装安全。

(6) 电焊作业时，确保"一机一闸一漏一箱"，焊接人员持证焊接，且必须开有动火证，焊点下挂接火盆，焊接区域周围必须放置足量的灭火器、消防水桶，清除易燃易爆物品。

(7) 面板安装时，地面要设置警戒线，安排专人盯控，及时提醒地面施工人员，吊顶内部要做到"工完场清"，防止高空坠物。

(8) 登高车打胶作业时，荷载人数不得超过 2 人，且平台上不得再次搭设操作架，不得超出其额定高度。

(9) 制定特殊天气、恶劣气候的施工预案,在5级风及以上、雨天、雷电天气停止施工。

4.9.5 环保措施

(1) 项目部成立绿色环保管理小组,责任分工,在工程施工过程中严格遵守国家和地方政府下发的有关环境保护的法律、法规和规章制度,随时接受相关单位的监督检查。

(2) 施工场区内合理规划,科学布局,规范围挡,绿色环保宣传标识标牌醒目、清晰,施工现场文明、整洁。

(3) 进场材料统一规划,分类码放整齐,下垫上盖,标识清晰准确。

(4) 现场设置废料池,材料加工产生的废料及时分类入池,包装纸等漂浮物要马上进行收集且放置在现场垃圾池内。

(5) 现场设置专用的油漆、油料库,其储存、使用和保管要专人负责,防止油料的跑、冒、滴、漏污染水体,以免污染地下水和环境。

(6) 合理安排作业时间,尽量避免夜间施工,必要时的夜间施工,要合理调整灯光照射方向,尽量使用节能灯具,夜间无人施工时要及时将灯关闭。

(7) 高处进行电气焊作业时,要采取遮挡措施,避免强光外泄。

4.9.6 结语

昆明南站在"钢琴键盘"式悬挑铝板吊顶施工中,总结出大体量轻钢龙骨分段提升空中对接施工技术,优化创新调节支座和铝板安装节点,总结出高空离缝铝板反吊施工技术。科学划分施工段,合理组织流水施工,采取龙骨地面拼装、分段提升,空中对接的施工技术,加快了施工进度;优化转接件的调节形式,提前定尺加工,减少了现场量测,节约了人工,减少了材料的浪费,节约工期;创新面板的固定节点方式,顶部反吊施工,降低了使用传统操作平台所产生的费用,实现与下部高架车道同步施工。采取该技术使工期提前32d,节约人工费32万元,节约租赁费33.58万元,施工质量和建筑效果得到完美呈现,给建筑外形复杂的高大公建项目的外幕墙施工提供可参考的施工经验(图4-96)。

图4-96 昆明南站室外"钢琴键盘"式悬挑吊顶实景图

4.10 高大空间吊顶转换层自延式施工技术

4.10.1 工程概述

宁波站高架候车大厅吊顶南北向189.9m,东西向114.0m,中部2-5轴高架候车大厅上空宽66m吊顶为弧面段,东西两端1-2轴及5-6轴商业夹层上空各24m宽吊顶为平面段,弧形段最高点标高36.977m,两侧平面段标高29.5m,设计均为铝条板吊顶。整个吊顶体系包括转换层体系和面层体系两部内容,转换层体系包括40×40×4热镀锌角钢吊杆、100×50×15×2.5热镀锌C型钢主龙骨及40×40×4热镀锌角钢次龙骨,面层体系包括φ8mm可调丝杆、吊顶专用卡式龙骨和1.2mm厚300宽铝条板饰面组成。吊顶和结构横断面如图4-97、图4-98所示。

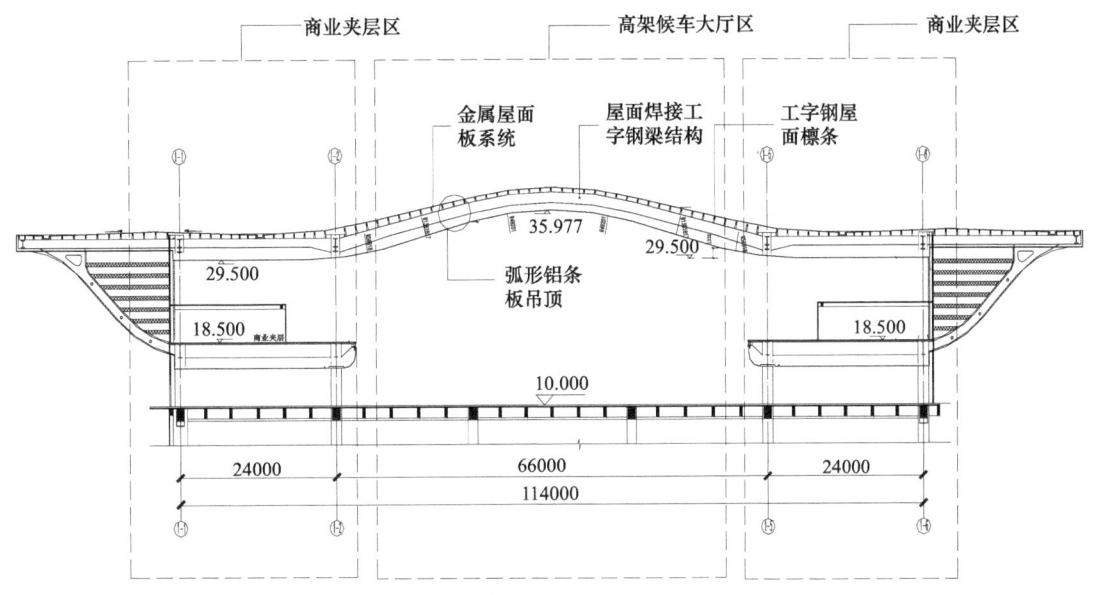

图4-97 高架候车大厅及商业夹层吊顶横剖面图

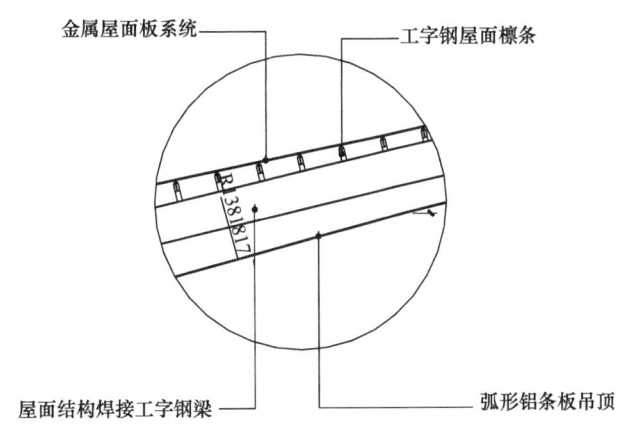

图4-98 屋面结构和吊顶构造层次示意大样图

4.10.2 自延伸式反吊顶施工技术体系设计

无脚手架反吊顶施工由于不需要搭设大体积的脚手架,具有施工周期短、可组织立体交叉作业、节约大量人工、周转材料费用等优点,所以也是本工程吊顶施工的目标方案。反吊顶施工中最核心工作是实现吊顶转换层的安装,吊顶转换层的作用不仅在于给吊顶面层体系提供工程永久结构支承条件,而且也是实现吊顶面层施工的反吊施工的作业平台条件。而转换层施工需要解决两个问题,即转换层在主体钢结构上的悬挂点的选择问题和实现悬挂点安装的措施问题。

本工程金属屋面结构的设计由上下两层组成，自下而上分别为：作为屋面承重结构的焊接工字钢主梁和作为金属屋面安装基体的工字钢屋面檩条。由于作为屋面承重结构的焊接工字钢主梁间距较大，达 6000～7000mm，显然在没有脚手架平台的条件下无法进行吊顶吊杆及转换层的安装作业。通过研究本工程的结构和屋面构造图纸，发现本工程作为金属屋面安装基体的工字钢屋面檩条布置规则、密集，间距为 1350～1420mm，可满足转换层悬挂点的悬挂结构；进一步研究细化，本施工技术体系的技术关键点及其解决方案如下。

（1）适于反吊顶施工的吊顶深化设计构造

铝条板吊顶构造深化设计图见图 4-99。

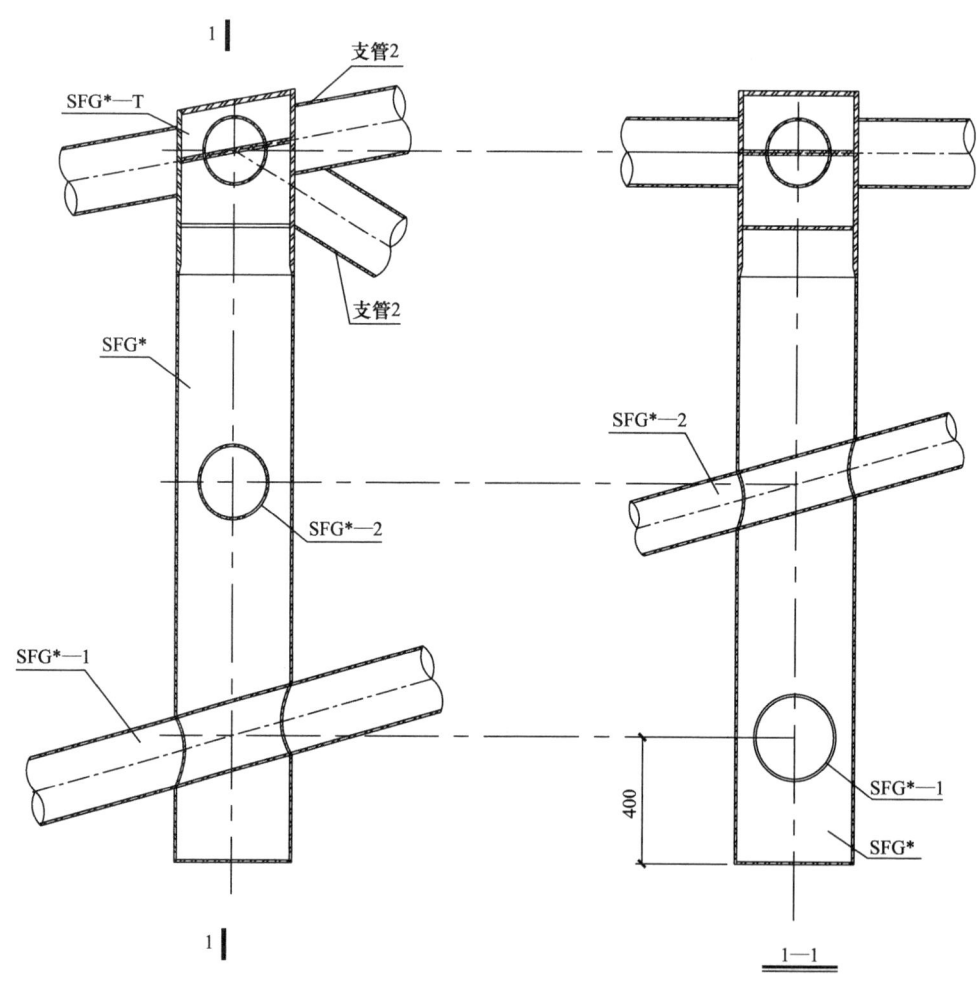

图 4-99　吊顶深化设计构造图

（2）转换层"自我延伸式"反吊施工实施构想

① 吊顶吊点的确定：根据本工程屋面钢结构特点，吊顶吊杆选用∟40×40×3 热镀锌角钢，与屋面工字钢檩条同方向布置。在屋面钢结构不允许焊接的条件下，吊杆的固定选用定制扁铁吊杆固定件与屋面工字钢檩条用螺丝紧固。

② 施工实现构想：本工程高架候车厅铝条板吊顶的绝对高度较高，首先要选择一个

较合适的转换层安装起始段,第二是如何实现无脚手架"自我延伸"。选取相对较低的商业夹层上空为整个吊顶的起始安装段,采用传统搭设脚手架作业方式,然后采用无脚手架"自我延伸式"方法向两侧推进转换层反吊的施工。总体顺序如图4-100所示。

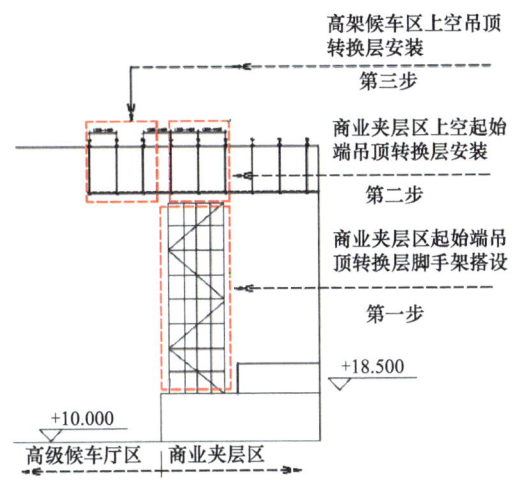

图4-100 "自我延伸式"反吊施工的步骤示意图

(3)"自我延伸"实施的技术步骤和关键点

① 转换层起始端安装和基本工作面的形成

高架候车大厅的建筑楼面标高为10.0m,最高点为2-5轴的高架候车大厅上空,吊顶绝对高度为25.77m。在大厅东侧1-2轴及西侧5-6轴的商业夹层建筑楼面标高为18.5m,上空的吊顶面底标高为29.5m,吊顶绝对高度为11.0m。整个大厅吊顶转换层的起始工作端选择在商业夹层上空。在商业夹层地面上局部搭脚手架,架体为高度10m,作为整个候车大厅吊顶转换层起始工作段施工的平台,起始工作段转换层施工完成后即可作为其他大面积转换层无脚手架施工的基本工作平台。

② 转换层的自我延伸安装

在起步转换层安装完成所形成的基本工作面上,以平台为操作面、以工字钢檩条为上支点搭设爬梯,依次进行工字钢檩条间各段吊顶转换层安装,实现转换层安装作业的自我延伸式施工,定制钢爬梯是本技术中的关键技术,定制钢爬梯的作用是施工完成一跨吊顶转换层后向下一跨吊顶转换层过度施工时安装吊杆及转换层主龙骨的安装作业平台。

定制钢爬梯整体为折叠式的构造设计,采用30×30×1.5方管焊接而成,宽度为600mm,其适用性和安全性主要体现在上下部支点的固定方面。爬梯与工字钢檩条的固定通过爬梯上部的固定孔用直径10mm的U形螺栓紧固以防滑脱(图4-101)。爬梯的下部置于完成段转换层铺装上的脚手板上,通过直径10mm的U形螺栓抱箍穿过脚手板与100×50×15的吊顶C型钢主龙骨紧固以防滑动(图4-102)。

钢爬梯固定牢后,在屋面工字钢檩条上安装滑轮,利用滑轮从高架候车大厅10.0m标高处楼面将两端已组装好∟40×40×3角钢吊杆的100×50×15的吊顶C型钢主龙骨提升至上空与吊点的钢板紧固卡用螺栓安装牢固。然后在高空处通过脚手板进行转换层∟40×40×4热镀锌角钢次龙骨的安装,热镀锌角钢次龙骨东西向布置,间距1000~

1200mm，作为吊顶面层体系卡口式龙骨、可调丝杆的安装基体。自我延伸转换层的安装以此逐步向前推进（图 4-103）。

图 4-101　爬梯上端与屋面工字钢檩条固定示意图

图 4-102　爬梯与底部安装完成的转换层上脚手板固定示意图

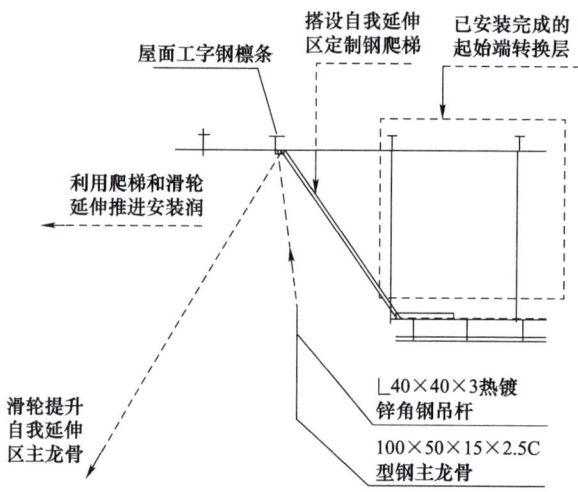

图 4-103　转换层主龙骨"自我延伸"推进示意图

③ 自延伸反吊顶施工

在转换层形成后，铺设必要的脚手板，在安全绳、安全网等安全措施保障之下，施工人员骑坐在脚手板上，以"顶下人上"的作业方式进行下部吊顶系统的安装，包括吊杆、卡式龙骨和面板的安装，吊顶面板距脚手板的距离限制在 400mm 以内，满足操作距离要求。

4.10.3　施工要点

4.10.3.1　施工流程

转换层起始段脚手架搭设→安全钢丝绳布设→转换层起始段吊杆、龙骨安装及铺设脚手板→延伸段转换层吊杆及龙骨安装→吊顶吊杆和铝条板卡式龙骨安装→铝条板安装→验收。

4.10.3.2　施工方法

（1）起始段脚手架搭设

在商业夹层（18.5m 标高）1 轴、6 轴附近南北向通长搭设脚手架，作为吊顶开始段

第4章 高铁客站幕墙及装修施工技术

的操作平台。架体搭设宽度为6m,高度为10m。

(2) 安全钢丝绳布设

为保证施工安全,高架吊顶施工前首先布设安全钢丝绳(直径8mm),钢丝绳通过钢丝绳扣件与钢结构南北向檩条固定,方向与间距均同檩条,操作人员作业时佩戴的安全带悬挂于安全绳上,高挂低用。

(3) 转换层起始段吊杆、龙骨安装及脚手板铺设

角钢吊杆与工字钢檩条间的连接件采用40×6镀锌钢板自卡挂件,角钢吊杆与100×50C型转换层龙骨间采用螺栓连接,连接可靠且便于高空安装(图4-104)。转换层龙骨每安装好一排后在其上部铺设脚手板并用铁丝固定,便于本段下部吊顶施工和延伸段转换层施工。

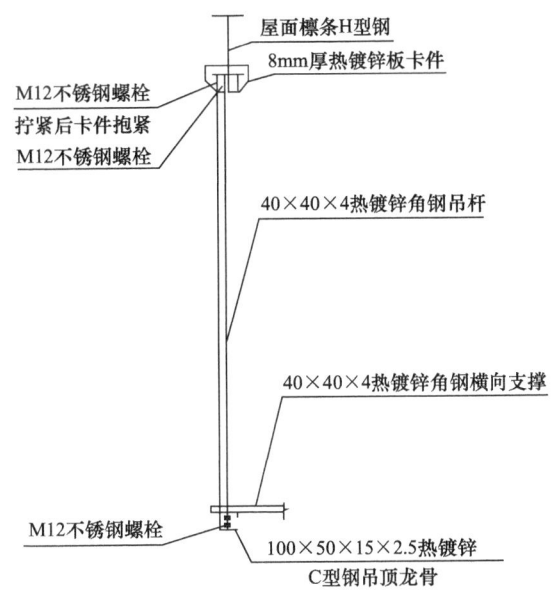

图 4-104 转换层拉杆和龙骨构造图

(4) 延伸段转换层吊杆和龙骨安装

起始段C型钢满铺脚手板后,利用定制钢爬梯,一端固定在脚手板上,一端固定在下一道屋面钢结构檩条上,进行下段转换层吊杆和龙骨安装,同时安装拉杆等构造杆件。

(5) 下部吊顶系统安装

包括 $\phi 8mm$ 可调节螺纹吊筋、卡扣龙骨和铝条板安装等内容(图4-105)。

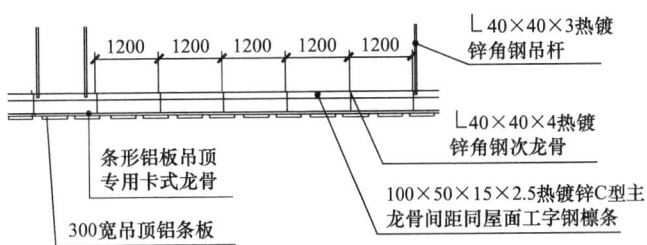

图 4-105 铝条板吊顶构造图

4.10.4 总结

宁波站高架候车大厅吊顶工程中,通过巧妙利用屋面工字钢檩条作为转换层吊杆的悬挂点,创新性地开发出转换层自我延伸安装技术,解决了工程中的重大技术和经济难题,不仅节约了大量脚手架措施费用,更节约了大量宝贵的下部作业空间、人工和时间,取得了良好的经济和社会效益(图 4-106)。本技术具有一定的代表性,可为今后类似工程的施工起到借鉴的作用。

图 4-106 宁波站高大空间双曲面弧形吊顶自延式施工效果

Guiyang North Railway Station 贵阳北站

■ 贵阳北站是集铁路、轻轨、公交等多种交通方式于一体的综合交通枢纽，车站汇集贵广高速铁路、沪昆高速铁路、成贵高速铁路、渝黔铁路以及贵开城际铁路、贵铜城际铁路、贵阳市域快铁等多条铁路线，是贵州省高铁路网的"心脏"。站房采用桥建合一结构，站台层为承载列车轨道的承轨结构，采用变宽度预应力混凝土框架梁板结构，高架候车层采用大跨度预应力混凝土梁板结构，其中钢管混凝土柱预应力混凝土梁节点是保证结构承载力和抗震性能的关键，屋盖跨度长66m，采用网架与管桁架相结合的结构形式。

■ 贵阳北站以现代建筑手法体现"旅游天堂、贵州印象"的主题构思，造型从贵州独具特色的民居形式鼓楼、花桥中提炼出"重檐"元素，并与当地山水胜景梯田、瀑布的"层叠"线条结合，以水平线条的组合变化勾勒出"贵州印象"。

2016~2017年度中国建设工程鲁班奖（国家优质工程）
2014年中国钢结构金奖
2014年贵州省"五一劳动奖状"
2015年贵州省建设工程"黄果杯"优质工程
中国铁道建筑总公司科学技术奖1项
省部级工法2项

第5章 高铁客站机电安装工程施工技术

5.1 引　　言

高铁站房机电工程包含多项专业和系统，例如变配电系统、消防报警与联动控制系统、防雷接地与电磁屏蔽系统、通风空调系统、防烟排烟系统、给排水系统等。同时高铁站房中电子信息设备较多，有关系统需重视电磁脉冲的影响。另外，高铁站房是一个电气设备多、用电量大、人员密集的场所，也是火灾事故多发的场所，因此高铁站房对供电的可靠性要求极高。

由于各专业系统庞杂、交叉联系琐碎、相互矛盾隐蔽，工期节点要求急，高铁客站机电工程施工难度较大。基于此，本章以昆明南站、宁波站等工程实例为背景，详细阐述高铁站房机电安装工程施工技术，同时为了节能环保和解决高寒地区空调使用问题，以哈大高速铁路为例介绍了地源热泵关键技术。

5.2 昆明南站机电工程设计施工优化方法

5.2.1 工程概述

新建云桂铁路引入昆明枢纽昆明南站（以下简称昆明南站）地处昆明市呈贡县吴家营区，属于特大型综合交通枢纽。建筑总面积为33.47万 m^2，其中主站房建筑面积为12万 m^2，共三层（出站层、站台层和高架候车层，局部设置夹层）。车站共设16个站台30条线路，设计日均发送12.8万人。本工程机电专业包含给排水专业、通风空调专业和电气专业。给排水专业包括给水系统、热水系统、生活饮用水系统、中水系统、排水系统、虹吸雨水系统、消防栓系统、喷淋系统和消防炮系统等。通风空调专业包括空调水系统、空调风系统、通风系统、防排烟系统、专用空调系统、全空气系统和VRV系统等。电气专业包括变配电室系统、动力照明系统、防雷接地系统、智能疏散系统、FAS系统、BAS系统和客运信息系统等。

5.2.2 昆明南站机电专业优化部位和原则

5.2.2.1 优化部位

昆明南站机电专业设计施工优化部位主要包括设备用房、管道层、管井和卫生间等部位。设备机房主要包括制冷机房、消防泵房、空调机房和变配电室等；管道层主要包括走廊和功能房内；管井包括水电井等。

5.2.2.2 优化原则

一般自上而下应为电、风、水，同时优先考虑大管径管道，避免转弯太多，增加阻力和总体成本。

优化原则主要是电管让水管、水管让风管、小管让大管、有压管让无压管、无保温管让保温管，常检修的在外，电管、桥架应在水管上，水电管线分井布置，强弱电分槽和分井布置。管间距应便于安装、检修。

5.2.3 昆明南站的机电专业优化方法

随着社会的技术进步，BIM 技术在建筑行业被逐步应用和推广，用 BIM 技术来优化，首先通过漫游进行检查（图 5-1），解决碰撞问题，其次检查设备用房等重点部位布置是否达到预期效果等。下面结合优化原则和 BIM 技术介绍昆明南站机电专业优化。

5.2.3.1 设备用房的优化

对于设备用房，首先应根据施工图纸提供的参数对设备参数复核，再进行订货确定尺寸。其次要考虑整体布局：设备运输通道合理，检修空间符合规范，多台设备、管道、附件做到成排成线，排列美观，管线布置要尽量往高布置，间距一致，层次分明。整体布局还要节约机房空间，形成大空间。

（1）制冷机房的优化

制冷机房位于西站房－10.50m（13-14/B-C）轴区域，机房内设有冷水机组 2 台，冷冻泵、冷却泵和机房专用空调冷却泵各 3 台，分、集水器各 1 台，软化器 1 台，定压补水排气装置 3 台，全自动过滤器 4 台，动力柜 8 台，控制柜 3 台，原设计图见图 5-2。

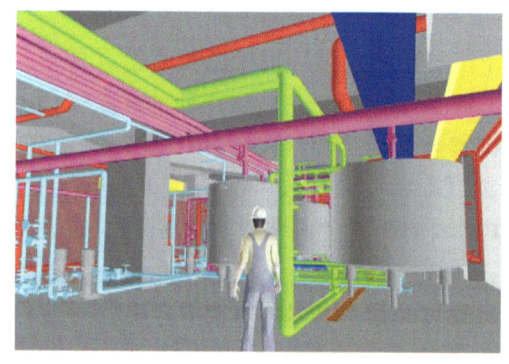
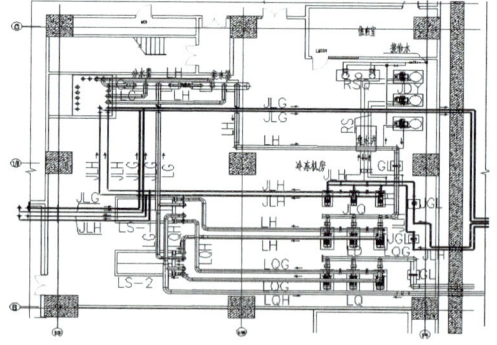

图 5-1 漫游检查 BIM 图　　　　图 5-2 制冷机房原设计图

通过比较，发现采购的设备外形尺寸与原设计差异较大，重新调整设备外形尺寸后，仔细研究原设计管路，发现冷冻泵、冷却泵与冷水机组间连接管分别是 2 根 DN200 水管，2 根 DN250 冷却水管，根据经验并经与设计沟通，将 2 根 DN200 冷冻水管更改为 1 根 DN250 冷冻水管，2 根 DN250 冷却水管更改为 1 根 DN300 冷却水管，这样既节约了空间和降低施工难度，而且节约成本。

根据前述优化原则和设备机房优化要求等，借助 BIM 技术，对机房重新进行了布置。包括设备基础、管路、桥架、排水沟、防水套管和管路末端（喷头、风口、消火栓和灯）

等。总体布局比先前美观、大方、错落有致、节约空间。优化图见图 5-3～图 5-5。

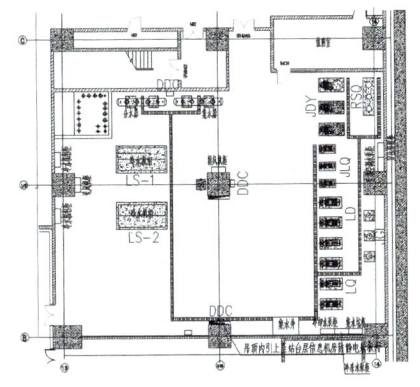

图 5-3 制冷机房优化后设备布置图

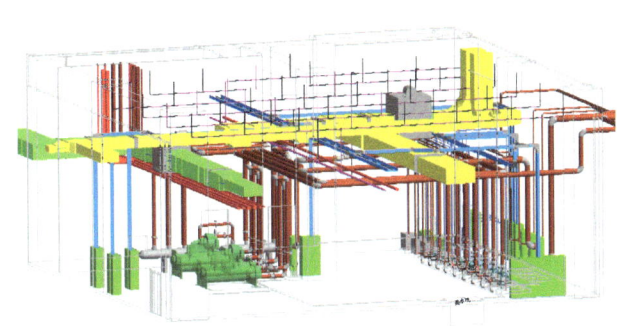

图 5-4 制冷机房优化后 BIM 透视图

（2）消防泵房的优化

消防泵房位于西站房－10.50m（13-14/OA-B）轴区域，机房内设有消火栓加压泵 2 台，喷淋加压泵 2 台，消防水炮加压泵 4 台，给水泵 1 台，消防稳压装置 1 套，强电动力柜 8 台，原设计图见图 5-6。

图 5-5 制冷机房优化后 BIM 漫游图

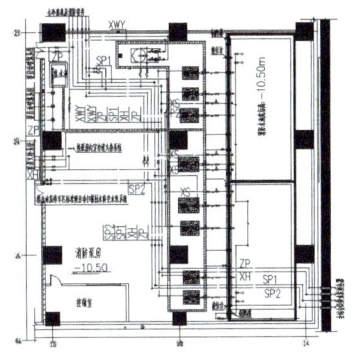

图 5-6 消防机房原设计图

跟制冷机房一样，对各系统设备位置、管路、桥架、管路末端、基础、排水沟等进行重新调整。优化图见图 5-7～图 5-8。

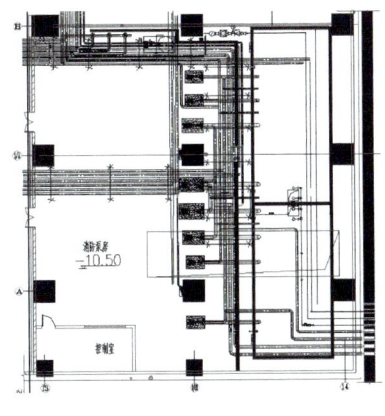

图 5-7 消防泵房优化后图

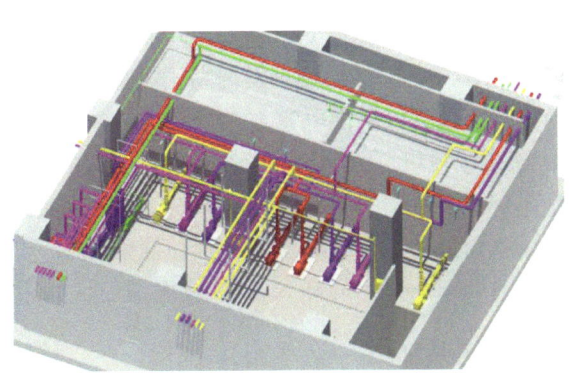

图 5-8 消防泵房优化后 BIM 透视图

5.2.3.2 管道层综合排布优化

首先是各专业图纸内部优化，主要有管线路由的优化，管线尺寸的复核，系统方案的优化等，并需经设计院确认。其次将各专业的管线（水管、风管、线槽等）综合在一张平面图上，根据业主对管线（或吊顶）最低标高要求，在确保设计、功能及施工符合要求下，结合BIM技术对管线重新优化，重点考虑交叉（尤其是走廊密集区）部位，做到管线排列有序、层次分明和施工有序、各专业管线施工须严格按综合图确定的位置和施工顺序进行，避免人工、材料的浪费及成本的增加。

下面以东站房－10.50m区域管线综合排布为例。

(1) 各专业进行内部优化并经设计院确认的主要有以下几点：

① 走廊强电桥架由3路(CT-600×150)×2改为2路CT-800×200。

② 2/V轴走廊内强电桥架设计为300×150×4，经电缆数量校核后深化为300×150×2，减少桥架两趟。

③ 2/V轴走廊宽度只有1.6m，走廊内有给水管、中水管、压力污水管、透气管、喷淋管主管、消防管主管，预计加上其他管路，无法排开，为此将DN200的压力污水管及DN200的透气管路径位移至V轴走廊，以优化2/V轴走廊排布空间。

④ 2/V轴走廊内有一趟规格为630mm×400mm的排风立管，此立管影响桥架及母线安装。为此风管立管移至走廊外，沿墙安装，腾出空间。

⑤ 2/V轴走廊内设计有规格为700mm×630mm的排烟口，导致走廊内水管道和桥架无法排开。为此决定将排烟口尺寸改为800mm×550mm，以解决冲突问题。

⑥ 空调专业的系统方案优化：原设计14趟排风兼排烟系统均采用了2台风机、一台排烟风机、一台排风风机，现将上述风机更改为1台排烟兼排风的双速风机，节约成本。

(2) 将经设计院确认各专业所有管线全部叠加在一个图上，利用BIM技术碰撞检查，进行优化。叠加后主要发现(2/V，10～17)轴区域的走廊管线交叉比较复杂并进行调整。

① (2/V，13～15)轴区域部分送、排风管原设计标高一致，导致支管与主管碰撞，因此将送、排风管的标高相互错开。

② 发现送风管的一个支管规格为500mm×250mm，净空不够，因此在满足风管截面积不变的条件下，将支管尺寸改为620mm×200mm。

③ 在(2/V，1/14)轴，发现高压桥架的支管与SF-01-J10系统的支管冲撞，让高压桥架的支管提前进入变配电室。

④ 该区域风口原设计的位置不处于走廊的中心，为了布局美观，将风口、喷淋头、灯具等都布置在走廊的中心位置。

该区域综合排布图局部碰撞检查和调整见图5-9、图5-10，局部走廊剖面CAD与BIM模型对比图见图5-11，局部区域BIM模型与现场实际对比图见图5-12。

5.2.3.3 管井的优化

对于管井，首先了解管井尺寸，其次了解管道的材质、规格、数量等，对管道进行初

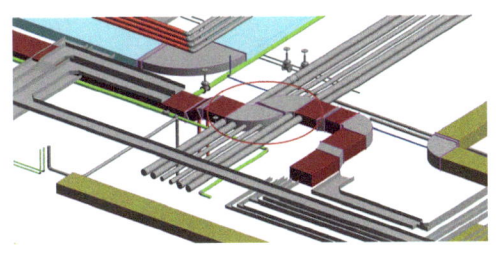

图 5-9 局部碰撞检查冲突点

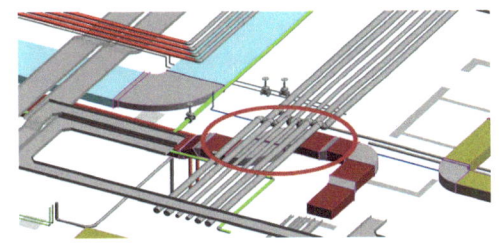

图 5-10 局部冲突点标高修改

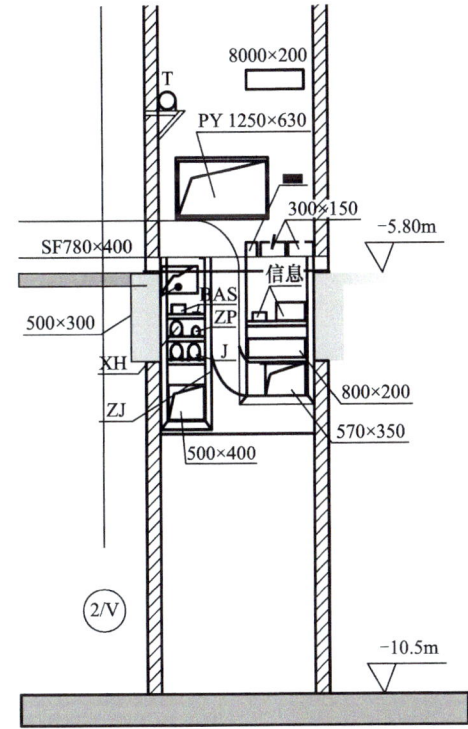

图 5-11 −10.50m 局部走廊剖面 CAD 与 BIM 模型对比图

图 5-12 局部区域 BIM 模型与现场实际对比图

步布置；其次根据管外径、保温厚度、管间距、阀部件尺寸、安装及检修空间等要求对管道进行准确定位；最后对管道设置合理的综合支架，并要求阀部件和支架等成排成线。优化后的管井管道综合排布 CAD 与 BIM 模型对比图见图 5-13。

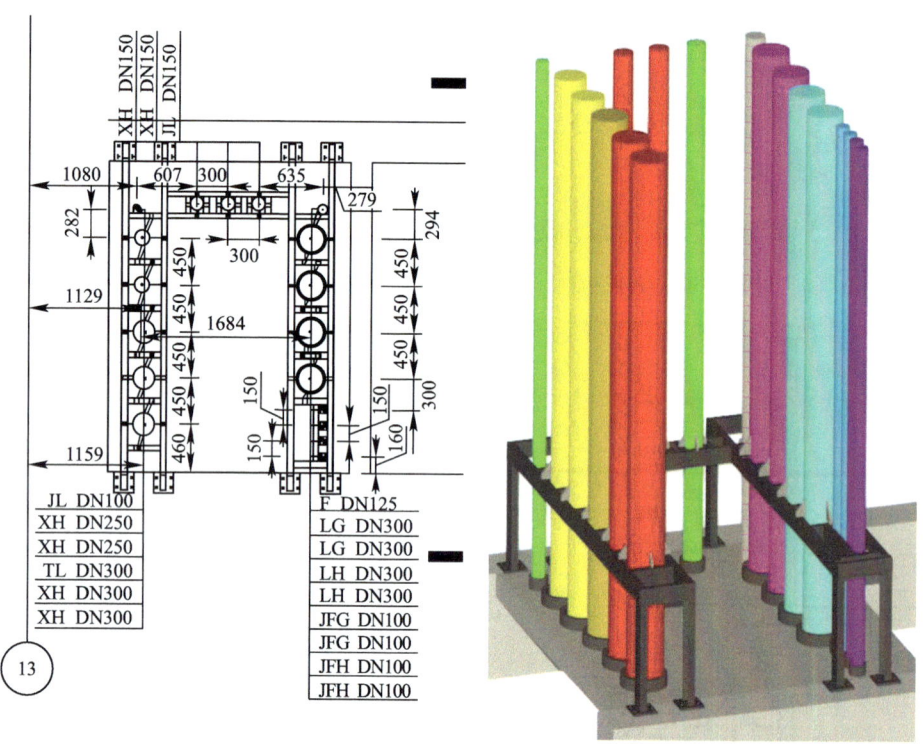

图 5-13 管井管道综合排布 CAD 与 BIM 模型对比图

5.2.4 结语

昆明南站的机电专业用心设计、细心优化、精心施工，为实现精品工程目标奠定了良好基础（图 5-14，图 5-15）。通过对各设备用房、顶棚内、管井和卫生间等部位和综合支吊架的优化，最终实现了保证进度、质量优良、美观大方、维修方便和成本节约的目的，为"雀舞春城、美丽绽放"的昆明南站锦上添花，也为其他工程优化起到参考作用。

图 5-14 昆明南站制冷机房实景图

图 5-15 昆明南站变电所实景图

5.3 双层双曲面幕墙泛光照明施工技术

5.3.1 工程概述

宁波站"水滴"的灯光效果是宁波站的点睛之笔，"水滴"泛光照明的成功应用

（图 5-16），体现了建筑本身的构思"天一生水"，整体建筑主要由中央椭圆型的水珠和起伏流动的优美弧线构成，水滴、波浪的造型，加上水滴灯光的装饰效果，表现出"七彩宁波""天使之眼""宁波甬浪"的美好寓意，也充分展现了宁波市的历史文化特征和新世纪宁波现代化浪潮中的城市标志。但"水滴"幕墙是双层双曲面玻璃幕墙，表面曲率变化复杂，如何在曲面玻璃上避免泛光照明的眩光以及实现色彩的均匀自然

图 5-16　泛光照明效果图

渐变，存在诸多困难。本工程经过多次方案研究及电脑模拟选择、对比，最终从特制 LED 透镜的运用、空间染色及内透光技术、四段寻址灯具技术等技术角度选择了适合宁波站曲面幕墙的泛光照明方案，最终完美呈现出美轮美奂、虚实相应的效果（图 5-17）。

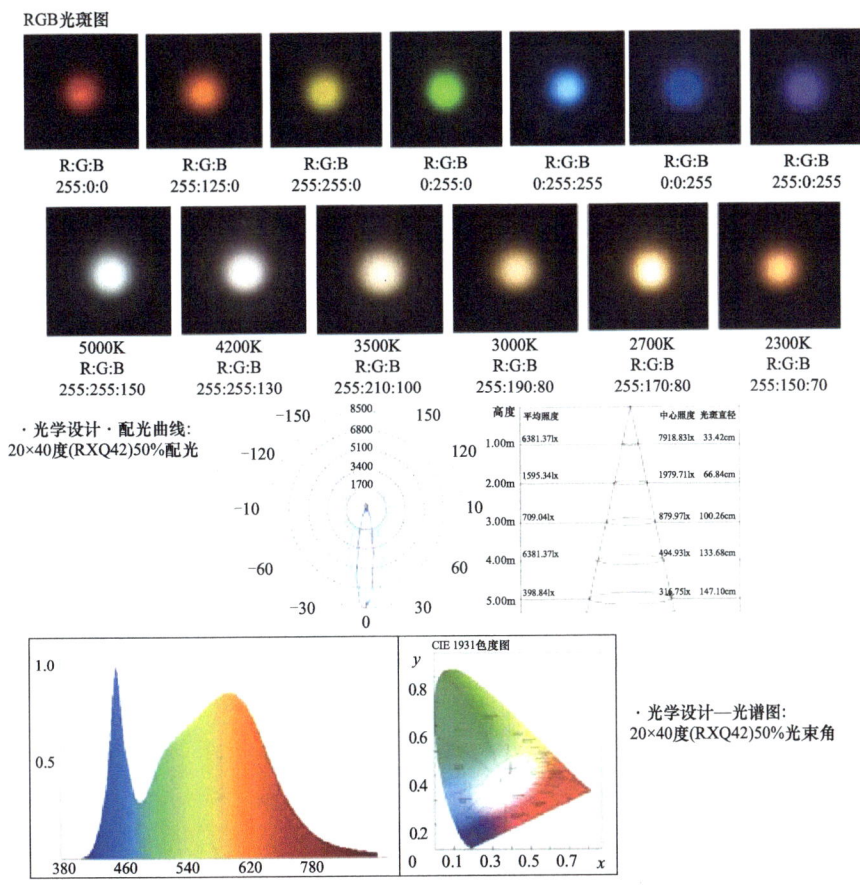

图 5-17　光学配光选择调试

5.3.2　泛光照明施工技术

5.3.2.1　灯具安装

特制 LED 全彩点光源，呈线形布置于钢梁之上（图 5-18）。外观设计由水珠结构引申

而来，与主体水珠结构和谐统一。全彩动态变化以水珠结构为中心，与点光源统一变化。从整体上延伸站房的夜景体量，突出中远视觉效果。

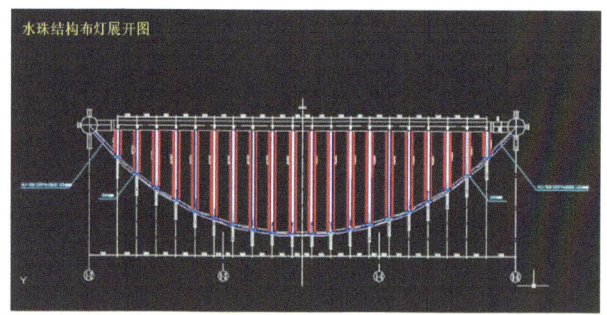

图 5-18　泛光照明灯具布置图

采用 LED 投光灯，对侧立面进行适当的投光。整体亮度与强度保持在主立面的整体亮度与强度的 40%。达到侧立面远视觉效果，从而体现出整体建筑结构的轮廓。

5.3.2.2　特制 LED 透镜的运用

工程采用特制的光学透镜及配光型玻璃面罩（图 5-19），通过对"水滴"立面色彩统一调配，亮度、色彩分层逐步过渡，动态变化互补，控制、减弱了"水滴"幕墙的眩光；同时利用光的二次反射形成均匀的空间亮度，使得整个"水滴"空间亮度均匀协调，降低了内部空间的直接眩光（图 5-20）；在钢檩条接近玻璃幕的位置安装灯具，使结构表面的照度均匀且保持较高的亮度，减少了灯具对人视觉的眩光干扰（图 5-21）。

 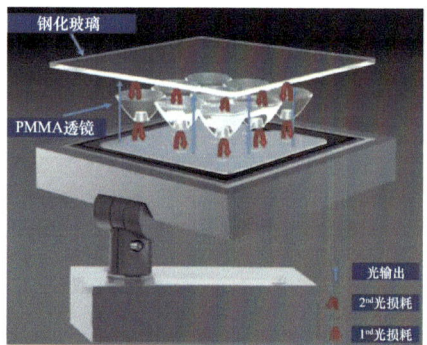

图 5-19　特制的光学透镜及配光型玻璃面罩

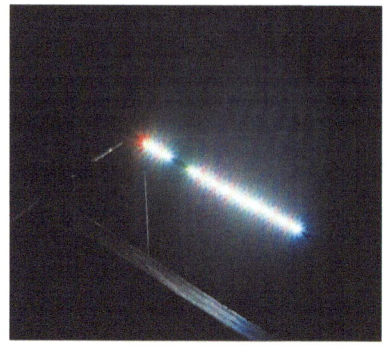 

图 5-20　特制透镜配光曲线眩光测试　　图 5-21　"水滴"泛光照明设施现场安装与调试

5.3.2.3 空间染色及内透光技术

"水滴"结构采用特制的 LED 配光灯具,两侧投光,均匀洗亮结构梁立面,通过空间染色及内透光技术(图 5-22),透过玻璃幕墙,使"水滴"结构晶莹透亮(图 5-23)。"水滴"两侧使用的投光照明,衬托出主立面,突出了整体建筑的空间立体感。针对弧线长度不一的问题,通过调整各节点动作速度,解决了投光面及空间的混光色彩同步问题。空间染色及内透光技术配合特制的 LED 变化程序,解决了"水滴"空间灯光颜色与动态变化协调难的问题。

图 5-22 空间染色试验及现场测试

图 5-23 空间染色及内透光技术运用

5.3.2.4 四段寻址灯具技术

灯具采用自动寻址技术,每段灯带分为四点全面控制,通过扩展的 8 通道 DMX512 控制系统和定制的 LED/RGB-四段寻址灯具,逐点寻址,实现了灯光的动态细腻、精确变化、虚实相映、艳雅和谐(图 5-24)。

5.3.3 总结

泛光照明技术在宁波站的运用,成功解决了"水滴"幕墙各角度镜面眩光及光晕的难题,实现了灯光效果亮度、色彩、动态变化的精确灵活自动切换,完美诠释了"七彩宁波""天使之眼"的美好寓意。本技术具有一定的代表性,具有很强的推广前景,对今后类似工程的设计与施工均具有指导意义。

图 5-24 "水滴"在泛光照明下晶莹剔透、美轮美奂

5.4 高铁车站高大空间雨棚重型灯具施工技术

5.4.1 工程概述

宁波站改建工程位于宁波市中心城区海曙区，工程包括站房工程、无站台柱雨棚工程。无站台柱雨棚面积为56700m²，建筑高度为16m，为大型无站台柱雨棚，其灯具采用金属卤素灯筒灯。

5.4.2 灯具安装、固定施工原理

（1）制作卡箍式桥架支架

采用卡箍式桥架支架，取代传统的施工方法（即：在钢结构上直接焊接），量准支架就位处钢梁尺寸，采用冷加工方式将50×4镀锌扁钢制作、加工成"乙"字形，保证支架紧抱在钢梁上结合紧密。

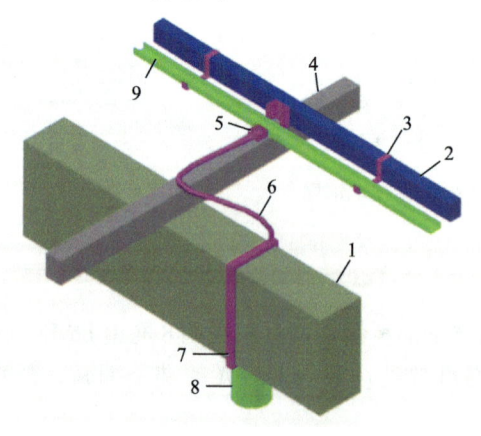

图 5-25 灯具安装示意图
1—钢结构主梁；2—屋面次檩条；3—50×4格架支架；
4—屋面主檩条；5—明装接线盒；6—金属软管；
7—60×30×3环形吊架；8—150W金属卤素灯；9—金属线槽

（2）安装卡箍式桥架支架

将卡箍式桥架支架卡装在矩形次檩上，并用带密封胶垫的自攻螺栓固定在次檩上，不仅桥架固定牢固，同时也增强了钢结构防锈蚀的能力。

（3）矩形吊架制作、安装

采用60×30×5.0镀锌方管钢加工成矩形吊架，将吊架安装在主檩上，作为灯具的支承件来安装、固定灯具；矩形支架兼作灯具的电源线保护管，节省了部分材料；金属软管隐藏在梁顶面敷设，空间效果美观、整洁。具体效果图如图5-25所示。

（4）加装钢丝保险绳

高铁站房雨棚是旅客密集上下车的地方，为避免季节性的大风、台风造成灯具坠落给旅客带来危害，在灯具与支架间加装钢丝保险绳。

5.4.3 具体施工方法

5.4.3.1 金属线槽安装

(1) 选择线槽敷设路径：依据现场钢结构实际情况，金属线槽设计图纸的尺寸要求，选择金属线槽敷设路径（图5-26）。

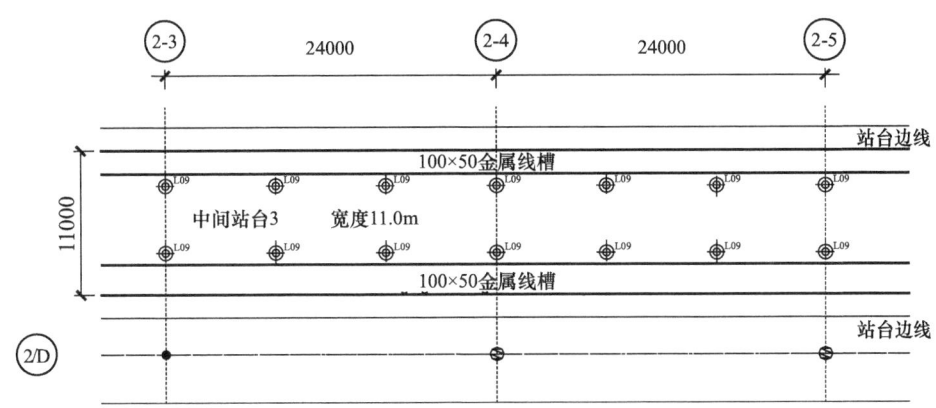

图 5-26 站台雨棚局部灯具平面图

(2) 依据照明图纸，结合站台的宽度，用钢卷尺在站台上测定灯具的横向间距，并在地面上用标记笔作好标记，根据作好的标记用红外线水准仪将地面尺寸投射到钢结构上，从而确定线槽的具体位置（图5-27）。根据确定的线槽位置，将其支架安装在雨棚下次檩上。

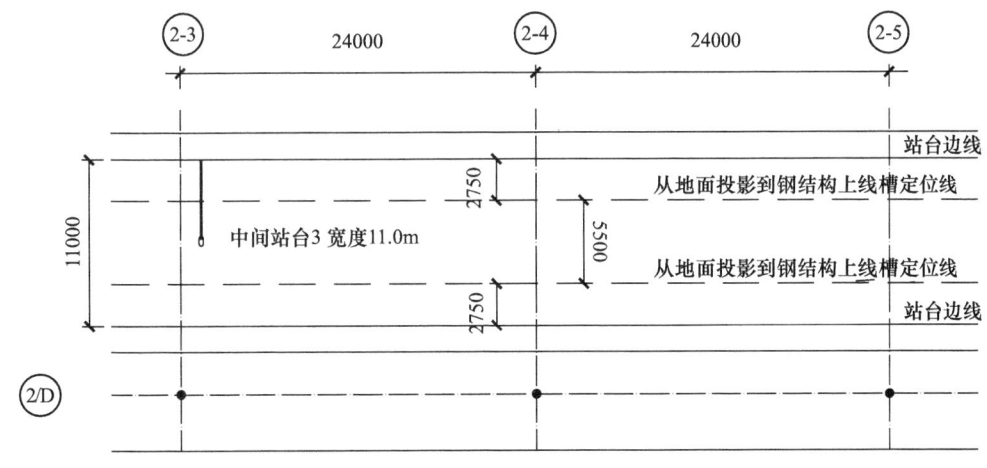

图 5-27 站台地面确定线槽位置

(3) 线槽支架采用材质为 Q235 的镀锌扁钢 50×4，冷加工成"乙"字形支架直接卡在钢结构次檩上，采用钢结构专用自攻螺丝固定，线槽支架尺寸可根据现场实际情况进行调整，支架样式、支架安装示意图如图5-28、图5-29所示。

(4) "乙"字形支架挠度值计算

"乙"字形支架在次檩上的安装间距为1.5m，桥架与其内电缆的总重量为9.4kg，重力加速度 g 为 10N/kg，依据图5-28、图5-29的条件，按公式：

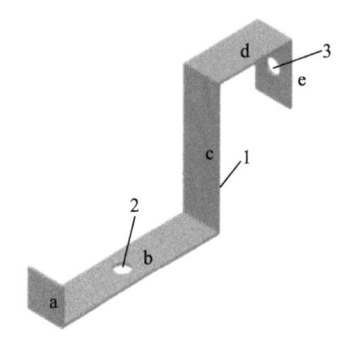
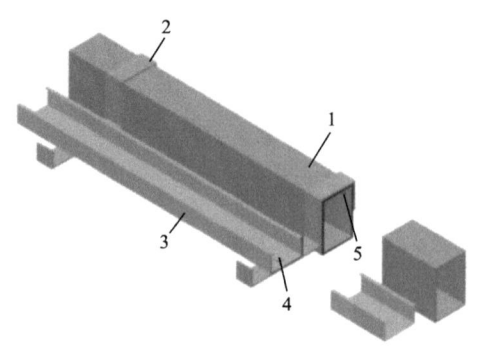

图 5-28 "乙"字形支架构造图
1—"乙"字形支架；2—桥架固定螺栓孔；
3—支架固定螺栓孔；a—长度宜为线槽高度 1/2；
b—长度大于线槽宽度；c—长度为主檩条的高度；
d—长度为次檩条的宽度；e—长度宜为次檩高度的 1/2

图 5-29 支架安装示意图
1—140×80×4 次檩条；2—"乙"字形支架；
3—100×50 金属线槽；4—桥架固定螺栓；
5—支架固定螺栓

$$\omega_B = \frac{ql^4}{8EI}$$

经计算：

$$q = \frac{m \times G}{l} = \frac{9.4 \times 10}{100} = 0.94 \text{N/mm}$$

$$E = 206000 \text{N/mm}^2$$

$$I = \frac{bh^3}{12} = \frac{50 \times 4^3}{12} = 266.67 \text{mm}^2$$

$$l = 100 \text{mm}（即图 5-26 中 b 的长度）$$

所以：

$$\omega_B = \frac{0.94 \times 100^4}{8 \times 206000 \times 266.67}$$

$$\omega_B = 0.21 \text{mm}$$

式中，ω_B 为挠度；l 为构件长度；q 为均布荷载；E 为弹性模量；I 为截面抵抗矩；b 为扁钢宽度；h 为扁钢厚度。

"乙"字形支架经过计算，其挠度值符合安装要求。

5.4.3.2 环型吊架灯具安装

(1) 灯具环型吊架的制作

宁波站雨棚为钢结构，灯具的吊架采用矩形环抱式吊架，型钢选用材质为 Q235 镀锌矩形钢，根据灯具重量 5.3kg 的 5 倍进行型钢的选型，依据公式 $S = \frac{9.8 \times N_c}{Q_q}$，经计算，$S=1.11\text{mm}^2$。室外工程灯具吊架承载力还应考虑 1.5 倍系数，因此 $S=1.67\text{mm}^2$。

式中，S 为型钢的截面积；N_c 为型钢应承受的力，即灯具重量的 5 倍；Q_q 为型钢的屈服强度。

依据上述计算结果可知，不能按承载力来选型钢，应按使用功能、观感质量的要求进行选择，由此选用镀锌方管 60×30×3.0，根据钢结构主梁尺寸下料加工，如图 5-30 所示，图中 A 的长度为钢梁的高，B 的长度为钢梁的宽，制作时将镀锌方管每一端切割成 45°角，采用电焊熔焊连接，切割镀锌方管时，将切割机角度调节件调至 45°角，再旋转固定滚轮，将划好尺寸的方管固定牢固后，进行切割，严禁采用氧气乙炔焊进行割接。制作时先将吊架成批加工成"门"字形，将其安装到钢结构主梁上后，再逐一组装焊接另一边，形成一个完整的矩形吊架，焊接前须将切割处毛刺打磨光滑（图 5-31）。

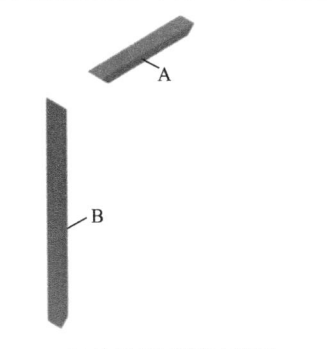

图 5-30 灯具吊架下料示意图
A—长度为钢梁的高；B—长度为钢梁的宽

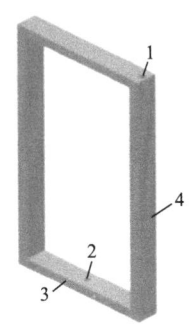

图 5-31 环型灯具吊架
1、2—穿线预留孔；3—螺栓孔；4—灯具环形吊架

（2）灯具保险绳的安装

保险绳的粗细、承载能力，应根据灯具重量的 5 倍进行选择，在订货时必须配备齐全，并做承载试验，在灯具检测报告中予以体现；保险绳安装时，一端固定在支架上，另一端连接到灯具环形吊架的吊钩（加工吊架时焊接）上，均用钢丝绳卡扣进行固定，钢丝绳卡扣优点是安装、拆卸方便，且可以根据现场实际情况自由调节保险绳长度（图 5-32）。

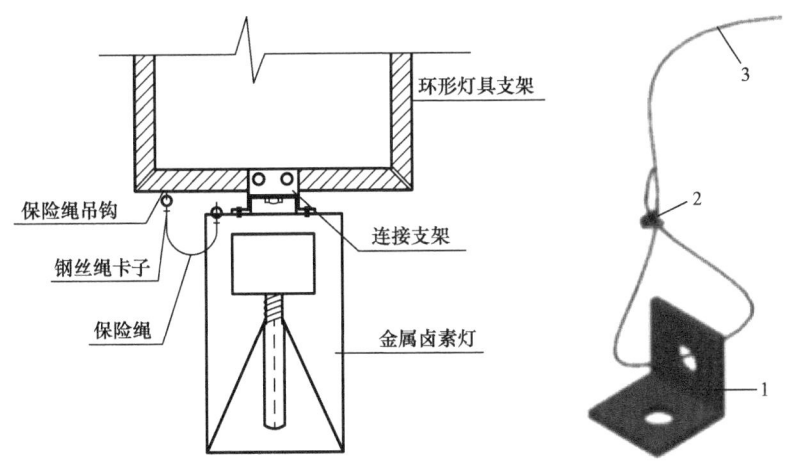

图 5-32 保险绳安装剖面图
1—保险绳吊钩；2—钢丝绳卡子；3—钢丝保险绳

5.4.4 结语

宁波火车站无站台柱雨棚灯具，原设计为吊顶内筒灯嵌入式安装，由于工程所在区域为台风多发地段，为减少安全隐患，经建设、设计单位同意改为采用"乙"字形线槽支架和"环形"吊架灯具安装方式，有效地避免了传统焊接施工对钢结构的破坏。钢结构焊接安装支架转换为环形吊架、卡箍式支架，其结构简单、操作方便。同时在灯具与吊梁间增

加保险绳,提升了灯具支架承载能力及抗风能力,保证了灯具使用的安全性,支架表层颜色与钢结构外观涂层完美统一。宁波站开通运营近三年来,站台雨棚灯具的照度、美观性,受到使用单位、旅客的一致好评,同时经受了季节性台风的考验,无一灯具坠落事故发生。此种安装技术可适用于火车站雨棚、站房、工业厂房等大型钢结构上明装灯具安装,尤其适用于受季节性台风影响较大的南部沿海区域火车站雨棚下明装灯具的安装,具有很好的借鉴作用。

同时,桥架支架采用冷加工,工艺简单、安装方便,节省了大量的人力、物力。灯具吊架安装方式与在钢结构上直接焊接吊架的施工工艺相比,普通的焊接工艺取代了二氧化碳气体保护焊,地面焊接作业取代了高空焊接作业,综合成本整体减少了72万元,缩短了施工工期。

图 5-33 宁波站高大空间雨棚重型灯具安装实景图

5.5 隐藏支架桥架制作及安装技术

5.5.1 工程概述

宁波站位于东南沿海地区,常年受到大风、台风等恶劣天气的侵袭,易造成坠物对乘客、接触网的危害。根据原铁道部要求,沿海地区大型铁路站房在雨棚和站台层顶板均取消吊顶,采用结构和管线明露形式。本工程站台层顶部采用清水混凝土直接作为装修面层,管线错综交叉、分布密集,且均为明露(图 5-34)。若采用常规方法,大量的支架及管线外露,将无法实现美观的观感效果。隐藏支架桥架布线的方式结合了结构主、次梁的尺寸加工成异型桥架,支架采用通丝杆与角钢结合形式安装在桥架内部,无支架外露,美观、整洁。同时,由于桥架支架不同于常规通丝杆等支架形式,且支架位于桥架内部,可减少大风的影响,桥架安装牢固可靠。另外,在设备安装位置设置过线盒,方便穿线及检修;同时接线盒可以作为设备安装的载体,节约成本。

图 5-34 站台层顶板效果图

5.5.2 工艺流程及操作要点

5.5.2.1 工艺流程

施工准备→弹线定位→接线箱安装→支架制作及安装→桥架安装→跨接底线安装。

5.5.2.2 操作要点

（1）施工准备

① 桥架具备有效的产品合格证或检验报告，线槽内外无棱刺、无扭曲、翘边等变形现象；保护层完整、无剥落及锈蚀现象，本技术交底中涉及的异型桥架规格为250×75，桥架固定支架为40×40×4镀锌角钢（每段加工成20cm长），接线盒尺寸为250×250×150

② 异型桥架及接线盒安装所用膨胀螺栓、螺母、通丝杆等材料均采用镀锌材料制成。

（2）弹线定位

操作人员根据图纸上桥架及灯具安装位置弹出梁底中心线，当梁的宽度发生变化时仍以梁底中心作为安装依据，弹线过程中应保证弹线的顺直度，在接线箱安装位置找到梁与梁"十字"交叉点的中心点并做好标记。

（3）接线箱安装

接线箱安装在梁与梁"十字"交叉点上，接线箱作为灯具固定载体同时兼作过线盒，接线箱加工示意图及实物图如图5-35、图5-36所示。

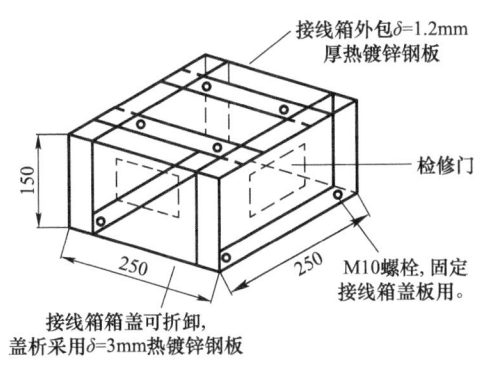

图5-35 接线箱加工示意图　　图5-36 接线箱加工实物图

接线箱的安装应遵循以下几点：

① 接线箱必须保证安装在梁与梁"十字"交叉点的中心点位置，安装间距为4m。

② 接线箱底部预留M12膨胀螺栓孔4个，用来将接线箱固定在梁底。安装接线箱过程中结合接线箱底预留孔的位置安装膨胀螺栓，膨胀螺栓必须安装4颗，配齐平垫片及弹簧垫片，以保证接线箱的牢固性。

③ 接线箱四个侧面共计3个穿线孔和一个检修门，在接线箱安装过程中应将有检修门一侧朝向离本接线箱最近的站台边缘一侧。

④ 接线箱安装完成后应与梁底紧密结合，无缝隙。

（4）支架制作及安装

桥架支架采用40×40×4镀锌角钢制成，每根角钢支架200mm长，每组为两根角钢支架。角钢支架上预留 2 个 M10 膨胀螺栓预留孔和 1 组 M10 通丝螺杆预留孔，支架做法如图 5-37 所示。

角钢支架的设置原则为每段桥架的中间部位、桥架两端共计 3 处均需要设置角钢支架；桥架与接线盒连接部位需要设置角钢支架，角钢支架在安装过程中应注意与梁底面紧贴，同时在沿着梁的方向应顺直，膨胀螺栓采用 M10 膨胀螺栓，配齐平垫片及弹簧垫片。

（5）桥架安装

高架下站台层桥架结合建设指挥部的要求采用异型桥架的布线方式，如图 5-38 所示。

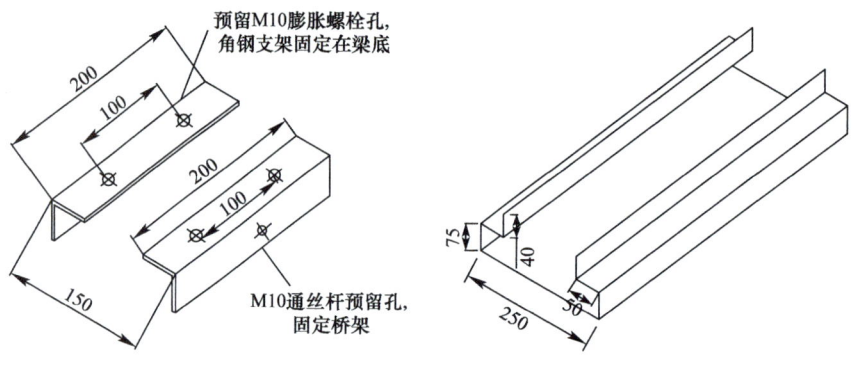

图 5-37 桥架支架制作示意图　　图 5-38 异型桥架示意图

异型桥架安装在角钢支架上，每段桥架与角钢支架的固定点共计 3 处，即：中间、两端，与角钢支架固定采用 φ10 通丝杆连接，每根通丝杆 17cm 长，通丝杆出桥架两端用 M10 螺母紧固，平垫片与弹簧垫片结合使用（图 5-39）。桥架与角钢支架连接如图 5-40 所示。

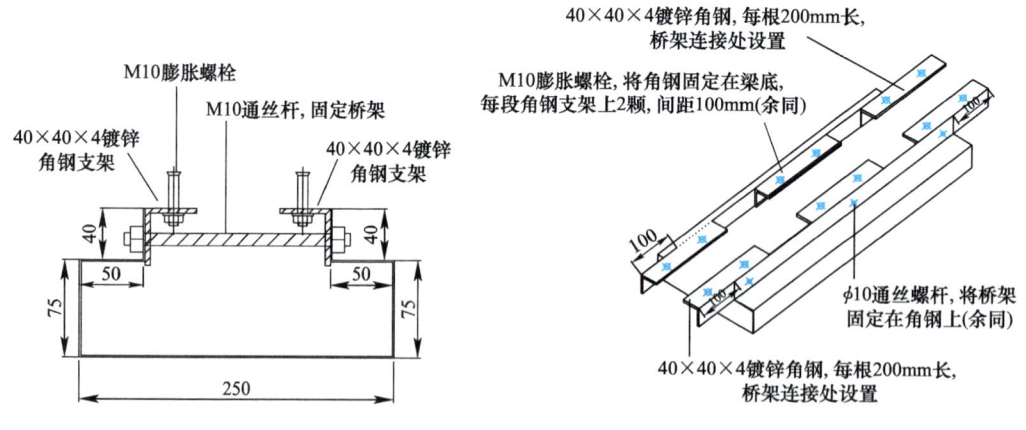

图 5-39 桥架安装示意图　　图 5-40 桥架与角钢连接示意图

桥架在安装前应结合两个接线箱之间的距离长度下料，下料时应注意下料长度比实际测量长度长 2mm，桥架安装时与两侧的接线箱应无缝隙，并采用玻璃胶进行封堵，封堵完成后用油漆进行涂刷（油漆颜色为劳尔色卡 7047）。

（6）桥架与接线箱跨接地线安装

桥架与接线箱安装完成后，为了保证接地性能，采用 M4 铜编织带进行跨接，跨接时注意跨接铜编织线的隐蔽（图 5-41）。

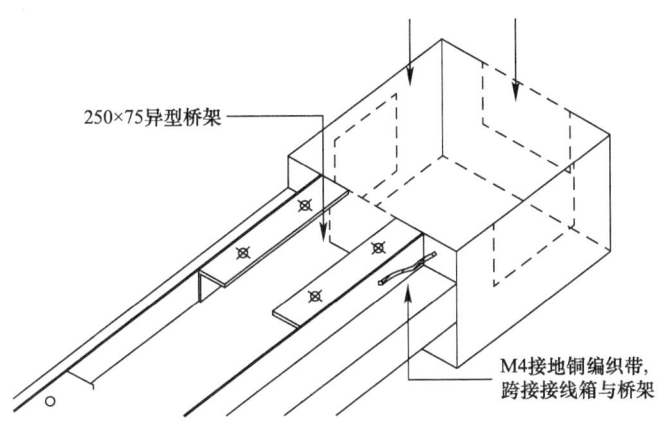

图 5-41 桥架与接线箱跨接示意图

5.5.3 质量控制

（1）工程质量控制标准

隐藏支架桥架安装执行《建筑电气工程施工质量验收规范》GB 50303—2002。

（2）质量保证措施

① 施工计划的质量控制

编制施工总进度计划、阶段性进度计划、月施工进度计划等控制计划，应充分考虑人、材、物及任务量的平衡，合理安排施工工序及施工计划，合理配备各施工段上的操作人员，合理调拨原材料及各周转材料、施工机械，合理安排各工序的轮流作息时间。

② 施工技术的质量控制

合理地安排施工工序、劳动力，并向操作人员做好相应的技术交底工作，落实质量保证计划、质量目标计划，特别是对一些施工难点、特殊点，更应落实至班组每一个人，并且应让他们了解本次交底的施工流程、施工进度、图纸要求、质量控制标准，以便操作人员心中有数，从而保证操作中按要求施工，杜绝质量问题的出现。

③ 施工操作中的质量控制

施工操作人员是工程质量的直接责任者，故从施工操作人员自身的素质以及对他们的管理均要有严格的要求，在对操作人员加强质量意识的同时，强化管理，以确保操作过程中的质量要求。

④ 施工材料的质量控制

为保证材料质量，要求材料管理部门严格按公司有关文件、规定及相关质量体系进行操作及管理。对采购的原材料、构（配）件、半成品等，均要建立完善的验收及送检制度，杜绝不合格材料进入现场，更不允许不合格材料用于施工。

在材料供应和使用过程，必须做到"四验""三把关"。即"验规格、验品种、验数量、验质量""材料验收人员把关，技术质量试验人员把关、操作人员把关"，以保证用于本项目上的各种材料均是合格优质的材料。

⑤ 施工中计量管理的保证措施

计量工作在整个质量控制中是一个重要的环节。在计量工作中，应加强各种计量设备的检测工作，并在权威的计量工具检测机构按计量文件进行周检管理。

(3) 关键工序电缆桥架安装的质量要求

1) 主控规定项目

金属电缆桥架及其支架和引入或引出的金属电缆导管必须接地（PE）或接零（PEN）可靠，且必须符合下列规定：

① 金属电缆桥架间及其支架全长应不小于2处与接地（PE）或接零（PEN）干线相连接。

② 非镀锌电缆桥架间连接板的两端跨接铜芯线接地，接地线最小允许截面积不小于$4mm^2$。

③ 镀锌电缆桥架间连接板的两端不跨接接地线，但连接板两端有不少于2个防松螺帽或防松垫圈的连接固定螺栓。

2) 一般规定项目

电缆桥架转弯处弯曲半径，不小于桥架内电缆最小允许弯曲半径。

① 当设计无要求时，电缆桥架水平安装的支架间距为1.5～3m；垂直安装的支架间距不大于2m。

② 当铝合金桥架与钢支架固定时，有相互间绝缘的防电化腐蚀措施。螺帽位于桥架外侧。

5.5.4 总结

现代大型交通枢纽建筑旅客聚集人数较多，为了减少大风、台风等恶劣天气造成坠物对乘客、接触网的危害，很多沿海地区交通枢纽工程在乘客较为密集的站台层取消吊顶。因此电气桥架、灯具等设备安装的安全性、美观性至关重要。为此，经过多方面考证、计算和研究，本工程最终确定采用隐藏支架桥架制作安装技术，很好地解决了美观性、安全性的难题，得到各级单位的一致赞誉，收获了良好的社会和经济效益，具有极高的推广价值。

图 5-42 隐藏支架桁架安装实景图

5.6 变电所接地系统创新施工技术

5.6.1 工程概述

贵阳北站站房工程低压配电系统的接地型式为 TN-S 系统，站房内共用4个变配电所，每个所内的变压器都是两两成组互为备用，正常运行情况下为单母线分列运行。原设计的4号变配电所接地大样图如图 5-43 所示，施工前，在设计意图基础上拟定了三种方案予以分析。

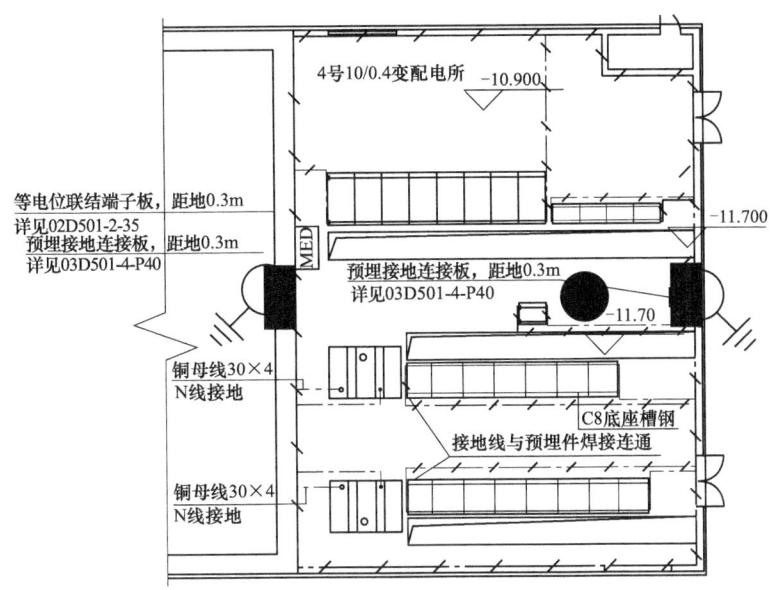

图 5-43 原设计的 4 号变配电所接地大样图

主要从正常运行状态、单相接地故障状态以及检修时备投运行状态三方面入手进行分析。分析过程中，把握以下几点原则：①分析正常运行状态和备投运行状态时中性线工作电流的分流情况的合理性，首先应避免在环形接地干线中形成环流，其次还应最大限度地降低杂散电流；②分析单相接地故障电流的分流情况的合理性，确定单相接地故障保护的难度和灵敏度。其中灵敏度对比以单相接地故障电流作为依据，即在同等条件下故障电流越大说明灵敏度越高。

5.6.2 方案分析

5.6.2.1 方案一

做法如图 5-44 所示：变压器中性点由变压器处直接与基础接地装置相连接，低压柜的 PE 母线则直接与变配电所内环形接地干线相连接。

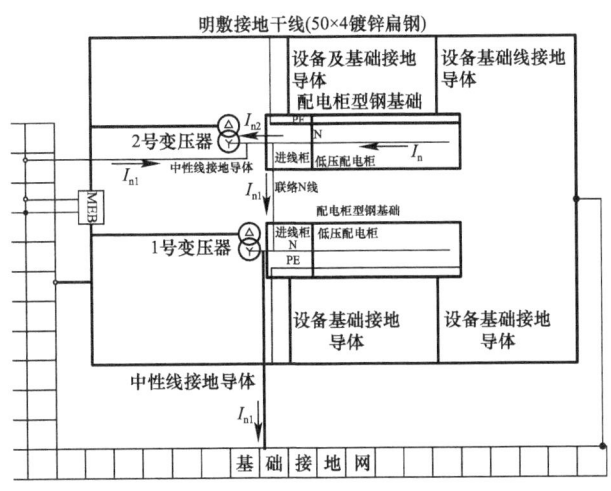

图 5-44 方案一正常情况下的电流分析示意图

(1) 正常运行状态下（图5-44）。

电流分析：中性线工作电流经过一次分流，其几乎完全经低压柜的N排返回至变压器中性点，另有极小部分分流至基础接地网如 I_{n1}。

效果分析：I_{n1} 流经基础接地网，属于杂散电流，但值极小甚至可以忽略；正常状态下流经环形接地干线的电流为零。

(2) 单相接地故障情况下（图5-45）。

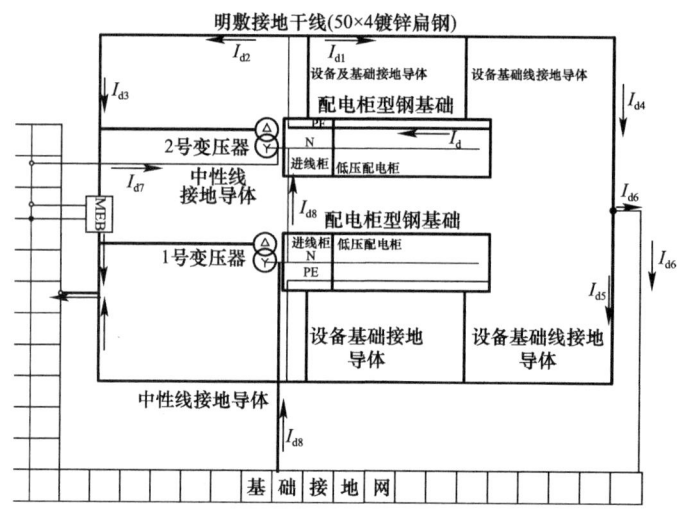

图5-45　方案一接地故障情况下的分析示意图

电流分析：单相接地故障电流发生多次分流，分流情况相对复杂；首先故障电流完全流经环形接地干线，最终完全经基础接地装置返回至2号变压器中性点，即 $I_d = I_{d7} + I_{d8}$，由此单相接地故障电流可估算为：

$$I_d \approx \frac{0.22\text{kV}}{R_d} = 2.64\text{kA} \tag{5-1}$$

效果分析：单相接地故障电流分流情况较为复杂，流向极其不规则；环形接地干线中有接地故障电流流过，故应对环形接地干线进行短路热稳定校验，即环形接地干线截面应满足：

$$S \geq \frac{I_k}{k}\sqrt{t} \times 10^3 = \frac{2.64}{70}\sqrt{0.4} \times 10^3 \text{mm}^2 = 23.85\text{mm}^2 \tag{5-2}$$

由公式（5-2）可知单相接地故障电流为2.64kA，单相接地故障保护灵敏度需要综合考虑该值。

(3) 备投运行状态下（图5-46）

电流分析：2号变压器的中性线工作电流经过一次分流，电流几乎全部经N母线返回至1号变压器的中性点（即 I_{n2}），另有少量的电流 I_{n1} 分流至基础接地网。

效果分析：I_{n2} 流经基础接地网，属杂散电流，但值极小可以忽略；环形接地干线中无电流流过。

5.6.2.2　方案二

变压器中性点由变压器处直接与环形接地干线相连接，而低压柜的PE母排则直接在进线柜内与N母线跨接，并重复与环形接地干线相连接。

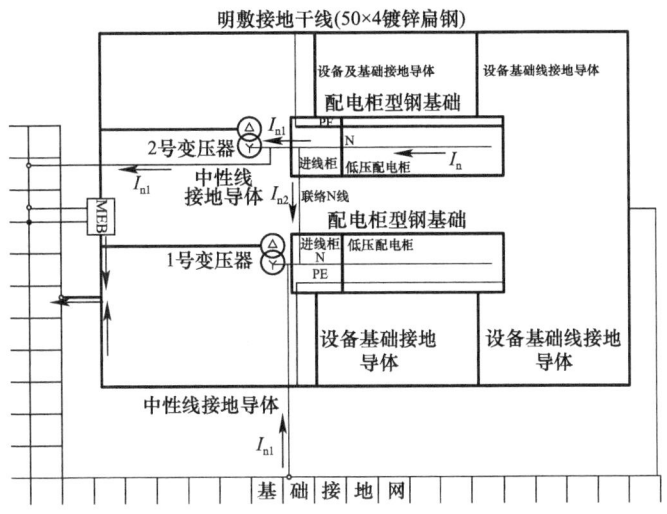

图 5-46 方案一备投运行状态下的电流分析示意图

(1) 正常运行状态下（图 5-47）

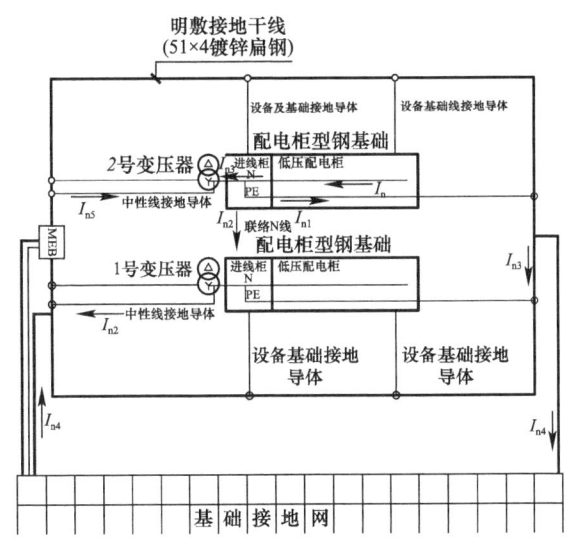

图 5-47 方案二正常情况下的电流分析示意图

电流分析：正常状态下 N 线的工作电流经过多次分流，部分流经环形接地干线（如 I_{n3}），另外还有极小部分分流至基础接地网（如 I_{n4}）。

效果分析：I_{n2} 流经基础接地网，属于杂散电流，但其值极小可以忽略；正常状态下有部分电流（如 I_{n3}）流经环形接地干线可能形成环流。

(2) 单相接地故障情况下（图 5-48）

电流分析：单相接地故障电流在环形接地干线中多次分流，最终流入相应变压器的中性点，分流情况相对复杂；而且其只在环形接地装置与 N 线、PE 线间分流。则单相接地故障电流可以估算为：

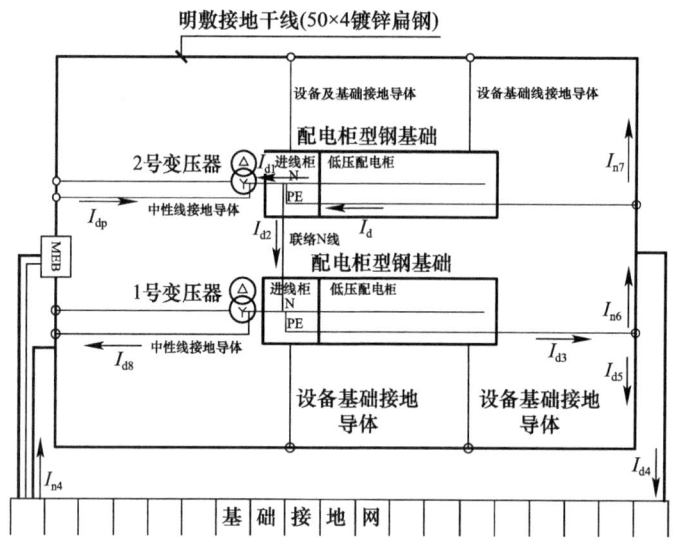

图 5-48 方案二单相接地故障情况下的电流分析示意图

$$I_\mathrm{d} \approx \frac{0.22\mathrm{kA}}{R} = 8.8\mathrm{kA} \quad (R \text{ 取环形接地干线的电阻}) \tag{5-3}$$

效果分析：故障电流的流向也很不规则；由于环形接地干线中有接地故障电流流过，故应对环形接地干线进行短路热稳定校验，即环形接地干线截面应满足：

$$S \geqslant \frac{I_\mathrm{k}}{K}\sqrt{t} \times 10^3 = \frac{8.8}{70}\sqrt{0.4} \times 10^3 \mathrm{mm}^2 = 79.2 \mathrm{mm}^2 \tag{5-4}$$

这就要求环形接地干线的截面应大于 $79.2\mathrm{mm}^2$，显然比方案一所要求的截面要大得多。

由公式（5-4）可知单相接地故障电流比方案一大得多，因此接地故障保护灵敏度也较方案一大得多。

（3）备投运行状态下（图 5-49）

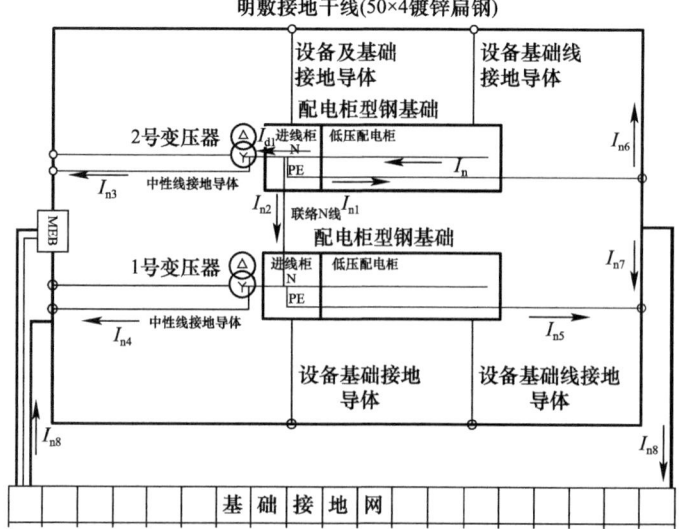

图 5-49 方案二备投运行状态下的电流分析示意图

电流分析：正常状态下1号变压器N线的工作电流流经环形接地干线并多次分流，最终返回至2号变压器中性点，另有小部分电流分流至基础接地网（如I_{n8}）。

效果分析：I_{n8}流经基础接地网，属于杂散电流，其值极小可以忽略；正常状态下有部分电流如I_{n3}流经环形接地干线，可能形成环流。

5.6.2.3 方案三

首先低压柜的 PE 母排直接与基础接地网相连接，变压器中性点在低压进线柜或者变压器处与低压柜内 PE 排可靠相连接实现接地。

(1) 正常运行状态下（图 5-50）

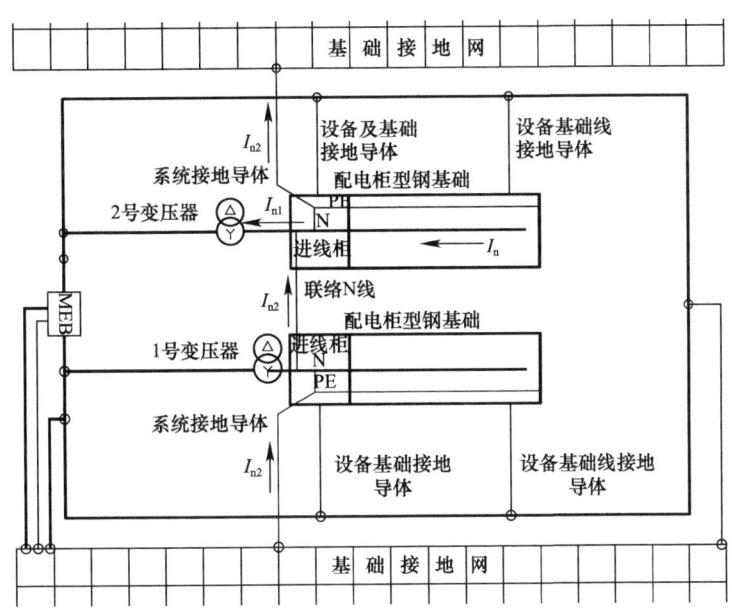

图 5-50 方案三正常情况下的电流分析示意图

电流分析：中性线工作电流经过一次分流，其几乎全部经 N 母线返回至变压器的中性点（即I_{n1}），只有极少量的电流I_{n2}分流至基础接地网。

效果分析：I_{n2}流经基础接地网，属杂散电流，其值极小可以忽略；环形接地装置中无电流流过。

(2) 单相接地故障情况下（图 5-51）

电流分析：单相接地故障状态下故障电流几乎全部返回至变压器中性点，只有极少量电流I_{d2}分流至基础接地网。

效果分析：单相接地故障电流的流向相比方案一和方案二最为规则，使得单相接地故障保护的难度大大降低；由于故障电流基本不流经环形接地干线，因此环形接地干线不需要校验短路热稳定性，一般的 25×4 以上镀锌扁钢即可满足要求。

单相接地故障电流与方案二相当，因此单相接地故障保护的灵敏度比较高。

(3) 备投运行状态下（图 5-52）

电流分析：2号变压器所属中性线工作电流经过一次分流，电流几乎全部经 N 母线返回至1号变压器的中性点（即I_{n2}），只有极少量的电流I_{n1}分流至基础接地网。

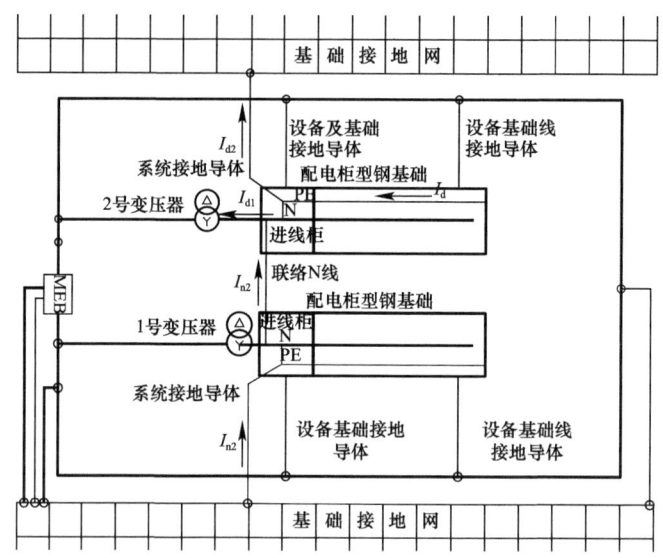

图 5-51 方案三单相接地故障情况下的电流分析示意图

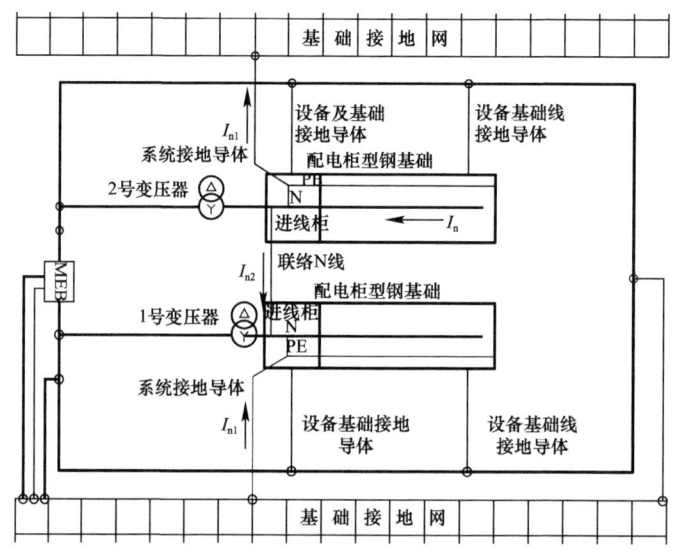

图 5-52 方案三备投运行状态下的电流分析示意图

效果分析：I_{n2}流经基础接地网，属杂散电流，其值极小可以忽略；环形接地干线中无电流流过。

由上述三个方案分析可得，方案三相比方案一、二较为合理，各项参数都能有比较好的把握。

方案一在一定场所也是较为合理的，但是需要综合考虑环形接地干线的截面是否满足短路热稳定性要求，另外对于对电磁干扰特别敏感的区域，也需要考虑其少量的杂散电流的防护措施，以及需要确认单相接地故障保护的灵敏度是否满足要求。

方案二虽然单相接地故障电流较大，保护灵敏度较高，但是正常工作状态下环形接地干线中有电流流过甚至可能形成环流，而且其对环形接地干线的截面要求较高，所以综合考虑是不可取的。

5.6.3 贵阳北站采用的方案及运行情况

贵阳北站变配电所实施过程中，经过多次与设计院沟通，最终折裹采用最常用的方案一。鉴于短路热稳定性要求，环形接地干线采用 50×4 镀锌扁钢，以满足短路热稳定校验条件。变配电系统自投入以来运行较为稳定可靠，由于现场条件所限，只能测试 4 号变配电所内 2 号变压器正常运行状态下的几项参数（见表 5-1）。

4 号变配电所正常运行状态下的数据　　　　　表 5-1

序号	检测的项目	数值
1	N 线工作电流	约为 4.8A
2	N 与 PE 母排的电压	0.73V
3	环形接地干线内的电流	0A
4	流经基础接地网的电流（杂散电流）	不足 5mA
5	接地电阻	0.37Ω

由表 5-1 可以粗略估计单相接地故障回路电阻约为 $R_\mathrm{d}=\dfrac{0.73\mathrm{V}}{4.8\mathrm{A}}=0.15\Omega$，比方案一分析中略小。由此，贵阳北站 4 号变配电所所采用的方案一的运行情况基本与分析结果相当，该方案在对电磁干扰不是特别敏感的区域还是可取的，基本可以达到预期效果。而采用该方案的前提是要充分考虑单相接地故障保护灵敏度和接地干线短路热稳定性等因素。

5.6.4 结语

TN-S 接地系统的变配电所内各项接地具体实施方案还有很多，相对合理的方案也不止一种，作为施工技术人员，我们不应局限在对原设计的简单理解，还应根据不同工程的实际情况，结合相关图集、设计及验收规范，充分考虑各种因素，选取相对合理的方案。重点把握 N 线工作电流的流向、单相接地故障电流的流向、备投运行状态时工作电流流向三大方面内容。对选用方案的弊端作合理的防范，最大限度地降低安全隐患，提高供电可靠性。

图 5-53 贵阳北站变电所实景图

5.7 严寒地区站房地源热泵关键技术

5.7.1 工程概述

哈大高速铁路是国家"四纵四横"高速铁路网中京哈客运专线的重要组成部分，是迄今为止我国严寒地区第一条高速铁路，纵贯东北三省，南起大连，北至哈尔滨，线路全长 904km，共计 24 个站。为了节能环保和解决高寒地区空调使用问题，沿线所有中小型站空调均采用了地源热泵关键技术。

5.7.2 地源热泵关键技术工作原理

地源热泵关键技术是利用地下常温土壤和地下水相对稳定的特性，通过深埋于建筑物周围的管路系统或地下水,采用热泵原理,通过少量的高位电能输入,实现低位热能向高位热能转移与建筑物完成热交换的一种技术。冬季热泵机组从地源(浅层水体或岩土体)中吸收热量,向建筑物供暖。夏季热泵机组从室内吸收热量并转移释放到地源中,实现建筑物空调制冷。

地源热泵与制冷机一样按逆循环工作,不同之处是制冷装置是将低温物体的热量传给自然环境,以造成低温环境,而地源热泵则从自然环境中吸收热量,并将它输送到所需要较高温度的环境中,见图5-54。

在冷凝器中,制冷剂凝结成饱和液体,经节流降压降温进入蒸发器,蒸发吸收,气化为干饱和蒸汽,经压缩后进入冷凝器,从而完成一个循环。在蒸发器中,制冷剂蒸发吸取地源中的热能,经压缩后在冷凝器中放出热量加热供热系统的回水,以达到换热效果。图5-55为地源热泵理想状态下能量关系图,$A=q_1-q_2$,A在此由电能做功而来,图5-56为地源热泵理想状态下的$P\text{-}V$图。

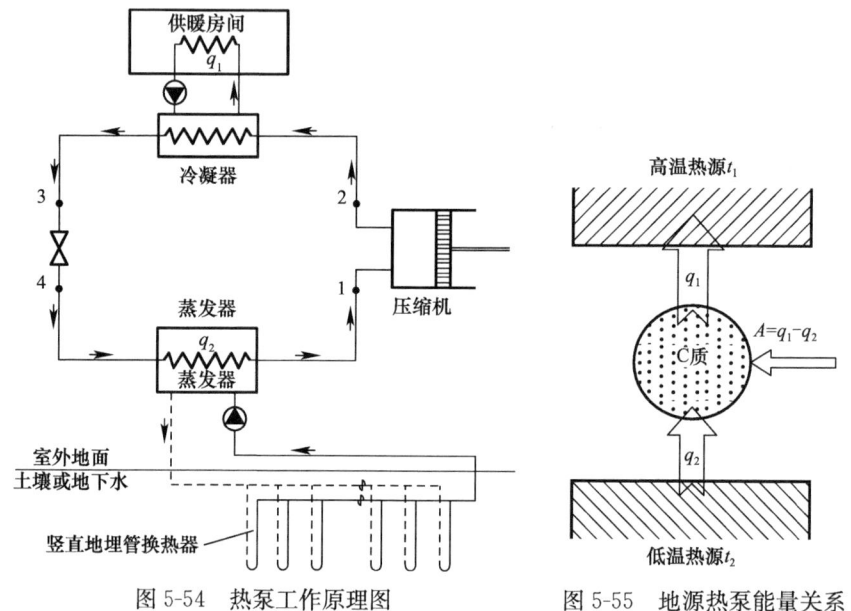

图5-54 热泵工作原理图　　图5-55 地源热泵能量关系

根据地热交换系统形式的不同,地源热泵系统分为地下水地源热泵系统、地表水地源热泵系统和地埋管地源热泵系统。哈大线地源热泵系统采用的是地埋管地源热泵系统,见图5-57。

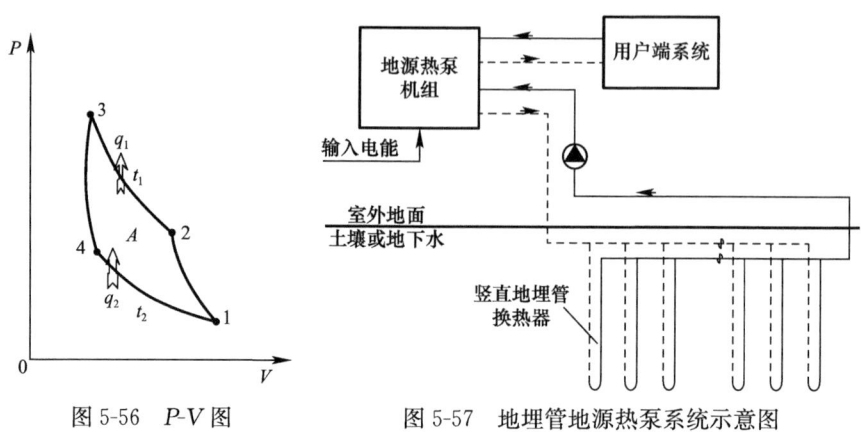

图5-56 $P\text{-}V$图　　图5-57 地埋管地源热泵系统示意图

5.7.3 地源热泵关键技术

现以扶余北站为例进行介绍地埋管地源热泵关键技术的应用。

(1) 扶余北站建筑、地质、水文和气候概况

扶余北站位于吉林省松原市扶余市三岔河镇,车站建筑总建筑面积 $2886.9m^2$,建筑地上1层,局部地下室。

该站房涉及的地层按地质成因类型,由新到老、颗粒由细到粗的原则分人工填土、黄土状粉质黏土、淤泥质粉质黏土、粉土、中粗砂、粉质黏土、砾沙、细圆砾土、中粗砂、泥岩。

场地属东部温带季风气候区,年平均气温 $4.5℃$,冻土深 $1.3\sim2.0m$,大气平均降水 $145.8mm$。冬季采暖室外计算温度:$-26℃$,平均大气压:$983.56mmHg$,冬季空调室外计算干球温度:$-26℃$,夏季空调室外计算干球温度:$30.7℃$。场区范围内无地表水流。地下水赋存于砂砾石中,为第四系孔隙潜水,主要受大气降水补给,水位随季节变化。

(2) 扶余北站冷热负荷和地层热物性测试

根据站房负荷计算得冷负荷为 $299.1kW$。热负荷为 $347.5kW$,由地源热泵和燃煤锅炉共同承担。

为进行地层热物性测试,将U形管材 $32×3PE$(PE80型)管埋入孔径 $180mm$、深 $80m$ 的井里,并在周边回填建筑用细沙形成竖直地埋管换热器测试孔,将其与岩土热物性测试仪组成循环水系统。通过对此系统施加一定的加热功率获取实时加热功率、循环水流量和进出口温度等数据。根据获取的试验数据求解获得地层热物性参数的值。最后测试结果显示:初始温度平均值为 $8.1℃$,地层平均热传导系数为 $1.482W/m·℃$,钻孔平均热阻为 $0.36m·℃W$。热泵制冷工况下,换热范围为 $48\sim53W/$延米;热泵制热工况下,换热范围为 $28\sim32W/$延米。

(3) 扶余北站地源热泵关键技术应用

根据地层热物性测试结果,该站地源热泵埋地换热系统采用单U形管垂直埋管系统,打88个深 $80m$ 地埋管孔,孔径 $180mm$,间距 $4.5m$。U形管管材为 $32×3PE$ 管(PE80型),高密度聚乙烯塑料管。水平管采用直埋敷设,敷设深度为冻土深度以下 $0.6m$,管井内U形管材周围采用建筑用细沙回填(图5-58)。

地源热泵机房设一台 DRSW-100-1 螺杆式地源热泵机组,夏季提供冷媒温度为 $7/12℃$,机组制冷量为 $345.6kW$;冬季提供 $55/50℃$ 低温热水,机组制热量为 $354.6kW$。地源热泵机组在满足夏季空调负荷的基础上考虑采暖期初末低负荷时满足采暖需求,其他时段采用燃油锅炉辅助。地埋管地源热泵系统见图5-59。

(4) 扶余北站地源热泵技术应用负荷计算

根据地埋孔单位换热量 $50W/$延米计算,该地埋孔热泵制冷量:$50×70×88×0.001=308kW>299.1kW$,满足站房冷负荷需求

其中 $70m$ 为地埋孔的有效换热延米。根据地埋孔单位换热量 $30W/$延米计算,该地埋孔热泵制热量:$30×70×88×0.001=184.8kW<347.5/2kW$,满足采暖期初末低负荷时采暖需求。

该站地源热泵系统技术应用符合使用要求。

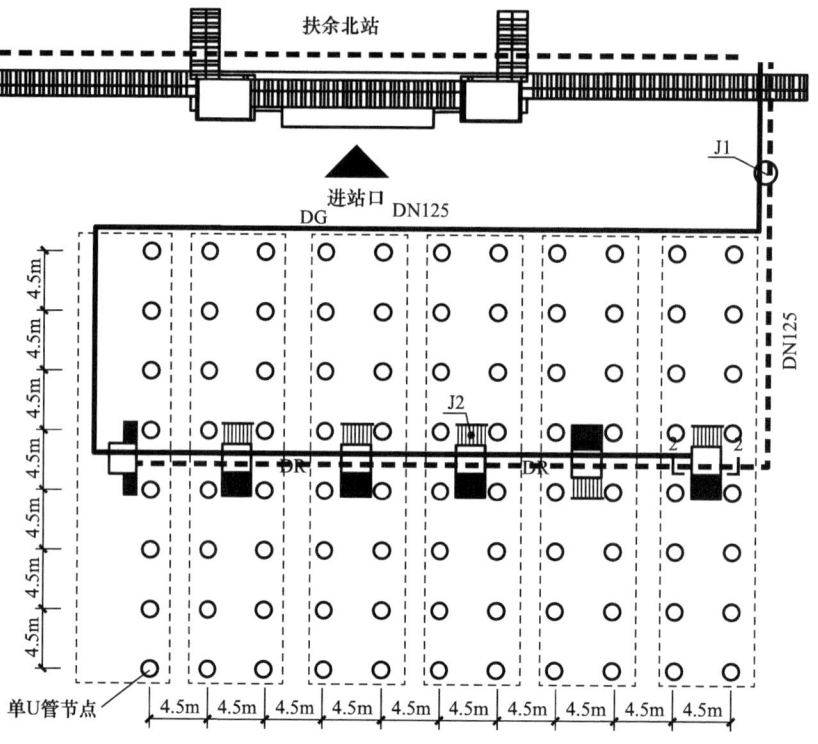

图 5-58 地源热泵室外埋管平面图

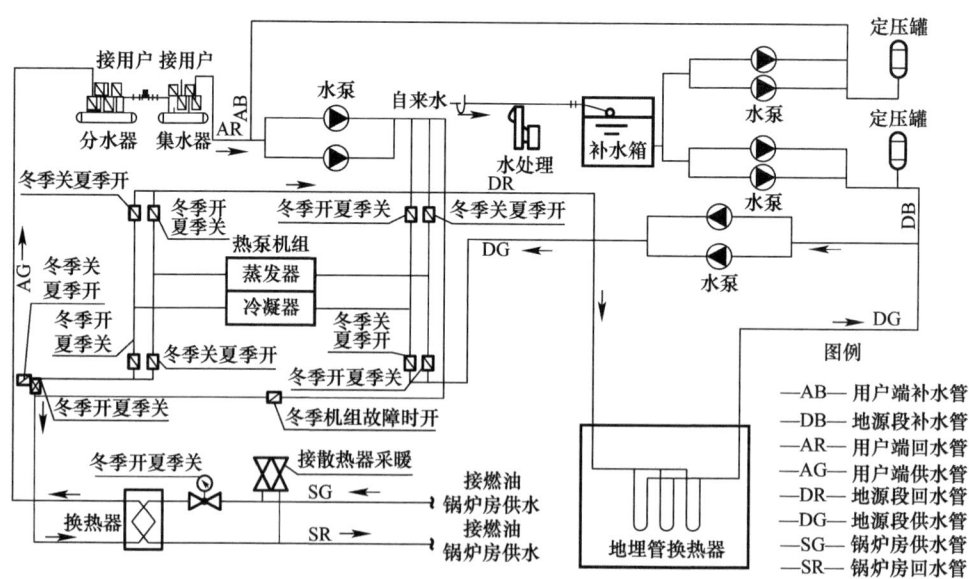

图 5-59 地埋管地源热泵系统示意图

5.7.4 结语

地埋管地源热泵技术是目前在节能环保方面解决供热和空调具有较大优势的技术。地源热泵通过输入少量的高品位能源（电能），即可实现能量从低温热源向高温热源的转移，该低温热源取自于地表地能,比传统空调节能40%~60%,从而节省运行费用。通过采用严寒地区站房地源热泵关键技术使对站房周围环境无污染排放,建筑外换热采用地热能交换系统,不需使用冷却塔,没有外挂机,不直接向周围大气环境排热,没有热岛效应,没有噪声,系统制冷剂与土壤或水源封闭交换热量,不直接接触土壤或地下水,不污染地下水资源,地表地能温度稳定,有利于整个地源热泵系统运行稳定,不受室外气候条件的影响;同时一机可多用:冬季供暖、夏季制冷,甚至可供应热水,经过两个以上采暖季的使用,其效果和性能满足夏季空调负荷以及采暖期初低负荷时采暖需求(图5-60)。

图5-60 地源热泵设备实景图

Hefei South Railway Station 合肥南站

- 合肥南站是安徽省已建成的首座特大型高铁站房,也是安徽省最大的客运交通枢纽。作为国家中长期铁路网规划八纵八横19个全国综合铁路枢纽之一,承东启西、贯通南北、连接中原,打造长江中下游城市群副中心5小时经济圈,为国家中部崛起打下坚实基础。与上海虹桥站、南京南站、杭州东站共同组成华东四大高铁特等站,是国家级综合交通枢纽,是亚洲地区特大型交通枢纽之一。合肥南站是连接沪汉蓉客运专线、商合杭客运专线、京福高铁和合安城际铁路的国家级客运枢纽站。

- 合肥南站建筑造型融入皖南建筑"四水归堂、五岳朝天"的寓意,集徽州山川风景之灵气,融风俗文化之精华,将现代化的车站和安徽的传统文化融合在一起,诠释了厚重悠久的徽文化,展示了安徽中部崛起的蓬勃活力,奏响"万商西进"的华彩乐章。

     2016～2017年度中国建设工程鲁班奖(国家优质工程)
     2017年住建部建筑工程科技示范工程
     2015年中国钢结构金奖
     2016年铁路优质工程奖
     2016年中国铁建杯优质工程奖
     2016年中国建筑工程装饰奖
     2016年中国安装之星
     2014年北京市结构长城杯金奖 2016年北京市建筑长城杯金奖
     省部级科学技术奖1项
     中国铁道建筑总公司科学技术奖2项
     北京市工法1项
     软件著作权1项 实用新型专利1项

第6章 既有线复杂运营条件下铁路站房改造施工技术

6.1 引　　言

高铁站房建设与既有线路的特殊位置关系，使得在施工过程中，如何确保在不影响铁路既有线正常运营情况下，安全高效地完成站房的建设，是一个重要的技术难题。本章以宁波站、柳州站等工程实例作为研究背景，详细介绍既有线运营条件下铁路站房改造施工技术。

6.2 无站台柱雨棚既有线半幅施工技术

6.2.1 工程概述

宁波站改建工程位于宁波市海曙区，雨棚立柱采用钢管混凝土柱，钢屋盖采用索撑体系的框架结构，屋面采用直立锁边铝镁锰金属屋面体系。雨棚分为东西两座，平面尺寸为184.95m×157.00m，横向4跨，跨度为37.85～40.85m，纵向12跨，间距为24.0m，标高14.9m（图6-1）。宁波站既有杭深线东西穿场而过，经过两次拨线完成宁波站建设工作，即线路先在Ⅰ、Ⅱ道运行，待Ⅰ、Ⅱ道南侧结构完成后，再拨至Ⅷ、Ⅸ道。线路在Ⅰ、Ⅱ道运行时位于F轴南侧4.7m处，由于距离营业线较近且不允许跨线吊装钢梁，因此无法进行F轴雨棚承台、钢柱及钢梁的施工；而当线路拨至永久正线Ⅷ、Ⅸ道时，同样由于既有线原因也无法进行2/D轴～F轴钢梁的吊装施工，结合宁波站工期及现场实际情况最终确定此部分雨棚随两次拨线进度分两个阶段实施：在线路位于Ⅰ、Ⅱ道时，将2/D轴～F轴雨棚结构一分为二，采取临时支撑完成行2/D轴～F轴南半跨雨棚结构及金属屋面施工；待线路拨至Ⅷ、Ⅸ道后再进行剩余半幅钢结构及金属屋面的施工（图6-2、图6-3）。通过对宁波站无柱雨棚施工方案的选择及施工全过程周期的控制分析，总结出一整套安全高效的施工方法，创造性地研发了雨棚半幅施工成套技术；将张弦梁整幅分半、配合铁路拨线调整、自主研发的可调节临时支撑体系，为同类型工程施工提供参考的依据。

6.2.2 无站台柱雨棚既有线半幅施工技术

6.2.2.1 跨既有线半幅施工方案

经过严密的分析论证，确定宁波站既有线雨棚张弦梁具体施工方案如下：

（1）在F～2/D轴之间安装临时支撑（图6-4）。临时支撑高16.0m，采用钢管材料，地坪标高-2.00m。

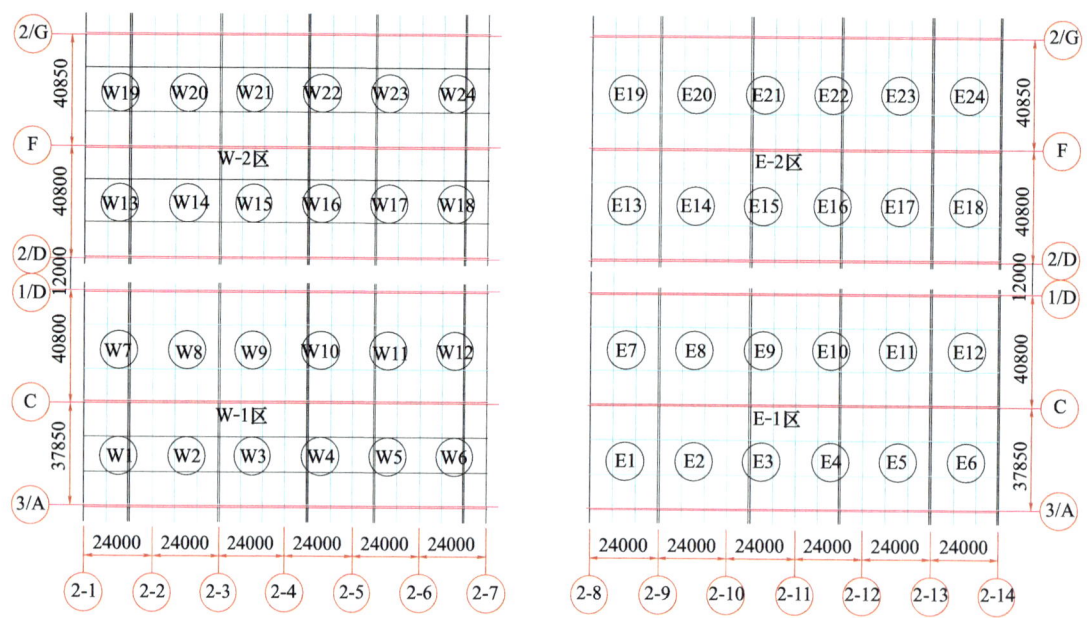

图 6-1 雨棚平面分区图

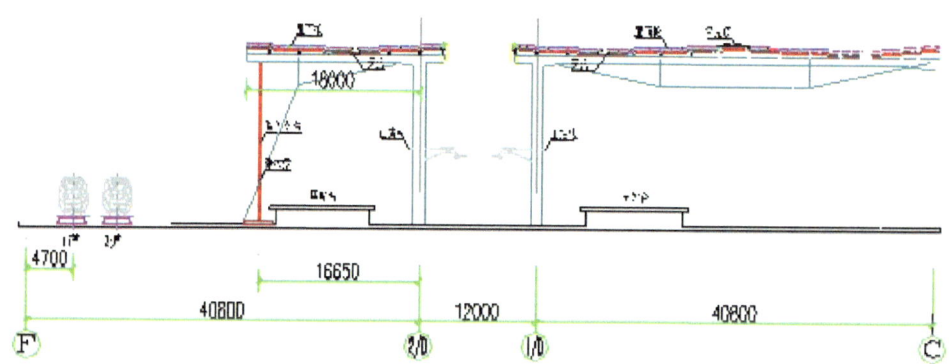

图 6-2 阶段一施工示意图（线路位于Ⅰ、Ⅱ道）

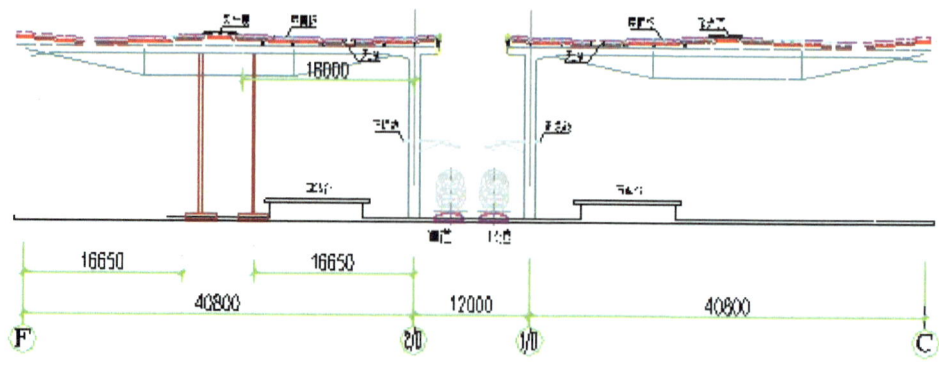

图 6-3 阶段二施工示意图（线路位于Ⅷ、Ⅸ道）

第6章 既有线复杂运营条件下铁路站房改造施工技术

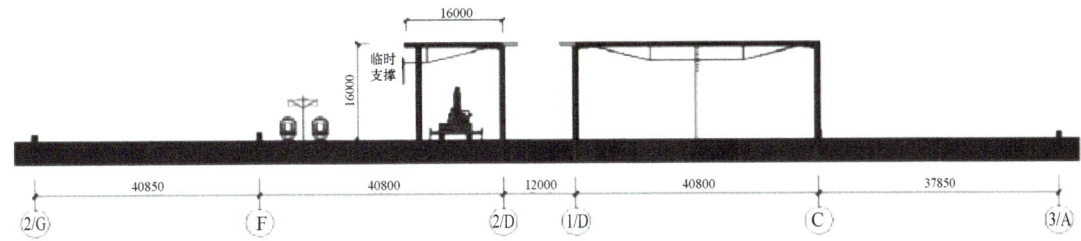

图 6-4　临时支撑安装示意图

（2）F～2/D 轴间半幅横梁安装（拉索安装，但不张拉），并安装 2/D 轴上部挑梁及其上面的全部屋面结构。同时，半幅梁上部安装屋面托架以及次檩条等屋面上部结构（图 6-5）。

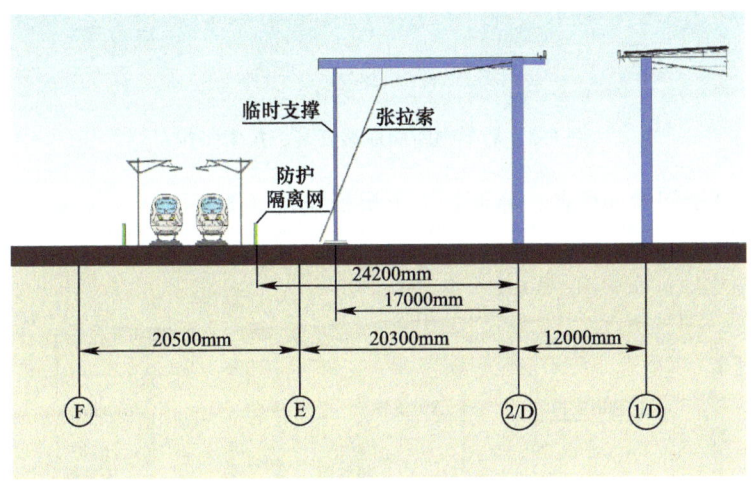

图 6-5　雨棚横梁安装示意图

（3）营业线拨至Ⅷ、Ⅸ道正线（2/D～1/D 轴）后，进行 2/G、F 轴雨棚柱安装，同时根据施工进度，在安装剩余半幅上弦梁时，组装临时支撑（左侧支撑）。该临时支撑（左侧）根据现场条件选用格构柱或可移动脚手架（图 6-6）。

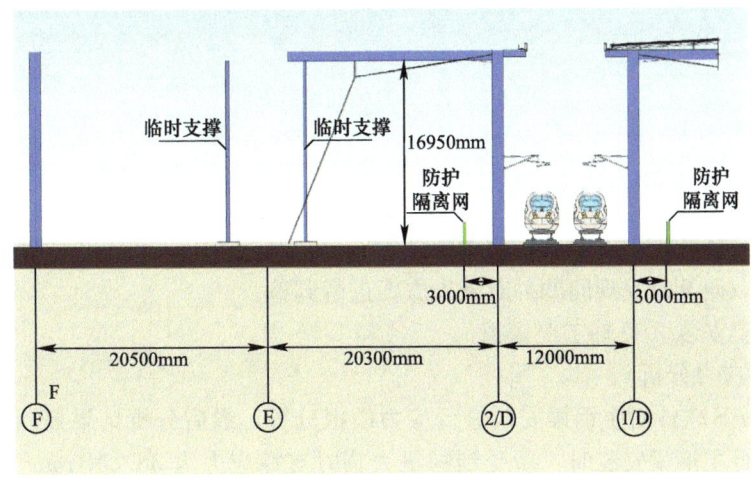

图 6-6　2/G、F 轴雨棚柱安装

(4) F~2/D轴间后半幅屋面横梁安装、拉索张拉（图6-7）。

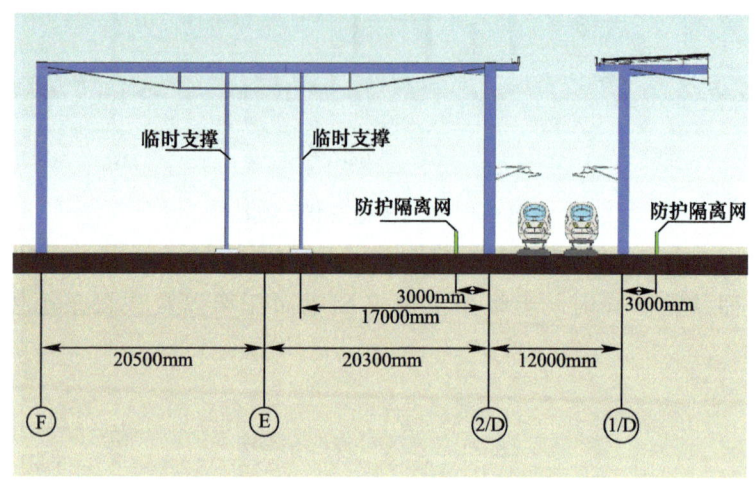

图6-7 后半幅屋面横梁安装、拉索张拉

(5) F~2/D轴间屋面檩条、屋面板、下层板安装（图6-8）。

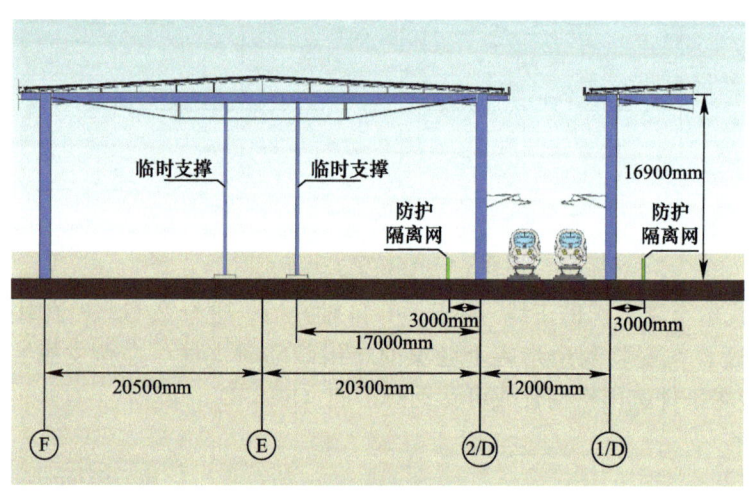

图6-8 F~2/D轴间屋面安装

6.2.2.2 跨既有线雨棚半幅施工模拟分析

在确定了具体的施工方案后，为确保施工安全，利用MIDAS软件对雨棚半幅施工进行模拟分析，以便及时发现问题并对施工方案进行调整。

(1) 主钢梁安装2/D轴工况模拟

① 主钢梁应力分析

利用MIDAS软件对主钢梁安装进行应力模拟分析，最后分析结果如图6-9所示。由图可知，在进行主钢梁安装时，所受到的最大临时支撑应力为36.3N/mm²，远远低于其极限承载能力（215N/mm²），故该施工方案中，主钢梁能满足受力要求。

第6章 既有线复杂运营条件下铁路站房改造施工技术

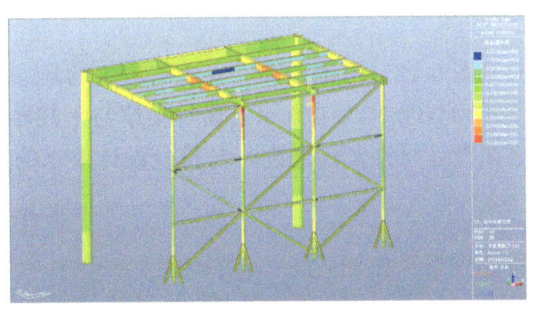

图 6-9 主钢梁安装应力分析图

② 位移分析

通过对主钢梁安装过程可能产生的位移进行模拟,其分析结果如图 6-10 所示。由图可知,横梁处产生的最大相对位移为 19.18mm,远小于 $L/400=16650/400=41.63$mm(临时支撑与钢柱轴线距离 16650mm),由此可见,该施工方案中主钢梁在荷载作用下产生的位移满足设计要求。

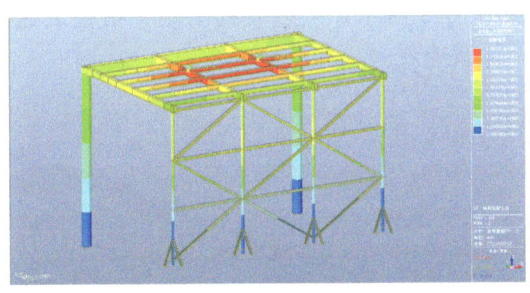

图 6-10 主钢梁安装位移分析图

(2) 檩桁架安装工况模拟

D/2 轴处檩桁架共安装 4 片,按安装完成后的状态做结构静力分析。考虑屋面结构安装完成后的荷载,可在临时支撑顶部增加集中荷载,中部支撑荷载值 89.6kN,边支撑荷载值 44.8kN,计算分析结果如下:

① 应力分析

对檩桁架安装过程模拟,其应力分析见图 6-11。由图可知,在进行檩桁架安装时,钢梁所受到的最大临时支撑应力 47.0N/mm²,远小于设计值 215N/mm²,故可以假定在该施工方案下,进行檩桁架安装是安全可靠的。

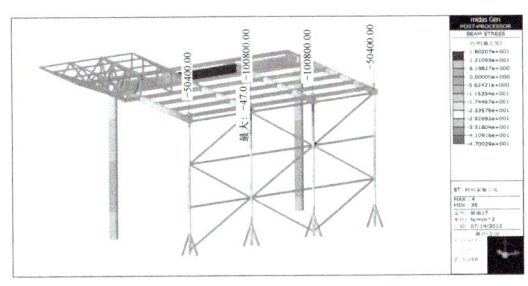

图 6-11 檩桁架共安装应力分析图

② 位移分析

檩桁架安装位移分析见图 6-12。由图可知，安装时产生的最大挠度位于横梁中部，其值 19.513mm＜$L/400=16650/400=41.63$mm（临时支撑与钢柱轴线距离 16650mm），说明施工过程中产生的位移在设计允许范围之内，是符合设计要求的。

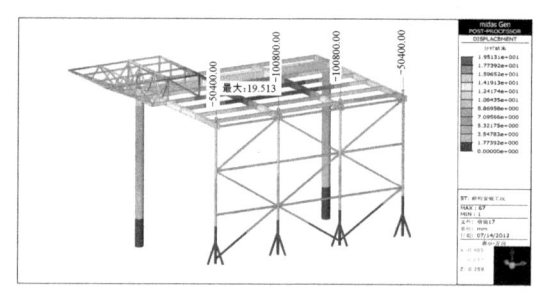

图 6-12 檩桁架共安装位移分析图

（3）雨棚半幅施工整体效果模拟

工程整体模拟效果如图 6-13 所示，可以看到雨棚半幅施工达到了设计的要求，施工结束后的雨棚结构合理，体系美观。

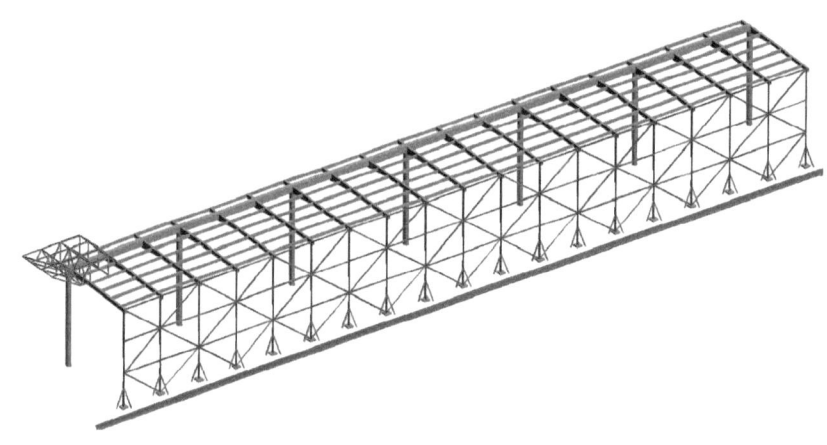

图 6-13 雨棚西区半幅施工的整体效果（东区对称）

综合上述模拟分析结果可知，拟定的施工方案在不考虑过多外部因素的影响下，其部分及整体结构受力和变形都在设计允许范围之内。在该施工方案的指导下，整个施工过程是安全可靠的；施工后的雨棚不仅结构合理，且外形美观，完全符合工程施工要求。

6.2.3 现场监测工作

半幅雨棚监测工作主要为整体结构的形变，具体工作为基础沉降及立柱轴线的偏差两项。监测频率从钢梁吊装开始至全部钢梁吊装结束后一周内，每隔 3 天对整体支撑系统进行一次沉降观测，观测由专人负责，发现问题及时上报。吊装结束一周以后至金属屋面安装前，每隔 1 周对支撑系统进行监测。金属屋面安装完成至剩余半幅钢结构安装完成监测标准同第一阶段，其余大风、暴雨后等特殊情况下也要及时做好监测工作。

6.2.4 支撑体系设计

支撑体系按照门式刚架轻型房屋钢结构进行计算，18m长雨棚梁部分搁置在临时支撑上的最大纵向轴力为261kN［包括檩条、拉索（安装好但不张拉）等部分］，计算采用PKPM软件，最终得到整体支撑体如下：支撑采用圆管柱，截面采用直径299×10钢管，柱间横杆采用［18槽钢，柱间斜拉杆采用φ25圆钢张拉紧固，有柱间支撑处的中间横杆采用双拼［18槽钢，柱脚支腿为［18槽钢，临时支撑高度约16.4m（图6-14）。

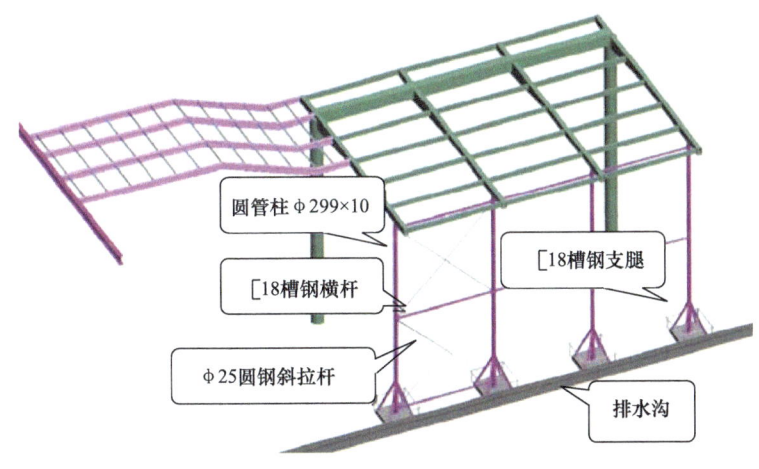

图6-14 临时支撑体系示意图

（1）防止结构沉降及变形的处理措施

临时脚手支撑需要支撑钢梁几个月的时间，期间既需要保证钢梁的稳定和安全，又要防止沉降超过限值，因此需要对基础采取相应的处理措施，同时在柱顶设置相应的调整节点以便基础沉降超过允许范围后进行相应的调整。

支撑标高调整节点设计：为有效保证横梁标高，在柱顶设置标高可调整节点，调整节点由2个5t千斤顶、环板及位于支撑柱中心的芯柱组成，在基础发生不均匀沉降后，由2个千斤顶（分设于钢支撑两侧）对顶托板高度进行标高调整，以使横梁标高永远在设计允许误差范围以内（图6-15），真正实现了支撑的多方向上下调节功能。同时在每个临时支撑间通过钢索十字连接，增强整个支撑体系的整体稳定性。

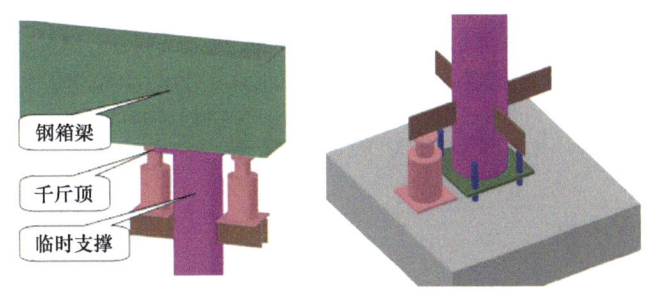

图6-15 临时支撑调整上、下部节点示意图

（2）地基与基础处理

由于半幅临时支撑钢柱的支撑位置为原有路基，已经进行了高压旋喷桩地基处理，因

此在现有路基夯实整平的情况下，采用 2000mm×2000mm 的现浇钢筋混凝土独立基础，同时在临时支撑一侧做 300×300 排水沟。

6.2.5 结语

本工程运用理论分析、模型建立、数值计算和现场监测等手段，针对上跨既有线雨棚钢结构半幅施工进行了系统深入的研究，形成了具有创新性的技术成果，具体如下：

（1）为了保证两条铁路线（既有线）运营线的安全通行，致使临近既有线的张弦梁无法一次成跨，采用既有线分区、分段安装张拉。

（2）研制了适用于宁波站特有的跨营业线（既有线）的施工，特别是"半幅施工"，对保证雨棚张弦钢结构施工质量起到了重要作用，同时，对类似工程的施工和设计提供了坚实的基础。

（3）针对雨棚张弦钢结构"半幅施工技术"的特点进行了研究，研制出可调节临时支撑系统，取得了良好的效果。

由于受既有线路及整体工期计划安排影响，宁波站雨棚跨线施工组织困难，安全风险极高，采用半幅施工技术，有效避免了跨营业线施工的难题，确保了营业线施工安全的同时为后续施工争取了工期。在施工过程中，所有工序都在可控范围内，且保证了既有线路的畅通。从现场各检测数据来看，整个雨棚性能良好，未出现局部过载或变形过大的现象，结构安全可靠，外形美观大方，达到了预期的目标。本工程半幅施工技术应用于宁波站既有线雨棚工程是成功的，可为类似工程提供经验参考。

6.3 2.75万伏既有铁路线路南北站房同步建造技术

6.3.1 工程概述

宁波站为既有线改造站房，国家铁路干线杭深线横穿施工现场，高铁、普速列车、货车运输任务繁重，施工期间铁路运输不能中断。鉴于本工程位于市中心，无法采取外建过渡线的方案，同时为保证总工期，不能像常规站改项目一样分半建设。为保证车站按时通车运营，南北站房同步施工成为必然选择。面对既有线站场同步施工在国内外均没有成熟的施工经验可供借鉴。结合宁波站的实际情况，经过多次专家论证及方案比选，最终利用新型铁路临时栈桥和站场条件进行了站场内部3次铁路线路拨接，利用线路拨接分区域差异化施工，最终实现了 2.75 万伏既有铁路线路南北站房的同步建造。

6.3.2 既有铁路线路南北站房同步建造施工技术

6.3.2.1 南北站房同步施工

（1）南北站房同步施工中的线路拨接

根据宁波站既有站场实际情况，对站场的两条正线进行了3次拨接，以优化整体施工顺序，不断适应与方便现场施工，保证南北站房顺利同步建造完成。

在3次铁路线路拨接过程中，利用了既有站场既有线路、上跨软土深基坑临时铁路栈

第6章 既有线复杂运营条件下铁路站房改造施工技术

桥、新建永久正线 3 个线路。具体拨接过程如下：

第一步：开工后立即施工临时栈桥，此时 2 条线路位于旧站场既有位置（图 6-16），为修建临时铁路栈桥提供缓冲时间。

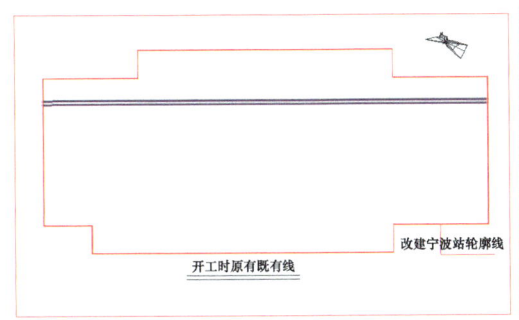

图 6-16　开工时现场既有线位置及现场施工实景图

第二步：临时铁路栈桥建成后，2 条线路利用天窗点拨接至上跨软土深基坑临时铁路栈桥上（图 6-17），为深基坑一体化开挖、南北站房同步施工提供了直接的便利条件，也为永久正线区域开通提供了临时过渡通道。

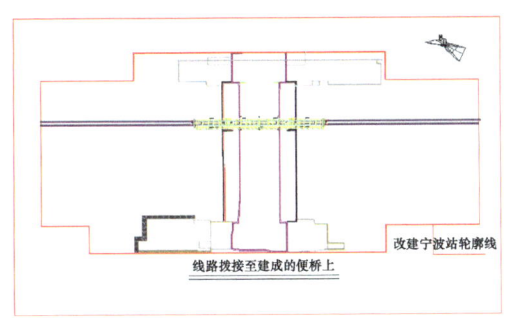

图 6-17　第一次拨线至铁路栈桥及现场施工实景图

第三步：永久正线区域施工完成后，利用天窗点将栈桥上的 2 条线路拨接至永久正线区域，即 8、9 线路之上（图 6-18），随后南北站房全面同步施工，保证了整个车站整体如期竣工，真正开启了国内 2.75 万伏既有铁路线路两侧站房同步建造的先河。

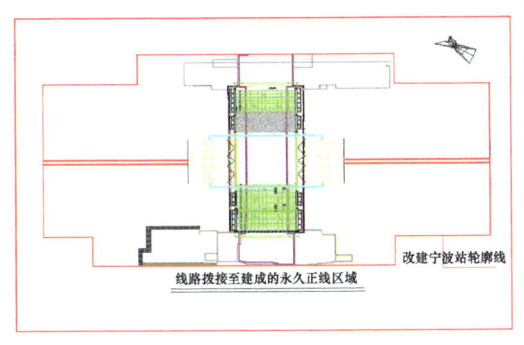

图 6-18　永久正线施工完成后，第二次拨线

(2) 线路拨线过程中的南北站房同步施工内容

第一步：线路在老站场原有位置时，现场施工铁路栈桥及基坑围护。

第二步：线路拨接至栈桥时，深基坑整体开挖，施工永久正线区域的主体结构及外装修，并同步施工南北两端的地下结构。此时永久正线区域靠近栈桥一侧采用全封闭防护（图 6-19）。

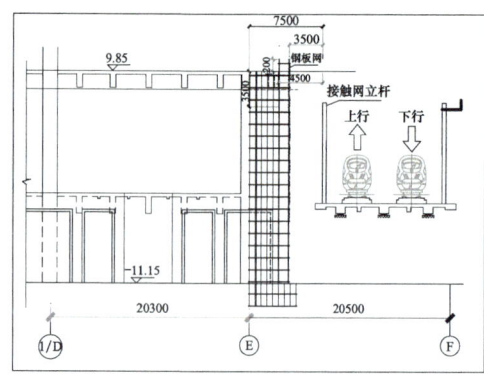

图 6-19 栈桥一侧采用全封闭防护示意图及现场实景图

第三步：线路拨接至永久正线区域后，现场开始整体全面施工，真正意义上实现了既有线条件下的南北站房同步建设。

6.3.2.2 上跨软土深基坑高速铁路临时栈桥技术

综合宁波站改建工程软土深、基坑跨度大、开挖深、工期紧、营运线速度高等要求，经过几十次方案比选最终采用了新型"钻孔灌注桩＋钢格构柱＋现浇钢筋混凝土板梁"连续刚构体系双线高速铁路临时栈桥（图 6-20）。通过新型铁路栈桥的引用，实现了深基坑一体化施工和高铁列车 120km 不降速通过的技术难题。

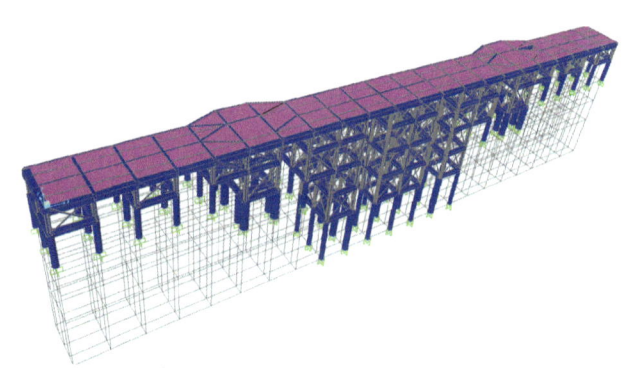

图 6-20 新型双线高速铁路临时栈桥示意图

(1) 钢格构柱现浇梁板式新型双线高速铁路临时栈桥技术

工程通过对栈桥采用动、静态综合监测技术，研究在各种施工状态下桥梁结构的应力、位移、震动加速度、震动位移和震动应力、格构柱应力等分析研究，给出该铁路栈桥的脱轨系数、减载率、轮轨横向作用力等安全营运指标，以及车体竖、横向加速度等乘客舒适性、平稳性指标。此种新型双线铁路栈桥（图6-21），因其结构简单、施工方便、拆除容易、整体性好、安全性高，必广泛运用于大型客站改扩建的深基坑施工中。

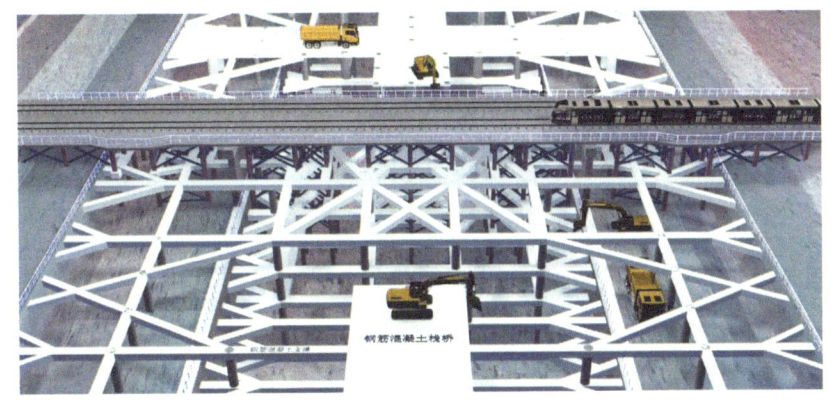

图6-21 铁路临时栈桥三维图

新型双线高速铁路临时栈桥全长133m，宽13m（图6-22），距基坑底24m（图6-23），利用深基坑内89根钢格构柱灌注桩作为栈桥的承重结构，钢格构柱采用四根∟200mm×20mm角钢和12mm厚腹板焊接成一体，插入灌注桩内6m（图6-24、图6-25），各格构柱通过剪刀撑相连，以便增大栈桥整体刚度和稳定性。通过钢格构柱作支撑结构的成功采用，实现了桥体支撑结构截面小、便于钢筋穿入、影响范围小、防水施工方便高效等多重优点。同时栈桥中部利用地铁深基坑两侧800mm厚地下连续墙，桥梁端头两侧采用长宽为12.9m×2m、高3m现浇混凝土承台作为桥梁支座的支撑结构。

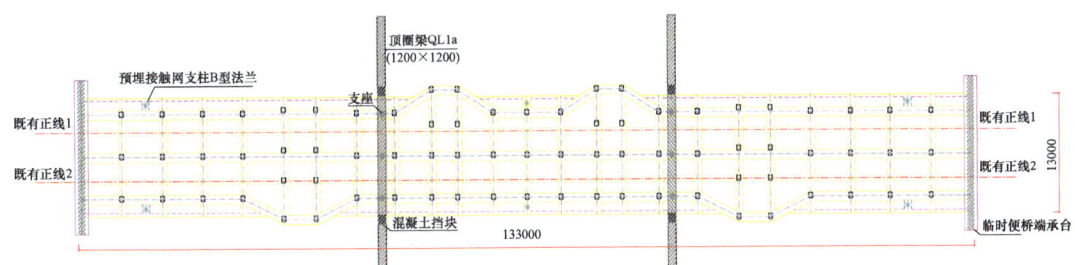

图6-22 铁路临时栈桥平面图

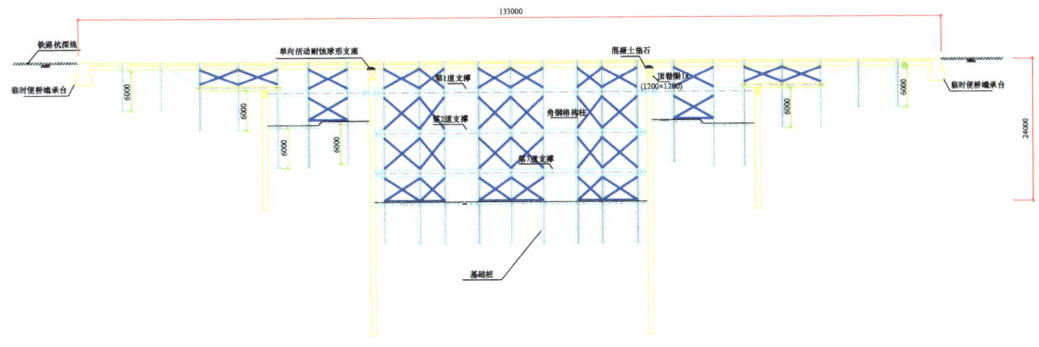

图6-23 铁路栈桥纵向剖面简图

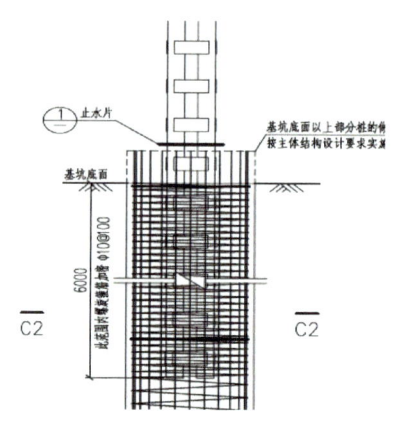

图 6-24 钢格构柱插入灌注桩节点立面图

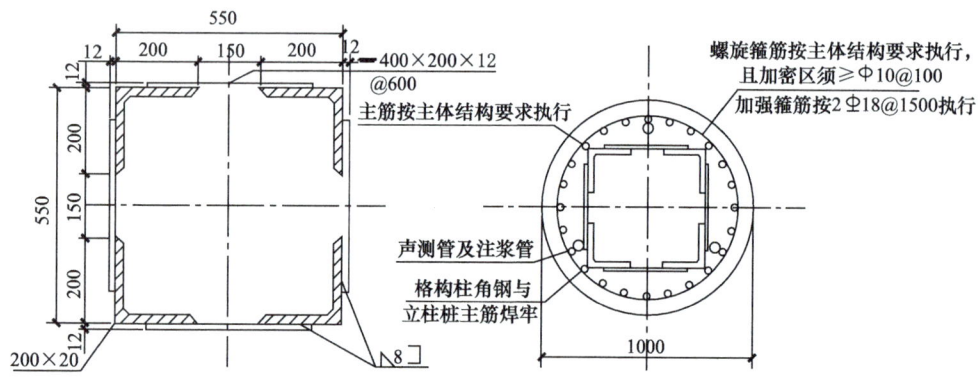

图 6-25 钢格构柱插入灌注桩节点平面图

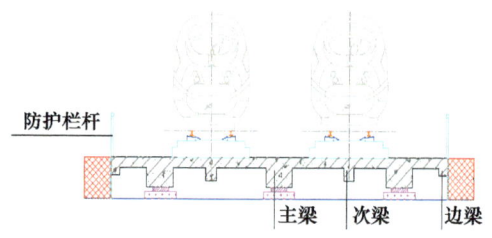

图 6-26 栈桥桥面剖面图

栈桥桥面结构采用梁板式钢筋混凝土结构，该结构形式具有强度大、耐久性好、振动小的优点，非常适用铁路桥面。桥面结构如图 6-26 所示。最后铺设轨道，实现铁路营业线通行。

钢格构柱嵌入梁内 850mm，为确保钢格构柱承重效果和混凝土锚固质量，在钢格构柱顶部焊接厚 10mm、长宽为 750mm×750mm 中间留浇筑孔 310mm×310mm 钢压板；并在钢构梁穿过段焊接钢托板，托板采用 ∟100mm×63mm×10mm 角钢，四周均设，上下两层，并采用 φ12 圆钢箍筋环绕（图 6-27）。

（2）天窗点内铁路栈桥下土方开挖及自创的剪刀撑快速连接技术

根据铁路既有线管理规定，既有线运营中的栈桥下施工须在天窗点内进行，即栈桥下土方开挖与格构柱剪刀撑施工只能利用夜间 4 个小时施工。在有限的时间内，为确保栈桥安全，土方开挖采用"分区、分仓、分层"的方式，剪刀撑采用"耳板式铰接法连接剪刀撑"取代常规的直接焊接连接方式，创新实现了桥体横向支撑的快速连接。

① 土方开挖由中间向两侧施工，项目根据栈桥实际情况进行合理分区、分仓、分层，保证了每层土体由上至下共分 4～8 个天窗点完成（图 6-28、图 6-29）。

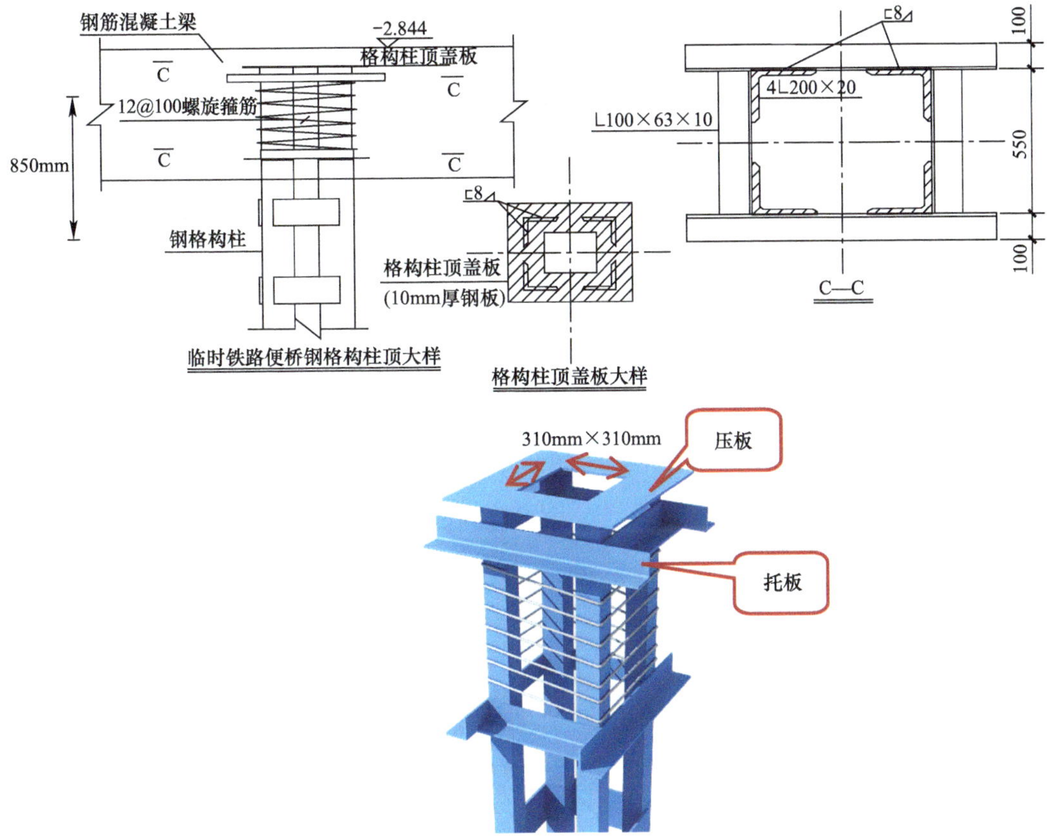

图 6-27 嵌入梁内钢格构柱安装示意及效果图

图 6-28 栈桥下土分仓开挖平面示意图

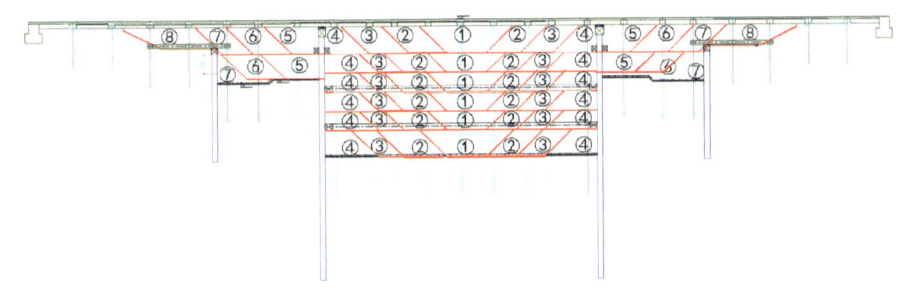

图 6-29 栈桥下土分层、分仓开挖纵断面示意图

② 为解决天窗点内剪刀撑施工时间受限的难题，剪刀撑构件采用后台预制（图 6-30）、现场拼装的施工方法，安装时运用了"耳板式铰接法快速连接剪刀撑"技术，工人通过螺栓固定构件后即进行下个剪刀撑连接作业，充分使安装与焊接分开作业，提高效率近1倍。

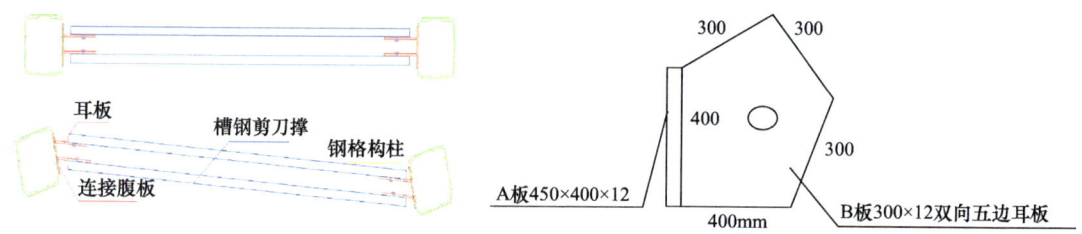

图 6-30 剪刀撑与耳板后台预制示意图

剪刀撑安装时槽钢大面与耳板密贴,精确对准耳板,螺栓固定槽钢,后续再进行满焊作业(图 6-31)。

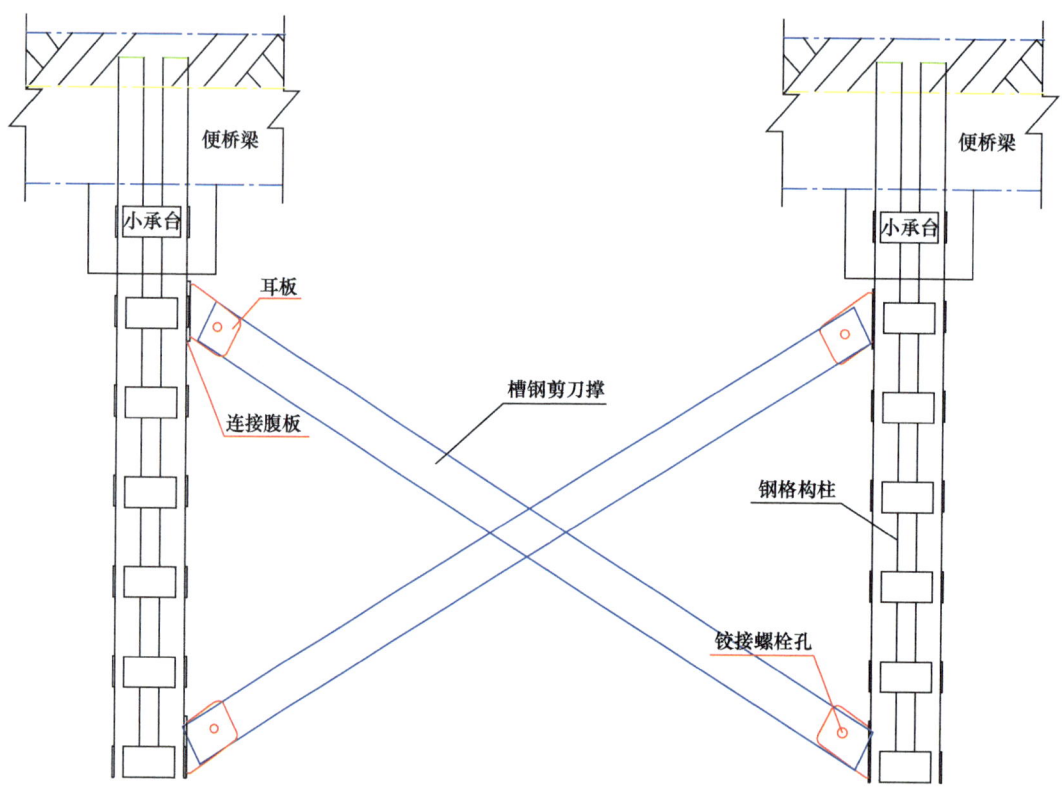

图 6-31 剪刀撑与格构柱连接示意图

（3）运营下的铁路栈桥全程实时触发采集动态监测技术

常规的静态监测只能监测应力、应变等基本参数，无法满足车桥耦合振动及土方开挖期间的监测需求，因此工程创新研发了一套静、动态监测综合系统，在静态监测的基础上增加了实时触发采集动态监测功能。在整个桥面共布设 84 个监测控制点（图 6-32），对栈桥从建成到拆除进行了全程无间断实时监测，该系统最大特点为列车每经过时自动采集一次信息并反馈给监控室，为应急工作提供了技术支持。

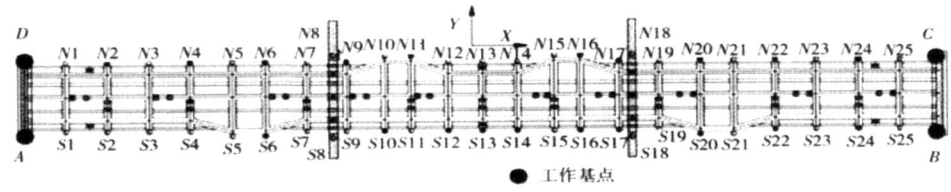

图 6-32 临时铁路栈桥监测点平面布置图

工程对桥梁固有频率、跨中竖横向振幅和加速度、钢格构柱顶的振幅和加速度及梁板、角钢格构柱动应力等进行了全程监测。监测结果结构振动加速度最大值为 0.68m/s^2（竖向，报警值为 0.7m/s^2）、0.33m/s^2（横向，报警值为 1.4m/s^2），桥面板横向动位移最大为 0.98mm（报警值为 5mm），竖向动位移最大为 1.82mm（报警值为 10mm）（图 6-33～图 6-37），均满足铁路桥梁轨道结构正常使用及行车安全性指标要求。

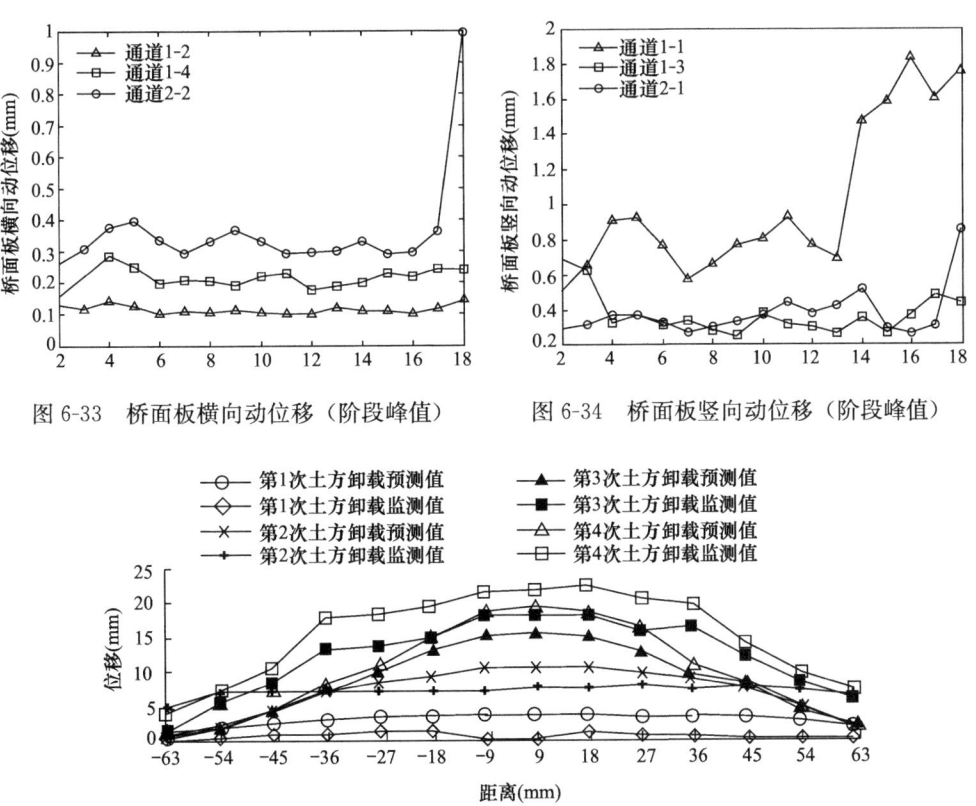

图 6-33 桥面板横向动位移（阶段峰值）　　图 6-34 桥面板竖向动位移（阶段峰值）

图 6-35 栈桥隆沉变形叠加曲线（向上为正）

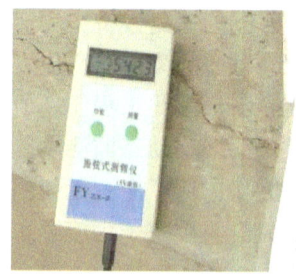

图 6-36　现场监测点、频率接收仪

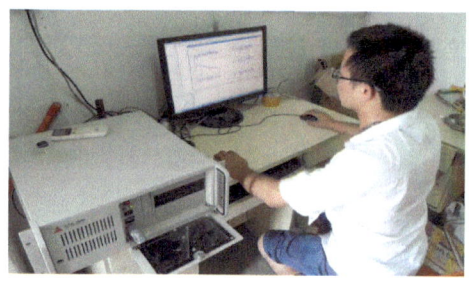

图 6-37　监测室内监控人员盯控

6.3.2.3　配合拨线的群塔施工方案

受铁路线路拨接的影响，既有线施工区域、邻近既有线施工区域不断发生改变，随之保证各区域正常施工的水平、垂直运输工具也需随之进行调整。

(1) 临时铁路栈桥通车时群塔施工

当临时栈桥通车时，在既有线范围内无塔吊覆盖。现场群塔布置为：栈桥以北立 3 台塔吊，臂长分别为 1 号塔、3 号塔臂长 60m，2 号塔臂长 55m；栈桥以南 4 台塔吊臂长均为 70m（图 6-38）。

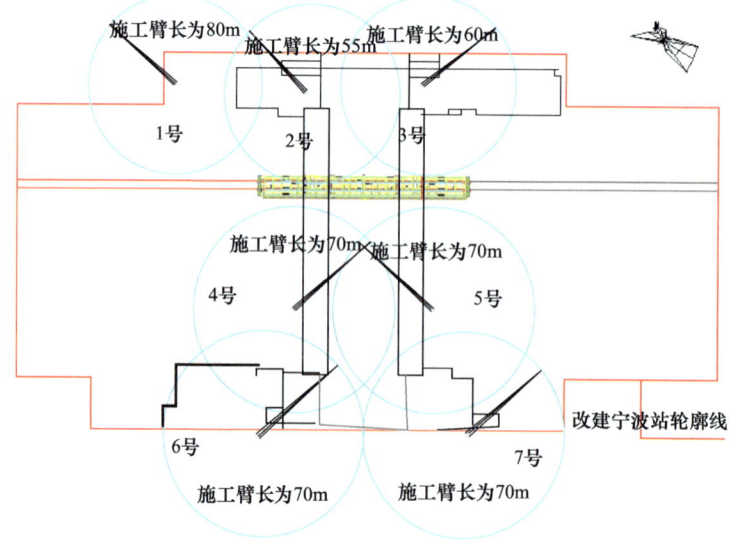

图 6-38　栈桥处通车时群塔平面布置

第 6 章 既有线复杂运营条件下铁路站房改造施工技术

(2) 永久正线通车时群塔施工

当永久正线通车后，将原有正线以北的 2 号塔进行拆除，将 1、3 号塔配合线路位置进行挪移，并调整臂长（1 号塔臂长调整为 65m，3 号塔臂长为 70m）；正线以南 6、7 号塔不变，4、5 号塔吊配合线路位置统一调整臂长为 50m（图 6-39）。

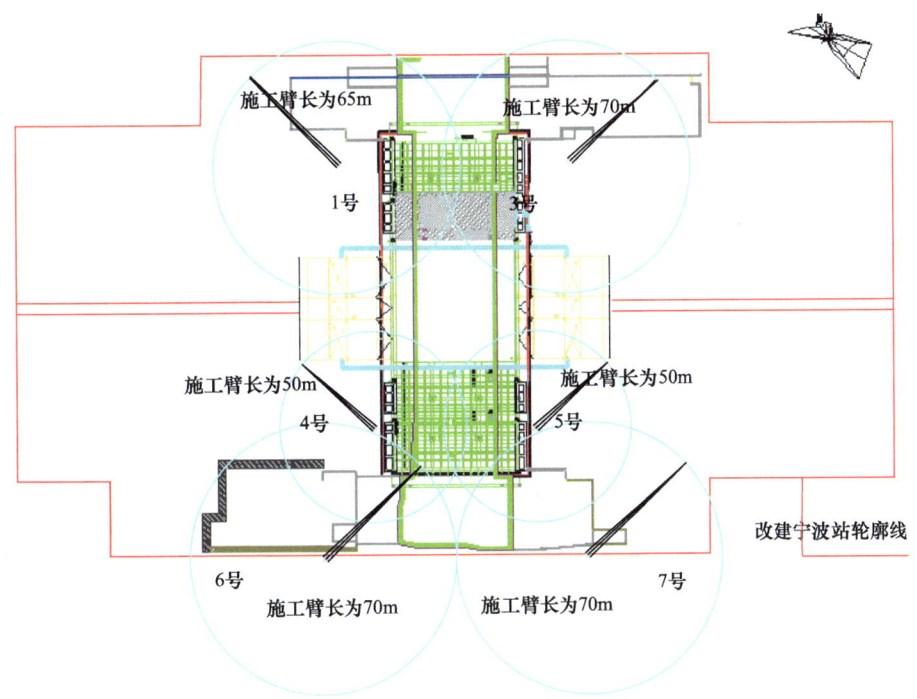

图 6-39 永久正线通车时群塔平面布置图

6.3.3 结语

本工程运用研究对比、理论分析、数值计算、模型建立和现场试验等手段，针对宁波站的现场条件与工程性质，形成了具有创新性的技术成果。

(1) 采用了铁路拨接线路实现了站房改造工程场内由空间换时间的质变，保证既有线两侧站房同步建造的结果。

(2) 采用了上跨软土深基坑新型双线高速铁路临时栈桥，解决了一次架空双线、普通栈桥造价高、通行慢、维修费用高、拆除麻烦等问题，保证了列车在深基坑施工过程中不降速安全通行。

(3) 采用耳板式铰接法连接剪刀撑，有效解决了天窗点内工作时间受限的难题。

(4) 采用分仓、跳孔、对称开挖的开挖方法，解决了铁路临时栈桥下软土深基坑开挖的技术难题，缩短了施工周期。

2.75 万伏既有铁路线路南北站房同步建造综合技术在宁波站改建中的成功应用，实现了铁路站房既有线两侧同步施工的突破，成功解决了诸多既有线带来的分半施工技术难题，该综合技术具有一定的代表性，有很强的推广前景，对今后大中型铁路站房改造工程施工具有很好的指导意义。

6.4 跨既有线超大桁架梁无中断列车通行吊装施工技术

6.4.1 工程概述

柳州站位于柳州市红岩路峨山体育场旁，现有湘桂、黔桂、焦柳在此交汇，为枢纽客运站，既有站场规模为11站台面11线（含正线2条），另有第12道为机走线兼到发线，15、16道为专用线行走联络线。柳州站站房先期实施后期，4～6站台以及6～12线停运，13～16线正常营运。在11～16线上方，设计采用6榀大型钢桁架梁跨越（图6-40）。

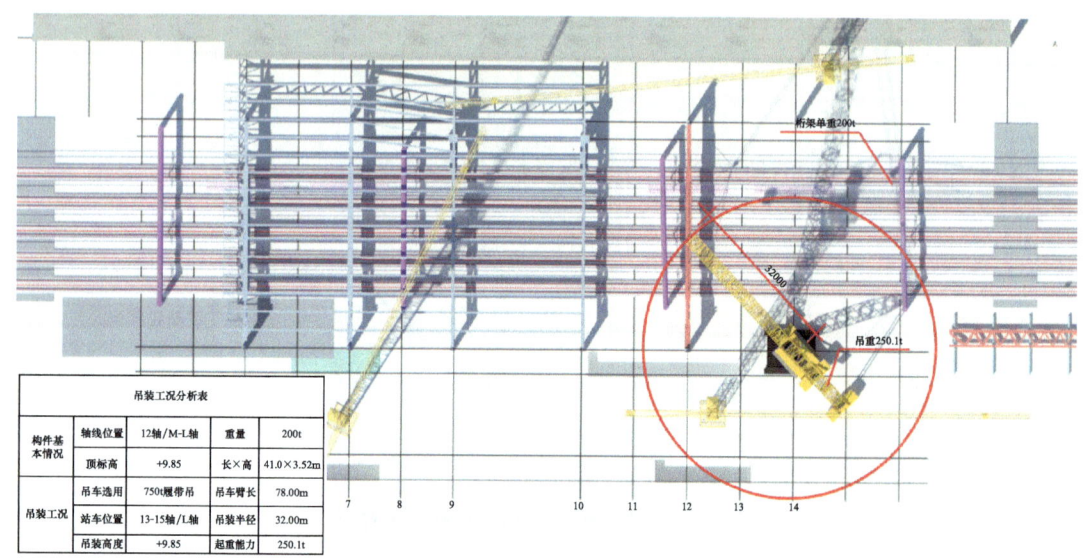

图6-40 跨线主桁架布置

大型钢桁架立柱除9/M、10/M两个位置采用日字形钢管柱，其余均为钢骨混凝土框架柱，9轴、10轴桁架梁跨度为38.55m，重100t，其余跨度为41.78m，7轴、12轴、5轴、14轴桁架梁重均为200t。

施工重点和难点：

（1）桁架梁不仅跨越既有联络线，且西站房、六站台出站通道已施工，场地窄小，其间有护栏、接触网立柱、回流线、供电线，周边铁路设备众多，施工安全风险极大。

（2）桁架梁跨度大，自重大，对吊装设备要求高。

（3）钢梁与日字形钢柱、钢骨柱采用焊接连接，拼装、吊装、就位精度要求高，特别对吊装水平提出了较高要求。

（4）施工组织难度大，邻近既有线的承台基础要按时完成、桁架梁要按时按次序进场拼装、履带吊按时进场拼装并及时检测，邻近营业线施工计划准确，其间任何一个环节出差错，吊装工作将都会受到影响，不能顺利进行。

（5）桁架梁吊装只能在天窗点时间内进行吊装施工，时间紧、任务重，施工组织难度高。

6.4.2 施工准备

6.4.2.1 吊装设备选择

本工程中主桁架共6榀,其中12轴桁架为最不利的吊装状态,吊装半径为31.5m,构件单重200t。根据桁架梁的外形尺寸、起重重量、起重距离、吊装高度以及安装时期的障碍物等情况,在满足吊装要求、一次性就位的情况下,本工程采用M18000型750t履带式起重机进行吊装施工。

750t履带吊79.2m主臂+350t轮式超起配重工况进行吊装,其机械吊装性能为250t,满足吊装。根据履带式起重机拼装需要,需采用100t汽车式起重机配合安装,同时选用2台70t汽车式起重机+1台载重货车转移起重装置配重及其他配套设备。详见表6-1。

吊装设备　　　　　　　　　　　　　　表6-1

序号	机械名称	型号	数量	工作内容
1	履带式起重机	750t	1	起重吊装主要设备
2	折臂随车吊	100t	1	拼装履带吊、拼装桁架梁
3	汽车式起重机	70t	2	配合转移设备
4	载重货车	30t	1	配合转移设备

6.4.2.2 现场准备

依据施工平面布置图(图6-41),做好现场周边障碍物的清理,回流线、硬横梁、接触网立柱的拆改,做好现场的"三通一平"工作。安装前,在钢柱牛腿位置设立定位线,用油漆明显标识准确的"十"字轴线,以确保梁柱轴线吻合。

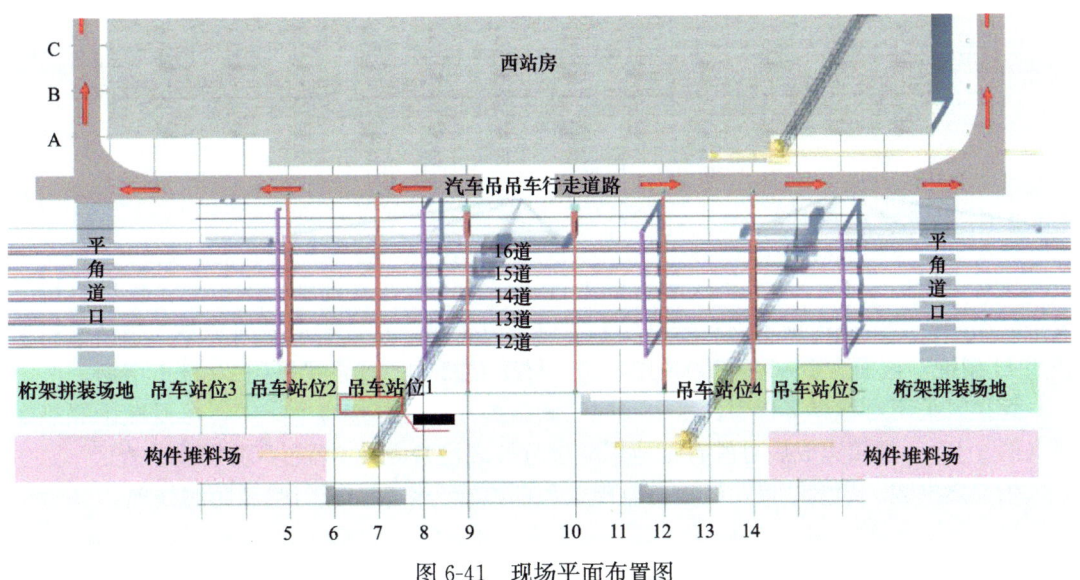

图6-41 现场平面布置图

6.4.2.3 履带式起重机就位处地基处理

桁架梁采用履带吊吊装,履带式起重机施工区域要求地基平整压实后坡度应<0.5°,

地基承载力≥200kPa，施工区域清理干净，无影响起重机回转的障碍物。根据现场平面布置情况，对南北两侧履带吊吊装站位区域进行回填（高度不足时换填），回填区域高度必须满足至少1.5m，回填材料等使用级配碎石等硬质材料，分层回填，每层300mm，并用压路机（振动力不小于30t级）往返多次压实，保证压实系数不低于97%。

吊装场地地基承载力：M18000吊装工况自重（含配重等）：$G_1=700t$，其他辅助式吊装工具加钢梁自重$G_2=230t$，则地基最大受力：$G=(G_1+G_2)×10=9300kN$。

吊装作业时，履带下路基箱长24m，宽1.5m，考虑加大安全系数，两条履带接地面积$S=72m^2$，考虑到履带的不均匀受力和两侧上翘，取折减系数$K=0.2$，吊装时受力面积为$S'=S×80\%=57.6m^2$，则地基承载力应为：$\sigma=G/S=161.46kPa$，即为路基板最大受力，考虑路基板接近刚性板，为确保安全性，要求地基承载力应≥180kPa。

6.4.2.4 定位测量

吊装前需复核的项目：①履带吊吊装及行走区域回填土夯实情况，压实系数满足设计要求；②钢柱及牛腿轴线标识清楚；③每个钢柱（钢骨柱）纵横轴线偏移量在允许误差内；④每个钢桁架牛腿标高偏差在允许误差内；⑤桁架梁的加工几何误差情况与现场钢柱安装实测偏差值在安装误差范围内。

6.4.2.5 钢构件加工

桁架梁加工原则是"工厂为主，现场拼装为辅，分节加工尽量少分节"，同时应充分考虑陆运的限高、限宽等限制要求，以满足陆运为准，最终确定跨线部分桁架1、桁架2分三段整体加工（图6-42），其余桁架分散件加工。

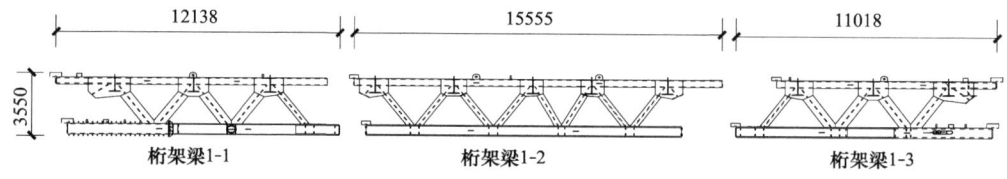

图6-42 桁架梁1（2）分段加工图

6.4.2.6 构件进场及拼装

构件进场后采用100t汽车式起重机进行卸车，将构件放置到指定位置。现场组拼应设拼装胎架，胎架底根据现场实际情况采用轨道用级配碎石，要求表面平整、整洁。胎架选用H型钢，截面为H300×300×10×15，材质Q235B；连系梁采用20号工字钢。

焊接时采用对称焊接程序，从中间向两侧施焊，避免焊接应力集中，尽量减少焊接变形（图6-43）。焊接完成后对所有工地焊缝进行外观检查并100%超声波探伤检查。

桁架梁拼装、焊接结束，经报请监理工程师检验合格后，进行喷漆防腐处理。

6.4.3 吊装工艺

6.4.3.1 桁架梁吊装吊耳设置

桁架梁上设置8个吊耳，吊点布置及吊耳模型如图6-44所示。

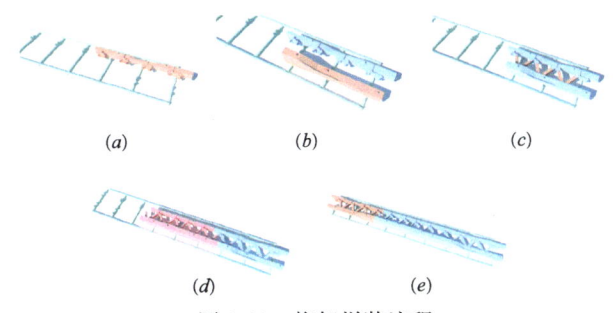

图 6-43 桁架拼装流程

（a）桁架上弦上胎架测量校正；（b）桁架下弦上胎架测量校正；
（c）桁架腹杆对接固定；（d）拼接中间段桁架；（e）拼接剩余桁架

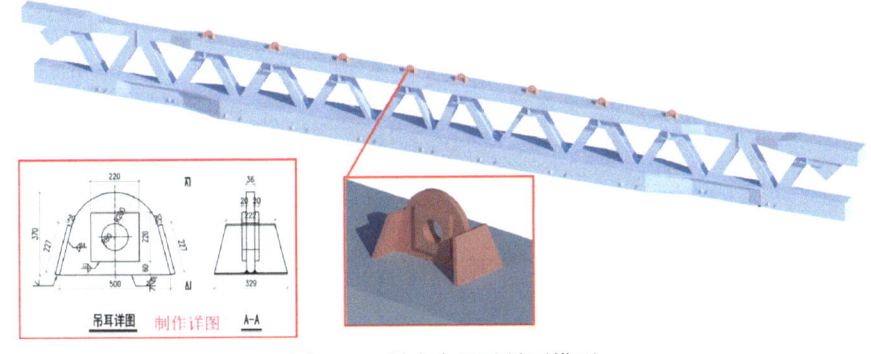

图 6-44 吊点布置及吊耳模型

针对该吊耳的焊接要求：焊缝采用坡口全熔透焊缝，正面焊好后，反面清根，要求一级焊缝。

6.4.3.2 桁架吊装索具配置

根据计算情况进行配置，钢丝绳规格的选择和使用方式均考虑了其安全系数（不小于规范规定值的要求）。

（1）钢丝绳

本工程 5、7、12、14 轴主桁架最重重量 200t，吊装时均采用 8 个吊点配置 4 个动滑轮共 12 根吊索起吊（图 6-45），14 轴桁架梁吊装时钢丝绳为最不利工作状态，因此对其进行钢丝绳强度验算，吊装时采用 $\phi52$，$6\times37+1$-1700 钢丝绳，吊装时吊索角度在最小 60°，现以 60°计算，根据示意图，12 根钢丝绳每根受力为 $2000/12/\sin60°=188.1$kN，查 $\phi52$ 钢丝绳的破断拉力 $P=1705$kN，取 $K=6$，不均匀系数 $\alpha=0.82$，则 $[P]=1855\times0.82/8=233$kN>188.1kN，满足吊装要求。

（2）卡环

钢结构构件最大重量为 200t，现场采用 8 点吊装，每点受力 $200/8=25$，考虑 2 倍安全系数，此部位吊装卡环选用 GD55，吊装能力为 55t。满足吊装。

6.4.3.3 桁架吊装临时固定措施及计算

跨既有线吊装，时间有限且因重量太大，非临时螺栓固定能够满足，特设置临时固定措施——防滑铁。

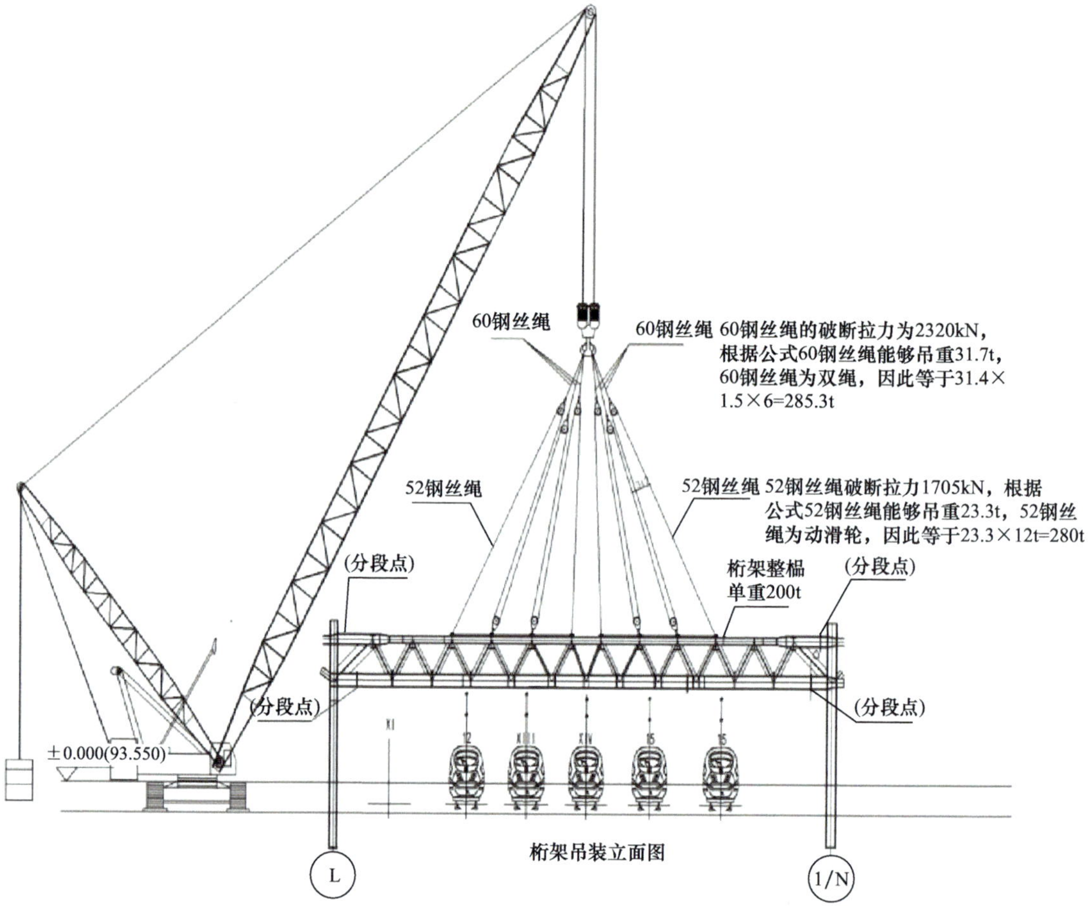

图 6-45 吊装索具分析

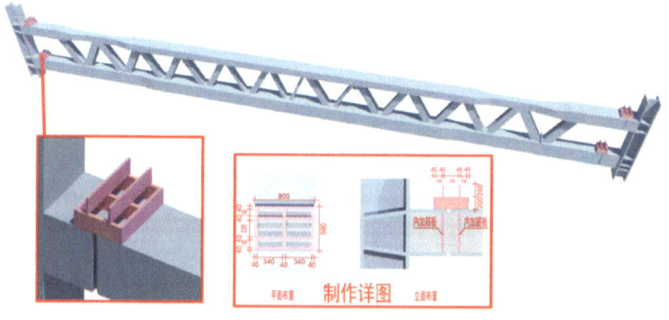

图 6-46 防滑铁设计

(1) 防滑铁连接板材质为 Q345B。

(2) 连接板抗剪验算：

桁架自重 200t，4 个连接端部各受力 50t，每个端部 3 块连接板抗剪，每块连接板受剪力为 $V=50/3=16.67$t，考虑 3 倍安全系数，则每块连接板抗剪验算按 50t 验算，满足公式（6-1）。

$$\sigma_v = \frac{V}{A_v} = \frac{50 \times 10^4}{40 \times 200} = 62.5 \text{MPa} < f_v = 155 \text{MPa} \tag{6-1}$$

(3) 焊缝验算：

每块纵向连接板与桁架连接焊缝为双边角焊缝，焊脚高度 $0.7 \times 40 = 28$mm，角焊缝长度为 $225 - 40 = 185$mm，角焊缝受力计算式为：

$$\sigma_f = \frac{N}{h_e l_w} = \frac{50 \times 10^4}{2 \times 0.7 \times 28 \times 185} = 68.9 \text{MPa} < f_f^w = 200 \text{MPa} \tag{6-2}$$

6.4.3.4 吊装流程

(1) 吊装前准备

① 吊装前的最后检查：索具、工具是否齐全，符合安全要求。安全设施是否齐备，起重设备是否完好，保持施工现场电源的畅通。

② M18000 履带式起重机按平面图位置停好，并安装超起配重，回转半径内无障碍物。

③ 吊装人员必须经过项目部安全人员的安全培训教育，吊装指挥人员、焊工、起重工、司机等参与吊装的工作人员必须有相应的上岗工作证书，否则严禁进入施工吊装现场。

④ 为了保证钢桁架吊装的安全和质量，吊装前必须确认具备以下条件：编制专项吊装施工方案，并向操作人员进行技术和安全交底；进场起重机械检验合格，并报审监理部门；钢桁架梁组装检验批，报验、验收合格；起重工必须认真检查好吊具，如钢丝绳、卡环、倒链等吊具；吊装工作专人（架子队长）指挥，已到位。

(2) 桁架梁起吊

① 桁架在起吊前进行试吊。试吊高度为桁架梁底部离地面 200~300mm 左右，这时桁架梁重量全部负载到履带式起重机上，持续 5min，再次对履带式起重机和吊装工器具进行全面检查，变幅、试刹车等两次，查看地基是否有下沉现象，若无异常，可正式起吊（图 6-47）。

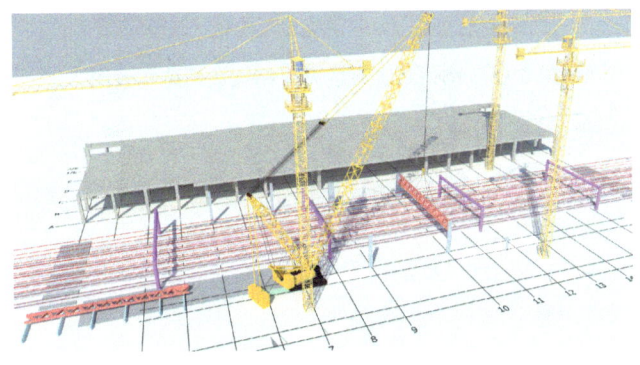

图 6-47 桁架吊装

② 在起吊过程中，履带式起重机司机应时刻注意对讲机中指挥人员的口令，严格遵守指挥员的命令，还应密切注意桁架梁，控制起吊速度，同时适度控制桁架梁两端的缆风绳，使桁架梁在空中平稳，不至于摆动。

③ 吊装过程中，吊装作业人员服从现场指挥人员的统一指挥，非吊装相关人员不许

接近现场。

(3) 桁架梁就位

① 桁架梁起吊至 11m，在缆风绳的牵引下，履带吊缓缓旋转至安装位置上方。

② 当桁架梁逐渐落到钢柱牛腿上时应特别小心，防止桁架梁撞击钢柱，发生较大位移，缓缓使桁架梁尽量抵靠一侧钢柱牛腿。查看桁架梁中心线与钢柱牛腿梁的中心线是否吻合，并在桁架梁悬吊状态下进行调整。

③ 桁架梁精确定位后，立即进行临时固定。临时固定稳妥后，履带式起重机方可摘钩。

④ 临时固定采用防滑铁局部焊接，同时在条件许可情况下，将桁架梁上轩与钢柱牛腿焊接。

⑤ 履带式起重机摘钩，将大臂转到平行于既有线一侧，拆除超起配重。

6.4.4 结语

柳州站横跨既有线结构采用大跨度桁架钢梁，由于工期紧和安全风险性高的原因，采用 M18000（750t）履带式起重机，准备充分，组织到位，6 榀桁架梁均在天窗点时间内，按时、精准、安全吊装到位，确保了既有线的运营安全，顺利实现了柳州站先期实施工程投入运营的工期目标（图 6-48）。此次大型履带式起重机在邻近既有线桁架梁吊装中成功的应用，希望能为今后类似工程施工提供一定的理论和实践参考。

图 6-48 柳州站既有线超大桁架梁吊装实景图

Ningbo Railway Station 宁波站

■ 宁波站是国家"八纵八横"铁路客运专线上的一个重要客运枢纽,为萧甬铁路、杭甬客运专线的终点站和甬台温铁路的起点站,汇集了杭甬客运专线、杭深铁路、甬台温铁路以及城市公交、轨道交通、出租车、长途汽车和私家车等多种交通方式,按照旅客"零换乘"理念设计建设成的一个大型综合交通枢纽。宁波站建设遵循"科技创新、以人为本"的发展理念,是科技水平、创新能力、精品意识三位一体的成果,其形态、技术含量和设计理念力达到全国一流水平,它已成为国家铁路战略规划"八纵八横"建设的重要展示窗口,为新时代"丝绸之路"开启了崭新的起点。

■ 宁波站建筑造型的构思由建筑中央的一滴晶莹剔透的水珠幻化而成,随着散形成优美起伏的水纹,配合正立面蓝白相间的玻璃、铝板幕墙,形成一道道优美起伏的波纹,最终幻化为"天一生水"的建筑造型。车站总体造型构思巧妙、独具特色,呈现出了江南水乡灵动秀气的特色,诠释了宁波"天一生水"的历史文化底蕴。

2018年第十五届土木工程詹天佑奖
2016~2017年国家优质工程奖
2013年中国钢结构金奖
2013年全国户满意建筑工程奖
2013年北京市结构长城杯金奖
2014年北京市建筑长城杯金奖
国家级工法1项
铁路建设工程部级工法3项
省部级科技进步奖6项
实用新型专利3项

第7章 高铁客站绿色施工技术

7.1 引 言

为改变传统建筑业高消耗、重污染的现状,世界各国都在积极推动绿色施工技术快速健康地发展。绿色施工技术在发展过程中体现出众多优势,如节约土地、节约能源、节约用水、节约材料、废弃物利用、垃圾零外运、保护环境等,很大程度上实现了在改善和提高人居环境质量的同时,促进资源和能源的有效利用、减少污染、保护资源和生态环境。本章以南阳南站、柳州站等工程实例作为研究背景,详细介绍了高铁站房绿色施工技术。

7.2 大型高铁客站智能建造1+5+6信息化平台架构设计及应用

7.2.1 智能建造1+5+6信息化平台概述

中铁建设集团2013年承建昆明南站,铁路客站研究所BIM中心开始尝试通过BIM、物理网等技术对项目进行数据采集,2016年针对柳州站开发高铁站房安全风险控制与预警系统和结构健康远程实时监测系统,监测对象包括该站大跨度异形钢屋架应力应变、主体结构位移、振动、风速、温度等。监测点位150余个,覆盖了该工程项目各阶段的所有安控节点,有效保障了该工程的施工和运维安全。2018年基于星火站,提炼总结智能建造1+5+6信息化管理云平台,项目管理全面进入智能化管理新时代。

7.2.2 平台系统功能设计思路

(1) 平台体系结构

平台总体分为管理标准体系和智能建造两大体系,其中管理标准体系主要围绕工作标准和规范,记录项目基础信息,包括:机构管理、质量管理、安全管理、进度管理、招标采购、变更管理、现场管理、财务管理、立项管理。智能建造体系围绕信息管理,建设智能管理应用系统,包括:安全管理、质量管理、劳务管理、进度管理、环境管理、技术管理、材料管理、协同作业、综合监控。平台通过两大体系的全面管控,形成完整的智能建造1+5+6信息化平台项目管理体系。平台体系结构详见图7-1。

(2) 平台技术架构

智能建造1+5+6信息化平台整体技术架构(图7-2)可以分为三个层面:

第一个层面是终端层。充分利用物联网技术和移动应用提高现场管控能力,通过RFID、传感器、摄像头、手机等终端设备,实现对项目建设过程的数据采集、智能感知、实时监控、和高效协同,提高作业现场的管理能力。

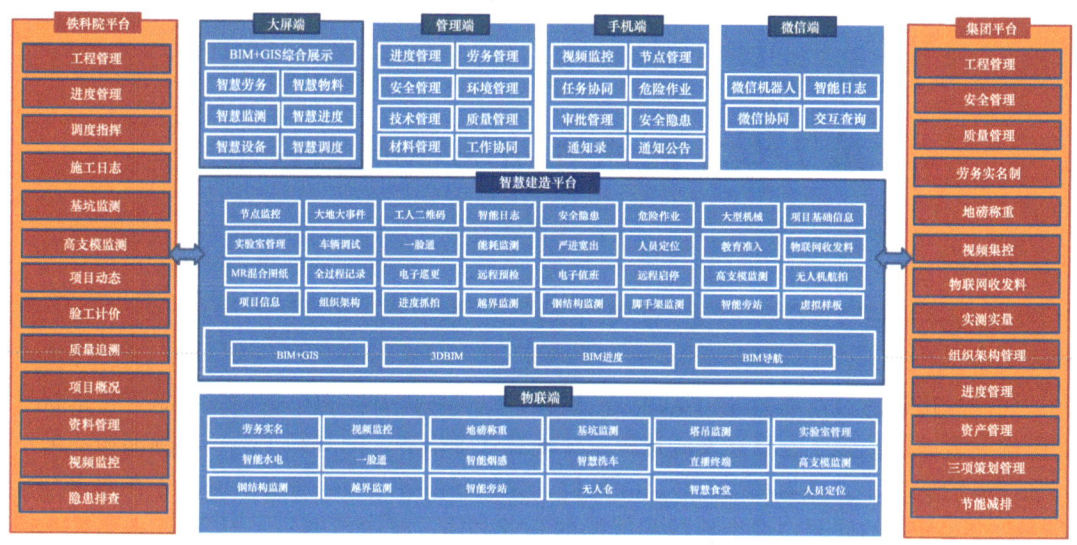

图 7-1 智能建造 1＋5＋6 信息化平台体系结构图

第二层是平台层。负责数据统一接入、存储及处理，通过云平台进行高效计算、存储及提供服务。让项目参建各方更便捷的访问数据，协同工作，使得建造过程更加集约、灵活和高效。

第三层是应用层。核心内容围绕以提升工程项目管理这一关键业务为核心，系统的可视化、参数化、数据化的特性让建筑项目的管理和交付更加高效和精益，是实现项目现场精益管理的必要手段。

图 7-2 智能建造 1＋5＋6 信息化平台技术结构图

（3）平台设计解决问题

第一，互联网＋一线施工人员的劳务管理。考勤是人力管理最基本的硬性考核指标，以前的签到与人工统计，被智能建造 1＋5＋6 信息化平台应用模块所取代，通过移动互联网技术的介入，平台自动统计应用与分析结果，解决劳务管理多级细化、现场用工的实时数量与人员详细属性显示，同时其他平台模块如现场视频拍照，施工人员的实际工作状态、实际工作成果等一目了然。

第二，智能器械管理与协同。通过对特种作业人员和大型机械的智能管理，提高机械使用效率70%以上，提高智能加工机械使用率，降低人工需求量。

第三，材料管理。其核心是材料的信息及价格体系，采购指导价的基础只能是由大数据产生基于品质与服务综合保障的前提下平均加权价格作为指导价格，不断压低设备与材料价格，这是互联网平台对建筑工程在材料采购成本价格方面提供的有效帮助。更为关键的是物料的定量与控量，从采购开始控制进场量及每日每建筑工程单元的消耗量，实现真正基于物联网数据的精细管理，同时与BIM的深度整合，可以实现物料的可视化高度与定量管理。

第四，方案与工法管理。由于项目越来越复杂，要求每个方案更可视、更及时，不管是吊装方案，还是机械安装方案，施工步骤、工艺工法必须严格按照作业流程，并且要准备好风险预案，这些完全依靠施工团体自身言传身教，已经力所不及，而依托智能建筑平台将能很好地解决。

第五，生产与环境。项目以进度为主线，关键核心就是生产计划和组织要素的协调，真正实现计划与实施、生产进度与生产安全、资源消耗与管理协调统一，依托资源配置与智能建造平台的结合，通过遍布项目所有岗位的应用端，产生的海量数据，通过云储存在平台进行数据分析，实现整个施工过程可模拟、施工风险可预见、施工过程可调整、施工进度可控制、施工各方可协同的智能施工过程。

（4）平台网络硬件架构

在项目级智能建造1+5+6信息化平台上，各个业务系统采用多种终端，包括智能传感器、终端监测设备，以及智能手机等，所有终端数据都可以通过PC端进行访问，并将最终数据汇总到智能建造1+5+6平台和智能手机APP之中，构成智能建造1+5+6平台的一个完整的大系统。工地平台网络架构见图7-3。

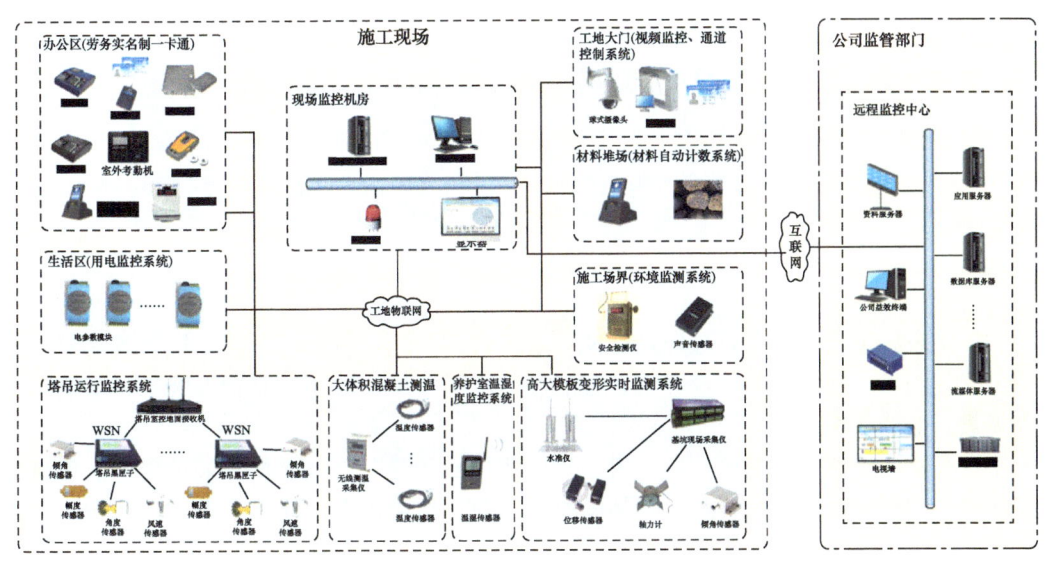

图7-3 工地平台系统网络架构图

1+5+6智能建造平台云平台通过无线互联网与集团公司平台联通，云平台网络架构见图7-4。

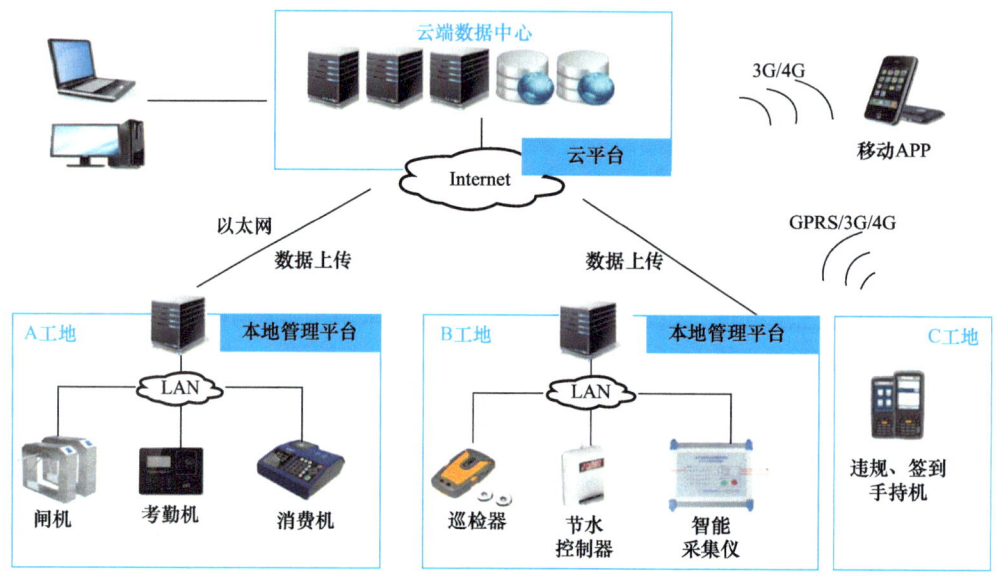

图7-4　云平台网络架构图

7.2.3　信息化1+5+6平台系统和46项应用点

"1"代表智能建造信息化平台系统，是基于BIM技术和物联网技术的信息化管理系统，项目所有数据汇总、来源于唯一一个云平台。

"5"代表系统实现了物联端、大屏端、电脑端、手机端、微信端5大终端的互联互通，全面集成。如图7-5所示。

图7-5　五大终端

"6"代表施工现场6大管理应用智能场景融合在一起，包括：智能进度管理场景，智能劳务管理场景，智能物料管理场景，智能场区应用场景，智能监测管理场景，智能调度管理场景。如图7-6所示。

平台围绕建筑施工现场的"人、机、料、法、环、测"六大要素，采用先进的信息化处理技术，在提高施工现场管理水平的同时，为项目相关各方构建了一个沟通协调、信息共享的平台。详见表7-1。

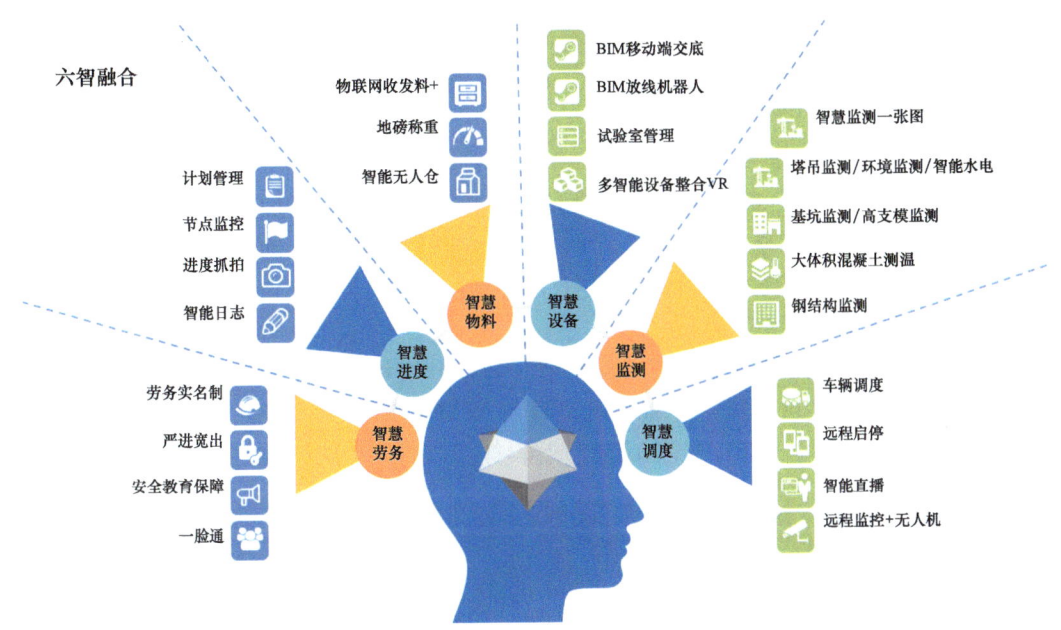

图 7-6　六大管理应用场景融合

平台集成 13 类 46 项智能建造应用点　　　　　　　　　　表 7-1

序号	管理分类	基础应用	创新应用
1	人员管理	劳务实名制通道（安全教育准入）	工人二维码（人员定位）
2	视频监控	远程视频监控	项目生长视频、视屏巡检
3	材料管理	地磅称重	物联网收发料、智能无人仓
4	环保管理	环境综合监测、喷淋、雾炮	远程启停
5	设备管理	塔吊监测、吊钩可视化、设备二维码	
6	安全管理	电子巡检、安全教育（安全答题上网/VR教育）	智能旁站、危险区域人境自动监测
7	质量管理	关键工序巡检、实测实量	远程预检、移动远程旁站指导
8	进度管理	任务提醒	节点亮灯管理
9	技术管理	BIM 技术	二维码交底、虚拟样板间
10	智能监测	塔吊、深基坑、高支模、大体积混凝土温度、钢结构、火灾	实验室（温湿度、二维码试块）
11	综合管理	智能云盘（协同办公）	车辆调度、大事件公告、智能日志、电子值班（预提醒当日提醒）
12	能耗管理	智能水表、智能电表、智能启停	
13	智慧物业	消费一卡通（智能饭卡、智能洗浴）、电子银行	刷脸支付（一脸通）

7.2.4　星火站应用智能建造平台案例

星火站位于于北京市朝阳区，是京沈高铁的起点站，站房建筑面积 18.3 万 m^2，雨棚面积 6.22 万 m^2，设计总规模为 7 台 15 线。

（1）智能建造

包括主要包括：LOT 数据收集，结构化数据分析，BIM＋GIS 一体化综合应用，BIM

与智能设备综合应用。构建互联网、物联网信息管理平台，建设现代化 OA 办公系统，利用大数据和信息交互技术全过程监控项目管理，提高项目管理效率，同时以星火站房为示范构建智能工地。

（2）多模合一

系统集成 BIM 模型，现场无人机航拍 GIS 模型，物联网设备模型。采用多模合一技术，可以操作平台图层，显隐、显示各个阶段工况图，测量长度，面积等功能。BIM 模型与物联网设备挂接，可以通过点击模型设备终端查看信息。

（3）智能进度管理系统

智能进度管理系统，采用三级节点爆灯管控机制，设计灵感来源红绿灯。里程碑节点可视化，确保参建单位目标统一。将时间信息与 BIM 模型进行挂接，制定 163 个进度控制节点，分三级节点进行管控，节点间进行逻辑挂接，形成树状结构，如图 7-7 所示。

图 7-7　智能进度管理系统

项目部为判定第三级节点完成责任主体。二级节点根据三级节点完成情况自动更新，一级节点根据二级节点完成情况自动更新统计。节点工期正常为绿色，节点延期 7d 为黄灯预警，延期超过 20d 为红灯报警，项目采取措施进行进度纠偏或者通过申请，问题说明对进度修正。

图 7-8 所示为当前时间节点进度情况，原色代表已经施工完成的部分，红色代表施工滞后，黄色代表预警，绿色代表接下来一周将要开展的工作。

（4）智能劳务管理

平台有两大创新：一是将工人的安全教育与平台结合，工人必须接受安全教育并通过考试，才能进入现场。考虑工人入场时间不一致，但是出场时间较集中，采用宽进严出模式，进入时单人进入，外出时群体识别。可以通过平台了解现场工人数量，各班组人数，各个专业人数，还可以根据需求进行劳动力统计，同时联动智能摄像头系统，对工人违章作业、违法记录情况进行联动，对违纪人员拉入黑名单，记录个人诚信档案。二是采用工地大脑摄像头系统，对现场工人不戴安全帽，吸烟等不良行为，在平台中读取劳务人员信息，通过AI人脸识别技术针对违规人员进行处理（图7-9）。

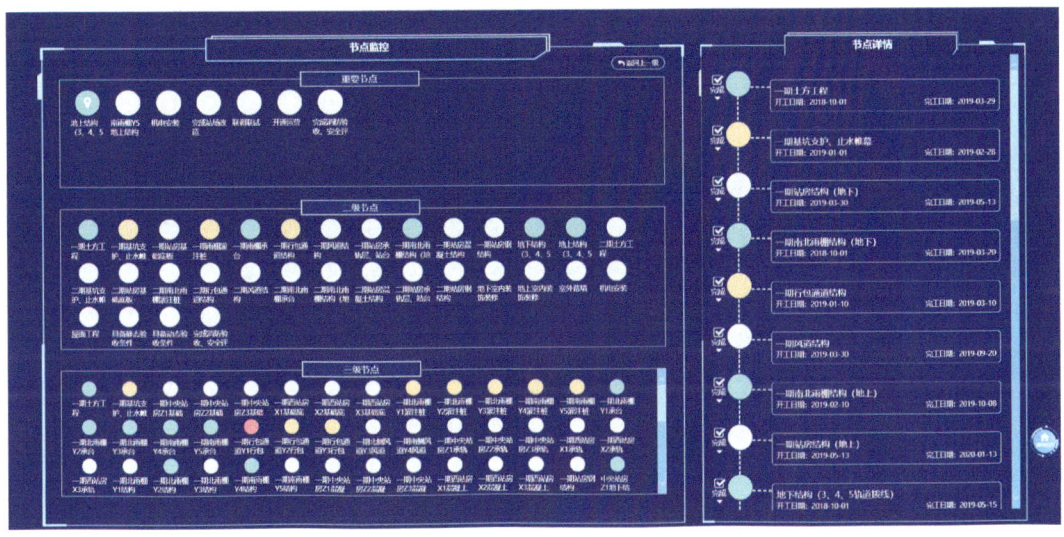

图7-8　三级进度节点监控图

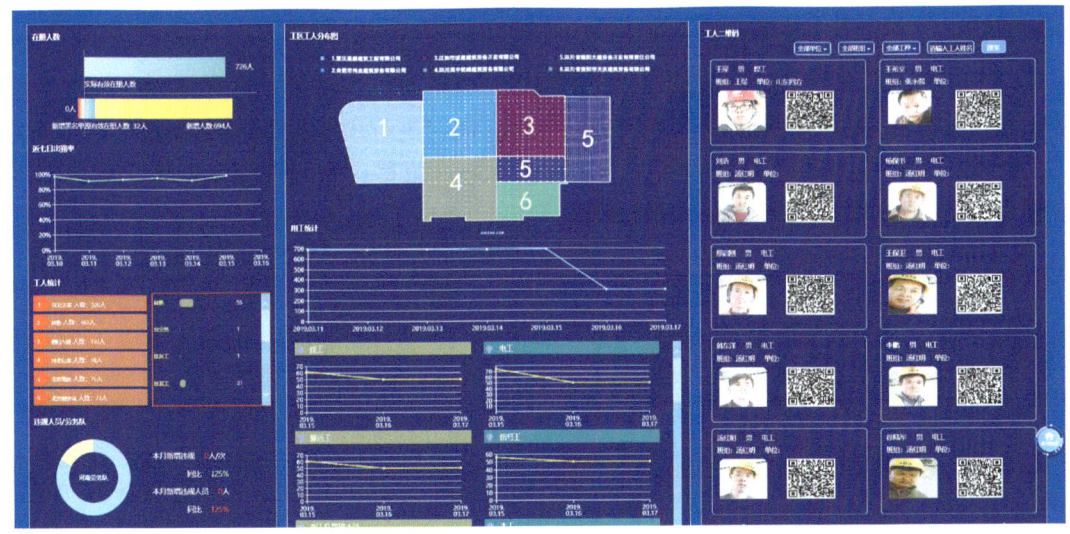

图7-9　智能劳务管理

（5）智能物料管理

与集团公司物资管理系统联通，网上填报用料申请，供应商收到申请进行备货，安排车辆运输，进场根据二维码扫描识别材料信息，通过地磅系统核对进货量与申请量差额，实现一次物流网络数据采集。智能设备油耗管理模块，对作业油耗、怠机油耗、有效的油耗相关基础数据及各类油耗统计、图形分析，使企业油耗管理从以经验为主的原始管理快速提升为以实际量化数据为主的现代信息化管理（图7-10）。

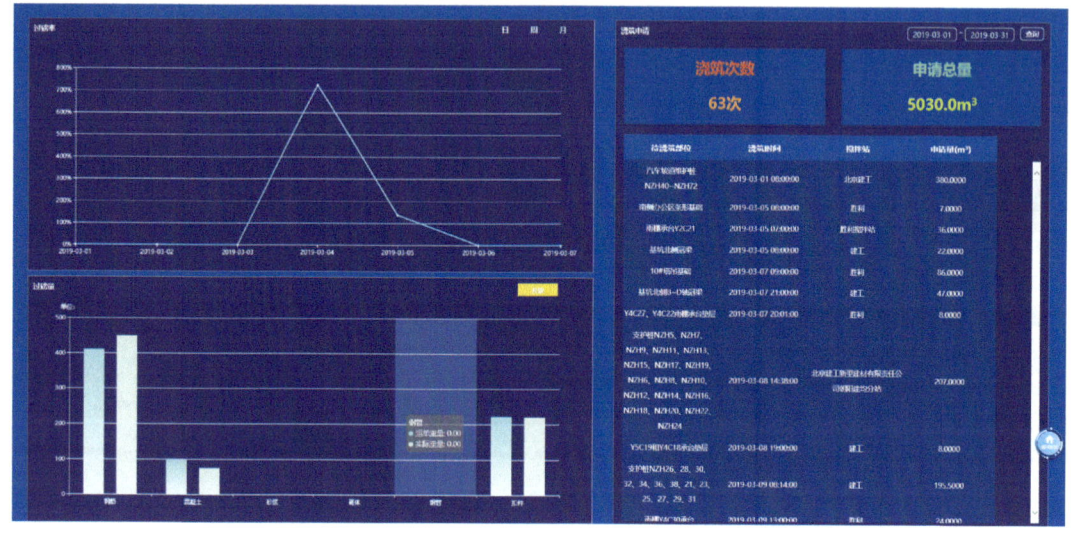

图 7-10 智能物料管理

(6) 智能场区模块

包括 VR 全景图，无人机航拍，作业区域禁入。比如：基坑阶段，地上阶段，室内精装修，设备泵房，营业线施工区域等。

(7) 智能监测模块

包括基坑监测、塔吊防碰撞、智能水电表、电子巡更等内容。塔吊防碰撞可以实时监测塔吊运行轨迹，对于力矩、吊重、位移都可以时时监测。当塔吊运行有碰撞的风险，或载重超过阈值。系统会自动对塔吊进行降档处理，同时进行声音报警，提醒塔吊司机。现场安放 50 个基坑监测智能监测模块，对基坑的沉降，位移，倾斜进行全方位观测，当出现异常波动值，基坑监测系统自动报警（图 7-11）。

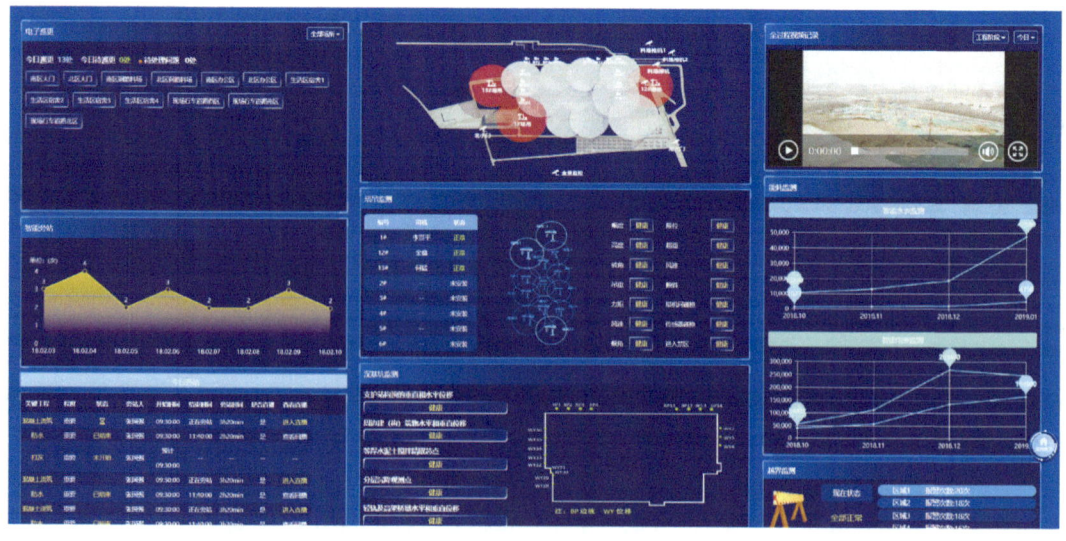

图 7-11 智能监测模块

(8) 智能调度管理

包括智能摄像头、现场大灯、雾泡远程启停模块。项目管理团队每人都有一个App，可以在上面查看视频，进行流程审批等事项，方便项目进行管理。

7.2.5 结语

中铁建设铁路客站研究所以星火站（图7-12）、昆明南站、柳州站为研究对象，开发了大型高铁客站智能建造1+5+6信息化平台，以管理创新为先导，以信息化技术创新为突破，积极探索新时代铁路客站的建设手段，既提升项目管理决策效率，又为客站实现精品工程提供信息化技术支持，为企业信息化建设未来发展提供研究导向，为国家建造更多更好的智能高铁客站提供保障。

图7-12 星火站效果图

7.3 基于Bently体系的BIM技术与项目管理结合应用研究

7.3.1 工程概述

新建南阳南站位于南阳市宛城区，站房总规模为3台7线，站房建筑面积50680m²，雨棚面积16148m²。站房东西长244m，南北宽56m，建筑高度24.40m，地下一层、地上两层，站房包括进站厅、售票厅、候车厅、办公用房和设备用房。站场包括天桥、雨棚、站台、出站通道。旅客流线采用上进下出的形式，天桥进站，地道出站。最高聚集人数为3500人。

基础为钻孔灌注桩，主体结构为钢筋混凝土框架结构，屋盖结构为空间倒三角钢桁架结构，屋面由铝镁锰金属板和中空玻璃采光天窗组成。支撑悬挑35m大跨度屋面的2根V形钢柱形似卧龙，寓意古邑"宛"城，与内侧浮云交相辉映，形成"云中卧龙"意象。

采用Bentley的系列BIM建模软件，以及北京跨世纪软件技术有限公司开发的CSC项目管理软件，对工程建造全过程进行模拟（图7-13）。

图 7-13　高铁站倾斜摄影建模示意图

7.3.2　研究内容

以南阳高铁站为研究对象，从方案规划、智能设计、施工管理等不同工程阶段进行开展，基于 BIM 理论与国内的研究及应用现状，研究主要从以下几个方面进行：

（1）基于 OCS 的方案规划研究

OpenRoads ConcepStation 可以根据项目所在位置为其在真实环境下的建模定位，并下载数据丰富的背景信息，相比于传统的二维设计，使设计人员基于真实、形象的环境下进行规划设计，既提高了设计的效率，更提高设计的合理性。支持导入各种丰富的数据，包括地形模型、光栅 DEM、GIS 等，可以结合背景轻松地创建智能的三维模型。

OpenRoads ConcepStation 将工程绘图工具与相关造价结合，有助于初步设计阶段更佳决策的制定。工程师和设计师可在工程规划与投标前阶段评估很多的方案，其优势是提高设计效率、识别潜在高风险项，以最大程度地降低开发成本。

（2）参数化建模技术研究

建立南阳站 BIM 模型，以此为各专业、各部位构件设计的基础信息模型；通过研发软件 Civil Station Designer 入库，通过定位参数数据；使用 Parametric Component Language 参数化建模语言建立模型，编写一套语言流程，将所有桥墩形式的可变参数情况考虑进去，所有桥墩模型的生成通过更改其中几个参数变量数据而实现；接触网部分通过 CSD 软件的接触网模块，参考三维模型，设定控制参数数据，快速完成该专业设计工作。以上建模工作为施工管理、管线碰撞检查、施工工艺模拟等工作提供基础数据信息。

（3）基于 CSC 的施工进度动态控制研究

基于 Civil Station Construction 施工管理软件，结合 Project 软件调整和控制工程项目的施工进度，用横道图或网络图表示现场的施工计划进度和实际进度，可以实现工程项目整个施工过程的可视化模拟，具有三维漫游、动画等效果，实现工程项目施工进度的 4D 动态管理。

（4）基于 CSC 的工程量及成本动态统计与实时监控研究

基于 CSC 施工管理软件，信息模型根据施工计划进度或实际进度进行生长模拟，动态统计工程量，清单与相关造价信息的挂接结合，做到实时监控成本信息，实现工程项目施工进度的 5D 动态管理。

(5) 基于 CSC 的施工质量安全管理研究

基于 CSC 施工管理软件,在工程的施工建设过程中,针对施工单位和监理单位实时将工程相关数据录入到系统当中进行模拟,将工程质量检测等信息与工程模型相连接,可以在工程建设过程中随时了解质量情况,对存在安全隐患的结构构件进行报警提示模拟,实现建设工程现场的动态监控管理。

(6) 结合实景建模的关键技术模拟研究

无人机针对工程项目所在地周围环境进行航拍,获得带有高程等坐标信息的图片,通过 Context Capture 软件处理以上图片,快速获得各种类型的基础设施项目生成极具难度的现有条件的三维模型,为关键技术的施工工艺模拟提供精确的现实环境背景。将结构模型与施工相关设备模型导入参考实景模型为背景 MicroStation 软件进行施工模拟,以达到在施工之前便可提前检查施工工艺方案的可行性,提早发现潜在的风险。

7.3.3 研究流程

7.3.3.1 项目建模标准

在进行项目管理前,要对项目进行建模,为了使项目在管理时准确、快速,需要对模型有详细的建模标准。

(1) 模型命名规则与编码

一般情况下,BIM 应用参与人数较多,尤其是大型项目的实施,涵盖各个专业协同工作,进行拆分后模型文件数量也较多。因此,清晰、规范的文件命名将有助于参与人员提高对文件名标识理解的效率和准确性,企业内部统一的模型命名规则,便于模型文件资料的管理,提高工作效率(图 7-14)。

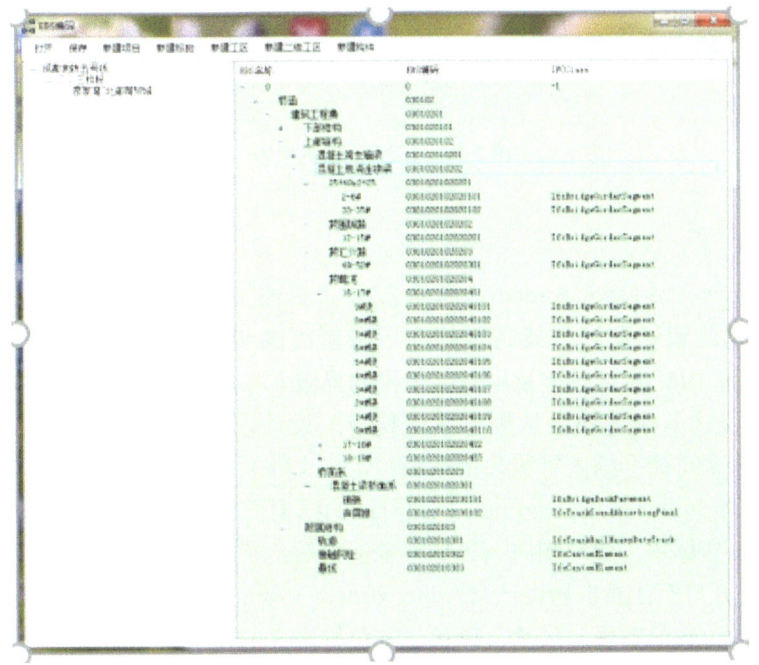

图 7-14 EBS 编码树

本工程研究的南阳站项目参考《铁路 BIM 联盟建模应用指南》，结合项目实际对构件进行编码和命名，命名规则为：项目名称-项目区间-专业-系统-描述语言（桩号/位置/承台）。

项目名称：尽管对于大型项目而言，模型拆分后产生很多文件，但是项目名称具有唯一性的特点，可用于区分管理不同工程项目，建议不要省略。

项目区间：识别模型是项目的哪个地区、阶段或分区，用于项目内部区间模型的管理。

系统：在各专业下细分的子系统类型。

（2）模型配色

为了方便项目参与各方协调工作时易于理解模型的组成，《建筑工程设计 BIM 应用指南》针对给排水专业、暖通专业、电气专业制定了 BIM 模型色彩表（图 7-15），通过对不同专业和系统模型赋予不同的模型颜色，直观而快速地识别模型。

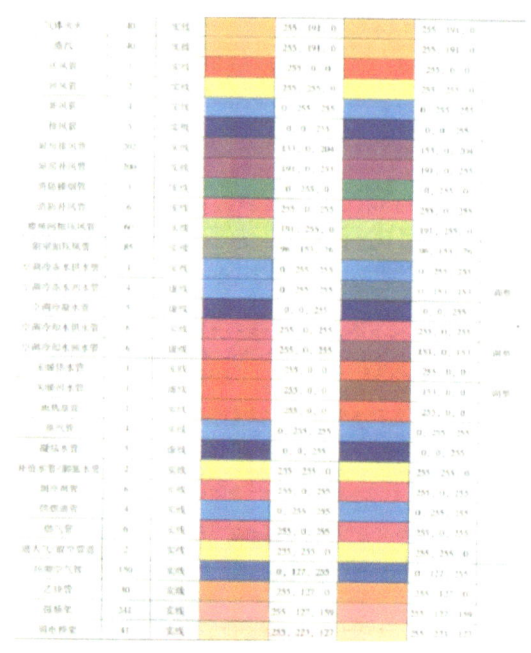

图 7-15 BIM 模型色彩表

7.3.3.2 模型精度

模型精度 Level of Development，简称 LOD，描述了一个 BIM 模型构件单元从最低级的近似概念化的程度发展到最高级的演示级精度的步骤。2008 年，美国建筑师协会（AIA）为了规范 BIM 参与各方及项目各阶段的界限，在其文档 E202 中定义了 LOD 的概念。LOD 被定义为 5 个等级，从概念设计到竣工设计，已经足够来定义整个模型过程。但是，为了给未来可能会插入等级预留空间，定义 LOD 为 100 到 500。具体的等级如下：

LOD100：概念设计（Conceptual），此阶段的模型通常为表现建筑整体类型分析的建筑体量，分析包括体积、建筑朝向、每平方米造价等。

LOD200：方案设计或扩初设计（Approximate geometry），此阶段的模型包含通用的类型属性，包括大致的数量、尺寸、形状、定位等广义的建筑及系统构件信息；具有设备基本参数、成本等非几何信息；用于初步设计、招标设计阶段。

LOD300：传统施工图和深化施工图层次（Precise geometry）。模型内构件具有更为详细的实例属性，包含可满足施工需要的准确数量、尺寸、形状、定位、构造细节等信息，此模型已经能很好地用于成本估算以及施工协调，包括碰撞检查、施工进度计划以及可视化；用于深化施工图设计阶段。

LOD400：加工和安装（Fabrication）。模型包括了施工阶段的变更和不同建筑系统之间的接口信息等内容，更多的被专门的承包商和制造商用于加工和制造项目的构件，包括水电暖系统。

LOD500：竣工（As-built）。模型将作为中心数据库整合到建筑运营和维护系统中去；模型将包含业主 BIM 提交说明里制定的完整的构件参数和属性。

在 BIM 的实际应用中，模型的具体等级要根据项目的不同阶段以及项目的具体目的来确定，根据不同等级所概况的模型精度要求来确定建模精度，结合本文研究目的，并参考以上模型精度等级要求，对南阳站项目划分并制定相应专业构件的精度等级。

7.3.3.3 模型管理

（1）PW 实现的协作功能

在建模开始之前或者过程中，会产生大量的文档资料，本文使用 PW 软件进行协同管理，着重解决以下问题：①活文档的管理问题；②远程协作的问题；③多专业协作的问题；④工程建设信息全生命周期的管理问题；⑤设计文件之间的参照关系问题，形成并行的协同工作模式；⑥同一专业多人并行编辑一个文档的问题——并行工作；⑦公共资源的共享和唯一性问题；⑧解决图档的安全机制问题；⑨工程内容的快速查询问题。

（2）BIM 在 PW 上的文件夹架构

考虑到工程项目图纸内容及竣工交付的成果要求，按照业主方 PW 管理要求针对南阳站建立 PW 文件夹如图 7-16 所示。

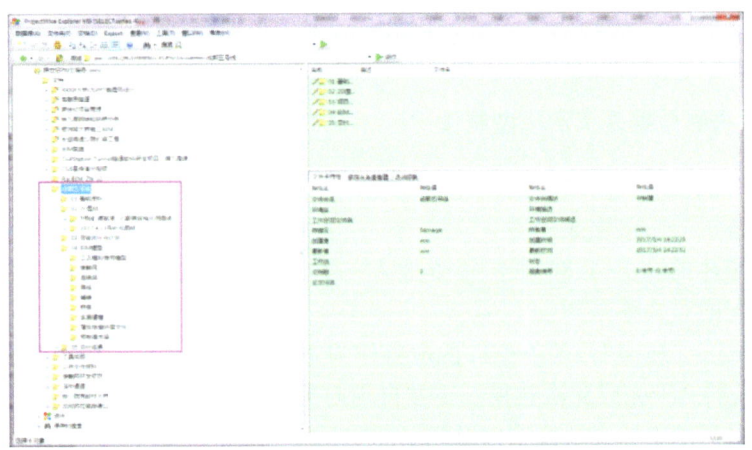

图 7-16　文件夹架构

7.3.3.4 实景模型的应用场景

（1）利用 ContextCapture 中自带的浏览器 Acute3D Viewer 可以观看真实、形象的三维模型，让业主、规划、设计或者施工各方不需要亲自去现场考察就可以快速对现场有很直观的认知。

(2) 在 Bentley 的后续软件中,利用 ContextCapture 生成的 3MX 模型可以导入 MicorStation 中结合 powercivil 做的模型进行安全检测,同时很直观地表现了现阶段的施工现场和以后建成以后南阳站之间的位置关系,合理规划后续的临建设施。

(3) 可以实现对实景建模的分块并且自定义属性,利用后期对实景建模形成的模型的分类,通过 MicroStation 的浏览器搜索功能,可以快速查询各个阶段对施工现场所需要的信息的直观反映。

7.3.4 项目管理实施过程

根据以上规范进行了 BIM 模型建立,结合现场地貌进行了无人机数据采集进行空三,重构的信息化数据重建。将基础数据导入到项目管理平台。就可以根据实际情况进行项目管理,结合 BIM 理念与信息技术达到对工程施工各个环节的辅助管理,对诸如合同管理、进度计划管理、质量控制、成本统计等环节的管理,实现施工信息、施工方案、施工组织计划及施工进度等的可视化,为施工项目的各个主要参与方提供一个现代、务实、高效、轻量、流畅、易用的管理平台(图 7-17)。

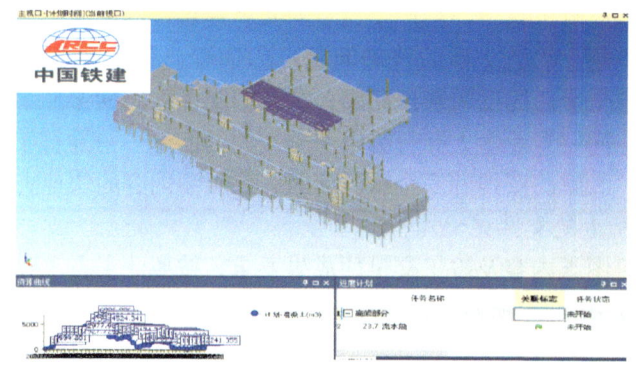

图 7-17　进度查看

7.3.4.1　倾斜摄影数据采集及模型制作

本次航拍的范围是南阳站,面积为 $2km^2$。

(1) ContextCapture 生成模型

此次采集照片的一共 4680 张,每个地方一共拍摄了 5 遍,沿线路的纵向重叠率是 75%,水平方向的重叠率是 60%。

使用内存 64G、显卡 GTX1080Ti 的电脑作为主机,其余 7 台的内存 16G、显卡 GTX 960 作为辅助一共 2 天完成此次建模。正在自动对采集的照片进行空中三角形计算,计算连接点,形成最后的整体实景模型以及现场的实景模型。

(2) 实景建模模型的应用

在初期规划阶段可以让业主、领导直接观察施工现场的环境,进行意见指导,不需要领导花费过多的时间与精力,频繁莅临现场指导工作,实景建模创作出来的是真实模型,其不同于传统的照片、视频和传统的全景视图,可以测量坐标、长度、面积和体积。如图 7-18~图 7-22 所示。

第 7 章　高铁客站绿色施工技术

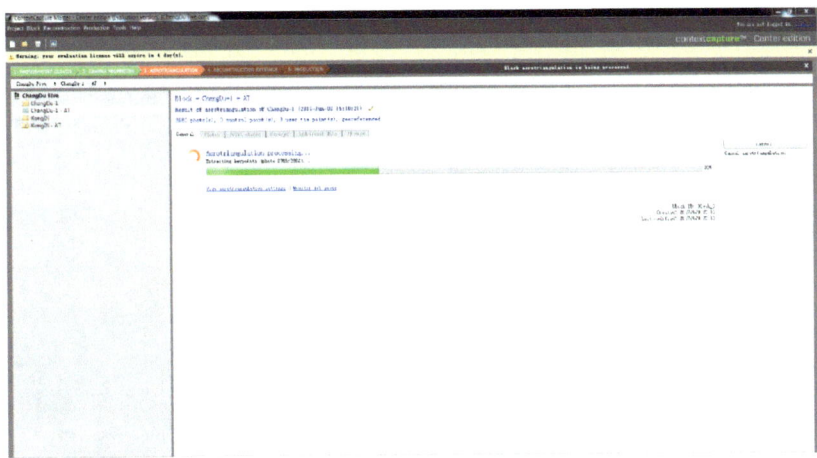

图 7-18　处理过程及模型输出

图 7-19　距离测量

图 7-20　高度测量

343

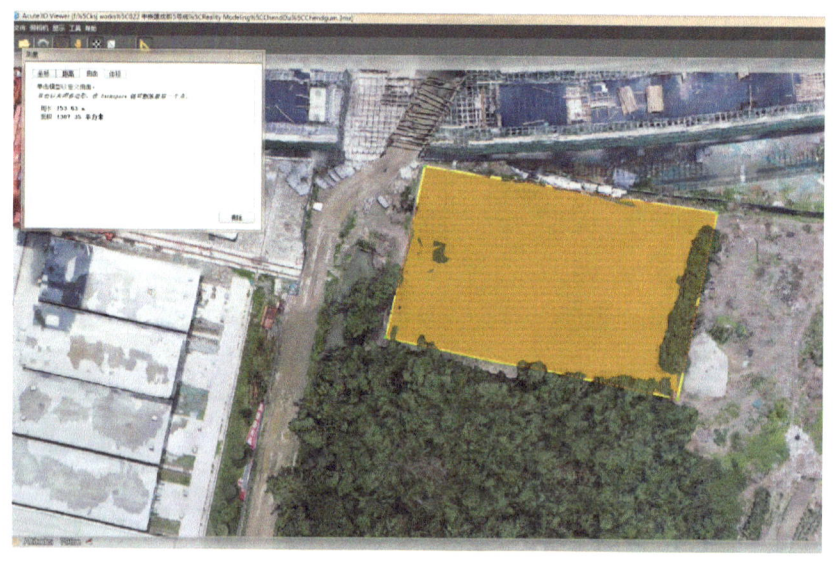

图 7-21 面积测量

图 7-22 体积测量

实景模型可以捕捉点的绝对坐标，测量构件长度以及对应的高度差。

高度的快速测量性，有效测量周围建筑物的高度，用以施工过程中的安全检测．

快速测量物体的面积与体积，可用以初步城市规划方案设计，也可以用来进行土石方的测量，不仅可以测量物体面积，同时获得物体周长数据。

输入高程参数数值，自定义土方边界轮廓，通过采样距离来控制采样的密度，可智能获取项目现场的切割与填充体积，也就是土石方工程的挖方量与填方量。

7.3.4.2 施工管理准备工作

基本模型建立完成以后，使结构构件具有基本形体形状、尺寸与属性，工程项目的施工管理，需要不同软件不同平台之间进行不断切换，为了使模型信息无障碍地传递使用，需要在模型导入 CSC 软件管理之前，进行编制 EBS 编码并添加 IFC 属性，两者以"元素属性 ID"为传递参数，可以自动关联相应构件，这是进行项目管理的重要步骤，它使得模型和管理软件有了关联性，从而实现进度管理、质量管理、安全管理。

7.3.4.3 施工进度管理

将编写好的 Project 文件另存为 XML 文件，通过 CSC"进度管理"的"总体进度计划"导入计划进度文件，在软件界面会形成总体进度计划明细的树状图，可查询每个层级的开始与结束时间。可上传多个总体进度计划文件，作为不同的施工方案，或者在施工过程中，不同阶段的计划变更文件作为项目调整的记录。并可以进行进度查看以及月进度计划对比，这是管理的重要目标之一，BIM 和管理平台结合能够直接进行进度模拟演示，从最开始就选择合理的项目进度安排，并且能够直观地使得在第一时间发现项目的滞后。

7.3.4.4 施工质量管理

质量管理"模块下的"工序控制"实现了施工工艺自检的审批流程，自检工序分为创建、监理审核、完成三个步骤，并可以进行待办工艺流程和工程树维护等管理。将项目的文件管理、审批流程结合到模型中（图 7-23），不仅能起到质量管理的作用，同时还可以发现质量问题多发的工序步骤，及时控制，避免造成大的质量问题。

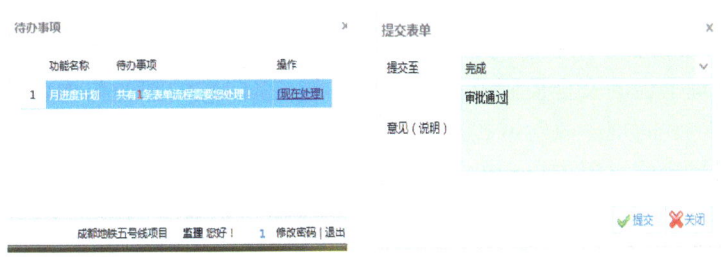

图 7-23 监理审批

7.3.4.5 施工安全管理

"安全管理"模块中的"安全检查记录"可针对工程部位构件定义危险源，提供危险因素、危险级别、施工负责人、专职安全员、监理工程师等相关记录信息。

安全员分别针对危险源，提出整改建议及解决方案并提交至监理，流程处于"问题整改"状态，监理单位登录管理系统进行审核并返回审批意见，项目安全问题完成处理。施工各参与方登录网页，在项目概况界面查看潜在危险源，模型相应的构件部位会变成高亮闪烁状态，作为施工过程中的警报提示。通过施工管理系统可以直观地检查潜在危险部位，提醒问题及时整改，所有发起的安全问题未完成闭环会以警示的形式提示具体的工程部位，必须达到整改完成以后才会消失，整个处置过程记录会被保留下来，且可在手机端或者电脑端的"安全管理"模块查看所有安全记录。

7.3.5 结语

以南阳站项目为研究对象，本文对比分析了 Autodesk、Bentley、Dassault 三大 BIM 软件系列平台的优劣，针对 BIM 技术在高铁站项目的应用从方案规划、智能设计与施工管理三大阶段进行开展，参考中国铁路 BIM 联盟制定的 IFC 与 EBS 编码的标准规范，创建了常规信息化模型，其结合倾斜摄影合成模型技术获取项目模型基本信息数据，为项目的施工管理提供有效数据基础，通过 BIM 技术在南阳站项目的应用研究，得到以下结论：

（1）OCS 在方案设计阶段的应用，通过高清卫星地形与图片获得项目所在位置的真实环境，基于工程项目真实环境的快速建模，提供可视化的项目初期规划方案，工程结构部位的一键提取工程量功能，结合地方清单及定额进行成本估算，为项目的评估与投资管理提供有效依据。

（2）基于 Bentley 平台针对本文研究项目进行建模软件的二次研发，CSD 软件不仅将预支构件作为单元存储于标准图库，提高了其重复利用率，而且其根据路线进行平纵弯曲的智能放置功能，极大地提高了构件组装定位的精准度，节约了 40% 的设计时间。

（3）倾斜摄影合成模型技术使特大型项目的自动化创建成为可能，其利用多维度合成的原理构建还原物体，提供项目实施现场的真实环境，测量真实距离使有效控制施工中的安全检测问题，智能获取项目现场的切割与填充体积，即获得土石方工程的挖方量与填方量，做到挖填平衡与土石方的合理调配。

（4）BIM 模型与施工管理系统的有效集成实现了项目 4D 管理的应用，可视化的施工进度计划模拟，有效检查了项目进度安排的合理性，其与实景模型的结合有效利用了施工场地布置信息与资源，根据现场情况及时调整进度计划，更合理地进行分配工作与项目实施，有效保证了施工进度，降低了施工成本。

（5）施工管理平台的安全控制模块，针对存在安全隐患的部位与构建及时发出预警提示，直到施工单位及时规避风险或提出整改措施，监理单位审核通过后，警报消失，其有效督促了解决项目实施过程中出现的安全隐患问题，提高项目实施的安全质量。

通过 BIM 技术在施工管理中的应用研究，对研究目标充分验证了 BIM 在应用提高有巨大作用，为企业 BIM 未来发展提供研究导向，对 BIM 实施具有重要的参考价值。

7.4 绿色施工智能化管理技术

7.4.1 工程概述

柳州站位于广西柳州市南站路北侧，现有湘桂、黔桂、焦柳在此交汇，为枢纽客运站，既有站场规模为 11 站台面 11 线（含正线 2 条），建筑分为地下通道层（-10.8m 标高），站台层（0.0m 标高），站台层夹层（5.8m 标高），高架层（10.0m 标高）。主体结构采用现浇钢筋混凝土框架结构体系，楼面采用混凝土现浇板，屋面采用螺栓球节点网架与正放抽空四角锥网架结构。

为了更好地做好绿色施工，切实起到降本增效的目的，成立绿色施工智能化系统开发小组，以项目经理和项目总工为组长，公司专家组指导，建设单位、监理单位和设计单位共同参与，分别设置环境保护、节材、节水、节能和节地五个小组，开发适合铁路站房的绿色施工智能化管理系统，便于对站房全过程施工进行监控、预警，便于及时记录绿色施工过程资料，提高公司在绿色施工方面的软实力，提高监管效率，保证了绿色施工资料的及时性、连续性、完整性。

7.4.2 绿色施工管理智能化系统技术要求

基于国家绿色施工管理标准，综合利用云计算、移动互联、大数据等技术，并结合物联网实时环境监控技术，应用科学高效的智能化的施工管理方法，研发绿色施工智能监管系统。

该系统能有效解决项目数据上报的及时性、准确性、统一性、完整性等问题，方便数据的共享和人员的协作，优化了业务流程，提高了业务效率，降低了管理成本。同时，通过无纸化办公又进一步降低了项目的资源能源消耗，提高了环保效果。

系统采用 OpenAPI 元数据分析等技术，具有异构系统及数据的接入能力。可接入各类环境监控设备，并针对施工单位上报数据、专家评测数据、实时环境监控数据等进行全方位的综合分析和预警。

7.4.3 绿色施工管理智能化关键技术

7.4.3.1 基于物联网的智能环境监测技术

本技术中的绿色施工环境监测结合了传感技术、嵌入式技术、移动通信技术、智能监测技术等最新技术，对施工现场的噪声、扬尘、温湿度、风力风向等环境要素进行全面有效的监控。监测终端主体采用最新的嵌入式系统技术，可以大大提高系统的集成度和稳定性。通过网络可连接所有的监测点，实现信息传递和信息共存。环境监测终端通过有线网络或无线 GPRS/CDMA/3G 网接入 Internet，连接到数据中心，实时汇集各施工项目的环境检测数据，可实现对范围施工现场环境的实时在线监控和综合分析（图 7-24）。

图 7-24 末端数据采集设备

7.4.3.2 物联网数据处理技术

物联网数据具有海量性、传感器结点及采样数据的异构性、物联网数据的时空相关性。数据处理过程中涉及数据大小（size）、数值范围（scale）和索引（indexing）、查询语言、过程建模和事务处理、多相性（heterogeneity）和完整性、时间序列聚集（time series aggregation）等问题，本项目中采用 NoSQL 技术中的 Key-Value 内存数据库（Redis）和文档数据库（MongoDB）作为绿色施工数据及物联网数据处理的处理方式。

Redis 是一个 key-value 存储系统。它支持存储的 value 类型相对更多，包括 string（字符串）、list（链表）、set（集合）、zset（sorted set，有序集合）和 hash（哈希类型）。

这些数据类型都支持 push/pop、add/remove 及取交集并集和差集及更丰富的操作，而且这些操作都是原子性的。在此基础上，redis 支持各种不同方式的排序。与 memcached 一样，为了保证效率，数据都是缓存在内存中。区别是 Redis 会周期性地把更新的数据写入磁盘或者把修改操作写入追加的记录文件，并且在此基础上实现了 master-slave（主从）同步。

MongoDB 是一个基于分布式文件存储的数据库。由 C++ 语言编写。旨在为 WEB 应用提供可扩展的高性能数据存储解决方案。MongoDB 是一个介于关系数据库和非关系数据库之间的产品，是非关系数据库当中功能最丰富、最像关系数据库的。它支持的数据结构非常松散，是类似 json 的 bson 格式，因此可以存储比较复杂的数据类型。Mongo 最大的特点是其支持的查询语言非常强大，语法有点类似于面向对象的查询语言，几乎可以实现类似关系数据库单表查询的绝大部分功能，而且还支持对数据建立索引。

7.4.3.3 绿色施工智能监管技术

（1）智能计算

系统可自动根据用户填报的数据，根据对应的评分标准计算要素评分表、批次汇总表、阶段与单位汇总表、技术创新与施工成效评分表、单位综合评价表等数据。系统还会自动统计来自项目现场的环境检测设备上报的噪声、扬尘等环境监测数据，并自动填充到实施效果一览表中，自动形成对项目的实际完成值。大大减轻了数据上报及审核的工作负担，减少了出错概率，保证了数据的准确性、统一性和完整性。

（2）智能报警

施工单位可根据项目的环保目标，设置环境监控参数。设置内容包括扬尘、噪声、温度、湿度、风力，环境参数的范围以及告警逻辑和预警值。当项目现场的环境监测设备上报的数据超过用户设定的预警值时，系统先会给施工单位及相关人员发送预警通知，提醒用户提前防范和处置。当监测数据超高用户设定的告警值时，系统会向相关用户进行实时报警。

（3）智能推送

当项目现场的环境监测设备上报的数据超过用户设定的预警值时，施工单位上报了新的批次数据，评审专家提交了评审意见，系统管理员发出上报数据的通知，系统都会向手机 APP 实时推送相关的信息。用户可在手机端查看信息并及时处置。

7.4.3.4 高可用及弹性扩展技术

系统采用多台应用服务器负载均衡，数据库采用主备方案，即使由于故障导致单点失效时仍能最大限度保证业务的正常运行。并且后台采用 token 认证方式，在应用服务器压力较大时，可以非常方便地通过动态扩充服务器的数量有效分担来自客户端的访问压力。服务器端对一些访问频度高的数据采用缓存技术进而提高客户端的请求响应速度，提高用户的体验。满足对处理时延、CPU 占有率的要求，保证系统的稳定运行（图 7-25）。

第7章 高铁客站绿色施工技术

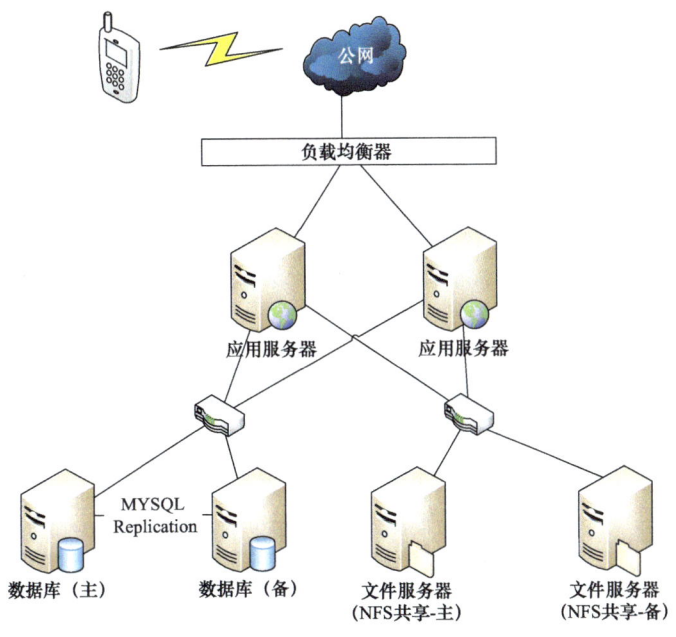

图 7-25 系统稳定构架

7.4.4 绿色施工管理智能化系统主要内容

（1）系统总体分为如下三个部分（图7-26）：

① 绿色施工智能监管平台，系统数据和业务的中心，部署在云端，用户通过浏览器访问。负责各类数据上报审查，统计分析，综合评价。

② 智能环境监测硬件，部署在施工现场对环境进行实时监控并上报数据。

③ 移动监管手机APP，安装在用户手机端，负责过程上报数据查看，实时监控数据的显示及超标告警。

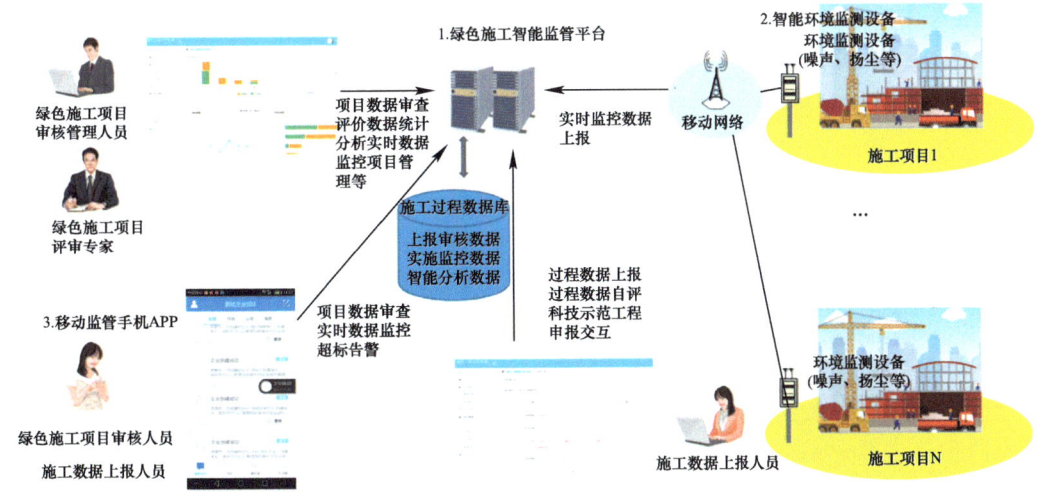

图 7-26 绿色施工管理智能化系统

349

（2）系统总体功能如表 7-2 所示。

系统总体功能　　　　　　　　　　　　　　　　表 7-2

功能项目	功能描述
绿色施工项目过程数据填报与自评（业务流程、评价指标、数据规范等详见规范文件）	施工方根据《建筑工程绿色施工评价标准》和《全国建筑业绿色施工示范工程申报与验收指南》相关规定，填报"基本规定"检查表，"环境保护"要素评价表，"节材与材料资源利用"要素评价表，"节水与水资源利用"要素评价表，"节能与能源利用"要素评价表，"节地与土地资源利用"要素评价表，绿色施工实施检查"批次评价"汇总表，绿色施工实施检查"阶段评价"汇总表，绿色施工实施检查"单位评价"汇总表，绿色施工技术与创新技术，绿色施工成效评价，绿色施工实施效果一览表，绿色施工实施检查"单位综合评价"汇总表，绿色施工实施检查意见书等规定的上报和自评内容。并上传提供相应的支撑文件。 数据填报支持引用复制，上一批次填报结果，支持图文混合编辑，支持文件上传，数据打印
绿色施工项目过程数据审查	监管人员和评审专家按照《建筑工程绿色施工评价标准》和《全国建筑业绿色施工示范工程申报与验收指南》相关规定，对施工方填报的各类过程数据，自评结论及提供的支撑文件进行审查，给出评审意见和评分。评审意见可以自动反馈给施工方，供其参考改善。支持结果打印
绿色施工科技示范工程申报及审批	施工方根据《绿色施工科技示范工程技术指标》规定填报包括施工管理，环境保护，节材，节水，节能，节地及技术创新等 87 项工程数据和支撑文件。监管人员和评审专家对数据和支持文件审查后，给出评审意见和评分。评审意见可以自动反馈给施工方，供其参考改善。支持结果打印
数据分析及报表图表	对绿色施工项目、绿色科技示范工程的总体趋势及数据上报状况的统计分析，对各要素评价统计计算、批次及阶段评价结果的汇总，对环境检测数据的分析预警等。并通过图表方式进行数据的检索和展示
智能环境监控	环境监测设备的数据接收、存储、显示、查询
系统管理	包括用户及权限管理、项目管理、指标管理、报表管理、设备管理、消息管理等

① 绿色施工智能监管平台如图 7-27 和图 7-28 所示。

图 7-27　绿色施工智能监管平台具体项目管理图

第7章 高铁客站绿色施工技术

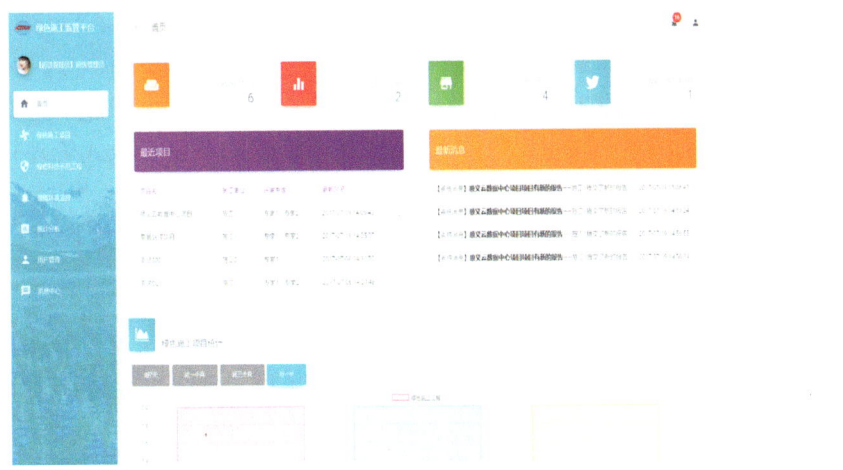

图 7-28 绿色施工智能监管平台项目管理分析图

② 智能环境监测设备如图 7-29 和图 7-30 所示。

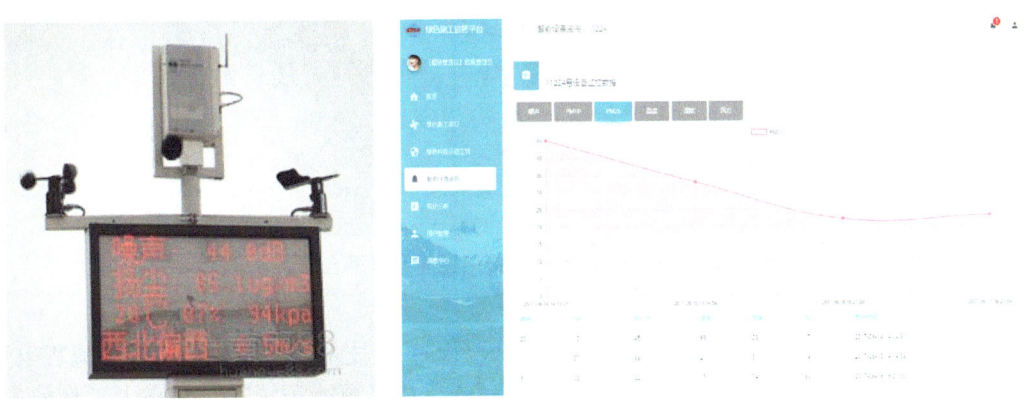

图 7-29 智能环境监测末端设备　　图 7-30 智能环境监测系统采集数据

③ 移动监管手机 APP 如图 7-31 所示。支持 Android4.0 以上。适配华为 P9、联想 K3、小米 5、三星 Note4 这 4 种主流品牌手机。

图 7-31 移动监管手机 APP 应用

351

7.4.5 结语

针对现阶段试绿色施工管理的现状，综合利用物联网 IOT、移动互联、弹性计算、BigData 等技术，研发出一套由人工管理转变成系统管理，由分散式管理转变成集中式管理的绿色施工智能监管系统（图 7-32），并应用于柳州站改造工程，"四节一环保"指标均达到或超过住建部《绿色施工科技示范工程技术指标及实施与评价指南》要求，于 2018 年 11 月 13 日通过住建部绿色示范工程验收，取得了良好的效果。

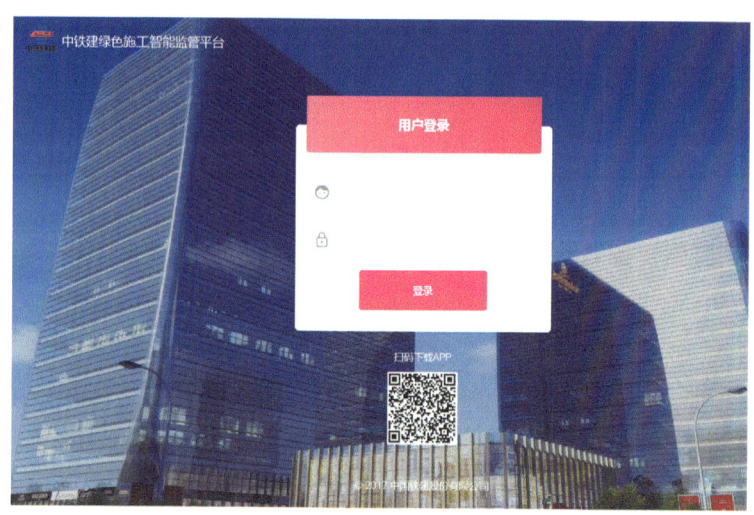

图 7-32 中铁建绿色施工智能监管平台

（1）施工监管的无纸化自动化

通过利用弹性计算、负载均衡、OSS、WebService 等技术，将绿色施工管理流程电子化自动化，优化了业务流程，方便了数据共享，节约了资源能源消耗，提高了工作效率。通过自动计算汇总环境要素评分，批次阶段自动汇总、监测数据自动填报等功能，大大减轻了数据上报及审核的工作负担，减少了出错概率，保证了数据的准确性、统一性和完整性。减少了项目绿色施工管理工作人员投入和管理成本。

（2）移动化数据监管及消息推送

通过利用 Android、LBS、GCM 等技术，研发了绿色施工智能监管手机 APP。用户可以利用手机 APP 查看项目数据、环境监测数据以及系统的消息通知，极大地缩短了业务处理响应的时间，提高了业务整体的效率。

通过手机 APP 可向用户推送实时消息，当项目现场的环境监测数据超过预警值时，当施工单位上报了新的批次数据时，当评审专家提交了评审意见，系统管理员发出上报数据的通知时，用户可在第一时间在手机端得到通知，及时查看信息并进行处置。可缩短业务处理响应的时间，提高业务整体效率。

（3）实时环境监控和报警

通过利用物联网 IOT、OpenAPI 及元数据分析技术，实现对绿色施工现场扬尘、噪声、温湿度、风向风力等数据的远程传输及实施分析。系统可实时监测施工现场的环境状态，基于用户设定的范围及预警值自动判断施工现场的环境要素是否超标，并通过系统消息报送到相关人员的手机。有效防范了施工现场环境长时间超标运行，做到了对绿色施工项目现场的实时管控。

7.5 建筑高大空间天窗电动智能遮阳膜绿色施工技术

7.5.1 工程背景

现代建筑多以"自然采光""高大通透"为设计主方向，尤其大型枢纽建筑风格形式多是以玻璃幕墙和通透性较强的玻璃天窗为主，为更好地彰显绿色施工技术带来的益处，天窗遮阳膜技术也不断进行着更替和创新。目前业界内吊顶遮阳膜主要分为固定式和可开启式两种遮阳形式，为了配套单体建筑的消防性能化标准，大型枢纽客运站多采用电动遮阳膜，它不仅能够满足必要时的防火、排烟要求，还可以根据不同分区灵活开启。

合肥枢纽南环线合肥南站工程中，共施工了约 $10000m^2$ 的智能控制遮阳膜，共使用了 270 套 FTS 智能控制电机组及系统集成，实现了智能遮阳技术的创新应用。该技术施工构造简单、施工质量可靠、施工工效显著、系统稳定性高、无额外增加施工成本，适用于大型客运枢纽站、大型综合商业广场、具有采光天窗的建筑物等。

7.5.2 施工工艺及操作要点

7.5.2.1 工艺原理

FTS 遮阳膜系统单机采用两个马达（390W/台），分别安装在面料和钢丝的两端，当面料展开到达预定位置时，面料卷管内的马达开始反转，从而张挺面料，面料的张力以电子控制的方式调节（图 7-33、图 7-34）。

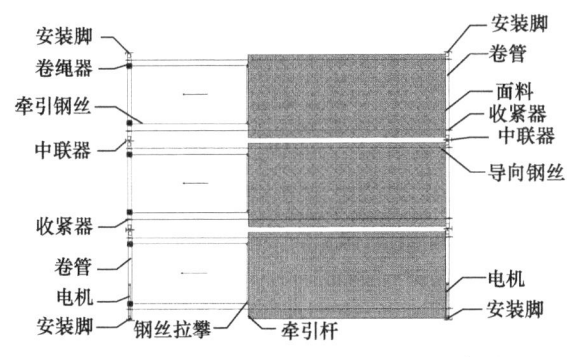

图 7-33 FTS 智能系统遮阳膜平面示意图

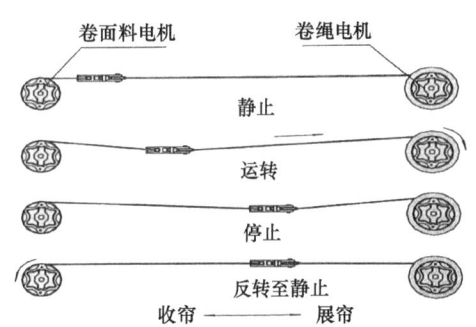

图 7-34 FTS 智能遮阳系统运行状态示意图

7.5.2.2 施工流程

电机支座安装→定位钢丝绳安装、调校→卷管、卷绳电机安装→牵引钢丝安装→牵引钢丝紧固、单机调试→系统模块连接→系统调试验收。

7.5.2.3 操作流程

（1）电机支座安装

遮阳膜电机支座根据钢结构桁架或混凝土结构梁规格定做加工，常规多采用圆钢与镀锌角钢组件形式固定，考虑系统拉力极限值要求，建议采用镀锌扁钢抱箍与镀锌角钢组件形式固定，可有效提升支座受力时的稳定性，抱箍与钢结构桁架固定时，建议箍件与桁架杆间做顶丝或10～20mm焊缝固定，要求焊缝最小限度伤及钢桁架构件，焊点处做好除锈防腐处理（图7-35）。

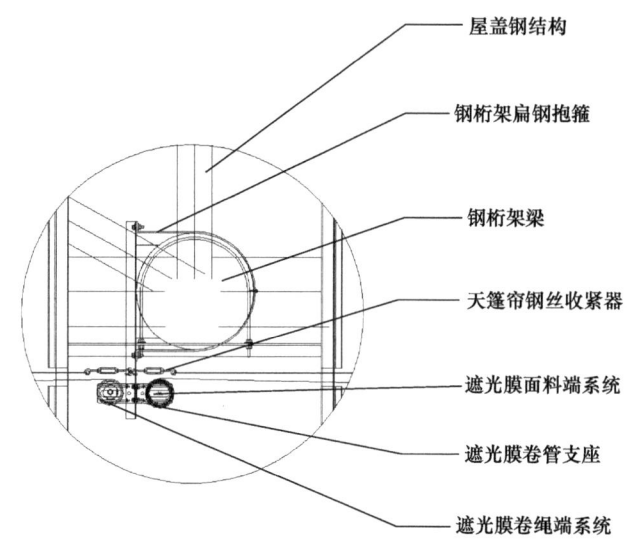

图7-35 遮阳膜支座安装节点图例

（2）定位钢丝绳安装

遮光膜系统电机支座安装后，要结合屋盖天窗饰面板完成面尺寸微调并最终固定，定位钢丝沿遮光膜运行方向分别固定在电机支座上并紧固，定位钢丝要与屋盖天窗饰面板完成面角度横平竖直。

（3）定位钢丝绳安装、调校

遮光膜系统电机支座安装后，要结合屋盖天窗饰面板完成面尺寸进行微调，定位钢丝沿遮光膜运行方向分别固定在电机支座杆件挂钩内，定位钢丝调校时要与屋盖天窗饰面板完成面角度横平竖直。

（4）卷管、卷绳电机安装

单机遮阳膜由两组电机构成，卷绳电机固定在遮阳膜闭合方向电机支座上，卷管电机安装在遮阳膜开启方向电机支座上，电机与电机支座固定应采用$L \geqslant 35$防滑式螺栓组固定形式，防止电机长期使用中振动造成螺栓组松动。

（5）牵引钢丝紧固、单机调试

遮阳膜动力电机及面料卷管安装完成后，将卷绳电机的钢丝绳与面料卷管牵引杆有效连接，电机临时通电后反复运行调试，直至面料卷管、面料牵引杆、卷绳电机（含钢丝绳）平行，运行平稳无偏位。

（6）系统模块连接

单机运行调试完成后，按遮阳膜系统开启分区（遮阳膜系统分区主要受电源柜容量及消防排烟量决定）将各分区内的单机智能模块并联实现分区控制（FTS智能遮阳膜最大分区遥控数量为15个），各分区集成器统一并入遥控集成器并接入终端电源（消防排烟控制区采用单独分区供电控制，且消防开启信号优先于遥控功能信号）；系统终端全部接入完成后反复进行整个系统调试,检查遥控、运行是否顺畅。

7.5.2.4 施工过程注意事项

(1) 支架及钢丝等主、辅材的选用标准必须达到国标级别质量要求。

(2) FTS系统遮阳膜根据电机功率不同可实现一拖一、一拖二、一拖三使用,以70N·m电机为例,最大控制遮阳膜面积为43m²,因此严禁超负荷安装。

(3) 电机支架与屋盖桁架梁之间固定除防滑螺栓组固定外还应与桁架梁之间焊接或顶丝固定连接,特别注意焊缝时应尽量不伤及钢桁架梁管壁。

(4) 导向钢丝及卷绳钢丝调校时应确保运行速率及方正运行状态稳定。

(5) FTS电机对面料的质量标准要求较高,建议使用进口防火面料。

7.5.3 安全措施

(1) 进入施工现场戴好安全帽,穿戴规定的劳动保护用具。
(2) 施工现场严禁吸烟。
(3) 工种经进场安全教育、培训考试合格后持证上岗,严禁无证作业。
(4) 材料提升吊运时,下部拉警戒安全线,避免材料伤及人员。
(5) 安装过程必须要有足够的操作空间,并做好防护。
(6) 天窗遮阳膜安装附近不得堆放易燃易爆物品。
(7) 严禁乱接乱搭电线,电器设备维修等由专业人员操作。
(8) 施工现场人员注意配合,确保施工安全。

7.5.4 结语

合肥南站候车大厅为超大空间,建筑本身为了提高自然采光率,在大厅设置相应的采光顶,通过采用电动智能遮阳膜技术,天窗上的遮阳帘可自动按照阳光强度、温度高低等条件自动开关,按人体视觉感受调节光线,使室内光线明亮柔和,让人感觉舒适,为广大旅客提供了一个通透的、光线适宜的环境,降低车站能源消耗,充分体现"绿色、科技、环保"的建设理念(图7-36)。

图7-36 合肥南站候车大厅实景图

Shanya Railway Station 三亚站

- 三亚站是新建海南环岛铁路建设规模最大的客站，也是我国最南端的客站。基础采用高强度预应力混凝土管桩，结构体系下部为钢筋混凝土框架结构，上部为主次梁钢框架结构。三亚站的建成为广大旅客提供了快速、环保、大容量的现代化轨道交通服务，大大提高海南旅客运输能力和服务质量，为三亚这座国际旅游城市创造出新的"门户形象"，同时成为国际旅游岛的地标性建筑。

- 三亚站空间形态和立面设计新颖别致，外立面仿木纹明框玻璃幕墙轻盈通透，简洁明快，轻松开放，分格均匀，给人以感官与视觉的享受，充分体现建筑与自然的完美融合。屋面檐口曲线优雅，自然开敞，宛如展翅翱翔的海鸥，充满动感，成功地将现代建筑美学与传统的坡屋面等建筑形式相融合，从而给三亚的传统文化精髓注入了现代活力。

2011~2012年国家优质工程奖
2012年铁路优质工程奖
2012年全国优秀质量管理小组二等奖
2012年中国铁建杯优质工程奖
2010年广铁集团创优样板工程
2011年北京市建筑长城杯金奖
国家级工法1项
省部级工法1项

第8章 高铁客站全寿命健康监测技术研究与应用

8.1 引　言

随着我国铁路建设的快速发展，各种结构类型的现代化铁路客站相继建成投入使用，客站功能已从"单一铁路客运场所"转变成"城市综合交通枢纽"，呈现出体型新颖、结构规模大、受力状态复杂、运营维护要求高、人员高度聚集等特点。铁路客站作为铁路运输的重要组成部分和城市综合交通枢纽，其建设质量和运营安全备受关注。

自20世纪50年代以来，结构健康监测的重要性就逐渐被认识，但受检测、监测手段比较落后的限制，在应用上一直未得到推广和重视。近年来这项技术成为国内外学术界、工程界的研究热点。这种技术的成功开发与应用将起到确保结构安全运营、延长使用寿命的作用。高铁站房是铁路综合交通枢纽站，属于重要的大型公共建筑，人流密集，公众关注度高，一旦发生重大安全事故，会造成严重的社会影响。本章以昆明南站、合肥南站等工程实例作为研究背景，详细阐述高铁站房全寿命健康监测技术研究与应用。

8.2 大型高铁站房健康监测技术

8.2.1 工程概述

昆明南站车站建筑工程由客运用房、辅助生产生活用房、站台雨棚、高架落客平台等组成。车站建筑总量：33.74万 m²。主要包括站房建筑面积12万 m²，无站台柱雨棚7.7万 m²（图8-1）。车站位于滇池断陷盆地边缘与高原低山、丘陵交汇地带，西高东低，站房范围高程1920~1940m。

图8-1　立面图

昆明南站抗震设防烈度为 8 度，相应的设计基本地震加速度值为 0.20g，水平地震影响系数为 0.16，设计地震分组为第三组，特征周期 0.45s；建筑抗震设防类别：B 区（主站房）为乙类；A3~A6 区（承轨区域）为乙类；A1~A2（非承轨区域）以及 C 区为丙类。建筑场地类别为 II 类。高度不大于 50m 钢结构阻尼比为 0.04，混凝土结构阻尼比为 0.05，型钢混凝土结构阻尼比为 0.04。设计院拟定的阻尼比取值为：中、小震采用 0.04 计算，满足设计要求和性能目标；其中对支撑屋面钢管混凝土采用 0.03 计算校核位移。场地地基土层地震液化程度判定：20m 深度范围内砂土层为液化土层。框架抗震等级为一级。为了对新建昆明南站进行健康监测，制定专项设计、施工方案。即：

（1）施工方案；

（2）结构健康监测系统的构成；

（3）结构健康监测部分结果。

昆明南站结构健康监测区域如图 8-2 所示。

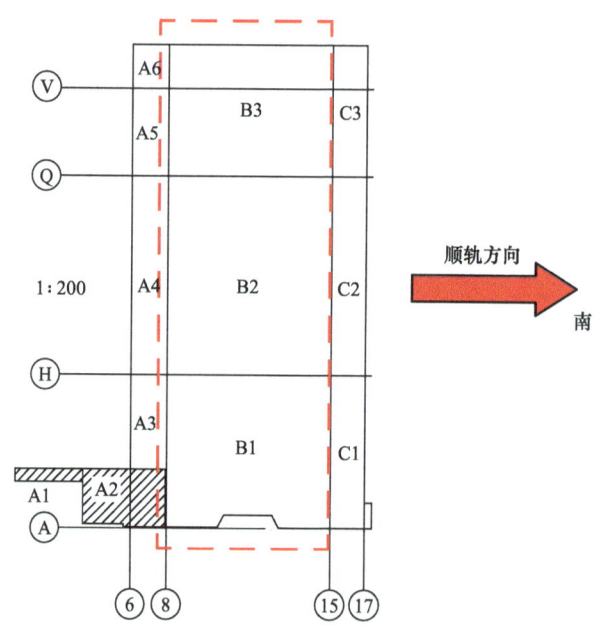

图 8-2 结构健康监测区域

8.2.2 健康监测与施工方案

根据元件埋设部位不同，分为①承台、②承轨层、③高架层、④主站房屋盖、⑤南北雨棚、⑥幕墙六个部分。

相关部分包括范围、测试元件、注意事项，如下所述。

8.2.2.1 承台

（1）概况

大体积混凝土指的是最小断面尺寸大于 1m 以上的混凝土结构，其尺寸已经大到必须采用相应的技术措施妥善处理温度差值，合理解决温度应力并控制裂缝开展的混凝土结构。

（2）测试元件

拟采用的温度计主要技术指标：

灵敏度：0.1℃

精度：±1℃

测量范围：－30～120℃

安装方式：预埋

温度计竖向布置5行（间距660mm）、水平布置5列（1200mm），WD-CT-5为交点（共9个）。温度计安装在木制支架上，且温度计不能和钢筋接触，应和混凝土紧密接触。

温度计在混凝土浇筑前摆放到位，并保证混凝土浇筑时支架位置不发生移动，同时在后续施工时对引出线缆进行保护。

（3）监测内容

如图8-3、图8-4所示。

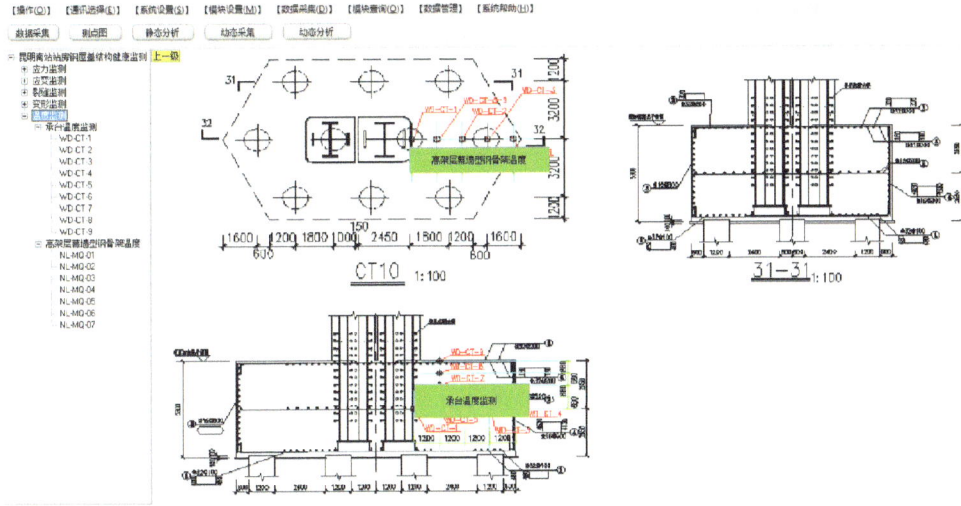

图8-3　承台监测部位示意

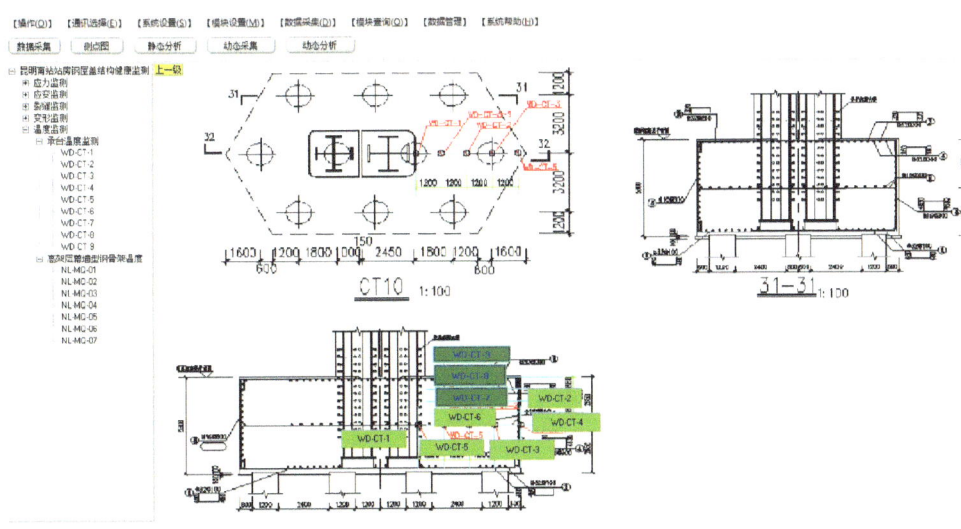

图8-4　承台温度测点监测部位示意

8.2.2.2 承轨层

(1) 概况

承轨层顺轨方向承轨梁截面、跨度较大，为了监测承轨梁的内力及工作状态，选取 5 根承轨梁，利用钢筋计和裂缝计监测其钢筋应力和裂缝开展情况。

承轨梁在列车通过时会产生振动，其加速度大小直接影响到舒适度，故利用加速计量测其加速度大小。

变形缝两侧的竖向变形不能太大，否则会影响列车的运行，利用静力水准仪测定变形缝两侧柱竖向位移的大小，从而可以得到相对位移和绝对位移。

承轨层测试元件布置在承轨层底部的结构层（梁、柱）中。主要布置钢筋计、裂缝计、加速度计、静力水准仪（表 8-1）。

昆明南站主体站房承轨层结构监测设备需用量   表 8-1

序号	测试项目	设备仪器	数量	备注
1	梁钢筋应力	钢筋应力计	30	精度：0.1MPa
2	梁裂缝	振弦式裂缝计	30	精度：$1.0\mu\varepsilon$
3	变形	静力水准仪	24	精度：0.1mm
4	承轨梁振动监测	加速度拾振器（加速度计）	21	

(2) 注意事项

① 钢筋计安装必须在混凝土浇筑之前。施工单位在浇筑这 5 根梁混凝土前，必须确认钢筋计是否安装到位，在混凝土浇筑时应确保有测试人员在现场监督。

② 裂缝计、静力水准仪在拆模后安装，保证在施工的相关后续工作前检查元件是否安装到位。

③ 钢筋计、裂缝计、静力水准仪、加速计元件较多，相关线缆也多，在施工过程中应进行保护。

(3) 检测内容

如图 8-5～图 8-9 所示。

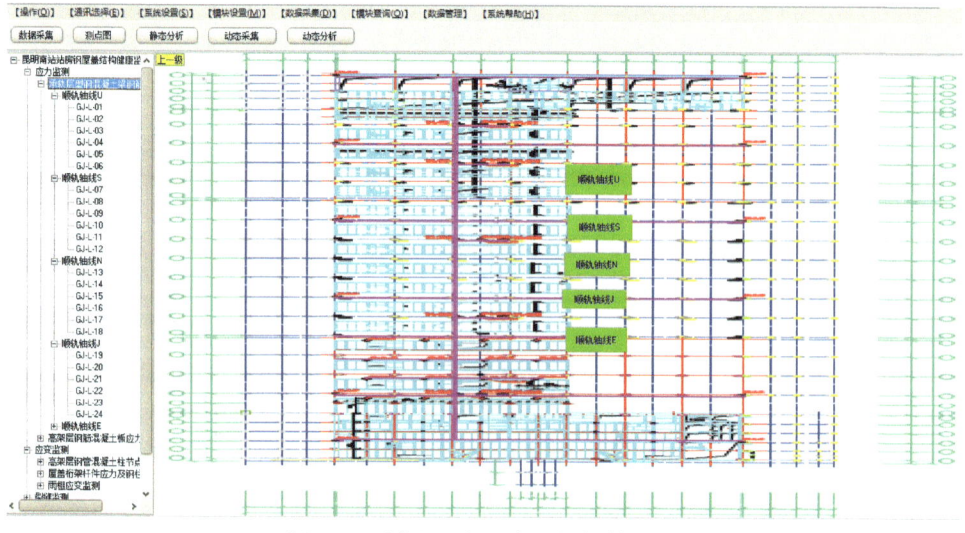

图 8-5　承轨层型钢混凝土梁钢筋应力

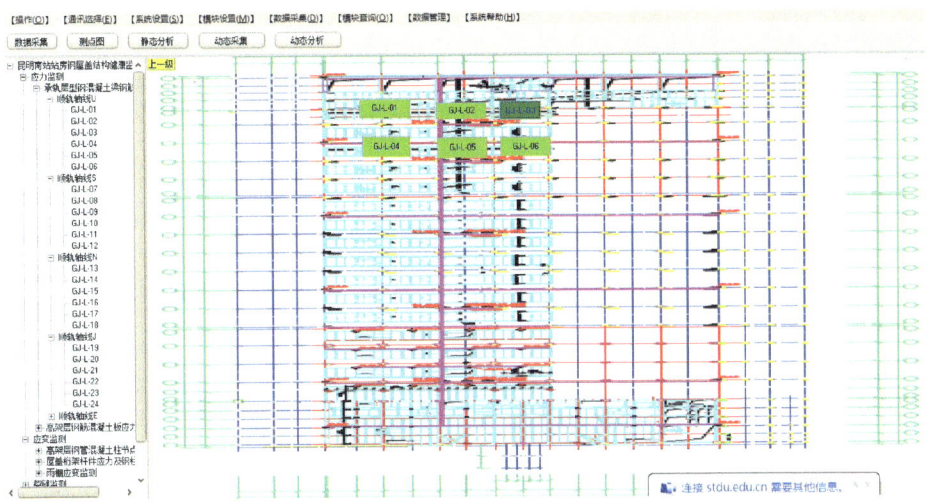

图 8-6 承轨层型钢混凝土梁钢筋应力（顺轨轴线 U 轴）测点

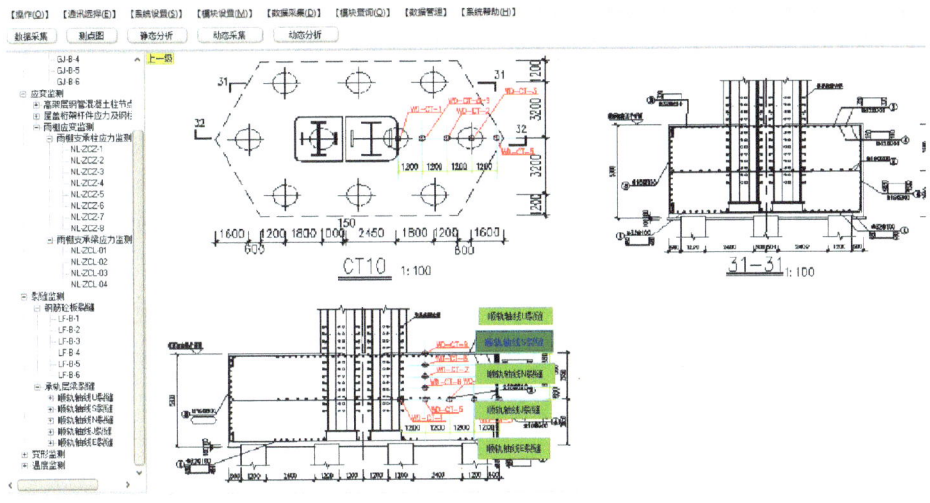

图 8-7 裂缝监测区域示意图

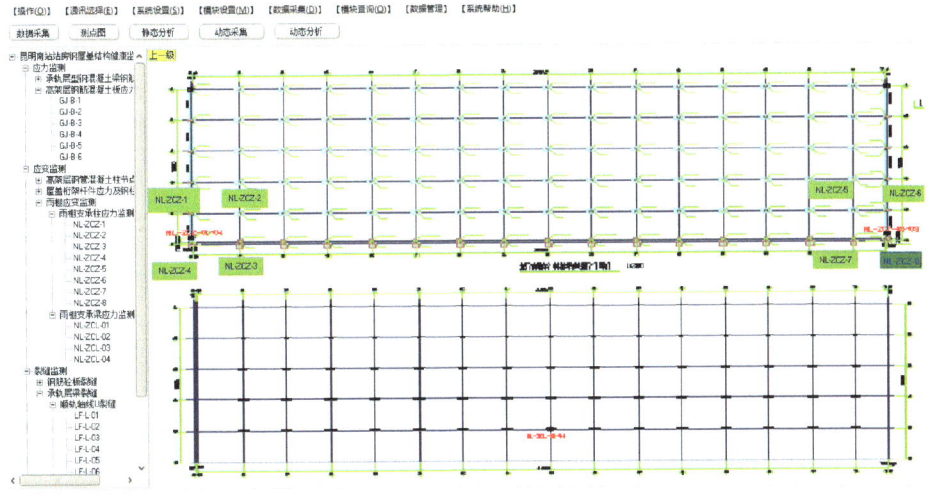

图 8-8 雨棚监测区域及测点示意图

图 8-9 屋盖桁架内力监测区域及测点示意图

8.2.2.3 高架层

(1) 概况

为了监测高架层的混凝土板在使用阶段的受力和工作状态，选取一块板利用钢筋计和裂缝计监测其钢筋应力和裂缝的变化情况。

高架层上候车人员较多，在列车经过时大梁的加速度过大，会影响到舒适度，把加速度计布置在大梁上监测加速度大小。

按照《高层建筑混凝土结构技术规程》JGJ 3—2010 第 3.7.7 条规定：楼盖结构应具有适宜的舒适度，竖向振动加速度不应超过表 8-2 的限值。

楼盖竖向振动加速度限值 表 8-2

人员活动环境	峰值加速度限值（m/s²）	
	竖向自振频率不大于2Hz	竖向自振频率不小于4Hz
住宅、办公	0.07	0.05
商场及室内连廊	0.22	0.15

高架层下部型钢混凝土柱承受的荷载较大，实际使用时应及时掌握柱内力大小变化情况。采用表面应变计测试型钢应变，进而可以计算应力的大小。通过监测结果可以了解柱子的承载状态，且可以为设计提供有益参考。

高架层量测构件为高架层下的结构层（梁、板）和高架层下面的柱。布置的测试元件为钢筋计、裂缝计、应变计、加速计（表 8-3）。

昆明南站主体站房高架层结构监测设备需用量 表 8-3

序号	测试项目	设备仪器	数量	备注
1	钢管混凝土柱节点应力	表面应变计	40	精度：1.0με
2	钢筋混凝土板应力	钢筋应力计	6	精度：0.1MPpa
3	钢筋混凝土板裂缝	振弦式裂缝计	6	精度：0.01mm
4	钢筋混凝土梁振动	加速度拾振器（加速度计）	9	

（2）注意事项

① 钢筋计安装必须在混凝土浇筑之前。施工单位在浇筑这这块板的混凝土前必须确认钢筋计是否安装到位，在混凝土浇筑时应确保有测试人员在现场监督。

② 为保证测试初应力的准确性，应变计应该在型钢混凝土柱的钢材"进场后、吊装前"进行安装。

③ 钢筋计、裂缝计、加速计元件、应变计测试元件较多，相关线缆也多，在施工过程中应进行保护。

（3）检测内容如图 8-10 所示。

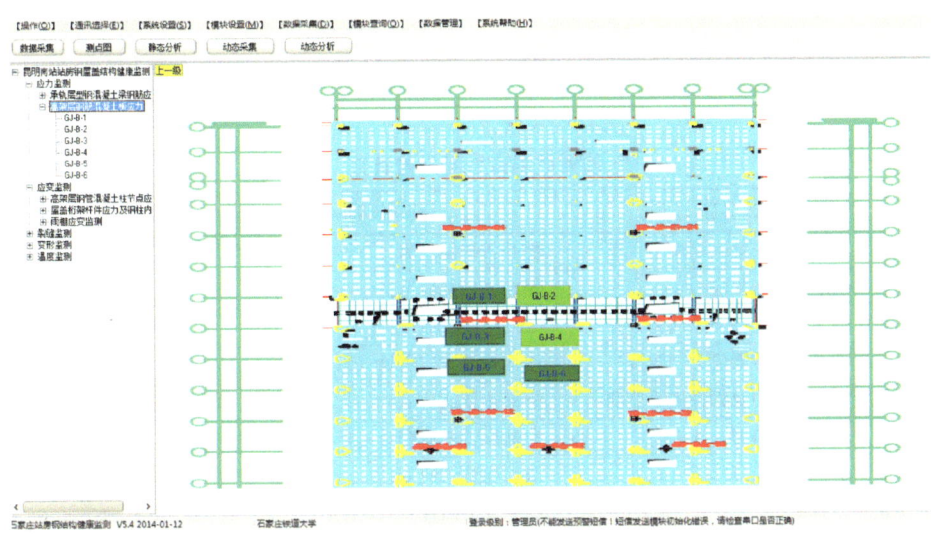

图 8-10 高架层钢筋混凝土板应力测点示意图

8.2.2.4 主站房屋盖

（1）概况

主站房钢结构屋盖桁架跨度较大，候车人员较为密集，过大的变形会成为安全隐患。利用静力水准仪监测桁架的竖向变形。

主站房屋盖为钢结构，服役时在风荷载、地震作用以及偶然振动的影响下，各个振形、加速度等动力响应，直接影响到使用安全。故利用加速度计监测 X、Y、Z 三个方向的动力参数。

主站房屋盖桁架跨度较大、内力较大，利用表面应变计测定钢结构的应变，从而可以计算应力。

下部型钢柱截面较大，同时可以采用表面应变计进行量测。柱底在水平荷载作用下受力情况复杂，利用顺轨、横轨两个方向分别设置表面应变计"应变花"的形式监测。

主站房屋盖部分包括桁架和屋盖下的结构柱。测试的元件为静力水准仪、加速度计、应变计（表 8-4）。

昆明南站主体站房钢结构屋盖结构监测设备需用量　　表 8-4

序号	测试项目	设备仪器	数量	备注
1	杆件应力及钢柱内力监测	表面振弦式应变计	63	精度：1.0με
2	屋盖挠度监测	静力水准仪	13	精度：0.1mm
3	结构振动监测	加速度拾振器（加速度计）	18	

(2) 注意事项

① 静力水准仪和应变计在相应部位的杆件施工完成后，尽快安装，以方便测量初始值，并量测施工过程的影响。

② 为保证测试初应力的准确性，应变计应该在埋设部位的钢构件"进场后、吊装前"进行安装。

③ 静力水准仪、加速度计、应变计元件较多，相关线缆也多，在施工过程中应进行保护。

8.2.3 昆明南站结构健康监测系统设备及人员安排

8.2.3.1 本项目利用设备情况（表8-5）

健康监测设备需用量计划　　表8-5

序号	测试项目	设备仪器	数量	合计
1	承轨层型钢混凝土梁钢筋应力	振弦式钢筋应力计	30	36套
2	高架层钢筋混凝土板应力	振弦式钢筋应力计	6	
3	高架层钢管混凝土柱节点应力	表面振弦式应变计	40	122套
4	高架层幕墙型钢骨架应力（温度）	表面振弦式应变计（温度）	7	
5	屋盖桁架杆件应力及钢柱内力监测	表面振弦式应变计	63	
6	雨棚支承柱应力监测	表面振弦式应变计	8	
7	雨棚支承梁应力监测	表面振弦式应变计	4	
8	承轨层梁裂缝	振弦式测缝计	30	36套
9	钢筋砼板裂缝	振弦式测缝计	6	
10	承轨层变形缝处柱相对变形	静力水准仪	24	44套
11	高架层幕墙型钢骨架挠度监测	静力水准仪	7	
12	屋盖挠度监测	静力水准仪	13	
13	承轨梁振动监测	加速度拾振器	21	48套
14	高架层钢筋混凝土梁振动监测	加速度拾振器	9	
15	屋盖结构振动监测	加速度拾振器	18	
16	承台温度监测	温度计	9	9套
17	数据采集系统	监测数据采集	2套	2套
18	导线	屏蔽线	30000m	30000m
19	导线保护管	PVC管	8000m	8000m
20	保护盒	保护盒	420个	420个
21	服务器		1台	1
22	监控室	监控设备、设施	1套	1套

8.2.3.2 本项目所需人员情况（表8-6）

健康监测劳动力需用量计划　　表8-6

工种	工长	工程师及辅助人员	仪器安装	监测	设备调试及维修
人数	1人	2人	8人	2人	2人

工长在现场负责人员设备组织调配，抓好质量进度与安全，协助工程师处理有关技术问题。各相应部位配备相应质检员，负责相关部位的质量。工程师在现场巡回检查，出现问题，及时处理。

8.2.4 昆明南站结构健康监测成果

根据元件埋设部位不同，分为①承台、②承轨层、③高架层、④主站房屋盖、⑤南北雨棚、⑥幕墙六个部分。

如图 8-11 所示，包含了系统菜单、快捷命令按钮，图中左侧为全部监测部分的检测部位和相应测点名称树形结构，右侧为预定的监测项目平面结构。从该主界面左侧和右侧均可逐级进入最终要查看的测点信息及监测分析结果。图 8-12～图 8-15 为从系统中抓取的监测部位示意图。

图 8-11 健康监测系统的主界面

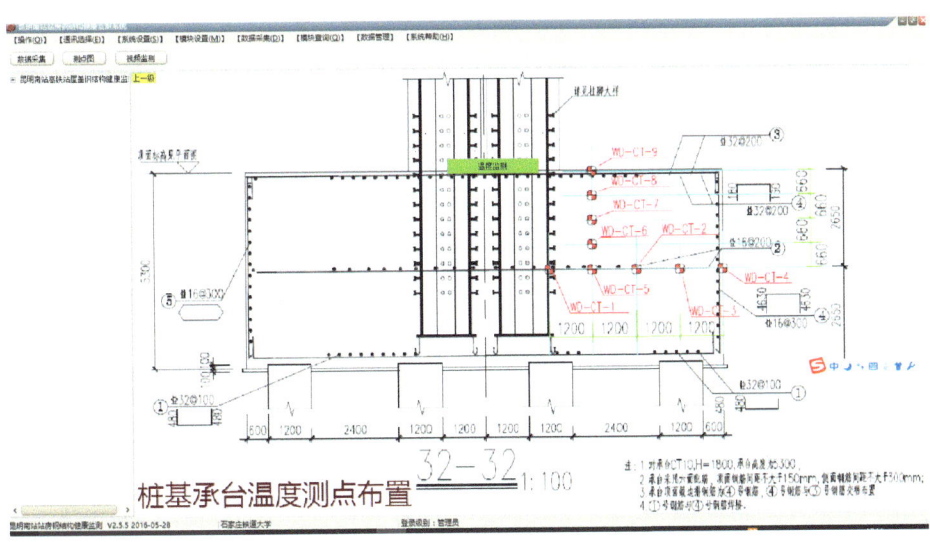

图 8-12 承轨层部位结构监测界面

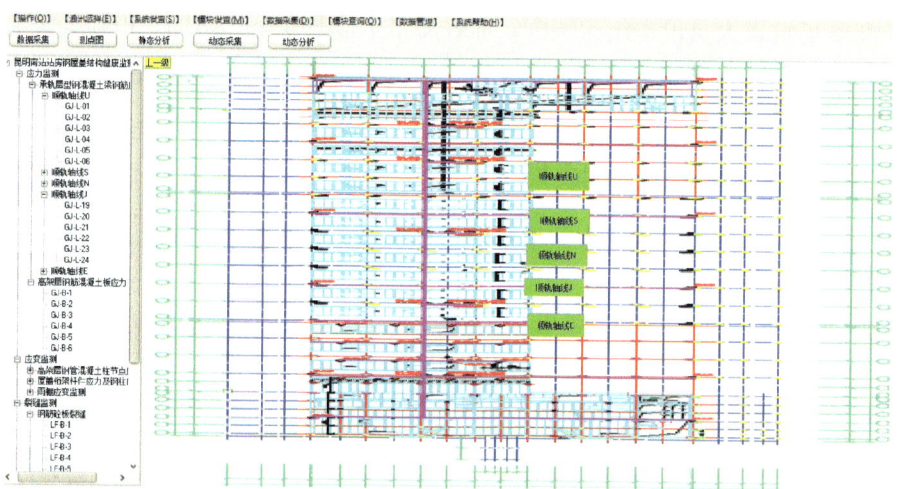

图 8-13 承轨层部位结构监测界面

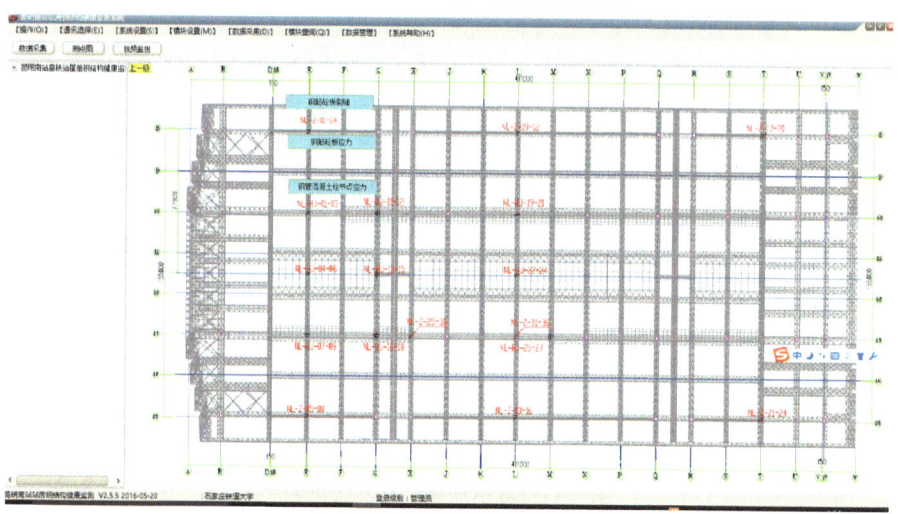

图 8-14 高架层部位结构监测界面

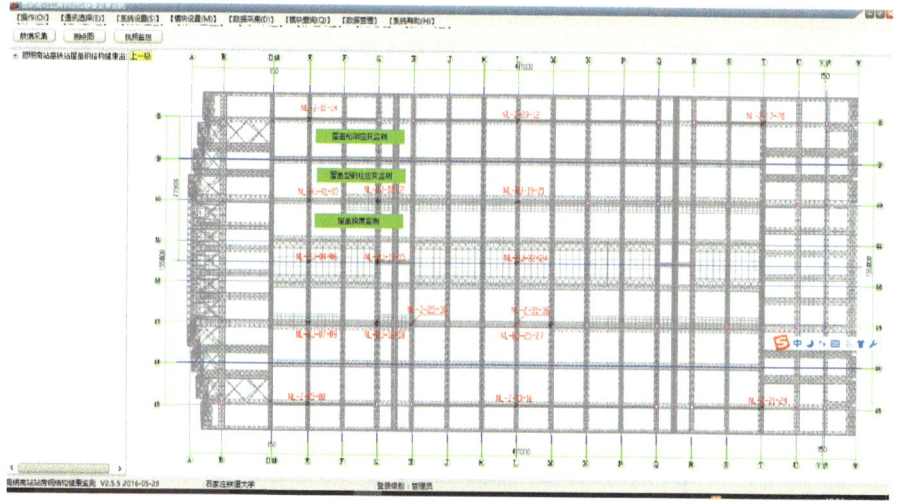

图 8-15 应变监测界面

8.2.5 结语

（1）昆明南站结构健康监测系统各传感器、数据采集模块及监控室相关设备随站房主体结构完工也顺利安装完毕，通过数据采集，符合方案设计要求。

（2）经过一段时间的运行，昆明南站结构健康监测软硬件系统运行平稳，数据采集正常，能够客观反映昆明南站结构健康状态情况。

（3）昆明南站结构健康监测系统具备报警功能，已在试验室测试通过，报警功能完善，将来车站装配有线和无线通信网络，能在一定程度上实现无人值守。

8.3 屋盖钢结构安全监测技术

8.3.1 工程概述

合肥南站是合肥铁路枢纽南环线和京福高速铁路上的新建客站，是继上海虹桥站、南京南站、杭州东站之后，上海铁路局管内开工建设的又一座大型客站。合肥南站站房工程，位于合肥市包河区，总建筑面积 9.92 万 m^2，最多聚集人数 9000 人。主体站房地上二层，地下一层，局部设有夹层。地下一层（-10.8m）为出站层，其顶板（±0.0m）为站台层及轨道层，标高+10.0m 为候车层，17.5m 标高局部设有商业夹层。

钢屋盖采用双向正交正放桁架结构。桁架结构平面投影为矩形，最高点高度 37.2m，最低点 32.2m。桁架屋盖南北长 389.3m，东西长 201m，东西向悬挑 27.5m，南北向悬挑 24.5m。基本柱网横向为三跨，跨度为 40m+66m+40m，纵向最大柱距为 53.1m。桁架结构杆件采用空心圆管，全部采用无缝钢管，材质 Q345B。节点采用焊接球节点和相贯节点，支座采用球铰支座。

合肥南站建筑为铁路综合交通枢纽站，属于重要的大型公共建筑，人流密集，公众关注度高，一旦发生重大安全事故，会造成严重的社会影响。车站建筑使用期限长达几十年及至上百年，在其服役过程中由于环境荷载作用、疲劳效应、腐蚀效应、材料老化和突变效应等灾害因素影响，结构不可避免地会产生损伤的累积和抗力的衰减，从而导致抵抗自然灾害、甚至正常环境作用的能力下降，极端情况下（如遇地震、台风、暴雪等灾难性荷载作用）会引发灾难性的突发事故，可能遭受极为严重的破坏。因此，加强这类大型复杂结构使用期间的结构状态的健康监测，确保其能够健康服役是非常必要的。

8.3.2 结构健康监测系统的构成

结构健康监测系统包括：传感器子系统、数据采集、处理与传输子系统、数据管理子系统、安全评估与预警预报子系统，上述各子系统分别涉及不同的硬件和软件，需要系统集成技术将它们集成为一个协同共同工作的健康监测系统。通过对结构进行长期在线连续监测，分析处理监测信息，对结构的健康状况和性能进行科学评估，并对服役期间出现的故障及时进行预警。各系统之间的关系如图 8-16 所示。监测系统的组成框架如图 8-17 所示。

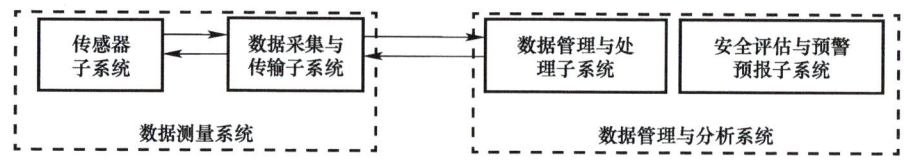

图 8-16 结构健康监测系统构成

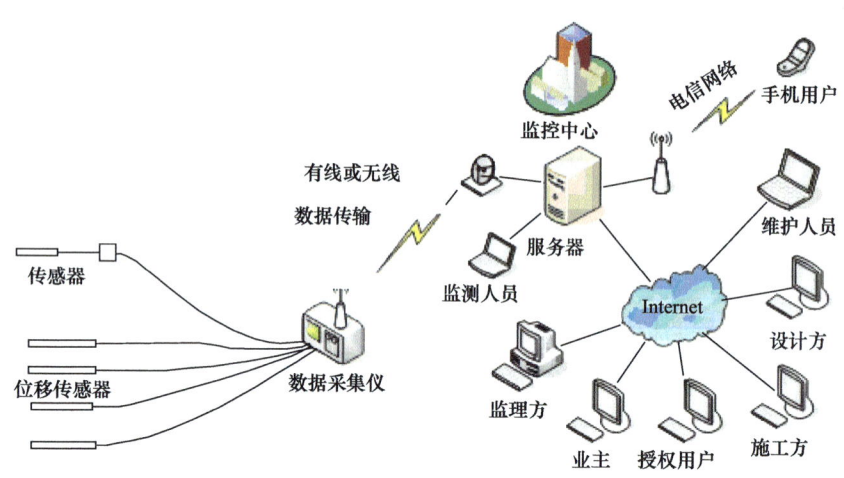

图 8-17 监测系统的组成框架示意图

8.3.2.1 传感器子系统

传感器子系统属于最前端的硬件系统,其基本的监测功能主要由量测结构不同参数响应的传感器组成。传感器子系统根据所测对象不同,所采用的传感器类型不同,根据结构健康监测的需要,主要监测项目见 8.3.4 节。

8.3.2.2 数据采集

振弦式应力应变计、钢筋应力计、混凝土应变计、温度传感器、静力水准仪、振弦式裂缝计、锚索计的数据采集拟采用金码高科的自动化综合测试系统。该系统主要由综合采集模块、通用信号采集模块、电源防雷模块、信号防雷模块、防水密封保护机箱、高可靠性空气开关、可充电电源模块等组成。加速度拾振器的数据采集系统拟采用北京东方振动技术研究所 DASP 数据采集系统。

8.3.2.3 数据采集方式

现场通过 RS485 串口直接连接获取数据,这种方式用于现场便携式电脑直接通过自动化综合测试系统获取数据,便携式电脑可通过提供的 RS485 转换线与现场测试系统直接通信。主机 RS485 通信有如下特点:总线结构简单,布线成本低,有较高的性能价格比,且 RS485 可带多个负载,只要对程序稍作修改即可实现一台 PC 机监控多台下位机。在不使用 Modem 的情况下,在 100kbps 的传输速率时传输距离可达 1200m。

根据现场测点布置情况和布线要求,将数采系统集中布置在测点密集区域并设置机房,面积 10m² 左右。

8.3.2.4 数据传输

本套健康监测系统采用有线传输,其目的在于提高传输的质量。由于有线传输采用实体线,其传输质量与速度稳超实用频射传播的无线传输。除了质量与速度,有线传输在传输范围上也有优势,有线传输可以传播得更远,而且墙壁、拐角等位置处不会影响数据传输。

有线传输采用对信号干扰小的导线进行传输,将导线放在线槽中,通过上部管桁架结构层进行传输。监测仪器用金属保护盒进行密封,尽量靠近结构的隐蔽处,健康监测不会影响建筑装饰装修。但仪器设备会有正常的损耗,在进行建筑装饰装修时应考虑日后监测系统的检修问题。

传感器应使用配套的导线,导线的连接应严格按照使用说明书中的规定进行操作。考虑到健康监测系统与结构同寿命工作,因此需要定期检修、维护,为方便起见尽量在结构层和装修层之间通过。

健康监测系统传感器数量多、种类多,传感器走线有一定的复杂性,建议采取分组归类、逐级汇总的原则进行布置。首先将传感器分组,根据工作原理、空间位置关系可将传感器分为三组,分别为应力应变计组(包括钢筋应力计、振弦式应力应变计、混凝土应变计)、变形传感器组(裂缝计、静力水准仪、温度传感器)和动力特性组(加速度拾振器)。

8.3.2.5 机房布置与配套条件

(1) 电源最好配置有 UPS,即不间断电源。
(2) 要求有网络接口、网线。
(3) 集线箱。
(4) 一个立式的机柜。机柜可找人加工,购买成品也可以。机柜的大小跟 1.8m 高的空调差不多。电源、网络、集线箱等,都处理在机柜里。
(5) 一台工控机(推荐研华工控机)。工控指的是工业自动化控制,主要利用电子电气、机械、软件组合实现。主要是指使用计算机技术,微电子技术,电气手段,使工厂的生产和制造过程更加自动化、效率化、精确化,并具有可控性及可视性。
(6) 机房需要保持干净、干燥通风的环境,一定不能潮湿。

8.3.2.6 健康监测数据处理系统

本项目拟采用自开发的结构安全监测软件系统和基于多元控制理论的结构监测健康诊断系统,该软件系统的功能主要有:
(1) 汇总收集应变信号、位移信号、结构振动信号三个子系统的数据。
(2) 管理各个子系统的仪器设备。
(3) 进行相应的运算分析。
(4) 以人性化的界面进行实时数据和实时曲线的展示。
(5) 对超过预设值的数据给予报警。

(6) 可查询历史数据及报警数据。
(7) 后期可查询数据库获取各种统计报表。
(8) 管理操作人员的登录权限等。
(9) 根据监测数据进行结构状态与损伤识别，并根据综合识别的结果对结构的安全状况进行评估。

8.3.3 监测方案及系统布设方案设计

(1) 各项监测要求的控制参数

本健康监测各项目的控制参数将在监测工作开始之前和设计方共同商定后确定。

(2) 监测点布设

各监测项目及测点的布设按指挥部及设计院提供《合肥南站主体站房钢结构屋盖健康监测》的要求进行。按照正常使用状态下，根据结构的对称原则，选取有代表区域的重点部位的关键杆件，总的布设原则既能反映结构使用中的受力变形状况，又能使测点数尽量少，以节约总投资。钢结构房屋监测区域如图 8-18 所示。

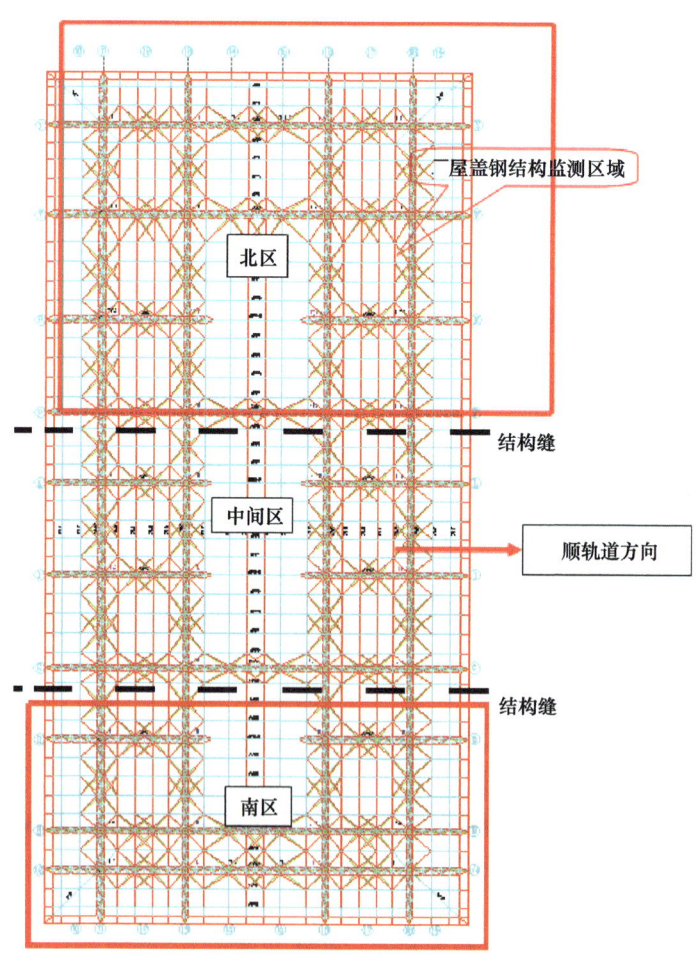

图 8-18　钢结构房屋监测区域

合肥南站钢结构屋盖采用倒三角管桁架与部分平面桁架组合结构，屋盖平面尺寸为394.25m×204m，通过设置两道变形缝分成三个结构单元。管桁架杆件采用相贯焊接点，部分采用焊接球节点。考虑屋盖结构的特点，本监测主要是针对北区（10-18/P-Y）部分的屋盖重点受力部位的关键杆的应力及挠度进行监测。

8.3.4 监测内容

按业主及设计院提供《合肥南站站主体站房钢结构屋盖健康监测》的要求，对屋盖钢结构监测的内容主要包括：①变形监测；②应力监测；③结构温度监测（重点部位）；④风速、风向监测；⑤钢结构锈蚀情况监测。

8.3.4.1 变形监测

选取北区的 10-18/P-Y 轴屋盖中的典型三条基线监测钢结构屋盖的挠曲变形，各测点的竖向变形采用静力水准仪，其测点区域布置如图 8-19 所示。共 25 个静力水准仪。

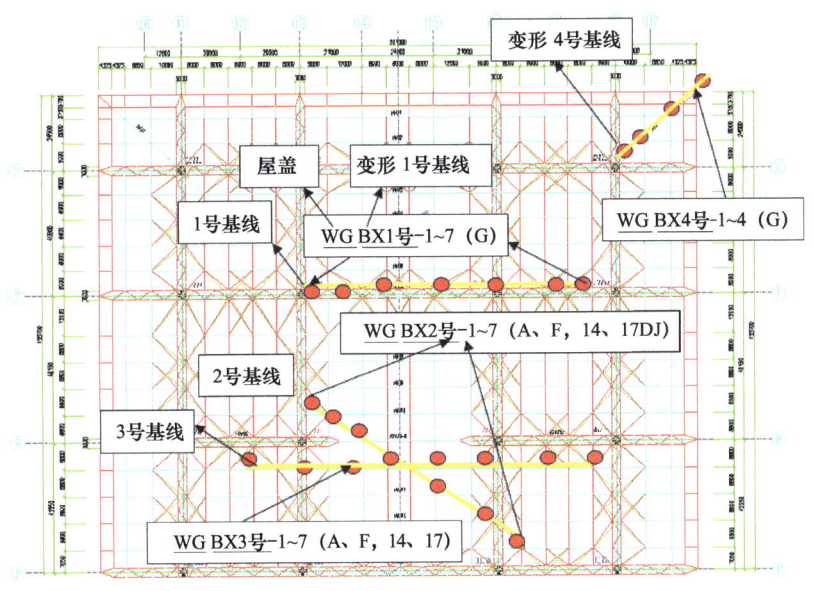

图 8-19 北区钢结构屋盖挠度变形测点布置示意图

8.3.4.2 应力监测

选取北区（10-18/P-Y）屋盖中的典型支座区域、管桁架的中心区域及边跨中区域的关键受力杆件，其测点区域布置如图 8-5 所示。其中每个区域各选取上弦杆、下弦杆和腹杆中部埋设 2 个测点应力计测试应力变化，测点布置如图 8-20～图 8-26 所示。共 6 个部位，30 个表面应变计。

拟采用的振弦式表面应变计（埋入式）主要技术指标：
- 标准量程：$3000\mu\varepsilon$

- 精度：±0.1%F.S.
- 非线性度：<0.5%F.S.
- 灵敏度：1.0$\mu\varepsilon$
- 温度范围：$-20℃\sim+80℃$
- 安装方式：表面安装

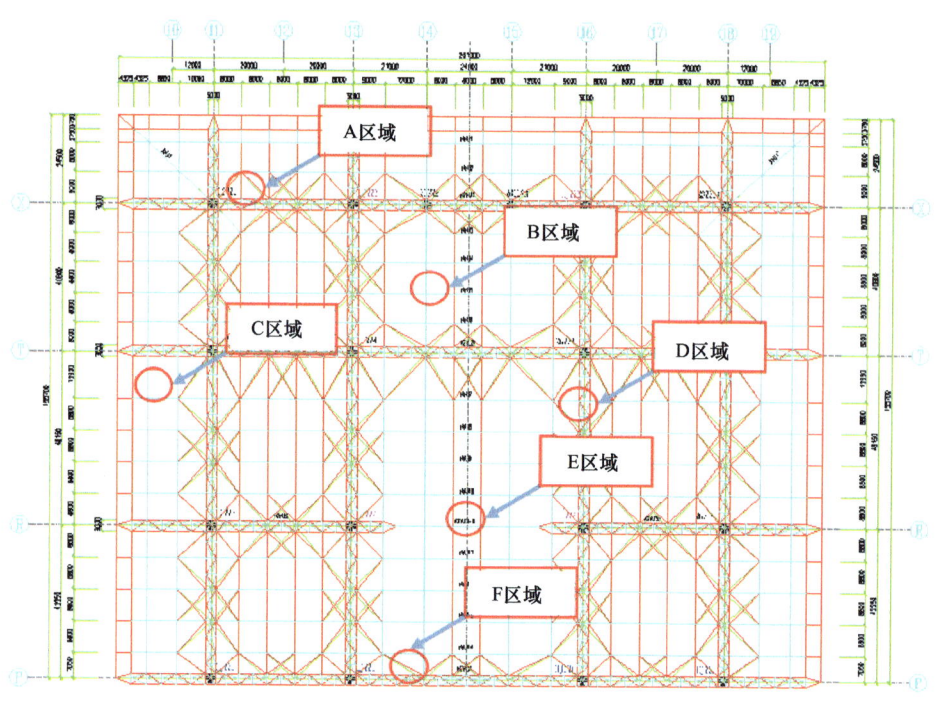

图 8-20 钢结构屋盖应力测点区域布置图

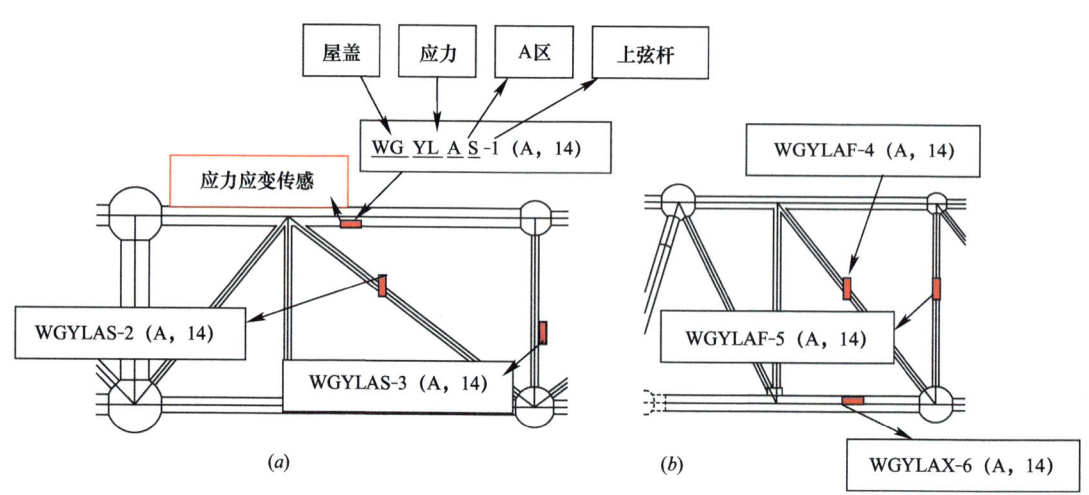

图 8-21 A区域杆件应力应变传感器布置示意图
（a）上弦杆；（b）下弦杆与腹杆

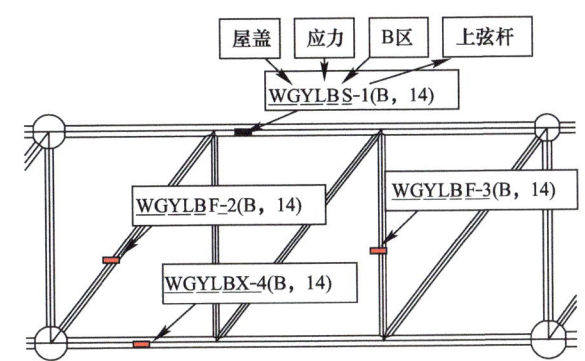

图 8-22 B区域杆件应力应变传感器布置示意图（上弦杆、下弦杆与腹杆）

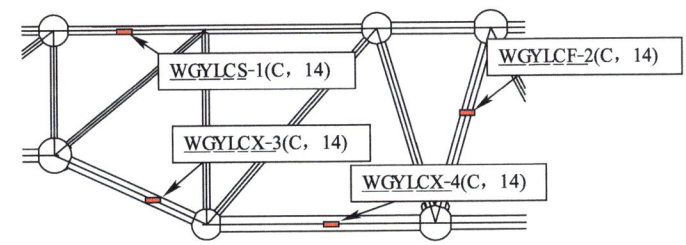

图 8-23 C区域杆件应力应变传感器布置示意图（上弦杆、下弦杆与腹杆）

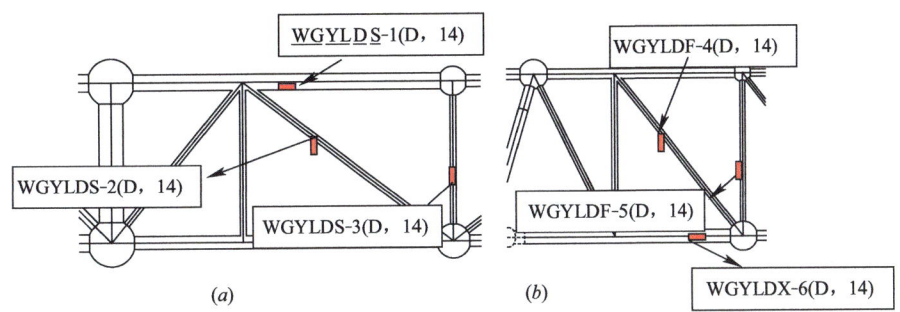

图 8-24 D区域杆件应力应变传感器布置示意图
(a) 上弦杆；(b) 下弦杆与腹杆

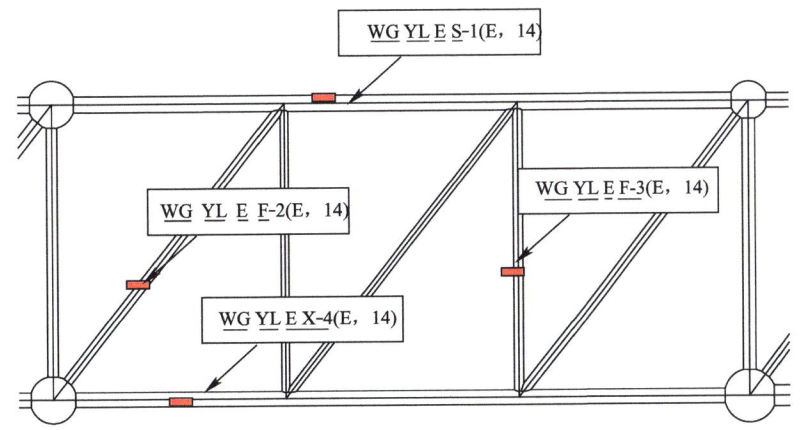

图 8-25 E区域杆件应力应变传感器布置示意图（上弦杆、下弦杆与腹杆）

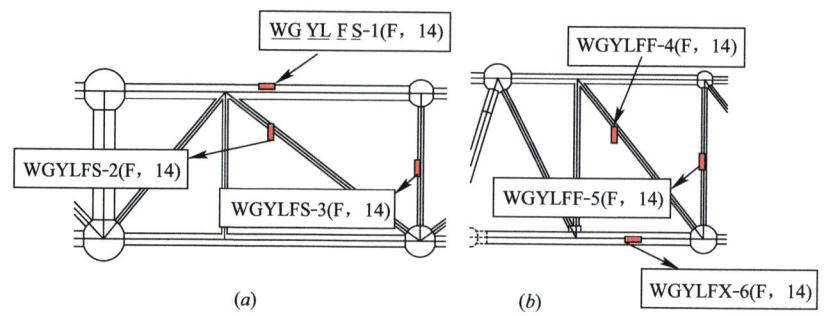

图 8-26 F区域杆件应力应变传感器布置示意图
(a) 上弦杆；(b) 下弦杆与腹杆

8.3.4.3 温度监测

屋盖管桁架结构具有跨度大、杆件众多等特点，结构形式复杂。而且桁架结构的上弦杆靠近屋面，易受到季节性温度变化、日照温差变化的影响。因此需要同时监测上弦杆、下弦杆以及腹杆的温度值。选择应力监测相对应的监测区域（图8-27），每个区域上弦杆、下弦杆以及腹杆各埋设温度传感器，分别监测上弦杆、下弦杆以及腹杆的温度变化。共27个温度计。

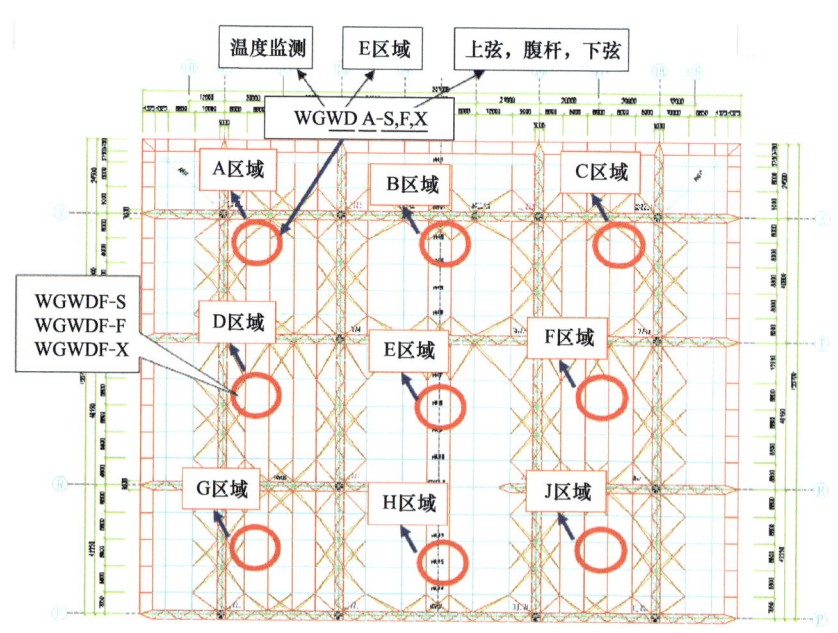

图 8-27 钢结构屋盖温度测点区域布置示意图

8.3.4.4 风速风向监测

建立风速的长期监测系统主要基于以下几点考虑：

第 8 章 高铁客站全寿命健康监测技术研究与应用

（1）结构在一般情况下，除恒荷载外，受到风荷载的作用最为频繁。其他活荷载如雪荷载、地震荷载等作用次数较少。

（2）合肥南站钢结构屋盖结构属于大跨度空间结构，除了承受风荷载侧向作用外，较高层建筑而言，风荷载对屋面风吸力作用明显。

（3）统计风速数据，准确掌握结构承受的实际荷载，对后期诊断风荷载对结构的影响有重要的作用。

风速仪以及风向仪的布置在北站房三个屋面檐口分别布置一套风速风向仪，以监测屋面的风向风速变化。风速风向仪测点布置见图 8-28。

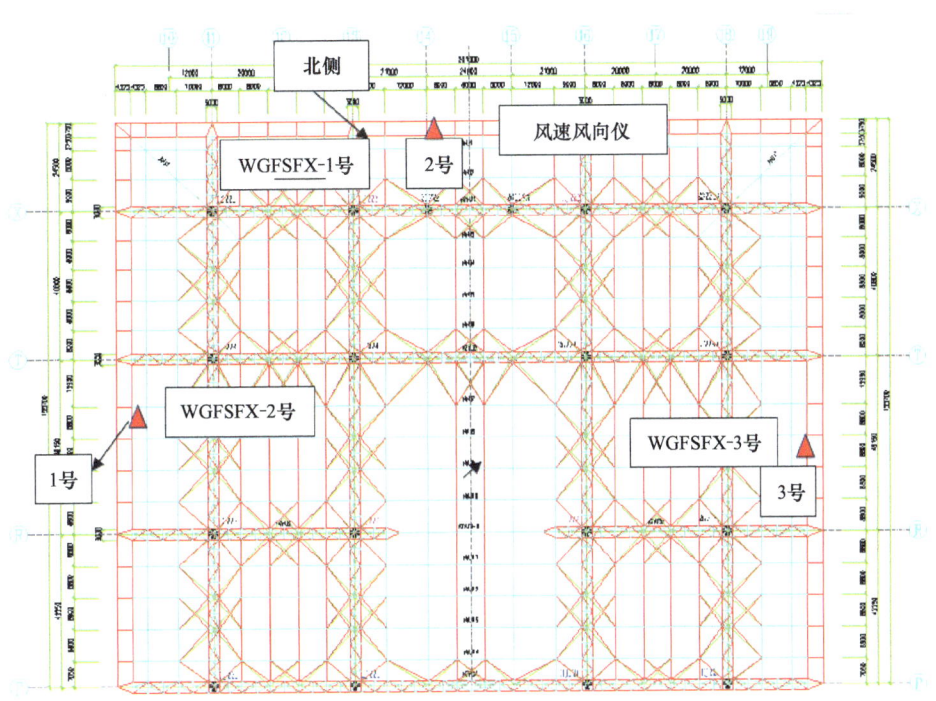

图 8-28 北站房钢结构屋盖风速风向测点布置示意图

风速仪的主要技术指标：
- 测量风速范围：0～60m/s
- 风向范围：8 方向
- 风速启动动力：0.6m/s
- 数据存储：2000 个，循环覆盖
- 产品尺寸：160mm×80mm×85mm
- 使用环境：−30℃～+70℃，相对湿度≤90％RH

8.3.4.5 钢结构锈蚀情况监测

按设计要求，在屋盖 11-18/X 轴前的悬挑端部吊顶内增加两处摄像头及遥控照明灯，监视钢结构的锈蚀情况。摄像头及遥控照明灯位置如图 8-29 所示。

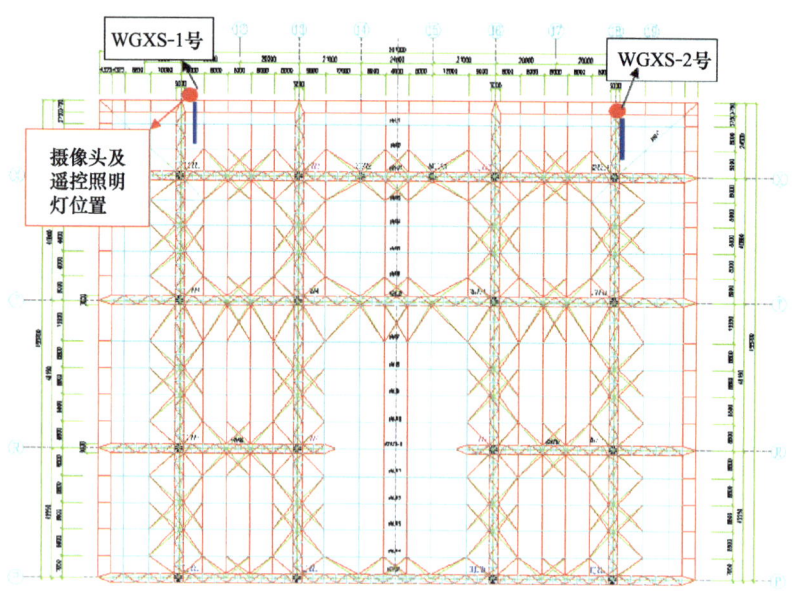

图 8-29 摄像头及遥控照明灯位置示意图

8.3.5 结语

通过在合肥南站屋盖钢结构安全性监测技术的应用，分析车站钢结构屋架、高架层重点受力区域的关键杆件、承轨层的关键受力部位在服役期的性能情况，掌握车站结构的安全性、耐久性和使用性，掌握其各阶段的安全状况，通过对结构性能进行检查、评估或监测，预测结构的性能变化和剩余寿命并做出维护决定，对提高结构的运营效率，保障结构的安全和人民群众生命财产安全，促进我国建筑结构耐久性研究具有非常重要的意义。

8.4 铁路站房大型网架应力与挠度监测技术

8.4.1 工程概述

贵阳北站站房钢结构屋盖投影面积为 74820m²，屋盖典型跨度 42m×66m，东西向设两条变形缝，东西站房钢结构按标高分为一、三级屋盖，高架站房按标高分为二、三级屋盖，分为三个施工区，以高架第三区为研究对象。站房屋盖采用正放四角锥焊接球网架与钢桁架组合结构，网架全部采用焊接球节点，桁架采用管-管相贯节点形式，见图 8-30。支承屋盖的结构柱采用自密实钢管混凝土柱，柱直径 1500mm，壁厚 40mm，柱脚钢板厚度 60mm。针对站房钢结构屋盖提升的二、三级屋盖分级提升和同步性控制难度大两个施工难点，采用有限元 MIDAS 软件对提升前钢结构屋盖进行设计计算及仿真模拟分析，应用结构健康监测技术对提升中钢结构屋盖进行应力、挠度实时监测，将两者得到的数据进行对比，分析在

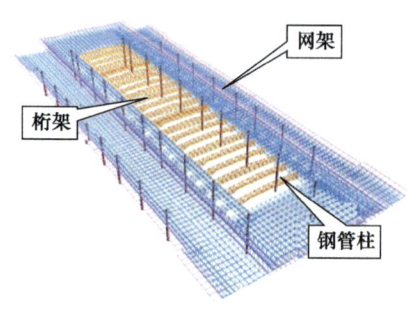

图 8-30 贵阳北站钢结构屋盖平面图

提升中结构自身的受力反应及变形状况。

8.4.2 MIDAS 设计计算及仿真模拟分析

在高架站房钢结构吊装工程施工前用有限元 MIDAS/Gen 对施工全过程模拟分析，计算报告中考虑第一次提升后产生的内力和变形，在此基础上验算第二次提升过程的施工分析，整个过程中对于个别杆件超出应力比 0.95 的杆件均给予替换，在替换的基础上重新验算构件的应力和变形，以高架第三区为例，见图 8-31、图 8-32。

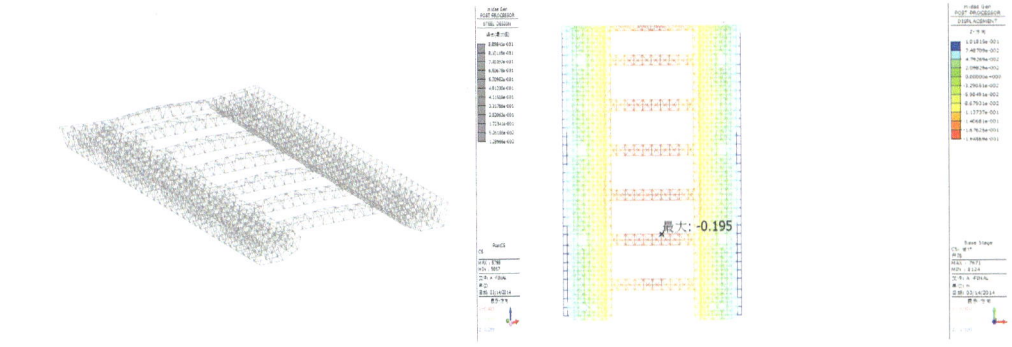

图 8-31 第一次提升杆件替换后整体应力比和变形图

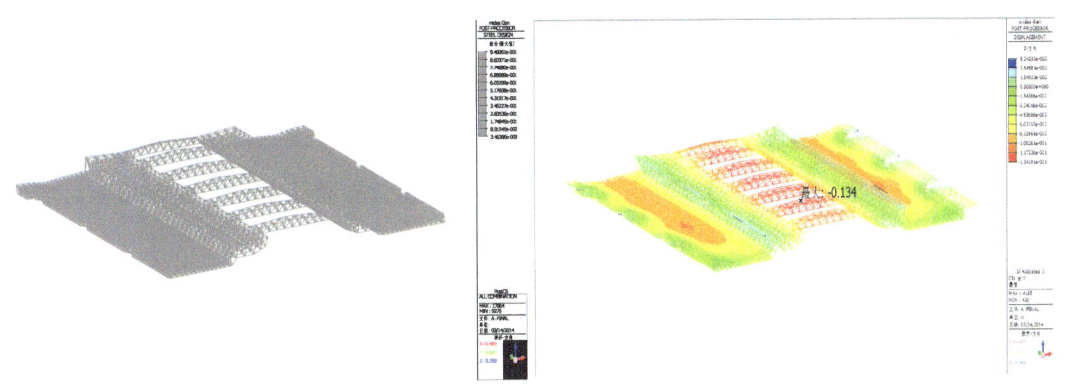

图 8-32 第二次提升杆件替换后整体应力比和变形图

由以上分析可知，部分杆件替换后，提升过程中构件的应力比均小于 0.95，满足强度稳定要求。杆件替换后，中间跨跨中变形最大为 134mm，主体结构吊点间的跨度为 63500mm，变形为跨度的 1/474。边跨跨中变形最大为 101mm，主体结构吊点间的跨度为 42000mm，变形为跨度的 1/416，均小于规范规定的 1/250 的变形限值。

8.4.3 结构健康监测系统组成及监测结果

结构健康监测（Structural Health Monitoring，简称 SHM）指一种当结构的形态发生明显改变或者结构本身发生损坏时能根据要求提供相关信息的系统。在钢结构屋盖提升过程中，应用结构健康监测技术监测杆件应力与屋盖挠度。健康监测系统包含 4 个子系统：①传感器子系统；②数据采集与传输子系统；③数据处理与分析子系统；④预报预警子系统。施工中传感器布置见图 8-33。

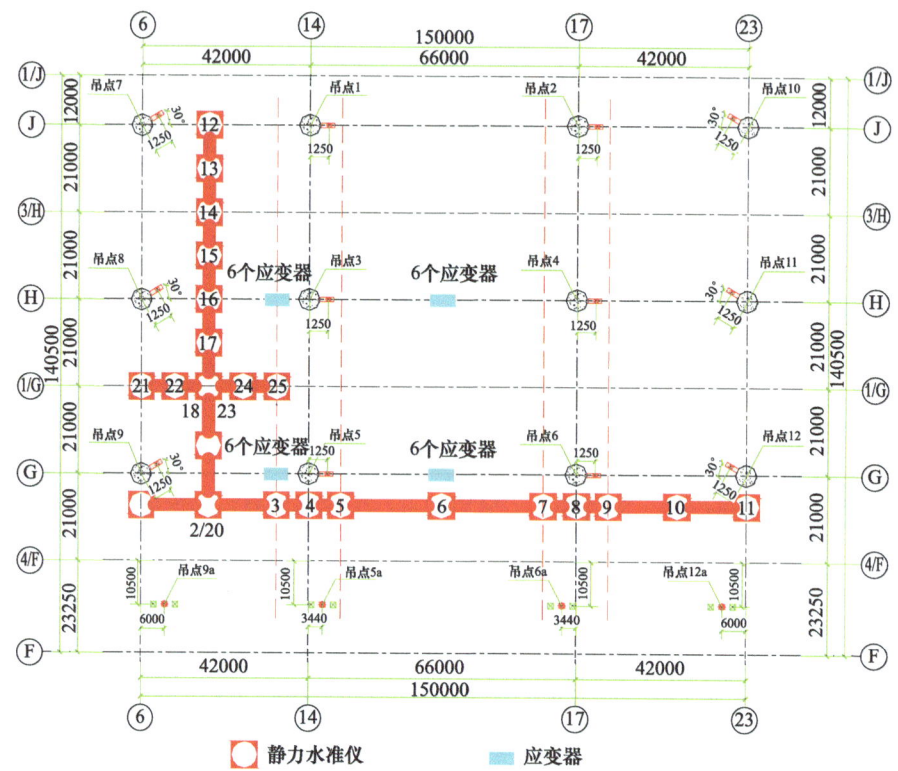

图 8-33　高架第三区传感器布置图（采用 23 个静力水准仪、24 个应变器）

8.4.3.1　传感器子系统

在本次钢结构屋盖提升施工监测中，传感器子系统包含振弦式表面应变计和静力水准仪两种传感器。

振弦式表面应变计焊接在钢结构杆件表面，通过频率仪测得钢弦的频率变化，测出应变计所在点的应变，从而测出杆件所受作用力的大小，如图 8-34 所示。

屋盖杆件的应力是反应结构受力情况最直接的数据参数，对屋盖在提升过程中杆件内力变化进行监测，判断结构效应是否符合运用 MIDAS/Gen 对网架进行静力和动力性能的有限元分析。

静力水准仪利用底座与钢结构杆件施焊进行连接，如图 8-35 所示。根据连通器原理和相对位移差，测出钢结构屋盖整体挠度变化，判断是否符合运用 MIDAS/Gen 对网架进行变形状况的有限元分析。

初始液位值分别为：H_{10}、H_{20}、H_{30}、H_{40}、……H_{i0}；

新液位值分别为：H_1、H_2、H_3、H_4、……H_i；

各测点液位变化量分别计算为：$\Delta h_1 = H_1 - H_{10}$、$\Delta h_2 = H_2 - H_{20}$、$\Delta h_3 = H_3 - H_{30}$、$\Delta h_4 = H_4 - H_{40} \cdots \Delta h_i = H_i - H_{i0}$。

Δh_i 为正值表示该测点贮液容器内的液面升高，负值表示该测点贮液容器内的液面降低。

选定测点 1 为基准点，其他各测点相对基准点的垂直位移（沉降量）为：$\Delta H_2 = \Delta h_1 - \Delta h_2$、$\Delta H_3 = \Delta h_1 - \Delta h_3$、$\Delta H_4 = \Delta h_1 - \Delta h_4$、…、$\Delta H_i = \Delta h_1 - \Delta h_i$。

ΔH_i 为正值表示该测点地基抬高，负值表示该测点地基沉降。

第 8 章 高铁客站全寿命健康监测技术研究与应用

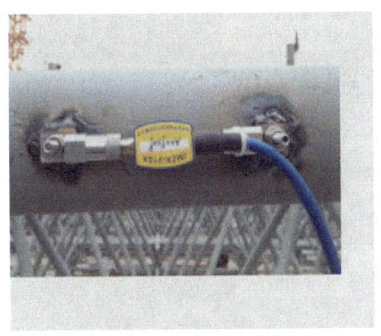

图 8-34 应变计　　　　图 8-35 静力水准仪

8.4.3.2 数据采集与传输子系统

数据采集与传输子系统采用有线和光纤传输，在施工现场，传感器与全密封机箱（见图 8-36）、全密封机箱与现场电脑采用有线传输，利于提高传输速度和质量，通过 RS485 串口（见图 8-37）直接连接获取数据，用于电脑直接通过自动化综合测试系统获取数据。现场电脑与结构健康监测监控室主机采用光纤传输，将现场电脑得到的数据及时高效地传输到监控室。

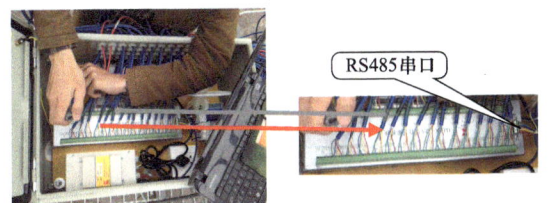

图 8-36 全密封机箱　　　图 8-37 综合采集模块

8.4.3.3 数据处理与分析子系统

数据处理与分析子系统把钢结构屋盖提升中的应变信号、位移信号两个传感器子系统的数据进行汇总收集、数据处理和分析，进行相应的运算分析，以人性化的界面进行实时数据和实时曲线的展示。在钢结构屋盖提升中，监测得到的部分应力与挠度实时数据和曲线图见图 8-38、图 8-39 及表 8-7、表 8-8。

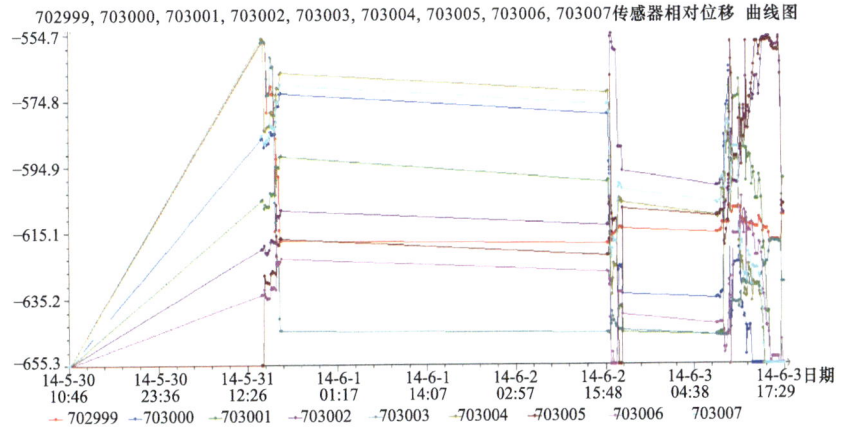

图 8-38 挠度监测曲线

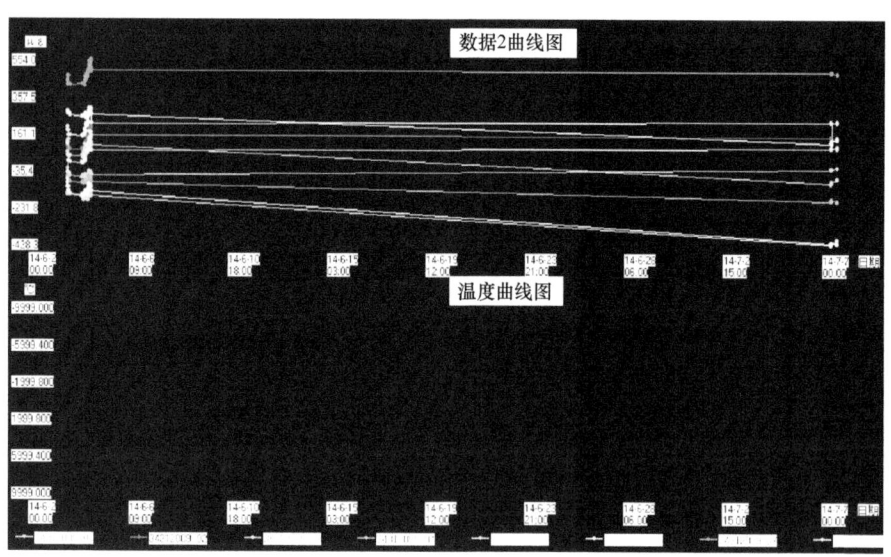

图 8-39 应力监测曲线

挠度监测数据 表 8-7

序号	测量时间	传感器型号	绝对位移	单位 1	相对位移	单位 2
1	2014/5/31 10：46	JMDJ-62XX	0	mm	−655.35	mm
2	2014/5/31 10：54	JMDL-62XX	0	mm	−655.35	mm
3	2014/5/31 14：29	JMDL-62XX	98.19	mm	−557.16	mm
4	2014/5/31 14：39	JMDL-62XX	98.31	mm	−557.04	mm
5	2014/5/31 14：53	JMDL-62XX	98.63	mm	−556.72	mm
6	2014/5/31 15：05	JMDL-62XX	98.19	mm	−557.16	mm
7	2014/5/31 15：15	JMDL-62XX	77.22	mm	−578.13	mm
8	2014/5/31 15：16	JMDL-62XX	82.34	mm	−573.01	mm
9	2014/5/31 15：21	JMDL-62XX	82.46	mm	−572.89	mm
10	2014/5/31 15：22	JMDL-62XX	82.46	mm	−572.89	mm
11	2014/5/31 15：23	JMDL-62XX	82.46	mm	−572.89	mm
12	2014/5/31 15：33	JMDL-62XX	82.76	mm	−572.59	mm
13	2014/5/31 15：46	JMDL-62XX	84.72	mm	−570.63	mm
14	2014/5/31 15：52	JMDL-62XX	84.94	mm	−570.41	mm
15	2014/5/31 16：00	JMDL-62XX	82.69	mm	−572.66	mm
16	2014/5/31 16：01	JMDL-62XX	82.69	mm	−572.66	mm
17	2014/5/31 16：04	JMDL-62XX	82.69	mm	−572.66	mm

应力监测数据 表 8-8

序号	日期	时间	模块编号	传感器型号	数据 2	单位 2
1	2014/6/2	16：30	34312009	JM2X-212A	−51.6	$\mu\varepsilon$
2	2014/6/2	16：40	34312009	JM2X-212A	−43.8	$\mu\varepsilon$
3	2014/6/2	16：50	34312009	JM2X-212A	−46.4	$\mu\varepsilon$
4	2014/6/2	17：00	34312009	JM2X-212A	−44.3	$\mu\varepsilon$
5	2014/6/2	17：10	34312009	JM2X-212A	−45.4	$\mu\varepsilon$

续表

序号	日期	时间	模块编号	传感器型号	数据2	单位2
6	2014/6/2	17：20	34312009	JM2X-212A	−46.7	με
7	2014/6/2	17：30	34312009	JM2X-212A	−53.9	με
8	2014/6/2	17：40	34312009	JM2X-212A	−55.1	με
9	2014/6/2	17：50	34312009	JM2X-212A	−55.4	με
10	2014/6/2	18：00	34312009	JM2X-212A	−54.7	μ
11	2014/6/2	18：10	34312009	JM2X-212A	−53.6	με
12	2014/6/2	18：20	34312009	JM2X-212A	−53.1	με
13	2014/6/2	18：30	34312009	JM2X-212A	−54.9	με
14	2014/6/2	18：40	34312009	JM2X-212A	−55.4	με
15	2014/6/2	18：50	34312009	JM2X-212A	−57.2	μεε
16	2014/6/2	19：00	34312009	JM2X-212A	−59.1	με
17	2014/6/2	19：10	34312009	JM2X-212A	−61.9	με

8.4.3.4 预报预警子系统

预报预警子系统采用石家庄铁道大学开发的结构安全监测软件系统和基于多元控制理论的结构健康监测诊断系统，对超过预设值的数据予以报警，根据监测数据进行结构状态与损伤识别，并利用综合识别的结果对结构的安全状况进行评估。

8.4.3.5 监测结果分析

对钢结构屋盖高架第三区提升进行实时监测。本次结构健康监测系统见图 8-40。

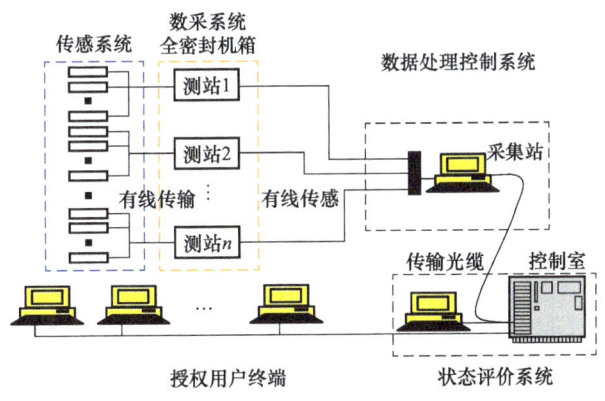

图 8-40 结构健康监测系统示意图

选取网架部分典型监测值，可知提升相对位移值，见表 8-9，在钢结构屋盖提升过程中，中间跨变形最大为 36mm，变形为跨度的 1/1764；边跨变形最大为 116mm，变形为跨度的 1/362，均小于规范规定的 1/250 的变形限值。

选取部分杆件典型监测值，可知提升杆件应力值，见表 8-10，在钢结构屋盖提升过程中，各杆件应力不同，但是各自应力值变化不大，最小应力值为 0MPa，为零杆，最大应力值为 −86MPa，为压应力，其构件的应力比均小于 0.95。

网架提升相对位移值 表 8-9

贵阳北站钢屋盖提升监测数据记录表（挠度）

杆件编号	初始读数	第一次提升（mm）	第二次提升（mm）					
	提升 0m	提升 0.4m	1（开始）	2	5	3	4	5	6（结束）
记录时间点	10:20	17:40	7:43	9:40	10:40	11:40	13:40	15:40	17:29
BX1/G	0	110	0	19	−26	−4	40	91	88
BX2/G	0	91	0	13	−11	0	24	45	49
BX4/G	0	0	0	0	0	0	0	0	0
BX7/G	0	−2	0	−3	−16	−36	−23	3	3
BX8/G	0	12	0	−5	−18	−34	−24	−3	−3
BX9/G	0	49	0	13	−20	−32	−22	8	8
BX10/G	0	89	0	15	−15	−1	5	39	39
BX12/[6-14]	0	44	0	5	−12	−19	0	28	28
BX13/[6-14]	0	59	0	4	−13	−5	12	58	58
BX14/[6-14]	0	58	0	7	−10	9	27	90	90
BX15/[6-14]	0	60	0	6	−13	14	35	116	109
BX16/[6-14]	0	71	0	14	−13	1	19	63	63
BX17/[6-14]	0	96	0	11	−19	14	28	78	80
BX18/[6-14]	0	95	0	5	−15	11	34	80	80
BX19/[6-14]	0	93	0	11	−13	8	34	72	71
BX20/[6-14]	0	91	0	14	−11	0	24	45	49
BX24/[1/G]	0	47	0	5	−8	12	27	58	59
BX25/[1/G]	0	27	0	12	10	27	34	52	53

网架提升杆件应力值 表 8-10

贵阳北站钢屋盖提升监测数据记录表（应力）

杆件编号	初始读数	第一次提升（MPa）	第二次提升（MPa）				
	提升 0m	提升 0.4m	1（开始）	2	3	4	5	6（结束）
记录时间点	10:20	17:40	7:43	9:40	11:43	13:39	15:39	17:29
WGYLHS-1	0	−27	−29	−29	−26	−29	−23	−28
WGYLHS-3	0	−2	−5	−5	−3	−5	0	−2
WGYLHS-4	0	−61	−65	−66	−61	−62	−55	−61
WGYLHS-5	0	−86	−86	−85	−83	−82	−79	−84
WGYLHS-7	0	−32	−35	−35	−32	−35	−30	−35
WGYLHS-10	0	−17	−20	−20	−17	−20	−14	−18
WGYLHF-1	0	6	2	2	4	2	8	5
WGYLHF-2	0	−24	−23	−20	−18	−11	−13	−12
WGYLHF-3	0	−10	−13	−14	−12	−14	−10	−11
WGYLHF-4	0	−7	−11	−11	−8	−10	−4	−6
WGYLHF-8	0	−30	−33	−32	−30	−33	−29	−31

续表

贵阳北站钢屋盖提升监测数据记录表（应力）								
第一次提升日期：2014.6.2			第二次提升日期：2014.6.3					
杆件编号	初始读数	第一次提升（MPa）	第二次提升（MPa）					
	提升0m	提升0.4m	1（开始）	2	3	4	5	6（结束）
记录时间点	10：20	17：40	7：43	9：40	11：43	13：39	15：39	17：29
WGYLHF-10	0	23	22	22	22	22	26	16
WGYLHX-1	0	0	0	0	7	13	23	15
WGYLHX-3	0	−1	−2	−2	5	11	23	13
WGYLHX-6	0	14	12	9	4	0	−3	2
WGYLHX-7	0	2	0	1	1	0	2	−5
WGYLHX-10	0	18	16	17	12	9	8	10
WGYLHX-11	0	11	18	18	16	14	15	16

8.4.4 结论

以贵阳北站高架第三区钢结构屋盖提升为研究对象，针对站房钢结构屋盖提升的二、三级屋盖分级提升和同步性控制难度大两个施工难点，采用有限元MIDAS软件对提升前钢结构屋盖进行设计计算及仿真模拟分析，应用结构健康监测技术对提升中钢结构屋盖进行应力、挠度实时监测，将两者得到的数据进行对比，分析在提升中结构自身的受力反应及变形状况，主要得到以下结论：

（1）从结构健康监测在屋盖提升过程中得到的监测数据可知，弹性层间位移角限值和应力比均满足规范要求，验算了钢结构屋盖提升符合施工前有限元MIDAS软件设计计算及仿真模拟分析的可靠性，证明了钢结构吊装工程施工方案的正确性。

（2）从结构健康监测在屋盖提升过程中得到的监测数据可知，杆件的内力和屋盖整体变形都处于稳定状态，有利于结合现场实践验证结构设计理论的准确性和施工方法的安全性，证明结构健康监测应贯穿结构的全生命周期，在施工阶段的应用具有重要性意义。

8.5 大型桩基自平衡检测技术研究与应用

8.5.1 工程概述

宁波高铁站工程位于宁波市中心老城区，存在施工场地狭小、工期紧、软土质地基等不利条件，地基结构设计采用泥浆护壁钻孔灌注桩，共计903根，多为大直径桩。对于宁波软土质地基来说，大直径超长桩基的运用非常普遍，在检测其承载力时，由于宁波高铁站房工程处于市中心，面对如此特殊的环境，致使桩基检测工作难以顺利开展。传统静载试验虽然可靠，但因其耗时长、不经济、占用空间大等缺点，很难完成检测任务。桩基自平衡测试技术相对于传统检测技术则具有省时省地、经济、技术先进等优点，根据现场实际情况，经多方研究与讨论，最终决定采用自平衡桩基检测法对2.5m大直径桩基进行检测。

8.5.2 检测原理

自平衡测桩法是在桩身平衡点位置安设荷载箱,通过沿垂直方向加载,即可同时测得荷载箱上、下部各自承载力,桩承载力自平衡法试验示意图见图8-41。其主要装置是一种经特别设计用于加载的荷载箱,主要由顶盖、活塞、箱壁及底盖四部分构成。顶盖及底盖的外径略小于桩的外径,分别在其上布置位移棒。将荷载箱焊接于钢筋笼内形成一体下放桩孔,之后浇筑混凝土成桩。试验过程中,在地面通过油泵给荷载箱加载,荷载箱同时向上、下两侧发生位移,使得桩体内部产生加载力,自平衡检测法加载示意图见图8-42。通过对加载力与这些参数之间关系的计算和分析,不仅可以获得桩基承载力,而且可以获得每层土层的侧阻系数、桩的侧阻、桩端承力等一系列数据,这种方法可以为设计提供数据依据,也可用于工程桩承载力的检验。

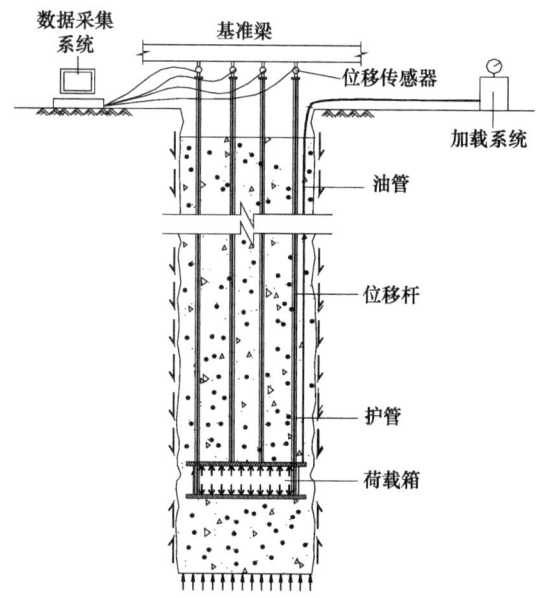

图 8-41 桩承载力自平衡法试验示意图

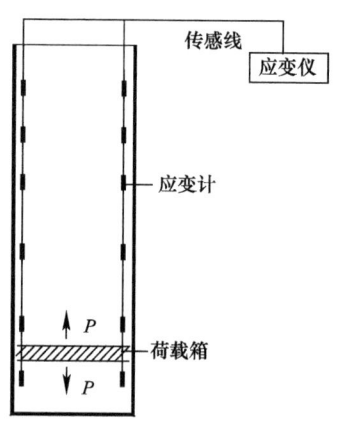

图 8-42 桩承载力自平衡检测法加载示意图

8.5.3 测试仪器设备

8.5.3.1 加载设备

(1)每根桩采用一个环形荷载箱,如图8-43所示,行程20cm,荷载箱的埋设位置根据图纸具体尺寸确定,如图8-44所示。

(2)高压油泵:加压最大值为60MPa,加压精度为每格0.4MPa。

图 8-43 加载用荷载箱

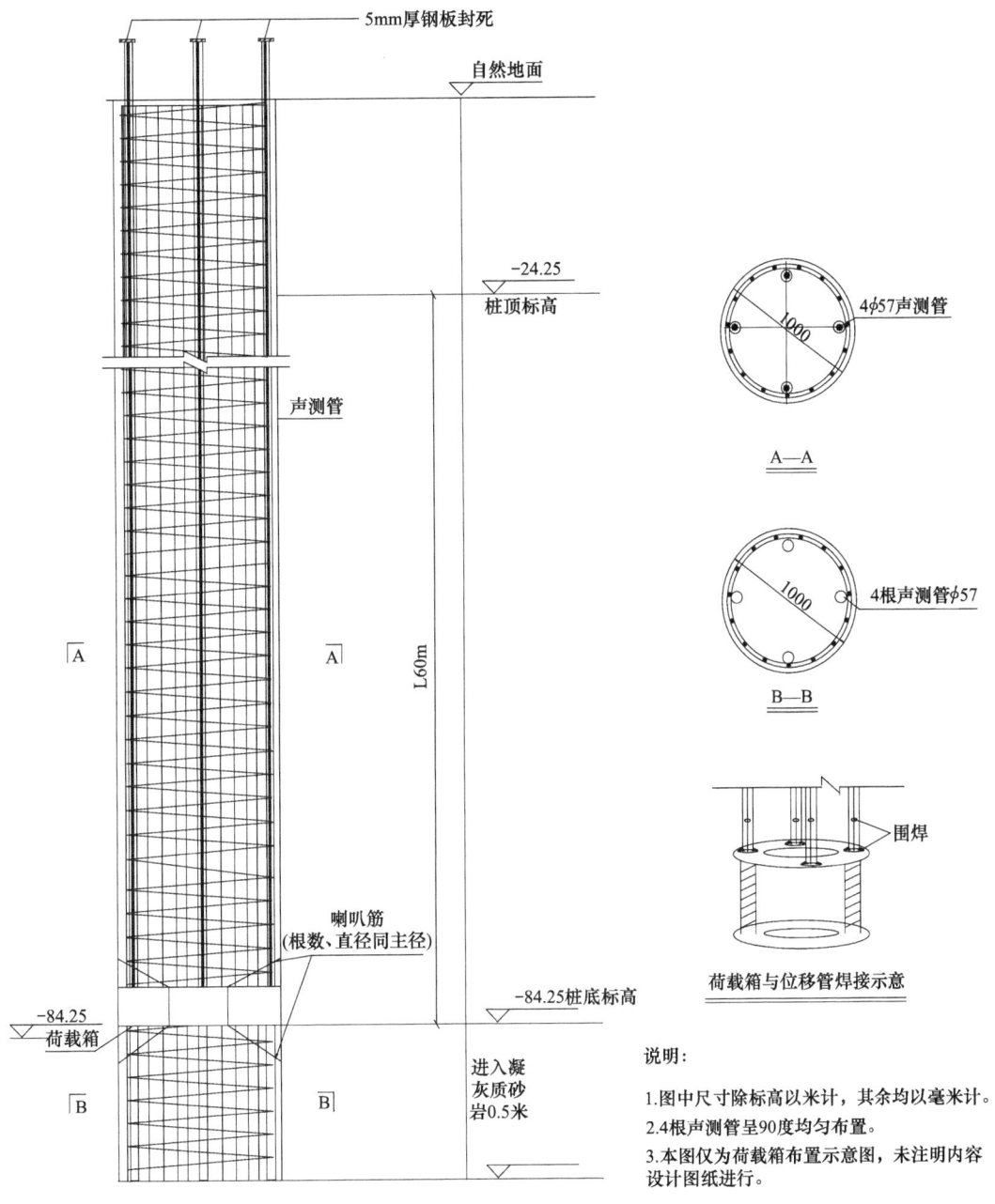

图 8-44 桩荷载箱位置布置及试验元件布置图

8.5.3.2 位移测量装置

(1) 位移电子传感器（图 8-45），量程 50mm（可调），每桩设置 6 个，用磁性表座将其固定在基准钢梁，其中 2 个用于测量荷载箱顶盖向上位移，2 个用于测量荷载箱底盖向下位移，2 个用于测量桩顶向上位移。

(2) 电脑和数据自动采集仪，如图 8-46 所示。

图 8-45 加载用电子位移传感器

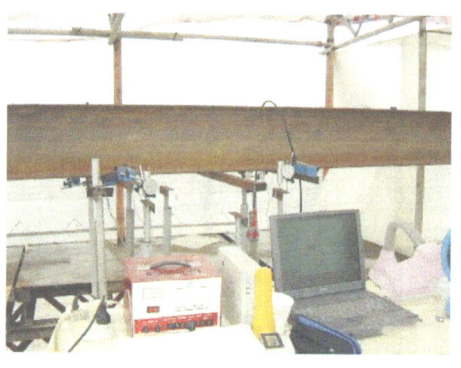
图 8-46 数据采集

8.5.3.3 应力量测装置

钢筋应变计及采集仪,见图 8-47 和图 8-48,桩身轴力用钢筋应变计量测;在岩土层分界面处,桩身对称布置 3 个。钢筋应变计由厂家提供标定记录。

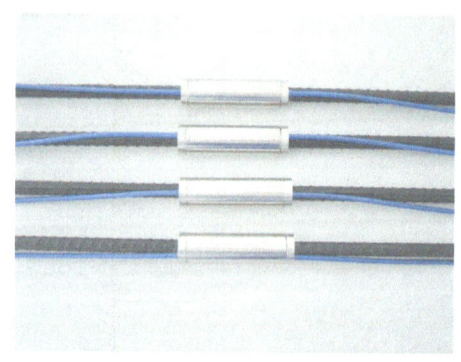
图 8-47 埋入式钢筋应变计

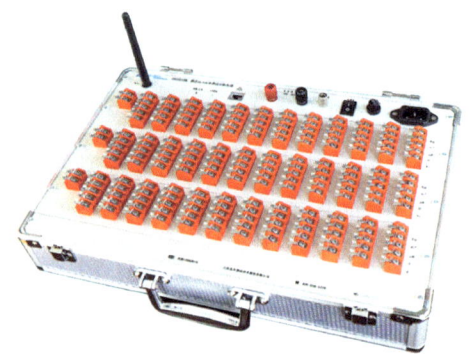
图 8-48 东华 USB3816 采集仪

8.5.4 桩基自平衡检测方法及注意事项

8.5.4.1 检测方法

(1) 预埋设备

荷载箱、钢筋应变计等装置要在钢筋笼制作过程中穿插安装固定,并且严格按桩图纸确定预埋位置,荷载箱连接大样图见图 8-49。荷载箱首先应立放在平整地上,使用吊车将上节钢筋笼吊起与荷载箱顶板焊接(所有主筋必须围焊,保证钢筋笼与荷载箱焊接牢固不脱离),确保荷载箱与钢筋笼中心在同一水平线上,之后焊接喇叭筋,喇叭筋下端与内圆边缘点焊,上端与主筋点焊;然后将下节钢筋笼与荷载箱底板焊接。

钢筋应变计应严格按桩图纸位置固定在主筋上,钢筋传感器直接绑扎于主筋上,绑扎过程中注意保护应变计导线,穿过荷载箱预留孔时,预留 20cm 左右的导线于预留孔内。预埋设备结束后方可下放钢筋笼,现场照片见图 8-50。

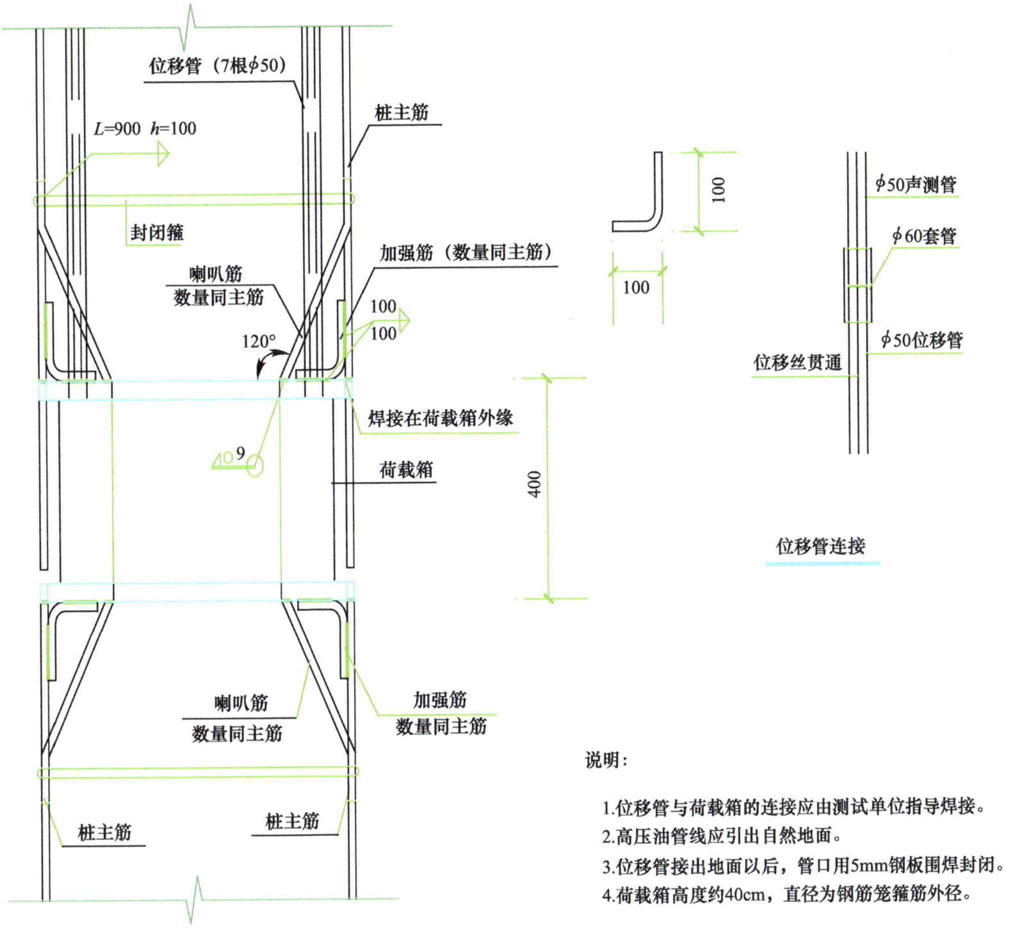

图 8-49 自平衡桩荷载箱连接大样图

（2）分级加载及卸载原则

待桩基混凝土养护到标准龄期后，方可进行加载、卸载试验。接下来以 N1-2500 号桩为例进行分级加、卸载检测试验。N1-2500 号桩长 83.8m，单桩承载力特征值为 19000kN，荷载箱预估加载值为 2×19500kN。现场测试多通道数据采集仪见图 8-51。

图 8-50　钢筋笼下放现场照片

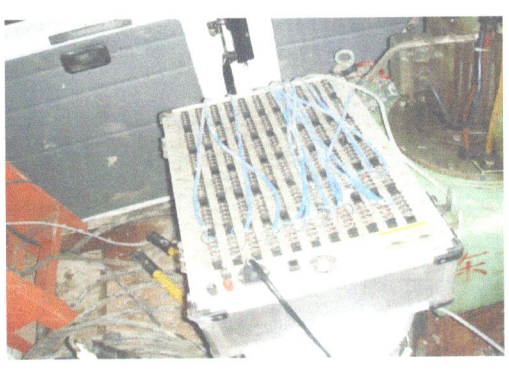

图 8-51　多通道数据采集仪

加载分 10 级按 9 次进行，每级加载值不大于预估极限承载力的 1/10。首次按荷载的两倍分级加载，卸载分 5 级进行。N1-2500 号桩加载至第 9 级（对应加载值为 2×21450kN）时，向上位移 5.13mm，向下位移 16.17mm，测试曲线为缓变形，此时已经达到设计要求极限加载值，故终止加载，开始卸载。加卸载分级及位移量表见表 8-11。

N1-2500 号桩荷载箱试验加卸载分级及位移量表 表 8-11

加载级数	加载值（kN）	向上位移（mm）		向下位移（mm）		桩顶位移（mm）	
		本级	累计	本级	累计	本级	累计
1	2×4290	0.38	0.38	−0.61	−0.61	0.01	0.01
2	2×6435	0.29	0.67	−0.79	−1.4	0.02	0.03
3	2×8580	0.44	1.11	−1.28	−2.67	0.04	0.07
4	2×10725	0.52	1.63	−1.65	−4.33	0.05	0.12
5	2×12870	0.58	2.21	−1.92	−6.24	0.07	0.19
6	2×15015	0.63	2.84	−2.2	−8.45	0.1	0.29
7	2×17160	0.71	3.55	−2.32	−10.76	0.14	0.44
8	2×19305	0.78	4.33	−2.51	−13.27	0.19	0.63
9	2×21450	0.81	5.13	−2.9	−16.17	0.24	0.87
10	2×17160	−0.34	4.79	0.35	−15.82	−0.07	0.79
卸载级数	卸载值（kN）	向上位移（mm）		向下位移（mm）		桩顶位移（mm）	
		本级	累计	本级	累计	本级	累计
1	2×12870	−0.45	4.34	0.51	−15.31	−0.1	0.7
2	2×8580	−0.61	3.73	0.79	−14.52	−0.13	0.57
3	2×4290	−0.86	2.87	1.38	−13.14	−0.15	0.42
4	2×0	−1.36	1.51	2.67	−10.48	−0.2	0.21
5	—	—	—	—	—	—	—

（3）试验程序及数据整理

1）加载量测：试验过程中主要使用慢速载荷维持法进行加载，每一级加载后前 1h 内应分别在第 5min、15min、30min、45min、60min 测量读数一次，之后每隔 30min 读数一次。达到相对稳定后方可加下一级荷载。位移电子传感器连接电脑，由电脑直接控制测读，同时在电脑上得到 Q-S 曲线、s-$\lg Q$ 曲线和 s-$\lg t$ 曲线，见图 8-52 和图 8-53。N1-2500 号试桩极限承载力取第 10 级加载值 $Q_{u上}$ = 21450kN；$Q_{u下}$ = 21450kN。（$Q_{u上}$ 为荷载箱上部桩的极限加载值、$Q_{u下}$ 为荷载箱下部桩的极限加载值）

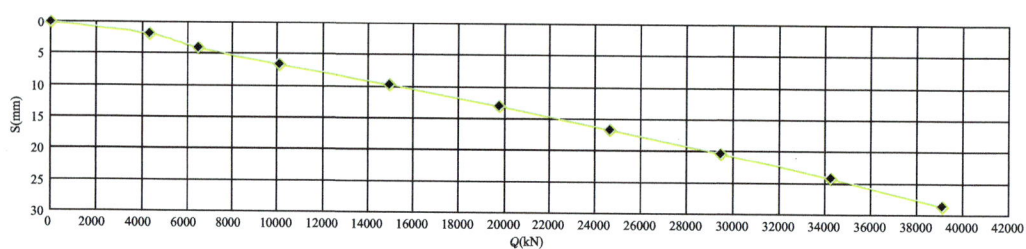

图 8-52 N1-2500 号桩 Q-S 曲线转换图

2）卸载量测：当每一级荷载卸载后，应立即测读桩顶的回弹值，测读办法与加载过程相同。卸载读数到零后应维持 3h，观测残变形。

3）加载稳定标准：当每级加载后每 1h 的向上和向下位移均不超过 0.1mm，并相继出现 2 次（加载后 30min 开始计算，按 1.5h 接连三次每 30min 的位移计算）。待每级荷载位移均达到稳定后，方可施加下一级荷载。

4）以下条件下应终止加载：

① 对于单桩抗压试验，加载终止条件和相对应的终值分别从上和下两个方向按下列规定进行取值：

（a）当累计位移小于 40mm，而荷载已经大于等于预估最大荷载值，应停止加载。最终加载值就取本级荷载；

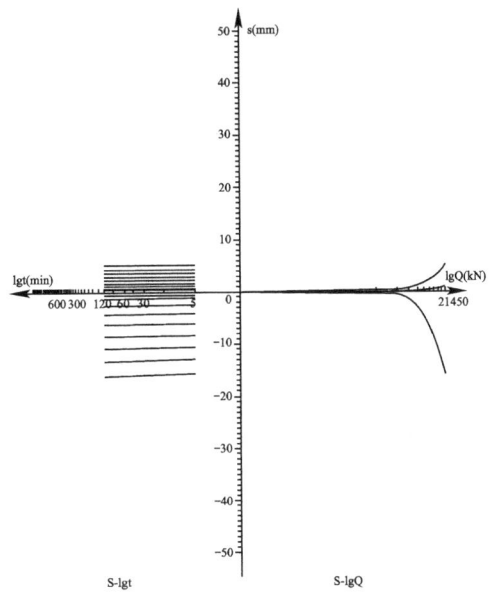

图 8-53 N1-2500 号桩 s-$\lg Q$ 和 s-$\lg t$ 曲线

（b）当累计位移大于等于 40mm，且本级荷载位移大于等于上级荷载位移的 5 倍，停止加载。最终加载值取停止加载时低一级的荷载；

（c）当累计位移大于等于 40mm，且本级加载后 24h 没有达到稳定，可终止加载。极限荷载取终止荷载低一级的荷载；

（d）当 Q-S 曲线发生明显陡变，应停止加载。最终加载值取出现明显变化时的起点所对应的荷载；

（e）当 s-$\lg t$ 曲线末尾发生明显弯折，应停止加载。最终加载值取上一级荷载；

（f）当 Q-S 曲线为缓变型时，可将位移加载至 60~80mm；

（g）当总位移小于 40mm，但荷载已达最大极限或位移达到最大行程，停止加载，极限荷载取此最大加载荷载。

② 对于单桩抗拔试验，终止加载条件和相对应的值按下列规定进行取值：

（a）在某级荷载作用下，向上位移超过上一级荷载位移的 5 倍时，停止加载。最终加载值取终止时荷载低一级的荷载；

（b）在某级荷载作用下，向上位移超过上一级荷载位移的 2 倍，且 24h 后仍没有达到稳定时，停止加载。最终加载值取终止时荷载低一级的荷载；

（c）当向上位移累计超过 100mm 时，停止加载。最终加载值取终止时荷载低一级的荷载。

5）通过一系列计算，桩基竖向抗压承载力大于设计承载力特征值，故桩基试验合格。计算结果见表 8-12。

按自平衡法规范公式计算结果　　　　表 8-12

桩编号	$Q_{u上}$（kN）	$Q_{u下}$（kN）	W（kN）	γ	$Q_u = \dfrac{Q_{u上} - W}{\gamma} + Q_{u下}$（kN）
N1-2500 号	21450	21450	7339	0.8	$\dfrac{21450 - 7339}{0.8} + 21450 = 39089$kN

N1-2500 号桩抗压极限承载力为 $Q_u=39089kN$，单桩竖向抗压承载力特征值为 $Q_u=39089/2=19545kN$，满足设计要求单桩竖向抗压承载力特征值 19000kN。

N1-2500 号桩抗压极限承载力为 39089kN，相应的位移为 28.52mm；单桩抗压承载力特征值为 19000kN，相应的位移为 12.47 mm，整桩承载力能够满足设计要求。

8.5.4.2 注意事项

（1）现场安装

虽然检测技术优点比较多，但是其在检测过程中也同样存在有缺陷的地方，荷载箱的前期设计与后期制作会对检测效果产生直接影响，同时需要提前选定所要测试的桩基，同一批工程桩基检测工作相对来说会缺乏随机性。为了有效保证自平衡桩基检测的效果，达到精准检测的目的，应该在现场安装过程中对下几点进行控制：

① 地面上绑扎和焊接钢筋笼，由施工单位负责，同时必须由测试单位配合，声测管、位移棒护管连接用套筒围焊，确保内部不渗入泥浆，用丝扣将位移棒采连接拧紧，与钢筋笼连接成整体，运到工作平台上。

② 桩混凝土标高同工程桩，导管穿过荷载箱伸到桩底进行混凝土浇筑，当混凝土标高靠近荷载箱时，导管提拔速度应该放慢，当混凝土标高超过荷载箱顶盖 2.5m 时导管方可提拔超出荷载箱，然后浇筑混凝土至设计标高。

③ 当荷载箱完全被混凝土浇筑覆盖后，保护钢管封头和油管出，避免漏入水泥浆。

④ 浇注混凝土时，必须制作规定数量的混凝土试块，待强度达到设计值后用作混凝土弹性模量、强度等试验。

⑤ 自平衡检测期间应保证持续提供 220V 及 380V 两种电源。桩基周围 10m 范围内不得有较大的扰动，以免影响检测结果。

⑥ 布置基准梁（平衡梁）应注意几点：基准桩贯入土中深度不少于 1m（暂定跨度 6m，具体应根据地质条件定），基准梁一端跟基准桩焊接连接，另一端采用铰接连接，基准梁长度由桩影响区域确定，基准梁架设立面图见图 8-54。

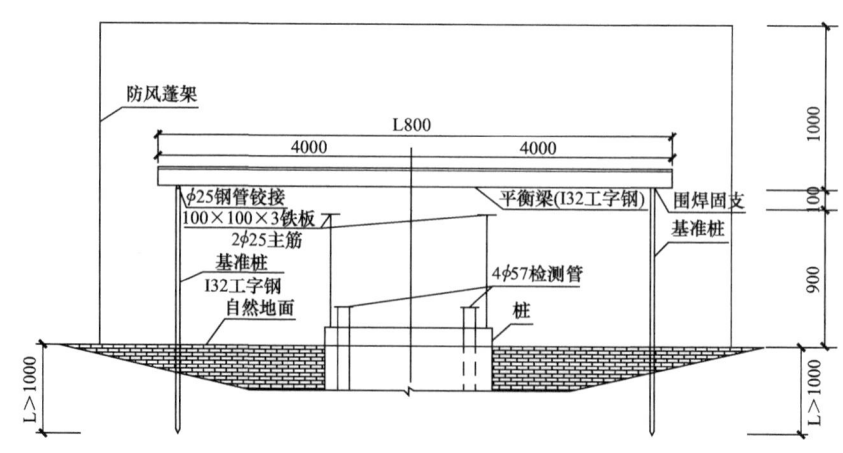

图 8-54 基准梁架设立面图

⑦ 为尽量减少桩外部因素的影响，须搭设防风蓬架（保护罩），确保测试时仪表不受外界环境的影响，基准梁架设及防风棚架平面图见图 8-55。

第8章 高铁客站全寿命健康监测技术研究与应用

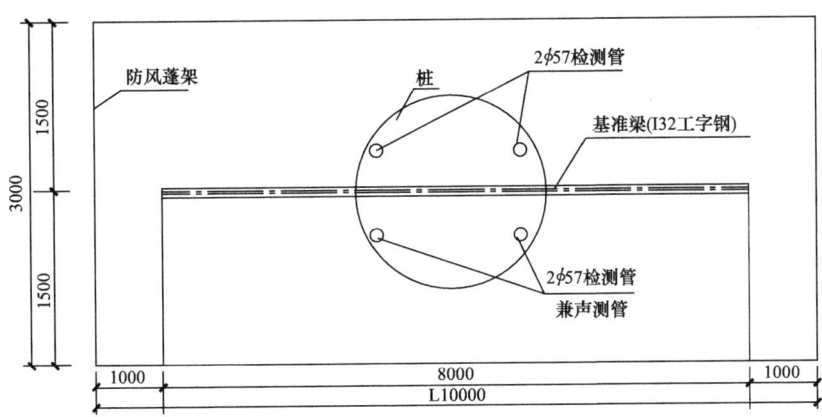

图 8-55 基准梁架设及防风棚架平面图

（2）检测后的高压灌浆控制

试验完成之后，采用预先安装的压浆管对荷载箱周围进行压力补浆。此环节对整个检测试验收尾工作起到重要作用，也是保证桩基质量的重要手段。

8.5.5 结束语

综上所述，因为受目前桩基施工与检测技术水平的限制，地基隐蔽工程很容易出现不可弥补的质量问题，直接影响上部结构安全及可靠性，所以桩基检测的准确性显得尤为重要。桩基自平衡检测具有周期短、经济、节约场地等优点，在传统检测方法中脱颖而出，并在实际工程中得到广泛应用，具有良好的推广与发展前景。

8.6 测量机器人在屋盖桁架变形监测中的应用

8.6.1 工程概述

合肥南站房工程为大型高铁站房，站房建筑面积 9.92 万 m^2（不含雨棚），屋盖采用双向正交正放桁架结构，平面投影为矩形，最高点 37.2m，最低点 32.2m。屋盖桁架南北长 389.3m，东西长 201m，东西向悬挑 27.5m，南北向悬挑 24.5m，纵向柱最大跨度为 48.1m。桁架结构总重约 1 万 t，屋盖桁架在拼装焊接后采用整体累积分 3 块提至屋顶，所以对屋盖桁架提升后的变形监测至关重要。测量机器的应用不但解决了监测过程中的时效性，还极大地保障了监测精度。图 8-56 为高架层轴线图，图 8-57 为屋盖桁架轴视图。

8.6.2 TCA 测量机器人简介及变形监测优势

8.6.2.1 TCA 测量机器人简介

测量机器人是一种能代替人进行自动搜索、跟踪、识别和精确照准目标并获取角度、

393

距离、三维坐标等信息的智能型电子全站仪。它是在全站仪的基础上集成步进马达、CCD 影响传感器构成的视频成像系统，并配置智能化的控制及应用软件发展而成的。其能对目标进行识别并迅速做出分析判断与推理，实现了自我控制、照准、读数等的操作，以完全代替人的手工操作。测量机器人与自动化处理软件相结合可以代替人完成许多测量任务，同时也极大地提高了测量的准确性与时效性。

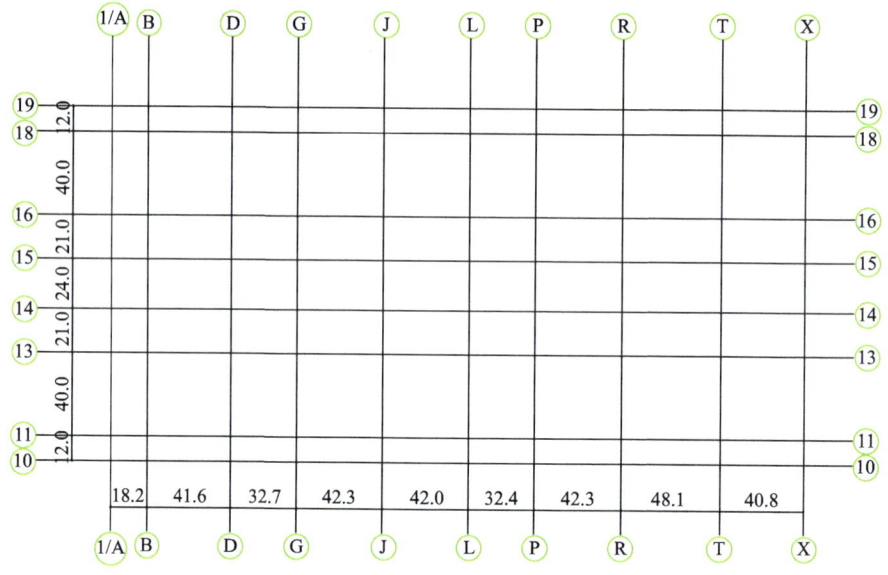

图 8-56　高架层轴线图

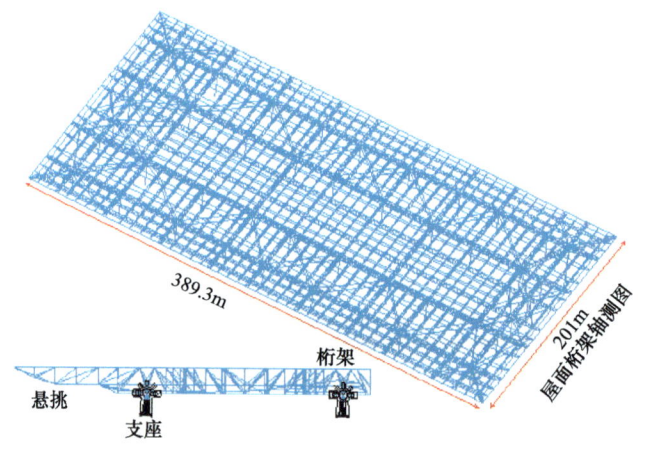

图 8-57　合肥南站屋盖桁架轴视图

TCA2003 全站仪是瑞士 Leica 公司生产的一款高精度智能型全站仪，仪器的标称测角精度为 $\pm 0.5''$，标称测距精度为 $\pm(1+1\text{ppm}\times D)$ mm。该仪器具有自动目标识别 ATR (Automatic Target Recognition) 功能，其核心技术是用 CCD 摄像机获取目标图像，用计算机软件对数字图像进行分析和匹配，提取所需要的特征点，再配以精密马达伺服机构控制经纬仪系统的水平和垂直旋转，从而实现观测的自动化，亦称"测量机器人"。

ATR：当全站仪工作时，安装在全站仪内部的CCD（Charge Coupled Device）光源发射一束红外激光，通过光学部件被同轴地投影在望远镜轴上，从物镜口发射出去，由测距发射棱镜进行反射。望远镜里专用分光镜将发射回来的ATR光束与可见光、测距光束分离出来，引导ATR光束至CCD阵列上形成光点，其位置以CCD阵列的中心作为参考点来准确地确定。CCD阵列将接收到的光信号转换成相应的影像，通过复杂的图像处理算法计算出图像的中心，即棱镜的中心。其测量精度不仅取决于仪器CCD阵列的分辨率、轴系误差、照准差等内部因素，还取决于测量条件、位置等外部因素，其虽具有自动仪器检校功能，但在测量前按照测量规范的要求对仪器进行检校，以提高测量精度也相当重要。

8.6.2.2 测量机器人变形监测优势

（1）速度快，时效高，可短时间内完成一个周期的测量（10min左右），可同时获取每个变形监测点的平面和垂直位移的信息，革新了传统方法需要分别进行监测的缺陷。

（2）自动化程度高，可靠性强，系统可实现自动监测，并可进行实时数据处理、分析及报表输出。不但完全解决了传统方法中多人员、多设备、多计算的状况，也规避了人为等误差的出现。

（3）自动极坐标差分处理，其原理是每一个测量周期均按极坐标的方法测量基准点和变形点的斜距、水平角和垂直角，将基准点的测量值与其基准值相比对，求得差值，这一差值可以认为是环境及仪器等因素影响的结果，因为自动化测量是可以在短时间内完成一个周期的，所以可以认为这些因素对基准点和监测点的影响是相同的，可把基准点的差异加到监测点观测值上进行差分处理，计算监测点的三维坐标位移量，由于观测条件相同，利用基准点所提供的改正数可以消除共同的误差，大幅提高变形监测的精度。

（4）可全天候连续自动监测与记录，所有工作均由计算机和测量机器人完成。

8.6.3 合肥南站屋面桁架变形监测实例

8.6.3.1 变形监测系统组成

该方式是基于一台测量机器人的有照准棱镜目标的变形监测系统，其实质为自动极坐标测量系统，其结构与组成有智能全站仪、控制计算机、通讯及供电设备、基准点和变形监测点组成。

（1）控制中心：由计算机和监测软件构成，通过通信电缆控制测量机器人做全自动变形监测。

（2）监测站：为极坐标点，用来架设测量机器人的牢固稳定处。

（3）基准点：三维坐标已知点，点上安置强制对中棱镜装置，其除用于定向外还为数据处理提供距离及高差差分基准。

（4）监测点：布设在能体现变形区域的变形监测体上。

其结构形式见图8-58。

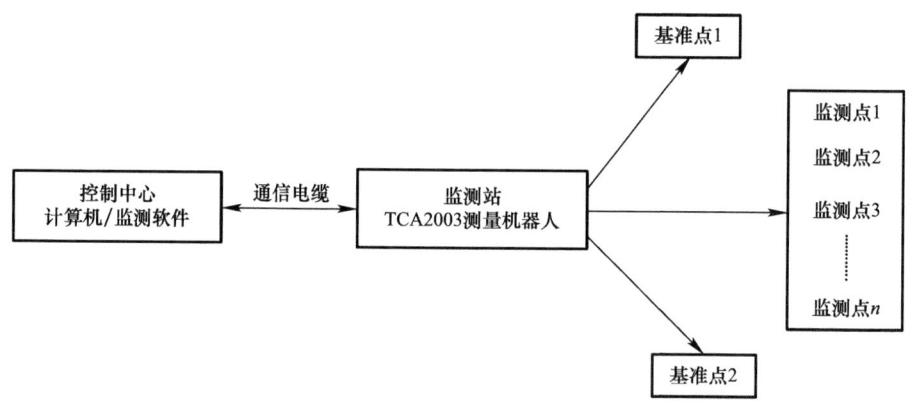

图 8-58 测量机器人变形监测系统构成

8.6.3.2 监测网布设

(1) 监测站及基准点建立

为保证可通视的条件下按照顺序提升，分三个区域，每个区域建 1 个监测站，共 3 个，监测时其他监测站互为基准点使用。基准点由北向南编号为 GC1、GC2、GC3。为保证基准点三维坐标控制网数据的稳定可靠，基准点采用混凝土强制对中墩，坐标系采用大地坐标系，以厂区外 GPS 控制网 CPII120，CPII121，CPII122 采用静态 GPS 按照高铁施工 E 级 GPS 网测量要求进行基准点控制网布设。

监测基准网布设图及平差后点位精度见图 8-59 和表 8-13。

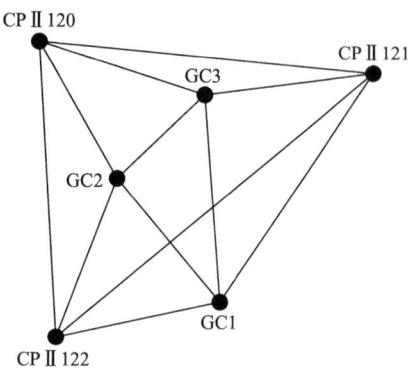

图 8-59 监测基准网布置图

监测点坐标及点位精度（单位：m）　　　　表 8-13

起算点及 新建点号		坐标			点位精度（mm）		
		N	E	Z	rms	dx	dy
新建观点基点	GC1	3519666.6221	526936.0696	45.9252	0.242	0.281	0.227
	GC2	3519825.5377	526856.3902	45.8831	0.231	0.261	0.203
	GC3	3519958.1426	526919.6865	45.8761	0.203	0.232	0.212
起算点外部 GPS网	CPⅡ120	3519994.3150	526702.5583	32.1848			
	CPⅡ121	3519955.8315	527132.2191	34.2663			
	CPⅡ122	3519621.1416	526725.9094	34.7422			

(2) 监测点的布设

监测点共 40 个，编号为 JC1~JC40，监测点布设在跨度相对较大的支座与支座之间的桁架上，以及悬挑桁架的端部等能体现产生变形的位置上，在桁架最下端容易通视的位置上贴反射片作为观测反射棱镜。这样就组成了屋面桁架变形监测网。监测点的设置应避免两个监测点位于观测方向的同一方向上，以避免仪器搜索发射片过程中出现错误代码影响监测。监测点布设方法通过桁架轴视图的体现如图 8-60 所示。

图 8-60 监测点布设位置

8.6.3.3 变形监测系统

因考虑到工程特性和观测体的施工作业流水方式及通视情况，本工程采用了移动式半自动变形监测系统，其操作方法为：分别在 GC1、GC2、GC3 各监测站上安置整平仪器，进行必要的测站设置，按照检测点号 JC1～JC40 的顺序进行监测，后视之后测量机器人会按照预置在机器内的观测点顺序、测回数、全自动寻找目标，精确照准并记录观测数据，计算限差，做超限重测等。完成一个测站之后，人工将仪器搬至下一个监测站上重复上述工作直至所有外业工作完成。对于该模式本工程采用测量机器人机载半自动外业观测软件加微机自动化数据处理软件共同构成测量机器人移动式变形监测系统。机器人自动化数据处理软件主要菜单功能及本工程自动监测工作流程见图 8-61。

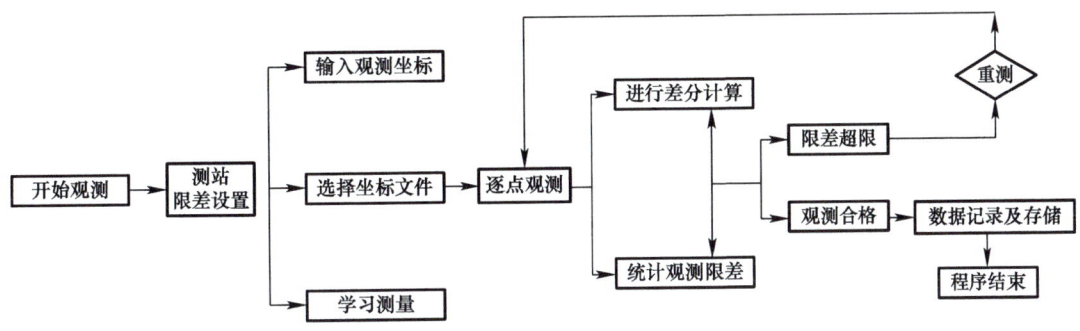

图 8-61 监测系统工作流程图

8.6.3.4 监测限差设定

TCA 测量机器人自动变形观测及记录过程完全实现仪器的自动化，观测前主要依据《建筑变形测量规范》的要求对观测中的限差进行设定即可，在观测中如超出限差仪器将自动报警。各项限差统计见表 8-14，精度分析见表 8-15。

观测限差　　　　　　　　　　　　　　　　　　　　　　　　　　　表 8-14

方向观测限差	
两次照准目标读数差	4"
半测回归零差	5"
一测回内 2C 互差	9"
各测回互差	5"
垂直角观测限差	
两次照准目标读数差	4"
上下半测回角值互差	6"
各测回角值互差	5"
测距限差	
一测回读数间较差	2mm
单程测回间较差	2.5mm

监测精度分析　　　　　　　　　　表 8-15

点名	M_x (mm)	M_y (mm)	M_z (mm)
JC1	±0.11	±0.14	±0.13
JC8	±0.34	±0.36	±0.33
JC14	±0.12	±0.15	±0.11
JC16	±0.22	±0.24	±0.21
JC24	±0.21	±0.15	±0.18
JC26	±0.33	±0.31	±0.29
JC32	±0.22	±0.21	±0.2
JC36	±0.23	±0.28	±0.33
JC39	±0.12	±0.11	±0.14

8.6.3.5　监测精度分析

通过表 8-3，选取精度相对较弱的部分监测点数据精度分析得出，JC8 号点的精度相对较弱，但精度能满足监测规范要求。由此可以看出观测精度是稳定可靠的，数据质量是安全有效的。

8.6.3.6　成果分析与总结

监测周期自屋面桁架提升到位后即开始监测，第 1 期开始监测起至吊顶施工开始共观测了 20 期，考虑到通视状况及不同时间段的气候和大气环境等会对监测数据产生影响，因此每期监测时间段选在 18 时～22 时。观测结果为：支座与支座之间连接的桁架安全稳固，基本无变形情况。东西南北四个立面悬挑部分有一定的变形，但整体都符合规范要求，设定第一期的监测值为初始值，以后各期数据是相对于初始值的变化的曲线（无堆积值）。图 8-62 和图 8-63 为自动生成的原始变形数据曲线图，采用变形相对较大的南立面与东立面 JC32、JC18 点位的变形曲线图对监测成果进行说明。

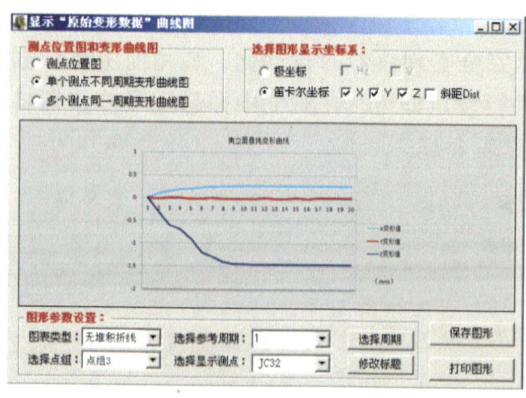

图 8-62　南立面悬挑变形曲线图　　　　图 8-63　东立面悬挑变形曲线图

（1）数据总结：通过曲线图可以看出，JC32，$Z=-1.5$mm，X（南北向）$=0.25$mm，Y 基本无变化，从第 10 期以后变形停止。JC18，$Z=-1.25$mm，Y（东西向）$=-0.25$mm，X 基本无变化，从第 12 期开始变形停止。

（2）原因分析：因考虑到变形因素，悬挑部分在施工中就有一定的起拱，所以其在随着提升到位后进行的部架焊接等施工产生了微小的变形，随着整个屋面桁架上高空施工作业完成后，变形停止。

（3）成果分析：经数据计算得出，悬挑部位有沉降的同时其 X 或 Y 值也随着有微弱变化，而相应 Y 或 X 值不变的情况说明了，本工程钢构桁架悬挑部分只是在重力和弯矩作用下产生了垂直于下弦轴线的竖向沉降，即挠度变化，并无横向位移的发生。

8.6.4 结语

测量机器人监测系统在合肥南站屋盖桁架变形监测的成功应用说明：

（1）施测方面：其具有自动化程度高、时效性强的操作特点；具备实时可靠数据分析及报表处理的数据处理优势；在极大地提高了变形监测工作效率的同时，数据的安全可靠性也得到了保证，避免了传统观测方法中人为操作及计算误差等对监测结果的影响，大幅度提高了测量精度，完全革新了传统监测方法中耗人、耗时、耗计算等的不足。

（2）安全保障方面：采用测量机器人进行变形监测的数据是可靠的，能科学地反映出监测体的变形趋势，为安全的施工生产提供了有力保障。

（3）应用推广方面：传统方法因监测条件限制，大多只对钢桁架挠度进行监测，而测量机器人一个轮回的监测即实现了三维坐标测量的全覆盖，因此在房建领域如高铁站房施工中的测量控制网布设、测量放样等方面也都可以得到广泛应用。